中国机械工业年鉴系列

2020
中国机械工业集团
有限公司年鉴

CHINA NATIONAL MACHINERY INDUSTRY
CORPORATION LTD. YEARBOOK

中国机械工业集团有限公司 编

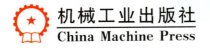

机械工业出版社
China Machine Press

《中国机械工业集团有限公司年鉴2020》分为重要文献、集团公司发展概况、子公司发展概况、规章制度选编、荣誉汇编、重大经营项目汇编、大事记、附录和国机集团形象展示九部分，集中反映2019年国机集团的总体发展情况，详细记录了国机集团及其主要子公司党的建设、战略布局、生产发展、产品产量、市场销售、科技成果及新产品、标准与质量、基本建设和技术改造，以及国机集团、各子公司及员工个人所获得的荣誉等情况。

《中国机械工业集团有限公司年鉴》主要读者对象为政府决策机构、机械工业相关企业决策者，从事市场分析、企业规划的中高层管理人员以及国内外投资机构、贸易公司、银行、证券、咨询服务部门和科研单位的机电项目管理人员等。

图书在版编目（CIP）数据

中国机械工业集团有限公司年鉴．2020/中国机械工业集团有限公司编．－－北京：机械工业出版社，2021.8

（中国机械工业年鉴系列）

ISBN 978-7-111-68889-1

Ⅰ．①中… Ⅱ．①中… Ⅲ．①机械工业－工业企业－中国－2020－年鉴 Ⅳ．①F426.4-54

中国版本图书馆 CIP 数据核字（2021）第 158495 号

机械工业出版社（北京市西城区百万庄大街22号 邮政编码 100037）

责任编辑：赵　敏

编　　辑：任智惠　万鲁信

责任校对：李　伟

责任印制：罗彦成

美术编辑：刘　青

北京宝昌彩色印刷有限公司印制

2021年8月第1版第1次印刷

210mm×285mm・25.5 印张・22 插页・723 千字

定价：580.00 元

ISBN 978-7-111-68889-1

凡购买此书，如有缺页、倒页、脱页，由本社发行部调换

服务咨询电话：(010)88361066

购书热线电话：(010)88379812、88379838

网络服务：年鉴网：http://www.cmiy.com　机工官网：http://www.cmpbook.com

封底无机械工业出版社专用防伪标均为盗版

CHINA NATIONAL MACHINERY INDUSTRY
CORPORATION LTD. YEARBOOK

编辑说明

一、《中国机械工业集团有限公司年鉴》（以下简称《国机集团年鉴》）于2010年首次出版，由中国机械工业集团有限公司（简称国机集团）主管、主办，《国机集团年鉴》编委会编纂，机械工业出版社编辑出版。

二、《国机集团年鉴》是一部全面记载国机集团改革与发展的大型资料性、工具性年刊。《国机集团年鉴》2020版主要记载上年国机集团的改革、创新和发展情况。

三、《国机集团年鉴》坚持面向市场、面向读者，提供准确、翔实的数据、信息和资料，忠实地反映国机集团和国机人上年度取得的新发展、新进步、新成就和新风貌。

四、《国机集团年鉴》2020版内容分为重要文献、集团公司发展概况、子公司发展概况、规章制度选编、荣誉汇编、重大经营项目汇编、大事记、附录和国机集团形象展示九个部分，数据截至2019年12月31日。

五、本书在编纂过程中得到了国机集团总部各职能管理部门和子公司的大力支持和帮助，在此深表谢意。

六、未经中国机械工业集团有限公司年鉴编辑部的书面许可，本书内容不允许以任何形式转载。

七、由于水平有限，难免有疏漏及不足之处，敬请批评指正。

中国机械工业集团有限公司年鉴编辑部
2021年5月

辉煌"十三五"

中央企业业绩考核A级企业

中国对外贸易企业500强第24位

中国企业500强第71位

中国机械工业企业百强第1位

世界500强企业第281位

ENR"国际工程设计公司225强"第59位

ENR"全球250家最大国际工程承包商"第25位

地址：北京市海淀区丹棱街3号　邮编：100080　电话：010-82688888　传真：010-82688811
http://www.sinomach.com.cn　E-Mail: office@sinomach.com.cn

奋进谱新篇

领导工作掠影

2019年4月10日,国机集团党委书记、董事长张晓仑到下属企业青岛宏大纺织机械有限责任公司调研。

2019年6月11日,国机集团党委书记、董事长张晓仑一行到下属企业国机重型装备集团股份有限公司调研并到肖业刚家中看望慰问。

2019年9月2—4日，国机集团党委书记、董事长张晓仑率队到河南省固始县、淮滨县进行扶贫调研。

2019年10月30日，国机集团党委书记、董事长张晓仑应邀出席2019中国国际农业机械展览会开幕式并巡馆。

2019年2月28日,国机集团董事、党委副书记宋欣到下属企业中国恒天集团有限公司旗下无锡经纬纺织科技试验公司、无锡宏大纺织机械专件有限公司和无锡华源凯马发动机有限公司三家企业调研。

2019年12月23—25日,国机集团董事、党委副书记宋欣赴固始、平陆两县开展扶贫专项督促检查工作。

2019年4月29日，国机集团党委常委、副总经理、总会计师邬小蕙深入党建基层联系点中国电器院威凯公司调研。

2019年6月27日，国机集团党委常委、副总经理、总会计师邬小蕙到下属企业中机试验装备股份有限公司开展"不忘初心、牢记使命"主题教育调研。

2019年2月28日—3月2日，国机集团党委常委、副总经理高建设带队到下属企业机械工业第六设计研究院有限公司和洛阳轴研科技股份有限公司调研。

2019年10月25—26日，国机集团党委常委、副总经理高建设带队到广州及深圳下属企业和项目现场进行安全检查。

2019年3月5日,国机集团党委常委、副总经理白绍桐带队赴白俄罗斯访问中白工业园。

2019年5月16日,国机集团党委常委、副总经理白绍桐到下属企业重庆材料研究院有限公司调研。

2019年10月30日，国机集团党委常委、副总经理丁宏祥参加《农业生产全程全面机械化解决方案》新书首发仪式。

2019年11月7日，国机集团党委常委、副总经理丁宏祥到下属企业中国福马机械集团有限公司成员企业江苏林海动力机械集团有限公司开展"不忘初心、牢记使命"主题教育专题调研并讲授专题党课。

2019年5月10日,国机集团党委常委、纪委书记雷光华参加国机集团党委巡视组对中国一拖集团有限公司开展振兴农机装备专项巡视工作动员会。

2019年7月9日,国机集团党委常委、纪委书记雷光华到下属企业中国农业机械化科学研究院开展"不忘初心、牢记使命"主题教育调研。

2019年7月10日，国机集团党委常委、副总经理、总工程师陈学东到下属企业国机汽车股份有限公司开展"不忘初心、牢记使命"主题教育调研。

2019年11月12日，国机集团党委常委、副总经理、总工程师陈学东出席中国机械工业集团有限公司与合肥工业大学校企合作签约仪式。

中国机械工业集团有限公司年鉴编辑工作人员

主　　　编： 高建设　中国机械工业集团有限公司　党委常委、副总经理

执 行 主 编： 闫卫红　中国机械工业集团有限公司　党委工作部部长

执行副主编： 冯雪峰　中国机械工业集团有限公司　团委书记

编　　　辑： 刘　维　于雪娟　金　真　张　翼　陈松林

撰　稿　人（按姓氏笔画）：

王东善　王鹏妍　乔忠义　刘　跃　刘　维
刘丽霞　许天瑶　孙　昊　苏晓秋　杜　实
李　阳　李晶晶　杨　雪　杨方飞　杨立人
杨玲玲　何　云　沈坛龙　张　韧　张天祎
张晓健　陆兴培　陈　达　陈　欢　陈玉珊
周　洁　赵明芝　郝建新　姜雅楠　袁　杰
徐　玮　高　洋　郭　孟　郭毅怡　蒋　烨
蒋易蓉　蔡　玲

目录

第一篇 重要文献

坚持党的领导 加强党的建设 以高质量党建引领企业高质量发展
　　——国机集团党委2020年工作报告·················· 3

稳中求进 奋发有为 高质量推进改革发展迈上新台阶
　　——在国机集团2020年工作会议上的讲话·············· 张晓仑 15

第二篇 集团公司发展概况

经济运行概况······················ 29
董事会运行情况···················· 31
主业经营························ 34
科技发展························ 40
资本运营························ 48
综合管理························ 49
党建工作························ 57

第三篇 子公司发展概况

中国机械设备工程股份有限公司·········· 69
中工国际工程股份有限公司············ 74
中国恒天集团有限公司·············· 81
中国福马机械集团有限公司············ 85
中国海洋航空集团有限公司············ 89
中国地质装备集团有限公司············ 95
中国机械工业建设集团有限公司·········· 100
中国自控系统工程有限公司············ 109
国机财务有限责任公司·············· 114
国机汽车股份有限公司·············· 116
中国机械国际合作股份有限公司·········· 124
国机资产管理有限公司·············· 130
中国农业机械化科学研究院············ 136
国机集团科学技术研究院有限公司········ 142
国机资本控股有限公司·············· 145
国机重型装备集团股份有限公司·········· 149
中国一拖集团有限公司·············· 154
苏美达股份有限公司················ 163

中国浦发机械工业股份有限公司……………… 171
中国联合工程有限公司………………………… 175
机械工业第六设计研究院有限公司…………… 180
合肥通用机械研究院有限公司………………… 192
洛阳轴研科技股份有限公司…………………… 199
中国电器科学研究院有限公司………………… 209
国机智能科技有限公司………………………… 213
桂林电器科学研究院有限公司………………… 218

第四篇　规章制度选编

国机集团党委关于进一步激励广大干部新
　时代新担当新作为的实施意见………… 225
中国机械工业集团有限公司全资及控股企业
　党组织换届选举工作实施办法………… 228
中国机械工业集团有限公司全资、控股企业
　领导人员管理办法……………………… 233
中国机械工业集团有限公司高层次科技专家
　选聘管理办法…………………………… 243
中国机械工业集团有限公司高层次技能专家
　选聘管理办法…………………………… 246
国机集团贯彻落实《关于提高技术工人待遇的
　意见》指导意见………………………… 249
中国机械工业集团有限公司教育培训工作
　管理办法………………………………… 251

中国机械工业集团有限公司驻外人员管理
　规定……………………………………… 257
中国机械工业集团有限公司合规管理
　办法（试行）…………………………… 261
中国机械工业集团有限公司科技创新改革
　重点任务与措施………………………… 264

第五篇　荣誉汇编

2019年全国及省部级，中央企业和国机集团
　先进集体及先进个人…………………… 269
2019年全国、机械行业及省部级科学
　技术奖…………………………………… 274
2019年全国及行业、省区市优秀
　工程奖…………………………………… 278

第六篇　重大经营项目汇编

工程承包…………………………………………… 289
设计、咨询、勘察项目…………………………… 295
贸易项目…………………………………………… 301

第七篇　大事记

2019年中国机械工业集团有限公司
　大事记…………………………………… 307

第八篇　附　录

中国共产党国有企业基层组织工作条例
　　（试行）· 315
国务院关于促进国家高新技术产业开发区
　　高质量发展的若干意见 · · · · · · · · · · · · · · 320
关于强化知识产权保护的意见 · · · · · · · · · · 324
工业和信息化部办公厅关于推动工业互联网
　　加快发展的通知 · · · · · · · · · · · · · · · · · · · 327
工业和信息化部关于工业大数据发展的
　　指导意见 · 329
工业和信息化部关于加快培育共享制造新
　　模式　新业态　促进制造业高质量发展的
　　指导意见 · 331
关于进一步促进服务型制造发展的
　　指导意见 · 334
关于推动先进制造业和现代服务业深度融合
　　发展的实施意见 · · · · · · · · · · · · · · · · · · · 337
京津冀及周边地区工业资源综合利用产业协
　　同转型提升计划（2020—2022年）· · · · · 341
重大技术装备进口税收政策管理办法
　　实施细则 · 343
工业和信息化部办公厅关于深入推进移动
　　物联网全面发展的通知 · · · · · · · · · · · · · 346
关于进一步做好中央企业控股上市公司股权
　　激励工作有关事项的通知 · · · · · · · · · · · 349
关于加强中央企业内部控制体系建设与监督
　　工作的实施意见 · · · · · · · · · · · · · · · · · · · 351
关于中央企业加强参股管理有关
　　事项的通知 · 354
中央企业混合所有制改革操作指引 · · · · · · 355
2019年度中国机械工业100强企业
　　名单 · 363
2020年中国500强前100强排行榜 · · · · · · 367
2020年世界500强133家中国上榜企业
　　名单 · 372
2020年度ENR全球最大250家国际承包商
　　中国企业上榜名单 · · · · · · · · · · · · · · · · · 378
2019年度中国机械工业科学技术奖授奖
　　项目目录 · 382

第九篇　国机集团形象展示

中国机械设备工程股份有限公司 · · · · · · · · · A2
中工国际工程股份有限公司 · · · · · · · · · · · · · A3
中国恒天集团有限公司 · · · · · · · · · · · · · · · · · A4
中国福马机械集团有限公司 · · · · · · · · · · · · · A5
中国海洋航空集团有限公司 · · · · · · · · · · · · · A6
中国地质装备集团有限公司 · · · · · · · · · · · · · A7
中国机械工业建设集团有限公司 · · · · · · · · · A8

中国自控系统工程有限公司⋯⋯⋯⋯⋯⋯ A9
国机财务有限责任公司⋯⋯⋯⋯⋯⋯⋯ A10
国机汽车股份有限公司⋯⋯⋯⋯⋯⋯⋯ A11
中国机械国际合作股份有限公司⋯⋯⋯ A12
国机资产管理有限公司⋯⋯⋯⋯⋯⋯⋯ A13
中国农业机械化科学研究院⋯⋯⋯⋯⋯ A14
国机集团科学技术研究院有限公司⋯⋯ A15
国机资本控股有限公司⋯⋯⋯⋯⋯⋯⋯ A16
国机重型装备集团股份有限公司⋯⋯⋯ A17
中国一拖集团有限公司⋯⋯⋯⋯⋯⋯⋯ A18

苏美达股份有限公司⋯⋯⋯⋯⋯⋯⋯⋯ A19
中国浦发机械工业股份有限公司⋯⋯⋯ A20
中国联合工程有限公司⋯⋯⋯⋯⋯⋯⋯ A21
机械工业第六设计研究院有限公司⋯⋯ A22
合肥通用机械研究院有限公司⋯⋯⋯⋯ A23
洛阳轴研科技股份有限公司⋯⋯⋯⋯⋯ A24
中国电器科学研究院有限公司⋯⋯⋯⋯ A25
国机智能科技有限公司⋯⋯⋯⋯⋯⋯⋯ A26
桂林电器科学研究院有限公司⋯⋯⋯⋯ A27

CONTENTS

Chapter I Important Document

Adhere to the Leadership of the Party　Strengthen Party Building and Lead the High-Quality Development of Enterprises with High-Quality Party Building
　　——Report on the Work of the Party Committee of SINOMACH in 2020 ········ 3

Seek Improvement in Stability, Work Energetically for Prosperity, and Promote Reform and Development to a New Level with High Quality
　　——Speech at SINOMACH's Working Conference in 2020 ····· Zhang Xiaolun 15

Chapter II The Development Overview of the Group

Economic Operation Overview ················ 29
The Operation of the Board of Directors ········ 31
Main Business Operation ···················· 34
Technology Development ···················· 40
Capital Operation ··························· 48
Integrated Management ····················· 49
Party Building ······························ 57

Chapter III The Development Overview of the Subsidiaries

China Machinery Engineering Corporation ····· 69
China CAMC Engineering Co., Ltd. ············ 74
China HiTech Group Corporation ············· 81
China FOMA (Group) Co., Ltd. ··············· 85
China Ocean Aviation Group Incorporation ····· 89
China Geological Equipment Group Co., Ltd. ····· 95
China Machinery Industry Construction Group, Inc. ························· 100
China CACS Engineering Corporation ········· 109
Sinomach Finance Co., Ltd. ················· 114
Sinomach Automobile Co., Ltd. ············· 116
China National Machinery Industry International Co., Ltd. ························· 124
Sinomach Capital Management Corporation ···· 130
Chinese Academy of Agricultural Mechanization Sciences ························· 136
Sinomach Science and Technology Research Institute Co., Ltd. ····················· 142
Sinomach Capital Holdings Corporation ······· 145
SINOMACH Heavy Equipment Group Co., Ltd. ························· 149

YTO Group Corporation ················ 154
SUMEC Group Corporation ············ 163
China Perfect Machinery Industry
　　Corp., Ltd. ······················· 171
China United Engineering Corporation ······· 175
No. 6 Institute for Project Planning and Research
　　of Machinery Industry Co. ·············· 180
Hefei General Machinery Research
　　Institute ························ 192
Luoyang Bearing Science & Technology
　　Co., Ltd. ······················· 199
China Electric Apparatus Research Institute
　　Co., Ltd. ······················· 209
SINOMACH Intelligence Technology
　　Co., Ltd ························ 213
Guilin Electrical Equipment Scientific Research
　　Institute Co., Ltd. ·················· 218

Chapter IV Selected Regulations and Rules

Opinions of the Party Committee of SINOMACH
　　on Implementation of Further Encouraging Cadres
　　to Shoulder New Responsibilities and Make New
　　Achievements in The New Era ··········· 225
Implementation Measures for the General Election
　　of Party Organizations in WhollyOwned
　　and Holding Enterprises of SINOMACH····· 228
Management Measures for Leaders of WhollyOwned
　　and Holding Enterprises of SINOMACH····· 233

Management Measures for Selecting and Appointing
　　HighLevel Scientific and Technical Experts of
　　SINOMACH ······················ 243
Management Measures for Selecting and Appointing
　　HighLevel Skilled Experts of SINOMACH····· 246
Guiding Opinions on Implementation of "Opinions
　　on Improving the Wages and Benefits of
　　Skilled Workers" by SINOMACH ········ 249
Management Measures for Education and Training
　　of SINOMACH ···················· 251
Management Regulations for SINOMACH's
　　Employees Stationed Abroad ············ 257
Compliance Management Measures of SINOMACH
　　（Trial） ························ 261
Key Tasks and Measures of Scientific and
　　Technological Innovation and Reform of
　　SINOMACH ······················ 264

Chapter V Honors and Awards

2019 Advanced Collectives and Advanced
　　Individuals of National, Provincial and
　　Ministerial Level, Central Enterprises
　　and SINOMACH···················· 269
2019 Science and Technology Awards of National,
　　Provincial and Ministerial Level and the
　　Machinery Industry·················· 274
2019 Excellent Engineering Awards of National
　　Level, Provinces, Autonomous Regions and
　　Municipalities, and the Machinery Industry···· 278

Chapter VI Compilation of Major Business Projects

Engineering Contracting · · · · · · · · · · · · · · · · · 289
Design, Consulting and Surveying
　Projects · 295
Trade Projects · 301

Chapter VII Milestones

SINOMACH 2018 Milestones · · · · · · · · · · · · · 307

Chapter VIII Appendices

Regulations of the Communist Party of China on
　the Work of Grassroots Organizations of Stateowned
　Enterprises (Trial) · 315
Several Opinions of the State Council on Promoting
the HighQuality Development of National Hightech
　Industrial Development Zones · · · · · · · · · · · · 320
Opinions on Strengthening Intellectual Property
　Protection · 324
Notice of the General Office of the Ministry of
　Industry and Information Technology on
　Accelerating the Development of Industrial
　Internet · 327
Guiding Opinions of the Ministry of Industry and
　Information Technology on the Development
　of Industrial Big Data · · · · · · · · · · · · · · · · · 329
Guiding Opinions of the Ministry of Industry and
　Information Technology on Accelerating the
　Cultivation of New Models and New Formats in
　Sharing Manufacturing to Promote the High
　Quality Development of Manufacturing
　Industry · 331
Guiding Opinions on Further Promoting
　the Development of ServiceOriented
　Manufacturing · 334
opinions on Implementation of Promoting the Deep
　Integration and Development of Advanced
　Manufacturing and Modern Service
　Industries · 337
Upgrading Plan for Synergetic Transformation of
　Comprehensive Industrial Resource Utilization
　Industry in Beijing, Tianjin, Hebei and
　Surrounding Areas（20202022） · · · · · · · · · 341
Detailed Rules for Implementation of Management
　Measures for Import Tax Policies for Major
　Technical Equipment · · · · · · · · · · · · · · · · · · 343
Notice of the General Office of the Ministry of
　Industry and Information Technology on Further
　Accelerating the AllRound Development of Mobile
　Internet of Things · 346
Notice on Further Improving the Equity Incentive
　Work of Listed Companies Controlled by Central
　Enterprises · 349
Opinions on Implementation of Strengthening the
　Construction and Supervision of the Internal
　Control System of Central Enterprises · · · · · · · 351

Notice on Matters Concerning Strengthening the Equity Participation Management of Central Enterprises ·················· 354

Operational Guidelines for the Reform of Mixed Ownership in Central Enterprises ·········· 355

List of Top 100 Enterprises in Machinery Industry in China in 2019 ················ 363

List of Top 100 Enterprises of Top 500 Chinese Enterprises in 2020 ················· 367

List of 133 Chinese Enterprises of Fortune Global 500 Enterprises in 2020 ················ 372

List of Chinese Enterprises of 2020 ENR Top 250 International Contractors ············· 378

Catalogue of China's Science and Technology Award of Machinery Industry in 2019 ········ 382

Chapter IX SINOMACH Images

China Machinery Engineering Corporation ····· A2

China CAMC Engineering Co., Ltd. ·········· A3

China HiTech Group Corporation············ A4

China FOMA (Group) Co., Ltd. ············· A5

China Ocean Aviation Group Incorporation ····· A6

China Geological Equipment Group Co., Ltd. ································ A7

China Machinery Industry Construction Group, Inc. ································ A8

China CACS Engineering Corporation ········ A9

Sinomach Finance Co., Ltd. ··············· A10

Sinomach Automobile Co., Ltd. ············· A11

China National Machinery Industry International Co., Ltd. ······························ A12

Sinomach Capital Management Corporation ···· A13

Chinese Academy of Agricultural Mechanization Sciences ································ A14

Sinomach Science and Technology Research Institute Co., Ltd. ······················ A15

Sinomach Capital Holdings Corporation ······· A16

SINOMACH Heavy Equipment Group Co., Ltd. ································· A17

YTO Group Corporation ··················· A18

SUMEC Group Corporation ················ A19

China Perfect Machinery Industry Corp., Ltd. ··································· A20

China United Engineering Corporation ······· A21

No. 6 Institute for Project Planning and Research of Machinery Industry Co. ················ A22

Hefei General Machinery Research Institute ································ A23

Luoyang Bearing Science & Technology Co., Ltd. ·································· A24

China Electric Apparatus Research Institute Co., Ltd. ······························ A25

SINOMACH Intelligence Technology Co., Ltd ······························· A26

Guilin Electrical Equipment Scientific Research Institute Co., Ltd. ······················ A27

第一篇

重要文献

2020
中国机械工业集团有限公司年鉴
CHINA NATIONAL MACHINERY INDUSTRY
CORPORATION LTD. YEARBOOK

坚持党的领导 加强党的建设
以高质量党建引领企业高质量发展

——国机集团党委 2020 年工作报告

（2020 年 2 月 27 日）

一、2019 年工作总结

2019 年是国机集团（简称集团）党的建设全面推进的一年，集团党委在党中央的坚强领导下，在国务院国资委党委的安排部署下，坚持以政治建设为统领，深入开展"不忘初心、牢记使命"主题教育，积极推进中央巡视整改，深化落实"基层党建推进年"专项行动，坚守初心、勇担使命，加强党建、引领发展，团结凝聚广大党员干部群众，戮力同心、攻坚克难，深入推进"一个坚持、三个强化、七个着力"，为建设具有全球竞争力的世界一流企业提供了坚强保证。

（一）坚持强化政治担当，党的政治建设进一步加强

集团党委始终把政治建设放在首位，发挥党的政治建设对党的各项建设的统领作用，把准政治方向，提高政治能力，在思想上政治上行动上同党中央保持高度一致，在践行"两个维护"上走在前、作表率。

1. 坚决贯彻落实习近平总书记重要指示批示精神和中央决策部署 集团党委始终坚持自觉服务国家战略，在落实中央重大决策部署中担当作为，把践行"两个维护"体现在"振兴中国机械工业、引领机械工业前进方向"的实际行动上，落实在坚守主责主业、推动高质量发展的具体举措中。研究制定贯彻落实习近平总书记重要指示批示和党中央决策部署的工作规定，建立总书记关于本行业本企业指示批示台账，健全定期报告贯彻落实情况的督办机制，确保党中央决策部署落实落地。跟进落实习近平总书记关于中白工业园等海外项目的重要指示批示精神，成立集团"一带一路"工作领导小组，制定中白工业园高质量发展指导意见，加强基础设施建设，扩大招商引资规模；推进阿根廷铁路、斯里兰卡电站等多个项目建设运营，有力促进东道国经济社会发展，助力国家对外交流和合作。深入贯彻国家制造强国战略和创新驱动发展战略，进一步明确了装备制造业高质量发展的方向和思路。牵头组建国家重大技术装备创新研究院，发挥科技创新的支撑引领作用，提升装备制造主业核心竞争力。牢牢把握国有资本投资公司改革试点契机，深化体制机制改革，推动优化集团统筹管控，有效防范化解重大风险，破解影响改革发展的深层次矛盾和问题。始终把坚决打赢脱贫攻坚战作为重大政治任务，坚持精准扶贫精准脱贫方略，落实定点帮扶资金 3 115 万元，助力 3 个定点扶贫县（区）如期实现脱贫"摘帽"目标。

2. 扎实推进中央巡视整改 2019 年中央对集团开展巡视。集团党委全力配合中央巡视工作，自觉接受监督，召开集团"立行立改对照检查分析会"，派出 10 个检查组对集团总部及二级企业履行中央八项规定精神进行全面检查，举一反三、立行立改。根据中央巡视反馈意见，集团党委积极担负起巡视整改政治责任，梳理具体问题

98个，制定和推进整改措施477项，建立健全督促巡视整改工作机制，动态分析整改成效，确保将巡视整改落到实处。不断强化巡视成果运用，全面排查梳理海外佣金、违规招投标、违规担保、融资性贸易等情况，建章立制，堵塞漏洞，进一步防范风险，推动投资并购、招标采购、境外总承包领域等重点领域、关键环节在"阳光下运行"。通过巡视整改，进一步增强了各级党员干部贯彻党中央重大决策部署、坚守主责主业的政治自觉、思想自觉和行动自觉，切实解决了一批企业发展中的共性问题和深层次问题，有效推进了集团各项事业的改革发展。

3. 压紧压实全面从严治党主体责任 建立集团党建季度例会等工作机制，积极推行党委工作报告、评价和约谈制度，扎实开展党组织书记抓基层党建述职评议考核，压实各级党组织书记第一责任人的职责。修订《各级党委履行全面从严治党主体责任清单》，完善党委常委联系点制度，细化班子成员职责任务，压实班子成员"一岗双责"的责任。全面推进集团党委常委、二级企业党委书记、党委班子成员和基层支部书记四级党建述职评议工作，不断增强各级党员干部的党建责任意识，推动全面从严治党向基层延伸。持续优化党建工作考核评价，聚焦重点，改进方法，通过考核评价与班子薪酬挂钩、与干部评价联系，让党建软约束成为硬指标。

（二）深入开展主题教育，党的思想建设进一步提升

集团党委紧紧围绕"不忘初心、牢记使命"主题教育的总要求，守初心、担使命、找差距、抓落实，组织集团2 295个党组织和46 154名党员参加主题教育，坚持把学习教育、调查研究、检视问题、整改落实贯穿始终，解决了一批群众急难愁盼问题，高质量完成了主题教育各项工作任务。

1. 围绕习近平新时代中国特色社会主义思想开展学习教育 以读书班、报告会、中心组学习、集中研讨交流等形式，组织党员干部系统学习领会习近平新时代中国特色社会主义思想，及时跟进学习习近平总书记关于国有企业改革发展和党的建设重要论述，引导各级党员干部围绕企业改革发展稳定的突出问题和党的建设面临的紧迫问题开展专题研讨，将习近平总书记关于本行业本领域的重要论述精神、中央重大决策部署转化为推动企业改革发展、加强党的建设的思路和措施，推动了若干重大问题的解决。

2. 聚焦企业改革发展重点难点问题深入调查研究 集团党委围绕防范化解重大风险、破解供给侧结构性难题、解决关键领域核心技术"卡脖子"问题、党的建设面临的紧迫问题以及群众反映强烈的热点难点问题，深入各级企业和基层党支部开展调查研究。各级党委立足实际，注重实效，深入一线、班组、客户等进行全方位、多角度的调研走访。在此基础上，各级党员领导干部讲专题党课1 415人次，进一步教育引导广大党员干部凝聚共识，形成推动企业改革发展的合力。

3. 对照初心使命深刻检视问题 通过群众提、自己找、上级点等方法，重点对照习近平总书记重要指示批示精神和中央决策部署，结合巡视反馈问题和调研成果，全面系统梳理检视问题。各级企业召开对照党章党规找差距专题会议、领导班子民主生活会和专题组织生活会，从理想信念等方面问初心、认责任、担使命，认真检视反思，逐项查找问题，列出问题清单。

4. 突出八个专项整治狠抓整改落实 各级党组织针对调研发现的问题、巡视巡察反馈的问题、群众反映强烈的问题等，坚持立行立改、即知即改，高标准、高质量完成了各项整改工作。针对落实习近平总书记关于中白工业园、科技创新、发展装备制造业、打好三大攻坚战以及"一带一路"等5大方面、7类重要论述坚决推动整改，组建了科技发展部，提高科技工作统筹管理能力，瞄准产业关键核心环节，梳理"卡脖子"技术及关键核心技术，制定实施专项攻关计划，用整改成果检验"两个维护"成效。

（三）不断完善公司治理结构，党组织领导作用进一步发挥

集团党委坚持加强党的领导和完善公司治理相统一，全面落实"两个一以贯之"要求，进一步发挥党组织把方向、管大局、保落实的作用，不断加强党对国有企业的全面领导。

1. 强化党委领导作用 制定加强集团党的政治建设的实施意见等制度，着眼谋全局、议大事、抓重点，对关系企业改革发展稳定的重大问题把好方向关、政治关和政策关，把履行保证监督职能贯穿于前置决策的全过程。大力加强党委理论学习，修订党委理论学习中心组学习实施意见，突出中心组政治学习和理论研讨的功能作用，切实用习近平新时代中国特色社会主义思想武装头脑、指导实践、推动工作。

2. 完善议事规则 修订完善集团党委常委会议事规则、董事会工作制度和总经理工作制度，组织全级次企业健全"三重一大"决策制度和事项清单，进一步厘清各个治理主体的权责界限，全面推进党组织发挥领导作用组织化、制度化、具体化。以推进"三重一大"决策信息系统建设为载体，实现集团对各企业"三重一大"决策制度执行情况的实时监控和有效管理。

3. 推动全级次企业党建进章程 区分企业情况，加强分类指导，全面推进集团全级次企业党建工作要求纳入公司章程，强化党组织在公司法人治理结构中的法定地位，明确党组织在决策、执行、监督各环节的权责和工作方式，将企业党组织内嵌到各级企业公司治理结构中，让各级党组织和党组织书记理直气壮抓党建。

4. 落实党组织书记、董事长"一肩挑" 修订《国机集团全资、控股企业领导人员管理办法》等制度，将"双向进入、交叉任职""一肩挑"等要求纳入长效机制。全面推进落实设立董事会（执行董事）的二、三级企业党组织书记、董事长（执行董事）由一人担任，将加强党的领导体现在企业治理结构中。

（四）全面强化"三基建设"，基层党组织工作进一步夯实

2019年是"中央企业基层党建推进年"，集团党委以加强党的基本组织、基本队伍、基本制度建设为重点，以推动企业改革发展为导向，深入开展"基层党建推进年"专项行动，全面推进基层党组织标准化、规范化建设。

1. 全面强化基本组织建设 制定集团《基层党支部标准化规范化建设工作方案》，按照"一年抓短板强弱项、两年抓巩固促提升、三年抓深化上水平"思路，建立支部建设三年规划。召开集团基层党建工作交流会，交流宣传各企业党组织的经验做法，进一步提升基层组织建设整体水平。组织开展集中整顿软弱涣散基层党组织工作，对集团全系统基层党支部进行全面梳理排查，推动基层党建工作整体提升。广泛开展选树示范党支部工作，为不同行业领域党支部建设树立标杆和样本。积极推动党建与业务有机融合，持续开展党员责任区、示范岗、先锋队创建活动，组织党的建设与中心工作融合典型案例评选，让党建与业务有机融合成为企业上下的普遍共识和鲜明导向。针对集团行业多领域广的实际加强分类指导，制定境外党建工作指导书，更好推动和指导重点领域党的建设。

2. 全面推动基本队伍建设 建立集团新时代党委讲师团，赴一线基层党组织开展宣讲，不断增强广大党员对习近平新时代中国特色社会主义思想的政治认同、思想认同和情感认同。组织各级党组织书记和党务干部培训班120期，实现全系统党支部书记全员轮训，进一步提升各级党员干部党性修养和履职能力。各级企业实施年度党员教育培训计划，采取集中培训、交流研讨、现场教学等模式，运用"学习强国"、党员干部在线学习、丹棱课堂和国机大讲堂等平台，聚焦中央精神和企业改革发展中心工作，拓展学习渠道，丰富学习内容，将党员教育管理更好融入生产经营、融入党员需求。

3. 建立健全党的基本制度　深化集团党建制度体系建设，督促各级企业逐步建立健全基层党建制度规则，补齐制度短板，筑牢制度堤坝。研究制定《国机集团基层党支部工作指导手册》，以基层党组织经常性、基础性工作为重点，明确工作清单、流程、模板，为各级党组织提供作业指导，全面提升基层党建工作质量。

4. 开展经常性督查指导　落实集团《基层党组织工作经常性督查指导意见》，结合主题教育、巡视整改、党建述职、基层联系点调研、专题调研，加强对基层党建的日常督促指导。通过集团党建信息平台，定期对基层党组织"三会一课"等内容在线检查，定期通报，强化管理，进一步夯实基层基础工作。

（五）坚持党管干部，干部队伍建设进一步推进

集团党委坚持党管干部原则，不断完善选人用人制度，规范干部选拔任用程序，强化干部管理监督，加大干部交流力度，加强优秀年轻干部培养选拔，努力打造忠诚干净担当的高素质专业化干部队伍，为集团高质量发展提供重要组织保证。

1. 不断完善干部管理制度　修订《国机集团下属企业领导班子和领导人员综合考核评价办法》等干部管理制度，进一步完善了集团选人用人"1+N"制度体系，为规范选人用人工作提供遵循和依据。制定集团《关于进一步激励广大干部新时代新担当新作为的实施意见》，完善干部担当作为的激励机制。

2. 不断规范干部选拔任用程序　充分发挥党委领导和把关作用，进一步规范动议酝酿，确保民主推荐、组织考察、"凡提四必"和会议讨论决定各环节充分深入开展。前移个人有关事项报告及干部人事档案的审核关口，做到动议即审、该核早核，坚决把好人选政治关、品行关、能力关、作风关、廉洁关。进一步规范干部任前公示制度，严格执行公示期有关规定。

3. 不断加强干部日常监督管理　加强对领导班子的日常研判管理，坚持实施任期制管理，组织年度考核，推进干部能上能下。严格执行两项法规，组织集中填报个人有关事项报告，对巡视反馈的瞒报或漏报情节严重的25人逐一重新进行了认定和处理。用好提醒函询诫勉，就领导人员日常监督中发现的问题进行函询或诫勉谈话。结合集团党委巡视和党建考核，加强各级企业选人用人检查，督促做好选人用人问题整改。

4. 不断优化优秀年轻干部培养选拔　开展优秀年轻干部调研工作，形成集团党委优秀年轻干部人选名单。注重对优秀年轻干部的培养和锻炼，选调部分优秀年轻干部参加巡视整改和主题教育巡回指导组，在专项工作中淬炼、洗礼、提高。选拔7名优秀年轻干部进入集团党委管理干部序列。坚持干部工作一盘棋，积极推进干部交流工作，修订印发《国机集团干部交流管理办法》，先后安排25名干部交流任职，其中正职8名。

（六）认真落实管党治党责任，政治生态进一步净化

贯彻落实十九届中央纪委三次全会精神，坚决扛起管党治党政治责任，持之以恒正风肃纪，扎实推进纪检监察体制改革，深化政治巡视巡察，集团党风廉政建设和反腐败斗争取得明显成效。

1. "两个责任"压紧压实　召开党风廉政建设和反腐败工作会议，实现党风廉政建设责任书签订、新任职干部廉政谈话全覆盖，建立集团党委与纪委定期沟通工作机制，定期召开党风廉政建设和反腐败工作协调小组会议来推进工作。坚守政治巡视职能定位，扎实开展内部巡视巡察，分别对4家企业开展了常规巡视、机动巡视和"振兴农机装备"专项巡视，推动16家企业开展巡察工作。及时健全巡视整改机制，修订了《中国机械工业集团有限公司党委巡视巡察工作规定》等制度，通过线索移交、责任约谈、推动整改等方式，切实做好巡视"后半篇文章"，以巡视巡察进一步推动"两个责任"落实。

2. 作风建设抓长抓常 深化整治形式主义、官僚主义，紧盯重点领域和关键环节，找准和聚焦职工群众反映强烈的突出问题，制定落实整改措施。扎实抓好"中梗阻"问题的整治，梳理出贯彻决策部署等4个方面16类问题，逐一对照整治，破除各项工作中"上热中温下冷"现象，确保集团上下政令畅通。贯彻习近平总书记有关指示，坚决关停并撤销驻京办、驻外办及京外子企业在京宾馆酒店。对照国务院国资委中央企业"总部机关化"问题清单，认真开展"总部机关化"专项整改，统筹推进六项重点任务，逐项销号、立行立改，确保整改工作取得实效。专项整治违反中央八项规定精神和"四风"问题，加大通报曝光和警示教育力度，持续强化重要节点监督检查，纠"四风"转作风树新风持续深入。

3. 纪律建设更紧更严 精准运用监督执纪"四种形态"，依规依纪处理违规违纪问题，组织开展问题线索大起底，加强对执纪问责问题突出企业纪委书记责任约谈，建立落实问题线索处置和受处分人员管理制度，组织开展"廉洁宣传教育月"活动，一体推进不敢腐、不能腐、不想腐。

4. 纪检监察体制改革落地落实 制定落实集团党委纪检监察体制改革实施方案和加强纪检监察组织建设的意见，建立健全纪检监察制度机制，充实纪检监察干部队伍，加强教育培训和培养锻炼，纪检监察组织建设、制度建设、队伍建设持续加强。

（七）全心全意依靠职工，企业发展合力进一步增强

坚持以职工为本，充分发挥广大职工在企业改革发展的主力军作用，增强职工的归属感和主人翁意识，激发职工的工作积极性和劳动热情，为企业改革发展稳定营造良好氛围。

1. 强化宣传引导，凝聚发展共识 充分利用《国机集团报》、集团网站、微信平台等媒介，围绕深入学习习近平新时代中国特色社会主义思想等内容，聚焦集团工作会、全国"两会"、集团农机板块振兴会议、中白工业园建设、第二届进博会等重点工作开展宣传。开设"大国顶梁柱阔步新时代专题""一线"栏目，宣传集团改革发展成绩，报道集团一线团队、员工、项目，以鲜活的一线故事，透视集团改革发展的大进步。

2. 加强文化建设，提升企业竞争软实力 以庆祝新中国成立70周年为契机，开展寻根溯源集团企业发展史调研工作，坚定初心使命，追溯历史来路，更好展现集团行业领跑者的责任与担当。成功举办"壮丽70年奋斗新时代——国机集团庆祝新中国成立70周年主题展览"，集中展示我国机械工业的光辉历程和集团的发展成就。开展工业文化遗产申报工作，发挥工业遗产的文化功能和社会价值，提升企业文化影响力。

3. 强化品牌建设，打造统一品牌形象 实施品牌一体化战略，推动"国机集团"主品牌形象在各级企业一体化使用，为提升集团的整体竞争力、实施高质量发展，提供强大的软实力支持。继续树立国机品牌、讲好国机故事，《心中的金腰带》成功入围中央企业典型品牌故事。

4. 坚持党的领导，发挥工团桥梁纽带作用 选举产生新一届集团工会委员会，健全工会组织体系，激发各级工会活力，为更好地服务职工、保障职工合法权益奠定组织基础。组织开展工会主席、优秀班组长培训班，电焊工技术比武，劳模评选和乒羽赛等系列活动，增强员工的凝聚力、向心力。结合企业实际，开展"青年文明号""青年岗位能手"等团内评比表彰活动，借助"振兴杯"全国青年技能大赛平台开展岗立练兵。组织"手挽手圆梦微心愿""品家书·悟初心·遇知己"等活动，进一步增强员工的获得感。继续开展困难职工关爱帮扶工作，向418名困难职工及困难职工子女发放爱心基金232.7万元。

回顾集团一年来党的建设历程，我们有四点认识和体会：

（1）坚持党的领导是企业发展的根本保证。行业的变革、企业的发展，与党中央决策部署紧密相关。正是在党中央的正确领导和亲切关

怀下，集团党委把方向、管大局、保落实，各级党组织和广大党员一心向党、矢志奋斗、勇往直前，为企业改革发展提供了坚强的保证。

（2）服务国家战略是集团的使命追求。集团坚持全面履行中央企业的政治责任、经济责任和社会责任，增强服务国家战略的责任担当，围绕国家工业发展政策和行业发展趋势，积极优化产业布局、调整产品结构，突出发展质量和效益，为我国经济社会发展作出应有贡献。

（3）改革创新是集团发展的不竭动力。集团始终把创新作为引领发展的第一动力，明确装备制造业高质量发展的方向和思路，牵头组建国家重大技术装备创新研究院，发挥科技创新的支撑引领作用。全面推进国有资本投资公司改革试点，在优化布局、调整结构、战略性重组、发展混合所有制经济等方面取得新进展。

（4）职工群众是集团发展的主力军、生力军。广大职工群众是集团持续健康发展最基本最可信赖和依靠的力量。集团始终坚持全心全意依靠职工群众办企业，以打造"幸福国机"为目标，切实维护员工利益，持续推进职业发展通道建设，促进员工与企业共同成长，培养和凝聚了一批技术、管理和高技能优秀人才。

回顾过去、展望未来，成绩令人鼓舞，经验弥足珍贵。在肯定成绩的同时，我们也要看到，对照新时代党建工作总要求，当前集团党的建设还存在一些不足：一些企业党委对党的方针政策理解得还不够深不够透，运用党的理论破解改革发展难题的能力需要进一步加强。一些企业党委对发挥党建引领作用研究不深、思路不广、措施不多，党的建设和中心工作深度融合有待进一步加强。各企业党建工作还不够平衡，强化党建责任、加强党建指导的工作需要进一步深化。基层党组织建设仍存在一些薄弱环节，需要进一步严格党内政治生活，规范基层基础工作，在提升党建工作实效性和针对性上下更大功夫。个别企业党员干部违规违纪违法现象仍有发生，党风廉政建设和反腐败工作需要持续发力，久久为功。这些问题需要重视，警醒我们全面从严治党永远在路上，坚持党的领导、加强党的建设不能有丝毫松懈。

二、2020年党建工作

2020年是全面建成小康社会和"十三五"规划收官之年，也是集团改革发展的关键之年。必须切实加强党的领导和党的建设，为企业改革发展提供根本保证。做好2020年党建工作的总体思路是：以习近平新时代中国特色社会主义思想为指导，全面贯彻落实党的十九大、十九届二中、三中、四中全会和中央纪委四次全会精神，全面贯彻落实新时代党的建设总要求和新时代党的组织路线，全面贯彻落实中央经济工作会议精神和中央企业负责人会议部署，围绕建设具有全球竞争力的世界一流企业这一目标，以"党建巩固深化年"专项行动为抓手，坚持加强党的领导与完善公司治理相统一、党管干部党管人才与市场化选人用人机制相统一、党组织设置与企业组织架构相统一、社会主义核心价值观与企业先进理念相统一、党内监督与企业内控机制相统一、党建责任制考核与经营业绩考核相统一，加快推动党建工作提质、增效、升级，有力推进党的建设和生产经营深度融合，确保实现高质量的稳增长，确保企业改革取得突破性进展，确保为国家重大战略实施提供有力保障，确保守住不发生重大风险的底线，把党的建设优势更好转化为竞争优势发展优势，把制度优势转化为治理效能，以高质量党建引领高质量发展。

（一）坚持加强党的政治建设，坚决贯彻中央决策部署

国有企业是中国特色社会主义的重要物质基础和政治基础，是党领导的国家治理体系的重要组成部分，做好集团各项工作，必须坚持党对国有企业的领导不动摇，以党的政治建设为统领，坚决贯彻落实习近平总书记的重要指示批示和中央重大决策部署，引导推动集团各级党组织和广大党员干部职工增强"四个意识"、坚定"四个自信"、做到"两个维护"。

1. 自觉提升政治站位，在贯彻落实中央决策部署中担当作为 讲政治是具体的，"两个维护"要体现在坚决贯彻党中央决策部署的行动上，体现在履职尽责、做好本职工作的实效上。新年伊始，我们遇到了新冠肺炎疫情这一突发事件。党中央对此高度重视，全面加强对疫情防控的集中统一领导，坚决遏制疫情蔓延势头。集团坚决贯彻习近平总书记的一系列重要讲话和指示精神，坚决落实党中央及国务院国资委党委的一系列安排部署，紧急行动、全力以赴，以战时状态加快扩产、增产、转产步伐，有力保障疫情急需防护物资的生产供应。在这场疫情防控阻击战中，集团各级企业发挥各自所长，服务国家所需，在医疗防护设备和物资的研发生产中、在医疗场所的设计建设中、在物资保障的统筹调配中勇挑重担、担当作为。各级党组织和广大党员、干部冲锋在前，顽强拼搏，充分发挥了战斗堡垒作用和先锋模范作用，以实际行动为疫情防控工作作出了重大贡献。讲政治、敢担当是中央企业的一贯要求。集团各级党员干部要主动站在党和国家事业全局的高度谋划企业改革发展党建各项工作，坚持党的全面领导，坚持稳中求进工作总基调，坚持新发展理念，坚持履行责任使命，更加注重聚焦主责主业，更加注重技术创新，更加注重优化布局结构，更加注重夯实发展基础，更加注重增强集团的竞争力、创新力、控制力、影响力和抗风险能力。要结合国有资本投资公司改革试点，聚焦"一带一路"倡议和制造强国等国家战略，将党的建设成效体现在坚持创新驱动发展，着力加快科技创新，培育关键核心技术，发挥"国家队"作用的实际行动中。要继续深入学习贯彻习总书记关于新冠肺炎疫情防控和经济社会发展的一系列重要讲话和指示精神，毫不放松抓好疫情防控工作。坚决贯彻落实党中央关于疫情防控工作的一系列安排部署，全力保障疫情防控急需医疗物资和设备的生产供应。按照《企事业单位复工复产疫情防控措施指南》，克服工作困难，采取有效措施，有序开展复工复产。及时对企业生产经营情况进行全面研判，对受到疫情影响的生产、项目、资金、合同等，提前制订预案，采取积极措施，千方百计、全力以赴，把疫情对生产经营发展的影响降到最小。集团各级党组织和广大党员干部要把疫情防控斗争和恢复生产经营活动作为锤炼党性、体现初心、担当使命的重要契机，为打赢疫情防控阻击战和稳增长攻坚战作出积极贡献。

2. 始终坚定理想信念，在强化创新理论武装中担当作为 方向决定道路，道路决定命运。习近平新时代中国特色社会主义思想是马克思主义中国化的最新成果，对于我们把握大势趋势、分析矛盾问题、应对困难挑战具有很强的战略性、思想性和指导性。各级企业要把学懂弄通做实习近平新时代中国特色社会主义思想作为首要政治任务，将学习贯彻总书记重要讲话和指示批示精神作为党委会议"第一议题"，作为各级党委理论学习中心组学习、党员干部教育培训的必修课，从中汲取破解改革发展难题的智慧和方法，提高攻坚克难、解决问题的能力和水平，努力把学习成果转化为推动集团高质量发展的动力和源泉。

3. 深入落实十九届四中全会精神，在完善现代企业治理体系中担当作为 党的十九届四中全会深刻阐释了坚持和完善中国特色社会主义制度、推进国家治理体系和治理能力现代化的重大意义和总体要求。要持续深入开展多形式、分层次、广覆盖的学习宣传活动，采取集中轮训、巡回宣讲、专题报告等多种方式，做到中心组学习与支部学习、集中学习与专题学习、个人自学与研讨交流相结合，确保学习时间、效果、组织"三到位"。要把十九届四中全会决策部署落实到集团改革发展各项工作中，把党的领导融入法人治理结构中，不断完善中国特色现代企业制度，不断健全公司治理主体议事规则，明确权责清单，落实党委在"三重一大"事项中的决策权、把关权、监督权，切实把党的领导制度优势转化为公司治理效能。要围绕建立健全国家公共卫生应急管理体系、应急物资保

4. 持续深化巡视整改，在解决问题、完善机制中担当作为 集团巡视整改取得了阶段性成果，但仍要持续发力、深化整改，做到标准不降、尺度不松、力度不减，把巡视整改作为推动企业改革发展的强大动力。坚持问题导向，完善长效机制，深化和巩固巡视整改成果，聚焦制度执行中的形式主义、官僚主义，工作中的"上热中温下冷"现象，企业管控中的"放羊式"管理等问题，持续推动整改，做到标本兼治、全面提升，以巡视整改新成效推动集团高质量发展。

（二）坚持加强党的全面领导，充分发挥党建引领作用

坚持党的领导、加强党的建设，是国有企业的根和魂，是我国国有企业的独特优势。各级党组织要坚持把党建工作融入企业改革发展稳定各个环节，切实将党建活力转化为发展活力，将党建优势转化为竞争优势、发展优势。

1. 围绕企业中心工作坚持党的领导 各级企业要牢固树立党建工作与生产经营深度融合的理念，把企业改革发展的重点难点作为党建工作的着力点和突破口，坚持党建工作和中心工作一起谋划、一起部署、一起考核，在坚持提质增效，保持生产经营平稳增长；坚持战略引领，推动业务高质量发展；坚持改革正确方向，抓好国有资本投资公司试点运行；坚持创新驱动发展，加快科技创新；坚持以管理为支撑，打造世界一流企业；坚持稳健发展，防范化解重大风险；坚持高起点起步、高质量运行，推动国机工程集团行稳致远等重点工作中履职尽责、担当作为，以企业改革发展成果检验党组织工作成效。要充分发挥企业党委把方向、管大局、保落实的重要作用，建立健全各级企业党委研究分析重大问题、督促落实重点工作的常态化机制，围绕企业改革发展稳定的重大问题加强沟通协调，围绕影响和制约企业发展的重点难点问题深入调研研讨，围绕改革过程中的重大举措开展风险评估，围绕重点工作推进情况定期督查落实，把党组织的政治优势转化为企业改革发展的核心竞争力。

2. 围绕企业生产经营加强党的建设 各级党组织要围绕企业生产经营目标和重点难点任务设计党建主题，通过主题研讨等活动，统一思想、凝聚共识；用好党员突击队、党员责任区、党员示范岗等载体，激发党员干事创业的热情，发挥党组织的凝聚力和党员的先锋模范作用。通过党员特别是党员领导干部在重要项目和急难险重任务中勇挑重担，让勇于担当、敢涉险滩、迎难而上、敢啃硬骨头成为集团各级干部职工的价值追求和主旋律。

3. 围绕使命责任开展宣传引导 人心齐，泰山移。集团改革发展和党的建设各项工作，需要全体国机人拧成一股绳，齐心协力，共同奋斗。继续发挥好新时代集团党委讲师团的作用，深入基层开展宣讲。各级党组织要把宣传思想工作放在突出的位置抓好抓实，结合企业实际开展形势任务教育，推进思想政治工作进基层、进班组、到项目，传承发扬机械工业优良传统，凝聚干事创业的精气神。要开展正面宣传和舆论引导，大力宣传新冠肺炎疫情防控和生产经营各项工作中涌现的先进典型，讲好国机故事，营造集团改革发展的良好氛围。持续推动品牌一体化战略，加强国机品牌传播。深入开展对外宣传，充分利用好海外主流媒体，不断提升集团文化软实力。

4. 围绕全面从严治党落实主体责任 近年来，集团逐步建立起各级企业党建责任体系，各级党员干部责任意识明显增强。要持续推动全面从严治党向基层延伸，企业党委要认真履行党建主体责任，切实加强对党建工作的研究谋划、部署推动、督促落实。要完善"双向进入、交叉任职"领导体制，建立董事会的二三级企业，要全面推行党委书记、董事长"一肩挑"，党员总经理兼任党委副书记，真正落实党委书记第一责任。要强化党员领导干部"一岗双责"，落实对分管

领域、分管单位的党建责任。要在各级企业广泛实施党建例会制度，定期通报情况，点评问题，推进工作，不断完善基层党组织经常性督促指导工作机制。要进一步健全"述评考用"有效贯通的工作机制，全面推动各级党组织负责人述职评议，不断优化党建考核评价工作，强化考核评价结果运用，逐级传导党建责任，形成一级抓一级、层层抓落实的良好局面。

（三）坚持强队伍增活力，为企业改革发展提供干部人才支撑

党的干部是各项事业的中坚力量。全面贯彻执行党的路线方针政策，推动集团改革发展和党建各项工作，需要一支"对党忠诚、勇于创新、治企有方、兴企有为、清正廉洁"的干部队伍。集团党委将进一步完善"1+N"选人用人制度体系，切实打好"选育管用"组合拳，推进干部队伍年轻化，巩固深化干部队伍建设和高层次人才队伍建设。

1. 严格政治标准"选优" 坚持正确用人导向，突出政治标准和专业能力，进一步严格规范干部选拔任用的动议提名、组织考察、讨论决定等程序，严把人选政治关、品行关、能力关、作风关、廉洁关，坚决防止"带病提拔""带病上岗"。坚持事业为上、依事择人、人岗相适，突出实践、实干、实绩，从推进企业高质量发展大局出发，大力选拔使用政治过硬、敢抓敢管、业绩突出、制度执行力和治理能力强的干部，注重在疫情防控阻击战一线考察识别领导班子和领导干部，确保将忠诚干净担当的合适干部选拔到合适的领导岗位上来，使组织放心、职工满意、干部服气。

2. 注重基层实践"育强" 要增强干部素质培养的系统性、持续性、针对性，优化干部成长路径，把理想信念教育、知识结构改善、能力素质提升贯穿干部成长全过程，着力培养领导干部在困难挑战面前知重负重、坚韧不拔的优良作风，增强能干事、会干事、干成事的专业本领。加大优秀年轻干部的培育力度，推进更多优秀年轻干部进入企业领导班子或重要岗位，始终保持"一池活水"。坚持教育培训与实践锻炼相结合，有计划、有组织地选派优秀年轻干部到急难险重、攻坚克难、重大专项任务中锻炼培养。

3. 抓好日常监督"严管" 加强对领导班子思想状况和运行情况的研判，坚持任期制管理，全面推进年度考核，强化考核结果反馈及运用，推进干部能上能下，及时调整优化班子结构，确保企业持续健康运行。树立"严管就是厚爱"理念，加强对"关键少数"领导人员特别是一把手的管理，加强对重点企业、重点部门和关键岗位干部的管理。在日常监督上下功夫，坚持抓早抓小、防微杜渐，使"咬耳扯袖""红脸出汗"成为常态，把管思想、管工作、管作风、管纪律统一起来，进行全方位监督和管理。严格执行请示报告制度，严格领导人员兼职管理、档案管理、因私出国（境）管理、亲属任职管理。严格执行干部选拔任用纪实制度，加强选人用人检查，严肃追究问责，不断规范企业选人用人工作。

4. 突出担当作为"锻炼" 要更加突出讲担当、重实干的选人用人导向，坚决把勇于担当作为、狠抓工作落实、工作业绩突出的领导干部选出来、用起来。要坚持干部工作一盘棋，全面推进干部交流，推进在同一企业任满规定年限应当交流的干部进行交流或轮岗，不断培养复合型干部，加强企业间协同，在交流中发现干部、培养干部、推动工作。要注重在疫情防控斗争一线考察识别领导班子和领导干部，及时表彰、使用和选拔防控斗争中表现突出的党员、干部。要不断完善担当作为的激励机制，用好综合考核评价，进一步加大正向激励的力度。落实好"三个区分开来"要求，切实保护好干部职工干事创业的积极性，让广大干部职工心无旁骛、放开手脚干事业。

5. 立足长远发展"培养" 集团将正式成立集团党校，目的就在于加强集团党员干部的教育培训，抓好理论武装和党性教育，强化能力建设和系统培养，为建设世界一流企业培育一流队伍。

2020年还将召开集团科技创新大会，贯彻落实习近平总书记"发挥国有企业在技术创新中的积极作用"重要指示，集中集团科研院所创新资源优势，深入推进高水平科研平台建设、高层次科技人才培养与科技管理机制创新，以服务国家战略为己任，发挥高层次科技人才在创新发展中的引领作用，立足创新提高企业核心竞争力。今后集团科技创新大会每两年召开一次，与基层党建工作交流会交替进行，形成长效机制。要围绕集团组建国家重大技术装备创新研究院，聚焦解决装备制造"卡脖子"问题，大力引进培养"高精尖缺"高层次人才，不断加强人才梯队建设。要大力弘扬工匠精神，积极培养国家级技能人才，持续推进集团高层次人才选拔培养工作，持续深化人才发展体制机制改革，以培养创新精神和创新能力为重点，不断完善和改进人才培养机制、评价机制、激励机制，为集团聚焦主责主业、实现高质量发展提供强大人才支撑。

（四）坚持全面推进"三基建设"，为实现企业高质量发展提供强大的组织保障

党的工作最坚实的力量支撑在基层，最突出的矛盾问题也在基层，必须把抓基层打基础作为长远之计和固本之策，丝毫不能放松。2020年是"中央企业党建巩固深化年"，集团将开展"党建巩固深化年"专项行动，以巩固深化"三基建设"为主线，以党建工作与生产经营深度融合为导向，通过打造组织体系严密、党员队伍过硬、基本制度健全的坚强战斗堡垒，为集团改革发展提供坚强保证。

1. 实施"党建强基工程"，全面建强基本组织 增强各级党组织政治功能和组织力，着力实现党的组织和党的工作全覆盖，发挥基层党组织在重大任务落实中的战斗堡垒作用。按照"一年抓短板强弱项，筑牢基础；两年抓巩固促提升，全面规范；三年抓深化上水平，创建模范"的总体思路，持续推进基层党支部标准化规范化建设，严格党内生活，细化标准流程，建设组织健全、制度完善、运行规范、活动经常、档案齐备和作用突出的基层党组织。要持续推进基层示范党支部培育工作，做好跟踪了解、调研验收和总结提炼工作，发挥示范党支部的引领带动作用，规范提升基层党支部建设水平。党组织建在项目、建在车间、建在班组，是集团基层组织体系的一个特点，要针对职能部门、科研院所、项目团队、车间班组等不同情况，加强分类指导，确保党的组织设置始终与企业改革发展相适应、与生产经营相适应、与组织管理幅度相适应。要重视建强党小组，发挥党小组作用。要落实国资委党委关于加强混合所有制企业党建的指导意见，巩固集中整顿软弱涣散基层党组织工作成果，聚焦"无党员班组"等问题，"一企一策"推进整改。探索境外党建的有效载体，交流党建工作的典型经验，因地制宜创新境外党建工作，让党的组织真正成为境外队伍建设的"稳压器"、境外项目推进的"压舱石"。

2. 实施"能力提升工程"，全面强化基本队伍 建设一支高素质的党务干部队伍，是党的建设的重要基础。各级党组织要坚持高标准、严要求，选好配强党务工作干部，实施党务干部队伍能力提升"三年登高计划"，通过集中培训、轮岗交流、实践锻炼等途径，帮助党务干部提高政治素质和业务能力。探索开展专兼职党务干部全员培训和岗位测试，重点考查各级党务干部的党建基础理论和业务能力，努力把"三懂三会三过硬"（即：懂党务、懂业务、懂管理，会解读政策、会疏导思想、会总结经验，政治过硬、作风过硬、廉洁过硬）的骨干选拔到党建工作岗位。把党务工作作为培养领导人才的重要渠道，注重从优秀年轻干部中选拔党务工作者，加大党务干部与其他岗位干部的交流力度，使党务干部队伍始终保持活力。发挥支部管到人头的特点，严格党员教育管理监督，落实好"三会一课"等制度，创新党员教育管理形式，把党员管住管好，使每名党员都成为一面鲜红的旗帜，每个支部都成为党旗高高飘扬的战斗堡垒。制定实施2019—2023年集团党

员教育培训工作规划，切实提高集团党员教育培训工作科学化水平，培养造就忠诚干净担当的高素质专业化党员队伍。

3. 实施"制度保障工程"，全面完善基本制度 习近平总书记在主题教育总结大会上提出，不忘初心、牢记使命，必须完善和发展党内制度，形成长效机制。要细化落实党中央关于建立不忘初心、牢记使命制度的各项要求，巩固拓展主题教育成果，把学习教育、调查研究、检视问题和整改落实中形成的好经验好做法用制度形式固化好，健全和落实不忘初心、牢记使命的常态机制，把不忘初心、牢记使命作为加强党的建设的永恒课题和全体党员、干部的终身课题。要加强对各级企业贯彻落实《关于新形势下党内政治生活的若干准则》的检查指导，建立健全民主生活会会前把关、列席指导、及时叫停、责令重开、整改通报等制度机制。要深入贯彻落实中央新制定的《中国共产党国有企业基层组织工作条例（试行）》，通过组织专题培训、研讨交流、辅导报告等形式，使各级党组织和党员干部深入领会《条例》精神，严格遵守和执行《条例》规定，完善配套制度，强化制度执行。要聚焦国资委党委提出的"党的领导与公司治理相结合的治理体系"等六大体系，结合企业生产经营和党的建设实际，督促指导各级企业对现有党建制度全面梳理，补齐制度短板，筑牢制度堤坝，确保基层党建工作有章可循、有规可依。

（五）坚持"严"字当头抓作风，为企业经营发展、攻坚克难凝聚强大动力

落实中央重大决策部署，完成集团2020年各项工作，关键要树立和弘扬良好的作风，履职尽责敢担当，求真务实见成效。

1. 持续深化纠"四风" 2019年，集团党委认真落实习近平总书记关于集中整治形式主义、官僚主义和深入落实中央八项规定精神的重要指示批示精神，结合中央巡视整改、主题教育专项整治和"总部机关化"专项整改，持续整治形式主义、官僚主义，打通"中梗阻"，取得了一些成效。但作风建设永远在路上，没有完成时。要坚持从集团总部抓起，各级企业都要把自己摆进去，针对工作中存在的形式主义、官僚主义问题进行持续查摆和整改，注重从思想观念、工作作风和领导方法上找根源，切实把各级党员干部职工从一些无谓的事务中解脱出来，全力以赴抓经营，一心一意谋发展，持之以恒强党建，把工作落到实处。各级企业党委特别是党委书记要树立正确政绩观，不定不切实际的目标，不开不解决问题的会，不发没有实质内容的文，不做"只留痕不留绩"的事，坚决克服形式主义、官僚主义。

2. 聚焦职责转作风 2020年集团将深入推进国有资本投资公司试点工作。重塑优化总部职能，提升战略决策、资源配置、资本运作、监督评价、党的建设能力。集团总部各部门都面临转职责、转作风的问题，要紧密结合集团改革发展党建中心任务和部门职责，认真研究和解决贯彻落实党和国家决策部署的重大问题，思考和破解影响企业长远发展的重点难点问题，创造性地把党中央决策部署落实到本部门、落实到各级企业，把战略转化为规划，把规划转化为计划，把计划转化为具体行动，对集团总部来说，这就是最大的理论联系实际。要着力优化管控模式，围绕着市场化、规范化、专业化的管理导向，调整优化总部组织机构，进一步有效划分总部各部门的权责边界，按照放管结合、优化服务的思路，结合实际做好授权放权，精简优化审批流程，提高管理效率，增强服务意识，提升工作能力。

3. 联系群众强作风 密切联系群众是我们党的最大政治优势。集团要完成生产经营各项工作，实现高质量发展，必须深入一线，找准基层企业存在的实际问题；必须真刀真枪解决问题，坚决让各项工作部署取得实效；必须调动一切积极因素，团结带领广大党员干部职工积极投身企业改革发展。这些都需要各级党组织和党员干部大力弘扬密切联系群众的优良作风，坚持从群众中来，

到群众中去，在企业生产经营中，充分听取群众意见、反映群众意愿，准确掌握基层实情，切实提高决策的民主化和科学化水平。各级党员领导干部特别是党组织负责人，要关心本企业本部门干部职工的思想、工作和生活情况，切实帮助干部职工解决实际困难，让他们充分感受组织的温暖，进一步激发和调动广大干部职工的工作积极性，增强队伍的凝聚力和战斗力。

（六）坚持党风廉政建设和反腐败工作不放松，打造风清气正的经营环境

党风廉政建设和反腐败斗争是一场攻坚战，更是一场持久战。集团各级党组织要进一步强化全面从严治党政治责任，巩固拓展作风建设成效，健全完善巡视巡察上下联动工作格局，进一步巩固和发展反腐败斗争成果，为推动集团高质量发展营造风清气正的干事创业环境。

1. 构建一体推进"不敢腐、不能腐、不想腐"体制机制　始终保持惩治腐败高压态势，加大工程承包、招投标等重点领域和关键环节的反腐力度，严肃查处靠企吃企、设租寻租、关联交易、内外勾结侵吞国有资产等问题。深化以案为鉴、以案促改，强化警示教育，认真落实受处分人员管理办法，做好监督执纪问责"后半篇文章"。进一步完善和落实容错纠错机制，激发企业领导干部干事创业、担当作为的激情。

2. 推动监督体系优势更好转化为治理效能　持续深化纪检监察体制改革，指导推动集团二级和三级重点企业加强纪检机构组织建设。完善纪检监察工作制度机制，提升纪检监察工作规范化、法治化水平。加强纪检监察干部教育培训、实践锻炼和岗位交流，提升纪检监察干部能力素质水平。

3. 持续深化政治巡视　继续抓好中央巡视反馈问题整改落实，建立长效机制；统筹谋划、分类推进常规巡视、专项巡视、机动巡视，适时开展巡视"回头看"；加强对巡视巡察整改落实的日常监督、督促检查；探索巡视巡察与群众监督、舆论监督等贯通融合、上下联动，坚定不移深化政治巡视巡察。

（七）坚持以人为本聚合力，营造团结奋进的良好氛围

职工群众是企业改革发展的主体，实现高质量发展离不开每个人的积极参与和主动作为。要强化与广大职工群众的血肉联系，在巩固和拓展同心同向、步调一致的企业发展新格局上发挥积极作用，不断增强职工群众的获得感、幸福感和安全感。

1. 弘扬和践行社会主义核心价值观　围绕国有资本投资公司改革试点实施方案推进企业文化建设，探索加强企业文化传播与落地，突出集团传承振兴机械工业的使命与担当，开展机械工业纪念日活动、国企开放日活动和企业文化培训，增进集团员工对于集团企业文化及机械工业使命传承的认知和理解，以软实力打造战斗力、提升凝聚力。

2. 加强党对群团工作的领导　不断健全以职代会为基本形式的民主管理制度，创新群众工作方式方法。以围绕中心、服务大局为主线，教育引导团员青年做新时代的接力者、开拓者、奋斗者。教育引导统战成员爱国爱企、建言献策、争做贡献，切实把统战成员的智慧力量凝聚起来、发挥出来。

3. 切实履行社会责任　按照摘帽不摘责任、摘帽不摘政策、摘帽不摘帮扶、摘帽不摘监管的要求，助力打赢脱贫攻坚战。同时，要保证企业和谐稳定，抓好安全生产、维稳信访等工作。

2020年是"十三五"规划的收官之年，也是实现第一个百年奋斗目标，坚决夺取全面建成小康社会伟大胜利的关键之年。各项工作已经明确，责任重大，使命光荣，让我们更加紧密地团结在以习近平同志为核心的党中央周围，坚定信心，锐意进取，只争朝夕，不负韶华，为实现集团高质量发展努力，为实现中华民族伟大复兴的中国梦奋进。

稳中求进 奋发有为 高质量推进改革发展迈上新台阶

——在国机集团2020年工作会议上的讲话

（2019年12月30日）

张晓仑

这次会议的主要任务是，以习近平新时代中国特色社会主义思想为指导，认真学习贯彻党的十九大和十九届二中、三中、四中全会以及中央经济工作会议、中央企业负责人会议精神，回顾总结2019年工作，分析研判形势，研究部署2020年工作，动员广大干部职工把握新形势新任务新要求，稳中求进、奋发有为，高质量推进国机集团改革发展迈上新台阶。

一、2019年主要工作

面对国内外风险挑战明显上升、机械行业增速下滑的复杂局面，国机集团坚持以习近平新时代中国特色社会主义思想为指导，增强"四个意识"，坚定"四个自信"，做到"两个维护"，坚决贯彻落实党中央、国务院及国资委决策部署，牢牢把握稳中求进工作总基调，牢固树立新发展理念，落实高质量发展要求，着力处理好"四个关系"，深入推进"一个坚持、三个强化、七个着力"安排部署，聚焦主责主业，着力推进企业治理体系和治理能力现代化，各项工作进展有序，取得了可喜成绩。

（一）生产经营平稳发展

1. 企业经营稳中有进、难中有成 2019年，实现营业收入2924.6亿元、利润总额100.4亿元，完成年度预算目标；考核口径净利润101.3亿元，完成国务院国资委考核目标的103.5%；经济增加值20亿元，同比增长14.3%，圆满完成国务院国资委考核目标。位列《财富》世界500强第250位，较2018年提升6位。

净利润前五名的企业是：中设集团、苏美达股份、恒天集团、中工国际、国机重装；利润总额前五名的企业是：中设集团、恒天集团、苏美达股份、中工国际、国机重装；营业收入利润率前五名的企业是：合肥通用院、中工国际、中设集团、中国电器院、中机六院；营业收入前五名的企业是：苏美达股份、国机汽车、恒天集团、中设集团、国机重装。

2. 运营质量有效改善

（1）亏损企业专项治理稳步推进。亏损企业户数由251户下降到126户，下降50%；亏损面由21.6%下降到10.8%；亏损额由67亿元下降到32.7亿元，下降51.2%。完成全年亏损面、亏损额各降50%的目标。中国联合、中国电器院、中机六院、中机建设、桂林电科院、中国自控近两年未出现亏损企业。恒天集团、国机汽车亏损企业户数大幅减少。

（2）资金集中度明显提高。截至11月底，全口径资金集中度44.1%，较年初提高14个百分点。可归集资金集中度73.0%，较年初提高15.1个百分点。全口径资金集中度超过80%的有：桂林电科院、中国自控、中装集团、中国一拖、中机六院、中国农机院；考核口径资金集中度超过80%的有：中设集团、国机资本、国机资产、苏美达股份、中工国际、轴研科技、中机国际。

（3）资产负债率有效降低。预计今年集团资产负债率65.6%，较年初下降1.8个百分点，较好地完成了国务院国资委降杠杆减负债目标。

（4）账户清理进展明显。预计全年累计净销户2 724户，净销户比例为22.8%，超额完成全年销户目标。企业账户数量从年初的11 953户压减至9 229户。

（5）国务院国资委三年压减专项任务顺利完成。户数累计压减比例达到23.47%，管理层级和法人层级均压缩两级。

（6）降本增效取得较好效果。成本费用对标行业先进水平，查找管理短板，强化预算管控，明确管控主体，落实管控责任。集团全年毛利率水平同比保持稳定，期间费用增幅得到一定控制。

（7）"处僵治困"完成阶段性任务。集团纳入"处僵治困"专项工作范围90户企业，其中87户企业达到主体工作任务完成标准。

（二）切实担当责任使命

围绕国家重大战略，充分发挥资本、技术、管理、人才等优势，进一步聚焦主责主业，锻造国机所长，服务国家所需。

1. 积极服务国家战略　参与××工程，积极认领攻关任务。进一步完善国家重大技术装备创新研究院组建方案。贯彻落实中央财经委员会第五次会议精神，研究部署产业基础共性工作，强化科研院所行业服务功能。落实党中央、国务院关于促进农机产业发展的重要决策部署，启动农机技术重大专项工作，着力解决"无机可用""有机难用"问题，聚焦"卡脖子"关键核心技术，加强攻关。积极参与京津冀协同发展、长三角一体化发展、粤港澳大湾区建设、长江经济带发展等国家重大区域战略。深入共建"一带一路"，完善海外区域中心试点，持续推进属地化经营。积极响应更高水平对外开放举措，深度参与第二届进口博览会各项工作，为国务院国资委"中外企业合作论坛"做出突出贡献，受到国务院国资委的表扬。

2. 深入推动军民融合　成立军民融合发展领导小组，加强对军民融合发展的方向引导和工作指导。制定颁布关于推进军民融合产业发展的指导意见，明确"重大平台建设""重点企业培育""重点行动实施"三大任务，工作取得积极进展。

（三）企业改革有序推进

1. 完善国有资本投资公司试点方案　总体方案获国务院国资委正式复函，基本完成实施方案，进一步明确业务布局、管控体系、市场化经营机制等重大改革方向。

2. 稳步调整布局结构　深入推进以主业板块核心企业或上市公司为平台的资源整合，完成中工国际与中国中元、国机汽车与中汽工程、蓝科高新与中国能源重组整合收尾。整合集团工程资源，筹建国机工程集团。搭建科研院所核心业务平台，完成国机研究院与沈阳仪表院及重材院、合肥通用院与中通公司的重组。有序退出低效无效业务。

3. 积极优化集团管控　研究梳理集团管控体系，制定集团总部权责事项清单、授权放权清单，进一步厘清集团总部与下属企业权责边界。

4. 稳妥推进"双百行动"和混合所有制改革　积极落实国务院国资委要求，确定"双百行动"综合改革总体实施方案，推进四家企业深化改革。制定混合所有制改革指导意见。中国二重重新上市申请，上交所12月18日正式受理。中国电器院11月5日成功登录科创板，成为央企混合所有制员工持股改革试点企业中首家上市企业。

5. 着力推动解决历史遗留问题　加强对重点企业、重点区域的督办检查，全面落实维稳责任，推进"三供一业"分离移交收尾。"三供一业"移交完工总户数占签约户数的96%。基本完成教育医疗机构改革，厂办大集体改革完成比例超过86%。

（四）创新驱动取得成效

1. 科技创新能力持续增强　全年技术投入比率2.3%，较2018年增长0.1个百分点，其中研发经费投入强度1.4%。新增国家科研项目59项、国拨科研经费4.12亿元，新增省部级以上科研平台21家。中国一拖牵头的国家农机装备制造业创新中心获批设立，标志着集团在新一轮国家级创新平台布局中取得重要突破。

2. 科技创新成果持续涌现 全年获得授权专利1 273项，其中发明专利351项；制修订并发布实施国家及行业标准544项；获得省部级以上科技成果奖励265项。

3. 科技管理水平持续提高 加强科技创新工作，完善科技管理模式，制定科技创新改革重点任务与措施，推进落实科技资源协同、关键技术攻关、高层次科技人才培养、成果推广应用，着力提升平台能力、行业服务能力、质量管理能力。有序推进"国机特检"资源整合，助力提升集团行业影响力。

4. 科技人才激励机制持续完善 围绕组建国家重大技术装备创新研究院，聚焦解决"卡脖子"关键核心技术，建立健全科技人才发展体制机制。积极推进上市公司股权激励和科技型企业分红激励。修订完善人才引进实施办法和高层次科技专家选聘管理办法，畅通高层次科技专家职业发展路径。

（五）风险管控不断加强

有效执行内控体系，推进审计工作全覆盖，有效防范管理失效风险。压减带息负债，有效管控债务风险。加强制度建设，建立海外重点领域合规管理长效机制，强化海外风险指引和预警，开展境外风险排查和审计监督，有效防范国际化经营风险。落实企业全员安全生产责任制，加强安全环保宣传教育培训，强化安全生产自查互查和监督检查，有效防范重大安全环保风险。推进重大风险防范制度建设和重大风险监控体系建设，确定重点风险管控事项，组织开展专项排查，有效管控高风险业务。全年未发生系统性风险，风险整体可控在控。

（六）品牌影响力不断增强

大力实施品牌一体化战略，努力破解制约集团长远发展的品牌瓶颈。按照集团品牌一体化实施方案要求，768家各层级企业同步开展行动，在行政办公、会务、媒体宣传、环境导示、展览展示、工程现场等方面实现品牌一体化应用。实施方案设定的十大类60多个一体化项目，总体完成率超过90%。通过品牌一体化实施，国机品牌的内外部形象基本实现统一，为进一步推进国机品牌战略奠定基础。

（七）党建质量不断提高

1. 持续加强政治建设 全面深入学习贯彻习近平新时代中国特色社会主义思想，贯彻落实关于加强和维护党中央集中统一领导的若干规定，把思想行动统一到以习近平同志为核心的党中央决策部署上来。全面完善治理结构，推动全级次企业党建工作要求进章程，建立健全各级企业党委会、董事会和总经理办公会议事规则，将党的政治优势、思想优势和组织优势转化为公司治理优势、科学管理优势和市场竞争优势。

2. 全面深化"三基建设" 深入开展"基层党建推进年"专项行动。全面强化基本组织，广泛开展基层党组织标准化规范化建设，树立党建与业务有机融合的鲜明导向。不断建强基本队伍，严格落实党员教育培训安排，教育引导广大党员进一步坚定理想信念、增强党性观念。建立健全基本制度，完善党组织制度体系，提高基层党组织科学化、规范化水平。

3. 不断加强企业领导班子和高层次人才队伍建设 完善选人用人制度体系，规范干部选拔任用程序，严格执行"凡提四必"。积极推进干部交流，全年25名干部交流任职。大力发现培养选拔优秀年轻干部，集团党委管理的领导人员中"70后"干部人数62人。积极培养高层次领军科技人才，2019年新增中国工程院院士1人、国家高层次人才计划2人、百千万人才工程国家级人选1人，享受政府特殊津贴专家42人；2人入选全国工程勘察设计大师评选公示。

4. 扎实推进纪检监察体制改革，深入推进党风廉政建设和反腐败斗争 制定并落实集团党委关于推进纪检监察体制改革的实施方案，出台加强纪检监察组织建设意见，进一步健全纪检监察组织机构、充实纪检监察干部队伍，集团纪检监察系统专职干部由86人增加到177人，进一步聚焦主责主业、持续深化"三转"。加大监督执纪问责力度，强化政治监督，落实落细日常监督，深化运用监督执纪"四种形态"，全年共处理737人次，其中运用第一、二种形态处理713人次，占96.7%，监督执纪由"惩治极少数"向"管理大多数"拓展。深入落实中央八项规定精神，持续纠"四风"树新风转作风，全年共处理违反中央八项规定精神和"四风"问题147件、237人次。一体推进不敢腐、不能腐、不想腐，严肃查处违规违纪和重点领域腐败问题，全年组织处理414人次、纪律处分114人次，形成有力震慑，不断深化标本兼治，持续巩固反腐败斗争压倒性胜利。落实"三个区分开来"要求，严管和厚爱结合，激励和约束并重，对反映问题线索经核查不属实的221名同志予以澄清正名，为干事担当者撑腰鼓劲。深化政治巡视巡察，进一步发挥"利剑"作用。

一年来，我们按照党中央及国务院国资委决策部署，扎实有序开展好专项工作。

（1）坚决做到"两个维护"，贯彻好习近平总书记指示批示和党中央决策部署。梳理习近平总书记对集团的指示批示，编印专项学习材料，认真开展学习研讨。制定关于贯彻落实习近平总书记指示批示和党中央决策部署的工作规定，建立总书记有关本企业本行业指示批示台账，进一步健全贯彻落实工作机制，确保党中央决策部署落实落地。党的十八大以来，习近平总书记共对中白工业园、阿根廷铁路、斯里兰卡电站等12个集团海外项目15次发表重要讲话或作出重要指示批示。集团坚决贯彻落实好总书记的指示批示，扎实做好项目建设工作。例如，完成中白工业园一期8.5km^{2}基础设施建设，建成并投入使用3.57万m^{2}标准厂房。今年新引入企业19家，入园企业总数60家，协议投资总额超过11亿美元。

（2）高质量开展"不忘初心、牢记使命"主题教育。严格落实"守初心、担使命、找差距、抓落实"总要求，坚持把学习教育、调查研究、检视问题、整改落实贯穿始终，高质量完成了主题教育各项工作任务。职工群众反映集中的一批问题得到切实解决，广大党员干部锐意进取、开拓创新的精气神充分激发，埋头苦干、真抓实干的行动自觉明显增强。

（3）认真按照中央巡视要求，狠抓问题整改。全力配合中央巡视，深刻把握"三个结合"明确要求，剖析原因，找准病灶，梳理出98个具体问题。细化整改措施，明确整改责任，强化督促整改，坚持立行立改、真改实改，不折不扣落实好巡视整改各项任务。执行习近平总书记"坚决取缔央企驻京办"指示，关停并撤销驻京办、驻外办及京外子企业在京宾馆酒店。认真开展"总部机关化"专项整改，制定专项整改实施方案，统筹推进六项重点任务。对照国务院国资委中央企业"总部机关化"问题清单，逐项销号、立行立改，确保整改工作取得实效。

（4）积极履行社会责任，抓好扶贫攻坚。积极贯彻落实打赢脱贫攻坚战三年行动实施方案，严格落实帮扶责任，扶贫工作被国务院扶贫开发领导小组评价为"好"，全年落实定点帮扶资金3 115万元，惠及9.7万户31.9万贫困人口，助力3个定点扶贫县（区）如期实现脱贫"摘帽"目标。

（5）规范开展董事会建设，严格按照公司章程和相关治理文件规范运行，注重发挥战略引领、深化改革、推动发展、防控风险等方面作用，董事会运作取得良好成效。积极开展工会工作，成功举办集团焊接技能大赛、"和谐国机杯"职工乒乓球、羽毛球比赛，完成换届选举，工会工作水平不断提高，受到全国总工会的肯定。

2019年极不平凡，在外部环境发生重大变化、中美贸易摩擦复杂多变的情况下，我们取得的成绩来之不易，需要倍加珍惜。这些成绩的取得是在以习近平同志为核心的党中央举旗定向、掌舵领航下，在国家各部委、有关省市及社会各界的支持帮助下，集团广大干部职工勇于担当、拼搏奉献的结果。在此，我代表集团公司领导班子，向全体干部职工、离退休老同志及职工家属表示衷心的感谢！

二、2020年经济形势分析和工作总体要求

中央经济工作会议对2020年经济形势进行了科学研判，国务院国资委中央企业负责人会议对2020年国内外形势进行了认真分析，我们要结合集团实际，认真学习领会，切实准确把握。总体上看，当前和今后一个时期，我国经济社会发展稳中向好、长期向好的基本趋势没有改变，仍然具备很多有利条件和积极因素，同时困难和挑战也明显增多。一是世界经济仍处在国际金融危机后的深度调整期，国际上普遍对明年经济走势表示担忧，认为可能出现低增长、低通胀、低利率、高债务、高风险的"三低两高"特征；保护主义、单边主义蔓延，地缘政治风险仍然较高，对全球经济造成重大负面冲击。二是我国正处在转变发展方式、优化经济结构、转换增长动力的攻关期，高技术产业供应链风险上升，企业经营困难增大，部分中小金融机构风险较大，经济下行压力加大。三是机械工业长期存在的结构性矛盾依然存在，市场需求疲软、订货不足、成本上升、效益下滑、固定资产投资增速减弱等因素，仍困扰着行业的发展。我们要客观、全面、辩证、积极地分析研判形势，在看到风险挑战可能增多的同时，更要看到危中有机，挑战与机会并存。在改革发展的道路上，有以习近平同志为核心的党中央坚强领导和中国特色社会主义制度的显著优势，有改革开放以来积累的雄厚物质技术基础，有超大规模的市场优势和内需潜力，有庞大的人力资本和人才资源，我们要保持战略定力，增强必胜信心，调动一切积极因素，集中力量办好自己的事情。

2020年是全面建成小康社会和"十三五"规划收官之年，也是集团改革发展的关键之年。做好明年工作的总体要求是：以习近平新时代中国特色社会主义思想为指导，深入贯彻落实习近平总书记关于国企改革发展和党的建设的重要论述，全面贯彻落实党的十九大和十九届二中、三中、四中全会精神，全面贯彻落实中央经济工作会议精神和中央企业负责人会议部署，坚持党的全面领导，坚持稳中求进工作总基调，坚持新发展理念，坚持履行责任使命，更加注重聚焦主责主业，更加注重技术创新，更加注重优化布局结构，更加注重夯实发展基础，更加注重增强集团的竞争力、创新力、控制力、影响力、抗风险能力，对标世界一流企业，确保实现高质量的稳增长，确保企业改革取得突破性进展，确保为国家重大战略实施提供有力保障，确保守住不发生重大风险的底线，抓重点、补短板、强弱项，扎实推进集团做强做优做大，全面完成各项目标任务，为全面建成小康社会、圆满实现"十三五"规划目标作出新贡献。

2020年主要经营目标是：利润总额102亿元；考核口径净利润不低于100亿元；经济增加值20亿元；资产负债率在今年降低1.8个百分点的基础上再降0.6个百分点，控制在65%以内；营业收入利润率提高0.13个百分点，达到3.2%；研发（R&D）经费投入强度提高0.6个百分点，整体不低于2%。

按照高质量发展要求，国资委对中央企业的业绩考核，在保留净利润、利润总额、资产负债率3个指标的基础上，新增了营业收入利润率、研发（R&D）经费投入强度两个指标，形成了"两利三率"指标体系。这个指标体系是对中央企业经营目标和业绩考核的重要调整，集团对下属企业的考核也将同步调整。各企业要把"两利三率"作为谋划发展举措、衡量发展成效的重要指标，紧密结合企业实际，进一步落实具体工作措施，努力实现预期目标和效果。集团将建立月度跟踪、季度发布、年度考核一体推进机制，对各企业完成情况加强调度分析，及时沟通督导。

落实明年工作总体要求、完成全年经营目标，聚焦抓重点、补短板、强弱项，要做到"五个必须"。

1. 必须胸怀两个大局 习近平总书记深刻指出："领导干部要胸怀两个大局，一个是中华民族伟大复兴的战略全局，一个是世界百年未有之大变局，这是我们谋划工作的基本出发点。"看清这两个大局及其相互作用的态势，有助于我们精准定位集团发展所处的方位，从而在谋划、推进集团改革发展、党建各项工作时自觉胸怀大局、自觉服从大局。

2. 必须坚持稳中求进工作总基调 推动经济发展，稳是大局，稳是主基调，在稳的前提下要在关键领域有所进取，在把握好度的前提下奋发有为。要遵循市场经济规律、企业发展规律，坚持稳字当头，统筹企业改革发展，统筹抓好内部挖潜、外部开拓，统筹用好考核评价、激励约束，聚焦主责主业促发展增效益，努力保持全年经营平稳运行、稳健发展，防止大起大落。

3. 必须坚定不移贯彻新发展理念 理念是行动的先导。新时代抓企业发展，必须更加突出发展理念。在中央经济工作会议部署明年重点工作中，坚定不移贯彻新发展理念置于首位。习近平总书记指出："能否坚持贯彻新发展理念是检验各级领导干部是否增强'四个意识'，坚定'四个自信'，做到'两个维护'的一个重要尺度。"我们要坚定不移贯彻创新、协调、绿色、开放、共享的新发展理念，树立全面、整体的观念，遵循行业、企业发展规律，把注意力集中到解决各种不平衡不充分的问题上，把工作抓紧抓实、抓出成效。

4. 必须坚持目标导向、问题导向、结果导向 坚持目标导向，就是要发挥战略引领作用，着手进行前瞻性部署，用新思路新举措，推进集团高质量发展上台阶；坚持问题导向，就是要深入一线，找准基层企业存在的实际问题，改进和创新工作方式方法，推进工作落到实处；坚持结果导向，就是要真刀真枪解决问题，坚决让各项工作部署取得实效。我们要始终坚持"三个导向"，不断推进集团高质量发展迈上新台阶。

5. 必须力戒形式主义、官僚主义 习近平总书记指出，"要力戒形式主义、官僚主义，教育引导党员干部树立正确政绩观，真抓实干、转变作风"。我们要坚决反对"四风"特别是形式主义、官僚主义，确保各项目标任务圆满实现。进一步改进文风会风，减少文会数量，提高发文质量，规范检查调研，深入基层实际，真正出实招、办实事、求实效。

三、2020年重点工作

2020年要着力抓好以下重点工作：

（一）坚持提质增效，着力保持生产经营平稳增长

稳增长是2020年工作的重中之重。认真组织国资委部署的提质增效专项行动，着力实现开门红、开局好、全年稳。

1. 加大市场开拓力度 树牢市场意识，及时调整生产经营策略，精耕细作传统优势市场，巩固盈利基础，多措并举开拓新兴市场，深挖盈利潜力。创新业务模式，积极培育新的效益增长点。紧抓国家重大区域战略发展机遇，充分发挥区域中心作用，加大区域市场开拓力度。提升"走出去"战略的深度广度，加大海外市场布局。

2. 持续狠抓亏损企业治理 切实加大减亏扭亏力度，认真分析研究亏损原因，制定整治措施，结合实际分类施策，实现亏损企业亏损额再降50%的目标。对于已扭亏企业要巩固治亏成果，持续推进企业的良好运转；对于扭亏进度不及预期的企业，特别是重点亏损企业要开展专项治理；对于低效无效、长期亏损、扭亏无望的企业，要果断进行关停并转，从根本上解决亏损问题。

3. 强化降本增效 强化成本费用管控，加大技术降本、管理降本工作力度，做到成本费用增幅低于营业收入增幅。树立过紧日子的思想，大力压减一般性管理费用和非生产性开支。加大"两金"压控力度，减少资金占用，防止坏账和减值损失，提高两金周转效率。加强资金集中管控，提高资金使用效率，强化大额资金支出监管，确保企业资金链安全。

4. 持续降低资产负债率 采取有效措施，降低带息负债规模。严控推高企业资产负债率的投资，多渠道降杠杆减负债。进一步优化资产结构，提高企业债务风险防控能力。

5. 加强信息化统筹协同 积极探索建立适应国有资本投资监管的信息化管控体系。落实国务院国资委国资监管信息化建设三年行动计划，着力提升"三重一大"、财务、投资、产权、项目

在线监管水平。强化网络安全治理，推进网络安全工作责任制和网络安全等级保护工作。强化基础设施建设，统筹推进集团网络平台、数据中心建设，加强软件知识产权保护。

（二）坚持战略引领，着力推动业务高质量发展

1. 高质量抓好"十四五"规划编制 深刻理解"两个大局"相互作用为我国发展带来的机遇和挑战，找准集团在国家发展大局中的坐标方位。深入研判"十四五"时期发展环境，科学谋划集团发展的战略定位、主攻方向、重大措施，结合国有资本投资公司改革试点，以三级规划体系为支撑，全面做好集团"十四五"规划的编制工作，增强规划的前瞻性、战略性、指导性。

2. 抓好主业发展

（1）推动装备制造业务优化升级。制定集团制造业发展规划，聚焦装备制造核心主业，大力发展先进制造业。加大研发投入，努力突破核心技术瓶颈，切实提升核心竞争力。实施产业基础再造，加快推动产业基础高级化、产业链现代化，推进装备制造主业由价值链中低端向中高端发展。创新商业模式，拓展服务领域，加快向"制造＋服务"转型，培育为客户提供"核心产品＋系统工程＋增值服务"系统解决方案的能力。加快打造重型装备、农林装备、纺织机械等专业业务经营管理平台，提升产业实体运营水平。

（2）推动工程承包业务统筹升级。加强统筹规划咨询、设计监理、施工安装、制造监造和营销渠道资源，强化投资融资、运营管理建设，提升投建营一体化、全产业链综合服务能力，培育、打造以规划咨询为先导、以专业技术为核心、以商务金融为纽带、以装备制造为支撑的工程业务核心竞争力。加强专业化、区域化、属地化协同开发，巩固传统领域市场，拓展智能、环保、健康等新兴领域市场。

（3）推动科技研发业务做专做精。发挥集团科研院所创新资源优势，以服务国家战略为己任，面向行业"卡脖子"及短板问题，大力加强关键核心技术与基础共性技术攻关。深入推进高水平科研平台建设、高层次科技人才培养与科技管理机制创新，不断增强技术研发能力与行业引领能力，打造国家创新体系中坚力量，推动国家产业基础能力和产业链水平持续提升。

（4）推动贸易服务业务结构优化。加快贸易业务转型升级，增强贸易业务的稳定性和抗风险能力。做稳存量、做大增量，持续发力，实现量的合理增长和质的稳步提升。优化进出口结构，提升技术专业服务能力和贸易服务附加值，扩大高端机电产品进口规模。优化市场布局，坚持区域市场重点发展与多点发展相结合，充分利用集团完善的海外市场网络，防范化解贸易保护主义抬头风险。做优做强会展业务，发挥会展业务带动性，形成优势合力，搭建会展大舞台，实现会展业务的高质量发展。

（5）推动产融结合服务主业完善业务链。深化产融结合，围绕集团主业发展需要配置金融资源，充分贴近产业需求，完善金融业务链，实现以融促产、以融助产。进一步整合集团内部融资租赁业务资源，优化金融业务投资结构。加强金融风险防范，坚持底线思维，密切关注金融政策变化，建立健全金融风险防控体制机制和金融风险监测报告体系，持续提高金融业务发展质量。

3. 抓好业务协同发展 进一步加强内部市场合作，努力构建全方位、多层次协同发展格局。利用好国际国内两个市场，提升现代装备制造服务业在集团贸易业务中的占比。进一步扩大完善海外区域中心建设，加强区域内企业间的协同发展，发挥集团在工业化建设及农业工业化建设优势，推进国机制造产品走出去。加强与战略伙伴的协同合作，积极开拓第三方市场共享产业价值链，实现互利共赢。

（三）坚持改革正确方向，着力抓好国有资本投资公司试点运行

国务院国资委把2020年作为国企三项制度改革专项行动落地年。集团要采取有效措施，坚持出台方案、健全机制、推进落实一起抓，出实招、出硬招，稳步推动企业改革方案落地见效。

1. 制定高质量发展考核指标体系　修订企业经营业绩考核管理办法，紧密围绕高质量发展要求，加大分类考核、精准考核力度，突出战略引领、效益效率、创新驱动、问题导向、正向激励、服务保障等原则，实现年度考核与任期考核相结合、结果考核与评价相统一、考核结果与奖惩紧密挂钩。

2. 心无旁骛做强做精主业　围绕高质量发展主攻方向，加强设备更新和技改投入，推进传统制造业优化升级。加强竞争力评估，适时退出不具备竞争优势的非主营业务。围绕主业合理规划，避免产业链无边界、无规划扩张。建立完善投资负面清单管理制度，确保资源用在核心主业上，用在服务"一带一路"、制造强国等国家战略上，用在攻关"卡脖子"关键核心技术上。

3. 加快布局战略性新兴产业　充分利用传统产业领域资源优势，培育壮大前瞻性战略性新兴产业。推进数字产业化、产业数字化，加快互联网、大数据等现代信息技术同传统制造业深度融合，加速企业数字化转型。瞄准战略前沿，强化自主创新、集成创新，加快云计算、大数据、人工智能、物联网、移动应用、区块链等技术应用。加强与高校和企业的合作，布局未来高科技产业。

4. 进一步完善公司治理结构　深入落实"两个一以贯之"，完善中国特色现代企业制度，做实各级企业董事会，完善董事会工作制度，落实董事会职权。积极推动"双百行动"企业进一步深化改革。着力在推进混合所有制改革上实现新突破，合理设计股权结构，探索建立科学高效的差异化管控模式，加强参股管理，坚决防止"只投不管"。

5. 进一步健全市场化机制　在激励机制上，建立健全适应市场竞争的薪酬体系，完善分配机制，针对高管人员、科研人员、技术骨干等人才群体，建立风险共担、利益共享的中长期激励机制，切实调动、激发干部职工干事创业积极性。在运行机制上，优化集团管控，精简管理链条，打造高效的组织体系，使企业对市场的反应更灵敏，更适合市场竞争要求。在用人机制上，加快形成市场化用人导向，在子企业探索推进经理层任期制和契约化管理。

6. 更好发挥总部功能　大力推进总部去机关化，突出战略管控、价值创造、服务支撑三大功能，推进建立职责清晰、精简高效、运行专业的管控模式，加强总部作风建设，着力打造价值型、学习型、创新型总部。

（四）坚持创新驱动发展，着力加快科技创新

立足创新提高企业竞争力，聚焦"卡脖子"技术和科技前沿领域，加大研发（R&D）经费投入，贯彻落实好习近平总书记"发挥国有企业在技术创新中的积极作用"的重要指示，充分发挥科研"国家队"作用。

1. 进一步加强关键核心技术攻关　强化政治意识、大局意识，以高度的使命感、责任感完成好关键核心技术攻关任务。设立"关键核心技术攻关专项资金"，定向支持参与××工程的单位及团队。切实提升集团自主创新能力。瞄准世界科技前沿，面向国家重大需求，在战略必争的技术领域强化布局，加快形成标志性的自主创新成果，解决影响产业基础能力、制约行业发展的"卡脖子"问题。激发科技人才创新创造热情，坚持物质奖励与精神奖励相结合，畅通科技人才职业发展通道。

2. 加强高水平研发平台建设　加快国家重大技术装备创新研究院组建，构建开放、协同、高效的共性技术研发平台，结合国家重大科研项目，充分发挥部委、行业、企业的集成资源优势，充分利用国际创新资源，加快突破核电、机床、石化、农机等领域的发展瓶颈，推动补齐产业发展短板。按照国家科技创新基地优化整合方案，积极推进集团现有国家级科研平台转建为新体系下的创新平台，在重点领域探索组建国家科技创新中心。

3. 完善科技创新体制机制　发挥高层次科技人才在创新发展中的引领作用，鼓励敢闯敢试、大胆探索，努力营造创新创造良好氛围。进一步

加大科技投入，多方式筹集创新资本，实施资本与技术双轮驱动战略，加快科技成果的产业化和商业化。优化集团重大科研项目管理模式，引入"揭榜挂帅"式遴选机制，立下军令状，择优确定项目承担单位，提升技术研发效率与资金投入效果，建立项目后评价机制，完善项目全生命周期管理机制。

4. 加强转制科研院所管理 深入梳理集团科研院所的功能定位、发展思路，以提升行业服务能力为目标，系统研究制定科研院所发展指导意见。强化科研院所研发平台、标准化、专业期刊建设。整合有关检验检测资源，组建设立国机特检，加强检验检测技术服务。进一步强化国机研究院在集团创新体系中的基础支撑作用。加快研究落实科研院所差异化考核，积极稳妥推进科研院所激励机制改革，探索具有院所特色的工资配额、干部管理模式，构建有利于科研院所发展的保障体系。

（五）坚持以管理为支撑，着力打造世界一流企业

管理是企业永恒的主题，没有一流的管理就没有一流的企业。要对标世界一流企业，全面提升集团管理水平。

1. 全面对标，找准短板 结合行业领域、发展阶段等实际，加强与世界一流企业、行业先进企业的对标。既注重量化指标的对标，也注重管理理念、创新能力等方面的对标，有效发现问题，明确改进方向。

2. 持续健全内部控制体系 进一步完善内控、风险和合规管理制度，将风险管控和合规管理要求嵌入企业内控管理流程。强化风险管控，将企业领导班子特别是"一把手"纳入内控体系，建立健全穿透层级全面有效的内控体系。探索建立内部监督和违规追责体系，充分发挥内部审计和公司监事会的监督作用，落实重大事项请示报告制度。

3. 进一步夯实基础管理 着力推进企业管理制度化、标准化、流程化、信息化，充分利用现代化信息手段持续开展管理创新。切实加强全面预算管理，把明年开展的各专项工作全部纳入集团全面预算管理体系，强化刚性约束，牢固树立"无预算不支出""先预算后实施"的理念。优化市值管理，研究探索熨平股价市场化运作机制，有效应对上市公司股价非理性波动。积极探索盘活存量资产价值。建立集团市值管理平台，灵活运用资本市场各类产品和工具，用好上市公司资源，加强信息披露，提高上市公司质量，提高资本市场认可度。持续提升质量管理，深入推进"质量提升行动"，开展质量提升专项工作，加强质量监管。

4. 大力开展品牌文化建设 加强文化体系建设，丰厚国机文化内涵，做好国企开放日、书香国机、机械日等工作，以软实力打造战斗力、提升凝聚力。编制好"十四五"品牌战略规划，深化品牌一体化落地成果，建立品牌管理制度体系，加大品牌传播投入，形成长效机制。

（六）坚持稳健发展，着力防范化解重大风险

贯彻落实习近平总书记关于防范化解重大风险的重要讲话精神，坚持底线思维，增强忧患意识，提高防控能力，有效防范各类"灰犀牛""黑天鹅"事件，坚决守住不发生重大风险的底线。

1. 积极防范投资风险 探索国有资本投资公司管理体系，修订管理制度，严格执行投资负面清单，严控非主业投资比例和投向，建立层级压减长效机制，推动各类资源要素向主责主业集中。严禁超越财务承受能力的投资行为，严控虽符合主业但只扩大规模、不提高竞争力的并购投资。进一步提升投资事前论证能力，完善投审会工作流程，增加投资审查委员会外聘委员比例，建立外部专家第三方论证机制，提高对重大投资决策的科学性、独立性和准确性。严格落实巡视整改工作方案，对已形成的投资未达预期、参股不分红及控股不控权等问题坚决整改。

2. 积极防范金融风险 开展金融业务必须紧紧围绕实业、服务主业有序进行，整合用好现有金融资源，严防脱实向虚，严禁脱离主业发展金

融业务。全面加强委托贷款、内保外贷、融资租赁等高风险业务管控，严禁开展融资性贸易、"空转""走单"虚假贸易等违规业务，发现一起查处一起。

3. 积极防范债务风险 进一步加大力度落实考核奖惩，坚决完成降杠杆减负债目标。加强债务动态监测，强化负债规模和资产负债率双重管控，突出对高负债企业的重点督导和分类监管。高度重视资金链安全，保持现金流充裕，提升企业偿债能力。

4. 积极防范担保风险 严格执行集团新的担保管理制度，对违规担保严肃问责追责。严格落实中央巡视整改工作要求，对不符合担保管理制度的担保事项，2020年底前要清理完成。严禁新增违规担保。

5. 积极防范国际化经营风险 严格规范境外经营行为，及时自查自纠各类违规违法行为，加强对敏感国家、敏感行业项目的风险评估，不断提高防范化解国际化经营风险的能力和水平。

6. 积极防范安全稳定风险 严格落实安全生产责任制，加快构建风险防控长效机制。突出对建筑施工、危险化学品、海运客运、热熔作业等重点业务领域的安全隐患排查整治，坚决防范和遏制重特大事故发生。

（七）坚持高起点起步、高质量运行，着力推动国机工程集团行稳致远

国机工程集团即将挂牌成立。这是新形势下集团谋划新发展的重要战略举措，是发挥整体优势、实现集约化管理、提升工程板块市场竞争力的重要抓手。我们要采取一系列有效举措，实现国机工程集团的高起点起步、高质量发展。

1. 大力推进创新发展 加强国机工程集团的顶层设计，推动业务模式创新和技术创新。构建科学合理的组织构架，整合集团工程承包业务资源，聚焦优势领域，创新服务模式，打造全产业链核心能力。

2. 大力开拓国内外市场

（1）注重拓展国内市场，积极主动对接京津冀协同发展、长三角一体化发展、粤港澳大湾区建设、雄安新区建设、长江经济带发展、黄河流域生态保护、海南自贸区建设等区域发展战略，结合企业优势和地方发展需要，抓住重大基础设施特别是新型基础设施建设新机遇，拓宽空间、合理布局。巩固传统领域市场，充分发挥好集团规划咨询、勘察设计、施工安装企业的技术实力，重点抓住在城市更新和存量住房改造提升方面的市场机会。目前，全国约有60多亿平方米城镇老旧小区存在基础设施老化、公共服务缺失等问题，市场空间巨大。

（2）持续深耕海外市场，积极参与"一带一路"建设。坚决贯彻落实好习近平总书记关于中白工业园、阿根廷铁路、斯里兰卡电站等12个海外项目的重要讲话和指示批示。持续抓好中白工业园建设，加大招商引资，长远规划，着力打造具有国际竞争力的产业。落实好集团国际化经营战略部署，发挥海外区域中心作用。积极推动中国方案、中国技术、中国标准、中国制造"走出去"。

3. 大力推进合规经营，提高有效防范各类风险能力 注重建章立制，坚持规范运营，强化风险防控，推进工程企业稳健发展。打造以核心技术为中心的专业整合能力，加强以核心业务为主的产业链整合能力，提高承揽大型复杂型工程的集成化管理能力，提升业务发展所需的资本运作能力，有效防范大型工程项目风险。

（八）坚持抓好巡视整改，着力提高整改实效

在巡视整改取得阶段性成果的基础上，明年要继续深化整改工作，不能有丝毫放松，要做到标准不降、尺度不松、力度不减，坚决按照习近平总书记关于巡视整改"三个结合"的重要指示，通过巡视整改，坚定不移贯彻新发展理念，以整改的实际行动诠释对党的忠诚，以整改新成效推动集团高质量发展。

1. 提高政治站位，把握巡视整改正确方向和目标 进一步细化分解反馈的问题，继续深刻反思，深挖根源，找准病灶，对症下药，不偏离方向和目标。做到真抓真改，强化督促整改，不折

不扣继续完成好巡视整改各项任务。

2. 完善长效机制，强化巡视整改成果运用
坚持问题导向，坚决做到不留死角、不留隐患，以案为鉴、以案促改。坚持标本兼治、全面提升，注重举一反三，进一步完善长效机制，持续深化和巩固拓展巡视整改成果，确保经得起检验，更好实现巡视整改与集团改革发展"两手抓、两促进"。

3. 强化督查督办，督促巡视整改有效落实
各级纪委要进一步履行督促巡视整改责任，建立健全督促巡视整改工作机制，找准督促巡视整改具体抓手，主动监督，靠前监督，动态分析整改成效，督促将巡视整改抓到位、抓到底，持续跟踪督办，促进巡视整改常态化、长效化。

4. 完善制度，强化制度执行，确保巡视工作取得新成效 将中央对巡视工作的新部署新要求进一步融入制度，以制度保障加强巡视工作协调和监督，推动巡视工作质量提升。加强对各类制度执行的备案审核、监督检查，坚决防止和纠正制度执行中的形式主义、官僚主义。继续抓好"中梗阻"问题整治，破除工作中"上热中温下冷"现象，确保集团上下政令畅通。继续解决"放羊式"管理问题，对重点企业实行动态管控，全面排查违规经营频发企业，进行集中整顿，确保对企业的管理科学有效。

（九）坚持党的全面领导，着力以高质量党建引领高质量发展

始终坚持党的全面领导，牢牢把握新时代党的建设总要求，以"党建巩固深化年"专项行动为抓手，加快推动党建工作提质、增效、升级，坚持加强党的领导与完善公司治理有机统一，坚持党管干部、党管人才与市场化选人用人机制紧密结合，坚持企业党建工作与生产经营有机融合，在巩固深化上下功夫，以高质量党建引领企业高质量发展。

1. 巩固深化党的政治建设 要在强化创新理论武装中做到"两个维护"，持续学习贯彻习近平新时代中国特色社会主义思想，巩固和用好主题教育成果，切实把学习成果转化为推动企业高质量发展的实效。要在贯彻落实中央决策部署中体现"两个维护"，切实履行好经济责任、政治责任、社会责任。要在发挥党委领导作用上保障"两个维护"，发挥党委把方向、管大局、保落实的领导作用，把党领导经济工作的制度优势转化为治理效能。

2. 巩固深化"三基建设" 围绕"一年试点推进、两年规范提升、三年创建模范"的总体思路，持续深化基层党组织标准化规范化建设，不断增强组织力和政治功能。要健全组织体系，持续抓好基层党组织全覆盖，落实好即将出台的《加强混合所有制企业党建指导意见》，加快消除境外党建盲区，结合实际创新境外党建工作。落实党员培训教育计划、党务干部队伍能力提升"三年登高计划"，持续推进示范党支部建设。要压实党建责任，完善党建责任制考核评价机制，强化考核评价结果应用。要坚持服务生产经营不偏离，大力推进党建与业务工作融合互进，围绕企业改革发展和生产经营重点难点问题，发挥党员先锋模范作用。

3. 巩固深化企业领导班子建设和高层次人才队伍建设 构建完善"1+N"选人用人制度体系，规范干部选拔任用程序，坚持企业领导班子任期制管理，推进干部能上能下。加强干部培养锻炼，有计划、有重点选派优秀年轻干部到关键岗位锻炼。大力选拔担当作为的优秀干部，增强干部担当作为的能力素质，完善干部担当作为的激励机制。推进优秀年轻干部发现培养选拔，及时补充新的优秀年轻干部人选。加强高层次人才梯队建设，大力引进培养"高精尖缺"高层次人才。深化人才发展体制机制改革，完善培养机制，改进评价机制，健全激励机制。弘扬工匠精神，选聘高层次技能专家，提高高技能人才政治待遇、薪酬待遇和社会地位，完善高技能人才职业发展通道。

4. 巩固深化宣传思想工作 深入开展正面宣传，大力宣传集团为全面建成小康社会作出的积极贡献，宣传各类先进典型，讲好国机故事；加强自有媒体融合建设，积极利用外部媒体资源，

唱响国机好声音。深入开展对外宣传，充分利用好海外主流媒体，增强国际传播力，推进海外项目跨文化融合。深入开展思想政治工作，加强思想道德建设和爱国主义教育，传承、发扬机械工业优良传统。

5. 巩固深化党风廉政建设和反腐败工作 落实全面从严治党政治责任，严格执行全面从严治党主体责任清单，严格落实"一岗双责"。持之以恒落实中央八项规定精神，驰而不息纠治"四风"，深入整治形式主义和官僚主义，持续整治享乐主义和奢靡之风。精准运用监督执纪"四种形态"，一体推进不敢腐、不能腐、不想腐，坚决惩治腐败，保持反腐败高压态势，完善权力运行监督机制，持续加强思想道德和党纪国法教育，深入开展警示教育，涵养风清气正的政治生态。深入推进纪检监察体制改革，深化纪检监察制度建设和执行，切实把改革成果转化为工作效能，建设政治过硬、本领高强、忠诚干净担当的纪检监察铁军。坚定不移深化政治巡视，牢牢把握巡视正确政治方向，坚持问题导向，举一反三，持续深化中央巡视反馈问题整改，积极推进内部巡视巡察，切实做好"后半篇文章"，坚决实现巡视高质量全覆盖目标，推动全面从严治党向纵深发展。

最后，再重点强调一下安全生产和稳定工作。安全生产责任重大、任务艰巨，必须警钟长鸣。各企业一定要牢固树立安全生产红线意识，筑牢安全生产防线，抓好安全生产隐患排查，层层压实责任，坚决遏制重特大事故发生。要高度关注信访稳定工作，防止不稳定事件的发生，切实维护好企业和社会的和谐稳定。

有志者事竟成，百二秦关终属楚；苦心人天不负，三千越甲可吞吴。做好 2020 年工作任务艰巨、使命光荣，具有重要的时代意义。我们要更加紧密地团结在以习近平同志为核心的党中央周围，以习近平新时代中国特色社会主义思想为指导，勠力同心、锐意进取，努力完成全年集团改革发展党建目标任务，不断向世界一流企业迈进，为全面建成小康社会、实现中华民族伟大复兴的中国梦做出新的更大贡献！

第二篇

集团公司发展概况

2020
中国机械工业集团有限公司年鉴
CHINA NATIONAL MACHINERY INDUSTRY
CORPORATION LTD. YEARBOOK

经济运行概况

【发展综述】

2019年，面对国内外风险挑战明显上升、机械行业增速下滑的复杂局面，国机集团坚持以习近平新时代中国特色社会主义思想为指导，增强"四个意识"，坚定"四个自信"，做到"两个维护"，坚决贯彻落实党中央、国务院及国务院国资委决策部署，牢牢把握稳中求进工作总基调，牢固树立新发展理念，落实高质量发展要求，着力处理好"四个关系"，深入推进"一个坚持、三个强化、七个着力"安排部署，聚焦主责主业，着力推进企业治理体系和治理能力现代化，各项工作进展有序，取得了可喜成绩。

【主要经济指标】

2019年，全球经济持续低迷，下行风险加大，贸易摩擦负面影响不断凸显，逆全球化、单边主义、地缘政治紧张局势加剧经济复苏的不确定性。国内经济周期性、结构性矛盾叠加，面临风险和挑战较大。国机集团始终有效贯彻落实党中央方针政策和工作部署，凝心聚力，真抓实干，集团发展整体平稳。2019年国机集团主要经济指标见表1。2019年国机集团获得的各项主要排名见表2。2018—2019年国机集团新签合同金额和合同成交金额见表3、表4。

表1　2019年国机集团主要经济指标

指标名称	2018年	2019年	同比增长（%）
资产总额（亿元）	3 930.9	3 836.1	-2.5
所有者权益（亿元）	1 254.4	1 334.8	6.4
营业总收入（亿元）	3 002.1	2 979.1	-0.8
利润总额（亿元）	97.0	102.6	5.8
净利润（亿元）	62.4	76.7	22.9
归属母公司所有者的净利润（亿元）	28.0	31.2	11.4
科技投入（亿元）	66.6	71.7	7.7
利税总额（亿元）	176.1	184.5	4.8
应交税金总额（亿元）	113.7	107.8	5.2
全员劳动生产率〔万元/（人·年）〕	26.9	26.4	-1.8
净资产收益率（%）	5.3	5.9	11.3
总资产报酬率（%）	3.7	3.7	0
国有资本保值增值率（%）	103.2	105.6	2.3
经济增加值	16.7	31.8	90.4

注：本表数据为企业决算数据。

表2　2019年国机集团获得的各项主要排名

评选单位	国际工程新闻记录	国际工程新闻记录	中国对外经济贸易统计学会	中国企业联合会	中国机械工业联合会	美国《财富》杂志
评比项目名称	ENR全球250家最大国际工程承包企业	ENR全球225强国际工程设计咨询企业	中国对外贸易企业500强	中国企业500强	中国机械工业100强	世界财富500强
名次	19	50	23	65	1	250

表3　2018—2019年国机集团新签合同金额

业务类别	2018年（万美元）	2019年（万美元）	同比增长（%）
工程成套	1 697 333	1 687 588	-0.6
设计咨询	129 652	168 452	29.9
进出口贸易	1 053 664	1 046 109	-0.7
国内贸易	1 656 868	1 434 502	-13.4
研发生产	593 502	589 512	-0.7
合计	5 131 022	4 926 165	-4.0

注：因四舍五入，合计数略有出入。

表4　2018—2019年国机集团合同成交金额

业务类别	2018年（万美元）	2019年（万美元）	同比增长（%）
工程成套	1 239 017	1 105 386	-10.8
设计咨询	150 779	156 345	3.7
出口贸易	1 068 518	1 066 127	-0.2
国内贸易	1 631 568	1 536 808	-5.8
研发生产	566 970	558 225	-1.5
合计	4 656 854	4 422 893	-5.0

注：因四舍五入，合计数略有出入。

【主要领导变化】
2019年国机集团领导情况见表5。2019年国机集团二级子公司名录见表6。

表5　2019年国机集团领导情况

姓名	职务
张晓仑	董事长、党委书记（2019年1月任董事长、党委书记）
宋　欣	董事、党委副书记
曾祥东	党委常委、副总经理、装备制造事业部总经理（2019年3月退出领导岗位）
邬小蕙	党委常委、副总经理、总会计师、金融投资事业部总经理
高建设	党委常委、副总经理
白绍桐	党委常委、副总经理、工程承包事业部总经理

（续）

姓名	职务
丁宏祥	党委常委、副总经理、贸易服务事业部总经理
雷光华	党委常委、纪委书记
陈学东	党委常委、副总经理、总工程师、科研院所事业部总经理（2019年4月任职）
王　强	总法律顾问
刘祖晴	总经济师、职工董事、工会主席
王锡岩	纪委副书记
孙　淼	董事会秘书
罗　艳	市场总监（2019年3月任职）

表6　2019年国机集团二级子公司名录

序号	企业名称	序号	企业名称
1	中国机械设备工程股份有限公司	15	国机集团科学技术研究院有限公司
2	中工国际工程股份有限公司	16	国机资本控股有限公司
3	中国恒天集团有限公司	17	国机重型装备集团股份有限公司
4	中国福马机械集团有限公司	18	中国一拖集团有限公司
5	中国海洋航空集团有限公司	19	苏美达股份有限公司
6	中国地质装备集团有限公司	20	中国浦发机械工业股份有限公司
7	中国机械工业建设集团有限公司	21	中国联合工程有限公司
8	中国机床总公司	22	机械工业第六设计研究院有限公司
9	中国自控系统工程有限公司	23	沈阳仪表科学研究院有限公司
10	国机财务有限责任公司	24	合肥通用机械研究院有限公司
11	国机汽车股份有限公司	25	洛阳轴研科技股份有限公司
12	中国机械国际合作股份有限公司	26	中国电器科学研究院有限公司
13	国机资产管理有限公司	27	国机智能科技有限公司
14	中国农业机械化科学研究院	28	桂林电器科学研究院有限公司

董事会运行情况

2019年，国机集团董事会严格贯彻落实党中央、国务院及国资委各项工作要求，紧密结合企业实际，始终坚持规范高效运行，进一步加强战略引领，深入推动改革创新，高度重视风险防控，切实维护出资人利益，确保了企业稳定运行。

【机构设置】

2019年，国机集团董事会人员构成进行了调整。1月，张晓仑任国机集团党委书记、董事长，免去其总经理职务。11月，国资委重新聘任国机集团外部董事，其中，高福来续聘董事，尚冰、姜鑫、董学博、蔡洪平被聘为新任外部董事。

目前，国机集团董事会共有董事8人，其中，外部董事5人（京外董事1人），非外部董事3人（职工董事1人），分别为：党委书记、董事长张晓仑，党委副书记、董事宋欣，外部董事尚冰、高福来、姜鑫、董学博、蔡洪平，职工董事刘祖晴。

2019年12月，根据董事会成员调整和运行情况，国机集团第三届董事会第一次会议重新设置了董事会专门委员会并调整各专门委员会的人员组成。目前，董事会下设4个专门委员会：战略与投资委员会、提名委员会、薪酬与考核委员会和审计与风险委员会。其中，战略与投资委员会、提名委员会外部董事占多数，薪酬与考核委员会、审计与风险委员会全部由外部董事担任。

【制度建设】

国机集团根据《公司法》等法律法规和国务院国资委一系列指导文件，不断健全完善各项公司治理制度和运行规则。目前，国机集团形成了包括公司章程、董事会工作制度等8个治理文件以及分类授权、决议落实、议案管理、高管考核等配套文件制度体系，全面系统规范董事会的议事规则、运作流程和决策程序，为董事会规范运行、科学决策提供了制度保证。

为不断加强董事会制度体系的科学性和完整性，提升董事会运作的合规性和有效性，国机集团董事会每年都对治理文件进行系统梳理，并根据规范要求和运行实际进行修订完善。2019年，国机集团认真贯彻落实国务院国资委印发的《中央企业公司章程指引》，紧密结合董事会运行实际，对公司章程、董事会工作制度等8个治理文件进行了全面修订。公司章程对董事会、董事长、经理层的职权进行了完善，进一步明确了党委作为公司法定治理主体及其主要职责。根据公司章程修订情况，对董事会工作制度、总经理工作制度、4个专门委员会议事规则以及董事会秘书工作制度等文件内容进行了修订，为规范和完善公司治理及董事会运作提供了有效的制度保障。

【主要工作及成效】

1. 规范高效召开董事会会议 2019年，国机集团共召开董事会会议19次，审议议案51项，听取各类汇报2项；召开董事会专门委员会会议7次（其中，薪酬与考核委员会会议3次、审计与风险管理委员会会议3次、审计与风险委员会会议1次），共听取和审议议题13项。召开专项汇报会2次。

从会议内容来看，董事会审议讨论的议案涉及机构人事、基本制度、资产处置、并购重组、风险内控、融资担保等事项。

从议事过程来看，各位董事在会议前认真审阅议案材料，会议中对所议事项充分讨论，民主表决，党组织意见、外部董事意见、经理层意见及职工董事意见得到充分反映。

从会议组织服务来看，严格审查董事会议案，确保议案文件要件齐全、格式规范、程序严谨、信息充分完整；及时、规范制作会议决议、纪要、记录等相关文件，并按要求归档，确保董事会会议档案准确、完整，便于查询。

从决议落实情况来看，坚持董事会决议落实跟踪检查，严格执行董事会决议落实定期报告制度。通过两次定期报告、两次季度汇报，实现了对通过议案落实情况的横向全面检查、纵向全程跟踪，决议跟踪落实检查率达到100%。

2. 大力推动企业深化改革 国机集团董事会认真贯彻落实党中央和国务院国资委关于全面深化国企改革的工作部署，以及国企改革"1+N"系列文件精神，大力推动重点领域和关键环节的改革发展，努力提升国有资本效率、增强企业发展活力。

2018年12月，国机集团被确定为国有资本投资公司试点企业。2019年2月，董事会审议通过了《关于国有资本投资公司试点改革方案的议案》，议案就集团业务结构、总部功能定位、改革总体目标、争取授权支持事项等关键核心问题提出意见建议，为集团抓住试点改革的发展机遇，优化业务结构，强化管控能力，实现高质量发展提供了明确指引。

国机集团董事会对已完成员工持股试点改革

的中国电器院发展持续给予关注,于2019年3月、4月份先后审议了《关于中国电器院整体变更为股份有限公司的议案》《关于中国电器院科创板上市方案的议案》,积极支持和推动中国电器院改制上市工作。2019年11月,中国电器院首次公开发行股票,在上海证券交易所科创板成功挂牌上市。

国机集团始终重视技术创新,不断打造科技研发板块。集团董事会先后审议通过了《关于集团总部及国机研究院科研机构整合方案的议案》《关于国机研究院与重材院、沈阳仪表院实施重组的议案》,持续增强集团科研管理功能,优化研发资源配置,为集团科研院所的发展聚人才、配资源、打基础。

3. 高度重视风险防控　国机集团董事会扎实开展年度全面风险管理及内控评价工作。2019年,面对复杂严峻的内外部环境,董事会先后审议并制修订集团资产处置管理办法、担保管理办法、资金管理办法、合规管理办法等一系列制度,规范和强化资产和资金出入管理,从源头上防控风险。

董事会对风险管控工作的高度重视,为集团防范风险、减少和避免企业经营管理活动中的风险损失起到了有效的事先防范、事中控制的作用。

4. 充分发挥外部董事作用　全部由外部董事组成的薪酬与考核委员会、审计与风险管理委员会切实履行职责,围绕高管考核、风险防范等方面做了大量工作,为董事会科学决策及相关专项工作提供了有力支撑。工作中,外部董事坚持分工不分家,两个专门委员会会议一般都邀请非委员外部董事列席会议。非委员外部董事列席专门委员会会议成为工作常态,既有利于外部董事更好地熟悉集团各方面工作情况,又能够促进相互之间的意见沟通和工作交流,充分利用各位外部董事的智慧和贡献。

国机集团十分重视外部董事履职支撑工作。积极组织外部董事参加集团重要工作会议,并就集团重大事项有关情况与外部董事的进行信息沟通;加强对外部董事的信息服务,不定期搜集整理国资监管动态、集团动态和企业改革动态信息,编制《董事参阅》提供给外部董事。一方面帮助外部董事全面深入地了解国资监管最新要求和集团改革发展情况,另一方面借助外部董事的经验智慧来促进集团改革发展。集团主要领导不定期与外部董事座谈交流、个别沟通,增强共识,促进工作。

2019年11月,国务院国资委重新聘任集团外部董事,国机集团认真做好新老董事换届交接工作,确保工作平稳过渡。为支持新任外部董事的履职,使新任外部董事尽快熟悉了解集团情况,董事会办公室及时召开专项汇报会议,向新一届外部董事汇报集团整体情况、重要工作开展情况以及2020年会议计划和调研计划安排。新任外部董事到任后至2019年年底,集团组织召开了3次董事会会议、2次专门委员会会议,董事会运行实现了顺利、平稳过渡。

5. 深入开展董事会考察调研　国机集团董事会把考察调研作为一项常抓不懈的重要工作,非外部董事的考察调研一般结合日常工作开展,外部董事则以调研组的形式不定期开展。2019年,董事会重点围绕下属中国恒天汽车业务板块企业,兼顾区域内其他企业,深入开展了3次集中调研,累计用15个工作日,对分布于五省七市的13家下属企业进行实地考察,对集团汽车业务板块发展情况进行全面、系统、深入的了解,为后续相关决策提供支撑。

本着经济高效的原则,在调研中国恒天汽车业务板块企业过程中,董事会就近对同一区域的所属其他重点企业进行调研。调研组通过实地参观和座谈交流,详细了解企业经营生产现状、发展面临的困难以及解决思路和措施,并提出针对性意见建议。

6. 继续强化高管考核工作　国机集团董事会坚持发挥高管考核导向作用,做好高管年度个人绩效合约制定工作。董事会继续加强高管考核的针对性和有效性,适当增加量化考核指标,有针对性地对亏损治理、"两金"清理、降低资产负债率、处僵治困、压减层级、提高资金集中度等年度重点工作任务设定了定量考核目标,要求经理层加快推进各项重点工作任务,深入推动企业高质量发展。2019年年底，为做好高管年度个人绩效考核工作，新一届董事会薪酬与考核委员会审议了2019年度高管绩效考核方案，合理分配考核打分权重，确保考核结果的科学性和有效性。

7. 稳步推进下属企业董事会建设

（1）不断推进集团党委授权试点企业董事会选聘经理层副职工作。截至2019年年底，集团先后选取11家企业作为试点企业，授权试点企业董事会选聘经理层副职108人次。其中，任职81人次，免职27人次。同时，坚持和完善"双向进入、交叉任职"的领导体制，集团二级企业全面实现党委书记、董事长由一人担任，党员总经理担任党委副书记，积极推进落实进入董事会的党组织领导班子成员人数等相关要求。

（2）深入了解二级企业董事会运行情况。结合"双百行动"开展董事会专题调研，了解下属企业董事会工作情况和改革需求，及时发现下属企业董事会建设、运作中存在的问题和困难，为下一阶段做实下属企业董事会做好准备工作。下属企业召开董事会会议，集团总部相关职能部门派员列席，深入了解企业董事会规范运行情况，为进一步推动完善企业法人治理结构、开展授权经营工作打好基础。

（3）学习贯彻国务院国资委《中央企业外部董事选聘和管理办法》《关于加强中央企业外部董事履职支撑服务工作有关事项的通知》等文件精神，在为集团外部董事履职做好支撑服务工作的同时，推进集团派出外部董事管理办法的修订和履职指南的制订工作，为充分发挥集团派出外部董事作用、加强集团治理管控提供制度保证和能力支撑。

（4）支持集团派出外部董事履职。按照集团对派出外部董事管理与支撑服务要求，加强与派出外部董事的信息沟通交流，及时向派出外部董事发送履职相关信息，为派出外部董事履职提供指导和支撑。组织派出外部董事述职，开展工作交流和研讨，不断提升派出外部董事的履职能力和水平。

主业经营

【主业及构成】

国机集团有四大主业，具体包括装备研发与制造、工程承包、贸易与服务、金融与投资，涉及机械、能源、交通、汽车、轻工、船舶、冶金、建筑、电子、环保、航空航天等国民经济重要产业，为全球170多个国家和地区提供专业化服务。国机集团的经营特点是规模大、覆盖面广、研发能力强，在众多领域具有影响力，如重型设备加工能力、大中型拖拉机产品、农牧机械研发能力、国外承包工程业务、汽车贸易服务、机电产品贸易等，均在业界屈指可数；科研院所起着引领行业技术发展的重要作用。

（一）装备研发与制造

1. 发展概述 2019年，国机集团面对机械工业承压前行的形势，认真贯彻落实制造强国、高质量发展的战略要求，增强使命担当，不断强化战略引领作用，加强装备制造板块的市场开拓和内外部业务协同，着力做好资产盘活工作，取得了一定成效。

2. 经营情况 按照国机集团装备制造板块企业的财务统计，截至2019年年底，国机集团装备制造板块实现营业收入668.22亿元，同比下降5.20%；实现利润总额22.85亿元，同比增长27.66%；实现经济增加值-6.29亿元，同比增长52.72%。2019年度，国机集团装备制造板块虽然营业收入略有下滑，但利润总额、经济增加值均大幅增长，装备制造企业经营发展质量和运行能力正在逐步提高。2018—2019年装备制造板块主要经营指标完成情况见表1。

表1 2018—2019年度装备制造板块主要经营指标完成情况

序号	指标名称	2018年	2019年	同比增长（%）	年度考核值
1	营业收入（万元）	7 048 601	6 682 167	-5.20	—
2	利润总额（万元）	178 980	228 477	27.66	249 400
3	经济增加值（万元）	-133 046	-62 903	52.72	-86 130

3. 重点工作

（1）持续强化战略导向和引领作用，努力做好板块规划宣贯、行业形势研判、产业发展规划评估、重点产品布局、产业链完善，五位一体，系统推进。宣传贯彻《国机集团装备制造业务2018—2020年发展规划》；持续加强与中国重型机械工业协会、中国农业机械工业协会、中国纺织机械协会、中国林业机械协会的交流沟通，把握国内外行业现状及发展趋势；围绕装备制造板块企业战略规划的推进情况，开展战略规划评估，组织召开国机集团"十四五"装备制造专项规划工作布置会，共同讨论形成装备制造专项规划的编制提纲和计划安排。

（2）不断提升对加快农机产业转型升级重要性的认识，努力做好农机振兴相关工作。按照国机集团关于加快农机板块振兴工作的要求，督促装备制造板块企业形成发展农机的思路和设想；以落实制造强国战略、农机装备转型升级为契机，加快国家农机装备创新中心建设，构建开放的产学研融合研发平台，成功组建国家农机装备创新中心。

（3）牢固树立服务意识，增强协同创效能力。持续推进国机集团企业对外业务交流合作，内容涵盖智能工厂、精益管理、产品配套、园区建设、产品代理销售等；针对装备制造企业开展的海外工程总包业务，组织开展交流诊断，形成意见建议；积极推动农机业务对外交流，拓展技术合作范围，开发海外市场。

（4）强化多维度系统对标意识，提升板块企业经营能力。通过开展调研、经营分析与经验交流、选定对标企业开展多维度对标分析等，推动企业持续稳定和健康发展。

4. 装备制造行业发展形势 2019年年初，机械工业主要经济指标大幅下滑，三月份短暂回升，此后再度持续回落；进入三季度后，多项稳增长措施逐渐见效，减税降费政策利好显现，机械工业经济运行态势有所改善。全年营业收入小幅增长、产销逐渐回稳、出口基本稳定。但总体而言，困扰行业发展的产业结构性矛盾尚未明显缓解，效益下降、投资低迷的状况仍未扭转，实现机械工业平稳运行的压力依然存在。

（二）工程承包

1. 发展概况 截至2019年年底，国机集团在手执行工程成套及设计咨询项目合同总金额为521.7亿美元，其中境外项目合同总金额为313.4亿美元，公司工程项目收入中来自境外业务的比例为60.1%。2019年国机集团在手执行对外工程承包项目情况见表2。

2. 主要工程领域 2019年国机集团在手执行对外工程承包项目行业分布情况见表3。

表2 2019年国机集团在手执行对外工程承包项目情况

项目合同金额	＞1 000万美元	＞5 000万美元	＞10 000万美元
项目数量（个）	586	197	106
其中：境外项目（个）	196	104	67
合同总金额（亿美元）	476.48	387.12	323.03
境外项目合同金额（亿美元）	309.65	286.02	258.48

表3　2019年国机集团在手执行对外工程承包项目行业分布情况

序号	所在行业	合同金额（亿美元）	占境外合同总金额的比重（%）
1	电力工程建设	177.66	56.69
2	交通运输建设	34.50	11.01
3	房屋建筑	23.16	7.39
4	制造加工设施建设	1.95	0.62
5	水利建设	23.80	7.59
6	通讯工程	0.63	0.20
7	石油化工	8.03	2.56
8	工业建设	10.72	3.42
9	废水(物)处理	2.23	0.71
10	其他	30.72	9.80
	合计	313.40	100.00

3. 主要区域市场　2019年国机集团在手执行对外工程承包项目区域分布情况见表4。

表4　2019年国机集团在手执行对外工程承包项目区域分布情况

国别	合同金额（亿美元）	占境外合同总金额的比重（%）
巴基斯坦	37.44	11.9
安哥拉	27.21	8.7
阿根廷	24.80	7.9
白俄罗斯	19.60	6.3
委内瑞拉	15.90	5.1
合计	123.80	39.5

4. 非实体经营　2019年，国机集团在执行非实体项目5项，合同金额18.78亿美元。全年实现收入约3.28亿美元，实现退税3 400万元，实现利润约1.54亿元。在执行项目总体受控，基本符合项目计划要求。

（三）贸易与服务

1. 整体情况　2019年以来，国机集团贸易业务稳中有进、难中求成，贸易服务板块呈现稳定发展的态势，进出口总额为91亿美元，其中进口51.3亿美元，出口39.7亿美元。在中国对外贸易500强企业排行榜中名列第24位。

2. 经营情况　2019年，国机集团贸易服务板块企业在发展质量、战略引领、结构优化、完善模式、风险控制、内部协同等方面取得明显进步，主要经济指标均实现较快增长，全年累计实现营业收入1 396.8亿元，占国机集团合并比重46.9%；累计实现考核口径净利润26.3亿元，占国机集团合并比重26.0%，完成全年目标23.3亿元的112.9%；累计实现经济增加值12.9亿元，同比增长45.0%。全面完成全年考核目标。2019年贸易服务板块各企业主要经济指标见表5。

表5　2019年贸易服务板块各企业主要经济指标

公司名称	2019年营业收入		2019年利润总额	
	金额（亿元）	同比增长（%）	金额（万元）	同比增长（%）
苏美达股份（含美达资产）	861.7	4.7	19.8	9.5
国机汽车（含国机智骏、中汽胜嘉、智骏置业）	524.5	-6.5	4.8	-52.2
中机国际	7.6	-0.5	0.1	0.8
中国机床（含销售公司）	3.0	16.0	0	182.2
合计	1 396.8		24.7	

3. 重点工作

（1）扎实有效开展两项研究。为全面、系统地应对中美贸易摩擦，编制完成《中美贸易摩擦对国机集团业务的影响和对策专项研究报告》。对国机集团汽车业务现状进行深入研究，编制完成《国机集团汽车业务资源整合建议方案》。

（2）助力国机智骏新能源车项目取得相关资质。国机智骏生产资质问题得到彻底解决，获得全部满足车辆销售要求的9大资质，具备正式销售上牌条件。赣州生产基地已建成达到量产条件。

（3）高质量完成第二届中国国际进口博览会（简称进博会）有关工作。国机集团深度参与第二届进博会，负责高端装备三号馆招展组展及新开辟的室外冰雪装备展区招展、搭建、运营等工作，实现参展国别、行业双新增；组织近900人采购团，签署17份进口采购合约，涉及装备制造、大宗商品、金融服务、展览服务、特色农产品等，进博会效应溢出；成功协办国务院国资委中外企业合作论坛，组织中央企业交易团央企集中签约活动及其他保障服务工作，受到国务院国资委、商务部及各界的高度好评。

（4）稳步完成年度贸易服务板块亏损企业治理工作。实现贸易服务板块企业亏损额和亏损面双降50%的目标，各企业建立"扭亏控亏"长效机制，做好后续两年亏损企业治理工作，为完成三年亏损企业治理工作目标打下基础。

（5）积极推进贸易服务板块规划和贸易服务板块企业的规划落实。完成贸易服务板块规划（2018—2020），启动"十四五"规划编制工作。对4家板块企业规划的实施和推进效果完成年度评估，并对各企业的滚动规划提出指导意见，结合新的内外部经济环境，推动板块企业战略优化和业务模式优化。

（6）展览业务平台化发展模式取得新进展。中机国际与世界一流展览集团达成多项合作，自办展培育取得良好效果；重点展会取得丰硕成果，展会面积、经营收入均有较大提升；服务国家战略，加大境外展览开拓力度，努力成为推进"一带一路"倡议的大展览平台；以会展平台助推国机品牌一体化取得实质性成果。

4. 竞争优势 2019年，国机集团贸易服务业务竞争优势突出，核心业务子板块大多处于国内领先位置，有的已具有国际竞争力。

（1）贸易业务形成独特的竞争优势。多家公司从以"贸"为主，过渡到"贸工技金"经营模式，主要贸易产品扩展到服务贸易、高端机床、融资租赁等，在商业模式和抗风险能力等方面形成独特的竞争优势。

（2）汽车服务产业链整合优势明显。2019年，国机集团完成打造从前端制造，到后端服务贸易，具有完备产业链和核心的竞争力的汽车产业，推动汽车产业转型升级，实现高质量发展。

（3）展览业务保持国内第一梯队。形成境内外自主办展、代理出国展览、展览工程设计施工与建造、大型活动策划与运营等完整的展览业务体系，在展览面积、展览品牌、综合影响力、团队建设、业务体系等方面具备独特的竞争优势。

5. 汽车贸易服务 2019年，国机集团进一步深化改革，推进汽车产业资源整合，完成国机汽车和中汽工程的重组整合。汽车工程业务稳步增长，全年新签合同额超百亿元，其中50%以上来自于新市场、新领域，高端品牌客户市场和海外市场取得突破性进展。获得新能源汽车生产资质，多款车型批量生产上市。完善汽车零售管理体系建设。大力开拓融资租赁业务，国机汽车成功发行第一期资产支持证券，成为上交所首单央企汽车融资租赁 ABS（Asset Backed Securities, 资产支持证券），总发行规模4.58亿元，其中优先级发行规模3.81亿元，资金平均年化成本3.81%，创造了融资成本的新低，荣获"2019中国租赁年会年度优秀企业"奖。

【经营管理】

2019年，国机集团针对严峻的经济形势，加大改革创新力度，不断提高企业可持续发展的内生动力，针对形势变化精准发力，不断夯实核心竞争力，社会影响力持续提升，继续蝉联中国机械工业100强首位，位列2019年"全球250家最大国际工程承包商"第19位、2019年"国际工程设计企业225强"第50位、2019年世界

500强第250位。

根据国有资本投资改革试点工作要求，国机集团修订了《中国机械工业集团有限公司下属企业业绩考核管理办法》，更加突出高质量发展要求，实施"一企一策"差异化。按照集团经营业绩考核管理要求，结合企业财务决算和各专项考核内容，完成对下属企业2019年经营业绩考核结果核算，并与企业主要负责人薪酬实施挂钩。

【国际化经营】

1. 经营概况 国机集团全面贯彻落实"走出去"战略，积极利用两个市场、两种资源，境外业务从一般贸易、设备成套，到工程总承包、境外投资运营，再到境外并购逐步发展，成为行业国际化经营的探索者和引领者。截至2019年年底，国机集团共设立驻外机构354个，涉及102个国家和2个地区。

2. 境外投资情况 2019年，国机集团境外投资主要集中在电力生产和供应、商业服务、工程矿业、纺织、齿轮及变速器制造等行业，投资方式涉及独资、控股和参股。独资企业主要有加拿大普康公司、德国ISH公司、北美弗曼公司等；独资项目主要有马尔代夫1.5MW屋顶光伏项目等；投资控股项目主要有中白工业园项目、老挝万象滨河综合开发项目等；投资参股项目主要有巴基斯坦塔尔一期煤矿及电站项目、巴基斯坦塔尔二期TEL燃煤电站项目、印度金奈工业园区项目等。2019年国机集团境外投资区域分布情况见表6。

表6 2019年国机集团境外投资区域分布情况

地区	投资金额（万元）	占比（%）
亚洲	27 520.93	33.22
欧洲	9 092.60	10.98
大洋洲	32.10	0.04
南美洲	7.70	0.01
北美洲	44 901.20	54.20
非洲	1 283.42	1.55

3. 援外业务概况 国机集团援外业务主要包括援外工程和援外培训两部分。

（1）援外工程高质量发展。2019年共计签订援外项目100多个，涉及医疗、能源、农业等领域。相继中标援卢旺达马萨卡医院改扩建、援白俄罗斯国际足球体育场、援塔吉克斯坦政府办公大楼等一批援外设计项目，中标援斐济糖厂项目、援巴新瓦佩纳曼达社区技术学院项目、援赞比亚国际会议中心项目、缅甸农产品质量控制中心和杂交水稻育种研究中心等援外工程项目。2019年4月25日，中白两国元首为援白俄罗斯国家足球体育场及国际标准游泳馆项目模型揭幕；6月15日，中塔两国元首为援塔吉克斯坦议会大楼和政府办公大楼项目模型揭幕。2019年，援科特迪瓦精英学校等3个项目竣工；援黎巴嫩国家高等音乐学院等项目有序开工；埃塞俄比亚开展人力节约型苔麸农机技术应用示范项目样机推广进展顺利，获埃方较高评价。

（2）援外培训创新高。作为国家援外培训班项目骨干单位，2019年，国机集团下属中国农机院创新工作方法，在5个月内成功执行11期国家援外培训项目，培训总时长281天，272名学员参训，辐射21个国家，创历史新高。培训内容着眼广大发展中国家迫切需求，涵盖农业工程、农业机械化发展、农机具使用与维修、农田水利自动化与灌溉技术、农机技术推广等主题，同时适当引入粮食安全、能源资源安全等发展中国家共同面临的全球性问题。多层次、全方位的培训课程设置和实践安排赢得了受援国政府的广泛认可，以及参训学员的一致好评。

【安全生产】

2019年，国机集团本企业人员未发生较大及以上生产安全责任事故，未发生不良影响的境外安全突发事件，安全生产形势总体保持平稳。

1. 贯彻落实党中央会议及文件精神 国机集团多次召开专题会议听取安全生产工作专题汇报，多次组织专项检查组到境内外生产制造、水陆客货运输、工程施工等生产一线及项目现场进行安全生产监督检查。发现问题，立查立改，促进安全生产各项工作的落实。

2. 全面落实"防风险、保安全、迎大庆"工作 国机集团先后10次发文，通过深化安全生产大检查，做好汛期安全风险防控，强化应急值守工作，强化"迎大庆"安全生产工作，有效预防和减少各类事故发生。

3. 强化安全风险分级管控，开展安全隐患排查治理

（1）加强重大安全风险管控。将18家存在较大危险因素的企业共184项重大危险源或高危作业过程纳入国机集团2019年重点监控清单；对在高风险国家（地区）的工程项目进行HSE计划备案管理、动态监管。全年共派出安全生产检查组16次，对存在重大危险源的企业开展监督检查，共发现并督促企业整改各类安全问题100余项。督促企业加强重大风险日常监管，实现安全风险纵深防御、关口前移，开展源头治理。

（2）组织各企业开展危化品、特种设备、建筑施工、密闭空间作业、汛期等专项检查和隐患排查治理，及时消除安全生产隐患。

（3）组织开展为期一个月的安全生产互查活动。派出9个检查组，对9家企业的12个工程总承包项目现场和11家企业的15个生产制造现场进行安全生产监督检查和工作交流。互查活动发现并整改175项安全隐患，提出199项提升建议。

2019年，全集团开展安全生产专项检查11 349次，排查安全生产隐患43 013项，完成隐患整改42 551项，隐患整改率达到98.93%。

4. 加强安全宣传教育培训，提升全员安全生产素质和安全能力

（1）以教育培训、排查治理、应急预案演练、问题整改"回头看"等形式，组织开展以"防风险、除隐患、遏事故"为主题的2019年"安全生产月"和"安全生产万里行"活动。

（2）组织各层级单位100多名安全生产管理人员进行提升培训。

（3）以"健康中国，职业健康同行"为主题组织开展《职业病防治法》宣传周活动。据统计，2019年国机集团全年举办安全生产培训班3 621次，共培训108 868人次。此外，参加外部安全培训18 106人次。

5. 深化安全管理体系和标准化建设　继续深化安全生产管理体系建设工作，截至2019年年底，国机集团有193家企业通过安全生产标准化达标认证，同比增加14家。有167家企业通过了OHSAS18000职业健康安全管理体系认证，同比增加41家。国机集团获得"2019年度全国安全管理标准化示范班组创建活动优秀组织单位"称号；4个班组获得"2019年度全国安全管理标准化示范班组创建活动示范班组"称号。

6. 加强境外安全管控，提高境外安全保障和应对风险能力　举办国机集团2019年境外安全培训班，参训人员现场取得京市红十字会操作技能证；印发《关于加强企业境外安全生产管理工作的通知》等8个文件，制定落实境外安全防范措施，加强境外项目风险评估和监督检查；制定印发"国机集团境外安全风险排查事项清单"，加强安全风险排查整改，有效防范境外安全风险；建立健全境外安全风险监测和预警机制，发布境外安全预警通知19次。

7. 强化追责问责，做到警钟长鸣　部署建立全员安全生产责任制，完成安全生产"一岗一清单"责任制度。对事故企业领导进行约谈，通报批评事故企业并提出整改要求。

8. 加强安全生产责任目标考核，持续提升安全生产管理水平　国机集团通过细化量化安全考核，持续改进安全生产工作。2019年年底，对28家企业的安全生产责任目标完成情况进行考核。考核结果总体情况良好，其中20家企业考核结果为优秀，无不合格企业。

【节能减排】

2019年，国机集团在能源节约与生态环境保护工作方面未发生重大事故及突发事件，在生态文明建设方面取得积极成效。

1. 高度重视生态环保工作　组织各企业加快绿色转型升级，加强污染防治，积极拓展能源节约与生态环保新兴产业，强化生态环境风险防控和应急处置工作，开展多次现场生态环境保护工作监督检查。

2. 持续推动战略规划落地　按照《中国机械工业集团有限公司节能减排规划（2016—2020年）》持续推进绿色发展。截至2019年年底，国机集团万元产值综合能耗、二氧化硫排放量、化学需氧量排放量，分别比2015年下降24.9%、70.3%和92.8%。

3. 强化绿色发展基础建设　2019年，国机集团进一步加强能源节约与生态环境保护体系建设工作，组织各企业严格落实要求，把实现生态文明和绿色发展放在突出的战略位置，融入改革发展全过程。

（1）强化统计监测机制，启用"中国机械工业集团有限公司能源节约与生态环境保护统计系统"，进一步规范统计工作。

（2）落实监督考评工作，开展例行考核评价，对企业能源节约与生态环境保护工作开展情况进行督导和考核。

（3）全面开展教育培训，组织开展"一个主题，八项配套"形式的2019年全国节能宣传周暨低碳日活动。

4. 增强绿色发展改革管控　推动企业在能源结构调整、能源消费总量和强度控制、资源循环利用、节能环保技术改造、碳资产管理等方面加大改革力度，逐步淘汰落后产能，从源头削减污染，在改革发展中推动企业绿色化前进。

5. 切实防范生态环境风险

（1）构筑生态环境风险排查治理工作体系，加强常态化管理。按照《中国机械工业集团有限公司关于加强节能减排工作的指导意见》，强化生态环境保护主体责任落实，持续完善防控工作长效机制。国机集团各企业依托环境管理体系建设，着力打造"事前严防、事中严管、事后处置"的环境污染风险防控体系，切实保障不发生生态环境污染责任事故。

（2）开展生态环境风险排查，切实落实隐患及问题整改工作。2019年，国机集团通过部署生态环境风险管控和"回头看"工作，对存在的主要问题进行督察督办，并对日常工作加大排查整改力度，确保生态环境保护工作落地落实。

【其他重要管理制度及重大事项或举措】

1. 层层压实责任，全面完成"处僵治困"任务　国机集团管理层高度重视，将各企业"处僵治困"完成情况纳入董事会对经理层的绩效考核；规范建立月度和季度监测制度，及时传导工作压力；对涉及"僵困"企业处置治理过程中的股权转让、清算注销、土地等闲置资产处置、评估报告审核备案等审批事项，优先审批，加快审批，积极推进处置进展。截至2019年12月，国机集团91家"僵困"企业已全部完成"处僵治困"目标。

2. 狠抓落实，压减工作按时高质量收官　国机集团顺利完成国务院国资委下达的压减工作任务，截至2019年5月，累计压减289家，存量法人数减少比例达21.8%，超过了国务院国资委要求压减20%的目标，企业法人数由最初的1 325户降至1 159户。

科 技 发 展

【科技创新】

2019年，国机集团坚持"以国机所长，服务国家所需"定位，进一步聚焦资源，突出战略重点，积极开展创新体系改革研究，在落实国家战略、完善科技管理职能、强化院所管理、组织关键核心技术攻关、完成好专项任务等方面取得较好成效。全年获得省部级和全国行业性各类优秀成果奖389项，其中科学技术奖113项（含国家科技进步奖二等奖1项，国家技术发明奖二等奖2项）。申请专利2 528项，其中发明专利1 034项；获授权专利1 506项，其中发明专利385项。登记软件著作权353项。主持或参加制修订国际、国家和行业标准354项，其中国际标准2项、国家标准158项。获批国家智能农机装备制造业创新中心，成为已获批的13家制造业创新中心之一。

【科研成果】　2019年科研成果产出情况见表7。

表7 2019年科研成果产出情况

序号	成果名称	数量（项）
1	省部级以上各类成果奖	389
	其中：国家科学技术奖	3
	科学技术奖（含国家科技进步奖）	113
2	申请专利	2 528
	其中：发明专利	1 034
3	获授权专利	1 506
	其中：发明专利	385
4	制修订标准	354
	其中：国际、国家标准	160
5	发表论文	3 184（篇）
6	软件著作权登记	353

【科技创新体系及平台建设】

2019年，国机集团共获批省部级以上科研与服务平台26个，其中国家级平台3个。截至2019年年底，国机集团拥有国家企业重点试验室6个、国家工程技术研究中心7个、国家工程实验室6个、国家工程研究中心4个、国家企业技术中心17个、国家级技术创新联盟7个、国际合作基地5个、博士后工作站27个、国家生产力促进中心6个、国家级质检中心25个、全国标准化委员会80个。国家级科研及服务平台数量已超过160个，标志着国机集团在相关技术领域处于科技创新优势地位，将在推动行业的技术进步，探索构建产学研合作的长效机制，带动中小企业创新发展，提升产业核心竞争力等方面发挥更大作用。2019年新获批省部级以上科技创新及服务平台见表8。

表8 2019年新获批的省部级以上科技创新及服务平台

序号	科技平台名称	单位名称
国家级		
1	国家农机装备制造业创新中心	中国一拖集团有限公司
2	国家企业技术中心	中国重型机械研究院股份公司
3	国家磨料磨具产业计量测试中心	洛阳轴研科技股份有限公司
省部级		
1	湖南省水处理过程与装备工程技术研究中心	中国机械设备工程股份有限公司
2	中国医卫用非织造材料研发基地（湖北）	中国恒天集团有限公司
3	江苏省全地形车及动力工程技术研究中心	中国福马机械集团有限公司
4	国家高新技术企业	国机重型装备集团股份有限公司
5	中国第二重型机械集团有限公司院士专家工作站	中国第二重型机械集团有限公司
6	国家级工业设计中心	中国一拖集团有限公司
7	江苏省高铁装备智能工程技术研究中心	苏美达股份有限公司
8	中俄青年创业孵化器	中国联合工程有限公司
9	国家中小企业公共示范平台	合肥通用机械研究院有限公司
10	压力容器与管道安全安徽省技术创新中心	合肥通用机械研究院有限公司

(续)

序号	科技平台名称	单位名称
11	机械工业第四计量测试中心站（郑州）	洛阳轴研科技股份有限公司
12	河南省功能金刚石材料创新中心	洛阳轴研科技股份有限公司
13	国家知识产权优势企业	中国电器科学研究院有限公司
14	广东省智能家电创新中心	中国电器科学研究院股份有限公司
15	广东省省级企业技术中心	中国电器科学研究院股份有限公司
16	广东省省级工业设计中心	中国电器科学研究院股份有限公司
17	广东省中小企业技术公共服务平台（家电与汽车）	中国电器科学研究院股份有限公司
18	2019年珠三角地区服务型制造示范平台（家电产品绿色制造服务平台）	中国电器科学研究院股份有限公司
19	2019年珠三角地区服务型制造示范平台（华南电子电器综合服务平台）	中国电器科学研究院股份有限公司
20	华东服务型制造示范平台（华东电子电器综合服务平台）	中国电器科学研究院股份有限公司
21	机械工业装备润滑智能检测重点实验室	国机智能科技有限公司
22	机械工业工业机器人系统技术工程研究中心	国机智能科技有限公司
23	甘肃省省级工业设计中心	甘肃蓝科石化高新装备股份有限公司

【科技投入】

通过国家支持自主创新方面的有关税收优惠政策、国机集团技术开发专项经费、争取国家项目与资金支持、加大自身投入等多种有效途径，2019年度国机集团科技投入达到71.7亿元，占国机集团营业收入的2.41%。其中，科技型企业科技投入达到24.99亿元，占其业务收入的比重为8.99%；国机集团研发投入达到47.09亿元，占集团业务收入的比重为1.58%，其中科技型企业研发投入达到15.55亿元，占其营业收入的5.59%。

【科技成果】

1. 高性能工业丝节能加捻制备技术与装备及其产业化项目 该项目获国家科学技术进步奖二等奖，揭示了大张力、大气圈、大卷装、复杂气圈特征的工业丝加捻运动特性，建立了加捻能耗与气圈形态、张力的关系模型，为高性能工业丝实现高效节能加捻提供技术基础支持；提出了基于外纱张力主动控制的高效节能直捻加捻方法，发明了新型"一步法"节能直捻机结构与系统，解决了直捻加捻过程中外纱张力控制，气圈形态控制，内纱、外纱捻度和张力均匀控制实现节能的直捻工艺装备的系列难题；发明了电子布超细玻璃纤维丝恒张力、防静电加捻技术，提出了玻纤加捻卷绕抑制张力波动的方法，解决了超细玻璃纤维丝束加捻面临的易拉毛恶化毛羽、损伤强力、捻度不匀、精密卷绕成形难等行业技术难题；攻克了高性能工业丝加捻装备设计制造系列技术难题，建立了完整的技术体系，自主研发并产业化生产了三大类16个型号的高性能工业丝加捻制备装备，其综合节能可达15%～35%，生产效率和加工质量大幅提升，减少了原料损耗，满足了高性能工业丝制品加捻制备的战略需求。

2. 东北玉米全价值仿生收获关键技术与装备项目 该项目获国家技术发明奖二等奖，针对世界罕见、东北独有的玉米农艺多样性，攻克籽粒、芯轴、秸秆全作物低损高效联合收获世界公认技术难题，发明粒轴兼收、穗茎兼收2套联合收获技术装备，摘穗、剥皮、脱粒3项共性核心技术。国际首创粒轴兼收玉米联合收获机，首次实现籽粒与芯轴一机同步、低损高效联合收获。国际首次提出集摘穗、剥皮、捡拾、打捆于一体的穗茎兼收技术，成功研制世界首台具有秸秆打捆功能的穗茎兼收玉米联合收获机。发明密植摘穗、变量剥皮、降损脱粒3项共性核心技术。在黑、吉、辽及蒙东4省区推广应用累计12.18万hm^2，为东北玉米低损高效联合收获提供关键技术装备支撑，经济社会效益显著。

3. 科技奖励工作 根据《社会力量设立科学技术奖管理办法》《中国机械工业集团科学技术奖励办法》，组织完成了2019年度中国机械工业集团科学技术奖的申报、评审、报批、公告、授奖、奖金拨付等工作，2019年度共奖励项目25项，其中一等奖2项，二等奖7项，三等奖16项，奖励个人近200人。2019年度"中国机械工业集团科学技术奖"获奖项目见表9。

表9　2019年度"中国机械工业集团科学技术奖"获奖项目

序号	项目名称	完成单位	主要完成人
一等奖项目（2项）			
1	过程工业旋流强化换热设备技术及工程应用	合肥通用机械研究院有限公司、镇海石化建安工程有限公司、中石化洛阳工程有限公司、中国石油化工股份有限公司镇海炼化分公司、浙江工业大学	陈永东　王健良　陈崇刚　张贤安　吴晓红　陈燕斌　金　强　李立权　许　伟　程　沛　王建伟　董雪林　胡兴苗　陈冰冰　于改革
2	4MZ-3自走式采棉机	中国农业机械化科学研究院、现代农装科技股份有限公司、上海大学	韩增德　甘帮兴　郝付平　韩科立　苗中华　吴海华　方宪法　何创新　包春林　常贺章
二等奖项目（7项）			
1	大型风电场运行维护关键技术及应用	广州机械科学研究院有限公司、华南理工大学、华中科技大学、广东电科院能源技术有限责任公司、广东粤电湛江风力发电有限公司、北京国电思达科技有限公司	贺石中　杨　苹　杨　涛　冯　伟　黄　兴　邓小文　李秋秋　陶　辉　陈伟球　高　燕
2	高品质低能耗板坯连铸生产线关键装备的研发与应用	中国重型机械研究院股份公司	黄进春　刘赵卫　刘彩玲　丘铭军　王文学　黄卫东　张西锋　李新强　王　鲁　宁　博
3	旱地智能化精量种植关键技术及装备	中国农业机械化科学研究院、河南科技大学、河南豪丰农业装备有限公司、南通富来威农业装备有限公司	赵　博　姬江涛　金　鑫　刘立晶　刘俊锋　杜新武　吴亦鹏　颜　华　周利明　伟利国
4	难变形铝基碳化硼核燃料中子吸收板高性能成形工艺装备及应用	中国重型机械研究院股份公司、安徽应流久源核能新材料科技有限公司	杨　建　张　君　王大兮　匡少宝　张宗元　苏　明　陈永甲　咸进祥　刘维鸽　魏志毅
5	基于同步整流技术的高效节能大功率电化学电源研制及产业化	广州擎天实业有限公司、中国电器科学研究院股份有限公司	张兴旺　秦汉军　丁小松　王浩龙　陈建全　赵生军　赖前程　李树贵　刘柱龙　吴　畏
6	高效、节能、环保的铸造工艺及装备研发应用	中国汽车工业工程有限公司、机械工业第四设计研究院有限公司	刘小龙　郭廷涛　丁跃达　曹红范　李　明　杨玉祥　李志宏　李鸿亮　杨涛林　王亚峰
7	含难降解有机物的污水高效同步脱氮除磷关键技术及应用	中机国际工程设计研究院有限责任公司、湖南师范大学	蒋剑虹　罗友元　尹　疆　贺卫宁　谢立祥　唐清畅　韩　彬　王宏辉　吴玉华　陈　蕃
三等奖项目（16项）			
1	多物理场微小孔磨粒流超精密研抛装备及其工艺研究	长春理工大学、长春荣德光学有限公司	李俊烨　张心明　倪国东　田　华　李学光
2	LF904/LF954/LF904-C/LF954-C轮式拖拉机	中国一拖集团有限公司、第一拖拉机股份有限公司、洛阳拖拉机研究所有限公司	宋玉平　王东青　王世强　薛志飞　冯春凌

(续)

序号	项目名称	完成单位	主要完成人
3	新型导电游丝材料开发及应用研究	重庆材料研究院有限公司	李　方　张十庆　何钦生　邹兴政　屈原津
4	生物质发电厂燃料自动化、智能化储运系统关键技术研究与应用	北京起重运输机械设计研究院有限公司	刘武胜　王克鹏　吴昊罡　勾　通　李胜德
5	DYECOWIN 高温染色机	立信染整机械（深圳）有限公司	徐达明　李俊威　陈　和　王智山　曾育南
6	城镇供热系统智能管控技术研究与应用	中国中元国际工程有限公司	江绍辉　朱　江　芳大实　丁艳虹　李春林
7	JVR 系列旋挖钻机	恒天九五重工有限公司	黎起富　滕召金　吴江苏　刘文彬　马少焱
8	超低品位铁矿综合开发关键技术及其应用	陕西冶金设计研究院有限公司	马玄恒　罗小新　黄晓毅　陈晓博　卢　星
9	面向家用电器质量提升的国际标准研究与制定	中国电器科学研究院股份有限公司、威凯检测技术有限公司	黄文秀　陈伟升　凌宏浩　陈灿坤　陈　斌
10	CAP1400 核电主泵试验装置研发	中国联合工程有限公司	赵拥军　章煜君　鄢　磊　张　超　曾　鹏
11	大型煤化工项目配套动力站典型设计技术研究	中国联合工程有限公司	查从念　岑尔芬　田忠明　李习臣　王　伟
12	高品质耐腐蚀双金属复合管液胀成形关键技术和装备研发及应用	中国重型机械研究院股份公司、西安向阳航天材料股份有限公司	寇永乐　隋　健　李培力　徐能惠　马海宽
13	高速、精密、大功率电主轴的可靠性设计与性能试验技术	洛阳轴承研究所有限公司、西安交通大学、西安理工大学	叶　军　徐光华　牛青波　刘宏昭　刘　恒
14	北京奔驰汽车有限公司MFA车体存储分配中心系统项目	中国汽车工业工程有限公司、机械工业第四设计研究院有限公司、北京奔驰汽车有限公司	黄海涛　冯　飚　张海康　张远程　董立轩
15	CPR1000 稳压器波动管研制	二重（德阳）重型装备有限公司	陈红宇　郑建能　孙　嫘　陈小波　司晨亮
16	中国石油科技创新基地（A-45地块）北京石油机械厂搬迁改造项目	机械工业第六设计研究院有限公司、北京石油机械有限公司	史康云　曾丽强　刘　俊　岳　杰　余道国

4. 国家项目的申报、管理和重大项目的实施工作

（1）申报国家资金补助项目。积极争取与承担各类国家项目，2019 年度累计获批国家项目 55 项，新增国拨资金 2.2 亿元。

（2）编制国机集团 2019 年科技项目综合计划。2019 年度，国机集团下属企业执行的国家项目、省市项目、集团重点项目共计 387 项，项目总投入 70.76 亿元，其中专项资金 14.34 亿元。其中国家重点项目（包括国家自然科学基金项目、国家科技重大专项项目、国家重点研发计划项目等）共计 250 项，累计投入 23.85 亿元，其中国家专项资金 11.42 亿元。国机集团重大科技专项 18 项，总投入 16.0 亿元，其中，国机集团支持 3.02 亿元。省市项目 118 项，总投入 30.46 亿元，其中，财政资金 2.92 亿元。

（3）国家项目管理工作。按照国家项目主管部门要求，加大推进项目实施进程，做好项目实施过程中的梳理和调整，大批重大项目稳步推进，取得良好成效。2019年先后完成27项国家项目的验收，为项目交付使用，发挥效益，规范运营，提供了保障。

5. 重大科技专项工作　2019年度组织了国机集团重大科技专项项目的申报与评审工作。经评审，确定立项4项，总投入2.2亿元，国机集团共支持经费1.02亿元。

6. 扎实推进知识产权工作　国机集团作为全国首批知识产权示范企业，按照国家知识产权局要求，完成2019年度国家知识产权示范企业复核及年度考核工作。完成国机集团2019年度1 506项授权专利和353项软件著作权的入库和材料审查。2019年国机集团下属单位获专利情况见表10。

表10　2019年国机集团下属单位获专利情况（以发明专利数量排序）

序号	单位名称	授权专利合计	发明专利	实用新型	外观设计
1	洛阳轴研科技股份有限公司	101	85	13	3
2	合肥通用机械研究院有限公司	67	64	3	0
3	国机重型装备集团股份有限公司	185	47	135	3
4	中国恒天集团有限公司	225	25	189	11
5	中国农业机械化科学研究院	71	23	45	3
6	桂林电器科学研究院有限公司	21	18	3	0
7	苏美达股份有限公司	99	17	48	34
8	国机智能科技有限公司	86	16	63	7
9	中国电器科学研究院股份有限公司	71	15	46	10
10	国机汽车股份有限公司	131	15	114	2
11	国机集团科学技术研究院有限公司	56	13	42	1
12	中国福马机械集团有限公司	59	12	39	8
13	中国联合工程有限公司	75	11	64	0
14	中国地质装备集团有限公司	22	7	14	1
15	中国一拖集团有限公司	90	6	74	10
16	中国机械设备工程股份有限公司	36	5	31	0
17	中国机械工业建设集团有限公司	30	3	27	0
18	中国机械工业集团有限公司	3	2	1	0
19	中工国际工程股份有限公司	38	1	37	0
20	中国浦发机械工业股份有限公司	40	0	40	0
总计		1 506	385	1 028	93

7. 落实重大技术装备财税补贴政策 继续用好国家重大技术装备进口税收政策，组织中国一拖、国机重工、现代农装等单位认真编制政策落实情况，并提出2018年的免税需求，经工信部、财政部、海关总署、税务总局四部委联合审批，2018年度共获得2.15亿元免税额度。落实首台（套）重大技术装备保险补贴政策，积极争取落实BPY74265宽幅人造板连续压机成型压制系统、58in（1in=0.025 4m）大型热磨制浆系统、山东瑞丰1 420mm酸轧项目、湖北淮川EXY168MN热模锻压力机生产线、福清6号机组管道和波动管、压水堆示范工程1号机组反应堆主冷却剂管道和波动管等7套装备的保费补贴，获得补贴1 893万元。

【新产品开发】

2019年，国机集团新产品开发经费支出11.03亿元，开展新产品开发912项，完成新产品新技术700项，新产品销售收入139.15亿元，其中出口额为46.59亿元。在技术转让方面，2019年实现技术转让收入5 084.11万元，其中专利转让与授权收入105万元。

【质量与资质工作】

1. 深入推进质量提升行动，开展工贸企业质量专项提升 按照全集团组织动员，抓重点薄弱领域，分板块有序推进的工作思路，遵循问题导向、服务导向、效果导向的工作原则，2019年将工程承包、贸易服务业务质量提升及质量风险管控作为专项工作，列入国机集团质量提升行动计划的专项工作。

（1）赴集团17家工程承包业务和贸易服务业务比重较大的企业和工程项目现场开展深入调研，形成了《工程承包业务质量提升及质量风险管控专项调研总结分析报告》《贸易和服务业务质量提升及质量风险管控专项调研总结分析报告》，梳理各工贸企业质量管理优势和短板，剖析在质量方面长期困扰企业的难点和痛点，识别可以改进的薄弱环节，为国机集团进一步组织开展有针对性的质量工作提供决策依据。

（2）搭建沟通平台，举办国机集团质量成本专项培训班。组织各下属企业质量管理人员和财务管理人员参加培训；召开了工程承包、贸易与服务业务质量提升及质量风险管控专项交流会，共同促进工贸企业质量管理水平不断提升。

（3）制定《关于加快推进科研院所产业化质量提升的指导意见》，建立质量管理长效机制。

（4）研究制定《质量问题报告及处理实施办法》《关键质量监测指标统计报送管理办法》，召开管理办法研讨会，进一步完善国机集团质量管理的抓手，加强对企业的质量管控力度，着力提升国机集团总部的质量管控能力。

2. 强化集团资质的使用、维护管理 在国家资质审批政策进一步严格、通过率持续走低的背景下，2019年，国机集团共有30项工程建设类甲级资质成功得到批复，5家企业获批商务部援外项目实施企业资格，一大批资质实现了升级，实现资质审批通过率100%的较好结果，为国机集团占领高端市场、扩大市场份额，提供了更广阔的发展空间和更高的资质平台。

3. 加强重点工程和重大设备的质量监管 2019年国机集团质量风险管理延伸到海外项目现场，对科特迪瓦国家电网发展和改造项目、尼泊尔博卡拉国际机场项目均进行现场质量检查，进一步夯实重点工程和重大设备的质量工作。

4. "四标一体化"管理体系持续有效运行 组织完成管理体系的4次外审、1次管理评审、1次内审和1次内审员培训，为提高国机集团总部运行效率起到积极的促进作用。

5. 支持企业积极参与高水平标准的研究与制定 2019年，国机集团25家下属企业提交了标准资助资金申请，其中367项标准符合资助范围。编制国际标准9项、国家标准144项、行业标准214项；作为主编单位编制标准211项，参编标准156项；属于新制定的标准195项，修订标准172项。2019年，国机集团组织评定8项工程建设省部级工法及相关成果鉴定，进一步提高下属企业在工程建设领域的软实力。2019年国机集团资助下属单位制定标准情况见表11。

表11　2019年国机集团资助下属单位制定标准情况（以国际、国家标准数量排序）

序号	单位名称	国际标准	国家标准	行业标准
1	洛阳轴研科技股份有限公司	8	18	5
2	中国电器科学研究院股份有限公司	1	18	18
3	合肥通用机械研究院有限公司	0	24	24
4	天津工程机械研究院有限公司	0	16	18
5	北京起重运输机械设计研究院有限公司	0	15	21
6	中国恒天集团有限公司	0	8	10
7	中机试验装备股份有限公司	0	7	0
8	桂林电器科学研究院有限公司	0	5	12
9	沈阳仪表科学研究院有限公司	0	4	17
10	济南铸锻所检验检测科技有限公司	0	4	14
11	重庆材料研究院有限公司	0	4	0
12	中国农业机械化科学研究院	0	3	14
13	中国一拖集团有限公司	0	3	6
14	广州机械科学研究院有限公司	0	3	2
15	中国机械设备工程股份有限公司	0	3	1
16	中国重型机械研究院股份公司	0	2	12
17	中国农业机械化科学研究院呼和浩特分院有限公司	0	2	2
18	苏州电加工机床研究所有限公司	0	1	4
19	中国地质装备集团有限公司	0	1	1
20	中国中元国际工程有限公司	0	1	1
21	苏州苏福马机械有限公司	0	1	0
22	机械工业第六设计研究院有限公司	0	1	0
23	二重（德阳）重型装备有限公司	0	0	28
24	镇江中福马机械有限公司	0	0	2
25	中国浦发机械工业股份有限公司	0	0	2
	各类标准小计	9	144	214
	标准合计		367	

6. 质量奖励工作　打造"国机质量奖"评选平台，对质量标杆企业和项目进行表彰奖励，在下属企业中树立追求卓越、崇尚质量的价值导向。在质量活动和评比中成绩突出，在中央企业QC小组发表赛中3家企业获得二等奖，在全国质量技术评比中获得1项二等奖、5项优秀奖，在全国质量创新大赛中获得5个奖项；23 372名干部职工参加中央企业全面质量管理知识竞赛，推动提高全员质量意识。

资本运营

【外部重组】

2019年，国机集团紧紧抓住国家相关部门及地方省市国资国企改革的契机，依托集团在机械装备领域的龙头地位和综合优势，围绕重大技术装备、检验检测、智能装备等领域，积极探讨推进与部分地区省属国有企业、高校校办企业等标的企业的改革重组工作，进一步完善产业链条，优化产能布局，夯实产业基础，构筑核心竞争力。

【内部重组】

1. 加快推进国机集团科研院所资源的重组整合工作 推进完成国机研究院对沈阳仪表院及重材院的重组，合肥通用院对中通公司的重组工作，集中优势资源，搭建科研院所核心业务平台；推动实施CMEC对哈成套所股权收购，进一步完善国机集团电力工程建设及运维服务业务产业链条，提升电力工程承包业务的核心能力。

2. 推进实施中国福马对国机重工的托管工作 推动中国福马对国机重工实施托管，加快制定资金风险应对方案及企业整体脱困方案。

3. 协同推进所属企业开展以优化资源配置为目标的内部重组工作 推进部分下属企业通过重组、收购、增资扩股等多种方式加快内部资源调整。中国一拖对新疆公司及西院所、烟机公司实施整合，国机智能对密封业务、苏州地区业务资源实施重组，苏美达股份对新能源业务纺织业务、美达资产等业务资源实施重组整合。

【改革工作】

1. 国有资本投资公司方案获国务院国资委批复 2019年8月28日，国务院国资委《关于中国机械工业集团有限公司国有资本投资公司改革试点方案的复函》（国资厅改革〔2019〕356号）批复集团国有资本投资公司试点改革方案，进一步明确了授放权事项。

2. 全面推进剥离企业办社会职能和解决历史遗留问题改革 2019年年底，国机集团"三供一业"移交完工总户数占总签约户数超过96%；基本完成下属企业教育机构改革工作，医疗机构改革工作全面完成；厂办大集体企业在职职工安置率已超过86%。

3. 稳步开展混合所有制改革工作 结合国机集团国有资本投资公司试点工作要求，以上市公司和四家"双百"企业为重点，积极推进落实国务院国资委"五突破、一加强"的工作目标要求，稳步推进混合所有制改革。

确定国机集团"双百行动"综合改革总体实施方案，明确中国恒天、中工国际、中国联合及中国中元"双百"综合改革工作重点；对国机集团混合所有制企业及员工持股企业开展调查摸底，总结员工持股经验，为后续规范相关制度、推进改革工作奠定基础。

积极推动以上市公司为主的混合所有制改革工作。完成国机汽车与中汽工程、中工国际与中国中元重组工作，并完成中工国际重组配套融资2 000万元。在中国电器院员工持股改革取得显著成效的基础上，迅速推进完成中国电器院的股份制改造，并积极筹划其科创板上市工作，中国电器院于2019年11月5日成功登录上海证券交易所科创板，成为央企混合所有制员工持股改革试点企业的首家上市企业。

4. 深入开展"总部机关化"问题专项整改工作 围绕优化管控体系、加大授权放权等六方面工作，制定16项任务和37条具体工作举措，调整具有行政色彩的机构名称和职务职级称谓，制定完善总部权责事项清单、总部授权放权事项清单，研究提出整改计划。

【投资工作】

1. 严格投资项目审核与备案 截至2019年年底，国机集团审查投资项目65项。实际完成投资总额132.16亿元，同比减少102.91亿元。其中，固定资产投资完成60.72亿元，较上年度减少10.78亿元；股权投资完成71.44亿元，较上年度减少92.13亿元。在投资总额中，完成主业投资123.17亿元、非主业投资8.99亿元，分别占2019年投资完成总额的93.2%和6.8%。

2. 不断健全完善投资制度体系 为正确引导投资方向，严控投资风险，落实投资主体责任，做到放管结合，2019年国机集团修订并下发《中国机械工业集团有限公司境内外投资管理办法》，制定并下发《国机集团关于投资管理的指导意见》，并积极宣传贯彻。同时，深入查找投资管理工作中存在的问题和薄弱环节，在制度试行过程中持续查缺补漏，为后续投资制度修订打好基础。

3. 持续强化投中投后管理工作 首次启动项目中期评估，对具有较大不确定性的新业务开展中期评估；对近5年投资情况进行调研分析，针对取得的成效、存在的问题、形成的原因进行剖析，并提出管理建议；实施独立投资后评价；强化投资监管。

【其他重要事项】

1. 持续推进国机重装重新上市工作 国机重装重新上市事项获得国务院领导批示，并明确工作时间表。2019年12月8日，国机重装重新上市文件正式上报证监会。

2. 推进完成中国电器院股份制改革及科创板上市工作 中国电器院于2019年11月5日登录上海证券交易所科创板，成为央企混合所有制员工持股改革试点企业的首家上市企业。

3. 持续推进国机汽车与中汽工程、中工国际与中国中元重组收尾及配套融资等工作 2019年2月、3月中旬两项重组工作获中国证券监督管理委员会批准，中工国际同时完成相关配套融次工作。

4. 完善上市公司制度规定和操作流程 结合国务院国资委授权放权政策精神，明确控股上市公司合理持股比例，并报国务院国资委备案；结合国务院国资委、证监会对上市公司监管相关要求，起草国机集团控股上市公司国有股权管理办法；积极对接国务院国资委监管要求，通过国务院国资委上市公司管理系统开展上市公司运作项目的线上上报审批及备案工作。

综合管理

【战略管理】

1. 科学制定国机集团相关战略规划 科学编制《国机集团2019—2021年发展规划》，提出新的总体定位、业务分类、发展目标和重点任务；启动"十四五"规划编制工作。

2. 加强战略研讨与学习交流 一是组织召开国机集团战略研讨会。国机集团领导班子和重点二级企业主要负责人集中研究和讨论国机集团改革发展所面临的重大战略性问题。二是开展战略管理业务培训，培训内容包括战略落地、战略评价等。

3. 搭建战略研究支撑平台 提出国机集团战略研究院搭建方案，战略研究院规划研究室在中国中元下属工业规划设计所挂牌成立，成为国机集团战略研究支撑机构。

4. 拓展新的战略合作 国机集团积极对接国家重大区域发展战略，2019年与江苏省、上海市等地区政府签署合作协议，助力长三角地区和长江经济带发展。稳步推进与中央和地方国有企业的战略合作关系开发，与兵装集团、沈鼓集团建立战略合作关系，加强产业链协同，打造优势互补、合作共赢的生态圈。加强与合肥工业大学、武汉理工大学等高等院校战略合作，加强在科技研发、成果转化、重大项目承接、人才培养等方面的优势，构建产学研一体化创新体系。

【信息化建设】

1. 有序开展信息化顶层设计　编制《国机集团数字化转型下信息化现状与支撑调研报告》，进一步摸清国机集团信息化家底，理清能力提升方向；规范信息化数据标准规范和流程，编制《国机集团统一域名体系建设规范》，进一步完善集团网络空间品牌一体化管理标准。

2. 扎实推进网络安全建设工作　一是强化网络安全监管职能，开展京内二级企业网络安全现场检查，进一步提升国机集团在京企业网络安全意识和管理水平。二是完善网络安全应急体系建设，开展应急演练，提升全天候监测预警和应急保障能力，2019年国机集团实现"零"重大网络安全事故，获得公安部肯定。三是开展网络安全培训竞赛，举办2019年国机集团网络安全培训会；举办首届国机集团网络安全技术竞赛，提升网络安全能力，加快人才队伍建设。积极参加上级部委组织的中央企业网络安全竞赛，取得良好成绩。

3. 持续推进国机集团管控信息化建设和应用　一是推进"三重一大决策系统"建设，实现国机集团总部"三重一大"事项实时上报。二是持续推进信息集成管理平台建设和应用，完成投资管理、法律管理、军工管理等信息系统升级和建设；深化协同办公平台应用，工作效率进一步提升；推进国机集团财务管理、集中采购、档案管理、固定资产管理信息化建设，管理精细化、标准化、体系化水平持续提升。三是结合国机集团品牌一体化工作部署，持续推进下属企业网站"上云"，完成17个网站群站点建设，国机集团互联网品牌一体化效果明显。四是推动国机集团信息化基础设施升级，实现国机集团高清视频会议系统到二级企业的全覆盖，优化升级集团云计算基础平台，新增云计算资源CPU192核、内存4.5TB、存储176TB；稳妥推进广州灾备数据中心迁移，国机集团数据灾备保障能力进一步提升。五是积极落实国机集团重大专项工作。完成集团官网IPv6改造等工作。

4. 有效提升信息化治理服务能力　一是结合国机集团视频会议系统部署特点，加强会议候会、保会服务标准化能力建设，持续发挥视频会议支持企业办公作用，2019年完成视频会议保障105次，共节约成本438万元。二是积极跟踪国家宽带升级政策，对接三大运营商，推动集团网络升速降费谈判，集团专网费用同比降低47%。三是加强国机集团三网、29个信息系统的运维保障工作，进一步强化运维管理工作的规范化、标准化管理，有效提升国机集团信息化IT治理能力。

【人力资源管理】

2019年，国机集团做好干部管理监督、干部交流、优秀年轻干部培养选拔、教育培训等重点工作，努力打造高素质专业化干部人才队伍，为企业发展提供组织保障。

1. 坚持党管干部原则，推进企业领导班子建设和干部队伍建设

（1）召开国机集团组织工作会，加强班子建设。按照会议精神，围绕集团改革发展需要和企业领导班子实际，不断推进企业领导班子建设和干部队伍建设。

（2）完善干部管理制度。修订印发《国机集团全资、控股企业领导人员管理办法》《国机集团下属企业领导班子和领导人员综合考核评价办法》《国机集团干部交流管理办法》《国机集团全资、控股企业党组织换届选举实施办法》《集团干部人事档案管理办法》等多项制度，完善国机集团选人用人"1+N"制度体系。强化制度执行，为做好选人用人工作提供重要遵循依据。

（3）规范干部选拔任用工作程序。国机集团党委充分发挥领导和把关作用，进一步规范动议酝酿，确保民主推荐、组织考察、"凡提四必"和党委常委会讨论决定每一个环节充分深入开展。前移培养人选个人有关事项报告查核及干部人事档案审核的关口，做到动议即审、该核早核，提前征求纪检监察部门意见，坚决把好培养人选政治关、品行关、能力关、作风关、廉洁关。进一步规范干部任前公示制度。

（4）加强干部历练培养与交流。一是修订印发《国机集团干部交流管理办法》，健全了干部交流的工作机制和保障机制。二是结合企业领导班子建设实际，积极推进干部交流工作，2019年先后有25名干部交流任职，其中涉及正职8名。三是根据中央巡视反馈意见，制定工作方案，陆续对任职超过规定年限的干部进行通盘调整和交流。

（5）推进优秀年轻干部培养选拔。开展优秀年轻干部调研，形成国机集团党委优秀年轻干部人选名单。注重对优秀年轻干部的培养和锻炼，2019年选派多名优秀年轻干部参加培训；注重对优秀年轻干部的使用，选派优秀年轻干部参加国机集团党委巡视整改等专项工作，选拔年轻干部进入集团党委管理干部序列。

2. 强化考核机制、完善薪酬管理，突出正向激励

（1）改进高层、中层、员工三个层面考核。结合实际拟订2019年高层管理人员考核方案，调整评价主体的权重，充分考虑高层管理人员考核工作的客观性、公平性和可操作性。总部部门考核，将支部工作考核纳入部门考核，体现"一岗双责"要求。员工考核，细化考核层级，强化跨部门评价，突出效益效率的考核导向，促进部门间的信息对称和换位思考。

（2）深入推进国机集团考核分配制度改革，理顺考核分配管理流程。重点对国机集团工资总额管理办法、下属企业负责人薪酬管理办法进行了修订，基本建立了基于战略定位和考核结果的分配管理体制，并结合国有资本投资公司改革试点突出差异化管理。在制度修订过程中，首次引入外部对标机制，进一步提高薪酬决定机制的合理性和科学性。

（3）积极推进中长期激励试点，逐步完善制度体系。积极推进上市公司股权激励、科技型企业股权和分红激励试点。对全集团科技型企业实施激励的意愿和计划进行摸底调研，积极研究上市公司股权激励和科技型企业分红激励指导意见，为下一步加强主动管理创造条件。

（4）提高日常分配管理的效率和水平，强化管控的严肃性。认真开展国机集团高管薪酬核定工作，确保高管薪酬核定和兑现衔接有序。将二级企业负责人薪酬核定提前至上半年完成，升级完善薪酬手册。对薪酬外收入实行清单化管理。

（5）落实巡视整改要求，加强履职待遇和业务支出管理。规范国机集团履职待遇和业务支出管理制度，积极组织下属企业开展专项检查和整改。与国机集团纪检监察部门配合，实地检查下属企业相关工作，对存在问题的企业要求其立行立改，并建立完善长效工作机制。全面梳理、逐一修订完善国机集团负责人、下属企业负责人以及集团总部职工相关管理规定。

3. 优化多层次人才队伍建设，助力企业高质量发展

（1）强化人才培养制度顶层设计。修订《国机集团人才引进实施办法》等7项规章制度，规范了高层次科技专家、高层次技能专家的选聘，明确了人才引进、驻外人员管理、因私证件管理以及教育培训等有关工作的管理要求，为做好人才工作、教育培训工作打下良好基础。

（2）推进各类人才质与量的提升。积极培养高层次领军科技人才，新增中国工程院院士1人、国家高层次人才计划专家1人、全国工程勘察设计大师2人、享受政府特殊津贴专家42人等。申报创新人才推进计划、中央企业专项支持计划等国家重大人才专项。积极推进评选国机集团高级专家156名，技术能手106名；开展国机集团首席专家突出贡献专家、首席技师选聘工作。

（3）加大高校毕业生人才引进力度。2019年，国机集团首次统筹开展校园招聘工作，先后到武汉理工大学等5所高校开展以"大国装备，择机而行"为主题的招聘宣讲，取得较好反响。同时，进一步完善国机集团高校毕业生招聘管理体系和流程，落实了品牌一体化战略，提高了国机集团在高校中的影响力与号召力。

（4）开展多层次多类型教育培训。坚持战略引领和问题导向，以打造专业化高素质干部队伍为目标，聚焦重点人才队伍，开展内外部培训。组织190人次参加外部培训，其中中组部调训35人次。举办10期内部培训班，参训人数456人；举办讲座论坛12期，参加人数共522人次。发挥在线学习平台作用，共有9 574人参加在线学习。开发29门内部在线学习课程，累计有5 513人次在线选课学习。

4. 严管与厚爱结合，加强干部监督

（1）做好领导干部报告个人有关事项工作。组织国机集团党委直接管理干部开展年度集中填报，并对各项填报信息认真审核校对、汇总分析，形成专项报告。认真开展随机抽查，严格落实"凡提必核"。

（2）扎实开展"一报告两评议"工作。配合中组部开展国机集团"一报告两评议"工作，并反馈新提拔干部评议结果。开展好国机集团二级企业"一报告两评议"工作，汇总分析评议数据，逐一反馈评议结果。结合巡视反馈问题系统整改，提高选人用人满意度。

（3）进一步加强提醒函询诫勉。就领导干部日常监督中发现的问题，进一步加强提醒函询诫勉，抓早抓小、"咬耳扯袖"，防止小毛病演变成大问题。根据中央巡视反馈意见和巡视整改中了解掌握的情况，牵头梳理领导干部存在的突出问题，形成《领导干部日常监督提醒函》，向国机集团党委直接管理干部发放，要求认真阅读并签署。提醒各企业组织人事部门准确掌握政策要求，加强事前提醒教育预防。

（4）探索干部监督信息共享机制。进一步畅通和巩固纪检监察、巡视巡察、审计监督、组织人事的沟通交流机制，落实好有关监督信息沟通交流的制度要求，强化日常监督信息沟通。

5. 优化总部职能，推动加强集团管控 围绕国有资本投资公司试点改革等，做好总部组织机构、编制梳理调整相关工作，系统深化总部机构改革，动态调整组织机构，推动建立职责清晰、精简高效、运行专业的管控模式，不断提高总部组织机构运行效能。

【财务管理】

1. 提升财务管控水平，增强价值创造能力 通过不断加强全面预算管理，把各专项工作全部纳入全面预算管理体系，有效发挥全面预算在优化资源配置中的功能。持续优化绩效考核管理，加强企业运营质量监测与分析，更好地发挥业绩考核对推动高质量发展的指挥棒作用。通过降本增效、瘦身健体、"处僵治困"等重点专项任务，推动国机集团发展质量不断提升。搭建多层次全方位财务人才体系，通过召开财务总监专题培训会、专题讨论会等，加强内部学习沟通，稳步提升财会人员的综合素质和职业素养。推进财务信息化建设，通过会计核算和数据标准化、管理信息可视化、管控流程规范化，强化财务管控，更好地服务和支持经营决策。规范业务操作流程，完善规章制度，强化内部控制的有效性，切实推动国机集团各企业提升经营管理水平。

2. 资金管控能力有效提升，为实现高质量发展保驾护航 一是大幅提高资金集中度，有效整合重点资源，提高国机集团整体资金运营效率。2019年年末可归集资金集中度达到73.6%，同比提高15.7%；上市公司可归集资金额度同比提高39.3%。二是加强债务风险管控能力，持续降低资产负债率，2019年12月底资产负债率为65.21%，同比下降2.88个百分点。同时，不断加强对个别企业的风险管控，通过合理控制贷款规模、加强资金预算、积极进行资产处置等综合手段，化解企业流动性风险。

【审计监督】

2019年，国机集团审计工作以风险为导向，以内部控制为主线，突出审计重点，做到应审必审、凡审必严，强化审计问题整改落实工作，不断促进企业提升管理和防范风险的能力。

1. 召开国机集团审计工作会 深入学习贯彻落实习近平总书记在中央审计委员会第一次会议上的重要讲话精神，传达中央有关审计工作的最新政策、最新要求，切实把握中央企业内部审计工作的新形势和新要求；总结2018—2019年国机集团内部审计工作，表彰先进单位和优秀审计工作者，要求审计工作从两个领域九个方面着力，积极推动各下属企业贯彻落实国家及国机集团决策部署，防范化解重大风险，促进国有资产实现保值增值。

2. 修订完善审计制度 2019年，修订并印发了《中国机械工业集团有限公司委托中介机构审计管理办法》《中国机械工业集团有限公司关于所属企业领导人员任期经济责任审计的规定》等11项制度，推进国机集团内部审计工作的制度化、科学化和规范化。

3. 抓好审计项目实施 2019年，国机集团全系统共完成审计项目609项，其中财务收支审计60项、效益审计45项、经济责任审计132项、基本建设项目及工程审计82项、内部控制评审101项、专项审计及其他189项，审计资产总额和合同额累计5 015亿元，提出审计意见和建议1 835条，被采纳1 585条。

4. 落实审计问题整改 根据国家审计署下发的中国恒天任期经济责任审计《审计报告》和《审计决定》，国机集团组织中国恒天对审计署提出的59个问题落实整改责任，对照问题清单按项逐条进行整改，并于2019年8月上报整改结果；配合国务院国资委监督追责局对中国恒天任期审计发现问题的核查追责工作，要求中国恒天按照干部管理权限对审计发现的10个问题核查追责，并将追责结果上报国务院国资委；持续跟踪检查国机集团内部审计意见的整改落实情况，对2018年下达的9个任期审计的审计意见进行整改落实，并上报整改结果。

5. 加强审计队伍建设 2019年举办内部审计人员培训班，国机集团总部及下属企业审计部门负责人、审计工作中心人员、审计一线业务骨干共130余人参加，培训达到预期效果；将下属企业优秀的审计工作人员纳入审计工作中心，参加国机集团审计项目，以审代训。

6. 完成审计署、国务院国资委及中央巡视组布置的工作 编制企业年度工作报告，结合国机集团2018年度合并报表范围，确认国机集团、二级企业、重要三级及境外企业等81家企业，按期完成企业年度工作报告的编制和上报工作；协调配合审计署开展境外金融衍生品、国有资本经营预算、民企清欠、境外发债、"处僵治困"、降杠杆减负债、境外投资、投资产业园、减税降费、扶贫、国机集团和中国二重重组共12个项目的政策跟踪审计；根据国务院国资委要求，调查下属企业扶贫情况；针对中央巡视组移交的群众来信来电相关问题线索，组织下属企业开展调查核实工作，并将调查结果反馈国机集团信访办。

7. 外派监事管理与服务工作 组织召开2019年国机集团外派监事述职交流会；举办国机集团外派监事培训，培训内容涵盖重大风险案例讲解、中央监事管理政策解读、履行监事职责等，并就工作中遇到的风险管理、有效监督等问题进行深入交流，取得良好效果。

【法律管理】

2019年，国机集团启动合规管理工作，搭建合规管理框架，继续围绕法律审核、境外法律风险防控、案件管理三项重点工作推进法治国机建设，同时开展商标注册、商标调研、公司律师管理、法律培训宣传等工作。

1. 法律合规体系制度建设 2019年，国机集团建立合规管理体系，构建"1+N"合规制度体系，制定印发《国机集团合规管理办法（试行）》；开展法律合规管理"对标"，制定了《国机集团合规管理体系建设对标实施方案》，组织"国机法律圆桌会"、组织11家机械行业央企法治工作交流会等，推动企业法律合规管理能力建设；持续推动开展规章制度体系建设专项工作，修订《国机集团规章制度管理办法》，进一步规范流程；制定《国机集团规章制度体系建设工作方案》，组织各部门对规章制度进行全面梳理，汇总形成《规章制度统计清单》。

2. 为重点工作提供法律支撑 完善重大决策法律审核机制，强化事前法律风险防控。根据国机集团"三重一大"决策制度的相关要求，完善重大决策法律审核流程。2019年，国机集团法律部门就重大决策事项出具法律意见书80份；审核国机集团总部战略合作协议、二级企业股权/资产转让协议、股权无偿划转协议、参股投资合作协议、咨询项目服务合同等各类中英文协议221份；审核国机集团总部《"三重一大"决策制度实施办法》《党委常委会议议事规则》《董事会工作制度》《总经理工作制度》《资产处置管理办法》《境内外投资管理办法》等基本管理制度以及具体规章、部门规章42份；审核二级企业的股改公司章程、新设立公司章程、上市公司修订公司章程、期货业务制度等，出具集团授权书58份、各类法律事务专项报告20余份；就10多家企业事项进行法律论证，提出法律意见建议。

3. 重大案件协调和管理 赴企业开展案件现场检查督办，编制重大案件进展及处理情况专项报告。根据企业案件分析，形成《国机集团2019年度案件综合分析报告》；为相关下属企业案件纠纷提供法律处理意见和建议；协调国机集团内部企业纠纷，并提供法律咨询意见等。

4. 推进法治国机建设，组织开展有针对性的法律培训及法制宣传 完成国机集团2019年法治建设第一责任人职责落实评价；组织各企业人员参加国务院国资委"法治讲堂"和法律合规培训班；举办"国机法律讲堂"等专题讲座，每月发布《国机法律资讯》，向国机集团总部及各企业推送最新立法动态；开展形式多样的普法宣传教育，向国务院国资委政策法规局推荐国机集团"七五"普法先进集体及个人候选人，完成"七五"普法规划评价报告，组织国机集团各企业开展内容丰富的"12·4"国家宪法日系列宣传活动等。

5. 持续开展国机商标注册管理及公司律师管理工作 制定2019年商标注册管理工作开展计划。分两批开展"SINOMACH"国机商标境外扩展注册推进工作；组织开展国机集团商标注册及管理工作情况问卷调查，开展各企业注册商标统计；推进公司律师申请颁证工作，加强国机法律人才队伍建设，向司法部提交申请办理公司律师的请示及有关材料，就下属企业公司律师申请颁证工作，与司法部与北京市司法局进行协调，支持帮助下属企业公司律师获得办证资格。

【风险管控】

2019年，国机集团深入贯彻落实党中央、国务院及国务院国资委有关防范化解重大风险的决策部署，着力推动体系建设、加强风险预警提示、重点督查整改落实、强化内控评价作用、落实追责问责、加强风控人才培养，确保整体风险可控，不发生系统性的风险事件。

1. 加强风险提示预警管理 2019年，国机集团印发了《关于加强防范境外经营合规风险的通知》《关于对非银行类承兑汇票兑付违约风险提示的通知》《关于防范金融衍生业务风险的通知》《关于进一步加强对集团各层级企业管控防止发生企业管理失控风险的通知》《关于防范部分所属企业从事房地产业务风险的通知》《关于加强对贸易业务风险排查的紧急通知》等风险管控要求，对法律、经营、安全等重点风险进行预警管理。通过全面梳理排查、汇总分析，编制各类风险专项汇报、专项工作方案、专题报告导。

2. 重点风险督查检查 2019年，国机集团对重点风险加强管控，开展专项检查，监督企业落实整改。通过全面排查、现场检查、监督指导、督促整改等方式方法，帮助企业防范风险。对多家企业或项目进行风险检查，并根据检查结果，形成专项报告，提出多项风险管理建议。二级企业风险检查覆盖率达到70%以上。根据国务院国资委做好融资性贸易业务风险敞口处理工作的要求，统计风险敞口余额，督促企业制定融资性贸易风险敞口处置3年计划，形成《中央企业融资性贸易业务风险敞口处置台账》。

3. 强化内控评价作用 组织对2018年度内部控制工作进行检查评价，覆盖国机集团全部二级企业，抽选多家二级企业，开展现场内控评价检查，没有发现重大缺陷。根据检查结果，形成《2018年度国机集团内部控制评价报告》。向下属企业下达检查反馈通知，督导企业在2019年完成整改任务，实现整改完成率达95%的目标。

4. 落实违规责任追究 2019年，国机集团建立健全违规责任追究体系，坚持"依法依规问责，客观公正定责，分级分层追责和三个区分开来"，落实违规追责，在全系统开展责任追究。完成全部二级企业责任追究制度审核与备案，建立违规经营投资责任追究第一责任人制度；落实实时报告和年度报告制度，加强对子企业责任追究体系建设的指导；参加国务院国资委违规追责信息系统学习，对子企业填报工作提出具体要求，规范工作流程；落实中央巡视整改要求，汇报追责整改落实情况；加大政策宣传贯彻培训力度，通过风险事件案例剖析开展警示教育；督导企业举一反三，形成长效机制，防范风险损失。

5. 加强"风控"人才培养 2019年，国机集团举办首届风险管理培训班，加强风险管理业务学习交流，提升企业风险防控管理工作水平。国机集团各二级企业和部分主要三级企业的风险管理部门负责人和风险管理工作人员，共计120多人参加了专项培训，进一步提升"风控"人员专业素质。

【品牌管理与建设】

1. 大力实施品牌一体化战略 2019年6月28日，国机集团举办实施品牌一体化战略启动会，正式发布《中国机械工业集团关于实施品牌一体化战略的决定》，开启实施品牌一体化战略序幕。按照《国机集团推进品牌一体化工作实施方案》的要求，国机集团768家各层级企业同步开展品牌一体化行动，在行政办公、会务、媒体宣传、环境导示、展览展示、工程现场等视觉应用中，全面贯彻落实品牌一体化应用要求。截至2019年年底，实施方案设定的十大类60多个一体化项目，总体完成率超过90%，品牌一体化战略取得重大阶段性成果，为逐步做优做强做大国机品牌奠定了坚实基础。

2. 升级视觉识别系统（VI） 2019年7月，正式发布《国机集团视觉识别系统管理手册（2019版）》，这是指导"国机集团"主品牌形象一体化视觉应用和管理的基础性文件。后续，在VI规范基础上，对展览展示、工程现场两个系统的一体化应用规范进行专项延伸设计。

3. 强化品牌宣传 通过《国机集团报》、国机集团官网、官方微信公众号等媒介平台，围绕品牌一体化项目亮点，破解实施难点，为品牌一体化战略落地注入正能量。设立"品牌一体化进行时"栏目，进行14次专题宣传报道，提高内部职工对一体化的认知和参与度。制作《同心聚合力，开创新未来》一体化启动会视频和《点亮国机》系列接力行动视频，鼓舞士气，营造一体化良好氛围。策划编制两期《推进品牌一体化工作简报》，宣传品牌一体化重大意义和推进一体化工作的安排部署，及时反映一体化进展，展示一体化阶段性成果，总结推广好做法好经验。

4. 入围第三届中央企业品牌故事大赛"典型品牌故事" 2019年，国机集团积极组织参加国务院国资委"第三届中央企业品牌故事大赛"系列活动，报送的两项作品《时间的重量》和《是谁让"放羊娃"们创造奇迹——巴基斯坦塔尔项目中的中国师傅与洋徒弟》入选优秀品牌故事，为传播国机品牌良好形象做出积极贡献。

【履行社会责任】

1. 编制发布2018年社会责任报告（中英文）版 2019年6月，正式发布《国机集团2018年社会责任报告》，这是国机集团正式发布的第九份企业社会责任报告，报告在信息披露、内容编写和设计效果方面明显提升，荣获"金蜜蜂2019优秀企业社会责任报告"奖。报告围绕价值国机、创新国机、绿色国机、责任国机和幸福国机总体框架，突出世界一流综合性装备工业跨国集团履责特点，全方位展示国机集团2018年在经济、社会、环境等方面的履责情况。报告坚持"传承+创新"，在报告内容规划、版面设计、展现形式等方面持续寻求突破，报告的过程性、实质性、完整性、平衡性、可比性和可读性等方面得到进一步增强。

2. 开展社会责任专题研究　国机集团积极履行社会责任，开展社会责任议题研究，荣获"2019中国企业社会责任发展指数机械设备制造业三强"荣誉称号、"可持续品牌传播卓越企业"奖。参加2019实现可持续发展目标中国企业峰会及"实现可持续发展目标企业最佳实践"评选活动，国机集团申报的"开展教育精准扶贫，打造国机教育扶贫模式"案例入选"2019企业最佳实践消除贫困和促进繁荣奖项"。参加国务院国资委主办的《中央企业社会责任蓝皮书（2019）》课题，组织填报的"故事田"儿童哲学公益项目入选《携手共赢篇》，《以人为本致力于提高偏远地区员工关怀》入选《海外社会责任》蓝皮书。

【宣传工作】

1.《国机集团报》出版发行　2019年，《国机集团报》以习近平新时代中国特色社会主义思想为指导，组织编辑出版《国机集团报》21期，合计172个版面，完成考核任务量。一是认真做好日常新闻报道，确保国机集团新闻动态更新、发布及时，覆盖到位；精心策划，做好重大主题宣传，围绕新中国成立70周年、"不忘初心、牢记使命"主题教育、中央巡视、品牌一体化、振兴农机板块、第二届进博会、中非经贸博览会、"处僵治困"、国机集团工作会、开门红等进行深入报道。二是强化党建宣传工作，做精、做强党建版面。新设置理论栏目，刊发国机集团二级企业负责人对党建工作的研究和思考，获得不俗反响；更加注重对基层的报道，大力宣传奋战在一线的先进人物、典型事迹，宣传各级企业的经营、科技、党建成果，备受好评。三是继续更新数字报，注重做好线上线下联动。《国机集团报》与国机集团官方网站、官方微信公众号进一步加强媒体融合工作，共同策划、分众传播，共同奏响国机宣传的美好和声。

2. 对外宣传工作　2019年，国机集团宣传部门把握重大节点，加强与媒体沟通，持续开展日常动态新闻报道、深度专题采访报道、品牌形象传播等宣传活动，大力宣传企业党的建设成果、经营发展成就，主流媒体和网站累计发稿千余篇，各类主题宣传8次。一是积极参与中宣部、国务院国资委重大宣传活动，借力高端平台，展示国机形象。参加国务院国资委组织的中央企业"完善奖励机制"通气会，中国电器院介绍其混合所有制员工持股改革相关情况，以及国机集团转制院所改制发展相关情况，并回答记者提问，备受媒体关注和肯定。二是主动策划，针对国机集团大事、要事组织集中采访报道。《人民日报》、新华社、中央电视台、中央人民广播电台、《经济日报》《农民日报》《科技日报》《环球时报》、第一财经、《河南日报》、河南电视台、《中国联合商报》等媒体对国机集团振兴农机装备、参与"一带一路"建设、参与第二届进博会等工作、成果进行深入报道。

3. 舆情管理工作　2019年，国机全面加强舆情制度建设、团队建设、能力建设，以制度完善保障舆情管理工作有序推进，以团队能力提升保障舆情应对处置科学有效。一是舆情监测分析处置机制进一步健全。对原有《国机集团突发事件新闻应急处置管理办法》进行大幅修订，印发新的舆情引导处置管理办法，强化企业舆情管理意识，提升舆情工作的规范化、制度化和科学化水平。二是舆情队伍能力进一步加强。重组舆情合作队伍，指导、协助下属企业舆情工作，强化力量。三是舆情监测、分析、研判能力进一步加强。搭建国机集团舆情监测系统，开展24小时监测、预警，舆情监测的全面性、准确性，预警的及时性、有效性，应对的科学性、可控性都有较大幅度提升。四是负面舆情应对水平进一步提升。2019年，国机集团舆情管理部门共出具预案、应对建议、监测报告、报国资委文件等26份，积极主动协助下属企业处置舆情，做到了评估到位、预案详细、措施得力，有力维护了国机集团形象和声誉。

4. 国机集团官方微信公众号　2019年，国机集团微信公众号发布236期423条新闻，同比分别增长53%和2%；总阅读次数1 379 049次，同比增长68%。新闻发布主要呈现以下特点：一是提高政治站位，强化政治引领。搭建"不忘初心、牢记使命"主题教育专题平台；每周按期发布党建综合新闻，推出"基层党建交流"专题；制作党建知识图解等，在统一思想、教育群众、推动工作中发挥了重要作用。二是结合新媒体传播特点，以内容建设赢得发展新优势。发布"我和我的祖国访谈录""微知国机""开门红""双过半"等专题，推出一大批高站位、广视角、融媒态报道。三是有效利用新技术新应用，占领信息传播高点。开发"国庆相框"小程序，开展"为异地的他送祝福"有奖活动、"扶贫电商购物节"活动及分享抽奖活动等，传播"软实力"。四是配合国机集团品牌一体化进行改版，开设专栏，凝聚共识、统一思想。

5. 网站建设和信息发布　2019年，国机集团官方网站点击量超过6 500万次，同比增长8.5%。共采写、编辑发布各类稿件近3 000篇、180万余字，工作日日均发布量13.6条次。强化截稿日制度，集团要闻在稿件撰写完成后力争当天上线，最晚不超过24小时，稿件及时性有效提升；严格执行信息发布审核流程，落实信息来源责任制，杜绝重大纰漏，稿件质量显著提升；强化重大议题宣传报道，制作"不忘初心、牢记使命"主题教育专题，反响良好。

6. 海外传播　一是做好英文杂志的编辑出版。2019年，完成4期英文杂志出版。加大议题设置能力，增强热点话题传播能力，重点报道国机集团深度参与国际交流与合作相关内容，持续着重报道中白工业园建设，主动发出中国企业声音，扩大国机集团品牌影响力。结合新中国成立70周年，英文刊对外输出国机集团首台套、海外国机人共庆国庆等话题，展现国机集团风采。二是加大外文网站和新媒体对外传播力度。2019年，开通国机集团脸谱官方账号，截至12月31日，粉丝数达5.7万人；英文网站更新173篇重要新闻，法语、西班牙语、俄语官方网站共更新219篇重要新闻。

7. 策划组织"壮丽70年，奋斗新时代——国机集团庆祝新中国成立70周年主题展览"　展览从领导关怀、党建铸魂、初心不渝、使命传承、国机奋斗者和继往开来六大板块，展示了国机集团的历史起源和发展历程，展示了中国机械工业波澜壮阔的70年发展；从工业之美、建设者之歌和幸福之家展示国机集团优秀项目和国机人的饱满精神风貌。该展览共吸引京内外逾千名国机干部员工和合作伙伴观看，得到原机械工业部和国机集团老领导的肯定。

党建工作

截至2019年12月31日，国机集团共有党组织2 399个，其中党委196个、党总支117个、党支部2 086个；共有党员49 267人，其中在岗党员32 900人、离退休党员16 367人、女性党员12 334人。

【坚持强化政治担当】

国机集团党委始终把政治建设放在首位，发挥党的政治建设对党的各项建设的统领作用，把准政治方向，提高政治能力，在思想上、政治上、行动上同党中央保持高度一致，在践行"两个维护"上走在前、作表率。

1. 坚决贯彻落实习近平总书记重要指示批示精神和中央决策部署　国机集团党委始终坚持自觉服务国家战略，在落实中央重大决策部署中担当作为，把践行"两个维护"体现在"振兴中国机械工业、引领机械工业前进方向"的实际行动上，落实在坚守主责主业、推动高质量发展的具体举措中。研究制定贯彻落实习近平总书记重要指示批示和党中央决策部署的工作规定，建立总书记关于本行业本企业指示批示台账，健全定期报告贯彻落实情况的督办机制，确保党中央决策部署落实落地。

2. 扎实推进中央巡视整改 2019年中央对国机集团开展巡视。国机集团党委全力配合中央巡视工作，自觉接受监督，召开国机集团"立行立改对照检查分析会"，派出10个检查组对集团总部及二级企业履行中央八项规定精神进行全面检查，举一反三、立行立改。根据中央巡视反馈意见，国机集团党委积极担负起巡视整改政治责任，梳理具体问题98个，制定和推进整改措施477项，建立健全督促巡视整改工作机制，动态分析整改成效，确保将巡视整改落到实处。不断强化巡视成果运用，全面排查梳理海外佣金、违规招投标、违规担保、融资性贸易等情况，建章立制，堵塞漏洞，进一步防范风险，推动投资并购、招标采购、境外总承包领域等重点领域、关键环节在"阳光下运行"。通过巡视整改，进一步增强了各级党员干部贯彻党中央重大决策部署、坚守主责主业的政治自觉、思想自觉和行动自觉，切实解决了一批企业发展中的共性问题和深层次问题，有效推进了国机集团改革发展各项事业。

3. 压紧压实全面从严治党主体责任 建立国机集团党建季度例会等工作机制，积极推行党委工作报告、评价和约谈制度，扎实开展党组织书记抓基层党建述职评议考核，压实各级党组织书记第一责任人的职责。修订《各级党委履行全面从严治党主体责任清单》，完善党委常委联系点制度，细化班子成员职责任务，压实班子成员"一岗双责"的责任。全面推进集团党委常委、二级企业党委书记、党委班子成员和基层支部书记四级党建述职评议工作，不断增强各级党员干部党建责任意识，推动全面从严治党向基层延伸。持续优化党建工作考核评价，聚焦重点，改进方法，通过考核评价与班子薪酬挂钩、与干部评价联系，让党建软约束成为硬指标。

【深入开展主题教育】

国机集团党委紧紧围绕"不忘初心、牢记使命"主题教育的总要求，守初心、担使命，找差距、抓落实，组织集团2 295个党组织和46 154名党员参加主题教育，坚持把学习教育、调查研究、检视问题、整改落实贯穿始终，解决了一批群众急难愁盼的问题，高质量完成主题教育各项工作任务。

1. 围绕习近平新时代中国特色社会主义思想开展学习教育 以读书班、报告会、中心组学习、集中研讨交流等形式，组织党员干部系统学习领会习近平新时代中国特色社会主义思想，及时跟进学习习近平总书记关于国有企业改革发展和党的建设重要论述，引导各级党员干部围绕企业改革发展稳定的突出问题和党的建设面临的紧迫问题开展专题研讨，将习近平总书记关于本行业本领域的重要论述精神、中央重大决策部署转化为推动企业改革发展、加强党的建设的思路和措施，推动了若干重大问题的解决。

2. 聚焦企业改革发展重点难点问题深入调查研究 国机集团党委围绕防范化解重大风险、破解供给侧结构性难题、解决关键领域核心技术"卡脖子"问题、党的建设面临的紧迫问题以及群众反映强烈的热点难点问题，深入各级企业和基层党支部开展调查研究。各级党委立足实际，注重实效，深入一线、班组、客户等进行全方位、多角度的调研走访。在此基础上，各级党员领导干部讲专题党课1 415人次，进一步教育引导广大党员干部凝聚共识，形成推动企业改革发展的合力。

3. 对照初心使命深刻检视问题 通过群众提、自己找、上级点等方法，重点对照习近平总书记重要指示批示精神和中央决策部署，结合巡视反馈问题和调研成果，全面系统梳理检视问题。各级企业召开对照党章党规找差距专题会议、领导班子民主生活会和专题组织生活会，从理想信念等方面问初心、认责任、担使命，认真检视反思，逐项查找问题，列出问题清单。

4. 突出八个专项整治狠抓整改落实 各级党组织针对调研发现的问题、巡视巡察反馈的问题、群众反映强烈的问题等，坚持立行立改、即知即改，高标准、高质量完成了各项整改工作。针对落实习近平总书记关于中白工业园、科技创新、发展装备制造业、打好三大攻坚战以及"一带一路"等5大方面、7类重要论述坚决推动整改，组建了科技发展部，提高科技工作统筹管理能力，瞄准产业关键核心环节，梳理"卡脖子"技术及关键核心技术，制定实施专项攻关计划，用整改成果检验"两个维护"成效。

【持续强化党的领导作用】

国机集团党委坚持加强党的领导和完善公司治理相统一，全面落实"两个一以贯之"要求，进一步发挥党组织把方向、管大局、保落实的作用，不断加强党对国有企业的全面领导。

1. 强化党委领导作用 制定加强国机集团党的政治建设的实施意见等制度，着眼谋全局、议大事、抓重点，对关系企业改革发展稳定的重大问题把好方向关、政治关和政策关，把履行保证监督职能贯穿于前置决策的全过程。大力加强党委理论学习，修订党委理论学习中心组学习实施意见，突出中心组政治学习和理论研讨的功能作用，切实用习近平新时代中国特色社会主义思想武装头脑、指导实践、推动工作。

2. 完善议事规则 修订完善国机集团党委常委会议事规则、董事会工作制度和总经理工作制度，组织全级次企业健全"三重一大"决策制度和事项清单，进一步厘清各治理主体的权责界限，全面推进党组织发挥领导作用组织化、制度化、具体化。以推进"三重一大"决策信息系统建设为载体，实现集团对各企业"三重一大"决策制度执行情况的实时监控和有效管理。

3. 推动全级次企业党建进章程 区分企业情况，加强分类指导，全面推进国机集团全级次企业党建工作要求纳入公司章程，强化党组织在公司法人治理结构中的法定地位，明确党组织在决策、执行、监督各环节的权责和工作方式，将企业党组织内嵌到各级企业公司治理结构中，让各级党组织和党组织书记理直气壮抓党建。

4. 落实党组织书记、董事长"一肩挑" 修订《国机集团全资、控股企业领导人员管理办法》等制度，将"双向进入、交叉任职""一肩挑"等要求纳入长效机制。全面推进落实设立董事会（执行董事）的二、三级企业党组织书记、董事长（执行董事）由一人担任，将加强党的领导体现在企业治理结构中。

【全面加强"三基建设"】

2019年是"中央企业基层党建推进年"，国机集团党委以加强党的基本组织、基本队伍、基本制度建设为重点，以推动企业改革发展为导向，深入开展"基层党建推进年"专项行动，全面推进基层党组织标准化、规范化建设。

1. 全面强化基本组织建设 制定国机集团《基层党支部标准化规范化建设工作方案》，按照"一年抓短板强弱项、两年抓巩固促提升、三年抓深化上水平"思路，建立支部建设三年规划。召开国机集团基层党建工作交流会，进一步提升基层组织建设整体水平。组织开展集中整顿软弱涣散基层党组织工作，对国机集团全系统基层党支部进行全面梳理排查，推动基层党建工作整体提升。广泛开展选树示范党支部工作，为不同行业领域党支部建设树立标杆和样本。积极推动党建与业务有机融合，持续开展党员责任区、示范岗、先锋队创建活动，组织党的建设与中心工作融合典型案例评选，让党建与业务有机融合成为企业上下的普遍共识和鲜明导向。针对国机集团行业多、领域广的实际加强分类指导，制定境外党建工作指导书，更好地推动和指导重点领域党的建设。

2. 全面推动基本队伍建设 建立国机集团新时代党委讲师团，赴一线基层党组织开展宣讲，不断增强广大党员对习近平新时代中国特色社会主义思想的政治认同、思想认同和情感认同。组织各级党组织书记和党务干部培训班120期，实现全系统党支部书记全员轮训，进一步提升各级党员干部党性修养和履职能力。各级企业实施年度党员教育培训计划，采取集中培训、交流研讨、现场教学等模式，运用"学习强国"、党员干部在线学习、丹棱课堂和国机大讲堂等平台，聚焦中央精神和企业改革发展中心工作，拓展学习渠道，丰富学习内容，将党员教育管理更好地融入生产经营、融入党员需求。

3. 建立健全党的基本制度 深化国机集团党建制度体系建设，督促各级企业逐步建立健全基层党建制度规则，补齐制度短板，筑牢制度堤坝。研究制定《国机集团基层党支部工作指导手册》，以基层党组织经常性、基础性工作为重点，明确工作清单、流程、模板，为各级党组织提供作业指导，全面提升基层党建工作质量。

4. 开展经常性督查指导 落实国机集团《基层党组织工作经常性督查指导意见》，结合主题教育、巡视整改、党建述职、基层联系点调研、专题调研，加强对基层党建的日常督促指导。通过国机集团党建信息平台，定期对基层党组织"三会一课"等内容在线检查，定期通报，强化管理，进一步夯实基层基础工作。

【巡视巡察】

2019年，国机集团党委深入学习贯彻习近平总书记关于巡视工作重要论述，贯彻落实全国巡视工作会议和《关于中央部委、中央国家机关部门党组（党委）开展巡视工作的指导意见（试行）》精神，持续深化政治巡视，不断推动集团巡视巡察工作高质量发展。

1. 全力做好中央巡视整改工作 根据党中央统一部署，2019年3—6月，中央第十五巡视组对国机集团党委进行了常规巡视，期间，开展了选人用人专项检查和巡视工作专项检查。国机集团党委高度重视，积极主动配合中央巡视组工作。针对巡视反馈意见，国机集团党委把抓好巡视整改作为重要的政治任务，梳理具体问题98个，制定整改措施477项，成立巡视整改工作领导小组及20个专项整改组，全面落实整改任务。经过3个月的集中整改和持续深化整改，截至2019年年底，已完成和阶段性完成471项，占比98.7%，正按序推进6项。

2. 持续深化政治巡视 2019年，国机集团党委采取多种形式，同步部署开展集团内部巡视巡察工作。组织对中国一拖党委开展振兴农机装备专项巡视，对中国机床所属中国如意技贸有限公司提级开展机动巡视，对中国联合党委、合肥通用院党委开展常规巡视，充分发挥巡视作用，为解决相关问题、推进企业发展起到重要作用。同时，贯彻落实《国机集团党委关于所属企业党委开展巡察工作的意见》，稳步推进巡察工作。截至2019年年底，16家二级企业对其下属61家企业开展了巡察，不断推动全面从严治党向基层延伸。

3. 不断加强和改进巡视工作

（1）加强对巡视工作的组织领导。对国机集团党委巡视巡察工作领导小组成员进行调整，增设副组长。选配三名二级企业原党委书记作为巡视专员，稳定了巡视组组长人选。调整充实国机集团党委巡视巡察办公室人员编制，增加党风廉政建设的职能，一体推进党风廉政建设和巡视工作。

（2）健全巡视巡察规章制度。组织修订《中国机械工业集团有限公司党委巡视巡察工作规定》《中国机械工业集团有限公司党委巡视工作操作规程》和《中国机械工业集团有限公司党委巡视组管理细则》，将中央对巡视工作的新部署新要求融入制度，落实巡视巡察统一领导、分级负责的原则，不断提高巡视工作制度化、规范化水平。

（3）建立健全巡视整改日常监督机制。研究制定《国机集团纪委、国家监委驻国机集团监察专员办公室督促巡视整改工作方案》和《国机集团纪检监察机构加强巡视整改落实监督工作的具体措施》，进一步细化责任，明确任务，有力推动巡视巡察整改落细落实。

（4）建立巡视工作协作配合机制。研究制定《关于建立健全巡视工作协作配合机制的意见》，切实推进相关部门之间的工作沟通，强化统筹协调，共享监督信息，更好地运用巡视成果，形成监督合力。

（5）加强巡视整改督促落实。针对2018年第3轮巡视情况，国机集团党委书记、纪委书记对被巡视企业党委书记、纪委书记进行了主体责任和监督责任约谈，压紧压实巡视整改"两个责任"。及时将巡视问题线索移交职能部门，确保巡视整改落实落地。

（6）加强巡视巡察队伍建设。研究制定《国机集团巡视巡察干部教育培训规划（2019—2022年）》，坚持"以干代训"，结合新一轮巡视，选优配强巡视干部特别是巡视组组长，积极选派优秀年轻干部、拟提拔干部参加巡视巡察工作。严格监督管理，改进工作作风，坚决防止"跑风漏气"和以巡谋私，打造忠诚干净担当的巡视队伍。

【纪检监察】

2019年，国机集团纪委办公室牢牢抓住监督执纪问责这条主线，紧紧围绕"不忘初心、牢记使命"主题教育、深化纪检监察体制改革、加强巡视整改监督等3项重点工作，聚焦主责主业、切实履职尽责、勇于担当作为，为促进集团高质量发展、营造风清气正的干事创业氛围作出积极贡献。

1. 坚守初心使命，学理论、抓改革、建队伍

（1）扎实开展"不忘初心、牢记使命"主题教育，自觉践行"四个意识""两个维护"。在理论武装上下实功夫，采取领导班子学习与支部学习、集中学习与分专题学习、个人自学与研讨交流相结合等方式进行学习，组织实地参观见学，开展干部领学导读分享会，参加专题辅导，举办"新风讲堂"，着力推动学习贯彻习近平新时代中国特色社会主义思想往深里走、往心里走、往实里走。在调查研究上下实功夫，先后到22家二级和三级企业开展现场调研，督促推进主题教育，检查推动巡视整改，对相关政策进行宣讲解读、释疑解惑，对一些难点问题及困惑听取意见建议，对纪检监察体制改革热点问题进行研讨交流，努力做到察实情、谋实招、办实事、求实效，推动工作落实，解决实际问题。在检视整改上下实功夫，形成了5个方面21条内容的问题清单、责任清单和措施清单，把学习教育、调查研究和检视问题、整改落实贯通起来，真抓实干全面落实，使主题教育与集团纪检监察工作紧密结合、融入融合。

（2）扎实推进纪检监察体制改革，在更深层次和更高水平上深化"三转"。制定落实《国机集团党委关于加强纪检监察组织建设的意见》，加强国机集团纪检监察组织建设，对二级企业纪检机构设置、人员编制情况进行审核把关。持续深化"三转"，指导下属企业撤销监察部门，将各级纪检监察机构承担的企业违反内部规章制度等问题的调查处置权限和涉及招标、采购等方面相关职能，划转至其他职能部门。全面开展国机集团纪检监察干部调查摸底和队伍现状分析，充实纪检监察专职干部。

（3）扎实强化教育培训和实践锻炼，提升专业素养。健全和落实学习制度、会议制度等制度规定，强化全员培训理念，举办国机集团纪检监察干部培训班，开展应知应会知识测试，邀请专家进行辅导，统一购置并系统学习党内法规制度，不断提高纪检监察干部专业能力。结合工作实际和具体工作需要，充实纪委办公室工作力量；抽调二级企业纪委书记、纪检干部参加专项工作，在工作一线增长见识和才干。认真学习领会习近平总书记在中央党校中青年干部培训班开班式上的讲话精神，在歪风邪气面前敢于坚决斗争，对违规违纪和违法犯罪行为敢于较真碰硬，在正风肃纪反腐一线磨炼了斗争意志、增强了斗争本领。

（4）扎实完善纪检监察制度机制，以制度管人管事，严防"灯下黑"。制定印发11项制度，初步搭建了国机集团纪检监察制度机制框架，提高了工作的科学化、规范化水平。召开国机集团纪检监察干部警示教育大会，开展"深刻汲取两案教训、切实加强自身建设"专题研讨，深刻汲取案件教训，教育引导纪检监察二部强化自律意识。组织开展二级企业纪委书记2018年度履职专项考核，国机集团纪委会同党委组织部提名考察二级企业纪委书记实现常态化。

2. 坚守基本职责、第一职责，强监督、抓日常、提质量

（1）更加注重从维护企业改革发展的高度强化政治监督。督促推动企业党组织贯彻落实习近平总书记重要论述和重要指示精神，落实制造强国、创新驱动发展战略，落实打好"三大攻坚战"等中央重大决策部署，开展定点扶贫调研，推动工作落实。督促企业党组织配合好中央常规巡视，推动巡视整改工作任务全面落实。督促推动企业党组织推进"不忘初心、牢记使命"主题教育，派出骨干力量参加两批指导组，加强过程监督。

（2）更加注重从监督"关键少数"向管住"大多数"拓展，做实做细日常监督。督促推动二级企业党组织及班子成员切实履行主体责任和"一岗双责"、严格遵守"六项纪律"，开好高质量专题民主生活会。督促国机集团总部部门切实履行管党治党责任，精准科学问责，及时报告问题线索处置情况，制定落实《国机集团党风廉政建设和反腐败工作协调小组工作规则》，构建大监督工作格局。

（3）更加注重把协助职责和监督责任有机结合、同向发力。协助国机集团党委组织召开2019年党风廉政建设和反腐败工作会议，组织签订年度《党风廉政建设责任书》，会同有关部门指导二级企业开好领导班子年度民主生活会。督促落实"凡提四必"，协助党委把好选人用人关。

3. 抓好抓实中央巡视整改，勇担责、抓督促、见成效

（1）全力支持配合中央巡视。对上次中央巡视以来的国机集团纪检监察工作进行全面总结，尤其是对存在问题和原因进行了深入查摆和深刻剖析，向中央巡视组作专题汇报，并提供有关材料。

（2）切实加强巡视整改监督检查。制定《国机集团纪检监察机构加强巡视巡察整改落实监督工作暂行办法》，以日常监督促进巡视整改常态化、长效化。制定落实督促巡视整改工作方案，建立督促整改清单和工作台账。组织召开督促巡视整改现场协调推进会，推动巡视整改重点难点问题解决。

（3）着力抓好自身问题整改。开展信访举报、线索处置"大起底""回头看"工作，全面梳理了2015年中央专项巡视以来问题线索处置情况，对存在问题自查自纠、对有关问题复查复核，对已经谈话函询但仍需进一步核实的问题线索，严格按照有关规定进行核查处理。对中央巡视反馈指出的问题，深入梳理排查、深刻剖析原因。

（4）认真办理中央巡视移交问题线索。

4. 抓常抓长作风建设，纠"四风"、树新风、转作风

（1）深化整治形式主义、官僚主义。按照中央纪委有关要求，制定实施方案，紧盯重点领域和关键环节，找准和聚焦职工群众反映强烈的突出问题，查摆出多方面多个主要问题，制定和落实具体整改措施，取得阶段性成果。结合主题教育专项整治、"总部机关化"问题整改，督促推动职能部门大力解决贯彻落实中央决策部署上的形式主义、官僚主义问题，切实解决调查研究、监督检查不往实里走、深里走等突出问题。

（2）依规依纪处理有关问题。结合中央巡视整改和主题教育专项整治，协助国机集团党委组织开展违反中央八项规定精神和"四风"问题等专项检查，对存在问题的相关责任人依规依纪进行了处理。

（3）推动持续构建长效机制。持续加大落实中央八项规定精神教育提醒力度，紧盯领导人员、关键岗位等重点对象，紧盯节假日重要时间节点，紧盯"四风"新动向和隐形变异问题，在重要节日前发布通知、推送廉洁短信提醒，节日期间加强监督检查，畅通信访举报渠道，积极发挥党员群众监督作用。用好用足典型案例资源，督促有关企业和部门认真检视制度制定和执行方面存在的模糊地带、监管盲区、执行漏洞等问题，修订完善履职待遇和业务支出等方面规章制度。

5. 一体推进"三不"，讲政治、强震慑、保发展

（1）强严管、重厚爱。严肃认真对待信访举报、问题线索，精准运用监督执纪"四种形态"特别是第一、二种形态进行处置，切实在提醒谈话、约谈函询、批评教育上下功夫，抓早抓小、防微杜渐。落实"三个区分开来"要求，坚持容错纠错机制，对真心认错知错悔错改错的给予肯定和关心，对如实说明情况、反映问题线索经谈话函询或核查不属实的同志予以澄清正名。

（2）强警示、重教育。协助国机集团党委组织召开"以案为鉴以案促改"警示教育大会、巡视整改警示教育大会。组织开展以"牢记初心使命、创业创新创优"为主题的"廉洁宣传教育月"活动，营造干事创业良好氛围。组织编印《国机集团违纪违法典型案件警示录》，组织订阅、学习观看《党的十九大以来查处违纪违法党员干部案件警示录》《叩问初心》，警钟长鸣。定期发布监督执纪问责情况通报，对受理信访举报、处置问题线索、立案审查、问责和"四种形态"运用等情况汇总公示，释放执纪问责更紧更严信号。制定落实《受处分人员管理暂行办法》。

（3）强震慑、减震荡。更加注重从历史的、辩证的、发展的角度办理问题线索，联系企业实际、把握问题性质查处有关案件，切实维护企业稳定。

（4）强约束、重规范。制定和落实《国机集团纪检机构设置问题线索处置管理办法》等配套制度，严格依规依纪依法开展监督执纪问责和监督调查处置，切实提高问题线索处置规范化水平。严格落实监督执纪问责情况报告制度，加强对二级企业监督执纪问责工作的督促指导，精准运用监督执纪"四种形态"提出明确要求，确保经得起实践和历史的检验。

【共青团和青联工作】截至2019年12月底，国机集团共有35岁以下青年40 160人，其中28岁以下团员14 207人；团组织975个，其中，团干部2 030名。2019年，国机集团团委以习近平新时代中国特色社会主义思想为指导，不断强化思想引领、服务中心大局、搭建成长成才平台，为国机集团高质量发展凝聚强大的青春合力。

1. 聚焦主责主业，青年思想引领持续加强 组织全系统20名青年代表参加纪念五四运动100周年大会，邀请青年代表分享参会体会，面向全系统开展专题学习会，引导团员青年将习近平总书记在纪念五四运动100周年大会上的讲话精神同习近平新时代中国特色社会主义思想结合起来学习，不断增强"四个意识"，坚定"四个自信"，坚决做到"两个维护"，树立与时代发展同心同向的理想信念。开展主题教育宣传活动，组织团员青年集体收看"不忘初心 牢记使命"主题教育宣传交流活动视频。大力弘扬爱国主义精神，在新中国成立70周年之际，组织全系统团员青年开展"青春心向党 建功新时代"主题教育实践活动、"我与祖国共奋进——国旗下的演讲"特别主题团日活动、参与《我和我的祖国》MTV拍摄活动。强化形势任务教育，邀请国机集团党委书记、董事长张晓仑同志在"五四"青年节期间寄语青年，明确国机青年接续奋斗的方向。

2. 主动融入中心，青年生力军作用进一步彰显 开展业务交流，组织青年代表观摩国机下属企业国机重装等，促进发展合作。探索志愿服务与企业中心工作有机结合，组织开展"与雷锋同行——爱心牵手 美好生活"公益咨询服务活动、"壮丽70年 奋斗新时代——国机集团庆祝新中国成立70周年主题展览"主题展览志愿讲解活动，引导青年践行志愿服务精神，提升服务企业大局能力。助力精准扶贫工作，根据定点帮扶地区学龄儿童的实际需求，开展"手挽手 圆梦'微心愿'"活动，组织职工子女向国机集团4个定点帮扶地区的儿童送去3 144个暖心杯。

3. 搭建平台，青年成长渠道进一步扩大 积极响应国机集团党委发出的"书香国机"倡议，组织开展各种形式的读书活动，月优秀文化教育启发青年。以赛促提升，借助"振兴杯"全国青年技能大赛平台，在全系统开展青年岗位练兵、技能比武等活动，选拔出12名优秀青年参加决赛，并接受《中国青年报》记者专访，促进青年在交流切磋中提升专业技能。发挥榜样引路作用，开展"全国向上向善好青年"及省部级先进个人和集体的推荐工作、全系统"青年文明号""青年岗位能手"等团内评比表彰活动，培养、挖掘发现一批技术过硬、思想过硬的先进个人和集体，在企业营造赶超比学的青年文化氛围。2019年国机集团共有2名优秀青年、2个先进集体获国家级表彰；10名优秀青年、9个先进集体获省部级表彰。

4. 坚持服务青年，企业获得感进一步提升 了解青年所思所想，面向全系统35岁以下青年开展在线调查，分析不同类型青年的思想状况、心理需求，挖掘共性需求，并提出解决方案。针对青年精神文化、交友婚恋等方面需求，国机集团团委开展"品家书·悟初心·遇知己"青年读书联谊活动，组织青年参与中关村"青年汇"发起的观影活动。加大对职工子女关怀力度，面向集团职工子女开展"我爱你！祖国"儿童文艺作品征集活动、"爱我中国——军事装备大揭秘"亲子参观活动，进一步促进亲子关系、提高青年职工的获得感和幸福感，营造积极向上的和谐企业氛围。

5. 深化从严治团，团组织活力进一步提升 健全工作机制，定期召开团委委员交流会、共青团工作会，促进共青团的信息交流与沟通，提升团组织工作质量和效率。加强队伍建设，开展2019年度团干部培训班，组织二级企业团委书记分享工作亮点，进一步提升团干部的综合素质和履职尽责能力。开展团员教育，通过团课、主题团日活动，开展团员思想教育，提高团员意识，保持共青团员的先进性。推动互联网转型，在智慧团建在线信息平台上，进一步完善各类组织、个人信息，及时更新数据，打造国机青年信息数据库。

【统战、精神文明建设及军转干部工作】

1. 加强与统战代表人士的沟通联系 召开国机集团出席全国两会代表座谈会。开展侨联京津委员"不忘初心跟党走，同心奋斗新时代"主题学习（扩大）活动。坚持对统战代表人士的走访慰问关怀制度，帮助解决具体困难，传递集团关怀。

2. 组织开展党外人士"爱企业、献良策、做贡献"主题活动 2 200余人参与活动，提出建议1 000余条，内容涉及企业改革重组、创新发展、管理提升、风险防控等方面。

3. 开展专家院士从业逢五逢十纪念活动 在国机集团归侨代表、国机精神楷模、中国中元设计大师黄锡璆博士从业55周年之际，国机集团领导为其送上贺信及祝福，充分肯定老一辈科研专家的治学精神和突出成就，营造尊崇科学、尊崇人才、尊崇创新的企业氛围。

4. 举办党外干部理论培训班 党外干部及各企业优秀党外骨干代表等30余人参加培训。同时就发挥党外干部优势，推动集团高质量发展以及建言献策工作室建设进行座谈交流。

5. 加强精神文明建设 组织策划《大国重器》集体朗诵节目，在国务院国资委"放歌新时代"演出中精彩亮相，充分展示国机集团基层员工形象，传递振兴装备制造业信心，为新中国成立70周年献上贺礼。组织在京职工代表参加央视《手挽手》专题节目录制工作，宣传展示国机集团扶贫成果，引导广大职工进一步了解扶贫工作，参与精准扶贫。

6. 关注军转干部工作 "八一"建军节期间，国机集团领导看望慰问在京企业军转干部代表并进行亲切交流，传递节日的问候和组织的关怀。

【老干部管理工作】

1. 走访慰问老干部、老党员 在新中国成立70周年前夕，开展走访慰问老干部、老党员活动。组织25家困难企业向财政部申请2019年离休干部医药费补助资金，并及时将款项拨付到位；积极组织材料向财政部申请2020年离休干部医药费补助，共有25家困难企业申请补助资金，涉及离休干部229名。为缓解企业费用负担，为集团下属4家企业涉及的60名离休干部拨付补贴补助资金，确保困难企业离休干部医药费和津补贴及时发放。丰富老干部的政治文化生活，为各企业离退休党支部订阅《学习参考》。根据总部实际，及时调整总部退休人员管理办法相关内容。

2. 强化精准服务 聚焦并积极解决老同志关心的、与其切身利益相关的问题。协助办理医疗证、定点医院变更等工作。做好总部新增退休人员的服务衔接工作，开展总部退休职工的医药费报销、体检、护照管理、生日节日祝福、党报党刊订阅、两节慰问等工作，通过线上线下结合、全天候动态跟踪反馈等方式，全力为他们提供周到细致的服务。

【工会工作】

1. 积极适应新要求，搭建职工思想文化引领平台

（1）搭建政治引领平台。国机集团工会深入组织开展贯彻落实习近平新时代中国特色社会主义思想的学习、培训活动，特别是学习习近平总书记关于工人阶级和工会工作的重要论述，组织了贯彻落实党的十九大及工会十七大精神学习班，通过基层宣讲、专题讨论、媒体传播等不同形式带动干部职工学习，引导广大职工坚定不移听党话、跟党走；培育和践行社会主义核心价值观；积极营造推动企业良好发展的正能量氛围。

（2）搭建素质提升平台。国机集团工会高度重视激发技能人才的积极性、主动性和创造性，协同集团人力资源部，推动制定了《关于提高技术工人待遇的实施方案》。组织国机集团优秀班组长培训班，以点带面，促进企业班组建设水平不断提高；推动职业道德教育纳入各类培训之中。

（3）搭建职工文化平台。在北京成功举办第五届"国机和谐杯"乒乓球、羽毛球大赛，近600名运动员参加比赛。国机集团工会协同国机集团党委工作部，在"七一"前夕举行庆祝建党98周年暨"不忘初心、牢记使命"主题教育宣传交流活动。

2. 主动聚焦新目标，创新职工建功立业有效载体

（1）创新劳动与技能竞赛载体。国机集团工会以转型升级、提质增效为重点，以"当好主人翁、建功新时代"为目标，在全系统内广泛开展群众性技术比武活动。在中国一拖组织了国机集团第二届职工焊接技能大赛，来自集团13家二级单位的81名焊接技能佼佼者精彩亮相，取得良好效果。

（2）高度重视劳动模范和先进集体的评选及推荐工作。多次专题研究进一步改进国机集团劳动模范和先进集体的评选办法，认真组织、择优推荐6个国机集团下属单位或部门、项目先进集体和8名集团劳动模范，分别获得中央企业先进集体和劳动模范荣誉称号。

（3）创新劳模及大工匠工作室载体。高度重视劳模及大工匠创新工作室建设，积极协调行政及上级管理部门资源，建立实操基地，提升实操水平；探索成立国机集团劳模及大工匠创新工作室联盟，支持工作室跨单位、跨行业联合攻关，重点抓好转型升级、市场急需、生产瓶颈等重大创新项目。

3. 准确把握新变化，完善职工依法维权运行机制 完善源头参与机制，继续推动职工董事监事等制度融入企业治理构架，提高各级工会组织的源头参与的能力水平；积极指导下属各级工会健全以职代会为基本形式的民主管理制度。完善民主管理机制，完善企业厂务公开制度，把企业运营过程中职工关心的热点难点及时公开，接受监督。完善协商解决机制，各级工会组织推动完善企业、工会、职工共同参与的协商协调机制，深化和谐劳动关系创建活动，保障企业和谐稳定的良好内部环境。

4. 认真回应新关切，提升职工和谐幸福服务体系 提升三级联动帮扶体系，继续开展"国机爱心基金"捐助活动，修订完善爱心基金的申报及发放办法，更加广泛、有效地帮助困难职工。共有295名职工获得困难职工补助、33名职工获得大病补助、88名困难职工子女获得助学补助。

5. 主动顺应新要求，加强工会组织改革创新建设 加强思想政治建设，进一步优化工会的组织体制、运行机制、管理模式和工作方式，持续推动工会系统的改革创新；扎实推进工会系统党风廉政建设和反腐败工作，完善监督机制，聚焦问责追责，巩固落实中央八项规定精神的成果。加强工会组织建设，工会换届取得圆满成功。改进和完善国机集团工会财务管理制度和工作方式，推进向基层倾斜的工会经费管理改革。完善考核评价体系，制定考评具体操作标准。加强"智慧工会"建设。强化互联网思维，促进工会工作与互联网深度融合；善于利用网络联系职工、服务职工，不断提升工会服务职工水平，总结推广部分单位"互联网+"工作方面的经验，推动"智慧工会"建设在国机集团开花结果。加强干部作风建设。加强调查研究，加强工会干部队伍自身建设。

【扶贫工作】

1. 4个定点扶贫县（区）全部实现脱贫"摘帽" 国机集团负责河南省固始县、淮滨县和四川省广元市朝天区、山西省平陆县共4个贫困县（区）的定点扶贫工作。截至2019年年底，国机集团定点帮扶的4个贫困县（区）均已实现脱贫"摘帽"，国机集团在2019年中央单位定点扶贫工作成效考核中被评为"好"。

2. 全面超额完成责任书各项指标 2019年，国机集团向4个定点扶贫县（区）投入帮扶资金3 049.69万元，超计划投入149.69万元；引进帮扶资金65万元，围绕教育、产业、基础设施、医疗、技能培训、党建等方面的60个项目开展精准帮扶。党员干部捐款捐物共计15.92万元。在4个定点扶贫县（区）培训基层干部1 665人，培训各类技术人员7 416名；购买农产品431.67万元，帮助销售农产品744.53万元，全面超额完成定点扶贫责任书各项指标。另外，出资280万元帮扶甘肃省舟曲县职业技术学校建设3个实训车间。

3. 加强组织领导，保障脱贫攻坚 2019年，国机集团组织召开21次定点扶贫工作专题会议，研究部署定点扶贫工作，国机集团党委印发《国机集团党委关于全力支持打赢脱贫攻坚战三年行动的实施方案》，系统谋划和统筹推进定点扶贫工作。国机集团主要负责人和分管负责人分别到4个定点扶贫县（区）全覆盖开展调研和督促检查工作。共有360人次赴4个定点扶贫县（区）进行调研，开展18次督促指导活动，形成督促指导报告12个，发现主要问题18个，有效地保证了定点扶贫举措的精准实施。

4. 选派扶贫干部 2019年，国机集团严格按照中央有关要求，向4个定点扶贫县（区）各选派1名扶贫挂职干部，担任所在县（区）的常委或政府副县（区）长职务，分管或协助分管扶贫工作；向4个定点扶贫县（区）贫困村各派驻1名驻村第一书记。

5. 注重宣传，营造良好氛围 2019年，国机集团积极为《中国扶贫年鉴》供稿，编发《扶贫工作简报》（每季度1期），并利用国机集团网站、报纸和微信公众号等平台，及时报道定点扶贫工作动态。国机集团定点扶贫典型经验刊登在《中央企业扶贫工作专刊》，帮扶朝天区的世界非物质文化遗产——麻柳刺绣登上央视舞台。国机集团积极组织4个定点扶贫县（区）携当地特色产品免费参加"2019一乡一品国际商品博览会"，为定点扶贫县（区）特色农产品拓展销售渠道，努力打造多层次、全方位的扶贫宣传平台，为高质量打赢脱贫攻坚战营造良好氛围。

2020
中国机械工业集团有限公司年鉴
CHINA NATIONAL MACHINERY INDUSTRY
CORPORATION LTD. YEARBOOK

第三篇
子公司发展概况

中国机械设备工程股份有限公司

【基本概况】

中国机械设备工程股份有限公司（简称中设集团、CMEC）是国机集团的核心子公司，2012年在香港联交所主板上市。CMEC成立于1978年，是我国第一家工贸公司。40多年来，CMEC发展成为以国际工程承包业务为核心，融合贸易、设计、勘察、物流、研发全产业链的大型国际化综合性企业集团，能够提供项目规划、设计、投资、融资、建设、运营以及维护等"一站式"定制化解决方案，是国际知名的国际工程承包综合服务商。

CMEC的工程建设和贸易服务遍布150多个国家和地区，在包括中国在内的近60个国家和地区的能源、水务、环保、基建、交通设施、工业工程和邮电通信等领域打造了一大批精品工程。

2014年以来，习近平主席先后6次见证了CMEC境外项目签约或者开工建设，其中包括马尔代夫住房、斯里兰卡普特拉姆燃煤电站、塞尔维亚垃圾发电以及污水处理、阿根廷贝尔格拉诺铁路改造项目等。2019年，塔吉克斯坦铝厂改造项目也被列入习近平主席高访成果清单。

【经营业绩】

2019年CMEC主要经济指标完成情况见表1。

表1 2019年CMEC主要经济指标完成情况

指标名称	2018年	2019年	同比增长（%）
资产总额（万元）	5 611 461.85	5 376 144.39	-41.94
净资产（万元）	1 651 325.41	1 795 839.54	8.75
营业收入（万元）	2 888 408.68	2 831 574.89	-1.97
利润总额（万元）	282 576.80	281 650.99	-0.33
技术开发投入（万元）	69 491.24	86 386.30	24.31
利税总额（万元）	366 123.70	301 903.96	-17.54
EVA值（万元）	114 864.93	118 871.79	3.49
全员劳动生产率〔万元/（人·年）〕	73.51	71.67	-2.50
净资产收益率（%）	12.62	12.66	增加0.04个百分点
总资产报酬率（%）	5.33	5.27	下降0.06个百分点
国有资产保值增值率（%）	111.64	112.76	增加1.12个百分点

注：变动原因：

① 资产总额同比下降，主要由于经营性负债和短期有息负债逐步降低所致。

② 净资产同比增加，主要由于公司经营积累增加。

③ 利税总额同比下降，主要由于增值税、所得税同比下降。

④ 营业收入同比下降，主要由于贸易业务同比下降较多。

⑤ 技术开发投入同比增加，主要由于工程业务技术服务费、设计费有所增加。

⑥ EVA同比增加，主要由于当年净利润同比增加。

⑦ 全员劳动生产率同比下降，主要由于本期从业人数增加。

⑧ 总资产报酬率下降0.06个百分点，主要由于2019年度平均资产总额较上年有所增加。

⑨ 国有资产保值增值率上升，主要由于国有资本享有的经营积累增加。

【改革改制情况】

2019年12月17日，CMEC完成对哈尔滨成套设计研究所有限公司（简称哈成套所）64.82%股权的收购。通过此次收购，CMEC主业全产业链，尤其是国际工程承包板块的前端设计、过程监控和后端运维能力获得进一步提升；同时，CMEC的专业技术队伍也得到进一步有效补充，提高了技术人才储备，提升了公司的核心竞争力。

【重大决策与重大项目】

1. 党建与经营深度融合取得实效 根据国机集团党委部署，CMEC不断推动党建与经营深度融合。

（1）强化制度建设。以CMEC党委和公司联合发文的形式，出台了3项重要规定——《"三重一大"决策制度实施办法》《关于重大事项请示报告的若干规定（试行）》和《容错纠错实施办法（试行）》。

（2）加快重大改革事项措施落地。2019年，CMEC发展改革领导小组确定了海外资金集中及区域内资金的统一归集和使用、搭建工程承包业务的合理架构和管控体系等8个发展改革重大事项。

（3）持续加强监督执纪力度。一年内开展了两轮巡察工作，将集中整治形式主义、官僚主义要求纳入巡察重点，建立起全业务链条巡查制度。根据巡视整改要求，加强了对履职待遇、业务支出、公务用车及办公用房等方面的经常性检查。

2. 加快区域化属地化建设 2019年，CMEC已在全球主要目标市场设立了3个区域平台，分别是位于阿联酋迪拜的中东-阿区域中心、位于塞尔维亚贝尔格莱德的中东欧区域中心和位于肯尼亚内罗毕的非洲第一区域中心。其中中东欧区域中心还被授权为国机集团的区域中心。在南部非洲，中国成套被国机集团授权设立农业区域中心。与此同时，以在香港地区的香港华盛昌为基础的投融资平台也已完成搭建工作。

3. 强化科技对核心业务的支撑 2019年，CMEC召开科技大会，明确了"面向市场、立足应用"的科技工作总基调。目前，CMEC科技支撑体系的整合与完善工作正在有条不紊地实施中。一批强化主业经营的科技措施也加快落地：中南公司牵头的电站工厂化模块化课题完成验收；与哈成套所联合开发的海外远程综合监控系统项目主体建设完成；中南公司完成了光热发电技术手册，中机国际设计院完成了海绵城市、土木工程、市政环保工程、装配式建筑技术手册。

4. 管理能力与水平不断提升 在企业管理方面，CMEC颁布了《违规经营投资责任追究实施办法（试行）》《岗位安全生产责任及考核实施细则》《国有资产评估管理实施细则（试行）》等一系列新制度。按照"不忘初心、牢记使命"主题教育立行立改要求，对一批专项工作流程进行了优化。全面加强了CMEC2018—2020三年战略宣传贯彻，强化落地执行。

在业务管理方面，强化了项目采购管理和对非招标采购活动的审批管控，全面启动了项目HSE标准化管理体系建设。按照国机集团要求，对国际化经营业务中的法律风险进行了全面梳理和排查。发布了贸易业务正面清单与负面清单。

在专项工作方面，品牌一体化逐项对照国机集团要求，全面落实。全力推进"两金"压控，资金集中、账户压减、亏损企业治理、清欠工作等成绩显著。

【市场开拓、科研成果、产业化发展等】

2019年，CMEC突出重点抓经营，重实干、重实绩、重实效，主要有以下成果：

1. 一批重点项目得到中外国家领导人关注 塔吉克铝厂改造项目列入习近平主席访问塔吉克斯坦成果清单；保加利亚瓦尔纳港口项目商务合同签约获李克强总理见证；巴基斯坦三方农业框架合作协议签署获王岐山副主席见证。

安哥拉总统洛伦索视察了索约联合循环电站项目；喀麦隆总理恩古特视察了雅温得萨纳加水厂项目；伊拉克副总理兼财政部长福阿德率政府代表团访问CMEC，就未来合作进行了深入交流。

2. 调动资源积极推进"一带一路"项目建设 复工后的伊拉克萨拉哈丁电站项目完成了修改签约，伊拉克巴士拉联合循环电站扩建项目正式开工，为CMEC在中东市场持续开拓夯实了基础。斯里兰卡阿塔纳水厂项目顺利推进，安哥拉索约联合循环电厂项目取得预验收证书，为当地经济社会长远健康发展提供了坚实保障。塞尔维亚科斯托拉茨电站二期项目煤矿扩容部分进入质保期，电站建设部分经过锲而不舍的努力，实施越来越顺畅。乌克兰尼克波尔光伏电站项目顺利执行和移交，为 CMEC 在乌克兰及周边市场打造了良好口碑，带来了新的项目。蒙古赛因山达风电项目积极探索项目管理新模式，执行效果良好。肯尼亚基佩托风电项目实施了富有特色的社区管理，建立起科学健全的 HSE 管理架构，属地化用工达到 85%。CMEC 首个投资带动 EPC 项目——巴基斯坦塔尔一期，两台电站机组已投入商业运行，煤矿项目进入运维阶段；新模式的成功实践，不仅带来二期生效、三期即将生效的良好效果，更为业务发展开拓了新空间。习近平主席见证的阿根廷贝尔格拉诺货运铁路改造项目，已完成工程量的 98%，正在积极推进增补工程生效及新项目开发。

3. 持续深耕传统市场 新签订赤道几内亚马拉博燃机电站项目、尼日利亚普罗顿联合循环电站项目、伊拉克迈赫穆尔水泥厂项目，以及科特迪瓦、赞比亚等多个公路项目。

4. 紧抓新能源市场机遇 乌克兰第聂伯市沼气发电项目，是 CMEC 在新能源领域取得的又一重大突破。继续发力光伏电站建设，先后签署了老挝国防部 02 号综合农业园、乌克兰卢普山尼以及马来西亚吉打州、吉兰丹州光伏电站项目；中电工签署了哥伦比亚安巴莱马光伏电站项目。

5. 不断扩大新领域开发力度 在煤矿建设领域，签约哈萨克斯坦卡拉干达杜博夫斯基 300 万 t/a 煤矿及选煤厂建设项目。在新型城镇化和基建领域，签约沙特住建部发展性住房项目三期、巴林保障房、布隆迪国家警察医院项目；中成套新签澳大利亚墨尔本别墅建设项目。在农业领域，中成套与乌克兰两家公司分别签署合作协议。

6. 大力开拓工业化项目 土耳其班德尔马市碳化硼项目奠基，收到土耳其总统埃尔多安的贺电。中成套在第二届"一带一路"国际合作高峰论坛企业家大会期间，签署了印尼 ANH 高炉镍铁冶炼项目。玻利维亚乌尤尼碳酸锂工厂建设项目正式进入实施阶段。与中国平煤神马集团公司、中国机械工业国际合作有限公司、俄罗斯伊尔库茨克石油公司共同开发的俄罗斯伊尔库茨克乙二醇项目进展顺利。中经东源并购的泰国橡胶厂已投产，首年就实现了本地销售和出口。

7. 持续利用高端平台挖掘商机 2019 年，CMEC 积极参加了第二届"一带一路"国际合作高峰论坛、第二届中国国际进口博览会、第一届中非经贸博览会、第四届中阿博览会、中国商品和服务（白俄罗斯）展等重要活动，主动承办了"2019 中国－巴基斯坦农业合作论坛"，参加了中国机械与智能制造（马来西亚）品牌展、中国－保加利亚基础设施投资与合作论坛等活动。在第十七届中国工程技术（菲律宾）展览会期间，还举办了 CMEC 进入东南亚市场 40 周年宣传活动。

8. 面向市场抓业务培育 工程承包方面，积极推动数字化、通信项目等新型业务开拓，签约尼日利亚边境安全网项目，力促缅甸通信塔项目、加纳安全网二期项目尽早开工。贸易服务方面，多部门协同配合，就 CMEC 开展生物质天然气业务做了详尽的可行性研究，《CMEC 生物质天然气中长期规划》已完成向国家能源局的申报；CMEC 与宁夏卫健委就"互联网＋医疗健康"进行了对接；中设装备持续推进"四轮一带"的研发，自主开发的首套液压铲高锰钢履带完成设计工作；除推出高铁刹车盘外，中设装备还开始向成都地铁批量供货地铁刹车盘；华东事业部以自有知识产权为先导，积极在美欧推进"贸易＋互联网"业务；中经东源在加拿大开展仓储式贸易，实现了"工程项目＋贸易"的突破；通用公司借助中设香港平台，稳健提升跨境电商贸易。

9. 不断创新投融资模式 搭建了国际性出口信贷机构库和国际性金融机构库。在巩固与传统政策性银行、中资商业银行及中信保合作基础上，加大了与新型国际投融资机构、主权基金、国际性出口信贷保险机构、项目所在国及区域本地金融机构的业务联系与合作。适应部分项目特色及公司经营需求，积极推进卖贷再融资业务。

10. 促进新板块业务落地生根 资产管理方面，制定了 CMEC 投资管理工作总体指导意见，形成了初步的投资后管理指导意见；5 个中设广场项目建设与运营稳步推进。

工程物流方面，形成了以刚果（金）－赞比

亚铜矿带为核心的矿山类项目、尼日尔市场为核心的中石油油田项目、乍得市场为核心的油田项目；做好在手执行项目，持续保持了在工程物流行业的市场占有率。

农业开发方面，跟进中乌国际农业示范合作园区氨基酸投资项目；在智能电网、农业工程领域，积极探索EPC+综合运作主导型开发模式。

11. 科技创新与成果转化卓有成效 电机行业智能制造、空天地信息化测绘技术、装配式建筑工程技术、"一带一路"沿线国家工程建设条件研究与应用等科技孵化项目，在孵化期内已独立承揽或支持其他生产部门的合同累计103项，合同额超过2亿元。

2019年度，CMEC共获得授权专利93项，其中，发明专利16项，实用新型专利68项，外观专利9项；共登记软件著作权34项。

机勘院荣获陕西省科技进步奖一等奖1项，中国机械工业科学技术奖一等奖（技术发明奖）1项，茅以升科学技术奖—岩土工程技术创新奖（集体奖）；中机国际荣获2019年度中国机械工业集团科学技术奖二等奖1项。

12. 协同合作取得实质性进展 一是注重国机集团内部协同。中设装备与中国二重、重材院的协同合作取得较大成果；中成套联合中国一拖、中国农机院与乌克兰公司签署了"乌克兰谷物换中国产品贸易合作框架协议"。

二是细化与国内外行业领先企业战略合作。召开了中设集团-东方产业联盟第一次高层论坛，与西电集团举办了高压直流输电技术交流会。与通用公司召开了撒哈拉以南非洲区域合作启动会。第二届进口博览会期间，与西门子签署了"燃气轮机与蒸汽轮机的采购意向协议"。

三是继续稳步扩大"朋友圈"。2019年，CMEC与美国沃利集团、巴基斯坦GIGA集团、中国一拖集团、中国煤炭开发公司签署了战略合作协议；与定州市政府签署了战略合作框架协议，与中国海洋大学签署了合作协议。

【主要管理经验】

1. 紧跟国家政策方向和国机集团部署，强化经营管理工作 在企业治理方面，持续发挥董事会在企业治理、决策把关、经营与风险防控中的作用；及时跟进国家政策法规、监管部门监管要求，完成《公司章程》和《董事会议事规则》的修订；按照国机集团工作部署，完成"三重一大"事项采集工作；加强投资者沟通和市值管理特色化建设，在资本市场建立并维护良好的信誉和形象。

在战略管控方面，全面进行了CMEC新战略宣传贯彻。督促CMEC各部门及子公司提交战略落实的年度工作计划、管理计划，并根据计划按季度进行落实进度检查并督促落地。完成子公司和托管单位的战略规划备案工作。强化内部协同，搭建起了协同工作网络和工作机制。

在财务管理方面，进一步加强全面预算管理对公司战略的承接支撑作用，以预算分析、管控为抓手，助力成本费用精细化管控。持续优化工程成套业务及境外现场财务管理工作，重点强化境外税务风险防范。在制度建设、规范会计核算、防控风险、税务管理、费用管理等方面持续推进集团化财务管控。

在人力资源管理方面，积极配合中央巡视和巡视整改工作，按照公司管理的实际需要，加强了组织机构建设、干部队伍建设和二级单位领导班子建设。规范所属企业选人用人及干部管理工作。完成新的人才队伍规划，选派专家培训师赴海外组织员工培训，并将所在国高级雇员纳入培训范围。通过调训，强化了对业务骨干人员的培训工作。进一步完善了薪酬管理体系，出台了工程成套项目签约生效激励措施。

在法律与风险管理方面，坚持贯彻"业务未动、法律先行"的理念，深入一线，主动探寻业务法律需求，推进法律职能前移，将法律工作真正嵌入经营管理的全流程，实现全覆盖。在CMEC总部及重要子公司通过发布警示函、提供合规指导以及举办系列专题培训的方式，加强重点领域合规风险的防范。对标国内外一流企业，持续探索法务管理新模式。

在审计监督方面，加大审计意见跟踪督促整改力度，实现审计意见及建议闭环管理。全年完成及开展的审计项目40个，实现了审计职能对公司战略落地的有力支撑。

在安全生产方面，将安全生产工作纳入所属

单位负责人经营业绩考核范畴，使安全生产责任体系更加完善。全面实施年度安全生产工作计划安排和2019年"安全生产月""安全生产万里行"活动。推出"境外突发事件应急管理国别地区机构牵头（负责）单位"制度，并重点推行"安全风险预警与应对行动"指南。全年分别对多个国家的项目及多家子公司进行了20余次巡查、检查，提出了整改意见并要求落实。

2. 切实发挥党的领导作用，推动党建与经营管理深度融合　2019年，CMEC党委高标准开展"不忘初心、牢记使命"主题教育，按照"守初心、担使命，找差距、抓落实"的总要求，立足公司实际、采取有力措施，不断增强主题教育的针对性和实效性，两批主题教育取得丰硕成果。更重要的是，有效开展主题教育，为CMEC在新时代建立"不忘初心、牢记使命"主题教育长效机制奠定了坚实的基础。

在党委领导下成立发展改革小组，就重大改革、重大管理事项进行规划、提出方案；党委会每季度听取经营工作汇报并对经营工作提出意见后，再召开季度业务办公会；统筹党政制度体系的融合；党委会研究推进上级巡视、党建考核、审计和巡察整改等工作，抓好整改落实的"后半篇文章"。与此同时，CMEC党委还总结了"在引领上下功夫，在结合上做文章——十八大以来CMEC '3+3' 党建工作法"，积极探索党建和行政重要制度的融合，依托行政管理体系，统筹推进党的工作贯彻落实。

在支部层面，认真研究推进基层党建和经营有机融合的有效办法，积极推进基层示范党支部建设，总结了"运用'三步九法'，服务生产经营"的工作思路和实践方法。"中设境外33441党建工作法"得到持续推广，"凝聚人心、稳定队伍，防范风险、维护安全，保证监督、促进发展"的作用日益显现。

在党员层面，CMEC党委与北京市西城区委党校联合办学，举办了4期党员教育培训班；成功举办了"不忘初心、牢记使命"主题教育党组织书记培训班。

3. 稳中求进、降本增效，持续加强信息化建设　2019年，CMEC采取稳中求进的原则，全年共计完成22项重大信息化专项工作。

在原总部大楼信息化建设方面，CMEC结合搬迁进度，本着节约成本解决问题的原则，在不断减少对原总部大楼的IT相关投资的同时，逐步对其架构进行优化，进一步加强系统稳定性，实现降本增效。

在新总部大楼信息化建设方面，CMEC在需求明确的基础上，陆续完成了出口网络建设、私有云建设、桌面云建设、安全平台建设等相关工作，进一步提升了网络及终端的安全防护能力、应用及数据的备份和恢复能力、IT资源管理及扩展等相关能力。

在日常信息化工作方面，CMEC在2019年陆续完成国机品牌一体化、流程优化、移动办公建设、"三重一大"系统管理、邮件安全加固等专项工作，进一步提升了信息化管理的标准化及规范化。

基于上述工作的落地，CMEC逐步提升了网络安全防护能力，网络的管理基于全网可视、动态感知、主动预测、主动发现、主动防护，最终实现闭环联动。通过私有云的建设实现了IT资源的可视化及可计量化，并根据业务特点和实际需求，科学、合理、按需分配及扩展资源，利用私有云平台加强了IT垂直管控能力。

4. 以提升核心竞争力为目标，强化干部人才队伍建设，完善有效的约束激励机制　2019年，CMEC深入贯彻中央的决策部署和国有企业领导干部管理相关规定，坚持党管干部原则，把选拔对党忠诚、勇于创新、治企有方、兴企有为、清正廉洁的干部队伍作为对党和国家事业的责任担当，作为提升公司核心竞争力的重要途径，不断强化干部管理工作的基础、提升干部管理工作的水平。通过对人才队伍建设情况调查，建立了"六支人才队伍"能力素质模型，推进人才队伍建设。

为适应CMEC发展新形势，激励事业部员工开拓新业务，进一步完善薪酬管理体系，重新修订并发布了《事业部工资总额管理办法》《事业部薪酬管理办法》《事业部绩效管理办法》，完成并发布了《关于鼓励工程成套项目签约、生效的特别奖励措施》。

为加强子公司企业负责人薪酬及工资总额管理，建立有效的约束激励机制，制定并发布了《子公司工资总额管理暂行办法》《子公司企业负责人管理办法》。

5. 加强企业文化建设，凝聚发展正能量　通过多种活动，有效凝聚全体职工对 CMEC 企业文化的了解和认同，激发职工在公司转型发展中贡献力量的愿望。

通过发放调查问卷、职业诉求调查表等形式，了解职工思想动态和对企业文化的认识理解。选送优秀节目参演国机集团主题教育宣传交流活动，选送诗朗诵《大国重器》代表国机集团参演国务院国资委"放歌新时代 我和我的祖国"中央企业经典爱国主义歌曲歌咏展演；组织拍摄"弄潮新时代、筑梦新中设"CMEC 成立 41 周年特别节目。组织乒乓球、羽毛球、篮球赛等文体活动，组织对驻外员工及家属的慰问，凝聚发展正能量。

6. 承担社会责任，显示央企担当　2019 年，CMEC 连续第 7 年公开发布社会责任报告；根据香港联交所 ESG 指引，完成了对标报告、诊断报告和研究报告，全面分析了 ESG 管理的战略定位和主要任务，给出了可行的实施路径；发布了首部海外社会责任视频《共促·共建·共筑·共享——CMEC 安哥拉责任印迹》；参与"推动中国和拉美地区的可持续发展研讨会"，分享由 CMEC 承建的阿根廷贝尔格拉诺货运铁路改造项目推动当地经济发展的经验；参加联合国 2019 年全球企业社会责任峰会活动；在 CMEC 内外部开展培训分享活动，强化社会责任能力建设。

CMEC 境外项目组织结合当地社会需要，积极履行捐资助学、扶危济贫、赈灾济困、捐助医疗设备和净水设备等社会责任，加强中外"民心之桥"。设立"国机 CMEC 兴农扶贫"公众号，分别在河南省固始县和山西省平陆县举办了两场为期 3 天的国机集团·CMEC 精准电商扶贫培训班，举办第二期初级养老护理员培训班，积极推进福利扶贫。

2019 年，CMEC 分别荣获中国对外工程承包商会和中国机电商会的企业信用等级 AAA 评价，2019 全球企业可持续竞争力高峰论坛授予的海外可持续实践卓越企业奖，社会责任报告荣获"金蜜蜂 2019 优秀企业社会责任报告·长青一星"奖。

中工国际工程股份有限公司

中工国际工程股份有限公司（简称中工国际，股票代码 002051）隶属于国机集团，前身是 1982 年成立的中国工程与农业机械进出口总公司的成套工程部，2001 年 5 月 22 日正式挂牌成立，2006 年 6 月 19 日在深圳证券交易所上市。中工国际拥有直接管理的子公司 9 家，境外分支机构 70 余家，境内分支机构 40 余家，高新技术企业 5 家，员工约 6 000 人。

中工国际拥有国内最大和最高技术水平的医疗建筑设计咨询团队，是我国起重运输机械行业综合技术实力最强的高科技型企业之一。20 年来，中工国际践行"走出去"战略，积极响应"一带一路"倡议，服务京津冀协同发展、粤港澳大湾区建设、海南自贸港建设等国家区域战略。聚焦工程承包、设计咨询、高端装备研发与制造、投资运营、贸易物流五大业务板块，为客户提供勘察设计、规划咨询、融资投资、设备供应或采购、施工、运营维护等综合服务。在海外建设了上百个交钥匙工程，为 1 000 多家国内外医院提供了技术服务，业务涉及全球六大洲的 100 多个国家和地区。

【经营业绩】

根据国机集团"一个稳健 三个强化 七个着力"的总体部署，中工国际按照年初工作指导思想和工作方针，围绕2019年十大任务，寻找差距，狠抓落实，持续推进各项工作，取得一定成绩。2019年中工国际主要经济指标完成情况见表1。

表1 2019年中工国际主要经济指标完成情况

指标名称	2018年	2019年	同比增长（%）
资产总额（万元）	2 232 998.35	2 199 948.33	-1.48
净资产（万元）	1 025 829.15	1 101 557.91	7.38
营业收入（万元）	1 351 501.34	1 065 680.02	-21.15
利润总额（万元）	155 695.94	121 254.02	-22.12
技术开发投入（万元）	61 001.34	60 888.01	-0.19
利税总额（万元）	58 479.69	56 888.28	-2.72
EVA值（万元）	64 287.89	59 286.38	-7.78
全员劳动生产率〔万元/（人·年）〕	64.18	47.89	-25.39
净资产收益率（%）	13.61	10.14	下降3.47个百分点
总资产报酬率（%）	8.03	5.65	下降2.38个百分点
国有资产保值增值率（%）	105.63	110.69	下降4.79个百分点

【改革改制】

1. 中国中元重组工作顺利完成 根据国机集团整体部署，2019年5月，中工国际与中国中元顺利完成重组，中国中元正式成为中工国际的全资子公司。中国中元的加入弥补了中工国际在专业技术能力方面的短板，进一步完善了工程承包产业链，提升了中工国际的核心竞争力。中工国际组织完成中国中元管理层的换届，为管理层补充了新生力量；双方各职能部门就集团化管理体系、各职能管理等进行有效地对接；互派交流小组，加深双方文化、管理、业务的沟通与理解，实现融合，激励发展。此外，双方围绕医疗建筑、物流建筑和客运索道、自动化物流装备等特色领域，在海外市场加大开发力度，培育新的业务增长点。

2. 国企改革"双百行动"和混合所有制改革按计划推进 2019年以来，按照国务院国资委和国机集团关于"双百行动"综合改革的总体要求，各项工作有序推进。中工国际被列入国家发展改革委混合所有制改革试点单位。中工国际围绕"五突破 一加强"的原则，从9个方面制定了"双百行动"综合改革方案，激发企业内部活力，打造中工国际"双百行动"工作亮点。同时，中工国际还广泛接触潜在战略投资者，推动相关工作进展。在公司及子公司层面探讨中长期激励机制，进一步释放企业内部活力，落实三项制度改革，建立纵向多通道干部管理体系和员工横向发展通道，为培养更多复合型人才奠定坚实基础。2019年5月，中工国际进入第四批混合所有制改革试点名单。

【重大决策与重大项目】

1. 中白工业园取得高质量发展 2019年6月，习近平主席在会见白俄罗斯总统卢卡申科时指出，中白双方要继续搞好共建"一带一路"同白俄罗斯经济社会发展战略对接，继续为中白工业园建设创造良好条件，实施好重大项目。中工国际作为具体实施单位，按照国机集团统一部署，全力以赴做好中白工业园投资、建设、招商及运营等工作。第二届"一带一路"国际合作高峰论坛期间，中白工业园入选境外经贸合作区的典型案例。11月，中白工业园项目亮相第二届中国国际进口博览会。此外，中白工业园在《亚洲货币》杂志举办的2019年"新丝绸之路"金融奖评选中获"一带一路"倡议中东欧最佳项目奖、荣获由《金融时报》杂志颁发的"2019全球年度最佳自由区奖"等奖项。2019年,与中关村管委会进行多次协商洽谈,在中白工业园内共同打造中关村海外高科技创新平台(园中园),作为践行"一带一路"科技创新行动计划的重要举措。国机集团及中工国际作为项目的开发者和投资者,深入研究论证项目的整体投资运营及设计方案,并将项目命名为"国机火炬园"。截至2019年年底,中白工业园入园企业总数达到60家。

2. 习近平主席为援建项目揭幕 中工国际设计和承建的老挝玛霍索综合医院、厄瓜多尔乔内医院、尼泊尔博卡拉国际机场、白俄罗斯国家足球体育场、塞内加尔竞技摔跤场及援塔吉克斯坦政府办公大楼6个项目,在习近平主席见证下完成签约或开工仪式。

3. 国机集团首个海外区域中心挂牌运营 2019年1月,经国机集团授权,中工国际在白俄罗斯及周边地区的11个国家代表国机集团开展经营管理活动。该区域中心是国机集团落实海外经营战略的首个区域中心。3月,区域中心正式挂牌成立,各项工作稳步推进。

【市场开拓、重大项目进展、科研成果】

1. 市场开拓

(1)海外工程承包。2019年,中工国际继续深耕"一带一路"沿线市场,充分把握第二届"一带一路"国际合作高峰论坛、首届中非经贸博览会等重大外交活动机遇,促成多个项目签约,新签合同额18.99亿美元。深耕细作传统市场,在缅甸、孟加拉、乌干达、土耳其和俄罗斯等市场实现滚动开发;积极开拓新市场,实现哈萨克斯坦、北马其顿、加纳和科特迪瓦等市场的签约突破;积极应对市场变化,聚焦重点国家,挖掘合作商机,开发了一系列现汇项目和投标项目,在行业下行压力增大和融资较难落实的形势下,一定程度上解决了市场开发不足的问题。

(2)国内工程承包与设计咨询。2019年,中工国际下属企业中国中元积极拓展市场空间,主动融入国家经济外交大格局,在"两个市场"开发中取得新的收获。国内市场方面,积极加入国家重大区域战略建设,成功参与北京大兴国际机场、城市副中心和雄安新区等重大工程项目。在医疗、物流、能源等领域均取得较好成绩,使中工国际总承包品牌影响力得到不断提升。国际市场方面,援外项目保持良好发展态势,相继中标了援卢旺达马萨卡医院改扩建、援白俄罗斯国际足球体育场、援塔吉克斯坦政府办公大楼等援外项目,多个重点项目完工移交。设计咨询方面,中标一大批国家重点项目。

中工国际下属企业中工武大积极开拓思路,应对难题,采取"高管区域责任市场制度",提升经营效率。大力开拓核心市场的特色业务,顺利完成武汉市军运会周边水体综合整治工程等EPC项目,成功中标并签订多个EPC总承包项目,提升了中工国际品牌知名度。

(3)装备制造。2019年,中工国际下属企业北京起重运输机械研究院有限公司继续加大在滑雪、旅游等领域的开发力度,维护国内索道行业领头羊地位;同时,积极开拓日本、俄罗斯等国外市场;物流仓储方面,在巩固医药行业优势地位的基础上,积极开拓智能制造AGV无人配送系统、军工行业智能立体仓库系统;起重机械方面,在垃圾、秸秆等市场逐步实现由单机供货向搬运系统项目转化;散料输送方面,紧抓环保市场机遇期,继续推广长距离输送系统、管带机系统、悬索带式输送机系统等新型环保型产品,不断提高在散料输送领域的市场份额。

2. 重大项目进展 尼泊尔博卡拉机场项目,合同金额为2.44亿美元,2017年5月生效执行,2019年完成承包额1.07亿美元,累计完成1.28亿美元。该项目已完成航站区包括航站楼在内的14个建(构)筑物的结构封顶,道面区混凝土施工完成98%。菲律宾赤口河泵站灌溉项目,合同金额为7 304.33万美元,2018年6月生效执行,2019年完成承包额2 433万美元,累计完成2 593万美元。该项目泵站主体土建施工至62.19m,混凝土工作量完成74%,隧道施工完成77%。

乌干达工业园输变电项目,合同金额9 998

万美元，2019年承包额完成1484万美元，累计完成9221万美元。该项目4个变电站已完工，4条线路中的两条已完工；埃塞贝雷斯糖厂改造项目，合同金额9500万美元，2019年承包额完成1719万美元，累计完成1719万美元。项目设计已完成90%，采购合同已签约完成65%，现场已开始改建施工，工艺车间开始安装设备。埃塞俄比亚糖厂项目，合同金额为6.47亿美元，2019年承包额完成4305万美元，累计完成6.33亿美元。项目设计和采购已基本完成，土建完成87%，安装完成84%。

厄瓜多尔蒙特西纳伊医院建设项目，合同金额14 283.23万美元，累计完成工程承包额13 177.9万美元，项目已基本完工，且全部交付业主使用；2019年主要进行项目收尾工作，预计2020年可签署项目临时验收函。援厄瓜多尔乔内医院项目，合同金额5 466.95万美元，累计完成工程承包额2 708.56万美元。2019年重点完成项目土建和钢结构施工，按期实现项目封顶，项目整体施工进度完成64%。巴基斯坦曼格拉升压站改造项目，合同金额1 203.26万美元，累计完成工程承包额100.12万美元；2019年重点进行现场临建施工、项目设计、主要设备和施工分包的招标工作以及主控楼的基础施工，项目整体施工进度完成35%。

中白工业园一期市政基础设施建设项目，合同金额约2.46亿美元，2019年承包额完成3 624万美元，累计完成1.69亿美元；项目各道路按照业主建设计划开展相关工作，部分道路已经完工并移交业主。乌兹别克斯坦PVC综合体建设项目，合同金额4.39亿美元，2019年承包额完成3 709万美元，项目承包额全部完成；2019年12月28日，该项目举行盛大的投产仪式，乌兹别克斯坦总统米尔济约耶夫发表主题讲话，并按下项目投产启动按钮，标志着项目进入投产阶段。俄罗斯萨马拉州陶里亚蒂日产2 200t尿素项目，合同（含税金）额约9 045万美元，2019年承包额完成1 180万美元，累计完成1 180万美元；项目2019年度主要工作为造粒塔和厂区管线施工。土耳其图兹湖地下储气库扩建项目为2019年新签项目，年度主要工作为设计和现场临建施工。

北京积水潭医院回龙观院区二期项目建筑面积13.9万m²，床位数680张，是中国中元在北京市重大民生工程上的又一力作。

衢州中心医院（四省边际中心医院）项目建筑面积约31.28万m²，床位数2 000张。项目运营践行山水医院+智慧医院的理念，致力于打造成四省边际医疗生态花园。

泰康之家徽园、甬园项目。徽园项目位于合肥市，建筑面积约19万m²，是具有国际标准的持续照料退休社区。甬园坐落于宁波市，总占地面积6万m²。两个项目为中国中元在医疗、养老、康复等大健康领域的全过程咨询服务奠定了坚实基础。

天津大学大型地震工程模拟研究设施国家重大科技基础设施项目建筑面积7.6万m²，是地震工程领域首个国家重大科技基础设施，是中国中元在地震实验领域的重大突破。

援白俄罗斯国际足球体育场项目建筑面积4.8万m²，总容量3.3万个座位，按欧洲标准建设，填补了中国中元专业足球体育场设计空白。

援塔吉克斯坦政府办公大楼项目建筑面积4.4万m²，是中国中元承接的"对等合作"中外联合设计新模式下的第一个项目。

南航西安分公司运营基地项目EPC总承包项目总建筑面积5万m²，是中国中元以设计为龙头开展工程总承包的优势与品牌价值的体现，扩大了其在西北工程总承包市场的影响力。

中国民生银行CBD总行办公大楼项目全过程项目管理咨询项目总建筑面积约20万m²，建筑高度140m，是中国中元承接的管理咨询合同额较高的全过程管理项目。

新疆富蕴可可托海滑雪场脱挂索道项目主索道线路全长3.4km，落差872m，最高运行速度为6m/s，设计运载量为2 400人/h，是索道板块截至2019年年底单个项目合同额最大的工程项目。

湖南雪峰山脱挂索道项目为单线循环脱挂抱索器八人吊厢式，是目前国际上较为先进的索道型式之一，全长7 400m，总高差1 161m，运量1 200人/h。

3. 科研成果　2019年,中工国际及下属企业共计获得8项发明专利授权证书、80项实用新型专利授权证书和18项软件著作权证书。2019年,中国中元承担中国工程建设标准化协会标准国际化研究工作委员会、医疗建筑与设施专业委员会,中国建筑学会医疗建筑分会秘书处工作,进一步巩固了在行业地位。中国中元组织开展住建部设计质量管理课题研究,参与编写相关研究报告和质量管理办法,并通过验收。

中工国际下属北京起重运输机械设计研究院有限公司实施标准提升工程。牵头或参与制定9项国际标准,是国际标准ISO/TC96主席承担单位和ISO/TC110/SC5主席承担单位。作为负责起草单位之一完成7项国家标准、19项行业标准和1项团体标准的制(修)订工作。持续提高检验检测能力。为积极配合特种设备行政许可办法改革,作为主要起草单位充分参与《特种设备生产和重装单位许可规则(客运索道生产单位许可条件)》的制定工作。

【产权制度改革及管理措施】

2019年,中工国际以资产重组为途径,推进国有企业产权改革,增强企业活力,开拓创新业务领域,提高企业核心竞争力。

为确保公司的长远持续发展,中工国际以发行股份的方式向国机集团收购其持有的中国中元100%股权。2019年资产重组正式完成,中国中元成为中工国际的全资子公司。中工国际通过与中国中元合作,在海外市场,围绕医疗建筑、物流建筑和客运索道、自动化物流装备等有特色的领域开发新业务,进一步拓展海外市场。在国内市场,中国中元依托其在设计领域的专业优势,在相关专业领域助力中工国际提高国内市场份额。

2019年,中工国际不断提升产权管理工作能力和水平。一是强化产权登记基础工作,提高产权登记质量。日常工作严格按照资料所载信息进行登记,按照一事一档案原则,以产权登记类别对产权登记资料进行整理、装订成册、归档保管。二是加大产权管理工作日常监管力度,产权工作日常监管、检查自查、定期报告常态化。开展产权登记事项自查,年末向国机集团提交自查报告,定期向国机集团报告国有产权运营情况、重大事项决策和执行等产权管理情况。三是以产权监管为抓手,切实防止国有资产流失。加强对项目投资、产权流转等重大产权事项的审核把关,依法合规开展专项审计和资产评估,按照相关要求履行资产评估备案流程。

【主要管理经验】

1. 经营管理

(1)持续加强战略引领,不断优化经营管理。中工国际依据新的市场形势,制定2020—2022战略规划。完成与中国中元重组工作,推进"双百行动"改革和混合所有制改革工作。完善公司运营管理体系及事业部管理,制定公司集团化管理规定,完善投资管理制度及流程,加强投资后评价,有效提升投资管理规范化水平。

(2)完善人力资源体系,切实推进企业文化建设。中工国际坚持党管干部,完成新一届中高层干部选聘、子公司班子选聘及换届考核等工作。制定"中工国际干部管理暂行办法",规范干部管理工作;不断完善人才激励制度,推出年度经营业绩指标专项奖励办法。积极推进企业文化建设,加强工会组织建设,提升队伍凝聚力和战斗力。

(3)规范财务管控体系,降本增效效果显现。超额完成国机集团有关资金集中度和银行账户清理要求,有序开展亏损企业专项治理、"两金"压降、去杠杆减负债等专项工作。落实集团化管控,规范财务工作管理;推进全面预算管理,超额完成资金收益目标,加强境内外税务管理,并首次享受研发费用加计扣除。

(4)项目管理合理有效,安全管理扎实深入。加强项目前期策划、培训及过程监督,严抓招标审核,做好采购信息对外公告;重视合作伙伴管理,成功召开第五届合作伙伴交流大会;及时组织项目复盘。强化安全生产意识,狠抓安全生产过程管控,全年未发生安全生产事故。落实管理体系要求,顺利完成"三证"管理体系换版审核工作。

(5)积极创新融资模式,有效提升融资能力。首次采取"特险+卖断"融资方式,促进哈萨克和阿尔巴尼亚油气项目签约生效;贷后管理与风险防控措施得力,完成埃塞俄比亚糖厂项目当年收汇和贷款协议延期24个月,完成中白工业园一期起步区贷款协议补充协议的签署;聚焦医疗索道领域和拉美区域融资模式探索,有效搭建国际化融资平台。

(6) 全方位为重点项目提供技术支持。积极申报专利,全年共获得发明专利8项,实用新型专利80项,软件著作权18项。搭建和执行知识共享平台,加强项目质量管理,牵头组织国家级质量奖申报,玻利维亚乌尤尼钾盐项目、玻利维亚糖厂项目同时获得中国建筑业协会年度境外工程鲁班奖,有效地提升了企业品牌形象。

(7) 持续强化风险控制,法律保障坚实有力。启动《全面风险管理与内部控制手册》修订工作。加强专项审计工作,持续跟踪审计结论的落实。为项目开发和执行提供法律支持,妥善解决各类法律纠纷,推进合规体系建设,开展境外法律风险排查工作。

(8) 全面加强品牌建设,信息披露成绩良好。逐步拓宽品牌传播渠道,通过新媒体全方位展示中工国际的形象。做好日常新闻宣传和舆情管理,积极推动落实国机集团品牌一体化工作。不断提高信息披露质量,信息披露工作考核连续九年获得最高级A级。积极有效进行投资者关系管理,树立资本市场良好形象。

2. 党建工作

(1) 坚持和加强党的全面领导。2019年,中工国际党委坚持以习近平新时代中国特色社会主义思想为指引,贯彻落实新时代党的建设总要求和新时代党的组织路线,坚持和加强党对国有企业的全面领导。不断完善常态化学习机制,全年开展中心组学习10次。中工国际将深入学习贯彻习近平总书记重要讲话精神以及关于本企业重要指示批示精神作为党委会议"第一议题",定期进行研究部署。制定和完善公司"三重一大"决策制度,全面落实党委研究讨论作为董事会和经理层决策重大问题前置程序的要求,确保党委把方向、管大局、保落实的作用得到充分发挥。

(2) 高质量开展"不忘初心、牢记使命"主题教育。中工国际党委统筹部署、精心组织、分类引导、全面覆盖,按照"守初心、担使命,找差距、抓落实"12字总要求,深入开展学习教育、调查研究、检视问题、整改落实和"回头看",高质量召开专题民主生活会和组织生活会,开展民主评议党员,不折不扣地完成好中央关于开展主题教育的决策部署。

(3) 坚持党管干部原则,加强人才队伍建设。2019年,中工国际党委始终严格落实"凡提四必"要求,把好"四关",严格干部选用程序,高质量完成中工国际总部新一届中高层管理岗位竞聘工作及部分子公司领导班子成员选聘和换届考核工作。人员选聘突出政治标准,树立重实干、重实绩的用人导向,逐步完善与现代企业制度相适应的选人用人机制。

(4) 推进精准扶贫工作,彰显政治责任担当。2019年,中工国际投入帮扶资金97万元,同时主动购买贫困地区农产品共16万元,为助力打赢脱贫攻坚战、推进实施乡村振兴战略作出积极贡献。

(5) 层层压实主体责任,推动党风廉政建设。严明党规党纪,强化廉洁警示教育,加强日常监督。坚持做好重要节日、关键时点廉洁提醒,确保风清气正。独立设置纪检机构(纪委办公室),按规定落实专职纪检人员配备,加强纪检干部队伍建设。按照计划完成对公司下属两家单位以及三家境外机构的巡察工作,进一步提高廉洁风险防控水平。

(6) 以基层党建为抓手,全面提升党建工作水平和质量。2019年,中工国际党委认真贯彻落实国机集团"基层党建推进年"专项行动,优化基层党组织设置,进一步健全完善党的各级基层组织,选优配齐基层党组织班子,逐步推进基层党建工作标准化、规范化、科学化,选树培育优秀基层党组织为示范型组织。同时,立足境外实际,坚持"五不公开"原则,按照《国机集团境外党建工作指导手册》要求,因地制宜开展境外党建工作。结合项目情况成立"党员先锋队""青年突击队",保障在建项目高效推进。强化党员教育管理,围绕"不忘初心、牢记使命"主题教育,组织开展系列培训,有序推进党员教育各项工作的落实;扎实开展新党员发展工作,坚持"双培养一输送",着力把业务骨干培养成新党员,把党员培养成业务骨干,把党员骨干输送到重要岗位。

（7）强化意识形态教育,加强党对宣传工作的全面领导。严格落实意识形态工作责任制,将意识形态教育融入党员群众日常工作及教育培训中。2019年,结合"七一"建党日和新中国成立70周年,安排布署系列活动,进一步增强党员党性修养和党性意识,激发党员干部干事创业热情。

3. 信息化建设　2019年,中工国际网络安全和信息化工作按照计划推进。全面建设和升级信息系统,深化经营管理和业务应用的融合对接,持续优化系统功能和管理授权流程,推动信息系统备案工作,增强网络和信息安全,保障公司各项管理工作高效开展。着重围绕加强集团化管控、促进协同融合和强化安全建设开展、推进具体工作,助力业务创新和公司高质量发展。

（1）加强组织领导,完善体系建设。全面落实网络信息安全的主体责任,提高网络信息安全防护能力,调整了中工国际网络安全和信息化领导及工作小组,进一步明确了领导及工作小组的职责和具体工作内容。

（2）重点加强安全基础建设,完善安全环境。全面梳理和检查软硬件环境,对中工国际信息安全环境进行评估,完成网络安全VPN建设项目,实现信息系统内外网隔、VPN计算机端企业微信动态验证码行业创新验证方式。组建公司异地备份系统,优化本地备份系统、数据存储和服务器光线网络,完成IFS等重要信息系统灾备数据恢复预演,实现数据在国机集团广州中心机房备份,保证信息系统数据的安全性和可用性。在人员管理方面,邀请行业专家组织信息安全培训,提高全员安全意识,降低安全隐患;完成公司OA、邮件系统等级保护备案、测评工作,获得公安部的备案证明和国家认可的测评报告;国务院国资委课题专家组赴中工国际对境外安全进行深入探讨,积极落实公安部2019年网络安全执法检查和新中国成立70周年庆典网络安全保障工作,进一步提升公司信息安全环境和管理水平。

（3）调整重要信息系统,优化各类办公应用和管理流程。启动OA系统电子公章工作,优化身份认证系统,解决各类应用信息系统功能缺陷;优化各类审批流程,进一步提高行政办公审批的效率并加强风险控制管理。完成融资管理平台建设,对内提供项目融资及保险业务的办理流程、金融机构的办理条件咨询,可为项目开发的前期筛选、跟踪及后期落实工作提供坚实的顾问基础和专业的方向指导。

（4）完成电子机房空调、UPS主机、无线网络升级改造等基础设施建设;扎实推进软件正版化工作,每年根据业务需求积极参加国机集团软件集中采购工作,降低知识产权法律纠纷风险,提高全体员工版权意识。

4. 企业文化建设　2019年,围绕中工国际"变革前行"年主题,确定"变革前行 奋勇争先"的年度企业文化主题。以企业文化建设为抓手,充分发挥党建引领作用。大力开展形式多样的企业文化活动,共计组织110余次交流学习和活动,使每一位员工能够深刻领悟企业文化精髓,认同并践行文化理念,努力做到内化于心、外化于行、固化于制,增强员工凝聚力和向心力,提高员工社会责任感和担当精神。

5. 社会责任　中工国际在海内外项目所在地积极履行企业责任,坚持实施属地化运营,结合工程行业特点,完善社区基础设施建设,创新开展社会公益活动,参与关乎国计民生的重大社会活动,为项目所在地的社区发展贡献力量,为社区居民创造更优越的生活环境。为社区提供医疗卫生服务,支持社区文体教育等事业,建设基础设施,推荐本地就业,促进项目所在地的社区发展。

中国中国恒天有限公司

【基本概况】

中国中国恒天有限公司（简称中国恒天）于1998年9月由中纺机等6家企业合并重组而成，是国内唯一一家以纺织装备为核心主业的中央企业。2003年，中国恒天成为国务院国资委管理的中央企业，通过实施战略重组和调整，形成了以纺织机械、纺织贸易为主业的大型企业集团；2008年始，中国恒天逐步涉足汽车、新材料等业务，逐渐形成纺织装备、纺织贸易、新型纤维材料、载货汽车、金融投资、文化和资产管理七大业务单元，其中纺织机械、商用汽车、纺织及贸易业务被国务院国资委核定为三大主业；2017年6月，经国务院批准，中国恒天整体并入国机集团，成为其全资子企业。截至2019年年底，中国恒天拥有二级企业21家，其中，控股境内外上市公司3家，全级次全资、控股企业294家，参股企业125家，员工3.5万余人；成员企业分布在国内20多个省、直辖市、自治区及境外近20个国家和地区，其中，海外企业36家，员工2 800余人；总资产近1 000亿元，年营业规模约为450亿元、利润总额约25亿元。

中国恒天坚决贯彻落实中央各项重大决策，不断深化改革，推动产业发展，取得以下成绩：一是坚持业务聚焦，发展纺织机械核心主业，业务规模位列全球第一；二是推动培育新产业，围绕先进装备制造业和现代制造服务业两大领域，拓展纺织产业链上下游业务；三是加强资本运作，拥有经纬纺机、恒天立信、凯马股份三家上市公司；四是强化能力建设，枞建战略管理、预算管理、风险管控、党建纪检四大核心能力；五是注重科技创新，拥有五个国家级技术中心、三个博士后科研工作站和一个国家级实验室；六是优化业务布局，构建形成纺织机械、新能源商用汽车、先进非织造材料和新型纤维材料、现代纺织贸易、产融投资和资产管理六大业务；七是拓展海外业务，建成包括德国、奥地利、瑞士、斯洛文尼亚、墨西哥、埃及、贝宁七个海外生产基地。

中国恒天以"打造装备旗舰，引领纺织发展"的企业使命，"讲责任、勇担当、讲规矩、重执行，讲诚信、求共赢"的核心价值观，努力将企业建成具有国际竞争力的世界一流企业。

【主要指标】

2019年，中国恒天成功应对经济下行和突发问题等不利因素叠加的严峻挑战，攻坚克难完成年度经营目标，实现营业总收入429.88亿元、利润总额20.04亿元、净利润13.69亿元。2019年中国恒天主要经济指标完成情况见表1。

表1 2019年中国恒天主要经济指标完成情况

指标名称	2018年	2019年	同比增长（%）
资产总额（万元）	9 624 723.14	9 192 798.01	-4.49
净资总额（万元）	2 655 319.05	2 532 463.22	-4.63
营业总收入（万元）	4 631 275.61	4 298 820.96	-7.18
利润总额（万元）	286 802.87	200 421.70	-30.12
技术开发投资（万元）	64 211.88	73 654.73	14.71
利税总额（万元）	544 197.65	519 757.09	-4.49

(续)

指标名称	2018年	2019年	同比增长（％）
EVA值（万元）	69 060.06	16 349.00	-76.33
全员劳动生产率〔万元/（人·年）〕	28.41	31.48	-9.76
净资产收益率（％）	7.97	5.50	下降2.47个百分点
总资产报酬率（％）	4.90	3.98	下降0.92个百分点
国有资产保值增值率（％）	93.73	87.52	下降6.21个百分点

【改革改制】

2019年，中国恒天坚持稳中求进的工作总基调，按照国机集团对中国恒天整体发展的新战略要求，坚持有所为有所不为，聚焦主责主业，构建新的业务发展格局，加快推进改革改制，推动机制体制创新。

1. 推动战略升级　积极组织战略研究，召开中国恒天综合改革总体方案研讨会，从企业转型发展、综合改革、商业模式创新、组织架构调整等方面进行课题研究和案例研究，为中国恒天战略升级提供理论及实践支撑。

2. 推进综合改革　研究制定"综合改革总体框架方案"，召开高层研讨会充分讨论，统一思想，明确发展方向与目标；组织制定"综合改革实施方案"，明确新形势下的新定位，推动中国恒天逐步实现由战略管控型向战略运营型转变。

3. 落实"双百行动"计划　编制完成"双百行动"综合改革框架方案，制定"双百行动"具体行动事项，确定市场化经营机制、中长期激励约束和党建试点企业，择机通过现金增资、资产增资、股权置换等方式，在中国恒天总部及下属企业引入具有行业影响力的战略投资者和财务投资者，形成"相互制衡、高效决策"的多元化股权结构，积极稳妥推进中国恒天混合所有制改革。

4. 实施资源整合　聚焦主责主业，抓好低效无效资产"两资"处置，对非主业、非优势业务的"两非"企业进行梳理，初步拟定了资产剥离方案。制定中服集团、恒天创业、中国中服整合方案，推进贸易业务整合。落实国务院国资委、国机集团退出地产业务要求，研究推进西塘项目和黄冈项目转让、文投重组等工作。

【重大决策与重大项目】

2019年是"全面整改落实年"，中国恒天坚持以"全面整改落实"推进深化改革、稳步发展，以改革发展成绩检验全面整改成效，做到"两手抓、双促进"，生产运行平稳受控、各项改革稳准实施、企业大局和谐稳定、党的建设稳步加强，各项工作均取得新的进步、开创出新的局面。为更好地适应由战略管控型向战略运营型转变，中国恒天制定综合改革总体方案和实施方案，明确新时期集团发展的战略方向、发展使命和发展愿景，提出改革发展新的战略定位、发展目标、发展路径和重点任务。按照"高效对接国机集团，强化战略运营管理"的原则，"构建战略运营中心+经营管控中心+经营执行层"三级管控架构和"实施扁平化管理"的要求，调整中国恒天总部管理部门设置，优化部门管理职能，确定14家由中国恒天直接管理的重点企业，重构管控架构。

重大项目进展方面，恒天立信搬迁和立信中山项目建设按计划推进，位于中山市占地约800亩（1亩≈666.6m²）的新厂房的大部分设施已经投入使用，中山的生产基地承接了大部分原在深圳基地的主要生产项目，即将实现正常化生产；潍坊欣龙搬迁项目建设取得积极进展，已初步具备联动试车条件，计划2020年形成生产能力，有序开展生产经营活动；保定天鹅搬迁项目建设，一期项目已经投入生产，同时加强与政府部门沟通，加快土地资源盘活进度，通过土地盘活一揽子解决历史遗留问题和项目建设资金短缺问题；山东凯马汽车制造有限公司赣州分厂项目已于2019年8月6日正式投产，具备年产5万辆轻（微）型货车和各类新能源产品的能力，为突破南方商用车市场格局奠定了扎实基础；中恒天越野车公司已具备乘用车整车生产和销售资质，同时具备生产大型SUV的产品基础，产品已经小批量投放市场。

【市场开拓】

中国恒天的纺机业务坚持从制造型企业向制造服务型企业转型升级的战略，深挖产业链上下游价值，大力推进商业模式创新，积极利用"工业园模式"拉动纺机销售。宜宾市100万锭绿色综合纺织工业园合作协议顺利签订，正在进行园区推介和招商工作；兰州工业园的合作框架协议已经签订。同时深入开展平台建设，积极开拓海内外市场，建立样板企业和海外服务中心，协调打造武汉裕大华、河南永安、科力嘉等国内智能工厂项目，印度尼西亚DUNIATEX气流纺项目，印度Sintex差别化纤维项目，天虹土耳其、墨西哥和尼加拉瓜棉纺成套项目，建立国内外产品示范点。

在商用汽车及工程机械业务方面，凯马汽车抓住市场旺季机遇，深挖市场潜力，加大产品推广和品牌宣传，对不同区域执行"精准滴灌"差异化政策，在巩固中短途物流市场的同时，聚焦基建、环卫、商贸等细分市场，市场销量得到稳步增长。恒天九五利用长沙国际工程机械展契机，签订超亿元旋挖钻机、静力压桩机和挖掘机批量销售订单，产品市场占有率明显提升。江西百路佳积极巩固客车市场优势，加大国际市场开拓力度，客车全年海外销售同比增长25%。北京新能源汽车海外销量呈现大幅增长趋势，出口沙特朝觐车620辆，再创历史新高。

中国恒天的新材料业务处于转型升级关键期，两家重要成员企业处在退城进园项目进程中，3万t Lyocell新生产线还处于试生产阶段，尚未形成稳定产能；聚乳酸等新产品处于市场培育阶段，实现效益尚需时间过程。

纺织贸易是中国恒天传统优势业务，承担纺机出口统一平台职能，为中国恒天内部业务协同做出了重要贡献。随着中美贸易摩擦不断加剧，各贸易企业详细梳理现有业务并总结了近年来发生的风险事件的经验和教训，主动削减与主业相关度不高且风险较大的业务，努力成为能够提供线上线下大宗商品交易以及资讯物流等综合服务的贸工技金一体化的知名贸易商。

金融业务是中国恒天多元发展的战略性业务，涵盖信托、证券投资、文化租赁等业务，以建立"产融资结合"为核心发展金融业务，由当前以信托业务和证券投资业务为主的运作模式，向以私募投行、资产管理、财富管理、资本运作等多元化业务为主的运作模式转变。中融信托以服务实体经济为出发点和落脚点，审慎开展传统融资类业务，不断探索服务实体经济新模式，中融财富中心经过5.5年的发展，在全国34个大中城市设立了68个分部，拥有直销人员2 489人，累计发行融资规模超过3 009亿元，累计客户总数约41 000名。

【科研成果】

中国恒天坚持创新驱动引领发展，不断加强科技创新体系建设和产品技术研发投入，坚持自主和协同创新，强化科技项目管理，2019年下达科技创新基金支持项目20项，下拨支持资金3 700多万元，纺织机械、汽车和发动机、新型纤维材料科技投入比例分别达到3.0%、1.8%、2.0%，新产品贡献率分别达到50%、38%、12%以上；2019年新增授权专利246项，其中发明专利21项，专利数实现稳步增长。组织企业申报重大"卡脖子"技术难题以及2019年度纺织行业新技术（成果）推广项目、"纺织之光"科学技术和纺织行业专利项目，共获得省部级以上各类奖项20项。中国恒天获得国机集团2019年科技创新奖，宜昌纺机高性能工业丝节能加捻制备技术与设备及其产业化项目获得国家科技进步奖二等奖，恒天立信DYECOWIN高温染色机、恒天九五JVR系列旋挖钻机获得国机集团2019年度科学技术奖三等奖。

中国恒天积极协同国机集团，推进解决纺机业务面临的21项技术难题和纺机振动专题；组织召开"纺织机械重大短板技术攻关方案"评审论证会，制定具备前瞻性和可行性的技术路径和研发策略；经纬纺机倾力打造裕大华10万锭全流程智能化纺纱车间项目，树立了智能高效、绿色环保的业界标杆；中恒天汽车搭载国内唯一自主研发V8系发动机的越野车成功下线，填补了大型越野车行业的国产空白；凯马汽车赣州工厂顺利通过资质验收并投产，为凯马汽车突破南方市场、实现倍增目标打下基础。

中国恒天不断强化科技项目管理，修订了"科技创新基金项目实施细则"，完善项目资金使用范围、实施程序、过程监管及验收后的跟踪管理；强化质量管理，推荐代表参加第二届中央企业QC成果发表赛并获得二等奖；参加全国质量创新竞赛，恒天九五和经纬智能获得QIC III级；青岛宏大获得全国纺织行业质量奖，恒天重工获得国机质量奖。

【产权制度改革】

中国恒天坚持聚焦主责主业，组织开展产权整合，推动内部资源整合和管理体制机制变革。

1. 公司制改制 截至2019年年底，中国恒天共有15家企业完成公司制改制，剩余8家企业采用其他处置方式，其中1家已于2017年清算注销完毕，其他7家的改制工作进展情况如下：

（1）原3家"僵尸"企业中，咸阳纺织机械厂2017年年底已停止经营，完成全部人员的分流安置，并持续开展"三供一业"等企业办社会职能移交和债权清欠工作，待相关工作完成后注销。常德纺机益高实业总公司2019年4月停止经营，已完成全部人员的分流安置，并持续配合常德市开展土地收储补偿和税收豁免申请等工作，待相关工作完成后清算注销。已向国机集团报送常德纺织机械厂公司制改制的预案，并获准进行公司改制，目前正在改制进程中。

（2）4家母体企业，郑州纺织机械厂、河南省纺织机械厂均为主业改制后的存续用以接收土地返款的企业，2019年尚未完成，待完成任务后注销。已向国机集团报送宜昌纺织机械厂公司制改制的预案，并获准进行公司改制，改制正在进程中。因中纺机中原公司历史问题复杂，不具备改制条件，正等待有利时机进行处置。

2. 混合所有制改革 中国恒天入选国务院国资委"双百行动"改革试点后，借助政策支持，积极推进混合所有制改革，成立了工作组，从战略层面对业务进行梳理，初步整理未来战略发展方向，并对所属企业的资产状况进行梳理，制定资产剥离的初步方案。

3. 员工持股 中国恒天所属无锡专件公司在工会牵头下，组织职工以个人出资形式共同设立无锡功惠投资管理有限公司，并通过该公司持有无锡专件公司36.1%股权；天津科技骨干员工自发组建合伙企业，通过合伙企业持有天津科技45%股权。员工通过持股平台与上级单位、公司管理层共同投资企业，形成收益共享、风险共担的利益共同体，结成企业股东、经营者、员工共同成长的命运共同体。

4. 扭亏控亏和"处僵治困" 中国恒天对近100户亏损企业逐一进行专题调研，"一企一策"，现场签订治亏目标及措施责任清单；印发治亏工作专项考核办法，严格落实治亏责任，加快亏损企业扭亏和出清工作。2019年年末，全级次亏损企业亏损面同比降低近60%，亏损额下降近12亿元，治亏效果显著，受到国机集团肯定。中国恒天积极推进"僵困"企业处置、"三供一业"移交和企业层级压减工作，申报并获得中央财政补助资金9 727万元；累计压减法人单位87家，其中2019年压减法人单位15家，超额完成国务院国资委压减工作总体目标。

【主要管理经验】

1. 发挥党建引领作用 中国恒天严格贯彻落实《中共中央关于加强党的政治建设的意见》，把加强政治建设摆在首位，教育引导党员干部增强"四个意识"，坚定"四个自信"，做到"两个维护"。组织总部和所属企业党组织、全体党员分两批参加"不忘初心、牢记使命"主题教育，坚持统一标准、学做结合、查改贯通，真正将主题教育成果转化为推动发展的强大动力。坚定不移地落实"两个一以贯之"，修订《中国恒天"三重一大"决策制度实施办法》，制定"三重一大"决策事项和权限表，明确党委会研究"三重一大"事项的内容标准和前置要求。全面推进正风肃纪，组织开展"全面整改落实年"，针对相关问题进行深入整改。落实"两个责任"实施办法，签订主体责任书和监督责任书，开展党风廉政建设考核，层层压实责任。开展两轮内部巡察，完成14家企业现场巡察和巡察"回头看"工作，巡察触角向基层党组织延伸。

2. 抓好群团和统战工作　组织召开中国恒天职代会，完成职工代表补选和提案征集办理、落实工作；修改完善《"恒天工匠"评选管理暂行办法》，评选表彰中国恒天首批20名劳动模范、20个先进集体；积极参加国机集团乒羽比赛、电焊工技能大赛；组织开展《我和我的祖国》征文活动，指导所属企业开展大合唱比赛、知识竞赛、"快闪"等活动，唱响"爱党爱国爱企"主旋律；举办共青团干部培训班，深入开展青字号活动和"小蜜蜂"志愿服务队活动，凝聚青年力量，发挥生力军作用；以"吴继发建言献策工作室"为代表，为统战代表人士发挥优势力量搭建平台。

3. 深入推进企业间业务协同　积极与其他中央企业、地方国有企业、民营企业及国机集团所属兄弟单位合作协作，在纺织机械、重工、汽车、贸易、新材料和文化等业务领域推动资源共享。国机集团技术创新专家团队协助经纬榆次公司进行细纱机锭子、细纱机罗拉、精梳机分离罗拉振动研究，对"纺织机械重大短板技术攻关方案"进行论证，推进21项纺机"卡脖子"技术难题的破解，推动纺机等优势产品走出去，共享产业价值链，实现互利共赢。

4. 突出绿色发展　中国恒天设立安全生产管理部，健全完善安全生产组织机构和责任体系，统筹安排污染防治检测工作，形成生态环境保护问题排查治理的长效机制。立足实际，制定绿色发展战略计划，并保证绿色发展规划落地生根；健全机制，加强组织领导，严格落实"党政同责"提升生态环保治理能力。

5. 打造高素质专业化干部人才队伍　严格执行干部选拔任用制度、标准和程序。开展优秀年轻干部培训，加大年轻干部培养、选任力度。推进"十百千人才工程"，首批聘任7名技术专家，推荐选拔4名享受国务院政府津贴专家、1名中央企业"百名杰出工匠"。

6. 强化全面风险管控　加强法律风险防范，强化现金流风险管理、"两金"压控、负债率控制、金融业务风险管理、内部审计监督和问题整改、安全与环保风险管理、亏损企业专项治理、降本增效、资金集中管理以及采购管理，落实对民营企业清欠任务，积极推进僵困企业处置、"三供一业"移交和企业层级压减工作，加快盘活存量资源。

【社会责任】

2019年对定点扶贫县山西省平陆县投入帮扶资金690.5万元，在平陆县、乡（镇）、村、校开展产业扶贫、教育扶贫、人才培训、民生扶贫等七类14个帮扶任务，直接帮扶20 723人，资助贫困中小学生815人，培训基层干部760人、技术人员950人、教师422人。2019年4月，山西省平陆县顺利实现脱贫目标。

中国福马机械集团有限公司

中国福马机械集团有限公司（简称中国福马）前身是林业部林业机械公司，成立于1979年，总部位于北京。1994年，中国福马被列为国务院百家建立现代企业制度试点单位之一。1999年1月与国家林业局脱钩，划归中央企业工委管理。2003年，成为国务院国资委监管的中央企业。2007年11月，与国机集团重组，成为国机集团的全资子公司。2010年，根据国机集团关于工程机械业务重组的总体部署，中国福马所属的工程机械企业和业务重组进入中国国机重工集团有限公司（简称国机重工）。2019年12月根据国机集团的决定，托管国机重工。

截至2019年年底，中国福马拥有二、三级企业18家，林海股份公司为在上海证券交易所上市的上市企业。

中国福马是我国专用设备研发、制造和销售的大型企业，是中国林业机械协会的会长单位。中国福马以"动力装备、林业装备、工程与贸易"为三大主业，积累了动力机械、人造板机械等几十年的生产经营经验，产品处于国内领先地位，多次被中国质量协会用户委员会认定为"全国用户满意产品"。产品出口到美国、加拿大、日本、欧洲、东南亚等130个国家和地区，享有较高的市场声誉。"十二五"以来，中国福马大力开拓林业新能源业务，致力于光伏发电与沙地治理、木材加工及人造板企业节能降耗相结合，组织开展以沙地、山地大型地面光伏电站建设和林业加工企业屋顶光伏电站建设。在海外，中国福马以产品出口、工程总承包等业务方式，成功进入欧洲、南美洲、非洲和东南亚等国家和地区。

【主要经济指标】

2019年，面临复杂的市场形势和严峻挑战，中国福马顺利完成主要经营目标，经济运行总体平稳，主要经济指标保持在合理区间。

动力机械板块完成销售收入10.5亿元，占中国福马合并后销售收入总额的62%；人造板机械板块完成销售收入4.98亿元，占总销售额的22%；工程贸易板块完成销售收入1.38亿元，占总销售额的16%。2019年中国福马主要经济指标完成情况见表1。

表1 2019年中国福马主要经济指标完成情况

指标名称	2018年	2019年	同比增长（%）
资产总额（万元）	276 729	265 692	-3.99
净资产（万元）	147 690	151 046	2.27
营业收入（万元）	165 951	168 923	1.79
利润总额（万元）	2 053	2 255	9.84
技术开发投入（万元）	4 562	4 668	2.32
利税总额（万元）	7 196	7 311	1.60
EVA值（万元）	-6 401	-5 874	8.23
全员劳动生产率〔万元/（人·年）〕	10.56	11.93	12.97
净资产收益率（%）	1.08	1.04	下降0.04个百分点
总资产报酬率（%）	1.67	1.74	增加0.07个百分点
国有资产保值增值率（%）	98.02	101.95	增加3.93个百分点

【改革改制情况】

为了提高工作效率，进一步提升总部的管控能力、整合经营能力，建立与中国福马定位和战略目标相适应的管理机构，结合"中国福马集团公司三年行动计划"和企业实际，2019年，中国福马将连续压机业务调整至子公司苏福马公司，通过统一调配资源、打造高效统一的市场竞争主体，为进一步做大做强连续压机业务创造条件；成立中国福马泰州分公司，逐步实现动力机械板块业务一体化经营，提升总部的经营能力。继续推进福马木业破产清算工作；针对亏损企业分类施策，由林海集团托管上海公司；完成南非合资公司剩余股权出资，努力开拓海外市场。

制定总部组织机构和岗位竞聘实施方案，对业务部门进行优化调整，取消连续压机事业部和动力机械事业部，合并原林机林产事业部、工程贸易事业部，新设立销售公司；职能部门均做了适应性调整。泰州分公司和销售公司"双轮驱动",为总部经营业务调整工作开创了新局面。

【重大决策与重大项目】

1. 重大投资项目

(1) 投资总体情况。2019年度中国福马实际完成投资额为1 322.48万元。按项目类型分:固定资产投资1 212.46万元,股权投资为110.02万元。按投资方向分:主业投资1 322.48万元,非主业投资为零。

(2) 固定资产投资。江苏林海动力机械集团有限公司购买林雅公司部分资产项目,截至2019年年底累计完成投资738.94万元,正在办理交割手续。

江苏林海动力机械集团有限公司配套技改项目,2019年累计完成投资41.36万元,完成部分生产线上需要更新替换设备的购置。

苏州苏福马机械有限公司配套技改项目,2019年累计完成投资85.81万元,完成数控轧辊磨床的合同签订;完成叉车、信息化和检验设备等项目的采购,并投入使用。

镇江中福马机械有限公司购置生产设备项目,2019年累计完成投资254.18万元,完成三坐标测量仪,老厂设备移装,磁力电动万向攻丝机,半自动气割机,空压机房及空压机安装,电瓶正叉车,奥迪、宇通两台车辆大修以及门禁系统安装。

天津林工机械有限公司合金锯片工艺改进项目,2019年累计完成投资11.37万元,完成削(刨)片机刀片的热处理和磨刃口生产设备购置。

宁夏振启光伏发电有限公司二次系统和快速频率响应系统安装工程项目,2019年累计完成投资80.8万元,已完成电力二次系统网络安全监测和快速频率响应系统安装的全部工作。

(3) 长期股权投资项目。在约翰内斯堡设立合资公司,投资额110.02万元。

【市场开拓、产品销售】

面临严峻的市场形势,中国福马多措并举,为市场开拓和发展明确方向和目标,在巩固传统市场的同时,不断开辟新市场、新领域。

1. 海外市场不断取得新突破 动力机械板块,积极应对中美"贸易摩擦"带来的负面影响,加强与客户进行深入探讨,及时调整销售策略,取得了预期的效果。全年特种车辆销售量达到17 000辆,其中美国公司全地形车销售量突破3 000辆,同比增长60%;在法国、捷克的市场占有率继续保持国内同行领先地位,在俄罗斯、乌克兰、葡萄牙和英国市场的销售均实现翻番,实现了逆势增长。摩托车出口销售量达到15 000辆,同比增长87%。

人造板机械板块,积极抢占国际市场。参展或走访印度、德国、越南、印度尼西亚、埃及和孟加拉等市场。在印度、加蓬、伊朗等国家签订多台(套)人造板成套、工段及单机项目。

工程贸易板块,扎实推进南非FX刨花板成套项目、生物质电厂项目的工程策划、安装、调试和指导工作;积极开发土耳其、伊朗、印度人造板设备市场。积极探索海外工程贸易新市场、新领域合作项目。

2. 国内市场不断开拓新领域 动力机械板块,积极响应国机集团振兴农机装备战略,插秧机产品逆势上扬,手扶式水稻插秧机同比增长75%,市场占有率有望跻身国内行业前两名。农用车项目、森防产品均保持了良好的发展态势。

人造板机械板块,2019年累计新签合同4.56亿元。苏福马公司在巩固原有砂锯线的基础上,积极向砂锯检包一体化市场拓展,亡效11条砂锯线、126台砂光机、3条刨花板成套合同。镇江中福马公司调整营销策略,力推毛利率较高的主导产品销售;针对毛利率较低的单机产品,以工段捆绑方式进行市场营销;磨浆备料线、改进型长材刨片机、削片机、刨片机一经推出,受到市场青睐。

工程贸易板块,有效防范贸易风险,创新营销模式,通过输出管控能力换业务的创新业务模式,携手合作伙伴开发海外市场,签订约100MV光伏组件合同。宁夏振启公司参加电力交易71笔,完成跨区、区内挂牌、现货等交易电量2 566万kW·h,完成年度挂牌交易电量目标2 000万kW·h的128.33%,完成上网电量4 425万kW·h,经济效益和技术指标均优于周边同类光伏发电企业。福马振发下属福马广州发电公司加强与业主索菲亚公司的沟通与联系,总发电量408万kW·h，自发自用率达83.7%。

【科研成果、产业化发展】

动力机械板块，完成Z180、LH1200U、LH1930等新产品项目的研发试制及样机装配试验，完成191MR发动机项目及配套整车的批量装配，完成LH1100U-D特种车辆柴油版产品双水箱布置和右舵等改进设计，LH80DU（T-Boss电动版）项目完成首轮样车装配；完成LH110T-15、MINI BIKE开发，完成领程第二车型LH125T-22发动机的改型设计等；完成手扶式插秧机新款外形改进试制工作，在国内率先推出首款电喷发动机手扶式插秧机产品，组织高速插秧机攻关51项，高速插秧机实现小批试生产并根据市场反馈做了优化提升工作。2019年林海集团公司被认定为国家知识产权优势企业，"全地形车及动力工程技术研究中心"被认定为省级工程技术研究中心建设项目。

人造板机械板块，完成V4iI型砂光机、砂光板厚自动测量系统、V（H）标准机型设计，结合项目完善砂光锯切生产线，完成连续压机模块化、4ft（1ft=0.304 8m）中密度连续压机设计，完成$26m^2$超级筛深度轻量化、连续压机配套产品高速集成联动、OSB铺装机改进、喷蒸系统等多项产品设计；研发试制了刀环直径2m的长材刨片机并填补国内空白，完成BX46系列环式刨片机、BX2120/15大规格削片机、满足纸浆企业的38in（1in=0.025 4m）热磨机、48in高浓磨浆机开发，完成日产$700m^3$ MDF生产线的开发交付。在现有磨浆技术的基础上，开拓了造纸磨机的市场。

【主要管理经验】

1. 亏损企业治理取得新进展 加强重点企业现场检查、督导，推动亏损企业治理措施和方案的进一步落实。针对亏损企业分类施策，由林海集团公司托管上海公司，在开拓国内外业务方面进行协同；调整天津林工公司经理层，解放思想，调整经营策略，培育市场开拓能力，形成"造血"机制。亏损企业专项治理稳步推进，亏损企业数由5家下降到2家，亏损额由3 686万元下降到1 843万元。完成了国机集团下达的全年亏损面、亏损额各降50%的目标。

2. "两金"压控工作有序推进 加大"两金"压控力度，减少资金占用，防止坏账和减值损失，不断提高"两金"周转效率。2019年全口径资金集中度为40.13%，较2018年增长20个百分点，完成了国机集团的考核目标。

3. 努力抓好质量专项工作 林海集团公司印发《关于再次组织学习〈质量警钟必须长鸣〉公开信的通知》并组织学习，通过努力，全年质量损失率为0.3%；《降低2ZS系列手扶式水稻插秧机市场报修率》一文荣获泰州市QC小组比赛一等奖。苏福马公司四尺砂光机、规格锯先油漆后装配和零件不落地工作取得较好成效，砂光机主关键质量稳定性得到提高。镇江中福马公司通过对用户服务、磨机事业部分管领导及采购人员进行调整，组织召开生产线外协供应商质量专题会，强化外协零件验收。宁夏振启公司对光伏组件全面检测5次，及时完成电网调控中心提出的电力监控系统及AGC系统的更换、调试工作，全力保证发电设备以最优状态运行。林海集团公司T-BOSS系列全地形车项目，荣获2019年度"国机质量奖"。

4. 安全生产形势总体平稳 进一步完善了安全生产相关制度，加大了安全生产监督检查力度，有效防范了安全生产事故的发生。

【党建工作】

1. 加强党的领导，落实全面从严治党责任，严肃党内政治生活 组织开展所属企业党建工作考核评价和中国福马领导班子成员、所属企业党组织书记和纪委书记、所属企业领导班子成员和各基层党支部书记四个层面的年度党建工作述职评议，严肃党内政治生活，规范民主生活会。深化党建工作与企业经营工作的有机融合，确保了企业经营工作的平稳运行。

2. 加强理论武装，扎实推进"不忘初心、牢记使命"主题教育 按照国机集团党委的统一部署，扎实推进"不忘初心、牢记使命"主题教育，认真抓好四项重点措施的组织落实。共组织58次集中学习研讨和11次党委理论学习中心组学习；两级领导班子成员深入56家联系单位开展调研，为联系单位的党员讲党课41次，形成43篇调研报告；通过各种方式收集意见建议301条，检视出问题80个；坚持边学边查边改，制订了161条整改措施，明确责任领导、责任部门和整改时限，确保逐条整改落实。

3. 加强干部队伍和人才队伍建设 坚持党管干部，在总部竞聘和下属企业领导班子调整中严格执行"凡提四必"。做好干部人事档案管理存在问题的整改工作，组织对干部人事档案审核，提升干部人事档案工作质量和水平。大力选拔年轻干部，提拔任命9名年轻干部。安排多名业务干部和党务干部、总部干部和下属企业领导的轮岗任职。修订中国福马高层次科技专家选拔管理办法并完成首席专家、新一届技术带头人选拔。

4. 落实"基层党建推进年"各项工作要求，提高基层党组织战斗力 在中国福马全面开展基层党支部标准化、规范化建设。分层级选树培育基层示范党支部，向国机集团党委推荐示范党支部培育对象2个，确定中国福马示范党支部培育对象5个。积极探索党建工作和业务工作融合的方法，持续开展"质量成本服务，我是党员我先行"专题活动。在应对中美贸易摩擦、重大项目执行和关键产品研发、重大内部改革调整中，注重发挥党建工作效能。总结梳理3个典型案例上报国机集团。组织各级党组织学习国机集团党委评选出的77个典型案例，通过互学互鉴，达到提升能力的目的。及时制订并实施整改措施，集中整顿软弱涣散党组织。采用多种形式，加强党员教育培训；不断完善基层党支部工作机制，落实党建工作保障机制。

5. 落实党风廉政建设责任，强化执纪监督问责 积极落实中央和上级党委有关党风廉政建设的工作部署及国机集团党风廉政建设和反腐败工作会议精神。认真自查整改中央巡视工作组指出的问题，针对国机集团党委巡视反馈的问题，制订详细的巡视反馈整改措施。同时把巡视整改落实情况纳入2019年度对各单位党建工作考核的内容当中。完善巡察工作制度，建立中国福马巡察工作人员库，对巡察队伍进行培训，对宁夏振启光伏发电有限公司开展现场巡察工作。对总部（包括集团公司领导）及7家直属企业开展履职待遇、业务支出专项检查。强化执纪监督问责，制定印发了《中国福马机械集团有限公司违规经营投资责任追究实施办法（试行）》并督促所属企业完善制度，对10名党员干部进行了诫勉谈话，给予1名党员干部党内警告处分，给予1名党员干部党内严重警告处分。开展了党的十八大以来办结案件的党纪政务处分决定执行情况自查。对安全生产领域监督执纪问责工作开展了检查。加强纪检监察干部队伍教育培训，防止"灯下黑"。切实提高纪检监察干部队伍拒腐防变能力、甄别能力和业务能力。

中国海洋航空集团有限公司

【基本情况】

中国海洋航空集团有限公司（简称中国海航）前身是1985年由海军组建成立的中国海洋航空公司，主营通用航空、海洋运输和国际贸易等业务。1999年9月，根据党中央关于军队不再经商办企业的决定，经国务院批准，原海军直属的3家企业、4个地区企业管理局及所属共68家企业并入中国海洋航空公司，成立中国海洋航空集团公司，由海军移交中央大型企业工委管理，总部设在北京，子公司及分支机构主要分布于沿海地区。2003年纳入国务院国有资产监督管理委员会管理。2008年2月，中国海洋与国机集团重组，成为国机集团的全资子公司。2013年年底，中国海航顺利完成公司制改制，更名为中国海洋航空集团有限公司。中国海航注册资本为56 847.3万元，截至2019年12月31日，全系统在册从业人员2 629人，全部从业人员约5 000人。

中国海航主营业务为工程承包、大健康、文化旅游及贸易服务。工程承包板块以中海总局为核心企业，拥有港口与航道施工总承包、钢结构工程专业承包等5个一级资质及9个二级资质，在港口、码头、海洋工程等领域具有较强优势，并在核电水工工程细分领域保持着国内领军企业的水平。大健康板块以海虹实业为核心企业，拥有25项医药研发专利及3类医疗器械生产资质。文化旅游板块具有境内外旅行社业务经营许可，并具备酒店、餐饮、食品特营资质，自营或承包经营广州、深圳、青岛、海口和三亚等城市的十余家酒店。贸易服务板块具有军品代理、3类医疗器械经营资质，物业服务业务拥有房地产开发及物业服务二级资质，具有水路运输经营、服务资质。

【主要指标】

2019年，中国海航深入学习贯彻落实"十九大"精神，坚持以习近平新时代中国特色社会主义思想为指导，增强"四个意识"，坚定"四个自信"，做到"两个维护"，按照中国海航党委的决策部署和董事会确定的主要任务扎实有序开展工作，凝神聚力、真抓实干，圆满完成了全年目标，进一步推动了企业的高质量发展。2019年中国海航主要经济指标完成情况见表1。

表1 2019年中国海航主要经济指标完成情况

指标名称	2018年	2019年	同比增长（%）
资产总额（万元）	456 473.59	417 407.31	-8.56
净资产（万元）	79 105.32	81 263.24	2.73
营业收入（万元）	467 633.72	441 008.39	-5.69
利润总额（万元）	3 183.22	5 261.86	65.30
技术开发投入（万元）	4 326.76	4 194.00	-3.07
利税总额（万元）	19 296.78	21 572.01	11.79
EVA值（万元）	-1 752.09	-360.92	-79.40
全员劳动生产率〔万元/(人·年)〕	14.75	17.40	17.97
净资产收益率（含少数股东权益）（%）	1.01	3.17	增加2.16个百分点
总资产报酬率（%）	1.50	1.96	增加0.46个百分点
国有资产保值增值率（%）	97.51	100.41	增加2.90个百分点

截至2019年12月31日，中国海航资产总额为41.74亿元，负债总额为33.61亿元，所有者权益8.13亿元，归属于母公司所有者权益7.31亿元。

【改革改制】

1. 注重规划落地 根据国机集团关于制定3年滚动规划的要求，中国海航在全面梳理"二五"规划3年执行情况的基础上，制定了2019—2021年滚动发展规划，并加强规划的宣贯工作，引导总部和所属企业学规划、明方向、定措施、抓落实。同时在规划实施上加大工作力度，在结构调整、业务布局等方面加紧落实规划要求，并取得实质进展。

2. 加强战略合作 中国海航加强同国机集团的战略协同，积极落实与国机集团签署战略协议的相关单位的战略合作，与中核中原、核工业井巷集团、国家开发银行海南分行、中铁北京局签订战略合作协议；积极融入和服务国机集团战略布局，参与国机集团大健康课题研究小组、海南总部基地建设工作小组以及工程承包业务课题研究小组工作，探索战略合作路径。海虹实业与陆工大野战工程学院签订战略协议，推进军民融合协同创新。

3. 推进混合所有制改革及战略性投资 中国海航总部分步、有序推进贸易服务板块企业的混合所有制改革，投资设立中海航（北京）信息技术服务有限公司，进军智慧城市信息化领域，在获得9个计算机软件著作权、双软认证、高新技术企业认证的基础上，新签合同额1 600万元，实现营业收入1 000万元并盈利，成功进入中央政府采购库、部队装备采购库。

4. 注重投融资管理工作 根据国机集团相关规定，制定印发了《中国海航投资指导意见》和《中国海航投资管理办法》，加强对投资的事前、事中和事后全过程管理，对中国海航投资情况进行排查，保证投资工作的健康稳健运行。

【重大决策】

2019年4月4日，中国海航董事会会议先后通过《关于中国海航2019年银行融资计划》议案，印发《中国海洋航空集团有限公司"三重一大"决策制度实施办法》事宜，印发《中国海航关于投资管理的指导意见》和《中国海洋航空集团有限公司境内外投资管理办法》事宜，《关于收取所属企业2018年资本收益》议案，《关于制定中国海航集团人才队伍建设规划》议案。

【重大项目】

积极参与"一带一路"建设，贯彻国机集团"践行二次创业，再造海外新国机"的号召，所属中海总局2016年正式签署并实施的第一个海外工程总承包项目——巴基斯坦卡拉奇K-2/K-3核电站取排水工程履约顺利，于2019年12月31日收到了业主的交工验收证明文件，并在项目执行过程中多次得到业主的肯定和赞扬。

【市场开拓】

2019年，中海总局新签合同80份，合同额共计41.89亿元，新签过亿元项目5个，分别为御府壹号二期工程（合同额4.3亿元）、洛浦县绿色产业园示范PPP建设项目（合同额20.4亿元）、泉州港围头湾港区石进作业区16～17号泊位工程（合同额3.9亿元）、重庆市新大江水厂一期工程土建及安装项目（合同额2.8亿元）、京津合作示范区道路建设工程（合同额1.21亿元）；重大在建项目，清溪市鲤鱼塘村望城组棚户区改造项目助力中海总局拓展房地产建设领域；汕头港广澳区防波堤第一标段工程和泉州港围头湾区石井作业区16-17号泊位工程延续水工辉煌；青海撒拉尔水镇风情度假小镇一期项目打开度假小镇市场。

工程成套事业部伊拉克巴士拉联合循环电站项目执行顺利，按季度正常收款；中粮肇东生物能源改造项目完成考核验收，并依托此项目的执行正式进入国内生物能源工程行业。项目开发方面，与老挝国家电力公司签订了萨拉康115kV输变电项目合作协议；跟踪肯尼亚油气码头、巴基斯坦经济适用房、肯尼亚供水管线、印度纺织厂自备电站、菲律宾机场填海造地、斯里兰卡机场航油输送管线等项目，并积极探索以少量投资带动工程项目的运营模式。

文化旅游事业部广东河源项目平台公司注册后，与河源市政府签订四季花海小镇、庄田村改造项目战略合作协议，并继续协调推进花木企业进驻事项；领航国际咨询项目已签订了营销咨询服务协议，合约期为10年；福建龙岩鳄鱼小镇项目已完成对合作方的尽职调查工作，目前正在推进平台公司的注册事宜。

【产品销售】

海虹实业以稳增长为前提，以推动高质量发展为重点开展各项工作，优化资源配置，加大主导产业和主要增长点生物医药产业的发展力度，营业收入、利润总额在2018年实现快速增长的基础上继续保持稳定增长。今辰药业和天龙制药紧抓市场机遇，强化销售，提升业务质量，2019年，氯化钾缓释片全年销售额接近1亿元，"苏春""乐珠"珍珠明目滴眼液销售额超过4 000万元，黄连上清胶囊、阿莫西林克拉维酸钾干混悬剂等品种销售额突破3 000万元。今辰医药在做好药品配送业务基础上，加强第三终端业务的拓展和贴牌产品的销售，企业转型初见成效。城客事业部积极应对市场变化，为第二届中国国际进口博览会北京代表团、重庆代表团、国机集团提供了交通保障服务，获得一致好评。

海南榆海在做好出租房屋和经营管理工作的同时，加强物业服务和租金催收工作，重点做好"榆海·万泉河畔"项目土地增值税清算工作。海南中洋对现有商铺的招租和收租工作提前做好预案，实现出租率、租金到账率达98%以上的良好业绩。鉴于部分商铺即将到期，海南中洋将提前做好招租预案。海南榆海和海南中洋积极参与国机集团海南总部基地建设小组工作，推动海南区域开发设想的细化。

【贸易服务】

青岛海滨旗下海青机械在市场萎缩、需求下降的不利环境中，利用技术、信誉优势，深挖市场潜能。在国际市场上，应韩国客户要求对产品进行了升级，对韩发货量同比增长58.92%；在国内市场上，加大市场开发力度，在国际制冷展览会上，展现了铜铝焊接先进技术，收获了一些潜在的优质客户，为后续发展奠定了基础。国际经贸事业部出口代理业务规模逐步扩大，完成LED灯具2019年度"合作框架协议"续签，同时，在保证回款的情况下有序开展古巴出口业务，同时积极推动债务重组方案的执行。

【科研成果】

为实施创新驱动发展战略，加大科技研发、创新力度，鼓励并组织全系统积极参与科学技术奖评选及2019年度技术开发专项重大科技专项研究任务。2019年海虹实业及青岛海滨共申请专利4项，其中，发明专利2项，获授权专利1项。海虹实业加大技术创新力度，2019年投入研发费用4 289万元，占营业收入的7.56%；积极推进药品一致性评价工作，今辰药业阿莫西林胶囊、阿奇霉素胶囊已经申报国家药审中心，氯化钾缓释片已完成现场审查。今辰药业荣获巢湖市2018年度"科技十强企业"荣誉称号。

【产权改革】

一是配合国务院国资委、规划发展局、产权局等厅局开展中央企业组织机构基本信息库建设工作，对系统内全部法人及非法人机构进行了信息梳理和采集，为下一步打造统一数据共享交换中心，实现机构信息统一标准、统一来源、统一管理、统一维护奠定了坚实的基础。二是制定出台《中国海洋航空集团资产处置管理暂行办法》，在中国海航层面首次规范了资产处置实施步骤、明确了责任界限、加强了监督管理及责任追究，为防止国有资产流失、积极维护国有资产权益起到了保障作用。

【管理经验】

1. 法治建设进一步加强　　围绕企业发展总体目标，适应市场化发展需要，进一步健全法人治理结构，在依法合规经营、依法规范企业管理上下功夫，持续推进法治建设第一责任人职责落实；建立务实高效的法律纠纷案件管理机制，梳理总部及各所属企业尚未判决或未执行完毕的法律诉讼案件16件，并分级治理；加强潜在法律诉讼风险处理力度；在全系统开展加强项目评审和合同管理相关工作，对近5年项目评审和合同管理开展自查和整改；同时开展企业商标注册管理情况及境外法律风险排查工作；发布关于规范广告用语使用和关于提高著作权法律意识的风险提示函。规范合同评审程序，建立合同台账，保持合同审核率及重大事件出具法律意见均为100%。加强法制宣传和培训工作，开展以"弘扬宪法精神，推进国家治理体系和治理能力现代化"为主题的宪法日宣传活动。

2. 审计监督持续强化　　中国海航对海南榆海、中海国旅原法定代表人任期经济责任进行了审计，对广东中洋、巴基斯坦核电站取排水工程项目、中海总局宁波分局、中海总局海南分公司及南通港洋口港区15万吨级航道工程项目开展专项检查；配合国机集团开展对中国海航原董事长任期经济责任审计工作。同时，继续抓好企业审计检查中发现问题的整改工作，组织召开了审计整改工作专题会议，先后对北京、海南及广东等地区企业组织审计的整改落实情况进行核实，并对两金管理整改措施不到位的企业下发了督办函，实现了"整改全覆盖，问题零容忍"，提高了审计成果应用的成效。

3. 质量提升工作持续推动　　持续开展质量提升行动，加强质量体系和专项系统培训力度，提升体系运用能力；协助国机集团开展福清核电工程项目质量调研，分享、总结工程项目质量管理经验。下属企业东海华庆以"质量发展齐奋斗、改革创新再出发"为宗旨开展质量管理工作，2018年度荣获虹口区"重点企业贡献奖"；东海华庆负责建设的福清核电3-4#机组工程荣获2019年"国家优质工程"金奖。

4. 基础管理不断提升 中国海航完成了企业负责人履职待遇、业务支出、车辆管理等20余项规章制度管理办法的修订，进一步推进制度化管理进程；积极推进办公区域安全保卫工作，完成290余次会议的安全保障工作，后勤保障水平显著提升；严格外事管理，全年为90人次办理因公出国（境）手续，申办公务护照23本，未出现贻误现象和违规问题。

5. 人才建设深入推进 一是制定了2019—2021年人才队伍建设规划，落实人才强企的战略思想，助力国机集团转型发展。二是先后调整了5家所属企业及总部的25名领导干部职务，涉及职务任免45人次。三是在全系统开展中青年干部和人才推荐工作，初步选报了"专业骨干人才"近50人，"70、80、90优秀人才"近150人。四是建立了中国海航人才库，为下一步人才培养、使用奠定基础。五是首次与国机集团层面高管签订了"高管人员个人目标责任书"，进一步明确和细化考核标准。六是分级分类加强人才培训培养，共组织参加、主办培训近28批，350余人次参加培训。

6. 财务管理进一步加强 一是重视预算管理，充分发挥全面预算对企业战略的承接支撑作用，强化目标管控，实现企业价值最大化。二是抓好资金管理工作，提高资金使用效率，保障业务资金需求，并加强资金风险管控。三是加强制度的执行力，发现问题及时纠正，落实责任追究。四是重视财务基础管理工作，落实财务档案管理要求，提高企业会计信息质量。五是加强税务风险管控，定期开展企业税务风险排查，重视创造税收管理价值。

7. 网络信息化建设迈出新步伐 建立覆盖各级企业的视频会议系统，实现国机集团视频会议转播，减少传达层次，切实压减会议文件数量，确保国机集团重要会议精神和工作部署能第一时间传递到各级企业。2019年共召开7次视频会议，转播3次国机集团视频会议，节约会务成本约20万元。

8. 安全环保持续加强 2019年中国海航共支出安全生产费用4 241.5万元，同比增加883.23万元，涨幅26%。全年所属各层级单位共开展综合性安全生产检查76次，发现一般安全隐患950项，下发整改通知书21份，已整改治理隐患950项，投入整改资金1 594.93万元。各层级单位加强安全生产宣传教育培训力度，组织开展了宣传教育培训活动83次，8 288人参加培训。各项节能减排能耗指标控制在合理区间，各级企业逐步开展产能结构调整、绿色转型升级和关键技术创新，东海华庆在建的咸塘港综合整治工程施行的"江河湖库生态清淤及淤泥减量化、稳定化（无害化）、资源化利用的一体化解决方案"作为节能减排的优秀案例上报国务院国资委。

9. 持续推动思想及文化建设 一是紧紧围绕建党98周年和庆祝新中国成立70周年主线唱响主旋律，加强网络新媒体建设，积极做好与国机集团的网络传播联动发布机制，借助国机集团品牌影响力提升微信订阅号的传播力。二是加强舆论引导和舆情管理，积极宣传"时代楷模"张富清等先进典型，充分发挥榜样的力量，并加大企业业务、经营成果、基层先进的宣传力度。2019年官方微信发布信息443条，单条内容最高阅读量1 201人次，单日累计最高阅读量1 575次，"粉丝"达2 186人。三是积极参加国机集团第五届"和谐国机杯"乒羽赛，获得乒乓球女子单打亚军、男子单打第五名的好成绩，比赛过程中展现了中国海航人奋发进取、团结协作的精神风貌，被组委会授予"精神文明奖"。

10. 深入推进"品牌一体化"建设 中国海航各级企业高度重视国机集团品牌一体化战略，领导挂帅、精心部署、明确责任、强化担当，有力地推进了国机集团品牌一体化工作。中国海航总部发布了2019版《VI管理手册》，建立了一体化工作台账；中海总局积极克服地域、环境、业主等环节上的掣肘因素，在新开工项目工程现场完成品牌一体化应用；海虹实业借助合作的体育赛事平台大力开展国机品牌的推广，得到国机集团的宣传表彰。

【党建工作】

1. 强化党建融入中心工作 2019年，围绕抓党建，确保党和国家的路线方针政策、国机集团各项决策部署的全面贯彻落实，把好企业发展方向。一方面坚持盘活存量资产，鼓励创新经营模式，发挥好医药板块、核电水工细分领域的引导力和带动力。另一方面坚持以人为本，积极应对历史遗留问题，全力推进文化旅游和区域开发板块的转型升级，确保大局稳定。处理好发展与风控的关系。一方面坚持转观念，把增强市场意识、扩大增量，推动企业高质量发展作为第一要务抓紧抓好。另一方面，坚持聚焦资金与安全风险抓主要矛盾，强化风险控制意识，加强关键环节控制，完善风险防范机制。处理好局部与全局的关系。着眼"壮大母体、带动整体"打造价值总部，一方面引导各级领导干部和广大职工树立全局观念，总部带头开展思想大讨论，理清企业转型发展和个人发展关系的一致性，实现中国海航工作整体提升。另一方面提升总部的管理和服务支撑能力，强化部门协同办公，抓公文处理效率和工作月度统筹，提高工作效率。处理好眼前目标和长远规划的关系。坚持稳健经营、和谐发展。一方面立足国机集团年度工作任务和自身发展实际，合理确定阶段目标，强弱项补短板，稳扎稳打。另一方面强化战略引领，明确方向，在推动三年滚动规划落地的基础上，沿着五年发展规划不断前进，不在大的趋势、大的规律面前走歪路。

2. 不断完善治理结构 完成推进三四级企业党建工作入章程和落实党组织前置研究程序，完善企业董事会、党委会、总经理办公会议事程序，中国海航本部及所属企业相继制定完善党委议事规则、"三重一大"决策制度具体实施办法和相应的决策事项及权限，全面实现2019年"三重一大"决策运行系统线上监管运行。全面压实"一岗双责"，进一步树牢领导干部抓党建责任意识。全面修订党委班子成员"联系点"制度，落实领导班子成员带头讲党课和同时参加民主生活会、所在支部组织生活会制度，组织开展党委班子成员"一岗双责"述职工作。逐步建立计划、执行、研究、推进、考核、总结工作落实机制，切实推动各项责任落实。

3. 不断加强思想建设 2019年，中国海航党委切实发挥领导作用，思想政治建设不断加强。组织开展了党委中心组理论学习5次，班子学习会3次。组织各级党支部书记、所属企业党务部门负责人，进行习近平新时代中国特色社会主义思想专题辅导会议。组织召开了"强化创新理论武装，增强'四个意识'，坚定'四个自信'，坚决做到'两个维护'，勇于担当作为，以求真务实作风坚决把党中央决策部署落到实处"为主题的民主生活会和"不忘初心、牢记使命"主题教育专题民主生活会。对查摆出来的问题认真逐项整改，在推动思想政治学习，提升党建工作质量，贯彻新发展理念，强化党委引领作用等方向发挥积极作用。

4. 强化干部队伍建设 2019年，领导干部队伍建设和人才队伍建设不断加强。在领导干部队伍建设上，拓宽选人用人渠道，严格执行选拔任用干部的基本程序，修订全资、控股企业领导干部管理办法，拓宽激励约束机制渠道。依托国机集团，先后组织参加、主办领导力培训、财务总监培训和青年干部人才等培训班13批125余人次。

5. 进一步深化"三基建设" 2019年，中国海航党委不断提升基层党建工作质量，"三基建设"进一步深化。一是党的基本组织建设进一步夯实。严格落实《关于党的基层组织任期的意见》，积极推动各级党组织按期换届。在落实党建整改和"基层党建推进年"专项行动部署上，按照推动党支部建设标准化、规范化建设的要求，广泛开展示范党支部建设活动。二是基本制度体系基本形成。落实全国国有企业党的建设工作会议精神，全面加强党的领导，相继制修订了《党委理论学习中心组学习实施办法》《基层党支部"三会一课"工作规范》等一系列基层党组织制度。三是党员基本队伍持续建强。在巩固"两学一做"学习成果的基础上，进一步加强党员学习教育管理。在基本学习教育上，以"强学强记、常学常新"等措施推动思想意识转变。

6. 强化党风廉政建设和反腐败工作 2019年，党风廉政建设和反腐败工作不断加强。组织召开2019年党风廉政建设和反腐败工作会议，传达学习国机集团2019年党建工作暨党风廉政建设工作会议精神，把最新精神落实到具体工作中。与各所属企业签订"党风廉政建设责任书"和"领导人员廉洁承诺书"，对落实党风廉政责任制分解条款进一步细化，逐级传导责任压力。开展廉洁宣传教育月活动，进一步引导全体党员干部结合自身思想增强党的政治纪律和政治规矩意识。开展了贯彻落实八项规定实施细则及其精神专项自查工作。结合自身实际，围绕5个方面13条进行集中查找整治形式主义、官僚主义。开展在京单位车辆使用专项排查，集中排查车辆使用管理存在问题和公车私用问题。持续把好重要节假日等节点的廉洁关口，勤提醒，严肃查处发生在职工身边的腐败问题和其他违法违纪问题。

【社会责任】

根据国机集团年度扶贫工作安排，中国海航重点围绕定点扶贫责任书的落实、组织领导和督促检查等方面开展工作。2019年召开专题会议研究部署年度扶贫工作安排，投入30万元扶贫资金用于山西省平陆县常乐初中运动场改造项目。

中国地质装备集团有限公司

【基本情况】

中国地质装备集团有限公司（简称中地装集团）成立于1987年，前身是原地质矿产部中国地质机械仪器工业公司，1999年成为国机集团全资子公司。

中地装集团作为全国最大的地质专用设备生产企业，近些年始终跻身于行业技术发展的前沿，并发挥着引领和带头作用。

中地装集团的产品涵盖了地质勘探的主要流程。从地面地球物理勘探，到地质钻探、取岩心，再到井中探测，直至矿产的化学分析。产品主要包括物探仪器（重力、磁法、电法、地震、放射性和井中仪器等）、钻探机械（岩心钻机、汽车钻机、水井钻机、工程钻机、泥浆泵、钻塔、钻机配件等）、钻探工具（钻杆、钻头、孔底钻具、凿岩钎具、人造金刚石及制品、硬质合金及制品等）、分析仪器（原子吸收、原子荧光、等离子光谱仪、电化学分析仪、测汞仪等）等产品的研发、制造与销售。产品的应用领域覆盖地质、冶金、有色、煤炭、石油、核工业、国防、建筑、水利水电、交通、环保等多个行业。

中地装集团作为我国地质装备制造行业的龙头企业，多项产品成为国内外首创：在地质机械领域，研发生产了国内首台全电驱电控岩心钻机、立轴式岩心钻机、变量泥浆泵、机械动力头式基础工程施工钻机；在地质仪器领域，研发生产了世界首台全自动双道氢化物发生原子荧光光度计、唯一采用直流塞曼技术背景的原子吸收分光光度计、亚洲唯一的高精度石英弹簧重力仪。中地装集团的磁力仪和绳索取心钻具等产品居国内领先水平。中地装集团有20多项产品获得了国家银质奖，50多个产品获得了省部级优质产品奖和科技成果奖，其主导产品在国内地质装备市场占主导地位，直接服务于多项国家重点建设项目。

近年来，中地装集团积极拓展新的经营领域，实施"走出去"战略，充分发挥企业在行业内的优势，延伸产业链，拓展工程承包和贸易业务，构建外贸经营平台。中地装集团曾先后承担了50多项国家技术创新项目和重点新产品开发项目，有多项产品应用于国家重点建设项目，取得了良好的经济和社会效益。

中地装集团拥有地质装备行业唯一一家"国家认定企业技术中心",建有我国唯一的、并具国际先进水平的超低磁实验室和电子测试实验室,担负关键技术装备的研究、开发和试验工作。中地装集团有5家下属企业获得了省级科技创新企业称号。中地装集团与自然资源部、中国地质调查局,以及一些大专院校、科研院所保持了长期紧密的合作关系,在产品发展方向和技术创新等方面,得到了科研院校的大力支持和具体指导。

中地装集团牵头申报的"深部地质矿产勘查产业技术创新战略联盟",被科技部列入第三批联盟试点单位名单,中地装集团作为联盟理事长单位,致力提升勘查技术和装备的国产化水平。中地装集团是第一批由国家23个部委联合认定的国家级工程实践教育中心,是中国矿业联合会地质与矿山装备分会的理事长单位。

中地装集团总部现设有11个职能部门,拥有9家全资子企业:中地装(北京)科学技术研究院有限公司(简称中研院)、中地装张家口探矿机械有限公司(简称张探公司)、衡阳中地装备探矿工程机械有限公司(简称衡探公司)、中地装重庆探矿机械有限公司(简称重探公司)、中地装(北京)地质仪器有限公司(简称北仪公司)、中地装重庆地质仪器有限公司(简称重仪公司)、中地装(无锡)钻探工具有限公司(简称无锡公司)、北京海光仪器有限公司(简称海光公司)、北京奥地探测仪器有限公司(简称奥地公司);1家全资机构:衡阳工业职工大学(简称衡阳职大);1家控股公司:中地装重庆地质装备有限公司(简称重庆地装);1家参股子公司:派力工程有限公司(简称派力公司)。

【主要指标】

截至2019年12月31日,中地装集团资产总额为163 551.91万元,比2018年同期增长21 569.90万元,增幅达15.19%;负债总额99 473.66万元,比2018年同期增加18 655.83万元,增幅达23.08%,其中流动负债76 192.10万元,占负债总额的76.60%;资产负债率为60.82%,比2018年同期增长3.9个百分点,剔除重探公司土地款及棚改专项资金特殊因素后,资产负债率为56.10%,同比下降0.82个百分点。

经济效益状况。2019年度中地装集团实现营业收入61 181.20万元,比2018年同期增加964.36万元,增长1.6%,其中:主营业务收入57 028.10万元,比2018年增加1 662.38万元,增长3.0%;其他业务收入4 153.10万元,比2018年减少698.02万元,降幅14.39%。利润总额2 401.50万元,比2018年增加71.18万元,增长3.05%。

成本费用状况。2019年度中地装集团营业总成本62 999.29万元,比2018年增加1 023.34万元,增长1.65%。其中:营业成本37 169.92万元;期间费用24 206.81万元;税金及附加1 622.57万元。成本费用总额占营业收入的102.97%。2019年中地装集团主要经济指标完成情况见表1。

表1 2019年中地装集团主要经济指标完成情况

指标名称	2018年	2019年	同比增长(%)
资产总额(万元)	141 982.01	163 551.91	15.19
净资产(万元)	61 164.18	64 078.25	4.76
营业收入(万元)	60 216.84	61 181.20	1.60
利润总额(万元)	2 330.32	2 401.50	3.05
技术开发投入(万元)	3 566.07	4 014.94	12.59
利税总额(万元)	7 664.40	7 961.46	-3.88
EVA值(万元)	1 530.19	2 205.83	44.15

（续）

指标名称	2018年	2019年	同比增长（%）
全员劳动生产率〔万元/（人·年）〕	13.28	16.11	21.36
净资产收益率（%）	3.53	3.29	下降0.24个百分点
总资产报酬率（%）	1.95	1.99	增加0.04个百分点
国有资产保值增值率（%）	103.91	103.68	下降0.23个百分点

【重大决策与重大项目】

1. 张探公司老厂土地盘活和新园区建设 张探公司老厂土地盘活基本完成，总征收补偿款高于预期。新园区建设基本完工。

2. 重庆两个公司土地盘活和重庆产业园建设 重探公司土地盘活取得重大进展，首批预付款1.5亿元已经到账，申报的中央企业棚改项目补助资金也已到位。重庆产业园B区主体工程完成竣工验收，重探公司完成搬迁工作，开始逐步恢复生产；重仪公司开展了生产线布局设计，积极进行搬迁准备工作。

【市场营销】

1. 市场开拓

（1）积极探索新路径、切入新领域。各级企业主动"走出去、请进来"，面向生态、能源、资源、环境、海洋、农业等新领域，与相关企业、院所、高校深入探讨业务发展与合作模式，巩固传统优势，积极推进服务新领域，培育新的经济增长点，提高了企业竞争能力和经营创收能力。衡探公司的电动顶驱深孔钻机成为我国铀资源探测领域设计施工的最深孔——中国铀矿3 000m科学深钻项目施工的主力装备，同时，衡探公司瞄准地下空间、海上风电和工程灌浆等细分市场，抓好新产品销售，销售量较2018年度增长54%。重探公司GQ-60工程钻机为中国三峡集团刷新了混凝土取芯长度的世界纪录（25.7m）。同时重控公司向水利水电以外的市场突破，成套钻机设备销量的占比达50%。重仪公司大力开拓高校教学仪器设备、集成销售项目和对外技术合作产品市场，产品销售量同比增长46%。海光公司新产品销售已形成规模，收入和利润贡献率分别为28%和52%。奥地公司两款产品通过了中国地震局设备定型，取得了产品销售领域突破。

（2）环保产业投资初见成效。中机环保以总包环保工程项目为主要方式，展开业务运营工作，全年签订合同总额4 184万元。承接了大足污水治理工程，移动式污水处理车实现销售，预申请了垃圾渗沥液处理系统、MBR自动反冲洗装置等4项专利。

（3）石油领域取得积极进展。通过与中石化西北石油局搭建6个合作平台，促进经营业务提升；在西北石油局石油机械的采购份额，从10%增长至35%。

2. 生产、销售分析 按产品类型分，钻机产品销售收入同比增长4.2%；抽油杆产品销售收入同比下降13.5%；泥浆泵产品销售收入同比增长13.3%；钻探工具及超硬材料产品销售收入同比增长8.2%；物探仪器销售收入同比增长9.5%；分析仪器销售收入同比下降11.4%。按产业板块分，装备制造板块毛利率同比增长4.3%；贸易板块毛利率同比增加3.4%；服务业板块毛利率同比增长4.0%。

【科技创新】

1. 整合科技资源和力量，有序组织推进科技项目实施 坚持以国家科技项目带动科技创新，抓好多工艺自动化反循环钻机、5 000m智能地质钻探技术装备研发及应用示范、高性能薄壁绳索取心钻杆研制、智能重力与磁法测量系统、系列海底地震仪工程化研究、地面多功能电磁探测系统产品化、大深度小口径地球物理测井系统研发产品化、高精度光热电位分析仪开发及应用示范、北斗应用示范工程等10余项国家重点研发计划、自然科学基金项目、重大科学仪器设备开发专项及国机集团技术开发专项等项目（课题），进一步提升了核心竞争力和行业引领力。

2. 持续推进产品结构调整和迭代升级 中研院 XD-12R 多工艺全液压自动化钻机成为"一带一路"项目落地的新成果；张探公司联合研究院研发推出的 ZJ40DB 钻机快速切入石油钻机市场；衡探公司持续推动 HD 系列海洋工程勘察钻机、DKZ 系列地下空间反循环钻机和大流量泥浆泵等产品的技术创新；重探公司完成 XDJ-1 工勘钻机、KZ-1 钻孔凿岩一体机的研发和试制；重仪公司对 EPS/CZS/OBS 地震仪器进行了升级改造，完成了级联式工程地震仪等产品技术设计开发和样机试制试验工作；海光公司 HGF-V9 系列高端原子荧光获得 BCEIA 金奖，GGX-910/920 塞曼原子吸收及测汞仪、流动分析、快速溶剂萃取仪等新产品取得了不错的销售业绩；无锡公司在定向钻杆、打捞钻杆、螺旋钻杆等产品上进行技术改进，以提高品质。新业务事业部成立后，围绕"专精特新"，统筹推进了新技术、新产品和新业务开发拓展工作。

【改革改制】

"处僵治困"分流安置职工达到 97%，完成国务院国资委确定的安置 80% 职工的考核目标。厂办大集体改革、压减层级、"三供一业"分离移交进入收尾阶段。协调推进了派力公司股权退出专项整治工作。

【主要管理经验】

1. 推进党建与经营深度融合，引领企业稳健发展 中地装集团坚持党建责任与经营责任齐抓并重，按照"两融合、两手抓、两手硬"的要求，以党建引领企业高质量发展，以经营改革发展成效检验党建成效；进一步完善公司治理和"三重一大"决策机制，实现了全级次全覆盖，有效发挥了各级党组织的领导核心和政治核心作用、董事会和执行董事的决策作用、经理层的经营管理和落实作用；坚持党管干部和政治把关、廉洁把关原则，贯彻国企好干部"20 字"要求，注重把解决眼前人才稀缺问题与长远建设相结合，进一步健全完善选人用人长效机制，着力抓好二级企业领导班子建设和经营管理人才、专业技术人才、高技能人才和后备干部队伍建设；大力营造干事创业的良好氛围，倡导"有为者有位、有位者有为"，为企业经营改革发展提供了保障。

2. 围绕中心精耕细作，催生了新的发展动力 认真把握"稳与进、破与立、质与量、传承与创新"的关系，贯彻国机集团"强化战略引领"要求，全面加强战略统筹指导。组织修订了中地装集团《发展战略和规划管理办法》《"十三五"发展规划纲要》，制定了《高质量发展专项行动方案》；贯彻向地球深部进军的重要指示，着力推进中科·国机地球资源装备产研基地项目，顺利推进 5 000m 智能地质钻探技术装备研发及应用示范等国家重点科技项目；积极响应国家"一带一路"倡议，"生态文明"等发展要求，推动产品结构调整、业务转型升级和产品技术创新，提升了核心竞争力；针对"卡脖子"技术难题，四大产品板块都推出一批新产品新技术，并实现成果转化和批量生产，形成新的业务增长点；加强与外部的合作，石油和环保等新领域的业务拓展取得明显成效。

3. 深化提升内部管理，基础管理工作不断加强 一是进一步规范和优化经营管理机制。按照治理体系和"三重一大"要求，进行经营决策和经营活动管理；发挥"强激励、硬约束"的指挥棒作用，调动各级人员的积极性。二是进一步加强全面风险管控。坚持用好"八个抓手"，抓好"六个重点"，开展了全面风险评估、内控评价和整改；开展经营行为合法性、合规性审查以及专项审计工作，督导相关企业和部门进行整改、跟踪问效；做好法律服务和有关案件跟踪工作，完善了违规经营投资责任追究制度。三是进一步提高财务和资产管理水平。协调做好融资管理、专项资金和税收筹划等工作，有效解决了无锡公司和重探公司资金衔接问题。积极盘活物业资产，为主业发展提供了强有力的支撑。通过诉讼维护了张探公司新天都酒店的出租权益；盘活了北仪公司热力老办公楼，并对其实施雨污水管线改造工程，提升了企业形象和资产价值；形成重庆产业园物业管理方案，为资产管理和服务奠定了基础。四是进一步加强投资管理工作。按照国务院国资委和国机集团投资监管相关规定，完善了投资管理制度体系，全年对 7 个投资项目进行审议。五是开展了移动协同办公系统建设工作。六是抓好安全生产管理，全年实现安全无事故、无伤亡，在国机集团安全生产责任目标考核中，连续五年达到"A"级。

【党的建设】

1. 加强政治建设，强化思想理论武装 将学习贯彻习近平新时代中国特色社会主义思想，把增强"四个意识"、坚定"四个自信"、做到"两个维护"作为首要的政治任务。一是抓好党委理论学习中心组学习，做到及时学习研讨中央精神，及时跟进学习习近平总书记重要讲话，以及近年来对集团及相关行业领域的指示批示精神。认真学习党史、国史，以及党的十九届全会精神。二是抓好党员的学习培训，制定党员教育培训计划，做到党员学习培训全覆盖。推动党员学习入深、入实。三是抓好基层支部书记培训，做到支部书记学习培训全覆盖。

2. 深入开展主题教育，强化"初心使命" 紧紧围绕"守初心、担使命，找差距、抓落实"的总要求，分两批开展"不忘初心、牢记使命"主题教育。同时，突出思想基础，坚持问题导向、责任导向、发展导向，建立了"时时督导、天天沟通、周周梳理、阶段小结"的工作机制。

3. 贯彻落实国有企业党建工作会议精神，强化党建与业务深度融合 充分发挥党委"把方向、管大局、促落实"的政治核心作用，坚持党建与经营相互融合、促进。一是坚持党建与经营同部署、同考核、同落实。二是完善公司治理制度，规范议事决策机制。落实16家企业党建进章程，全面实现党组织书记、执行董事"一肩挑"。修订了"三重一大"决策制度，梳理了110项决策事项，厘清了权责边界。三是贯彻落实全国组织工作会议精神，严格落实党对干部人事工作的领导权和对重要干部的管理权。

4. 贯彻全面从严治党各项措施，强化党委主体责任 一是制定并严格履行"各级党委履行全面从严治党主体责任清单"。二是开展党建述职评议和党建工作考核，将党建考核结果与企业经营业绩考核结果相挂钩，进一步强化企业党建工作责任。三是推动开展政治巡察，先后完成对北仪公司、衡探公司和衡阳职大的巡察工作。针对巡察发现的问题，持续跟踪抓好整改。四是加强意识形态工作责任制的落实，制定了《网络意识形态和舆情管理工作责任制暂行规定》《意识形态工作责任制实施管理暂行规定》《舆情引导处置管理办法》，并严格执行。

5. 抓基层打基础，强化"三基建设" 注重从基本组织、基本队伍和基本制度抓起，促进基层党支部规范化、标准化建设，打造坚强战斗堡垒。一是贯彻落实国机集团"基层党建推进年"专项行动。二是集中开展整顿软弱涣散基层党组织工作，并及时落实整顿整改要求。三是认真抓好党组织生活制度及保障能力落实。

6. 全面加强党风廉政建设和反腐败工作 严格落实党风廉政建设"两个责任"和"一岗双责"。制定"中地装集团党委2019年党风廉政建设和反腐败工作要点"，明确全年工作内容。与企业党组织书记签订党风廉政建设责任书，明确党风建设和反腐倡廉工作责任。党委定期听取纪委工作汇报，研究党风廉政建设和反腐败工作。与总部各职能部门负责人、企业党组织书记签订党风廉政建设责任书，明确党风建设和反腐倡廉工作责任。

7. 加强群团工作，强化党建引领 以党建为引领，广泛开展各类群团活动。工会工作方面：高度重视"送温暖"活动，积极组织看望慰问困难党员、职工。坚持做好国机集团"爱心一日捐"、爱心基金申报工作。认真组织参加国机集团第五届乒乓球和羽毛球比赛，成功举办中地装集团"海光杯"乒羽赛。共青团工作方面：开设"青春中地装"微信公众号，开展首届"声动中装"青年网上歌唱大赛。积极践行"奉献、友爱、互助、进步"的志愿服务精神，组织总部团员青年开展"与雷锋同行"志愿服务活动。组织青年参加国机集团团委"微心愿""我爱你！祖国"等活动，营造积极向上的文化氛围。

中国机械工业建设集团有限公司

【基本概况】

中国机械工业建设集团有限公司（简称中机建设，SINOCONST）前身是始建于1953年中国机械工业建设总公司，是我国成立最早的大型国有施工企业之一。公司注册资金6.7亿元。具备住建部批准的工程施工总承包特级资质、建筑行业设计甲级资质、商务部批准的对外经营权和AAA级资信等级。通过了ISO9001质量管理体系、ISO14001环境管理体系和GB/T 28001职业健康安全管理体系审核认证。公司现有15家全资子公司、3家工程公司、26家分公司、8家参股公司和一所国家示范性技师学院。中机建设有员工1万余人，其中各类专业技术人员3 000多人。

改革开放以来，中机建设积极面向国际市场，适时调整经营结构，全面创新管理机制，在全球40多个国家和地区承建了一大批具有重要影响的工程建设项目，在国际工程承包与项目管理方面积累了丰富的经验，形成了从经济技术咨询、项目规划设计、技术设备成套、项目施工管理到人才技术培训、产品达产达标的一揽子服务的竞争优势。

中机建设与国内外的科研院所、知名企业和金融机构建立了全方位、深层次的战略合作关系。以市场为导向，以创新为动力，着力提升市场营销、项目管理、技术工程和资本运营四个能力，重点打造机电工程、电力工程、矿产冶炼工程、化工石油工程、公共与民用建筑和基础设施工程"六大业务板块"，主要经济技术指标连续多年保持快速增长。

【主要指标】

2019年，中机建设成本费用占主营业务收入的比重为99.16%；实现进出口总额5 620.61万美元，合同成交额135.23亿元。全系统在建项目851项，实现总产值102.71亿元，其中，境内项目实现产值占73.04%，境外项目实现产值占26.96%，项目整体进展情况良好。2019年中机建设主要经济指标完成情况见表1。

表1 2019年中机建设主要经济指标完成情况

指标名称	2018年	2019年	同比增长（%）
资产总额（万元）	635 711.97	680 181.93	7.00
净资产（万元）	106 563.00	109 621.35	2.87
营业收入（万元）	701 631.92	927 618.54	32.21
利润总额（万元）	11 836.73	12 407.59	4.82
技术开发投入（万元）	10 524.48	15 873.67	50.83
利税总额（万元）	28 071.77	29 198.09	4.01
EVA值（万元）	4 998.91	13 695.92	173.98
全员劳动生产率〔万元/（人·年）〕	14.17	9.76	-31.12
净资产收益率（%）	9.85	11.95	增加2.10个百分点
总资产报酬率（%）	3.41	3.53	增加0.12个百分点
国有资产保值增值率（%）	111.36	110.22	下降1.14个百分点

【重大决策及重大事项】

1. 荣获两项中国建设工程鲁班奖 中机建设承建的"白俄罗斯吉利汽车生产线项目"和"玻利维亚圣布埃纳文图拉糖厂项目"荣获"2018—2019年度中国建设工程鲁班奖（境外工程）"。

2. 入围对外承包工程新签合同额百强榜 商务部对外投资和经济合作司发布2018年我国对外承包工程业务完成营业额和新签合同额前100强名单，中机建设以优良的经营和市场业绩首次入围新签合同额百强榜单。

3. 助力粤港澳大湾区发展 中机建设广州分公司成功中标盐田港拖车综合服务中心一期代建（1标）施工总承包项目，合同金额15.924 7亿元。该工程位于深圳市盐田区，在盐田港后方陆域新建1号拖车停车楼、综合楼以及部分市政道路工程，总建筑面积约20万 m²，总工期1 100天。

盐田港拖车综合服务楼一期施工总承包项目的承接，与光明新区文化艺术中心项目交相辉映，成为中机建设拓展粤港澳大湾区基础设施建设市场的又一重大进展，为进一步深耕粤港澳大湾区市场注入了新动力。

4. 与芝罘区政府签订百亿元进入合作项目协议 在第三届烟台·芝罘（深港）城市投资洽谈会暨烟台幸福新城产业招商成果发布会上，芝罘区政府与中机建设签订了百亿元的金融合作项目协议。

5. 中机工程青岛模块项目部荣获"中央企业先进集体"称号 中机建设下属单位中机工程青岛模块项目部荣获"中央企业先进集体"荣誉称号。青岛模块项目于2015年7月启动，2017年8月7号最后一个模块312-PAU-001顺利出海，创造了亚马尔项目我方承建的所有模块施工"零尾项"及安全"580万无事故（人·工时）"的记录。

6. 获得多项国机集团2019年荣誉表彰 中机建设下属企业中机工程宁波金海晨光化学股份有限公司5万t/a弹性体项目荣获2019年度"国机质量奖"项目奖（工程）；齐河开鑫花园二期项目部荣获国机集团先进集体荣誉称号。

8. 多名选手获得国机焊接技能大赛大奖 "2019年度国机集团焊接技能大赛"在洛阳举办。经过近一周的激烈角逐，中机建设的9名选手从全部81名选手中脱颖而出，进入3组比赛的前5名。

9. 连云港污水处理厂项目荣获江苏省"扬子杯"优质工程奖 由中机建设承建的连云港市东港污水处理厂项目荣获江苏省住房和城乡建设厅授予的2018年度江苏省"扬子杯"优质工程奖。东港污水处理厂一期工程是连云港市国家级石化产业基地内重要的环保基础设施，被列为连云港市重点市政项目。项目部全面分析施工重点、难点和关键点，有针对性地制定专项施工方案，积极采用新技术、新材料、新工艺和新设备，执行国家最为严格的一级A排放标准，保证了项目质量。

10. 帮助贫困村丹凤县栾庄镇元潭村脱贫摘帽 中机建设下属单位中国三安发扬"扶真贫、真扶贫"的精神，聚焦"两不愁、三保障"，在元潭村捐建中药材加工厂，通过收购——加工——销售天麻为村集体增收，变"输血"为"造血"，为元潭村带来一项长效产业。两年来，元潭村贫困发生率由2017年年底的18.8%下降至0.85%。按照《陕西省脱贫退出工作实施细则》规定，元潭村脱贫退出贫困村序列。

【生产经营】

2019年全系统市场开拓稳中有进，各单位紧盯区域市场和战略客户，有效整合营销资源，积极开展内外协同，在大项目签约方面实现新突破。

在板块转型方面，市政基础设施、公共与民用建筑两大业务板块的转型取得较大进展，其中，公共与民用建筑合同金额占比由2018年的31.8%提高到2019年的36.48%；基础设施工程合同金额占比由2018年的10.64%提高到2019年的24.01%，增幅为13.37%。2019年各板块业务合同金额完成情况见表2。

表2　2019年各板块业务合同金额完成情况

板块业务		2019年		2018年	
		金额（万元）	占签约比例（%）	金额（万元）	占签约比例（%）
工业工程	机电工程	375 017.50	27.74	366 032.15	32.31
	（能源）电力工程	48 874.51	3.61	21 999.65	1.94
	矿产冶炼工程	12 922.52	0.96	40 538.91	3.58
	化工石油工程	69 673.97	5.15	50 794.20	4.48
	小计	506 488.50	37.46	479 364.91	42.31
基础设施工程		324 583.75	24.01	120 554.76	10.64
公共与民用建筑		493 192.15	36.48	360 226.54	31.80
其他		27 763.94	2.05	172 778.89	15.25

在区域转型方面，确定了山东分公司计划单列的管理模式，支持广州分公司完善经营机制，制定云南分公司、重庆分公司经营考核办法，加强在安徽、福建等区域的经营调研，进行重点区域信誉分值的调查与改进。以广州分公司为龙头的粤港澳大湾区区域市场重新展现活力，实现合同额27.4亿元；以山东分公司为窗口的山东半岛区域市场，实现合同额27.92亿元；以云南分公司为载体的云贵区域市场实现合同额6.41亿元；此外，川渝城市群、长江三角洲和海峡西岸3个区域分别实现合同额22.02亿元、6.20亿元和2.11亿元。各区域市场的持续稳固对全年新签合同额的显著增长做出了突出贡献。

业态转型方面，一方面加快推进在手PPP类项目落地，临汾师范学院、安顺蔡官小镇、安庆停车场和汝州汽车产业园先后获得国机集团投资审批或备案批复，均已签订PPP合同，正在推进项目融资交割，筹备工程建设；另一方面，审慎、规范、理性、择优进行新业务开发，全年累计立项投融资类项目9项，新中标安庆停车场、内黄一高和内黄文化体育图书馆3个项目，青岛胶州科教小镇、惠州公路等项目正在有序推进。

在协同转型方面，使用中机建设经营资源承接和执行项目的数量和比例在持续提高，2019年以中机建设总部名义新签合同84.20亿元，占全部签约额的62.28%，同比增长27.99%。其中，中机二建、中国三安、中机四建使用中机建设总部经营资源承接项目的比重超过45%；中机二建、中国三安的比重同比增长超过100%。在外部协同方面，在中机建设的引导下，各单位积极吸纳优质合作伙伴，规范开展对外合作，通过外部协同累计实现合同额18.80亿元，占比达到13.91%。

在项目执行模式转型方面，中机建设制定了《总部项目考核管理办法》，明确了对项目部的激励约束考核机制，充分调动核心骨干的主动性及积极性，进一步促进项目直营管理，提高项目盈利水平。各单位积极引进项目管理人员，加强项目管理团队建设，持续推进项目精细化管理，全系统各在建项目保持了总体平稳。

2019年中机建设有在建项目858项，完成总产值113.31亿元，其中，境内项目完成的产值占64%，境外项目完成产值占36%，整体进展情况良好。白俄罗斯酒店商务办公综合体项目已进入装饰装修和机电设备安装阶段；乌兹别克斯坦纳沃伊PVC、烧碱、甲醇生产综合体项目已进入安装高峰期；阿尔及利亚电站项目克服诸多不利因素，目前已经具备安装余热锅炉模块的条件；孟加拉水厂项目净水厂净水部分已具备调试条件；埃塞俄比亚瓦尔凯特糖厂项目一期工程已接近完工；印度尼西亚赛得利项目克服诸多困难，顺利竣工投产；伊拉克卡尔巴拉精炼项目工程复工后进展顺利，已进入安装高峰期；达州马踏洞棚改项目堰湾安置点已经实现主体封顶，其他安置点进展顺利；广州乐金显示广电科技（中国）有限公司显示器件建设项目已顺利完工，正在进行竣工结算。

在链位转型方面，各单位结合"不忘初心、牢记使命"主题教育活动，深入开展对标分析，寻初心、找差距、补短板。紧紧围绕专业化能力、核心技术工程能力的打造，认真反思业务定位，积极谋划各项改革工作，持续推进链位转型。

【深化改革】

1. 人力资源改革 2019年中机建设制定《中机建设人才引进管理办法》，鼓励各单位引进高端专业技术人才；紧紧围绕公司转型发展的急缺人才，加大人员招聘力度；在校园招聘中，针对稀缺专业，例如土木工程类和市政类有针对性地进行重点突破。制定《中机建设贯彻落实关于提高技术工人待遇的意见》《中机建设首席技师选聘管理办法》，引导各单位关注技能人才队伍建设，鼓励各所属企业大力培养高素质、专业化的技能人才。

2. 技术工作改革 深入贯彻技术工程战略，加强技术人才引进与培养、技能队伍建设和高新技术人才储备，充分发挥技术专家库和专业工作室的作用，明确由工程研究设计院作为技术研发和技术支持的主体，将原有的BIM工作室、土建技术工作室调整纳入工程研究设计院，组建BIM中心和建筑工程所；新设市政工程所、青岛设计分院，以工程项目为载体，加大系统内外技术资源和工程要素的集成与整合，逐步形成工程承包整体解决方案和系统服务的技术支撑平台。坚定不移地提升技术工程能力，促进公司转型升级和改革发展。

3. 资金管理改革 继续深化银企合作，全系统取得银行授信百亿元资质，为保障中机建设融资需求和资金安全创造了条件。稳步推进资金集中管理，中机建设现有货币资金17.06亿元，资金集中度为69.93%，超额完成了国机集团下达的2019年资金集中度60%的目标。全年办理各类保函金额近10亿元，为多项重点工程项目提供了资金支持，保障了经营生产正常进行；细化融资方案，积极推动改变分供款支付方式，运用包括建行E信通，财务公司财票等多种金融工具，减少资金占用，减少带息负债，降低了财务费用；建立风险保障资金机制，与财务公司及重点合作银行签订"协定存款"协议，取得了较好的资金收益；中机建设共计取消账户105户，全面完成国机集团下达的账户压减20%的目标。

4. 采购方式改革 持续推动集中采购，初步建立起以公开招标为主要采购方式的采购管理新格局。以总部名义（含分公司）签约的物资采购合同，与2018年18%的公开采购率相比，环比增长95.19%；与2018年全系统19%的平均公开采购率相比，环比增长60.2%。各单位、各区域分公司陆续在采购平台开设账户，平台物资类采购总金额达到30.02亿元。

按照党委的要求，将集中采购工作纳入纪检巡视范畴，总部先后完成了对中机四建和中机工程的采购管理纪检专项巡查。总部按照中央巡视组对国机集团所属单位采购管理的巡查要求，积极组织所属单位展开自查，要求对发现的问题立行立改。继续对在库的所有供应商进行合规资格审查和风险评级，对采购业务流程进行优化梳理。

5. 激励考核机制改革 围绕高质量发展构建所属企业经营者绩效指标考核体系；针对项目执行团队和市场开发团队，建立健全针对目标市场和挂钩目标的奖惩考核机制，激发项目经理部和经营团队的活力；总部制定了营销考核奖励制度，明确不同类型营销成果的奖励方法，鼓励直营项目部滚动经营，对市政基础设施营销成果提高奖励幅度，为促进业务转型升级，实现中机建设营销战略目标提供了制度保障。

【科技创新】

2019年，中机建设建立和完善科技研发和技术创新、质量管理和工程创优的工作制度，制定《工程质量、技术创优奖励办法（试行）》，将激励与成果应用挂钩，推进与中机建设业务发展相匹配的技术和质量体系建设，不断提升公司的科技研发和转化应用能力以及质量管控和服务水平。

保持科技创新发展投入的整体规模，依托承建的大中型重点工程项目开展技术攻关，取得多项科技创新成果，中机建设实际申报各类科技质量奖、工法、专利、课题及标准共170项，荣获省部级以上科技奖6项，质量奖20项。白俄罗斯吉利汽车生产线项目、玻利维亚圣布埃纳文图拉糖厂项目荣获"2018—2019年度中国建设工程鲁班奖（境外工程）"，获受理专利21项（其中已受理未授权17项），获授权专利33项（其中，发明专利4项，实用新型专利29项），获国机集团奖励专利4项、软件著作权1项；省部级优质工程奖2项、全国优秀焊接工程奖12项、市级优质工程奖1项、省部级QC小组成果奖4项、地市级以上BIM技术应用奖2项（其中，深圳市光明文化艺术中心项目荣获"2019'智建中国'国际BIM大赛一等奖"）；发表安装行业优秀论文26篇（总部和中机五建被授予"优秀论文组织单位"称号；获企业科技进步奖12项、企业级工法10项（其中6项将推荐申报省部级工法），获企业优质工程奖9项，企业优秀施工组织设计11项、优秀专项技术方案6项。

【主要管理经验】

在合规管理方面，编制下发《中国机械工业建设集团有限公司合规管理手册》，明确了"集团董事会—集团合规委员会—首席合规官—法律合规部—各部门、各单位合规专员"的合规工作体系，建立了一支近40人的专兼职合规专员队伍；将合规性评审嵌入到业务工作中，投标前加入合规性审查；合作方和分供商签约前需进行尽职调查；加强分供商合规性管理，通过尽职调查，建立合格供方名录和暂不合作分供商清单；设置了合规咨询、举报、投诉热线和电子邮箱，接受各方的合规讯息，确保对业务活动进行及时有效的管控和监督。

在经营管理方面，制定出台《中机建设投资审查委员会工作办法》，修订《中机建设投资管理办法》。优化投融资项目立项信息筛查、引入PPP项目检查清单等措施，对经营性投资类项目进行日常跟踪管理。加强投标前经济审查，持续积累典型房建项目造价及成本信息；强化大型项目的投标前审查，对于工程造价超过5亿元或投标保证金（保函）超过300万元的项目，组织召开工程经济审查委员会议，有效地把住了项目入口关，确保大型项目的承接质量，规避经营风险。通过摸排境外机构违规设立行为，开展境外风险排查和审计监督，有效防范国际化经营的风险。

在法律风险方面，针对中机建设各项改革举措，有针对性地进行法律合规性研究，确保企业改革依法合规。持续开展"三项审核"，即规章制度审核、经济类合同审核和重大决策法律审核，对企业重大合同的签订、重大经济活动与经营决策的合法合规性进行审核，识别并披露可能的法律风险，并提出防控风险的意见与建议，保障企业经营依法合规。

在审计工作上，有效执行内控体系，推进审计工作全覆盖，有效防范管理失效风险。积极开展工程完工审计、过程跟踪审计和项目前期审计。通过审计，客观评价项目的收益情况，对存在的项目风险点作出风险提示。对2019年所属企业在任主要负责人任期经济责任审计中发现的问题进行现场整改落实，强化对权力运行的制约和监督，为防范权力寻租筑起坚实的防火墙，助力打造"编得牢、扎得紧、关得住"的制度笼子，进一步发挥经济责任审计从源头上预防的重要作用。

在质量工作上，制定《中国机械工业建设集团有限公司关于加强质量风险管控的指导意见（试行）》，加强质量风险管控能力建设，在工程承包业务中，运用新领域、新模式、新设备、新工法和新流程"五新"分析法，降低工程质量赔偿风险和质量安全事故风险。

在信息化工作上，结合国机系统网络安全大检查，自查自检中机建设本部机房消防安全隐患、环境控制隐患、数据灾备隐患等方面的问题，通过对现有系统应用分析、灾备市场调研、产品选型等工作，快速完成整改方案。

在企业文化方面，中机建设以"当好主人翁、建功新时代"为目标，广泛开展群众性技术比武活动，大力培育选树劳模、工匠，广泛深入宣传报道劳动模范、"感动国机十大人物"等先进典型的事迹，营造劳动光荣的社会风尚和精益求精的敬业风气。中机建设焊接技能大赛选拔出的11名选手，在国机集团焊接技能大赛中获得了优异的成绩。组织BIM应用优秀作品等技能竞赛，形成了学先进、争先进、赶先进的良好风气，掀起了学业务、练技能的热潮。

在新闻宣传方面，重视舆论引导，构建意识

形态工作责任制新格局。充分发挥报刊、网站和微信公众号的作用，深入宣传党中央精神，及时交流创新学习教育方式的新鲜经验和生动实践，加强正面引导，宣传先进典型，展现先进党支部和优秀党员的风采，为主题教育营造良好氛围。紧跟新闻线索，重大新闻做到当天事当天报，凸显时效性。完善意识形态工作相关条例，修订《中机建设新闻宣传报道工作管理办法（试行）》，健全系统通讯员队伍，细化新闻报送指标及流程，极大地提高了投稿数量和稿件质量。开展"我与国旗有个合影""礼赞祖国 奋进开拓 致敬新中国成立70周年"中机建设70个项目70个个人等主题宣传，回顾企业历史，宣传企业奋斗精神等。

【党建工作】

一、持续加强党的政治建设，以实际行动落实"两个维护"

1. 坚持党对国有企业的领导

（1）系统组织习近平新时代中国特色社会主义思想学习宣传贯彻工作，党员干部政治意识明显提高。多次召开专题会议研究制定有关方案和措施。中心组专题学习党的十九届四中全会精神；邀请中央党校教授讲授"两会"精神，邀请延安干部学院教授讲授党章等；开设党建大讲堂，全年共安排10期专题讲座；开展两批为期5天以上的主题教育集中学习研讨。

（2）认真学习传达和贯彻落实党中央重大决策部署、国务院国资委和国机集团党委的工作要求，中机建设党委自觉把企业生产经营和党的建设各项工作放在各项工作部署中，紧紧围绕国机集团"一个坚持""三个强化""七个着力"总目标，以坚持高质量发展为主题，以推进六大转型发展为主线，抓好经营生产工作整体布局。

（3）深入贯彻落实全国国有企业党的建设工作会议精神，做到两个"一以贯之"。《落实国有企业党建工作重点任务责任清单》中有时间节点的工作已完成，持续推进的工作已落实到2020年中机建设党建工作任务清单中。截至目前，中机建设各层级已完成党建工作进章程，党组织书记、董事长"一肩挑"，完善党委会、董事会和总经理办公会相关制度及议事规则等重点任务。

2. 落实全面从严治党责任

（1）制定"一要点两清单"，夯实管党治党责任。2019年中机建设党委以"一要点两清单"，即《党建工作要点》《党建工作任务清单》《党员领导干部抓党建任务清单》为抓手，夯实管党治党责任。党员领导干部以身作则，党委书记承担第一责任、班子成员落实"一岗双责"，扎实推进任务清单内的各项工作，保质保量完成全年党建工作计划。

（2）开展党建工作考核，用好考核"指挥棒"。2019年年初，中机建设党委成立3个考核组，分别对下属单位的11个党委、1个党总支、2个党支部2018年度的党建工作进行考核评价，对考核结果为"一般"和"较差"单位的党组织负责人进行约谈和诫勉谈话，将考核结果与领导班子成员薪酬、奖惩和任免挂钩，逐级压实党建工作责任。12月，中机建设党委成立4个考核组，对下属单位的10个党委、4个党支部开展2019年度党建工作考核评价。

全面强化党建述职评议工作机制，开展党委班子成员党建述职评议、下属单位党委书记与基层党支部书记抓基层党建考核工作，切实增强各级领导班子管党治党的政治责任，形成一级抓一级、层层抓落实的党建工作格局。

3. 严肃党内政治生活

（1）扎实开展"不忘初心、牢记使命"主题教育。6月17日，中机建设党委召开"不忘初心、牢记使命"主题教育动员部署会，9月10日参加国机集团"不忘初心、牢记使命"主题教育第一批总结暨第二批部署会议。总部97名党员参加了第一批主题教育，下属单位的1376名党员参加了第二批主题教育。主题教育严格落实"守初心、担使命，找差距、抓落实"12字总要求，不分阶段，不分环节，坚持抓学习教育到位、调查研究到位、检视问题到位、整改落实到位，实现了"理论学习有收获、思想政治受洗礼、干事创业敢担当、为民服务解难题、清正廉洁作表率"目标。

（2）组织开好党员领导干部民主生活会。各级党组织认真组织开好2018年度领导班子民主生活会及2019年度主题教育专题民主生活会，包括会前制定会议方案、广泛征求意见、深入谈心谈话、认真撰写检视剖析材料，会上严肃认真开展批评和自我批评，会后及时制定整改方案并在一定范围内进行通报。指导组全过程指导各下属单位召开民主生活会/组织生活会，并列席会议，对会议召开情况进行点评，会议质量较以往得到较大提高。党员领导干部均以普通党员身份参加所在支部组织生活会。

（3）认真落实讲党课制度。中机建设党员领导干部2019年度在支部和联系点讲党课共计26人次，宣传贯彻党的路线方针政策，教育引导党员干部，强化党内政治生活，为基层群众答疑解惑，丰富和发展企业文化内涵。结合主题教育，各下属单位党员领导干部及党支部书记均完成讲党课任务。中机实业邀请荣获"庆祝新中国成立70周年"纪念章的离休老干部，以爱党爱祖国为主题讲党课；安装学院结合主题教育，以支部微信群为载体开展微党课活动。

二、不断加强党的思想建设，坚持理论武装

1. 加强党委理论学习中心组学习　中机建设党委进一步加强和规范党委理论学习中心组学习，结合中机建设改革发展和党的建设任务，制定年度学习计划，2019年开展11次集中学习，各下属单位中心组集中学习103次，学习质量明显提高，初步形成了理论学习与工作开展相统一的局面，为推动企业改革发展和党的建设提供思想保证。

2. 落实意识形态主体责任，加强宣传工作　中机建设党委坚持和加强党对意识形态工作的全面领导，制定《意识形态工作责任制实施方案》《2019年宣传思想文化工作要点》，修订《新闻宣传报道工作管理办法（试行）》；党委定期听取意识形态工作汇报，研究意识形态工作。

围绕2019年宣传思想文化各项任务，利用微信、网站、报纸发布新闻稿件237篇，网站党建专栏更新341篇，行业综合信息更新244篇，英文网站更新20篇，发稿数量与2018年同期相比增长40%；全年出版报纸12期，共计96版。

先后举办新时期建筑施工企业核心能力建设战略体系和管理体系建设探讨等形势任务教育22场；组织参加行业形势教育外送培训23场；下属单位举办形势任务教育126场，参加人员4 206人次。

三、坚持党管干部党管人才，加强组织建设

1. 坚持党管干部、党管人才　各级党组织深入学习贯彻落实新时代党的组织路线，以干部"选、育、管、用"为重点，全面推进选人用人体系建设，着力建设忠诚干净担当的高素质专业化干部队伍。2019年中机建设按照"凡提四必"要求选拔任用8名中层及以上领导干部；对6名下属单位主要负责人、3名财务总监进行交流调整，对15名干部进行职务调整，进一步完善"双向进入、交叉任职"领导体制，6月24日对新选拔干部进行任前集体谈话；按照要求开展干部选拔任用"一报告两评议"工作；修订印发《总部干部人事档案管理办法》，开展中机建设中层及以上干部、所属单位领导班子成员人事档案专项核查工作，共核查98人次。加大优秀年轻干部选拔培养力度，向国机集团推荐37人；采用专业咨询公司的测评系统进行科学选拔，与民主推荐、政治把关等党选拔人才的宝贵经验相结合，开展全系统优秀年轻干部选拔培养工作，建立优秀年轻干部人才库，入库登记53人，并于11月组织第一期培训。

2. 落实"基层党建推进年"专项行动　按照国机集团"基层党建推进年"专项行动的部署，中机建设不断深化"三基建设"，推动全面从严治党向基层延伸、向纵深发展。在2019年国机集团基层党建工作会交流上，中机建设作《落实专项行动"五个一"，夯实基层党建推进年》经验交流，汇报交流落实"基层党建推进年"工作开展情况，得到与会人员的好评。

基本组织方面，中机四建党委、中国轴承党支部完成换届选举；撤销中机重工党委，党员根据人员分流划归中机广分，成立中机广分党支部；成立中机澳门党支部，并将党员党组织关系转到澳门中联办；成立中机成都和中机水务联合党支部；总部各党支部及时完成改选及支委增补工作。为加强项目部的党建工作，成立山西大数据项目部临时党支部、援突尼斯项目部临时联合党支部和深圳光明文化艺术中心项目部临时党支部。

基本队伍方面，成立"中机建设干部教育培训学校"，进一步加大党员干部教育培训力度，制定并落实"2019年党员教育培训安排"，中机建设党委举办2期党务干部培训、1期基层党支部书记培训，结合主题教育完成党员领导干部56个学时、普通党员32个学时的培训要求，党员干部队伍的政治意识明显提高。

3. 基层党组织生活有序开展

（1）全面落实组织生活制度。严格落实"三会一课"、主题党日活动、组织生活会、民主评议党员等组织生活制度，按规定及时更新国机集团党建信息平台。全系统各级党组织广泛开展主题党日活动，进一步增强党组织的凝聚力、影响力。

（2）按要求召开组织生活会，做好民主评议党员工作。按照中央及国机集团要求，各党支部开展2018年度主题教育专题组织生活会及民主评议党员。全系统71个党支部、1204名在职党员、66名领导干部参加民主评议活动。通过民主评议，提高全体党员的党性修养和履职践诺、担当作为、真抓实干的工作作风，进一步增强组织生活的政治性、时代性、原则性和战斗性。

（3）建立健全基层党支部经常性督查指导机制。根据《中机建设基层党组织工作经常性督查指导意见》及年度工作安排，党委对基层党支部开展经常性督查指导，包括定期检查党建信息平台，建立支委联络微信群，多次召开支委沟通联络会，面对面交流工作开展情况及强调重点工作。

（4）落实经费保障。全系统各级党组织按照党费管理要求规范收缴、使用党费，按照不低于上年度职工工资总额1%的比例落实党组织工作经费。

四、持之以恒加强作风建设

1. 规范履职待遇和业务支出 全面建立中机建设负责人履职待遇、业务支出管理制度体系，相继修订《企业负责人履职待遇、业务支出管理办法》《全资、控股企业负责人履职待遇、业务支出管理办法》《总部公务用车管理办法》《公务临时出国（境）费用管理办法》《费用开支管理（暂行）办法》以及《（境内）差旅费管理规定》等制度。

2. 反对形式主义、官僚主义 制定《集中整治形式主义、官僚主义实施方案》，并通过调查问卷、谈心谈话、设置意见箱等方式，收集总部各部门、下属单位的意见建议；通过专项检查，针对在贯彻落实上级决策部署，联系群众、服务群众，履职尽责、责任担当，学风会风文风及检查调研四个方面存在的形式主义、官僚主义问题，及时制定整改措施并定期督促检查整改落实。

3. 密切联系群众 修订印发《党员领导干部基层联系点实施办法》，开展年度全面从严治党促改革发展调研及主题教育专项调研。党员领导干部深入分管领域、联系单位和基层党支部，听取党建工作开展情况和生产经营工作情况的汇报，指导制定加强全面从严治党的具体措施，到联系点讲党课，开展谈心交心，推动党的建设向基层延伸。印发《领导干部员工接待日安排》，每月安排一名领导干部接待员工来访，点对点征求意见建议，聚焦职工群众关注的热点难点问题，专人负责事项督办，督促相关部门解决，并及时将结果反馈职工，做到事事有回应，件件有着落。全年8位领导干部值班10次，接待员工21位，员工提出意见及建39条，其中已落实31条，8条正在落实。

4. 扎实开展群团统战工作

（1）加强和改进统一战线工作。制定印发《关于进一步加强和改进统一战线工作的实施意见》，建立全系统统战人员库，开展"爱企业，献良策，做贡献"建言献策活动，召开党外代表人士座谈会。

（2）坚持党建带群建。完善企业职工关爱体系，工会组织开展"匠心筑梦 诗画三八"妇女节油画艺术沙龙、儿童节读书活动、《职业病防治法》专题培训，增加单身职工晚餐补助，开展"国机爱心基金"捐助活动，重点帮助企业困难职工生活、就医和子女上学。发挥职工岗位建功主力军作用，大力培育选树劳模、工匠，组织开展焊接技能大赛，大赛选拔出的11名选手在国机集团焊接技能大赛中,获得两项冠军,两项亚军,两项第三名,两项第四名和一项第五名。

进一步完善团组织建设,中机四建团委、中机一建团委完成换届选举工作。开展各类先进的选树,1人荣获"中央企业优秀共青团员"称号、3人荣获"青年岗位能手"称号。获2017—2018年度国机集团"青年文明号"称号2个和"青年安全生产示范岗"称号1个。各级团组织开展形式多样的活动:纪念五四运动100周年;召开党委书记聆听"青年声音"座谈会;积极开展庆祝新中国成立70周年特别主题团日活动。组织团员青年积极参加国机集团"手挽手——圆梦'微心愿'"扶贫、"我爱你!祖国"儿童文艺作品征集等活动;总部选派团员青年参加"壮丽70年 奋斗新时代——国机集团庆祝新中国成立70周年主题展览"志愿讲解工作,得到国机集团团委表扬。

5. 持续加强党风廉政建设及反腐败工作 2019年,中机建设党委与15家下属企业党组织负责人签订《党风廉政责任书》,与总部中层以上领导干部和下属企业领导班子成员签订《廉洁承诺书》,对年度提任、交流干部53人次进行任前廉洁提醒谈话。中机建设党委第一巡察组按照"六个围绕一个加强"及"五个持续"的要求,对下属中机四建党委和中机工程党委进行政治巡察。

2019年,中机建设纪委共收到信访举报问题线索18件,其中,国机集团纪委转办5件、国机集团和中央巡视组转办3件、自收7件、巡察转交3件。共办结2018年信访举报问题线索3件;受理2019年信访举报问题线索17件、初步核实13件、立案审查4件、办结11件;约谈提醒9人,函询3人,诫勉谈话8人,对1个下属党组织进行通报批评,给予5人党纪处分。

六、不断推进制度建设

《中机建设党内制度汇编》已收录76项党内制度,2019年度制定党建制度15项、修订4项;年初党委将各项制度的相关要求分解到"2019年党建工作任务清单"中,并组织实施,确保制度落实到位。

七、发挥党委领导作用,加强党建与业务融合

中机建设党委坚持将党建工作的规划、部署与生产经营工作紧密结合,发挥党委领导作用。成立全面深化改革领导小组,成立人才结构改革、经营生产模式改革和技术工程改革等6个改革小组,全年完成改革事项13项。总部机关党支部与项目部党支部结对共建,密切机关与项目一线的交流联系。中机广分在投标盐田港拖车综合服务中心一期代建施工总承包项目期间,组建党员投标攻关小组,发扬连续作战、精益求精的精神,最终成功中标,推动企业在粤港澳大湾区的企业品牌建设;中国三安总承包事业部党支部西安胜利饭店项目的党小组,在每个楼层设立"党员责任区",公示责任内容,定期进行检查考评,确保每名党员都能在爱岗敬业、遵规守纪、勤奋工作方面做出表率;中机钢构卡塔尔卢赛尔项目党支部"绘一蓝图 达一使命 勇做新时代的'劲草真金'"党建与业务有机结合典型案例被国机海外党建交流专栏刊登。

【社会责任】

积极发挥国有企业在打赢脱贫攻坚战中的生力军作用,以实际行动扛起国有企业的责任和担当。2019年中机建设与国机集团正式签订2019年定点扶贫责任书,出资60万元对四川省广元市朝天区进行定点帮扶。国机集团对口帮扶朝天教育扶贫学生毕业及实习共计101人,就业率100%。安装学院前往朝天区16个乡镇开展教育扶贫招生宣传工作,招收11名建档立卡贫困户学生;招收阿坝州"9+3"学生185名;与西藏那曲职业技术学校合作办学,接收那曲职业技术学校2018级汽修班19名学生到校进行技能学习;在凉山州金阳县尔觉西乡和马依足乡开展"送教下乡"和"专场招聘会",累计培训贫困劳动者211人,50余人与企业达成初步就业意向;承办对口帮扶阿坝县'一帮一'扶贫专班摩托车维修技能培训及德阳市双东镇创业意识培训。中机海南选派1名年轻干部到三亚市海棠区升昌村驻村工作,担任驻村振兴工作队队长。中机一建对四川省德阳市中江县辑庆镇柳河村、永丰乡柏杨村5户特困家庭的

6名在校学生进行帮扶，采购中江县永丰乡柏杨村农副产品实现以购代扶，并给予3万元帮扶资金。中国三安完成陕西省丹凤县元潭村产业帮扶项目——元潭村中药材（天麻）加工厂的建设，并协助其后期投产运营，进一步加大对"扶智扶志"政策的落实力度。

中国自控系统工程有限公司

中国自控系统工程有限公司（简称中国自控）前身是成立于1980年的原国家机械工业部直属的中国自动化控制系统总公司，现隶属于国机集团，是以工程承包为核心业务，集贸易、研发以及技术服务为一体的国有独资公司。

中国自控自成立以来，完成工程承包、设备成套、进出口贸易、软件开发、技术服务等国内外项目数千余项，项目遍及亚洲、非洲和美洲等100多个国家和地区，业务范围涵盖输变电工程、新能源与环境工程、自动化工程、智能建筑工程、安防工程及信息系统集成等，业务领域涉及交通、石化、建材、电力、市政、信息处理与应用和智能制造行业。其工程业绩曾多次荣获国家及省（市）级各类奖项。

【主要指标】

2019年中国自控主要经济指标完成情况见表1。

表1 2019年中国自控主要经济指标完成情况

指标名称	2018年	2019年	同比增长（%）
资产总额（万元）	104 729.29	81 568.41	-22.11
净资产（万元）	21 398.54	21 994.98	2.79
营业收入（万元）	50 691.00	57 849.31	14.12
利润总额（万元）	752.58	1 010.75	34.30
技术开发投入（万元）	174.60	370.23	112.04
利税总额（万元）	1 632.58	1 495.09	-8.42
EVA值（万元）	-847.62	-420.56	50.38
全员劳动生产率〔万元/（人·年）〕	22.67	19.29	-8.42
净资产收益率（%）	1.89	3.22	1.33个百分点
总资产报酬率（%）	1.44	1.83	0.39个百分点
国有资产保值增值率（%）	101.37	103.08	1.71个百分点

【重大决策】

（1）聚焦主业，优化布局。围绕"专、精、特"和"五位一体"的战略规划，积极调整产品市场布局和开发策略，主动放弃低端市场，巩固中端市场，占领高端市场。在国内聚焦自动化和智能化行业，积极参与国家区域发展战略和军民融合建设；在国外瞄准输变电和新能源行业，积极响应"一带一路"倡议。

（2）先后承揽多家医院院区建筑智能化建设工程，积累了丰富的行业经验。以精良的工程业绩和良好的品牌形象签定甘肃景泰中医院项目和兰州市安宁区人民医院项目。承接的淄博妇幼保健院软件项目，经医院信息互联互通标准化成熟度测评，达到四级甲等。

（3）持续助力国家储备建设。2019年共签署完成5项国家储备系统工程设计合同，并持续跟进约16亿元的国家储备库后续项目。

（4）持续深入拓展海外可再生能源领域，风电和光伏项目获得双丰收。在马拉维签约执行的光伏工程管理（EPCM）和外送线路（EPC）项目，实现价值链纵向突破。

（5）下属中国电缆工程有限公司（简称中缆公司）调整战略重心，加快推进资源整合、新业务板块打造及机构调整，坚持"以支柱市场为中心，覆盖周边市场发展"的区域开发战略，大力开拓东南亚、中东、非洲和南美等市场，新签项目20个。

（6）下属中自控自动化技术有限公司（简称技术公司）挖掘内部潜力，联合外部伙伴，重点关注油品液化品储运行业和衍生的新兴产业"智慧+项目"开拓，全力打造从被动迎合用户到引导用户需求的项目开发模式，实现传统业务向高端化发展。

【重大项目】

1. 斯里兰卡220kV输电线路项目 该输电线路是斯里兰卡中部和南部电力系统的重要组成部分，也是斯里兰卡目前最长的一条输电线路。受斯里兰卡恐怖袭击及2019年气候异常的影响，项目进度滞后，中缆公司项目部与业主积极沟通，加强施工组织，针对不同区域制定不同的施工措施，以加快施工进度，力争按期完工。项目的进展情况受到亚洲开发银行和业主的肯定与好评。

2. 马拉维光伏发电项目 该项目是该国首个光伏发电项目，电站容量75MWp，占地面积158万m^2，项目发电量占马拉维总发电量的20%。

3. 科威特6.5环施工及维护项目 科威特项目团队，在项目施工成本控制方面做了多项提升工作，由原来依赖分包商转变为完全自主组织施工的模式，以项目施工成本控制倒逼自身施工能力和水平的提高，取得一定的成效。

4. 北京大兴国际机场项目 作为首都北京的"新国门"，北京大兴国际机场航空油料供油工程是中国民航在建规模最大的供油工程，应用多项科技领先、智能高效、绿色环保、世界一流的"四新"技术。中国自控作为北京大兴国际机场参建单位之一，独立承担该机场配套供油工程智能化系统及机坪管网系统项目的建设，对航油接收、储运、加注各环节实施全过程智能化控制和信息管理。

5. 北京城市副中心行政办公区6#能源站项目自控系统工程 北京城市副中心6#能源站项目总建筑面积为近1.4万m^2，通过地源热泵、燃气联供和储能等能源站基础设施建设，构建以地源热泵为主导的多种能源优化配置的冷热力供应系统和电力供应系统。该项目通过深度分析客户需求，运用大数据、云平台和微服务等新型技术搭建智慧能源管控平台，为客户提供从生产、管理到运营维护的全方位解决方案。

6. 景泰县中医院整体搬迁项目智能化医院信息系统 该项目总建筑面积约5万m^2，其中急诊楼1.9万m^2、住院楼1.7万m^2、行政办公楼4 000余m^2、附属用房及门房4 000余m^2。将按照"功能分区合理，医疗流程顺畅，环境绿色生态"的总体建设理念，以提供数字化医院、智能医疗整体解决方案为目标，加强行业协同和用户需求调查，为用户提供更具先进性、易用性和经济性的解决方案。

【市场开拓】

1. 国际市场

（1）中国自控持续拓展海外可再生能源领域，实现风电、光伏双向突破，2019年成功中标马拉维光伏工程管理（EPCM）和外送线路（EPC）项目，并与业主签署战略合作协议。目前市场已覆盖泰国、巴基斯坦、马拉维和马来西亚等国家，成为提供海、陆风电项目全过程解决方案的系统工程服务商。

（2）中缆公司深耕输变电工程业务，坚持既定市场开发战略，大力开拓海外优势区域市场，新签项目 20 个,涉及阿根廷、玻利维亚、斯里兰卡等十余个国家和地区。在中东市场,签定了科威特水电部城市电缆网络及变电站 3 年维护合同;在南美市场,作为唯一拥有在南美完成大跨越输变电项目的中资公司,于 2019 年 9 月 27 日成功签约巴西大跨越输变电项目。

2. 国内市场

(1) 油品、液化品储运是中国自控的核心业务领域,涉及自动化、安防工程和综合信息系统集成领域,承担的工程数量、规模及应用技术水平均处于国内领先地位。

(2) 中国自控本部深度开发航油市场,克服航班起降繁忙、改造调试窗口时间短等困难,2019 年高质量完成首都机场航油油库自控系统改造等数个项目。

(3) 技术公司 2019 年成功中标山东港口集团青岛港董潍管道三期及三期东线 SCADA 系统项目,进一步巩固了作为油品储运行业一流智慧系统解决方案提供商的地位。积极开展业务转型升级,借执行唐山港危险货物智能化安全管理示范工程之机,加大软件平台业务的开拓,成功中标青岛港摩科瑞库区生产执行系统平台等软件项目。狠抓新区域市场,开拓西南港口群,积极参与北部湾港"一带一路"海陆衔接建设,成功中标广西北部湾港钦州 30 万吨级油码头工程控制与通信系统项目。

(4) 不断开发新的业务模式和客户群。2019 年实现价值链纵向突破,在承接某国储库自动化和安防工程项目同时,也签署了数项设计服务合同。该项目已完成初步竣工验收,建设团队获得业主的书面表扬,大幅提升了企业在该领域的品牌知名度。

(5) 2019 年中国自控积极开拓建筑智能化市场领域,承接全国政协礼堂音频扩声系统工程,凭借专业技术和丰富经验,保障了中央政协工作会议暨庆祝中国人民政治协商会议成立 70 周年大会顺利召开。

【管理经验】

1. 着力改善运营质量,加快推进降本增效

(1) 严格控制"两金"增长态势。2019 年中国自控完成国机集团下达的"两金"规模和应收账款周转率考核指标。严格控制资产负债率,从源头入手加强客户资信管理,提升市场人员的风险意识,健全企业内部控制管理体系。2019 年年末资产负债率为 73.03%,较 2018 年同期下降 6.54 个百分点。

(2) 加强财务与风险管理,持续提升中国自控财务基础管理和风险控制能力。着力提升资金集中度,全系统实现银行账户净销户 40 个,完成账户清理任务,年平均资金集中度为 50%,年末资金集中度达到 80%,顺利完成国机集团考核指标。着力规范内部融资担保,按照"三重一大"决策事项对下属企业的融资担保项目进行审批,执行过程密切跟踪,严控担保风险。着力细化资金管理,不断完善资金计划管理,拓宽融资渠道,为业务发展提供充分的资金保障。

(3) 提升精细化管理,助力运营提升与管理改善。针对业务部门不同难点及瓶颈问题,确定差异化的工作实施要点,持续督导、跟踪、检查有关工作结果。加强集中采购管理,逐步将具备条件的采购项目纳入公司集中采购平台,确保采购业务管理满足公司运营管理需要和符合国机集团管控要求。

2. 全面优化风险防控

(1) 有效防控经营风险。一是中国自控本部梳理非投融资类工程承包项目负面清单,强化风险防控体系建设。建立全系统项目月报机制,及时掌握在施工项目的进度,对业主逾期确认工程量和付款的项目进行预警。优化业务审批流程,简化分包合同变更和业主施令主合同变更的审批流程,强化风险防控。二是中缆公司严格落实境外经营工程项目风险清单,不断完善风险防控体系,修订项目评审制度、授权管理制度、供方管理制度和境外机构管理办法等,显著提高经营活动的全面风险监控力度。三是中国自控严格把控高风险项目,对金额大、风险大的项目进行深入调研、全面筛查、严格把关;同时开展对重大项目合作方的资质和背景调查,对项目背景及整体运作情况进行全面分析,确保重点项目和重要经营管理事项决策科学,从而降低经营风险。

(2) 推动中国自控法治建设,提高依法治企水平。制定年度法治计划,执行董事担任法治建设领导小组组长,开展党委理论学习中心组法治专题学习,提高领导干部法治意识,切实增强依法治企能力。

(3) 以问题为导向开展内部审计监督。建立内部审计工作制度,围绕国机集团重点工作任务、落实"八项规定"、公司领导履职待遇和业务支出以及经营管理等方面开展内部审计和整改"回头看"工作;开展四川分公司尽职调查以及中自控(陕西)工程有限公司投资后评价工作。

(4) 防范安全环保风险。一是实行项目质量安全月报机制,及时更新和发布危险源清单,全方位防控安全风险,完善针对施工现场突发事件的应急预案和专业事故报告制度。二是加大项目现场安全生产检查力度,实施相关检查共计 60 余次,覆盖全部 15 个重点在施工项目,并对现场发现的问题进行及时整改。三是为提高境外安全风险防范意识,组织境外安全风险防控及传染病知识专项培训。中国自控 2019 年度安全生产责任目标完成情况考核再次被国机集团评为优秀。

【信息化建设】

1. 加强内控信息化建设

(1) 加强项目管理、财金管控平台技术攻关,解决困扰公司的经营信息、业务信息和管理信息分离的难题;在 OA 平台设置项目管理模块、资金管理模块、集中核算模块和全面预算管理模块,打通业务、资金、行政管理之间的数据壁垒,为高效配置企业资源提供信息保障。

(2) 激发员工信息需求,使其能随时了解与企业相关的经营、技术、市场、管理等信息,员工 OA 平台在线时长稳中有增,对公司管理运营的参与度不断提高。

2. 建立健全网络安全事件响应体系

(1) 修订《网络安全及信息化管理办法》,成立网络安全事件应急响应小组,建立 3 级应急响应机制以及覆盖下属企业的网络安全信息通报机制,及时通报网络风险,保障信息安全。

(2) 完善信息化人才建设。安排一批掌握信息化相关知识、懂业务、会管理的业务部门骨干参与企业信息化管理,同时各单位指定专人担任网络安全和信息化工作协管员,服务公司整体战略布局。

【党建工作】

1. 以政治建设为统领,切实发挥党委把方向管大局促落实的重要作用

(1) 中国自控党委全年召开 25 次党委会,2 次民主生活会,组织 10 次中心组学习,及时传达学习、贯彻落实上级党组织决策部署。

(2) 修订党委会议制度及中国自控本部"三重一大"决策制度实施办法,厘清党委和其他治理主体的权责边界,严格执行前置程序。

(3) 落实"双向进入、交叉任职"领导机制。年内完成下属企业党委(总支)、全系统 10 个党支部的到期换届,同步推进党组织书记、董事长"一肩挑",总经理兼任党组织副书记;党支部书记与中层干部双向交叉,选优配强各级基层党组织力量。

2. 以"不忘初心、牢记使命"主题教育为契机,加快推进各项工作落实 按照"守初心、担使命、找差距、抓落实"的总要求,将"学习教育、调查研究、检视问题、整改落实"贯穿始终。对照上级要求、高质量发展、职责任务和员工期待,征求意见 30 条,查摆问题 19 条,列出整改措施 45 条,立行立改,做实做细各项工作。

(1) 修订完善干部管理、薪酬管理和绩效考核等制度,优化管理审批流程,规范人才选拔培养机制。

(2) 加快中国自控平台化建设中的各类资质申报。

(3) 开展"核心价值观大讨论",提炼企业精神;

(4) 各级领导深入工程现场开展实地调研,征求工程现场党建、项目进度管理、技术质量及改善服务等方面的意见,并推动问题的解决,提高员工和业主的满意度。

3. 压实党建工作责任,提高党建工作科学化水平

(1) 注重统筹谋划党建工作。坚持第一季度召开党建工作会、党风廉政建设和反腐败工作会,对年度党建工作和反腐倡廉工作进行全面部署。

(2) 坚持党委会会议制度,年内共召开研究党建工作会议 21 次;召开 2 次全系统党建工作会、2次基层党支部工作标准化培训、3次专项党务工作会、1次全系统组织工作会。10月下旬党委工作部门对各下属企业开展党建工作暨主题教育专项进行检查，并将检查结果纳入下属企业年度党建工作考评中。

（3）集中整顿软弱涣散基层党组织，破解"两张皮"问题。以多种形式开展党员亮身份、亮职责、亮承诺、树形象活动，激励党员立足岗位发挥先锋模范作用，进一步明确党支部的战斗堡垒作用。

（4）组织全系统党支部书记11人次参加国机集团系统内、外部示范培训班，着力提高其履职能力。

（5）持续做好党建信息平台维护工作，以平台为载体全面及时掌握全系统基层党组织日常工作、组织建设和党员信息等内容，推动责任考核向基层延伸。

4. 坚持党管干部原则，打造高素质干部人才队伍

（1）坚持"20字"国企好干部标准，严格执行干部选拔任用程序；紧紧围绕中国自控发展战略，开展干部人事制度改革。修订印发《干部管理办法》《关于建立容错纠错机制激励干部担当作为的实施办法》等9项选人用人相关工作制度和规定，着力推进干部管理工作五大体系建设，用体系理念统揽干部工作，用整体意识规范干部工作。2019年全系统新提拔6名干部，其中，中国自控本部2名，中缆公司1名，技术公司3名。

（2）搭建青年人才选拔培养平台。2019年6月，印发《优秀青年人才选拔培养实施办法》，对青年人才的选拔、培养和使用作出明确规定；建立中国自控青年人才库，首批选拔39人，占职工总数的15%，其中，业务骨干和技术人才32人、综合管理型人才7人。通过开展集中培训和专项培训、跨部门导师制度等培养手段，有针对性地培养提高青年人才的综合素质；建立人才成长档案，每2年对优秀青年人才进行一次系统评价与调整，评价结果作为优秀青年人才培养、调整和使用的重要依据。年内，中国自控本部安排9名青年人才以部门副职和助理的身份到部门见习，安排挂职交流干部3人。见习制度既是为青年人才提供实践的机会，也是落实党建与业务工作有机融合的一项具体安排。

5. 落实党风廉政建设"两个责任"，为企业经营保驾护航

（1）通过签订《党风廉政建设责任书》《廉洁承诺书》和开展年度党风廉政建设集体谈话等方式让党员领导干部、关键岗位工作人员明确责任、增强自我约束意识。

（2）定期更新公司全系统法定监察对象名单，增强对公权力人员的监督和监督全覆盖。

（3）干部选拔做到"凡提四必"，把好党风廉政意见回复关，防止"带病提拔"。

（4）始终坚持在重要节日前夕开展常态化廉洁教育，通过通报典型案例，明确纪律红线。

（5）启动安全生产专项监督检查，挂动各部门切实履行好安全生产政治责任；开展履职待遇、业务支出专项监督检查，紧盯违规发放津贴补贴、配备使用公务用车、办公用房等突出问题。

【企业文化建设】

（1）坚持以党建带动群团建设，加强党对宣传思想工作的全面领导，旗帜鲜明坚持党管宣传、党管意识形态，组织丰富多彩的文化活动，增强员工的使命感和责任心，激发员工奋斗热情。

（2）积极落实品牌一体化工作。成立品牌一体化工作领导小组，分阶段、分项目统筹推进行政办公、会务、官方网站和环境导视等方面的品牌一体化工作，强化品牌赋能，全方位提升企业形象。

【社会责任】

贯彻落实党中央精准扶贫战略部署和国机集团党委要求，积极参与扶贫工作，向对口帮扶的河南省信阳市淮滨县拨款11万元。组织2019年度"国机爱心日"募捐活动，向国机集团"爱心基金"捐款3.8万元。

国机财务有限责任公司

【基本情况】

国机财务有限责任公司（简称国机财务）于2003年7月经中国银行业监督管理委员会批准成立，是具有企业法人地位的非银行金融机构。国机财务股东为国机集团及25家集团成员单位，注册资本15亿元。

2019年，国机财务按照国机集团和公司董事会的总体部署和工作要求，紧紧围绕国机集团发展战略，立足"资金归集、资金结算、资金监控、金融服务"四个平台功能定位，将2019年定为"精益服务与管理年"，以"增效益、降成本、控风险、优服务"为工作重点，外优服务，内强管理，深化产融结合，持续提升金融服务。

【经营业绩与财务分析】

2019年国机财务经济指标完成情况见表1。

表1　2019年国机财务经济指标完成情况

指标名称	2018年	2019年	同比增长（%）
资产总额（万元）	3 019 088	3 879 501	28.50
净资产（万元）	248 106	283 075	14.09
营业收入（万元）	80 903	90 583	11.96
利润总额（万元）	36 621	37 428	2.20
利税总额（万元）	50 331	50 998	1.33
EVA值（万元）	11 909	11 672	-1.99
全员劳动生产率〔万元/（人·年）〕	745	822	10.34
净资产收益率（%）	11.40	10.89	下降0.51个百分点
总资产报酬率（%）	1.26	1.09	下降0.17个百分点
国有资产保值增值率（%）	106.47	116.31	增加9.84个百分点

【市场开拓和产品销售情况】

2019年，国机财务以国机集团战略发展为主线，继续深入国机集团内成员企业经营链条，扩大金融品种和金融服务规模，积极发挥自身金融服务平台的作用，做精做细金融服务产品，不断提升价值服务能力。

1. 立足平台功能，认真落实国机集团资金集中管理要求　资金集中管理工作是国机集团2019年重点工作，国机财务成立专项工作小组，制定工作方案，从扩大资金集中覆盖面、持续提高上市公司关联交易额度、优化特殊资金集中管理方式、定制个性化存款方案、推进账户清理等措施入手，全面落实国机集团资金集中管理工作要求，使全口径资金集中度较年初提高12个百分点。

2. 深化产融结合，提高服务国机集团实体经济能力　国机财务不断深化完善产业链金融服务体系，大力推进服务下沉，明确以做好国机集团三级及以下经营主体为直接服务目标，进一步扩大金融服务覆盖面，做精做细产业链金融业务，持续推进买方信贷、融资租赁、"一头在外"票据贴现、票据承兑、代开函证等产业链金融产品，以封闭管理模式办理代开保函业务，促进企业产品销售，降低保证金占用比例，在助力企业解决经营难题的同时，使金融服务更贴近企业需求，公司产业链综合服务能力不断提升，支持实体经营发展的能力不断加强。

3. 丰富业务品种，持续扩大国际金融覆盖面 2019年，国机财务获批跨境双向人民币资金池业务资格，重新备案跨境资金集中运营管理业务，更利于国机集团内成员企业境内外外币资金融通，降低汇率波动风险；代理跨境经常项目收付款业务同比增长450.05%，代客即期结售汇业务同比增长62.31%，为国机集团内成员企业开展境外放款业务，进一步提升外汇业务金融服务能力，业务规模、产品品种和客户覆盖面得到持续扩展。

4. 紧跟票据政策，大力推进电子商业汇票业务规模 2019年，国机财务大力推进票据业务，票据管理系统直联上海票交所和国机集团内成员企业网银系统，并根据票据新业务新政策及时更新升级，通过商业汇票信息披露试点工作，积极引领成员企业及时参与，使票据业务快速增长，全年电子商业汇票系统开户数和开票笔数同比分别增长83.33%和89.39%。

5. 跟踪研究市场，稳步调整投资业务结构 2019年，国机财务持续加强市场研究与投后管理，稳步调整投资结构，降低权益类投资占比，提高固定收益类和低风险类投资占比。2019年末权益类投资占比14.10%，同比下降12.2%；固定收益类投资占比74.98%，同比提高12.73%。投资结构明显改善，整体投资风险可控。国机财务还主动跟踪并直接参与国机集团内成员企业短融券发行，为发行企业降低融资成本。

【主要管理经验】

1. 经营管理

（1）优化资产负债管理，提高资金使用效率与效益。针对宏观形势、监管政策、市场走势和公司内部经营效益要求，优化资产负债管理，提高资源配置的主动性和前瞻性，在流动性管理、利率管理、压力测试、支付风险预警和处置等方面进一步明确目标和程序，适度创新管理方法和工具，全年结算备付率、备付资金收益和同业配置综合收益超额完成年度目标。

（2）坚持"一企一策"原则，不断增强存贷定价能力。国机财务坚持分类施策原则，在存款定价中，以服务企业合理需求为前提，以风险与收益相匹配为基础，给予企业期限组合存款方案；在信贷定价中，优先支持符合国机集团发展战略、主业突出、风控良好、资金集中度高的重点优质企业，实施适度差别定价，严格落实国机集团战略和管控要求。

（3）落实监管要求，提高合规风控能力。国机财务以落实监管政策要求作为不断完善公司治理、内部控制及风险管理的重要途径，扎实推进"巩固治乱象成果，促进合规建设"工作。根据银保监会票据业务风险提醒，明确26项风险管控主要内容及对应的责任部门、责任人，以发文通知、内部交流等方式促进相关部门对政策的理解，以合规检查发现并整改问题，促进政策落地。同时，持续推动网格化风险管理，形成合规评审全覆盖，建立授信管理、合同与押品管理清单，完善同业授信管理体系。

（4）推进法治建设，提升国机财务依法治企能力。国机财务围绕改革发展总体目标，优化董事会结构，完善"三重一大"决策机制，推动法治建设第一责任人职责落实；修订公司章程明确股东管理的监管要求和股东权利义务，进一步合理配置股东权利义务；修订公司合同管理办法，进一步加强合同管理；开展以宪法为核心的法律学习，利用专题培训、OA平台、微信平台开展普法教育专题活动，进一步提高运用法律思维和法治方式推动公司改革发展的能力，深化公司法治文化建设。

2. 党建工作与企业文化建设 国机财务秉承国机集团"和"文化，坚持以党建工作引领企业文化发展，崇尚"务实、创新、合规、敬业"的企业文化。2019年国机财务坚决贯彻中央及国机集团党委的重大决策部署，扎实开展主题教育，牢牢把握总要求和目标任务，自觉将学习教育、调查研究、检视问题、整改落实贯穿主题教育全过程，修订各级党组织和党员领导干部党建工作责任清单，加强日常廉洁警示教育，强化基层组织建设，深化党建与经营融合，组织开展"党员业务攻关实践活动"，发挥党员模范带头作用，提升公司党建工作水平。以党建带团建，2019年，国机财务团支部荣获"中央企业五四红旗团支部"称号。

3. 信息化建设 2019年，国机财务新版网上金融服务平台一期上线，新平台拓展系统兼容性，提升系统便捷程度，丰富系统功能，能提供更友好的用户交互界面。在更好地满足财务公司结算平台安全、便捷、高效和个性化服务的业务需求基础上，增加数据提取分析和国机集团账户管理功能，为国机集团提供实时资金管理数据和账户管理服务。在基础建设方面，以虚拟化整合硬件资源，提升运维服务水平和设备使用效率。

4. 社会责任 国机财务积极开展互助帮困送暖工作，向"国机集团爱心基金"捐助一日工资13 870元，向对口帮扶地区山西省平陆县投入28万元，用于中小学校长培训项目。

国机汽车股份有限公司

国机汽车股份有限公司（简称国机汽车）是国机集团控股的A股上市公司（股票代码：600335）。

【经营业绩】

2019年国机汽车主要经济指标完成情况见表1。

2019年国机汽车主要经济指标（合并口径）完成情况

指标名称	2018年	2019年	同比增长（%）
资产总额（万元）	3 760 152.86	3 789 314.40	0.78
净资产（万元）	985 457.97	1 026 400.62	4.15
营业收入（万元）	5 592 495.66	5 216 214.12	-6.73
利润总额（万元）	111 272.11	70 247.15	-36.87
技术开发投入（万元）	64 125.05	65 930.53	2.82
利税总额（万元）	474 272.23	297 263.79	-37.32
EVA值（万元）	61 710.01	39 094.19	-38.92
全员劳动生产率〔万元/（人·年）〕	71.32	50.16	-29.66
净资产收益率（%）	7.84	5.41	下降2.43个百分点
总资产报酬率（%）	4.29	2.57	下降1.72个百分点
国有资产保值增值率（%）	108.01	106.01	下降2.00个百分点

（注：2018年数据包含中汽工程）

【重大决策与重大项目】

1. 重大投资决策 2019年，国机汽车共审议5个投资项目，完成7个投资项目的审批决策（含2018年延续项目）。实际完成固定资产投资总额7.52亿元，完成全年预算的94.91%；实际完成股权投资总额2.20亿元，完成全年预算的14.67%。

2. 重大投资项目 2019年，国机汽车继续对国机智骏投资6 400万元，截至2019年12月31日，国机汽车已累计出资32 000万元，完成全部股权出资。

2019年8月,实现了S11、K11以及K12三款汽车车型的量产开发,实现赣州制造基地量产下线;2019年10月底,完成生产资质九大环节准入审批,公司产品具备上市销售条件。

3. 重大业务项目

(1) 捷豹路虎进口、物流、批售项目。2019年,中进汽贸继续为捷豹路虎(中国)投资有限公司提供车辆进口、自理/代理清关、仓储和物流服务,并在此基础上探讨延伸业务的可能。2019年,实现营业收入20亿元。

(2) 特斯拉进口车物流服务项目。2019年,中进汽贸继续为特斯拉中国提供天津港、上海港进口特斯拉车辆的清关、商检、仓储、检测、车辆维护、运输服务;特斯拉国产车项目取得新的突破。2019年实现营业收入2.11亿元。

(3) 阿斯顿马丁项目。2019年,实现营业收入6.7亿元。2019年中进汽贸完成两个车型的CCC认证工作,完成所有车型的国六环保信息公开工作,提前开启新车型DBX的认证。在现有进口车服务合作的基础上,将继续深化进口车认证、进口贸易服务及港口物流服务。

(4) 菲克进口车项目。中进汽贸积极配合生产厂家达成采购和销售进度计划,进一步增加与生产厂家的黏性;组织专人对全部入场装车运输车辆进行安全检查,建立装载安全档案。每月定期对供应商一线驾驶员、现场安全员、仓库管理员、调度员进行安全培训,有效地降低事故率、质损率,提高服务质量。

(5) 国产合资及自主品牌。2019年,中进汽贸继续发挥"批发&仓储物流&零售"各板块资源协同优势,推进与上汽大众、一汽大众、广汽传祺等31个品牌主机厂及大搜车、神州优车、一猫等新零售平台的合作。在稳步推进车辆批售的同时,进一步推进区域中心库的建设,搭建起区域中心库管理团队;结合既有的仓储管理经验及车辆定位系统等科技手段,根据各项目的业务特点探索区域中心库的日常管理模式。

(6) 大众进口车项目。2019年,中进汽贸不断配合大众汽车(中国)销售有限公司提升、完善批售管理能力体系,不断加强资金风险、合同风险、融资风险管控。深化以中进汽贸为服务和管理主体,向进口大众经销商网络拓展批售融资业务,增强与上下游的黏性,增加利润增长点。

(7) 福特进口汽车项目。1月1日,中进进口与福特汽车(中国)有限公司签署福特进口整车分销合同,有效期自2019年1月1日起至2019年12月31日,到期无异议将继续顺延一年。

(8) 古巴业务。2019年中汽进出口古巴业务执行大宗项目芸豆业务合同1 679万美元,名爵、金杯整车出口1 351万美元。即期付款项目执行顺利,探索寄售业务模式,完成首批货物的发运。同时,进一步规范古巴办事处的日常管理,其费用开支首次纳入总部管控范围。

(9) 整车出口业务。2019年中汽进出口整车3 234台,出口额4 630万美元。出口沙特、意大利、俄罗斯、哥斯达黎加、埃塞拜疆、伊拉克奇瑞汽车2 160台;出口菲律宾、老挝、缅甸135台东风柳汽自卸车;出口阿联酋、哥伦比亚83台广汽传祺及江淮汽车;出口沙特阿拉伯100台金龙海格客车;出口古巴700台名爵车和51台金杯救护车以及出口俄罗斯1台野马EC30电动车。

(10) 一般出口业务。中汽进出口一般出口业务全年实现出口创汇4 203万美元,出口收汇5 329万美元。继续巩固与博世集团的业务合作关系,加大新项目开发力度,完成110万美元的空调零件出口,6家工厂入围新业务招标。新市场新业务开发成绩突出,普利司通矿卡轮胎全年中标1 700万元;成功拓展无人物流车出口业务;探索开展煤炭内贸的招投标业务。

【市场开拓、产品销售、科研成果】

1. 市场开拓

(1) 汽车批售和贸易服务业务各项目均维持了原有合作关系,续签了与各品牌汽车批发和港口、物流服务合同,确保了业务规模的基本稳定。新签特斯拉天津、上海双港进口物流合同,中标特斯拉国产车辆运输业务。创新捷豹路虎进口保税贸易服务模式,开拓江淮大众思皓品牌批发和房车进口业务,拓展了玛莎拉蒂批售和三菱库存融资批售项目,成功开拓进口依维柯改装救护车批发项目,成功拓展新品牌国产合资及自主品牌批售项目。平行进口业务抓住政策窗口期快速发展，2019年销售数量和销售收入增幅均超过30%。

（2）汽车工程业务全年新签合同额105亿元，其中，50%以上的合同额来自于新市场、新领域，尤其在高端品牌市场和海外市场取得有力突破。新签定大众阿根廷、上汽泰国、五菱印尼项目等合同，中标宝马匈牙利项目、丰田美国项目和华晨雷诺金杯新涂装车间项目等，开发恒大汽车和宝能汽车新能源项目等。积极开拓三电业务、氢燃料电池业务、轨道交通业务和其他行业市场，物流领域自主研发的AGV系列产品具备行业领先水平，市场前景广阔。

（3）拓展新的汽车零售业务经营模式，上海盈盛一店实现双品牌运营、中进万国唐山分公司租赁店面实行轻资产运营，均实现了当年开业当年盈利。

（4）汽车租赁业务继续加强与央企间合作，发挥自身优势，实现主业互补，新开发中国融通等重点客户，与中石油运输公司达成战略合作意向；在提供公务用车服务的基础上，拓展生产、工程、运输等业务用车需求，拓宽了服务界面。宝马、一汽商贸等"厂商通"重点项目用车需求进一步增加。

（5）整车国际化业务新增江淮等6个品牌出口授权，积极推动出口库存前置模式，为完善整车出口公共服务平台进行了有益尝试；全年累计出口3 398台，同比大幅增长。二手车出口业务取得全国和天津首批资质，完成天津首台二手车出口；全年实现二手车出口218台，初步具备了二手车全链条操作能力搭建起二手车业务模式。

（6）融资租赁业务存量生息资产达到28.36亿元，同比增长12%。继续构建全国性汽车金融业务合作网络。积极拓展山西国际电力、三磨所等60个产业金融业务项目，探索ABN等差异化业务模式。第一期资产支持专项计划成功发行，成为交易所首单央企汽车融资租赁ABS，总发行规模达4.58亿元，创造了融资成本的新低。

2. 科技成果 中汽工程获得国家科研项目2项，研发创新能力显著增强，技术创新成果持续涌现。

（1）装备研发方面，中标2019智能制造系统解决方案供应商——汽车整车数字化工厂项目，获财政补贴资金2 000万元；工信部综合标准和验证平台建设项目、天津市服务业转型升级项目结题验收；通过国家级企业技术中心复评。

（2）全年获得授权专利105项，其中，发明专利14项；制（修）订并发布实施国家级行业标准3项；获得国机集团科技进步奖二等奖等省部级以上科技成果奖励14项。

3. 制造业务

（1）国机智骏克服重重困难获得生产资质，产品实现批量生产上市。协助国机智骏解决银行融资困难，推动股权融资工作。全力协助国机智骏开拓国内外市场，争取国机集团给予销售工作大力支持，积极联系集团兄弟单位举办多场试乘试驾活动，充分发挥批售、零售、出口、租赁、融资租赁业务板块的协同作用，有力地促进了销售工作开展。国机智骏在积极布局国内重点区域的同时，首批出口厄瓜多尔实现海外市场"零"突破。

（2）加强国机汽车零部件制造业务的统一管理，将莱州华汽、上海晶耀、长沙汽电划为总部直接管理。

【主要管理经验】

1. 集团化管理

（1）持续完善公司治理结构。国机汽车按照《公司法》《证券法》《上市公司治理准则》、中国证监会有关规范性文件的规定和《上海证券交易所股票上市规则》的要求持续完善公司法人治理结构，健全公司治理制度体系，严格履行信息披露义务，确保公司经营运作的规范有序。2019年，公司召开董事会6次、监事会5次、股东大会3次，其中，董事会审议议案39项，监事会审议议案13项，股东大会审议议案20项。同时，在公司治理、战略管理等方面充分发挥董事、监事的作用，与外部董事、监事加强沟通与交流，主动、及时传递企业发展信息；与独立董事定期沟通，在定期报告与重大事项披露前征求独立董事的意见。

国机汽车根据《中华人民共和国公司法（2018

年修正）》中股份回购的新规定、中国证监会《关于修改〈上市公司章程指引〉的决定》、公司战略目标调整、变更信息披露指定媒体以及发行股份购买资产完成情况，对《公司章程》相关条款进行修订，相应修订《股东大会议事规则》《董事会议事规则》《信息披露事务管理制度》，进一步完善公司治理制度体系。

（2）依托资金管理、税务管理、财务信息管理和产权登记与评估管理，加强与下属公司资源的协同与共享。达到：资金集中度显著提高、账户清理进展明显、借款利率基准下浮10%，中国银行、交通银行、北京银行、光大银行、招商银行在国机汽车整体范围内实现开票零保证金，降本增效取得显著效果。制定税务筹划方案，用好、用足加速折旧，小微企业和高新技术企业等税收优惠政策，达到国机汽车合并报表企业所得税率22.46%。制定国机汽车会计科目规范，采用统一标准和方法对财务信息数据进行处理，提升财务信息质量；举办以"强能力、促成长、拓发展"为主题的全系统财务知识竞赛，加强财务能力体系和资源体系建设，更好地服务于公司高质量发展。

（3）以制度建设、干部人才队伍建设、基础管理提升为抓手，持续提升人力资源管理水平。

一是加强机制建设，为业务发展提供管理保障。全年共制定修改制度7项；制定《国机汽车治亏专项工作绩效考核实施方案》，建立严格的正向奖励和惩处问责并重的激励约束机制；向总部各部门反馈职能定位、主要职责、工作负荷，并提出优化改进的指导建议；启动企业年金计划。

二是深入贯彻国机集团组织工作会议精神，加强干部人才队伍建设。稳步推进干部调整配备，推进干部队伍年轻化；继续加大干部人才引进和交流力度，总部与二级企业间、经营管理和党务人员之间共12人实现交流，同比增长140%；推进落实公司"人力大协同"，加强组织人事队伍建设；从严管理，加强干部监督力度。

三是统筹开展全系统的培训工作，持续提升能力水平。针对国机汽车全系统新员工、4S店经营管理者和中层管理者，分别组织实施"启航者计划""领航者计划"和"远航者计划"精品培训项目，逐步建立系统性的国机汽车中长期人才培训体系；将国企好干部"20字"标准转化为公司干部人才的具体素质标准，并提出明确要求；进一步加大培训力度，丰富和创新培训形式，强化学用结合，实现培训成果的转化落地。

（4）完善内部审计机制，审计工作规范化不断加强。

一是建立健全内部审计组织体系，不断加强内审队伍建设。2019年建立国机汽车内部审计工作联系人制度和内部审计人员人才库，组织内审工作交流会，就人员融合、业务开展情况等方面进行对标学习，不断完善集团化的内部审计管理体系。

二是高度重视内部审计规范化建设工作，持续推动审计机制的完善，不断建立健全内部审计制度体系。2019年审计法律部组织编写《内部审计实务操作规范指引》，初步建立公司内部审计的工作流程和质量标准，有效提高内部审计工作的质量；组织编写《国机汽车内部审计项目经理工作规范手册》，进一步规范审计项目经理的工作标准，提升审计质量和效率。

三是进一步强化审计问题整改落实监督检查力度。2019年将8家企业的治亏专项审计问题进行提炼整理，向内部相关单位进行风险提示，以加强审计成果运用，提升审计效用，逐步形成发现问题、提出建议、落实整改、后续监督的闭环管理的长效机制。

（5）积极推动法治合规建设、全面风险管理，打造治理结构完善、决策机制科学、经营行为合规、风险防范有效的法治企业。

一是认真落实企业主要领导为法治建设第一责任人职责，深入推动法律审核、案件处置、重大项目支持等法治工作的开展与实践，切实、有效地保障公司合法权益。

二是建立健全全面风险管理体系，调整、优化全面风险管理工作组织机构，聚焦重点，精准发力，组织并开展多项风险排查和专项调研工作，全面梳理风险隐患，制定应对策略，提出应对建议，督促闭环整改，确保无新增重大风险事件。

三是勇于探索，全面学习，不断完善企业合规管理体系，适时发布各类风险提示函，提出有针对性的合规建议，增强企业核心竞争力，营造风险防控良好环境。

四是持续加强普法宣传，提高全员法治意识与风险防控认识，扩大人才队伍，提升人才专业能力与工作水平。

（6）规范运营管理，建立公司整体运营管理模式。

一是持续加强二级企业的经营目标管理、过程跟踪管理、经营结果考评，及时掌握经营状况，通过全口径经营动态管理，及时发现问题，分析问题，督促经营改善。

二是坚决贯彻执行治亏专项工作会议上提出的目标、措施和要求，根据国机集团3年治亏工作要求，科学制定工作方案，梳理问题、找准病灶、精准发力；通过提升管理、品牌协同、减员增效，清算注销等措施，制定专项考核办法，激励与约束并重，取得明显效果。2019年17家企业扭亏，11家减亏，注销8家，共计减亏1.4亿元，切实提升了公司可持续盈利能力，夯实了公司高质量发展基础，打赢了国机汽车治亏工作第一阶段攻坚战。

三是持续构建零售业务管理体系，不断优化零售EAS系统管理和应用，建立精细化管控模式。

四是持续规范国机汽车采购管理工作，全面启用国机集团通采平台，成立国机汽车采购管理工作领导小组及工作小组，组织召开两次国机汽车所属公司采购管理专项工作会议；建立供应商信息库，第一期收录了1 500个合格供应商，可持续优化采购流程。

五是落实安全责任，持续完善安全生产考核制度，推进企业安全文化建设。

2. 信息化建设

（1）新技术应用：针对中进汽贸业务一部港口有大量数据需要录入燃油标识系统的需求，使用RPA（机器人流程自动化）技术，进行了两轮测试，应用效果良好；目前开发已经完成，待技术应用成熟后，探索尝试进行推广。

（2）视频会议系统建设：利用国机集团网络专线和自建视频会议系统，实现全国下属企业全覆盖，提升了会议效率和效果，节省了差旅费开支。

（3）办公自动化系统：推进办公自动化系统优化升级，提高总部及下属企业的办公效率。

（4）档案管理系统建设：实现OA系统与档案系统流程的对接和数据自动推送，提升集团化档案管理和归档文件整理的质效水平。

（5）零售系统硬件优化升级：针对系统运行速度慢的问题，通过排查分析，确认问题在于硬件性能。积极协调推进了零售系统硬件升级，保证了零售业务高效率、高质量运行。

（6）信息安全工作：加强网络安全检查与保护，组织开展国机汽车总部和下属二级企业网络安全自查工作，确保2019年公司网络安全无事故。

3. 承担社会责任

（1）价值国机汽车——创造价值，保障利益相关者。国机汽车在公司治理方面，充分发挥各专门委员会的作用，战略委员会召开会议对公司战略规划的制定以及后续的落地实施进行研讨、论证，并邀请业内专家发表意见；持续开展公司内部、外部审计的沟通、监督和核查，完善公司内部控制体系，确保对经营层及公司经营活动的有效监督。及时修订公司章程、相关制度及议事规则，使公司治理制度符合最新监管规定，进一步完善制度体系，夯实公司治理的基础性工作。

信息披露方面，国机汽车持续履行信息披露义务，保证公告信息的真实、准确、完整，确保投资者对公司重大事项享有充分知情权。

投资者关系方面，国机汽车持续增进与投资者多层次、全方位的互动与交流，建立起常态化和动态管理相结合的沟通机制，打造"请进来""走出去"投资者互动模式，提高资本市场对公司的认知度和认同度，实现公司信息与价值在资本市场的有效传播，为公司持续的资本运作奠定了良好、坚实的基础。

（2）责任国机汽车——责任担当，夯实管理基础。国机汽车积极践行行业责任，为行业主管部门持续提供进口汽车市场数据分析支撑服务；协助开展市场调研、参与政策调整意见征求活动，并提供专业化数据分析，助力政策调整。持续提供权威的市场研究成果，包括月度、季度、年度进口汽车市场分析报告，策略研究、专题性分析等。2019年，国机汽车缴纳各类税金242 795.72万元；从社会招聘1 700人，招纳应届毕业生273人。

国机汽车积极履行央企责任，助力打赢脱贫攻坚战，开展消费扶贫和产业扶贫，先后购买河南淮滨、河南伊川、山西平陆、甘肃庆阳等地区价值100余万元的特色农产品；投资扶贫公益基金，使108户建档立卡贫困户受益。积极开展教育扶贫，投资96.38万元为河南省淮滨县三空桥一中修复校园9 400m²，极大地改善了学校办学的硬件条件；组织河南省伊川县酒后镇三王村三王小学贫困师生进行普通话培训，带领该校师生外出参观，用实际行动改善学校办学的软件条件。国机汽车积极开展改善民生系列服务，帮扶天津市宝坻区方家庄镇基础设施建设，在河南省伊川县酒后镇三王村开展村落环境改善、医疗机构到村、文艺下乡、慰问品发放等提升民生活动。

国机汽车以盘活老区经济、振兴老区建设为己任，助力老区的脱贫攻坚和持续发展，在赣州设立新能源基地，截至2019年年底，新能源汽车项目已为赣州当地提供超过1 000个工作岗位，实现了三款纯电动车型下线销售，同时有望带动汽车零部件相关产业进驻赣州。

（3）创新国机汽车——创新发展，驱动转型升级。面对由高速增长向高质量发展转变的中国汽车市场，国机汽车聚焦主业发展，加大市场开拓力度，在固本强基传统优势业务的同时，不断挖掘、创新企业价值。创新进口保税贸易服务模式，开拓新品牌批发和房车进口业务，拓展新品牌批售业务，巩固、延伸了汽车批售服务业务；汽车工程及装备制造方面，积极开拓三电业务、氢燃料电池业务、轨道交通业务和其他行业市场，物流领域自主研发的AGV系列产品具备行业领先水平，市场前景广阔。在汽车零售服务业务、汽车租赁和其他汽车后市场服务业务和汽车金融服务业务领域也不断创新增值服务，实现固本增效。

国机汽车坚持"科技兴企"战略，以"技术创新"和"研发创新"为主要抓手，通过持续、合理的投入，找准方向，在产品研发上不断实现突破，技术创新成果持续涌现。2019年国机汽车研发投入超过10亿元，取得多项国家专利，并获得由全国高新技术企业认定管理工作小组批复的"国家高新技术企业"资格。响应国家新能源建设，在新能源汽车配套零件上获得1项国家发明专利。2019年度共获得受权专利110项，其中，发明专利14项；获行业以上科技奖励15项。

2019年，国机汽车坚持"借船出海"和"迈入远洋"双线并举，推进国际化经营。在高端品牌客户全球市场实现了有力突破，逐步形成适应海外项目标准的管理体系，全年实现海外业务合同额7.15亿元。

（4）幸福国机汽车——和谐氛围，成就人生梦想。国机汽车坚持"共创、共建、共享、共赢"的理念，建立了与公司发展、业绩增长相适应的员工权益保障机制和员工分享激励机制，更好地发挥了员工的积极性、主动性和创造性，让员工共享企业发展成果。2019年，从顶层设计、构建体系和夯实基础三个方面，持续创新改进公司干部和人才队伍建设，做好培养人才、留住人才的工作。持续加大员工岗位横向交流力度，培养复合型员工。

国机汽车注重以实际行动关爱员工，不断改善员工的工作和生活条件，开展各类文体活动，丰富员工的文化生活。弘扬企业文化，积极开展与"不忘初心、牢记使命"主题教育相结合的志愿服务，履行社会公民责任。

（5）绿色国机汽车——低碳理念。国机汽车健全绿色管理体系，深入探索绿色管理新模式，持续完善节能减排统计体系、监测体系和考核体系建设。紧密围绕"节能有我，绿色共享"的活动主题，将绿色环保理念贯穿于设计、生产和应用等运营的全过程，致力于打造全产业链的绿色管理，树立低碳环保的品牌形象。节能环保资金投入比2018年提高了5.7%。

4. 企业文化建设

（1）加强宣传思想工作，营造企业文化建设基础。认真抓好《中国共产党宣传工作条例》的贯彻落实工作，以多种形式加强爱党爱国爱企文化建设，利用"国机汽车党建"微信公众号推送发布习近平新时代中国特色社会主义思想、企业党建新闻、企业文化建设报道,大力推进品牌一体化战略,展示公司广大干部职工顽强拼搏、无私奉献的良好精神风貌,企业氛围建设得到进一步加强。

(2)积极开展工会工作,增强员工幸福感、获得感。结合员工实际,开展系列群众性活动,各具特色的文体活动发挥着积极引领作用,得到职工的一致好评。选举产生新一届国机汽车工会委员会,健全工会组织体系,指导二级企业开展工会换届,为更好地服务职工、保障职工合法权益奠定组织基础。

(3)创新工作方式,丰富共青团工作。创新团委工作方式,选树青年身边榜样、召开青年头脑风暴会、开设青年大讲堂、举办青年演讲比赛、召开领导与青年面对面座谈会、开展青年读书联谊活动等,为团员青年搭建展示才华、交流学习和交友联谊的广阔舞台。

(4)进一步推进精确扶贫。全年落实定点帮扶资金96.38万元,消费扶贫金额89.22万元,助力集团3个定点扶贫县(区)如期实现脱贫"摘帽"目标。

(5)带头加强统战工作。组织统战人士代表开展"爱企业、献良策、做贡献"主题座谈活动,围绕企业生产经营、文化氛围建设、员工成长成才、改革发展、创新转型和管理提升建言献策,凝聚各方力量推动企业改革发展。加强党外干部思想建设,选派二级企业领导班子中的党外干部参加国机集团党外干部理论培训班,团结带领党外人士共同推动公司高质量发展。

5. 党建工作

2019年,国机汽车党委以国机集团党委的要求为依据,按照"高标准、早行动、主动做、有成效"的原则,紧紧抓住服务中心,突出与业务深度融合、致力于促进和保证公司的经营发展、提升党员干部本领为工作核心点,持续推动并完善"成效党建""价值党建",推行公司全体党员更好地发挥先锋模范作用和各级干部更好地以上率下,以"强党建、促竞争力"为主题,全面完成了公司党建工作计划的各项任务,为推进公司"深化开拓年"发挥引领和保证作用。

(1)持续加强党的政治建设。制定"国机汽车2019年党委理论学习中心组学习计划",利用多种方式集中学习党章及党中央、国务院国资委、国机集团重要会议及文件精神。

认真贯彻执行《关于加强中国机械工业集团有限公司党的政治建设的实施意见》,及时传达、学习党中央决策部署和集团党委决议决定研讨、制定宣贯和落实实施方案。

深入贯彻落实《中国机械工业集团有限公司党委履行全面从严治党主体责任清单》,及时传达国机集团党建、党风廉政建设和反腐败工作会议精神,部署国机汽车年度党建重点工作。以"强党建、促竞争力"为主题,研究制定《国机汽车2019年党建工作规划》,为完成年度党建工作部署打下坚实基础。区分4类人群签订"党建目标责任书"32份,强化各级党建工作责任。高标准完成全系统基层党组织书记抓基层党建工作述职评议考核工作,推动全面从严治党向基层党组织延伸。

(2)扎实开展"不忘初心、牢记使命"主题教育。紧紧围绕主题教育的总要求,组织总部3个党支部以及下属8家二级企业共6个党委、9个党总支、85个党支部共2 000余名党员干部参加主题教育。坚持把学习教育、调查研究、检视问题、整改落实贯穿始终,解决了一批群众急难愁盼的问题,高质量完成了主题教育各项工作任务。

公司党委把学习贯彻习近平新时代中国特色社会主义思想作为主线,通过全面系统学、丰富方式学、联系实际学、创新方法学等多种措施,组织党员干部系统学习,推动学习教育入脑入心。

公司及下属二级企业领导班子成员均完成了分管领域和分管工作的调查研究活动,累计调研企业及部门50余家次,撰写调研报告61篇。各级党员领导干部讲专题党课60余人次,领导干部通过党课与基层群众交流学习教育中的体会收获,在学习成果推动企业改革发展上,取得明显效果。

各级企业召开对照党章党规找差距专题会

议、领导班子民主生活会和专题组织生活会，从理想信念等方面问初心、认责任、担使命，认真检视反思，逐项查找问题，列出问题清单，各级领导班子及班子成员均形成"一人一张表"，有效推动问题整改。

各级党组织把"改"字贯穿主题教育始终，一开始就把"当下改"与"长久立"结合起来抓，把项目化推进和重点跟踪指导督导结合起来抓，推动实际问题解决。

公司党委认真贯彻习近平总书记关于主题教育的重要指示批示精神和中央部署要求，坚持"四个到位"相互贯通，"四个注重"有机结合，确保主题教育保持正确方向、取得良好成效。

（3）持续贯彻落实全国国有企业党建工作会议精神。坚持加强党的领导和完善公司治理相统一，全面落实"两个一以贯之"要求，进一步发挥党组织把方向、管大局、保落实的作用，不断加强党对国有企业的全面领导。

持续强化完善国有企业"三重一大"等管理规则。制定《国机汽车党委前置研究"三重一大"事项内容（试行）》《国机汽车"三重一大"决策制度实施办法》《国机汽车"三重一大"事项清单及决策权限表》《国机汽车董事会议案管理细则》等制度，规范"三重一大"决策事项内容、程序及范围，详细明确党组织和其他治理主体的权责边界。

充分发挥党委把方向、管大局、保落实作用。公司党委全年召开25次党委会，前置研究"三重一大"议题，确保了科学、民主、依法决策，下属二级企业全部贯彻落实将党组织研究讨论作为董事会、经理层决策重大问题前置程序的要求，并制定有关制度、建立有关机制。

推动全级次企业党建进章程。持续推动公司全级次企业党建工作进章程，截至2019年年底，公司各级企业已全部完成"党建工作要求纳入公司章程"的工作。

（4）全面深化"三基建设"。扎实开展"中央企业基层党建推进年"专项行动，以加强党的基本组织、基本队伍、基本制度建设为重点，以提高基层党建质量为主线，聚焦问题，补齐短板，夯实基础，推动全面从严治党向基层延伸。

持续推进基层党组织和党的工作全覆盖，根据现有管控模式、组织架构及人员聘任情况，先后调整党组织6个，调整党组织负责人14名，党员组织关系22个，下属二级企业党组织均按期实现换届。

研究制定党员教育培训计划，明确了党组织书记、委员、党务干部及党员教育培训安排。持续推进发展党员工作，13名预备党员全部来自于基层一线，为党组织输入新鲜血液。注重党建工作协同，推动二级企业党建工作对标交流，提高效率，节省资源，共同提高党务专业水平。

全年制修订党建工作制度10个，着力深化党建制度体系建设，贯彻落实《国机集团基层党支部工作指导手册》，推进党建工作常态长效。

（5）持续加强干部人才队伍建设。坚持党管干部、党管人才，紧紧围绕业务发展需要推进干部人才队伍建设。

健全完善干部"育、选、管、用"管理制度。以健全干部工作体系为目标，制修订《国机汽车租赁房屋管理办法》《国机汽车治亏专项工作绩效考核实施方案》《国机汽车企业负责人履职待遇与业务支出实施细则》《国机汽车二级企业负责人薪酬与绩效管理暂行办法》《国机汽车人事档案管理办法》《国机汽车因私事出国（境）管理规定》。草拟《国机汽车领导人员管理办法》，进一步完善了选人用人制度体系。

优化配备干部队伍。树立新时代、新担当、新作为的用人导向，进一步优化配备下属企业领导班子和干部队伍。全年共调整配备下属企业董事、监事和高层管理人员以及总部部门负责人92人次，其中提拔任用干部10人。在提任过程中，充分发挥党委的领导和把关作用，严格落实动议酝酿、民主推荐、档案审核、组织考察、廉洁自律情况调查、讨论决定、任职公示和任职谈话等组织程序，形成了全过程的纪实材料。

加大干部人才交流力度。深入贯彻落实国机集团关于干部交流的有关精神和要求，持续推进公司总部部门间、二级企业间、总部和二级企业间的干部交流，继续加大经营管理和党务干部之间的交流力度，着力培养高素质、复合型干部。首次启动财务系统干部交流，对公司总部资产财务部负责人和两家二级企业的财务负责人进行了轮岗交流，取得了较好成效。

加强干部日常监督管理，组织完成公司领导班子成员和备案人员的个人有关事项报告工作。落实党组织书记、董事长"一肩挑"的工作要求，对部分二级企业进行了规范调整。

（6）深入推进党风廉政建设和反腐败工作。贯彻落实十九届中央纪委三次全会精神，坚决扛起管党治党政治责任，持之以恒正风肃纪，扎实推进纪检监察体制改革，持续深化政治巡察，公司政治生态得到进一步净化。

压紧压实"两个责任"。严格履行全面从严治党主体责任，制定《2019年党风廉政建设和反腐败工作要点任务分工》，修订《国机汽车股份有限公司党风廉政建设责任制实施办法》。

持续紧抓廉洁和作风建设。开展总部专项自查工作，梳理汇总9项问题，形成专项整改报告，涉及整改措施34项。督促70家下属企业填报自查整改情况表，组织各级企业中层以上干部623人填报自查表，公司党委成立检查组对下属企业开展专项检查。

深化运用监督执纪"四种形态"，依规依纪处理信访线索，严肃处理违规违纪人员，追回直接经济损失102.95万元。制定《纪检机构设置和人员编制方案》，完成纪检机构职能调整，充实纪检干部队伍，持续开展业务培训，进一步完善纪检制度体系。

中国机械国际合作股份有限公司

【基本情况】

中国机械国际合作股份有限公司（简称中机国际）拥有20多家分子公司，业务遍及100多个国家和地区，近年来，连续获得"中国会展业十大影响力会展公司""中国十佳品牌展览工程企业""中国最佳出展组织奖"等荣誉，具有展览工程一级资质。

中机国际拥有超过60年办展经验的专业化团队，已形成境内外自主办展、代理出国展览、展览工程服务等完整的展览业务体系。每年在国内30多个大中城市举办80多场高质量展览会，总规模超过350万 m^2。特别是参与主承办的"北京国际汽车展览会"和"上海国际汽车零配件、维修检测诊断设备及服务用品展览会"，双双跻身2018年世界商展100强排行榜前50名。结合国家"一带一路"倡议，中机国际每年在境外100多个国家和地区，组织180多场自办展和代理展，组展数量连续7年排名全国第一，并通过会议论坛、大客户定制等服务，助力客户实现国际化经营。

结合"展览+"服务，中机国际依托国机集团强大的资源优势和品牌效应，积极开展汽车整车、汽车零部件和用品贸易，以及电站成套设备、汽车相关主题的文化园区、产业园区的建设项目。

秉承"责任、创新、协同、共享"的核心价值观，中机国际将进一步发挥技术交流与贸易促进综合服务平台作用。

【主要指标】

2019年，中机国际实现营业收入7.61亿元，同比下降49.64%；实现利润总额1 316.31万元，同比增长79.88%；2019年中机国际主要经济指标完成情况见表1。

表1　2019年中机国际主要经济指标完成情况

指标名称	2018年	2019年	同比增长（%）
资产总额（万元）	102 833.57	90 563.60	-11.93
净资产（万元）	45 575.91	46 221.48	1.42
营业收入（万元）	151 015.27	76 050.09	-49.64
利润总额（万元）	731.77	1 316.31	79.88
利税总额（万元）	2 939.05	2 286.31	-22.21
EVA值（万元）	-2 569.22	-2 053.87	20.06
全员劳动生产率〔万元/（人·年）〕	32.07	35.57	10.91
净资产收益率（%）	0.86	2.02	增加1.16个百分点
总资产报酬率（%）	1.60	1.74	增加0.14个百分点
国有资产保值增值率（%）	99.83	101.66	增加1.83个百分点

【业务发展】

2019年，根据国机集团对中机国际聚焦会展主业的指示精神，中机国际把优势资源向会展业务倾斜，境内自办展项目、境外会展项目、会展运营服务项目、大客户定制服务项目等各层次会展项目稳定发展，资源共享逐渐形成良性互动。中机国际展览面积、展览数量、展商数量、观众数量、服务能力和客户满意度等多项指标进一步提高，会展业务获得社会和行业广泛认可，在中国贸促会发布的《中国展览经济发展报告》中，名列国内组展企业办展面积第二。同时还荣获"中国会展十大组展机构奖"。

2019年，中机国际共完成会展项目282个，比2018年增加了18个。境内外主承办展览和境外组展的展览面积超过360万m^2，再次达到新的高度。2019年，会展项目的展商数量达到10万家，专业观众达到500万人次，涉及全球150个国家和地区和50多个细分行业，直接带动或拉动相关经济产值、社会效益200多亿元。

2019年，中机国际合计新开发会展项目55个。新项目主要有中国汽车工业（法国）品牌展览会、中国汽车摩托车及零配件（葡萄牙）品牌展，石家庄春季车展，亚洲再制造展（ReMaTec Asia）和意大利博洛尼亚国际汽车保养、轮胎及维修展览会；西麦克的中国商品和服务（白俄罗斯）展览会、中国机械与智能制造（泰国）品牌展；国机展览公司的世界公共交通展览会、英国铁路工业装备及轨道交通展；国机环球的中国航空产业高质量创新发展大会；辽宁中汽的沈阳国际美容及健康产业展览会；国机联创的全国农商互联暨精准扶贫产销对接大会等。

一、境内自办展

2019年，中机国际完成的境内自办展项目主要有：上海零部件展、全国汽配会、全国摩配会、沈阳汽博会、呼和浩特车展、三磨展、佛山车展、广州新能源车展、广州零部件展、杭州车展、东莞车展和深港澳车展等。

1. 核心类项目取得新成绩　2019年，第十五届上海零部件展的展出面积、展位价格、盈利能力均取得重大突破。上海零部件展从2004年第一届开始举办至今，走过了15个年头。最初参展商只有235家、展出面积只有8 000m^2。与2004年第一届相比，2019年第十五届上海零部件展展出规模达到36万m^2，比2004年增长了45倍；参展企业数达到6 590家，比2004年增长了27倍。目前，上海零部件展在全球所有商业展览中综合排名已在前5位，已经成为全球最大的汽车零部件展之一。

2019年，第85届全国汽配会首次出现持款求展位的情况，展位提前1个月售罄。近几年，全国汽配会已在同类型汽配展览中已处于行业领先地位。

第77届、78届全国摩配会，展会规模和盈利能力节节攀升，其中，第78届全国摩配会盈利达到历史最高水平。中机国际的全国摩配会，已经成长为全球摩配领域规模最大的专业展会。

2019年，沈阳汽博会展览总面积超过18万m^2，新增两个主题展区，成功举办以"万物互融"为主题的中国5G汽车峰会，本届沈阳汽博会无论从观众数量、规模、档次和内涵上都比往届有较大的提升。沈阳汽博会已经成为东北地区最大的汽车展览会。

2019年，呼和浩特车展展出总面积达8万m^2。呼和浩特车展从2009年举办至今，10年来为推动当地汽车市场壮大，助力呼和浩特市经济转型升级发挥了积极作用。呼和浩特车展已经成为内蒙古地区最大的展览会。

2019年，杭州车展作为浙江省最具代表性的大型车展，展会规模、品质不断升级，在拉动汽车销售，刺激消费内需，促进汽车产业升级上发挥了重要作用。

2019年，东莞车展致力打造"为造车人服务、为用车人服务"的购车看车平台，展出规模、参展品牌、参观人流量、现场车辆成交预定数等，再次创下新高度。

2019年，深港澳车展历过20多年发展，已成为以深圳为中心，融合内地、香港、澳门汽车文化的国际大展。

2. 潜力类项目迈上新的台阶

（1）汽车类项目。2019佛山春季、秋季两届车展面积共计达到10万m^2。经过3年的发展，佛山车展已成为佛山地区最具权威的品牌车展，与东莞车展、深港澳车展已经一起实现了在粤港澳大湾区的合理车展布局。

2019年，广州零部件展（简称AAG），展出面积达10万m^2，迎来了13个国家和地区的近1500家参展企业。经过5年的深耕细作，AAG已发展成为华南地区规模最大的汽车后市场品牌展览，是粤港澳大湾区零部件行业国际技术交流及综合性商贸合作的高效平台，受到跨国展览公司的高度关注。

2019年，广州新能源车展，历经4年的培育和发展，成为粤港澳大湾区新能源汽车及供应链领域最大的专业展览会。特斯拉、威马等知名新能源汽车企业均积极参展，并首次对氢燃料电池技术进行专业展示。

（2）装备类项目。2019年，第五届三磨展展出面积达到3万m^2，经历8年4届耕耘，已发展成为全球磨料磨具磨削领域规模最大的展览。

2019年，广州机器人展展出规模持续提升，已经发展成为我国工业制造领域的知名品牌展会，也是粤港澳大湾区国内外装备制造企业展示先进技术、寻求合作、开拓国际市场的纽带和桥梁。

此外，2019年，广州数控机床展作为北京机床工具展的补充，顺利完成机床展从华北到华南的布局。

（3）新产业类项目。2019年，中机国际在西安举办中国（西安）世界职业教育大会。本届展会有160多家国内外企业及职业院校参展，同期，举办20余场系列活动，仅法国就有10家单位参展，其中有8家院校和2家教育机构。

2019年，中机国际主办的上海应急安全博览会成功引进由汉诺威展览公司在德国主办的全球最大应急消防展会"INTERSCHUTZ"品牌。此外，广州国际应急安全展经过9年培育发展，展会规模和品质不断提升，已成为国内应急安全与消防行业第三大展览会。

2019年，西麦克承办的第二届温州进口展，主会场和分会场面积达4万m^2，参展的境外企业比例超过75%。该项目搭建了一个进口商品交易展示平台，释放出温州更大的贸易潜能，为浙江省的经济发展注入了新的活力。

2019年，西麦克承办的内蒙古绿色农畜产品展览交易会，全方位助推"内蒙古味道"品牌走遍全国，走向世界。

3. 新项目开拓取得了新突破 2019年，中机国际注重"京津冀"协同发展，新开辟石家庄市场，助力石家庄会展业提档升级，加速构建京津冀"大展览圈"。中机国际的石家庄十一车展和五一车展形成双展联动的格局，逐步进入华北地区最大的汽车展销会行列。

2019年，国机联创首次参与承办及主场运营的全国农商互联暨精准扶贫产销对接大会得到了各方的高度赞扬，展览面积近3万 m²，参展企业1 000余家，专业采购商600余家，专业观众2 000余名。

2019年，西麦克承办的首届一乡一品国际商品博览会，展览面积超过10万 m²。此展会既是公司利用专业化、国际化办展能力促进地区特色产业健康发展的积极举措，同时也是服务国家乡村振兴战略，使"中国一乡一品产业促进计划"成为人民美好生活的综合服务商的有效尝试。

2019年，中机国际与荷兰锐昂RAI公司联合主办国内首个再制造专业展——ReMaTec Asia，该项目倡导循环经济、绿色经济，是目前全球最具影响力的再制造品牌展览，并实现当年办展，当年盈利。

2019年，中机国际还着力进军大健康领域，成功举办沈阳国际美博会，共有来自韩国、日本、澳大利亚等近百家境内外企业参展，专业买家及观众近4万人次，成为东北地区具有权威性和影响力的美容健康产业盛会。2019年，中机国际还参与承办第六届中国康博会，展出面积2.2万 m²，有400多家国内名优品牌及20余家海外展团，为国内外中西医交流搭建了良好的学术平台。

二、境外会展

2019年，面对复杂严峻的外贸发展形势，中机国际境外代理展业务通过提升差异化增值服务，加强独家代理项目开发，加强与政府、企业、行业组织外部合作等多种途径，继续巩固和挖掘业务与市场优势，境外代理展保持了平稳发展态势。2019年，新开发境外代理项目近40个，整体境外代理展数量连续8年保持全国第一。

积极落实"一带一路"倡议，继续加大力度开拓沿线境外自办展览会项目，2019年举办境外自办展览会20个，进一步拓宽公司业务链条。

2019年，中机国际在中白工业园举办的中国商品和服务（白俄罗斯）展览会是中国政府首次在白俄罗斯举办的非商业性展览会，展览的成功举办为中白两国务实合作注入新动力，为扩大双边贸易规模创造新契机。

2019年，澳门车展坚持走差异化办展路线，经过8年精心培育，已经发展成为粤港澳地区规模最大、中国自主品牌汽车境外参展品牌最全的国际知名展会。澳门车展联动游艇展及公务航空展，共同打造陆海空联展盛事，进一步推动了澳门成为国际旅游休闲都市和"盛会之都"。

2019年，越南汽摩配品牌展览会再次与越南河内车展强强联手，为宣传中国自主汽车、摩托车及配件品牌提供了良好的平台。

此外，2019年中机国际新开发的泰国国际机械展、捷克国际机械博览会（MSV）、中国汽车工业葡萄牙及法国品牌展览会等境外自办展览会项目均取得了良好的经济效益和社会效益。

三、会展运营服务

2019年，中机国际完成了近30个主场项目，总面积超过150万 m²，包括多个国际性的大型项目。展览会采用绿色环保材料、模块化处理方式，完成展台、展厅设计搭建项目70多个。中机国际的各个会展运营服务项目均获得了主办方、参展单位及观众的高度肯定。

由国机联创运营的中国国际农业机械展览会是亚洲首届一指的世界级农业机械专业大展之一，已经有60余年历史。

2019年，中机国际西麦克圆满完成第五届"和谐国机杯"乒羽赛，国机联创圆满完成国机集团庆祝新中国成立70周年主题展览，两个项目均获得国机集团高度赞扬和认可。

2019年，中机国际积极服务国家战略，为各级政府机构提供高端会展运营服务。策划组织、落地执行多个国家级会展项目。中机国际参与了中国-亚欧博览会、中国-阿拉伯国家博览会、中国-非洲经贸博览会、中国进口博览会等国家级会展项目的策划执行，获得国家相关部门的充分肯定。其中，中机国际西麦克积极参与第二届中国进口博览会国机集团交易分团秘书处的各项工作，完成了国务院国资委"中外企业合作论坛"和61家中央企业交易团集中签约的组织、实施、保障等工作。公司在进博会上出色的表现得到了国务院国资委领导和国机集团领导的充分肯定。为此，国务院国资委首次发"感谢信"对国机集团进行表扬。

四、大客户定制服务

2019年，在大客户定制服务方面，中机国际西麦克完成秘鲁市场东风汽车品牌之夜、新车上市仪式及试乘试驾等活动的全部设计搭建、组织实施等，为东风汽车开拓市场、增加客户黏性打下基础。中机国际西麦克与安徽、河北和湖北等地方政府加强合作，为当地企业"走出去"、沟通海外资源、搭建海外对接平台。此外，中机国际西麦克继续助力拓展海外工程承包市场，在白俄罗斯、巴基斯坦提供专场推介定制服务。

【战略合作】

2019年，中机国际及下属有关企业与意大利博洛尼亚展览集团、德国汉诺威展览公司、德国法兰克福展览公司、绿地会展集团等国内外一流组展及展馆运营企业签署了战略合作协议，务实高效推动项目落地实施。

2019年，中机国际与商务部外贸发展局、上海市、沈阳市、内蒙古商务厅、青岛市贸促会、比利时布鲁塞尔展览中心、世界公共交通协会等政府、行业组织、国际知名展览公司进行深入交流，寻找更多机会，推进和拓展双方合作。

【改革发展】

2019年，中机国际进一步加强党建、经营、财务"三大体系"建设，并取得显著成效。

1. 加强党建体系　2019年，中机国际不断加强党建体系建设，推进党建工作与中心工作有机融合，以高质量党建引领高质量发展，为实现公司战略发展目标提供了坚强保证。完善并严格落实了党委会（党总支、党支部）、董事会和总经理办公会议事规则，建立健全"三重一大"事项实施办法及前置事项清单。

2. 优化经营管理体系　2019年，中机国际完善内部协调机制，形成监督检查合力，完善风险识别和评估体系，保障经营业务安全运营。改进管理方式，通过经营管理制度和业务流程，对重大项目加强经济运行监管。中机国际进一步制订和完善经营管理制度，持续加强项目评审、集采等方面的工作。

3. 提升财务管理体系　按照专业化管理原则的要求，对财务管理部门的组织结构进行调整，统一公司的会计核算办法。中机国际对款项支付增设财务管理部门前置审核，保证了资金支付的合理性。将9家下属企业资金划入"资金池"统一管理，在资金统一调配和使用上更为灵活、安全，降低了中机国际的财务成本。2019年，中机国际资金集中度达到85.62%，超额完成国机集团下达的考核指标任务；全面梳理清查银行账户，净销户数达54个，销户率为35%。该项考核中居国机集团前列。

【管理经验】

2019年，综合管理工作围绕"上传下达、服务保障"核心，细化制度管理，加强会议管理、公文管理、外事管理。人力资源管理工作围绕"人力资本"这一核心，加强干部管理、打造培训体系，以提升人力资源价值。信息管理工作贴近业务一线，确保信息系统稳定运行，为会展业务提供数字化保障。董事会办公室工作紧扣公司发展战略，建立责权明确的现代企业法人治理结构。法律工作围绕建立联动风险管控机制，建立法律、审计、纪检监察、财务、巡视等机构联动的信息共享机制，加强内部监督合力，促进全面风险管理能力提升。新闻宣传部门以"业务宣传向下贴近一线，党委宣传向上看齐上级"为指导思想，以服务公司中心工作为出发点，把握好党的舆论宣传工作导向。纪检和巡察管理工作围绕关键少数，精准运用监督执纪四种形态，惩前毖后，为加强党风廉政建设提供保障。呼叫中心努力推进数据库平台搭建，为会展项目提供多渠道宣传、多种形式的现场增值服务，工作取得卓有成效的进展。

【党建工作】

1. 突出首位意识，政治建设不断巩固

（1）坚持党的领导，强化理论武装。一是以习近平新时代中国特色社会主义思想武装头脑、指导实践、推动工作。二是及时传达学习中央及上级党组织的重大决策部署、重要会议和文件精神，坚决抓好贯彻落实。三是完善并严格落实了党委会（党总支、党支部）、董事会和总经理办公会议事规则。

（2）认真履行全面从严治党主体责任，党委书记履行党建第一责任，班子成员履行"一岗双责"。一是认真贯彻落实国机集团党建工作会议精神和国机集团党委2019年党建工作要点。中机国际党委及时制定并下发了2019年党建工作要点、纪委工作要点以及党委中心组学习计划，指导所属党组织制定了年度工作计划。二是坚决落实国机集团《各级党委履行全面从严治党主体责任清单》。中机国际党委制定了《党建工作责任清单》《基层党建工作督查制度》，及时明确、细化了党建责任主体及分工，并通过相应的指导帮助督促机制，保证责任落实。三是党委领导班子成员分别签订党建及党风廉政建设责任书和廉洁承诺书，按要求落实党建工作责任，落实党组织研究讨论"三重一大"事项前置程序要求，按时参加党委中心组学习，落实党建工作联系点工作要求，参加双重组织生活，开展谈心谈话。

（3）按照中央要求开展"不忘初心、牢记使命"主题教育。一是围绕习近平新时代中国特色社会主义思想开展学习教育。二是结合公司职责使命和改革发展重点任务，有针对性地开展调研，了解掌握企业实际情况，探索解决问题、推动发展的思路措施。三是通过群众提、自己找、上级点等方法，结合巡视反馈问题和调研成果，全面系统梳理检视问题。四是突出8个专项整治，狠抓整改落实。各级党组织针对调研发现的问题、巡视巡察反馈的问题、群众反映强烈的问题等，坚持立行立改、即知即改，高标准、高质量完成了整改工作。

2. 加强理论武装和思想建设

（1）抓好以党委理论学习中心组为重点、以党支部组织全体党员集中学习教育为根本的政治理论学习。2019年度，中机国际党委中心组组织集体学习研讨6次，完成了12个专题内容的学习。所属党组织根据各自情况组织了形式多样的学习活动，推进理论教育与业务学习的有机融合。

（2）重视加强意识形态工作。中机国际党委严格按照意识形态工作责任制实施细则，做好舆情监测和舆情报告工作，规范突发事件的新闻应急处置工作，及时清理负面新闻，正确引导舆论，维护、提升了品牌形象。

（3）努力做好宣传报道工作。《中机国际报》设立"提高党建质量在行动""特色党建""廉洁自律"等专题栏目，多维度呈现党建及党风廉政建设中的特色做法和思路；采用融媒体手段，推出"身边"栏目7期，强化社会主义核心价值观建设，挖掘、宣传党员模范的先进事迹；用好"学习强国"学习平台，搭建了覆盖全体党员的学习架构，学习情况排名居国机集团25家单位前列。

（4）因地因时制宜开展形势任务教育。先后开展了"两会精神"、庆祝新中国成立70周年、党的十九届四中全会等主题系列宣教活动，达成了发展共识。

3. 打基础、固根基，干部队伍和"三基"建设有力推进

（1）深入贯彻全国组织工作会议精神，严格落实党管干部、党管人才原则，全面加强干部管理各项工作。中机国际党委通过专题会议，迅速传达会议精神，使各级领导干部深刻领会新时代党的组织路线、组织工作的纲领方向，干部管理的原则、标准、要求和程序。对现有干部管理的相关规章制度进行了修订和补充；严格落实"凡提四必"的工作要求、"一报告两评议"工作制度，增加选人用人工作的透明度，将监督工作贯穿干部管理工作始终。

（2）加强党组织"三基"建设，配齐配强党务人员和党务工作机构。一是按照国机集团党委部署，高标准完成了"两委"换届选举工作。二是依托生产经营基本单位持续推进基层党组织全覆盖。三是进一步加强了基层党组织书记、委员的培养选拔、教育培训、管理监督和激励保障，加大了党务干部和业务干部双向交流力度。四是全面健全基本制度，提升基层党建规范化和科学化水平。

4. 提高政治站位、落实管党治党责任，扎实做好党风廉政建设、反腐败工作和作风建设

（1）扎实履行"两个责任"。中机国际党委书记与领导班子成员、总部各部门和子公司负责人、各基层党组织书记签订《党风廉政建设责任书》，将主体责任及"一岗双责"落实情况纳入年度履职考评范围，并定期听取纪委关于党风廉政建设和反腐败工作情况报告。

（2）作风建设常抓、抓常。中机国际党委、纪委强化日常监督与开展专项检查相互配合，持续发力，保证各级领导履职待遇和业务支出符合规定。注重日常宣传学习教育，强化监督提醒力度，坚持节假日廉洁提醒，积极发挥党员群众监督作用，促进党员干部带头弘扬优良作风，保持风清气正的节日氛围。

（3）持续营造健康向上的企业文化，积极开展"廉洁宣传教育月"活动。通过开展廉洁主题读书会、观看警示教育专题纪录片、组织廉洁主题征文等活动，运用微信工作群、宣传展板、报刊等多种媒介宣传，促使廉洁文化入脑入心。

（4）强化监督执纪问责。

5. 高度重视以党建带群团建设工作，为改革发展稳定营造良好氛围

（1）重视团委工作。制定年度团委工作计划，定期听取团委工作汇报。组织开展"我与党委书记面对面"主题团日活动，培养青年员工"建功必定有我，功成不必在我"的精神境界。

（2）支持工会开展工作。工会组织开展了庆三八等专项主题活动，及时开展了送温暖活动，不断增强员工获得感和幸福感。

6. 强化制度建设，不断提升制度执行力 围绕不断健全完善党建工作制度建设，及时梳理修订相关制度，2019年共出台16项相关工作制度。通过党组织会议、主题教育中检视问题等工作，抓规定制度的宣贯，明确每项制度的程序、流程和责任主体，有效提高了制度的执行力。

国机资产管理有限公司

【基本概况】

国机资产管理有限公司（简称国机资产）前身为北京华隆进出口公司，2011年正式更名为国机资产管理公司，2017年9月完成公司改制，名称变更为国机资产管理有限公司，是国机集团下属专业化综合性资产管理战略平台。

国机资产注册资本13.5亿元，由国机集团全额出资，经营范围包括投资与资产管理、产权经纪、房屋租赁、进出口业务、机械产品及电子产品的销售、汽车销售、技术开发、技术推广、技术服务和技术咨询。

截至2019年12月31日，国机资产的资产总额为29.08亿元，总部在岗员工56人，已逐步发展成为以资产处置、资产运营和资产投资为核心主业的专业化综合性资产管理公司。

【主要指标】

国机资产全面完成国机集团下达的2019年各项经营考核指标。国机资产合并口径净利润4641万元，实际管理公司完成考核指标净利润1718万元，优于国机集团2019年年初考核指标（1500万元）；总资产报酬率1.23%，优于国机集团考核值（0.20%）；成本费用利润率20.1%，优于国机集团考核值（2.0%）；资产负债率21.4%，优于国机集团经营考核指标值（33.0%）；两金占流动资产比重为0，优于国机集团经营考核指标值（3.7%）。以上为考核口径数据，2019年国机资产合并报表口径主要经济指标完成情况见表1。

表1 2019年国机资产主要经济指标完成情况（合并报表口径）

指标名称	2018年	2019年	同比增长（%）
资产总额（万元）	265 220	290 777	9.64
净资产（万元）	169 349	186 102	9.89
营业收入（万元）	33 779	18 820	-44.29
利润总额（万元）	14 252	5 494	-61.45
技术开发投入（万元）	596	739	23.92
利税总额（万元）	15 644	6 899	-55.90
EVA值（万元）	1 480	-6 369	-530.35
全员劳动生产率〔万元/（人·年）〕	25.52	28.71	12.50
净资产收益率（%）	7.08	2.61	下降4.47个百分点
总资产报酬率（%）	5.49	2.36	下降3.13个百分点
国有资产保值增值率（%）	98.44	112.53	增加14.09个百分点

【要事与重大决策】

3月14日，国机资产与成都龙潭总部新城就联合党建和战略发展签订合作协议。

4月4日，国机资产获得国机集团所属企业国有产权交易经纪业务统一代理权。

4月19日，国机资产第一届董事会第八次会议审议通过修订公司章程。

6月19日，国机资产所属国机西南大厦获评成都市首批专业特色楼宇。

7月23日，国机资产第一届董事会第十次会议同意清理处置厦门华隆进出口有限公司；转让上海华隆100%股权。

8月6日，国机资产与银川市产城资本投资控股有限公司签署合作框架协议。

12月初，国机资产完成内控体系修订工作，形成了新的《国机资产内部控制手册》。

12月24日，国机资产正式入驻阿里资产拍卖平台。

12月25日，国机资产与北京九汇华纳产权经纪有限公司就入驻其旗下资产推介平台"权易汇"签署战略合作协议。

【资产管理】

2019年，国机资产紧紧围绕做"国机集团唯一的专业化综合性资产管理战略平台"的整体规划，主动服务国机集团改革发展，争取做大资产接收规模，积极对接外部市场、做好存量资产处置，做好制度建设和案例汇编工作，做好产权经纪国机集团统一代理工作。

1月，根据国机集团要求，派出工作组赴济南调研，协助济南铸造锻压机械研究所有限公司在1月15日前进入破产受理状态。

3月，为一拖集团新疆及齐齐哈尔两大生产园区处置、中国机床资产保全等项目出具资产处置建议方案，为中国农机院下属中机建工的问题资产的处置提供解决思路并为其寻找意向合作方。

4月，完成对中国中元剥离资产情况的分析调研，形成初步接收方案。

9月，完成子公司重庆机电退休人员安置工作，并向法院提交破产申请。

10月，上海华隆股权转让项目、中汽南通股权转让项目完成全部审批和正式挂牌工作；收到子公司重庆机电破产受理裁定书。

11月，完成9处驻京、驻外办事处房产的接收和检查清理工作，并与产权方签署管理权移交协议。持续推进京泰公司资产处置，积极协调律师出具相关文件，推动解决境内外股权登记比例不一致的问题。

12月，完成子公司厦门华隆股权转让项目全部审批和正式挂牌工作；完成对子公司四川中汽40%股权的工商登记变更工作。完成《国机资产2010—2018年资产管理经验总结汇编》初稿编制工作。

【资产运营】

1. 参股股权管理方面　2019年，国机资产进一步规范参股企业三会表决内部审批程序，增强投资后的管控效力，充分维护公司在参股企业的股东合法权益。

2. 不动产运营方面　国机资产立足服务国机集团所需，下属企业北京置业经营管理保持平稳，在高质量管理国机集团高端人才住房的同时，按时落实完成国机集团驻京办、驻外办房产受托管理接收工作。

【资产投资】

1月，完成江苏华隆兴60%股权并入中机试验的工商变更及新三板股东登记、验资审核工作。

7月，以战略投资人的身份参与了中国通号的科创板首次公开募股（IPO），获得配额80万股。国机资产投资468万元参与此次战略配售。

12月，审议通过投资500万元参与中机试验定向增发项目。

【重大项目及业务发展】

1. 国机西南大厦项目　国机资产成都公司包含成都置业和成都投资，均为全资子公司。成都投资成立于2015年，原名为"二重成都物业管理有限公司"，由国机资产于2016年根据国务院国资委对中国二重扭亏脱困和改革振兴总体部署及国机集团战略规划，通过北京产权交易所，以7.47亿元从二重重装受让成功。成都置业成立于2017年，主营物业管理，定位为向国机西南大厦提供专业化、高品质物业管理服务，开展市场化租赁招商，实现资产运营与物业管理双轨运行。由于成都投资所拥有的国机西南大厦位于成都市成华区，地点较偏僻，整个区域写字楼空置率高，加之收购大楼原值较高，房产税及折旧等年度运营固定成本较高，经营处于亏损状态。国机资产接手后，已派驻团队专职运营。2019年成都公司双一流物业管理体系初显成效，写字楼出租率突破80%，实现大幅减亏，亏损360万元，同比减亏59%。圆满达成亏损治理专项阶段性目标，国机西南大厦品牌影响力和价值得到提升，彰显了国机资产盘活运营资产的专业能力。2020年有望实现扭亏为盈。

2. 王府井项目　王府井项目自2018年9月13日国机资产总经理办公会审议确定"以诉讼推动王府井项目"以来，工作组同代理律师积极研究项目阶段性的诉讼方案。2018年10月29日，王府井建设管理办公室（简称王府井建管办）通知起动王府井大街277号院的违建拆除工作，由此工作组暂停了对好友公司的诉讼工作。2019年，王府井项目组的工作主要围绕配合王府井建管办对院内拆迁、关注王府井277号院升级改造要求、尝试利用拆违窗口期与中交方进行进一步谈判和完善诉讼方案4个方面开展。

3. 华联项目　2019年，国机资产围绕将华联汽车股权整体转让的处置目标，在积极寻找意向方的基础上，调整各层级人员，加强整体把控；规范华联汽车人事关系管理，与华联汽车主要人员重新签订劳动合同，拜访并稳定各层级人员；收回档案管理权，保证华联汽车处置前平稳运营。

4. 业务发展方面

（1）市值管理业务。2019年，面对国内外经济形势严峻复杂的现实情况，市值管理业务保持全年谨慎前行。存量和增量市值管理稳健执行既定方案，实施波段操作。2019年全年实现盈利826万元，超额完成年度绩效目标。2019年国机资产持续发挥香港华隆海外投资平台功能，顺利完成中国铁塔股票减持工作，实现项目收益1.5亿港元，收益率达37%。

（2）产权经纪业务。2019年4月，国机集团发布《关于由国机资产承接集团所属企业国有产权交易经纪业务的通知》（国机财〔2019〕183号），将下属企业国有产权交易工作的经纪业务统一交给国机资产代理。截至2019年12月31日，产权经纪累计服务项目47项，标的额总计8.1亿元。完成项目16项，标的额3.2亿元。产权经纪业务累计分佣109万元。2019年年度目标产权经纪盈利50万元，完成年度任务的218%。

【主要管理经验】

1. 国机资产战略　2019年年初，国机资产细化战略目标，完善指标释义，规范战略表述，统一战略共识，提升战略目标引领作用，为后续战略实施、战略评价奠定了扎实的基础。全年共组织新3年战略发布宣贯、"从公司战略到员工日常工作"战略培训、战略研讨系列活动，共计3场次战略宣贯和研讨活动，层层深入递进，持续提升全员的战略认同和价值共鸣。

2. 人力资源管理

（1）完善人才队伍建设。开展专业技术通道人员综合能力测评工作。委托第三方人才服务机构中智公司对国机资产总部36名专业技术人才进行工作经历信息采集、BEI访谈、评委会审议。最终10名专业技术人才获得职级晋升、26名专业技术人才职级保持不变。此次测评不仅对公司专业技术人才的能力水平评价更加准确客观，也为后续公司职业发展通道优化改革提供了有力遵循。

（2）持续做强干部管理工作。2019年度国机资产选拔任用干部2人。按选拔方式分为组织选拔1人，公开招聘1人；按岗位类别分为总部部门领导岗位1人，下属子公司领导班子岗位1人。提拔干部均按照公司干部管理规定要求的程序规范进行，严格执行"凡提四必"的有关规定，通过多种方式深入了解拟任人选个人情况，杜绝"带病提拔"。决策环节严格按照"三重一大"决策制度的要求，坚持党委集体讨论决定，充分发挥"民主集中制"，切实提高选拔干部的公信度。

（3）不断加强薪酬激励建设工作。国机资产按照国资委有关业绩升、薪酬升，业绩降、薪酬降的分配指导原则，持续优化完善薪酬福利制度体系建设。对核心骨干人才给予符合其贡献程度的激励保障，充分发挥薪酬福利体系的聚才效应，努力做到薪岗匹配，不断提高员工工作积极性，为国机资产经济创收、业务开拓、服务提升打下坚实基础。

3. 财务管理　2019年，国机资产财务工作围绕国机集团财务工作总体部署，以公司战略为导向，以风险管控为前提，以全面预算管理为手段，以价值提升为宗旨，不断提升财务管控能力，积极助力主业发展，为实现战略持续贡献财务价值。

（1）全面预算管理。将预算目标与公司战略目标相结合，坚持战略导向和价值引领，建立预算编制、过程监控、执行分析为一体的全面预算管理体系，实现全面预算闭环管理。

（2）资金管理。统筹资金运作，加强对国机资产整体资金的整合调配，强化对子公司资金的调控，提高资金使用效率和资金集中度；资金支付严格执行"三重一大"和财务管理制度；执行资金状况月报制度，加强现金流量分析，监控资金风险；深化银企合作，为业务发展提供资金保障；落实国机集团工作部署，完成银行账户清理任务。

（3）产权管理。开展产权登记自查，规范国有资产产权管理。对2018年1月1日至2019年5月31日期间国有产权登记情况开展产权登记自查，进一步摸清家底、规范产权管理工作，完成股权变动公司的产权登记变更，促进产权登记的规范性和完整性。

4. 企业文化建设　2019年，国机资产将企业文化建设年度主题确定为"开拓年"。发布"发扬开拓精神倡议书"，营造发扬企业文化精神的良好氛围；组织开展企业文化开拓年主题征文，员工广泛抒发对于开拓的认识理解，促进开拓精神的践行；组织最强战队团队建设活动，锤炼开拓精神；组织企业文化建设培训，增强全员践行企业文化精神能力；组织实施了4期"公司领导接待日"；实施了企业文化建设效果评估；开展企业文化建设先进奖项评选，表彰践行企业文化的先进单位和个人，树立典型，发挥榜样的力量，促进企业文化进一步落地。

国机资产贯彻落实国机集团推进品牌一体化工作要求，制定国机资产品牌一体化实施方案，监督指导下属企业积极落实。其中第一时间对名片样式进行更新，完成全系统名片一体化应用专项工作；积极与国机集团工作人员沟通设计方案，随时与下属企业交流分享经验；完成国机资产前台、会议室、走廊宣传栏、部门牌、工位牌等环境导视系统中主形象展示位置更换工作；完成官网、内刊等媒体宣传系统及PPT模板等多媒体办公系统新的规范标准采用工作，后续将逐项开展品牌一体化工作任务完成情况和效果的自查，确保一体化工作全面落实。

5. 信息化建设 为提高行政办公效率，国机资产对办公自动化系统主要工作流程进行优化调整，其中对办公自动化 OA 系统进行流程优化，进一步改进流转程序，满足各部门内部流转子流程的需求，并对 OA 系统进行了版本升级，升级为通达 OA 最新的 2017 版。

在业务系统建设方面，开发资产管理信息系统，包含项目管理：股权管理、不动产管理、债权管理、基金管理和其他管理；运营管理：法律管理、合同管理、案件管理、直管管理；市值管理：新股管理、存量管理、增量管理、港股管理；党组织管理；董监高管理；产权经纪；财务数据导出，增强了对数据的整合分析，为各部门业务提供数据和案例，并结合现实情况分析市场行情，降低投资风险。

6. 内部控制 国机资产根据公司实际经营需要，以战略为统领，以风险防控服务经营管理为宗旨，不断完善、深化公司内控体系建设，规范日常经营管理，提升公司风险防控与化解能力，助力公司行稳致远。

（1）风险管理。国机资产以完善内控为基准点，深入开展风险评估工作，全面识别风险因素，分析风险成因，共识别公司整体风险 45 项，其中重大风险 5 项、一般风险 40 项，进一步明确公司风险防控关注重点，为完善内控提供有力支撑；建立全面风险监测与报告机制，密切跟进风险因素变化，并及时采取有效措施，防范化解相应风险。

（2）内控建设。国机资产在全面风险评估基础上，立足实际，以风险防控为原则，修订、完善内控手册，新增内控流程标准 88 项，新增修订内控制度 34 项，完善公司规章制度体系，优化内控手册整体架构，不断增强内控体系的适用性及风险防控作用，有效指导公司日常经营管理。

（3）合规管理。国机资产积极落实国机集团要求，加强合规体系建设，完善合规顶层设计，设立合规委员会，细化合规管理职责，制定合规管理办法，明确合规管理内容、文化建设及管理机制等，实现公司规章制度、经济合同、重大决策等 100% 法律审核，有效保证公司健康稳定发展。

加强组织领导，切实履行推进法治建设第一责任人职责。成立法治建设领导机构和领导小组，领导带头学法、用法、尊法、守法。建立健全法律制度，不断完善法律制度体系建设。组织开展普法宣传教育活动，学习宪法和民法典等，提高全员法律意识，推进依法治企，有效防控法律风险。

（4）内部监督。充分发挥内部审计监督作用，加强与纪检监察、巡视巡察等其他内部监督力量的协作配合，形成监督合力；加大巡视巡查、内控评价、内部审计等工作中发现问题的整改力度；出台违规经营投资责任追究实施办法，明确违规责任，强化制度执行刚性约束，促进公司内控体系有效落地，构建内控体系运行长效机制。

7. 安全生产 国机资产认真贯彻落实国机集团各项安全生产工作部署，健全完善安全生产规章制度体系建设，出台安全生产责任制，进一步明确全体岗位的安全生产职责；逐级落实安全生产责任制，签订安全生产责任书、承诺书，做到全员落实；加大安全知识培训力度，组织开展多种形式的宣传学习活动；督导下属企业深入开展安全隐患排查和专项整治工作，同时结合公司全面风险管理，做好安全生产防控工作，贯彻落实风险管控与隐患排查的双重预防机制，制定详细的隐患排查治理清单。

8. 社会责任 国机资产积极履行央企社会责任，树立央企良好形象，响应国机集团号召，组织全系统职工参与"国机爱心日"捐助活动，共募集爱心基金 3.40 万元，为社会公益贡献力量。

【离退休人员管理服务】

1. 落实政治待遇 认真贯彻落实关于离退休人员的各项政策规定。教育引导广大离退休党员始终牢记党员身份，坚定理想信念，自觉在思想上、政治上、行动上同以习近平同志为总书记的党中央保持高度一致。通过支部学习等形式传达党中央最新指示精神、通报公司经营情况，倡导离退休党员发挥"银发资源"作用。充分发挥党支部桥梁纽带作用,把党员和群众紧密联系起来。

2. 落实生活待遇 国机资产坚持以人为本、服务为先、真情实意,积极为老同志办实事、办好事。严格按照有关政策落实离退休人员各项生活待遇。每逢佳节,为老同志送去祝福和慰问,让老同志时刻感受到组织的关心与温暖。确保离退休人员"老有所养""老有所医"。

3. 落实文化待遇 国机资产持续关注离退休老同志的精神文化生活,为使老同志"老有所学""老有所教""老有所乐",结合老同志精神文化需求和公司实际,通过出版文化特刊和举办红歌会、趣味运动会、团拜会等多种方式丰富老同志的精神文化生活。积极宣传和引导他们树立健康文明的生活方式,使老同志们有一个身心健康、精神丰富、与时俱进的生活状态。

【党的建设】

1. 深入学习贯彻习近平新时代中国特色社会主义思想、党的十九大精神,扎实开展主题教育 一是强化责任导向,做好统筹部署 国机资产通过召开动员部署会,成立领导小组,制定实施方案,深入一线指导督促,层层推进各项工作。二是强化学习导向,做到入脑入心。国机资产通过开展集中学习研讨班、组织党委中心组专题研讨和支部党员大会,广泛开展学习。三是强化调研导向,深入基层解决问题。国机资产领导班子成员深入3个工作区域7个单位进行了全面调研,通过交流研讨进行深刻反思。四是强化问题导向,精准检视查摆。国机资产各级领导班子成员在广泛听取意见建议的基础上,自觉检视问题,对标对表深挖根源。五是强化实践导向,争取工作成效。国机资产聚焦工作重点,抓紧抓实国机集团部署的"8+1"专项整治工作,形成问题整改措施清单,开展整改落实情况"回头看",上下联动同步整改。

2. 加强党的领导,贯彻落实党建工作责任制 一是制定了《国机资产党委2019年党建职责任务书》,对国机资产党委、党委书记、党委副书记、纪委书记、党委委员、党支部书记分别明确职责要求,提出88项职责任务。二是落实"一岗双责",国机资产组织开展党风廉政建设责任书签订工作,班子成员深入分管部门、联系点党支部和子公司进行调研指导、开展谈心谈话、提出党风廉政建设工作要求。三是开展党群干部年度述职评议,由党委委员、纪委委员、党支部书记进行述职,听取工会主席、团委书记汇报,由参会党员干部打分评议。

3. 筑牢党建基础,贯彻落实"中央企业基层党建推进年" 一是切实推进党支部标准化规范化建设。国机资产党委对基层党支部标准化规范化建设进行了部署,指明存在的差距与问题,明确了规范组织设置、注重组织生活、发挥功能作用,强化支委会建设、加强党员队伍建设和做好机制保障等六项重点工作,并开展了基层党建典型案例申报和示范党支部推荐等工作。二是持续推进"三基建设"。国机资产大力加强组织建设,指导基层支部补选委员;开展党务干部集中培训,按照年度党员教育培训计划加强党员教育管理;完善国机资产党内制度规则,对巡察、信访工作制度及发展党员、基层联系点等制度进行了制定和修订。三是探索推进党建信息化管理工作。国机资产通过党建信息平台建设,扎实开展党建专项检查,督促指导党支部标准化工作落实。

4. 创新基层党建新模式,成立国机西南大厦党建工作中心 为深入贯彻新时代党的建设总要求,落实国机集团党委加强系统内企业区域协同的指示精神,国机资产党委结合"不忘初心、牢记使命"主题教育,不断深化央企与政府合作,以所辖国机西南大厦为纽带,与成都市成华区龙潭总部新城党工委携手共建国机西南大厦党建工作中心。2019年,10月25日中心正式揭幕,并被四川省委党校授予党建调研基地、被成华区委授予"蓉城驿站"46号党群服务中心。

【廉洁从业】

2019年,国机资产以习近平新时代中国特色社会主义思想和党的十九大精神为指导,深入落实上级决策部署,全面落实国机集团工作要求,通过落实监督责任、推进巡察工作、开展专项整治、加强警示教育等方式持续深入推进作风建设,促进廉洁从业。一是持续严格贯彻落实中央八项规定精神,在节假日期间认真做好廉政提醒;在"不忘初心、牢记使命"主题教育期间,纪委书记结合参加国机集团巡视及专项检查中发现的问题和真实案例对中央八项规定精神进行解读，进一步提高全体党员领导干部廉洁从业的思想自觉和行动自觉。二是深入推进政治巡察，建立巡察工作领导机制，把对下属企业党组织的监督管理落到实处，确保基层党组织领导核心和政治核心作用的充分发挥。三是有效运用监督执纪"四种形态"，严肃执纪问责，及时处置转办的问题线索2件次。四是开展专项整治工作，深入推进"形式主义、官僚主义"、领导人员"经商办企业""履职待遇、业务支出""靠企吃企"等专项整治工作，确保风清气正的干事创业氛围。五是建立反腐败形势定期研判机制，纪委每季度进行一次反腐败工作形势研究；落实好沟通协调机制，纪委每半年向党委汇报党风廉政建设和反腐败工作，重要事项及时沟通，查找、分析企业反腐败工作面临的问题，巩固落实中央八项规定精神成果。六是扎实推进党风廉政建设，开展"廉洁宣传教育月"活动，通过全员警示教育大会、党委中心组学习扩大会、纪委书记讲党课、学习研讨典型案例、观看警示教育片等活动，进一步筑牢党员干部反腐倡廉思想防线。2019年，开展反腐倡廉教育20场次，247人次接受反腐倡廉教育。

中国农业机械化科学研究院

中国农业机械化科学研究院（简称中国农机院）成立于1956年，总部位于北京奥运村核心地区，在岗员工4 300余人，拥有6家全资子公司、13家控股子公司和4家直属单位，是国家首批创新型企业和高新技术企业。建有1个国家重点实验室，2个国家工程实验室，2个国家级工程技术中心和3个国家级质量监督检验中心，是农业装备产业技术创新战略联盟、国家饲草料生产科技创新联盟、食品装备产业技术创新战略联盟和首都生物质能产业创新战略联盟理事长单位。

中国农机院业务领域包括高端装备、农业工程、信息技术与服务三个板块，涵盖农牧业装备、特种装备、汽车配套、农产品与食品工程、冷链与环境工程、勘察设计与施工、信息技术与精准农业、标准与检测、出版传媒等领域，是我国农业机械领域战略策源中心、技术创新中心、产品辐射中心和国际交流中心。

当前，中国农机院秉承推动中国农业机械技术进步及产业升级的使命，以"价值型农机院"为引领，致力于建设"创新农机院、智慧农机院、幸福农机院"，围绕现代农业装备核心领域，发展多元产业，打造具有国际竞争力的一流企业。

【经营业绩】

2019年中国农机院主要经济指标完成情况见表1。

表1　2019年中国农机院主要经济指标完成情况

指标名称	2018年	2019年	同比增长（%）
资产总额（万元）	579 643.28	583 011.24	0.58
净资产（万元）	124 707.67	123 607.47	-0.88
营业收入（万元）	411 916.53	414 739.76	0.69
利润总额（万元）	4 329.64	12 331.38	184.81
技术开发投入（万元）	22 508.41	25 097.30	11.5

（续）

指标名称	2018年	2019年	同比增长（%）
利税总额（万元）	29 361.49	29 524.45	0.56
EVA值（万元）	8 996.40	13 662.84	51.87
全员劳动生产率〔万元/（人·年）〕	17.29	18.82	1.53
净资产收益率（%）	1.50	4.85	增加3.35个百分点
总资产报酬率（%）	2.92	4.08	增加1.16个百分点
国有资产保值增值率（%）	95.12	99.86	增加4.74个百分点

【改革改制情况】

1. 投资项目进展顺利 加强项目投资管理与资本运作，完成北京卓众出版有限公司利用资本公积、盈余公积与未分配利润转增注册资本项目，完成收购中国包装和食品机械有限公司持有中机嘉峰机械工程有限公司100%股权项目。

2. 亏损治理成效显著 通过清算注销、吸收合并、股权转让和破产清算等方式累计完成了7户法人企业的退出，提前完成了压减20%法人企业的3年总体目标，亏损企业数量由2018年的20户减少到2019年的9户，同比净减少11户，亏损面下降55%；亏损企业在剔除内部合并抵消因素后，实际经营亏损11 478万元，与2018年年末亏损额27 938万元相比，亏损额下降59%。

【重大决策与重大项目】

（1）认真学习和积极落实国家各部委及国机集团的重要政策和重大决策部署，做好国家智库，牵头组织国家重大战略研究工作。发挥农机科研"国家队"的带头作用，围绕"卡脖子"、农机装备产业转型升级等问题，组织开展产业调研、技术预测和政策研究。牵头组织面向2035年国家中长期科技发展规划"农业农村专题——智能农机装备领域"以及"十四五"国家科技创新规划专题研究。

（2）发挥"央企"的行业引领作用，开展行业战略研究。中国农机院牵头承担了科技部"农机专项实施及行业发展动态监测"，农业农村部"农村一二三产业融合发展重点行业监测（农产品加工装备）"，中国工程院"高端装备产业发展战略研究（2035）"等部委委托任务近10项。组织完成《国家农业机械科技产业发展报告（2018年度）》《农业生产全程全面机械化解决方案》。

（3）积极落实国机集团《关于农机装备产业振兴与转型升级的指导意见》，担当农业装备板块振兴责任。制定中国农机院"农机装备产业振兴与转型升级三年行动方案"，分析研判新形势新要求，研究阶段目标、关键内容、重点举措和实施计划。

（4）始终坚持科技创新引领，积极拓展科技项目申报领域、申报渠道和申报地区，增强科技投入。结合科技发展新形势以及新兴产业培育，一方面拓展申报国家新兴领域重点专项，获批蓝色粮仓、智能机器人、重大科学仪器设备研制等专项项目；另一方面，重心下沉，对接北京、江苏、广东、贵州、吉林、重庆、甘肃等省（市）科技计划项目。仅在广东省，就获得3项重点研发计划项目，经费超过400万元。2019年中国农机院获各类科技计划经费1.037亿元。

（5）科研体系建设继续深化。拓展创新合作区域布局，推进西南分院、浙江分院、东北分院、青岛分院等科技创新、成果转化、产业示范新型平台建设。

（6）坚持开放发展，强化央企地方合作，谋篇布局创新协同发展网络。落实与吉林省农业农村厅的战略合作，整合长春产业资源，构建"一个分院，两个基地"，打造"五个中心"，助推农机检验检测与农业信息化管理系统推广等业务。与浙江省农科院签署战略合作协议，合作共建浙江分院，布局华东区域，联合推进农机农艺融合、乡村振兴战略规划与实施等。

（7）构建行业开放创新发展平台。组织召开2019年全国农机科研院（所）长会，倡议聚合行业力量，协同推进农业机械化和农机装备产业转型升级。组织召开"第二十一届农口国家工程技术研究中心主任联席会",推进跨领域、跨行业交流合作。农业装备产业技术创新战略联盟获首届创新中国"创新服务平台"奖,连续多年在年度活跃度评价排名中位列前列;牵头成立中国农业机械学会人工智能分会、检验检测技术分会。牵头申报北京市"中农机星创天地"项目获得批准,打造农机领域的创新创业平台。

(8)不断拓展合作广度与深度。立足中原检测、产教融合等业务拓展,与焦作市、黄河交通学院建立三方战略合作关系,共同打造智能农机装备科技教育示范园;与光明国际、国为检测签署战略合作协议,推进现代农业、农产品与食品生产加工及流通全产业链技术服务合作;与四平市及有关企业签约,建设"智能化家禽加工技术中心",联合打造国内智能化家禽屠宰加工装备创新基地;与江西吉安市签署战略合作协议,共同推动江西井冈山国家农业高新技术产业示范区建设;与江苏大学、河南科技大学、佳木斯大学等地方高校签署战略合作协议,推动学科建设、人才培养以及科技项目、奖励申报等事项。

完善产业管理,强化质量控制。推进质量管理体系建设,顺利通过质量管理体系2019年度监督审核。完善安全生产工作体系,做到全员签订"安全生产责任书"。坚持开展安全生产检查和安全隐患排查治理,对45项安全隐患进行整改。积极防范环境污染事故,组织全面排查生态环境风险,督促指导中机南方和农装保定分公司完成VOCs废气处理设备检测系统升级,完成北京市考核目标,荣获北京市节能减排优秀单位。

【市场开拓、科研成果、产业化发展情况】

1. 市场开拓、产品及发展情况 2019年,我院精心培育大型自走式青饲收获机、智能采棉机、打捆机等拳头产品市场表现优异,市场占有率大幅提升。大型自走式青饲收获机产销两旺,市场占有率达到25%,同比增长10个百分点;打捆机市场占有率达到25%,继续保持行业领先地位。军工与特种装备持续保持细分领域技术优势,市场占有率稳中有升。无杆飞机牵引车在特定市场占有率达到80%以上,热障涂层业务市场占有率达到70%;16m以上高端摊铺机市场占有率达到70%以上;蠕变持久试验机市场占有率达到69%,校直机市场占有率超过70%。

呼和浩特分院打捆机由传统机型向宽幅多功能高密度机型拓展,小圆捆向大圆捆机型延伸,创新外观设计,塑造"华德"高端农机品牌形象,在2019年全国打捆机销量比2018年萎缩20%的市场环境下,2019年呼和浩特分院打捆机销售数量达到1 342台,实现销售收入13 973.73万元,市场占有率约为17%,比2018年增加2个百分点。

中机美诺9265A大马力高端青贮机销量创历史新高,市场反馈良好。2019年中国农机院强化质量保障,销售青贮机161台,实现销售收入6 547万元,多个区域市场销量增长50%以上,市场占有率约为26%,比2019年增加11个百分点;9458大型青贮机定型亮相,成为国内马力最大、综合效率最高的国产大型青贮机,关键技术指标达到国际同类产品水平。

天顺长城宽幅超大型摊铺机系列产品的综合性能持续提升,2019年共销售摊铺机63台(套),实现营业收入14 035万元,市场占有率约为75%,比2019年增加5个百分点。完成SP2060-3、SP1350-3X和SP935S-3X三款新型摊铺机产品上市,进一步夯实在超大型摊铺机市场的领先优势,并在13米级、9米级摊铺机市场更具竞争力;其中SP2060-3摊铺机摊铺宽度达23m,为全球最大。

2. 科研成果 2019年中国农机院科技成果丰硕,获国家技术发明奖二等奖1项;省部级科技进步奖6项,其中,一等奖4项、二等奖2项;行业奖励5项;各类表彰7项。申请专利107件,其中发明专利57件;获授权专利64件,其中发明专利22件。制修订各类标准95项,其中,国家标准15项,行业(团体、地方)标准54项;组织行业提出2项国际标准提案(植保无人机施药测试方法)。发表论文170篇,其中EI/SCI论文20篇。

获省部级以上科技奖励7项:"东北玉米全价值仿生收获关键技术与装备"获国家技术发明奖二等奖;"高湿玉米低损高净籽粒直收关键技术与装备""收获机械生产制造与田间作业

智能测控技术装备及运维平台"分别获得中国机械工业科技进步奖一等奖、二等奖；"作物品种小区试验与繁育机械化关键技术及装备"获神农中华农业科技奖一等奖；"主要根茎类作物机械化生产技术装备"获山东省科技进步奖一等奖；"4MZ-3自走式采棉机""旱地智能化精量种植关键技术及装备"分获中国机械工业集团科学技术奖一等奖、二等奖。

获各类表彰7项："旱地智能种植关键技术及装备""农业有机废弃物分散处理创新模式及智能化集成装备的研发与应用"获农业机械科学技术奖二等奖、三等奖。"全封闭智能米粉干燥系统"获中国食品科学技术学会"2018—2019年度中国方便食品行业最佳创新产品"荣誉称号。"9YFQ-2.2型方草捆捡拾压捆机"获中国农业机械工业协会、中国农业机械化协会、中国农业机械流通协会"2019中国农机行业年度大奖"产品金奖；"美诺1240B马铃薯种植机"获产品创新奖。"自润滑关节轴承衬垫材料性能评估体系与寿命评价技术"获河南省教育厅科技成果奖一等奖。"太行发动机涡轮导向叶片与高效冷却一体化设计及工程研制技术"获中国航空发动机集团科学技术进步奖二等奖。组织推荐3项重大成果参与新中国成立70周年成就展遴选。

3. 产业化发展情况 三大板块产业化稳步发展。信息技术与服务是中国农机院"十三五"发展战略首次确立的三大主业之一，并作为重点培育的新兴板块。至今该板块已经发展成为中国农机院最具成长性、最有带动性和行业影响力的新兴产业板块，2019年该板块实现利润总额3 935万元，占全院利润总额的51%。2109年，在汽车检测领域，成功获得国内车辆检测市场的4项重要行政许可检验项目的全部检验资质，可为客户提供"一站式"服务；信息化业务获得新突破，市场进一步扩大；出版业务成功实现数字化转型；学农教育受多方赞誉，实现了社会效益和经济效益双丰收。

高端装备板块坚持创新驱动，瞄准前沿技术，在飞机牵引车、高端摊铺机、试验机、打捆机、高端青饲机等多个细分市场和领域继续保持国内顶尖水平。2019年度，采棉机产业化取得新进展，高效采棉头、玉米免耕精密播种单元等"卡脖子"核心部件取得突破；"东北玉米全价值仿生收获关键技术与装备"获国家技术发明奖二等奖；打捆机销量突破1 700台，刷新历史纪录，连续11年行业销量第一；热障涂层产品市场占有率不断增长，某批次生产热喷涂热障涂层叶片市场占有率从75%增长到80%；三款新型摊铺机产品上市，进一步夯实了中国农机院在超大型摊铺机市场的领先地位，并在13米级、9米级摊铺机市场具有更强的竞争力。蠕变试验机同比增长48%；汽配业务成功进入新能源汽车领域。

农业工程板块聚焦协同发展和管理提升，以精细化管理和产业链延伸，支撑效益水平提升。自主开发设计了国内首套空心面专用干燥系统，满足特殊高端面条制品需要；环境工程业务增长迅速，能源工程取得突破性进展；勘察业务积极拓展海外市场，新中标暹粒吴哥国际机场航站楼桩基础检测工程、沙特萨尔曼国王国际综合港务设施项目桩基工程等海外项目；创新畜禽粪污资源化利用项目承接实施模式，取得较好成效。

4. 重大项目进展情况

（1）智能农机装备国家重点研发计划之"农机变量作业技术与装置研究"，"多功能田间管理作业技术装备研发"分别于2019年9月5日、9月17日通过中国农村技术开发中心组织的中期检查。

（2）尼泊尔设施农业技术示范项目：2019年10月、12月派团赴尼泊尔执行项目，对尼泊尔20名相关农业技术人员进行农业与蔬菜栽培技术、蔬菜栽培废弃物再利用技术的培训并完成技术示范。

（3）援苏丹屠宰厂项目：2019年，中国农机院与苏方共同签署建成后合作运营协议，同时，与苏丹吉亚德集团就农业机械组装技术合作意向达成合作备忘录，为农业机械技术合作与技术转移奠定基础。

（4）埃塞俄比亚苔麸生产机械化推广项目：2019年，中国农机院与埃塞俄比亚农业部签署了《苔麸机械技术推广合作谅解备忘录》，进一步推动该项目的科技产业化步伐，借助新技术力量实现助力埃塞俄比亚农业经济发展。

【主要管理经验】

1. 党建工作

（1）强化思想政治建设，坚定不移贯彻落实党中央会议精神和决策部署。中国农机坚持把党的政治建设放在首位，增强"四个意识"，坚定"四个自信"，做到"两个维护"，保证党中央、国务院国资委和国机集团党委的各项决策部署落实落地。

（2）扎实开展"不忘初心，牢记使命"主题教育，促进中国农业机械技术进步和产业升级使命担当。中国农机院党委按照国机集团党委及主题教育领导小组的安排部署，将主题教育作为重大政治任务，以学习贯彻习近平新时代中国特色社会主义思想为主线，坚持把学习教育、调查研究、检视问题、整改落实四项重要措施贯穿主题教育全过程，深入推进主题教育。中国农机院第一、二批主题教育，覆盖了中国农机院12个党委，105个党支部，实现党员全覆盖。

（3）全面贯彻新时代党的建设总要求，压紧压实管党治党政治责任。中国农机院党委切实履行党建主体责任，有效地发挥把方向、管大局、保落实的领导作用，院党委书记带头履行第一责任，班子成员结合各自分工抓好分管领域的党建工作，落实"一岗双责"。

（4）全面推进国机集团"基层党建推进年"专项行动，夯实基层党组织标准化、规范化。中国农机院党委以党建"创优推进年"专项行动，全面加强"三基建设"，不断夯实工作基础，提升企业党建规范化、科学化水平。

（5）强化党风廉政建设，持之以恒正风肃纪，坚定不移推进巡视巡察工作开展。中国农机院党委切实履行全面从严治党主体责任，认真贯彻落实党中央及国机集团党委、纪委工作部署，全面加强不敢腐、不能腐、不想腐体制机制建设，巩固打造风清气正的政治生态。

2. 信息化建设 夯实运维基础，做好各系统和服务的稳定与安全保障工作。2019年，支持大型视频会议35次，较2018年增长119%。全年解决ERP系统问题600余条，比2018年增长56%。完成ERP审批流程4 023个。截至2019年12月，完成各类OA流程达260种，OA系统覆盖总部8个职能部门，9家院属企业，完成流程新增或调整103次。积极做好2019年网络安全防护工作，对171个服务器内网IP地址进行逐一摸排，筛选出30台关键服务器进行有针对性的安全检测。通过成立中国农机院新中国成立70周年活动网络安全保障专项领导小组、针对重点服务器设立专项处理方案、建立值班制度、设置"零报送"机制等一系列措施，扎实完成新中国成立70周年庆祝活动期间的网络安全保障工作。

关注基础设施优化，促进业务质量与效率提升。完成网络流量控制设备的更新升级，设备上线后，网络流量失控现象立即被遏制。完成DDI系统实施部署，提升DNS等网络基础服务的稳定性和可靠性。推动电子签章的实施与部署工作，完成11个签章的电子化部署。推动统一身份认证系统建设，打通各信息系统中账号和组织结构信息的壁垒，实现信息系统账号全生命周期统一管理。针对OA系统、E-mail、上网认证和AD域等关键系统，建设单点登录系统。

探索重点业务系统（ERP）优化带动系统效率提升。2019年2月，启动ERP财务业务一体化单位使用情况调研工作，深入生产现场，对企业高管、中层干部及关键岗位人员全覆盖调研。此次调研现场解决问题60余个，采集回收问题和需求280个。从服务器硬件性能、数据逻辑、业务需求、财务规则、培训机制和系统架构等6个方面分别制订优化方案或建议。2019年12月，针对MRP计划模块、齐套平台和WIP模块以及BOM模块在华德牧草举办了为期3天的专题培训，总部及院属单位近40人参加了培训。

组织建设房产管理系统，革新房产工作的管理模式，组织完成房产管理系统的实施工作，梳理出15.6万 m^2 经营性房产（共计736间）的现状，制定满足农机院实际需求的标准化的房产经营流程图；梳理出院200余块水、电表的覆盖范围及分摊计费情况。通过房产管理系统，理顺了房产管理工作的各个环节，规范了房产经营工作的全过程，革新房产经营工作的管理层次，使房产经营数据可视化。

3. 企业文化　中国农机院始终坚持"以人为本"，坚持关爱员工、尊重员工、惠及员工，不断提升员工的获得感、幸福感，建设相互尊重、机会平等、成果共享的幸福农机院。坚持党建带群建，院党委每年听取工会、共青团和统战工作汇报，加强对工会、共青团和统战工作领导，建设团结和谐的企业文化。定期召开职工代表大会、审议相关事项；维护职工权益，送温暖献爱心，解决子女上学难题；帮扶困难党员和群众，做好员工生活福利工作；推进扶贫工作，完成淮滨扶贫项目，中机十院等地方扶贫工作成效显著、受到当地政府嘉奖。团组织工作结合青年特点和新时代特征，组织"世界读书日"推书视频、"红色五月"主题活动、Y-Talk（青年说）、Y-Together（青年聚）中秋画团扇、篮球友谊赛、"青年志愿者"活动等；印发《中国农机院党委关于进一步加强和改进统一战线工作的实施意见》，组织党外干部参加主题教育和相关政治学习活动，组织统战人士开展"爱企业、献良策、做贡献"主题活动。

4. 社会责任　中国农机院党委高度重视扶贫工作，进一步压实扶贫责任。根据脱贫攻坚工作的新形势新要求，专题研究扶贫工作，调整了院扶贫工作专项机构和扶贫工作领导小组；成立扶贫领域腐败和作风问题专项治理工作领导小组，形成主要领导亲自抓、分管领导具体抓、上下联动深入抓的工作格局；解决扶贫资金落实问题，加大扶贫投入力度，推进各项扶贫工作有序有效地进行。

按照国机集团党委《关于做好2019年度国机集团定点帮扶淮滨县帮扶项目和扶贫领域腐败、作风问题监督检查工作的补充通知》《关于召开国机集团2019年定点扶贫工作淮滨片区会议的通知》要求，通过对淮滨县进行实地调研、参加片区会议等形式，结合2018年扶贫项目推进情况，对2019年扶贫项目进行分析探讨和论证，协同国机集团党委工作部及有关单位，论证帮扶项目。

2019年6月，中国农机院签署了《扶贫责任书》，帮扶固城小学的25万元专项资金于当月18日拨付到指定账户，项目于当年已完成。

2019年的扶贫工作取得了一些好的经验做法。一是形成联动，推进消费扶贫产品成形。鉴于淮滨县尚无合适的产品，中国农机院积极与淮滨县政府及有关单位沟通，并与轴研科技形成联动，推动其地方产品向商品转化，为淮滨县农户相关作物的产业化迈出第一步贡献力量。二是发挥企业优势，落实精准扶贫。中国农机院下属中机十院国际工程有限公司派驻的第一书记长期住守河南省嵩县马驹岭村，以规划下乡为抓手，发动景观师、设计师和建筑师，为该村描绘蓝图，并先后解决了道路、饮水和卫生等基础设施建设，同时大力发展桑蚕养殖等产业，提高村民收益。2019年年底，马驹岭村已实现整村脱贫摘帽。三是以数据建设为抓手，促进老区扶贫攻坚。中国农机院下属卓众出版中国老区建设杂志社，通过"老区贫困县信息采集加工服务项目"，对105个老区深度贫困县革命历史情况、脱贫攻坚进展情况及建设发展现状进行调查分析、实施数字化加工，为促进老区建设、传承红色基因提供信息支撑和决策服务；该项目的开展，填补老区信息化建设空白、丰富完善全国扶贫开发大数据，为老区信息平台建设开启新途径。通过国务院扶贫办"老区扶贫攻坚数字主题馆项目"，对老区的脱贫攻坚成果进行数字呈现，弘扬老区精神。四是精准调研帮助增收，科技带动多重扶贫。中国农机院下属呼和浩特分院充分利用企业科研优势，赴赤峰宁城县小城子镇三家村，捐助秸秆捡拾揉碎压捆机并进行现场指导，有力推动了该村农作物秸秆饲料化利用，促进当地农民收入增加；同时对防范火灾风险，减少空气污染起到了积极的促进作用。

做好污染防治工作，实现绿色可持续发展。下属各生产企业都已取得当地环保部门颁发的排污许可证,挥发性有机废气的有组织排放达到《大气污染物综合排放标准》要求，厂界内无组织排放浓度达到《大气污染物综合排放标准》中"无组织排放监控浓度限值"。

国机集团科学技术研究院有限公司

【基本概况】

国机集团科学技术研究院有限公司（简称国机研究院）成立于2010年，是国机集团向"创新型国机"迈进的战略部署，是增强整体技术创新能力的重要创新主体。

国机研究院围绕"做实"和"做宏观"两个方向，聚焦关键材料、重要元器件、高端装备、智能制造、科技服务"五大"主营业务，加强关键核心技术攻关，解决"卡脖子"和"短板"问题；以筹建国家重大技术装备创新研究院为契机，加强科技资源整合与协同创新，发挥"国家需求对接、科技资源整合、核心技术研发、高端人才聚集、科技改革试验、科技服务/咨询"六大平台功能，实现"八大"突破，对标国内外知名研发机构，打造国机集团前沿/共性技术研究平台，把国机研究院建设成为国内一流、国际知名的央企"中央研究院"，为集团高质量发展提供重要支撑。

国机研究院拥有原机械工业部6家国家一类研究院（所），拥有国家工程（技术）中心2家，国家企业技术中心1家，国家工程实验室1家，省部级工程（技术）研究中心8家，博士后工作站2家，国家生产力促进中心2家，质检中心8个（其中国家级5个），国际标准化委员会1家和全国标准化委员会5家。

近4年承担国家和地方政府科技项目125项，主持和参与制修订国家和行业标准106项。2016—2019年，共获得省部级以上各类成果32项，授权发明专利135项。2019年科技投入1.41亿元。

截至2019年年底，国机研究院拥有资产总额25.63亿元，实现主营业务收入13.48亿元。员工总数1249人，其中，中国科学院院士1人，中国工程院院士2人，享受政府特贴专家53人，具有正高级职称147人，副高级职称333人。

【经营业绩与财务分析】

2019年国机研究院主要经济指标完成情况见表1。

表1 2019年国机研究院主要经济指标完成情况

指标名称	2018年	2019年	同比增长（%）
资产总额（万元）	257 354	255 089	-0.88
净资产（万元）	108 145	112 450	3.98
营业收入（万元）	119 873	134 821	12.47
利润总额（万元）	9 596	-2 726	-128.41
技术开发投入（万元）	13 998	22 315	59.42
利税总额（万元）	10 251	3 142	-69.35
EVA值（万元）	2 950	2 953	0.12
全员劳动生产率〔万元/（人·年）〕	24.20	16.28	-32.73
净资产收益率（%）	8.49	-2.95	下降11.44个百分点
总资产报酬率（%）	4.12	0.20	下降3.92个百分点

(续)

指标名称	2018年	2019年	同比增长（%）
国有资产保值增值率（%）	108.29	94.62	下降13.67个百分点，因院本部政策性亏损

注：① 2018年合并口径：院本部、北强所、哈成套；2019年合并口径：院本部、北强所、哈成套、沈阳仪表院、重材院。
② 2019年国机研究院本部亏损7 245.41万元，是因费用化拨付集团重大科技专项研发经费7 707.55万元。

【改革改制】

为进一步优化整合集团科技资源，加快实现"做实、做优、做强"的发展目标，2019年6月，国机集团将沈阳仪表科学研究院有限公司（简称沈阳仪表院）、重庆材料研究院有限公司（简称重材院）重组进入国机研究院。

国机研究院进一步落实"高端人才聚集"和"科技改革试验"等六大平台功能，先后完成国机集团部署的中国电器科学研究院（简称中国电器院）以及哈尔滨电站设备成套设计研究院2家单位的混改工作。2019年11月5日，中国电器院成功在上交所科创板挂牌上市，为国机集团院所尝试混改探索出了一条成功的道路。参股中机六院牵头成立的"国机工业互联网研究院（河南）有限公司"，为集团院所探索企业混改及拓展"互联网+"模式做出积极贡献。研究制定《国机研究院关于搭建"高端人才平台"暂行办法》，为集团所属京外企业引进、培养高层次人才及团队创造条件。

根据国机集团安排，成功竞得济南铸锻所检测检验科技公司资产，确保济南铸锻所行业资源得到延续。

【重大决策与重大项目】

筹建"国家重大技术装备创新研究院"（简称重大院）。在国家发展改革委的指导和国机集团的领导下，国机研究院承担了筹建重大院的重点任务。成立顾问专家委员会和筹建工作组，形成重大院的组建方案、重大院产业研究报告、公司章程及招股说明书等重要文件；积极开展与国家发改委、国资委等相关部委的沟通对接；初步落实机械科学研究总院、机械工业信息研究院、清华大学、上海交通大学等11家重大院股东单位；与中国机械工业联合会共同组织召开"重大技术装备研发创新与首台套示范应用联盟"成立大会；积极筹划10个领域的首批攻关项目，已经上报国家发改委的包括农机装备、高端机床、石化装备、核电装备、高端轴承等6个领域的重大攻关工程项目，其中，国机集团下属企业参与的项目有4项。

成功获批工业和信息化部"国家农机装备创新中心"，成为第13家国家级制造业创新中心，获得国家支持资金2亿元，省、市配套资金各1亿元，国机研究院正全面推进创新中心建设工作。

紧盯国家战略，谋划国机科技新平台。根据习近平总书记在中央财经委员会第五次会议上的重要指示精神，紧盯国家部委筹建"国家工业基础研究院"的机会，为国机集团30家转制院所谋划共性基础研发平台。

明确战略功能定位，加强国机研究院自身基础建设。根据张晓仑董事长提出的"国机研究院要在集团内部科技资源整合中发挥顶层设计作用"的指示精神，围绕"国家需求对接、科技资源整合、高端人才聚集、核心技术研发、科技改革试验、科技服务/咨询"六大平台功能定位，国机研究院完善本部组织架构，建立健全各项规章制度。积极推进组建正式党委、纪委工作，已取得国机集团党委关于召开第一次党代会的批复；根据"效能本部"的原则，进一步完善职能机构、明确岗位职责，充实本部人员。研究制定了《"三重一大"决策制度实施办法（试行）》《企业负责人履职待遇、业务支出管理暂行办法》等规章制度，不断加强内部管理，规范企业运行。

2019年，完成国机研究院/重大院筹建处办公场地选址、装修、搬迁，新的办公场地面积1 100 m²，可满足国机研究院近期发展急需。

【重大项目、科研成果】

为加强沈阳仪表院、重材院重组进入国机研

究院后的深度融合，促进协同发展，院临时党委书记刘庆宾率队组织全体院领导及3家直属企业（沈阳仪表院、重材院、北强所）主要领导及业务骨干赴沈阳仪表院、重材院2家企业进行"不忘初心、牢记使命"主题教育活动，以高质量党建推进业务融合，并在重材院组织召开了"国机研究院科技/成套业务协同会"。

国机研究院围绕国家战略和行业发展趋势，做好科技项目的谋篇布局。针对中美贸易摩擦，国机研究院积极组织对接部委机关与重点客户，牵头编制国机集团《关键基础材料重大短板技术攻关方案》；上报国务院国资委关键核心技术攻关项目7项，正式入选国务院国资委1025工程项目4项；提出2020年度工业强基项目建议3项；提出国家重点研发计划等国家级项目建议书多项。

聚焦我国核电领域"卡脖子"产品与技术，国机研究院组织沈阳仪表院、重材院等所属企业、合肥通用院等国机集团相关院所联合申报国机集团2019年度重大科技专项"核电工程用关键传感器与仪表的自主化研制与产业化"项目，获得国机集团批准，并下拨专项经费2 000万元。

2019年，国机研究院取得了较为丰硕的科研成果。国机研究院所属企业新增国家重大科技专项、国家重点研发计划、军工配套科研、集团重大科技专项、辽宁省科技重大专项、重庆市重点研发计划等省部级以上重点科技项目15项。全年合计签约各类科技项目，获得经费8 000余万元。院所属企业共组织实施各类各级科技项目100余项，全年研发投入1.4亿元。完成外部验收项目20余项，其中，工业和信息化部工业强基项目1项，配套科研项目5项。

2019年，国机研究院院所属企业申报专利49项，其中发明专利26项；获授权专利53项，其中授权发明专利17项；主持或参与标准制（修）定17项，其中，主持制定国家标准2项，行业标准15项。共获得省部级以上科技奖励5项，其中重材院联合中广核申报的"基于大型压水堆的测温材料及应用技术"获得2019年中国机械工业科技进步奖一等奖。重材院还获得工业和信息化部授予的"国家级技术创新示范企业"称号。

【产权制度改革】

2019年6月19日，国机集团发文（国机战投〔2019〕290号），同意将持有的沈阳仪表科学研究院有限公司100%股权、重庆材料研究院有限公司79.13%股权无偿划转给国机研究院。

【经营管理】

1. 围绕国家所需，加强科技创新协同　围绕国家和行业科技发展需要，发挥国机研究院的平台优势，协调内外部资源，加强与国家部委、重点龙头企业的对接，围绕"卡脖子"技术、短板装备，组织院所属单位及国机集团相关单位联合承担国家、地方重点科研项目以及集团重大科技专项，形成创新合力。

2. 完善总部组织架构，建立健全各项制度　以"效能总部"为原则，加强组织机构建设和总部人员配备。进一步建立健全院各项基础管理制度，不断加强内部管理。

3. 加强人才建设　重视人才队伍培养，围绕关键技术和核心产业，遴选、建设若干支分级管理、结构合理的创新团队。搭建高端人才平台，为国机集团下属京外企业引进、培养高层次人才及团队创造条件。

【党建工作】

学习贯彻习近平新时代中国特色社会主义思想。院临时党委始终把坚持党的领导、加强党的建设放在首要位置，组织院领导干部以集中学习、专题研讨等方式重点学习了《习近平关于"不忘初心、牢记使命"重要论述选编》《习近平新时代中国特色社会主义思想学习纲要》等原文原著和总书记历次重要会议讲话精神，特别是关于实现装备制造业高质量发展、推动科技创新等的重要论述和指示批示精神，学深悟透并运用到推动国机研究院改革发展中。

从严从实，开展两批主题教育。院临时党委坚决落实习近平总书记关于"抓四个到位"的重要指示精神，紧扣改革重组、融合发展的调研方向，通过召开主题教育部署动员会、成立领导机构、制定实施方案、开展集体调研、梳理排查问题，从严组织实施，确保两批主题教育落到实处。

两批主题教育覆盖6家企业党委（直属党支部）、党员近600名。累计开展班子学习研讨28次、讲党课24次；开展调研53次，梳理检视问题48个，制定整改措施64条。经过对第二批6家主题教育参加单位民主测评，党员群众对主题教育满意率均在97%以上。

贯彻落实国有企业党的建设工作会议精神，履行管党治党政治责任，加强作风建设，聚焦基层党组织建设。院临时党委履行党建主体责任，临时党委书记履行党建第一责任人职责，全面负责院党的建设工作，对中央巡视组提出的整改重点任务、国机集团党委布置的"基层党建推进年"专项行动、党组织书记和董事长"一肩挑"等重点工作，积极部署、有序推进、定期监督。加强作风建设，签订《党风廉政建设责任书》，开展违反中央八项规定精神和"四风"问题、"靠企吃企"问题专项自查。开展基层党支部标准化规范化建设。

【信息化建设】

2019年，国机研究院各级企业信息化建设及运维总投入100余万元，制定、修订《计算机及周边设备管理办法》等管理制度，使信息化工作更加规范。完成了国机研究院办公OA系统的建设应用，提高内部管理效率，增强管控力度。

【企业文化建设】

以推进国机集团品牌一体化战略为重点，打造与国机集团企业文化相融合的文化建设。根据国机集团总体部署，稳步推进院本部及各级企业品牌一体化实施工作，按照新视觉识别系统（VI）系统要求，完成行政办公系统、多媒体办公系统、会务系统、媒体宣传系统、环境导示系统各项应用的更换。

【社会责任】

国机研究院高度重视扶贫开发工作，坚决贯彻落实中央精准扶贫战略部署和国资委扶贫攻坚重要精神，落实国机集团定点帮扶各项工作和安排。2019年，院本部及所属企业共落实定点帮扶资金35万元。院本部作为平陆县技能人才培训项目的责任单位，完成农业技术人员和贫困户果树种植技术培训任务要求。积极组织院各级企业购买定点扶贫县滞销农产品，充分体现了国有企业应有的担当。积极响应国资委、国机集团"关于推荐高层次人才赴西部有关省市挂职的通知"号召，下属沈阳仪表院推荐汇博光学公司副总工程师任少鹏赴甘肃挂职工作，为西部陇地注入国机力量。

国机资本控股有限公司

国机资本控股有限公司（简称国机资本）成立于2015年8月，是由国机集团联合部分下属企业及建信（北京）投资基金管理有限责任公司共19家股东单位，共同发起设立的国有控股企业，注册资本23.7亿元。国机资本主要业务范围为股权投资、项目投资、证券投资、资产受托管理；项目融资、产业基金及私募基金的筹集和管理，投资咨询与财务顾问，高新技术开发与咨询；法律法规允许公司经营的其他业务。

国机资本成立后，与国机财务、国机资产两家公司共同搭建起国机集团金融与投资板块，逐步形成股权投资、基金管理、融资租赁和证券资管四大业务主线，服务国机集团主业能力不断增强。

【主要指标】

2019年国机资本主要经济指标完成情况见表1。

表1 2019年国机资本主要经济指标完成情况

指标名称	2018年	2019年	同比增长（%）
资产总额（万元）	294 040.51	317 406.87	7.95
净资产（万元）	209 920.21	246 269.56	17.32
营业收入（万元）	371.02	3 069.05	727.19
利润总额（万元）	3 811.45	5 835.37	53.10
利税总额（万元）	3 818.49	5 857.82	53.41
EVA值（万元）	-11 505.40	-10 013.08	12.97
净资产收益率（%）	1.43	2.12	增加0.69个百分点
总资产报酬率（%）	2.21	3.01	增加0.80个百分点
国有资产保值增值率（%）	87.96	118.45	增加30.49个百分点

【业务发展】

2019年年初以来，面对错综复杂的经营环境，国机资本坚持稳中求进，把握机遇，积极应对，圆满完成各项经营考核指标。

1. 坚持服务集团主业宗旨 国机资本始终专注服务国家战略需求和国机集团主业，助力国机集团产业发展，支持和陪伴国机集团下属企业走重组、转型和机制创新之路。在投资方向上明确"三个优先"：优先国机集团核心主业、优先战略新兴产业、优先国际化经营产业。国机资本不断发挥投资导向作用，积极参与国机集团资本运作、产业培育和深化改革，不断提高资本配置效率和核心竞争力，通过领投来引导和带动社会资本投资，加快企业发展。对国机集团内企业和项目的股权投资持续增加，截至2019年12月31日，累计股权投资余额7.93亿元，占国机资本资本金的33.46%。国机资本投资的中国电器院，2019年11月5日成功登陆科创板；投资的国机智骏新能源汽车已顺利下线销售。

2. 大力倡导价值投资理念 国机资本聚焦国机集团产业，不断优化投资结构，投资项目以保值增值及价值最大化为目标，着力积累投资经验，不断提升投资决策判断能力，牢牢守住风险底线，做好配置和长远布局。同时践行ESG责任投资，更加充分考虑环境、公司治理等可持续发展的因素，追求经济效益和社会责任的统一。截至2019年12月31日，按照国机集团投资授权分类统计，国机资本累计决策投资标的30项，决策投资金额29.48亿元，完成退出项目5项，退出金额0.93亿元，综合收益率达16%以上，目前累计持有投资余额26.17亿元，主要包括①财务性投资，以一年期定增、三年期定增、证券私募基金等为主，共持有10项，持有投资15.13亿元，占持有投资总额的57.81%；②权益性投资，包括私募股权基金投资、股权直接投资等多种形式，决策投资项目14项，持有投资9.89亿元，占持有投资总额的37.79%；③长期股权投资共6项，持有投资1.15亿元，占持有投资总额的4.40%。

3. 努力培育融资租赁业务平台 为深化产融结合，支持服务国机集团实体经济发展，国机资本发起设立国机融资租赁（天津）有限公司（简称国机租赁），重点在装备制造、海外工程、进口机电产品和汽车资产包等领域做出特色、形成优势，2019年租赁公司实现净利润820万元。

4. 积极推进私募基金业务 发行和管理私募股权基金是投资公司扩大资本规模，进行投资组合配置的重要经营方式，国机资本成立以来一直努力打造私募股权基金全业态。国机资本成立之初，公司就注册成立国机（北京）投资基金管理有限责任公司（简称国机北京基金），并于2018年11月取得私募基金管理人资格。

2019年4月19日，由国机资本发起国机（天津）创业投资中心（有限合伙）（简称国机创投）在中国证券投资基金业协会的私募基金产品备案成功。首支基金产品发行，标志着国机资本基金管理人资格合规有效，公司发行和管理基金的经营业务正式起动。国机创投基金总规模3亿元，主要投向智能制造、新材料、清洁能源、信息技术等战略新兴产业和高新技术行业的未上市企业。发起设立创投基金，有利于进一步落实"大众创业、万众创新"的政策要求，有利于围绕国机集团主业，持续培育创新技术，促进科技成果转化，推动新兴产业发展。

5. 加强投后项目管理 国机资本持续强化投后项目全流程管控，通过跟踪分析，及时了解项目经营情况；同时通过产业协同、战略梳理、市场拓展、管理提升和金融服务等多种方式，赋能被投企业，不断提升企业价值。积极创造退出机会，对具备退出条件的项目，通过市场减持、协议转让、公开挂牌等多种方式，尽早实现投资收益。2019年，创新工场、中企云链、科润智控、智骏置业、启帆机器人等项目实现退出，中国通号H股少量减持，退出项目平均年化收益率在16%以上，其中中企云链单个项目退出收益高达80%以上。在项目退出过程中，按照"一企一策"的原则，及时制定专业化解决方案，实现评估结果互认、优先购买权、转让价格和场外结算等创新性方式，既确保产权处置高效，也锻炼了年轻的队伍。

6. 权益性投资逐步兑现收益 通过近两年的培育，国机资本的投资项目初见成效，2019年有3个项目实现首次公开募股（IPO）：中国电器院、中国通号科创板上市，芯片设计企业江苏卓胜微电子股份有限公司（简称卓胜微）在创业板上市。随着投资项目收益的实现，国机资本的投资能力得到验证，在行业内的声誉和影响力逐步提高。

（1）中国电器院。2019年10月16日，证监会发布公告，同意其在科创板首次公开发行股票注册。11月5日，科创板成立一周年之际，中国电器院成功上市（股票代码688128，股票简称中国电研）。2017年7月，国机资本投资7753.55万元，支持中国电器院进行混合所有制改革，中国电器院在10家试点央企中，率先完成混合所有制员工持股改革任务，实现了股权多元化、治理结构制衡化和内部机制市场化，企业发展驶入快车道。从国机资本投资到其上市，用时仅26个月。

（2）中国通号。2019年7月9日，中国通号披露《首次公开发行股票并在科创板上市发行公告》，发行价格5.85元/股，发行规模105.3亿元。国机资本作为中国通号的H股基石投资人，凭借多年来与企业建立的良好合作关系，成功获得中国通号在科创板上市发行战略投资者资格，获配数量2367.75万股，在战略投资者公告中位列第3。

中国通号专注于轨道交通控制系统技术的研究与探索，是保障我国轨道交通安全运营的核心企业，自2009年起一直在全球轨道交通控制系统市场上排名第一。中国通号成为率先登陆科创板的大型中央企业，也是科创板上"A+H"第一股，开启了科创板包容与创新的先河。

（3）卓胜微。卓胜微2012年创建成立，是一家专注于射频领域集成电路研发和生产的芯片设计公司，已成为国内智能手机射频开关、射频低噪声放大器的领先品牌。2019年5月16日，证监会审核通过卓胜微在创业板上市的申请。11月5日，卓胜微股价一举突破每股400元大关，成为两市第3高价股，在两市所有股票中近1年相对指数涨跌幅均排名第一。为培育新兴产业，国机资本于2017年底通过与清华科技资本合作的基金投资卓胜微，从投资到卓胜微上市，仅用一年半的时间。

7. 探索开拓新业务 2019年国机资本在控制风险的前提下，开展证券转融通、新股申购、资管产品发行与投资等短期业务的探索。7月，通过对科创板证券出借和转融通的细则研究，在中国通号科创板上市第一天即开展股票的出借业务，截至2019年12月31日，获取出借收益240多万元。证券出借业务是盘活闲置证券资产的一种非常有效的方法，是开拓市值管理业务的有益尝试。同时，国机资本还积极探索发行和投资资管产品业务，研究提出供应链和应收账款证券化方案，助力国机集团所属企业盘活存量资产，降低负债率，满足融资需求。国机资本开通上交所、深交所网下机构投资者IPO申购权限，参与

64只网下新股申购，累计上市并出售新股49只，获得投资收益65万元。

8. 完成亏损企业专项治理 国机资本认真贯彻落实国机集团亏损企业专项治理工作要求，结合实际情况，研究制订《国机资本关于亏损企业专项治理工作方案》，针对国机资本香港有限公司主要因为贷款利息导致亏损，采取对国机资本香港有限公司增资1 300万美元，归还贷款减少利息支出，实现投资分红等措施，使国机资本香港有限公司扭亏为盈。推进中国通号减持，累计减持560.2万股，实现投资收益820万元，优化资本结构。

【经营管理】

1. 党建工作 国机资本深入学习贯彻习近平新时代中国特色社会主义思想，扎实开展"不忘初心、牢记使命"主题教育，开展9个方面专项整治，建立贯彻落实习近平总书记重要指示批示精神台账，分两批集中学习十九届四中全会精神，引导员工不断强化"四个意识"、坚定"四个自信"、践行"两个维护"。坚决落实党建进章程和"一肩挑"工作要求，认真完成国机集团纪检监察体制改革相关任务，深入整改国机集团党委巡视反馈的问题，确保上级决策部署在国机资本落实见效。紧盯融合服务经营业务这个核心，制定"三重一大"事项清单，召开支委（扩大）会24次，对公司所有重大事项进行前置审议。严格落实"三会一课"制度，深入推进党风廉政建设，提升党支部标准化、规范化水平。不断发挥工会组织的作用，开展为员工过集体生日、读一本好书、在世博园彩虹跑等形式多样活动，增强员工凝聚力和战斗力，为公司经营工作提供坚强的政治保障。

2. 财务管理

（1）加强预算管理。每周进行滚动资金预算，每月分析利润主体预算执行情况，不断提高财务信息质量，及时为管理层提供决策参考。

（2）有效安排运营资金。2019年实现贷款3.37亿元新旧置换，新增融资6 500万元，保证了公司业务稳健发展。利用多种理财产品，积极创收，取得流动性管理业务收益约2 088万元，平均资金收益率3.6%。

（3）加强产权管理。全面梳理投资项目产权情况，及时查找改正问题和不足，按照股权处置流程，完成多个项目的资产评估报告备案。

3. 风险控制 坚持"理性合规、稳健审慎"的风险合规理念，强化人人都是风险管理者的意识，坚持关口前移，提前参与项目调研、方案设计和交易谈判等工作，开展风险合规检查，消除隐患，为公司业务开展提供支撑和保障。将内控审计作为风险控制重要手段，组织内控检查，做好领导任期经济责任审计，认真反思问题，补齐短板，夯实基础，防范风险的能力不断提升，国机资本自成立以来，没有发生过重大风险事件。

4. 队伍建设 2019年，国机资本在人才队伍建设方面坚持提质与增量双向并重。在认真梳理公司岗位需求的基础上制定《国机资本控股有限公司岗位职责说明书》，对公司现有部门职责、岗位职责进行清晰的界定。全年组织2次公开招聘，经过4层筛选，从1 000余份简历中招聘6人入职，人员力量进一步加强。

5. 制度体系 2019年，国机资本对成立以来制定发布的规章制度集中进行修订汇编、重新发布，修订完善5项，新制定5项，重新发布31项，有效增强了员工遵章守纪的意识。其中，重点修订《国机资本控股有限公司"三重一大"决策制度实施办法》《决策事项及权限表》《违规经营投资责任追究实施办法（试行）》《综合应急预案》《资金支付分级授权审批办法》等，为公司经营发展提供更加坚实的制度保障。

6. 突发事件应对 2019年8月7日，经群众反映发现，网络上出现盗用国机资本公司名义的诈骗网站，其中包含大量涉及国机集团、国机资本，以及国机集团所属单位的虚假信息，对国机集团及下属公司商业信誉造成极大威胁。国机财务第一时间组成应急领导小组，向国机集团进行汇报。同时，通过公司战略投资的信息安全公司找到虚假网站的IP地址和相关信息，为迅速查封诈骗网站、及时保护公司名誉和广大群众利益奠定基础。

国机重型装备集团股份有限公司

【基本概况】

国机重型装备集团股份有限公司（简称国机重装）是国机集团以中国二重核心制造主业为平台，整合集团重型装备板块优质资源，组建的集科工贸于一体的国家级高端重型装备旗舰，于2018年3月正式运行，2020年6月在上海证券交易所上市。

国机重装下属二重（德阳）重型装备有限公司（简称二重装备）、中国重型机械有限公司（简称中国重机）、中国重型机械研究院股份公司（简称中国重型院）及国机重装成都重型机械有限公司（简称成都重机）4家企业，受国机集团委托管理中国第二重型机械集团有限公司（简称中国二重）、二重（镇江）重型装备有限责任公司（简称镇江公司）。

【主要指标】

2019年国机重装及托管企业主要经济指标完成情况见表1。

表1　2019年国机重装及托管企业主要经济指标完成情况

指标名称	国机重装			中国二重（托管企业）			镇江公司（托管企业）		
	2018年	2019年	同比增长（%）	2018年	2019年	同比增长（%）	2018年	2019年	同比增长（%）
资产总额（万元）	2 843 149	2 779 416	-2.24	741 286	706 174	-4.74	317 991	330 568	3.95
净资产（万元）	1 206 373	1 289 838	6.92	321 675	333 730	3.75	225 090	217 658	-3.30
营业收入（万元）	952 279	926 543	-2.70	318 371	242 886	-23.71	112 132	73 597	-34.37
利润总额（万元）	62 042	64 271	3.59	31 956	11 302	-64.63	-4 388	-7 575	-72.63
技术开发投入（万元）	40 194	51 460	28.03	9 181	9 138	-0.46	0	2 339	
利税总额（万元）	82 640	80 220	-2.93	35 599	15 408	-56.72	-3 097	-6 195	-100.07
EVA值（万元）	26 197	-6 147	-123.46	16 042	-6 300	-139.27	-13 335	-15 288	-14.65
全员劳动生产率〔万元/（人·年）〕	27.97	23.94	-14.41	12.72	28.88	127.04	23.05	18.64	-19.13
净资产收益率（%）	12.62	4.09	下降8.53个百分点	9.91	3.11	下降6.8个百分点	-1.93	-3.42	下降1.49个百分点
总资产报酬率（%）	2.88	2.61	下降0.27个百分点	2.91	2.22	下降0.69个百分点	-1.06	-2.01	下降0.95个百分点
国有资产保值增值率（%）	115.97	104.89	下降11.08个百分点	105.12	104.34	下降0.78个百分点	98.12	96.7	下降1.42个百分点

【经营生产】

1. 市场开拓与项目执行

（1）研发制造。在市场开发方面，发挥极限制造优势，承接了超大容量、超高转速的长龙山抽水蓄能机组转子中心体研制生产；实现盛虹项目5批次、22台关键静设备全部中标，是在单个大炼油项目上中标设备种类和数量最多、总金额最大的项目。在巩固连铸、精炼、挤压等传统优势领域基础上，深耕有色领域市场，合同额占比达到28.9%，在产品转型升级过程中迈出坚实步伐。抢抓军民融合机遇，奋力开拓国内外市场，实现国内航空、航天、航海领域全覆盖；与法国赛峰成功签订战略合作协议，加快融入世界航空产业链。

在项目执行方面，完成中化泉州、金波尔950、白龙湾核电蒸发器锻件、各型支承辊及电站铸锻件等重点项目的制造任务，中化泉州项目被用户授予"特殊贡献奖"。西南铝万吨多向模锻水压机改油压机项目顺利投产，广西盛隆2#板坯连铸机等成套项目一次性热负荷试车成功，受到用户肯定。突破超大型、异型客机起落架极限制造难题，一系列重要航空模锻件研制成功，成为国内最大的大型客机起落架锻件制造基地。

（2）工程承包与投资。在市场开发方面，深耕传统市场，签订并生效柬埔寨200MW双燃料电厂项目EPC合同；着力开拓新市场，签订伊拉克日产6 000t熟料水泥生产线项目EPC合同。

在项目执行方面，塔吉克斯坦共和国总统签署并颁布政府令，批准塔铝项目国家验收报告；老挝230kV输变电项目获得业主签发的履约证书；柬埔寨农网五六期项目提前竣工；老挝南俄4水电站成功完成大江截流，大坝实现浇筑。柬埔寨达岱水电站采取有力措施，做到了少弃水、多发电，提高了经济效益，全年实现上网电量9.4亿kW·h，完成全年发电任务的110.71%。

（3）贸易与服务。在市场开发方面，成功签订普锐特公司美国ESP2100mm无头连铸连轧机项目；自主开发的老挝和越南市场安装业务取得突破性进展。通过调整工程总包运营模式，签订了柬埔寨西港输变电工程等项目。

在项目执行方面，负责安装的攀钢集团长城特钢新增φ90～180mm七辊圆钢矫直机成套项目一次性热负荷试车成功并成功投产；承担的"三供一业"职工家属区物业维修改造项目顺利推进。

2. 业务协同 组织召开科工贸协同研讨会和深度交流会，集思广益，研究谋划科工贸协同长效机制，推进方案设计和制度建设。启动科工贸协同长效机制构建工作，制定《科工贸协同工作实施方案》。各所属企业不等不靠，50余项协同项目得以执行或共同开发。2019年实现协同合并营业收入2.93亿元，同比增长229%，协同成效进一步显现，实现从自发开展到有序推进的提升。"铝压延装备"项目团队荣获国机重装2019年度"技术研发、市场开拓和协同突出贡献奖"。该项目协同委托相关所属企业承接制造合同7项、合同金额2.79亿元，形成将成熟的热轧机组技术和电控技术相组合的最佳解决方案。

3. 经营管理 一是以利润指标为导向，合理分解经济责任指标并严格考核。二是以预算及经营业绩目标、风险管控为切入点，加强对重大经营项目和各类招标采购的监督管理，2019年对所属企业重大经营项目进行4次检查，对存在的问题进行书面反馈并提出整改要求。三是两级经营动态、行业分析报告和对标分析报告及时准确、客观真实地反映了公司当期经营状况和行业发展情况。四是各层级经营管理部门对经营运行中需协调解决的事项切实进行落实。

【科技创新】

1. 科技合作 国机重装加强与高校院所和用户单位的科技项目合作，积极申报国家科研项目，2019年取得国家科技部、工业和信息化部、国防科工局等重大科研项目28项，新增科研经费1亿多元。获得两机专项300兆瓦级超纯净钢重型燃机压气机轮盘锻件研制课题，帮助企业在重型燃机方面取得行业领先地位；获得工业和信息化部双创升级国家项目，将开展创新孵化平台升级、研发创新平台升级、互联网+大中小企业融通创新、高端装备标准化创新试点示范等工作，带动重型装备企业创新升级发展；获得国家重点研发计划"网络协同制造和智能工厂"专项——复杂重型装备定制生产的制造企业网络协同制造平台研发，该项目可显著提升我国复杂重型装备制造业的网络化协同制造水平，填补了我国重型装备制造行业网络协同制造的空白。

2. 科技成果 2019年国机重装获得省部级科学技术进步奖11项，其中，二等奖6项，三等奖5项。《高性能精密工业铝材有效摩擦挤压成形关键技术与装备》《核用硬铝合金薄壁管材高效精密矫整理论及其工艺装备技术》等获得中国机械工业科学技术奖二等奖；《航空钛合金大型框梁类关键构件整体模锻技术》《复杂孔系大型球体原位制造中主动测量与精准引导关键技术》获四川省科技进步奖二等奖。

国机重装申请国家专利227项，其中，发明专利117项，实用新型专利110项；获得国家专利授权155项，其中，发明专利39项，实用新型专利116项；制定标准21项，修订标准17项。

3. 产业化发展 围绕"传统领域转型升级、新兴领域开拓创新"的发展思路，攻克一批核心技术难关，不断提升创新能力，为国家产业转型升级提供装备支撑。

利用125t电渣重熔炉等高端装备，突破新一代能源材料冶炼锻造热处理关键技术难题，研制的超超临界高中压转子锻件、核电焊接转子实现市场订单。

围绕航空航天、船舶、核能装备需求，加大技术研发投入，攻克一系列关键技术，研制出国内目前最重、最大的船舶动力钛合金环形件和叶片模锻件，突破了超大型钛合金环形件和叶片整体锻造成形技术，为高技术先进船舶装备的研制提供了技术保障；研制出国内外形尺寸和锻件重量最大的长江2000型发动机用钛合金风扇盘、增压级鼓筒模锻件，为实现商用发动机国产化研制提供了坚实保障；为法国赛峰研制的第100件波音787飞机前起落架外筒锻件顺利下线并发运；研制的尺寸、重量国内第一的波音787飞机主起落架外筒锻件正式投产；空客320飞机主起落架外筒通过首件鉴定，具备批量生产条件。这些成果的取得，标志着以8万t模锻压力机为代表的航空模锻件生产线成为国内最大的大型客机起落架锻件制造基地。研发稳压器成套设备等高端装备，解决了制约我国航空航天、核能装备等高端装备受制于人的一系列"卡脖子"问题，为我国国防和军工行业提供技术支持和装备保障。

突破大容量飞轮储能关键技术，首套100kW飞轮储能系统完成安装调试并正式投入运行；200kW飞轮储能装置通过中国机械工业联合会的技术鉴定；300kW/500kW UPS飞轮样机零配件正按计划组装。二重储能飞轮储能被列入2019年绿色数据中心先进实用技术产品目录和首台（套）重大技术装备推广应用指导目录。油气污染物处理装备、垃圾熔融裂解处理装备完成样机试制，着手进行市场开拓。

【企业改革】

为促进公司持续健康发展，切实兑现对全体股东的承诺，将重新上市工作作为年度重点专项工作稳步推进。在上级部门的大力支持下，国机重装成立专项工作机构，制定专项工作方案，保持与监管机构的持续沟通，配合各中介机构持续开展尽职调查、审计工作，有效推进各项整改措施落地，在履行内部决策程序后，于2019年12月12日向上海证券交易所提交重新上市申请文件，12月18日获得上海证券交易所正式受理，12月25日收到审核反馈意见。

国机重装积极推进社会职能剥离移交，克服人员复杂、设施陈旧、违建遍布、点多面广等各类困难，探索出职能分类移交、设施同步改造、职工妥善安置、利益充分保障、社会支持参与的工作模式，全面完成以"三供一业"为代表的社会职能剥离移交工作，彻底解决了企业历史负担。

【党的建设】

1. 扎实开展主题教育 公司临时党委以高度的政治站位，紧扣主题主线，聚焦"广、学、实"三个维度，自始至终抓好主题教育。聚焦"广"，宣传督导。广宣传，利用报纸、电视台等自办媒体，开设9个专题专栏营造氛围。广督导，对各级党组织进行实时督促指导。聚焦"学"，融会贯通。领导带头学，支部引领学，联系实际学，及时跟进学。聚焦"实"，调研整改。突出实效，做到整改有目标、推进有措施、落实有责任、完成有时限。第一时间将中央巡视组反馈给国机集团的意见中涉及国机重装创新能力不足、新产品开发没有实现突破等6个问题纳入整改清单，紧扣公司战略落地、科研体系建立、科工贸协同等重点、难点问题集中发力整改。及时将第一批主题教育成果制度化，制定工作和指导手册，确保两批主题教育前后衔接、上下联动、统筹推进。通过主题教育共查找718个问题，提出1 623项整改措施；完成整改问题193个、整改措施505项。中央指导组、督导组和国机集团指导组对国机重装的整改工作给予充分肯定。所属企业在中央第二批主题教育第十三巡回督导组工作推进视频会上作经验交流。

2. 始终把加强政治建设摆在首位，着力推进政治建设和思想建设 学习贯彻党的十九大和二中、三中、四中全会精神，制定和实施加强党的政治建设实施意见。坚持"三重一大"决策制度，坚持把党委研究讨论作为董事会、经理层决策重大问题前置程序。召开党委会40次，研究议题301项，其中"三重一大"事项207项。党建按要求纳入公司章程工作全部完成。召开了4次党建工作质量提升工作会。以集中学习研讨和专题辅导形式，2019年组织党委理论中心组学习18次。国机集团新时代党委讲师团第一堂思政课也在国机重装举行。开展2019年党建工作考核评价，压实各级党组织党建工作责任。

3. 贯彻落实全国组织工作会议精神，切实加强干部人才队伍建设 贯彻上级选人用人新精神，修订干部管理办法、干部交流办法等，为规范选人用人提供依据。严格执行动议酝酿、民主推荐、组织考察、讨论决定和任职等程序，做到"凡提四必"，选优配强各所属企业领导班子和总部部门负责人。强化干部管理监督，实施各所属企业领导班子年度综合考评，规范干部兼职、因私出国（境）等行为。组织建立优秀年轻干部信息库，实施精准培养。采取"送出去、请进来"方式，组织990人次培训，在清华大学举办首次青年干部培训班。落实人才强企战略，龙小平获评中央企业"百名杰出工匠"，张君等16人获评国机集团高级专家，何朝锐等14人获评国机集团技术能手。

4. 以落实《中国共产党支部工作条例（试行）》为抓手，加强基层组织建设 修订国机重装各级党委履行全面从严治党主体责任清单，进一步压实责任。按照"以点带面、逐步推开、整体推进"的支部标准化、规范化建设思路，制定《国机重装基层党支部工作指导手册》。组织153名支部书记参加国机集团基层党组织书记培训。3个集体和4名个人受到国务院国资委党委、国机集团党委等表彰。二重装备开展了"旗飞徽耀，雄吾重装"党建工程，核电石化公司铆焊党支部、铸锻公司锻造党支部、重机公司机加一工段党支部被国机集团确定为示范党支部，相关经验得到中央企业党建考评组、国资委领导肯定，并在国机集团有关会议上作交流。

5. 加强宣传思想工作，营造良好舆论氛围 切实抓好意识形态工作，认真学习贯彻《中国共产党宣传工作条例》，制定公司宣传工作办法，基本理顺大宣传工作机制。加强形势任务教育，聚焦中心工作和主题主线，开展"不忘初心、牢记使命"主题教育、庆祝新中国成立70周年、重大专项任务进行时等系列宣传活动，营造良好氛围。完善公司宣传平台，开办电视台，推进"报、视、网、微"媒体融合，形成公司总部与各下属企业联动格局。加大对外宣传力度，公司在国机集团新闻信息采用综合评分中保持前列，中央、省级、行业主流媒体对公司持续关注报道，公司知名度得到提升。加强培训交流，促进宣传队伍能力素质全面提升。公司总部完成国机集团品牌一体化应用，加紧推进全级次覆盖。

6. 扎实落实"两个责任"，推动党风廉政建设向纵深发展 贯通党风廉政建设主体责任和监督责任，压实"一岗双责"，推动全面从严治党落实落地，党风廉政建设工作取得新成效，企业政治生态呈现良好局面。组织开展形式多样、富有实效的廉洁文化和警示教育活动，筑牢拒腐防变的思想防线。突出政治监督，做实做细日常监督，持续抓好中央八项规定精神贯彻落实，集中整治形式主义、官僚主义，监督质效进一步提升。严肃查处违反党的政治纪律案件，完成问题线索查处等工作，执纪问责力度进一步增强。组织对两家所属企业党委开展巡察，推动解决影响和制约企业改革发展的突出问题，推动巡察整改与主题教育同步提升、同步见效。

7. 切实做好群团工作，为改革发展凝心聚力 深入开展"当好主人翁，建功新时代"等主题劳动和技能竞赛。开展"架起爱心桥梁，共建美好美丽乡村"主题扶贫活动，以文艺汇演的形式送文化下乡，受到鱼鳞村村民交口称赞。组织参加国机集团第五届乒羽赛，荣获精神文明奖、乒乓球团体冠军和羽毛球团体第三名。召开纪念五四运动100周年青年代表座谈会，开展"精准扶贫、青春助力"主题团日活动。1名青年职工获"全国优秀共青团员"称号。

【企业管理】

注重发挥战略引领作用，发布《国机重装2018—2020年总体战略》，多层次推动战略落地，基本搭建起战略规划框架体系。探索建立规章制度建设闭环体系，强化制度制（修）订及宣贯、评估工作，持续推进制度流程化、流程信息化。建立健全公司全级次法人治理，不断完善"三重一大"决策制度及清单体系。加速推进国机重装总部和中国二重总部管理融合，推动两个总部"同标准、同部署、同落实、同检查"，进一步优化两个总部人员配置，强化业绩考核，加强业务培训，规范员工行为，促进提升总部管控能力和服务水平。优化以风险为导向的内部控制体系，通过梳理内控制度和流程，全面排查内控管理情况，避免因内控缺陷造成风险损失，在确保防范化解重大风险方面取得实效；坚持底线思维，组织开展重大风险业务排查，采取切实措施，严防金融、投资与经营风险。

【社会责任】

1. 切实履行社会责任，扎实做好扶贫工作 按照中央打好打赢扶贫攻坚战的部署，认真落实国机集团赋予国机重装作为广元朝天片区扶贫工作牵头单位的职责，着力做到党建扶贫、精准扶贫、爱心扶贫、消费扶贫、借力扶贫齐发力。坚持临时党委抓总、分工协作、部门负责的扶贫工作领导及工作机制，开展"践行初心使命，助力扶贫攻坚"等主题党日活动。投入130万元修建的鱼鳞村"国机桥"和硬化组路，实现村民几代人的梦想。开展"架起爱心桥梁，共建美好美丽乡村"主题扶贫活动，以文艺汇演的形式送文化下乡，受到鱼鳞村村民们称赞。深入开展"结对认亲"帮扶活动，送去慰问金、慰问品5万余元。开展"以购代扶"活动，购买和帮助销售鱼鳞村贫困户种植的花生、核桃15万余元。选派多名同志参加四川省脱贫攻坚全覆盖督导工作，借鉴典型经验推动朝天区脱贫攻坚工作。

2. 坚持"走出去"战略，积极服务"一带一路"建设 继续深入参与"一带一路"建设，在柬埔寨、孟加拉、老挝、巴基斯坦等国持续做好水电站、输变电、环网等重点民生项目的建设和运营。公司投资运营的柬埔寨达岱水电站继续保持平稳运营，为当地社会提供了稳定的清洁能源和税收。遵循项目所在国当地的法律及社会习俗，努力保护当地生态环境，实行安全生产管理，进行绿色开发、绿色施工。积极参与项目所在国社会公益事业。

3. 坚持诚信经营、合规运营 公司依法合规开展经营生产活动，负责任对待每一个利益相关方，合同完成率和用户满意率稳步提升，采购、外协等风险管控不断完善，增进与各利益相关方的沟通交流；将质量管理贯穿经营管理全过程，通过持续加强质量体系建设、完善质量奖惩机制、强化监督管理、严控质量风险、狠抓质量提升等举措，有效促进产品质量的稳定提高。对公司的经营活动，实行长效监督机制。坚持以人为本，坚持全心全意依靠职工办企业，构建和谐劳动关系。深入开展民主管理，保障职工民主权益。持续开展金秋助学、送温暖、送清凉、员工健康体检、大病医疗救助。

4. 高度重视安全环保和节能减排工作 不断加强企业安全生产和环境保护。搭建了生产现场、安保、环境及消防等实时监控与管理平台，通过强化安全责任落实，加强安全生产隐患排查治理，加强员工安全培训，保障员工职业安全健康，推进企业安全文化建设，切实提高企业的本质安全性，进一步巩固了企业安全生产标准化创建成果；通过广泛开展节能减排降耗行动，有效防止了环境污染事故的发生，确保了企业环境管理体系的适宜性、充分性和有效性。

中国一拖集团有限公司

中国一拖集团有限公司（简称中国一拖）是国机集团下属的农业装备制造企业，其前身为始建于1955年第一拖拉机制造厂，是我国"一五"时期156个重点建设项目之一。经过60余年的发展，中国一拖已经形成以农业机械制造为核心，同时经营动力机械、零部件等多元产品的大型装备制造企业集团。农业机械业务具有国内最完整的拖拉机产品系列，拥有国际先进、国内领先的具有自主知识产权的产品技术。建厂以来，企业已累计向社会提供350余万台拖拉机和280余万台动力机械，为我国的"三农"建设做出积极贡献。旗下第一拖拉机股份有限公司分别在香港联交所和上海证交所上市，是中国唯一拥有"A+H"上市平台的农机企业。

2019年中国一拖主导产品市场占有率始终保持行业领先，新技术、新产品、新服务开发成效显著，为把中国一拖建设成为卓越的全球农业装备制造服务商做出积极贡献。

【经营业绩】

1. 2019年中国一拖主要经济指标表完成情况见表1。

表1　2019年中国一拖主要经济指标表完成情况

指标名称	2018年	2019年	同比增长（%）
资产总额（万元）	1 609 307	1 458 152	-9.39
净资产（万元）	539 271	507 749	-5.85
营业收入（万元）	655 668	676 716	3.21
利润总额（万元）	-159 759	-27 856	82.56
技术开发投入（万元）	43 955	39 202	-10.81
利税总额（万元）	-149 203	-15 725	89.46
EVA值（万元）	-174 090	-35 675	79.51
全员劳动生产率〔万元/(人·年)〕	7.67	9.65	25.81
净资产收益率（%）	-27.04	-6.57	增加20.5个百分点
总资产报酬率（%）	-8.17	-0.29	增加7.88个百分点
国有资产保值增值率（%）	77.97	87.33	增加9.36个百分点

2. 财务分析

（1）收入利润情况。2019年，面对持续低位运行的农机市场，中国一拖及早行动、提前谋划，主动深入市场，准确把握市场和用户需求变化，及时改进营销措施，增强应对策略的有效性，实现主导产品销量的稳步提升，营业收入的实质性增长。同时受益于公司人员总量持续控制，结构不断优化，以及大力实施采购降本、产品工艺优化、品质提升、强化内部管理等措施，产品盈利能力显著提升，期间费用得到有效控制，业绩较大提高。2019年，中国一拖实现营业总收入67.67亿元，较2018年增加2.1亿元，增幅3.21%。实现利润总额-27 856万元，较2018年减亏131 903万元，经济效益好于上年同期。

(2)现金流量情况。2019年期初现金及现金等价物130 320万元,期末现金及现金等价物117 898万元,现金及现金等价物净增加额为-12 422万元。其中:经营活动现金流量净额10 218万元,投资活动现金流量净额100 273万元,筹资活动现金流量净额-123 240万元,汇率变动对现金的影响为328万元。

(3)资产负债情况。2019年年末资产总额145.82亿元,比2018年年末减少15.11亿元;负债总额95.04亿元,比上年年末减少11.96亿元;所有者权益总额50.77亿元,比上年年末减少3.16亿元;资产负债率65.18%,比上年年末下降1.31个百分点。

【改革改制情况】

1. 着力加强全面深化企业改革的顶层设计 全面梳理企业发展中的主要问题,针对企业改革滞后现状,制定下发《中国一拖全面深化改革指导意见》,明确中国一拖全面深化改革的方向和路径。

2. 创新三项制度改革 制定并实施《领导人员退出的补充意见》,37名年轻同志提职任用(其中副职及以上25名,助理12名),38名同志退出领导岗位,干部平均年龄下降1.4岁,为优秀年轻干部干事创业、施展才华提供广阔的舞台。建立以效益和效率为导向的绩效评价体系,按照"目标+增量"的原则,制定差异化绩效考核方案;对经营层制定并实施专项激励办法,对超利润目标部分实施分台阶奖励,并根据经营结果,及时兑现奖励金额。

3. 持续优化营销管控模式 下放主导产品销售权,提高各主销单位的市场反应速度;试点推行阿米巴经营考核模式,提升一线营销团队的经营意识和市场开拓能力,为提高销量创造条件。

4. 实施精细化管理 着眼于供、产的协同化、高效化,2019年中国一拖整合采购和生产职能,构建精益生产推进评价模型及体系,完善精益生产推进方法和路径,推进精益班组建设,并取得积极成效。

【重大项目进展情况】

1. 现代农业装备智能驾驶舱数字化工厂项目 现代农业装备智能驾驶舱数字化工厂项目总投资33 110万元,中央预算内投资1 400万元。该项目被列入工信部2017年度智能制造专项,项目建成的现代农业装备智能驾驶舱数字化工厂,在农机行业达到世界最先进的制造水平,可满足市场对200马力(1马力=735.499W)以上重型拖拉机等高端农业装备的迫切需求,提升我国农机装备制造业的国际竞争力,引领我国农机智能制造发展。

2019年,该项目完成工厂建设、生产线布局和工艺调整,并投入试生产;完成工厂和产品的数字化设计及仿真、管理信息数据融合、异构数控系统高效协同集成、智能物流仓储系统的高度集成等智能制造专项任务书的工作内容;全年完成投资4 750万元,完成竣工验收资料整理和专项审计工作,并提请工信部组织项目验收。

2. 雨污分流及中水处理系统升级改造项目 雨污分流及中水处理系统升级改造项目总投资7 702万元。该项目主要对厂区工业废水、雨水、生活污水管道实施规范化改造,新建工业废水压力排水管道,拆迁并重建污水处理站,实现雨污分流。项目完成后可达2 400m³/d的废水处理能力,能调整企业的用水结构,加强水资源管理力度和中水回用率,实现废水的零排放。项目的建成,可有效消除污染源,消除和减少污染物排放,实现"优质、高效、绿色"生产,全面提升中国一拖工业废水处理设施建设水平。该项目2019年1月开工建设,10月完成验收并投入使用,全年完成投资1 250万元。

【市场开拓、产品销售、生产经营、产业化发展情况等】

1. 市场开拓 2019年我国农机市场处于低速常态化发展态势,受深松、深翻、土地流转、动力换档累补等政策驱动,以及用户需求理性回归、小底盘功率上延等因素影响,拖拉机需求功率呈梯度升级趋势,经历"三连跌"之后,2019年出现小幅增长,呈现止跌回稳迹象。收获机受保有量大,粮价低迷,用户作业收益下滑等影响,2019年市场延续震荡下行态势。

中国一拖持续提升国际化经营能力,对亚洲区各国市场分类开展深耕、渠道拓展和业务巩固，2019年产品销量同比增长41%。在巴基斯坦完成EF754拖拉机样机测试和主销产品定型，为未来的业务发展奠定了良好的基础。在中东欧区，针对乌克兰当地农艺市场需求开发大轮拖拉机80～95马力分油结构系列产品和24马力中轮拖拉机产品，为后期业务发展提供支撑；YTO中小轮拖E-mark认证产品成功进入西欧国家高端市场，2019年中东欧区域销量同比增长21%。在独联体区，俄罗斯西伯利亚地区市场拓展工作取得进展，针对当地农艺市场需求开发YTO80～95马力（1.4m轮距）和120～140马力等系列产品，为打开市场提供支撑；推进独联体区域CUTR产品认证，突破技术壁垒，为业务发展奠定基础。

2. 产品销售

2019年，中国一拖主导产品销售整体呈增长趋势。大中型拖拉机同比增长9.73%；收获机械同比增长27.68%；农机具同比增加下降10.4%；柴油机销售同比增长11.9%。2019年中国一托主要产品销量完成情况见表2。

表2　2019年中国一拖主要产品销量完成情况

产品名称	2018年（台）	2019年（台）	同比增长（%）
大中型拖拉机	37 740	41 809	9.73
收获机械	1 420	1 813	27.68
农机具	8 078	7 238	-10.40
柴油机	80 590	90 179	11.90

3. 2019年合资签约情况

（1）4月份与中设集团、苏美达、中国农机院、中国联合等兄弟企业签订战略合作协议。为协同推进海外市场拓展、产品技术合作和物流等业务发展，分别与上述4家企业达成合作共识，在4月27日国机集团振兴农机装备战略部署会上正式签定战略合作协议。

（2）8月份与华为签署全面合作框架协议。双方将在智慧农业、制造信息化、云服务、无人驾驶和5G创新应用等多领域开展广泛合作，为提升企业在产品、技术和管理等方面的信息化、智能化水平创造更为有利的条件。

（3）8月份与河钢集团签署全产业链战略合作框架协议。双方将在已有合作的基础上，以高端装备制造业为重点，建立基于全产业链融合发展的战略合作伙伴关系，继续深化产业协同，创新商业模式及合作方式，实现河钢集团钢铁产业服务链条与中国一拖装备制造产业链条的紧密对接、协同发展，共同向产业价值链高端迈进。

4. 科研成果　2019年，中国一拖获得省（部）级、行业协会以上科学技术进步奖、成果奖7项，"东方红-LF2204轮式拖拉机"获得农业机械科学技术奖一等奖，"LF904/LF954/LF904-C/LF954-C轮式拖拉机"获得中国机械工业集团科学技术奖三等奖，"环保水性漆底盘涂装工艺设备"获得中国机械制造工艺协会科学技术奖三等奖，"自动螺钉弹垫套装机的研发与应用"获得中国机械工业科学技术奖三等奖，"抗疲劳制造和在线测量技术在锥齿轮智能精锻线中的应用"获得中国产学研合作创新成果奖优秀奖，"金属加工液检测与质量控制技术的研究及应用"和"轮式拖拉机桥壳类零件清洗工艺及关键清洗设备的研发与应用"获得河南省机械工业科学技术奖二等奖。"新型轮式拖拉机智能制造新模式应用""数字化绿色铸造成套技术集成开发及应用""东方红-LX2204D/LX2404D/LX2604D轮式拖拉机""东方红-LY1204/LY1304/LY1404轮式拖拉机""东方红－LR4M3LRP柴油机""东方红4LZ-9A自走轮式谷物联合收割机""东方红1LFT-440型液压翻转调幅犁"等10项科研项目通过中国机械工程学会组织的科技成果鉴定，其中"新型轮式拖拉机智能制造新模式应用"达到国际先进水平。

新申报的"大型精准播种施肥作业机器人系统研发""云－端协同智能收获作业机器人系统研发"和"非道路国四柴油机开发及产业化"项

目分别获得国家重点研发计划和洛阳市重大计划专项。新申报的国家级工业设计中心获得批准。全年获政府科技资助或奖励1 204万元。

2019年，中国一拖申请专利153件（其中，发明专利39件），获授权专利90件（其中，发明专利6件），截至2019年12月31日，中国一拖拥有有效专利741件（其中，发明专利94件，实用新型专利548件，外观专利99件）；制修订国家、行业和团体标准20项，企业标准41项。

5. 产业化发展 2019年，中国一拖下达研发项目66项，研发经费投入39 202万元。

（1）拖拉机产品产业化方面，开发出适应市场需求的LX2004E、LD2104拖拉机产品，完成主销地区小批量用户作业验证和产品改进，全年实现销售2 000余台；完成LN2104拖拉机750h整机可靠性试验和传动系统1 400h耐久试验，计划2020年年初批量投放市场；完成MK904、LF1004等20个主销拖拉机机型的动力性标定、高寒标定、高原标定、可靠性试验和适应性试验等工作，为实现国四产品整体切换做好技术准备。实现LX1404、LY1400、LX2004E等系列大型拖拉机新产品销售8 917台，新产品贡献率60%，市场占有率达25%。实现SG604G、SK604、MF704等系列中小型拖拉机新产品销售12 388台，新产品贡献率55.6%，市场占有率达15.23%。拖拉机产品市场占有率继续保持行业第一位势。

（2）柴油机产品产业化方面，完成4R、4A、6A、4M、6M、6K共6个发动机平台燃油系统和后处理系统设计，柴油机和整车的匹配标定等工作，可满足70～320马力拖拉机及收获机的配套需求，为东方红国四发动机配套的拖拉机在2019年小批量投放市场；与国外咨询机构合作开发的YTN系列新平台柴油机，已完成YTN5发动机图纸设计，YTN7发动机正在设计中。柴油机新产品实现销售28 598台，新产品贡献率68%，市场占有率达24%。

（3）收获机械产业化方面，进行非道路国四排放标准收获机整机开发，完成4LZ-9A1、4LZ-5.0两种收割机共计4台样机的整机标定和田间验证工作；开发的电液控制9kg/s轮式单纵轴流智能收获机，正在进行整机标定工作；配备升降底盘的5-6kg/s履带稻麦收割机完成样机试制，收获打捆一体机完成试制及初步试验；新开发的东方红4QZ-15自走式青贮机，已完成初步性能试验；自主研发的HMT变速器已完成700h台架可靠性试验，正在进行优化改进。自走式谷物联合收割机、自走式玉米收获机等新产品实现销售1 085台，新产品贡献率94%。

（4）农机具产品产业化方面，开发的1LF-440中型犁实现销售160余台；适应冬麦区市场的旋耕联合作业机，已完成产品设计及试验，作业效果、效率优于替代机具；针对新疆市场开发1BQ-4型动力驱动耙，已完成设计正在试制；适用东北市场的2行指夹式精量播种机已完成设计开发及试验改进，正进行批量生产准备；针对新疆市场的6行/8行气吸式精量播种机也已完成设计，正在试制；完成9YG-220圆草捆打捆机的设计开发和试验改进，已销售4台。实现旋耕机、液压翻转犁、方草捆打捆机等机具新产品销售5 697台，新产品贡献率为63%。

（5）智能化产品产业化方面，通过电液控制、智能操纵、机组通讯、自动驾驶、工况监测等技术在LX1804、4LZ-9A等产品上的集成应用，逐步实现农机智能化控制；建立起农机大数据管理平台，为农业成套服务以及智慧农业提供技术基础；基于LF2204和LF1504-E拖拉机组合，开发机群协同路径规划、自动避障等关键技术，已完成整车控制器软硬件设计与开发，正在进行基本功能测试。

【产权制度改革情况】

1. 有序推进股权退出 根据业务发展定位和市场变化，加快推进富裕产能资源的股权处置。截至2019年年末，完成一拖（洛阳）搬运机械有限公司股权转让，一拖（洛阳）开创装备科技有限公司破产申请法院已受理；长拖农业机械装备集团有限公司股权、债权转让在北京产权交易所进行正式信息披露；一拖（洛阳）神通工程机械有限公司破产清算、对所属一拖烟机公司实施吸收合方案通过国机集团审批；明确一拖（新疆）东方红装备机械有限公司（简称新疆公司）发展定位并进行业务调整。

2. 积极增资创新平台 对洛阳智能农业装备研究院有限公司实施增资，2019年5月正式获批国家农机装备创新中心，是全国正式批复建设的第十二家国家级制造业创新中心，是农机行业唯一一家制造业创新中心。为加快技术成果转移、促进农机装备振兴提供技术和平台支持。

3. 实施所属企业重组 结合一拖股份扭亏脱困要求，综合考虑新疆公司经营实际，以及洛阳西苑车辆与动力检验所有限公司（简称西苑所公司）检测业务独立性等因素，决定收购西苑所公司、新疆公司100%股权。

【主要管理经验】

1. 战略管理 2019年，中国一拖战略管理工作的重点是通过战略调整，提高规划的动态适应性和因变性，有效防控战略风险；积极承接国家战略，落实国机集团振兴农机装备战略部署，引导企业尽快扭亏脱困，实现转型升级。中国一拖根据《关于国机集团农机装备产业振兴与转型升级指导意见》，结合企业实际，制定《中国一拖农机装备产业振兴与转型升级三年（2020—2022年）行动计划》。通过对标，分析优势及问题，构建"中国第一、世界一流"的战略格局，提出"一基地三平台"定位，制定分阶段扭亏脱困和产业振兴目标，明确"智能驱动、协同创新、发展成套、增加效益"的发展思路。同时，细化新产品开发与技术升级、重点业务创新发展的行动方案，解决历史遗留问题，提出低效无效资产处置建议，争取国机集团支持，助力"十三五"收官，为"十四五"开局奠定基础。

2. 财务管理 面对拖拉机行业持续下滑的严峻挑战和困难，财务系统充分发挥其管理功能，以经营管控、两金压降和风险防范为重点，持续强化业务支撑、风险管控、价值创造能力，为中国一拖平稳发展提供财务支撑。

（1）面对日益严峻的外部环境，进一步细化过程控制。实施1+2+N预算管控，利用滚动预算和战略地图工具，紧盯月度目标乃至全年目标差距，通过月度经济运行分析及时预判预警存在问题和风险信息，为公司决策提供纠偏措施建议；围绕经营目标，加强重点成本费用管控；通过对存在问题和正常"两金"的分类管控，逐步消化问题存量，严控占用规模，提升资金周转效率。2019年中国一拖综合产品毛利率达13.41%，较同期上升6.04个百分点，期间费用同比下降6.14亿元。年末，"两金"规模为32.4亿元，同比下降12%。

（2）严格资金集中管控，压缩负债规模。通过盘活存量，配合投资规模的有效管控，压缩外部有息负债9.1亿元。组织开展全级次银行账户清理，清理注销账户159户，销户比例达31.8%，超额完成账户总量下降20%的目标；中国一拖资金集中度达到92.7%，高于国机集团要求7.7个百分点；全面完成逾期应付民营企业款项清理工作任务。

（3）加强政策研究与项目运作，努力创造财务收益。认真研究国家税改政策，通过强化税企关系和积极筹划协调，股份公司争取到所得税退税614万元和增值税留抵税额返还3 200万元。

3. 质量管理。

（1）实施GB/T19001质量管理体系。2019年组织内审员开展内部审核，进行质量管理体系管理评审，完成改进措施。10月，对质量系统190人进行质量、环境/职业健康管理知识培训，加强质量管理队伍建设。在技术中心、柴油机公司、大拖厂、中小轮拖厂、中收公司试点应用IATF16949管理工具。组织技术中心、柴油机公司、大拖厂、中小轮拖厂进行IATF16949的《过程方法》《FMEA：潜在失效模式及后果分析》培训。

（2）完善外部质量损失指标评价体系。结合已实施的产品故障数指标测评方式，研究、建立单台产品外部质量损失指标，清晰反映产品出厂后、三包期内所发生的实际质量损失及其变化情况，提高指标体系实用性、考评性。通过对大、中轮拖，内配柴油机2015年以来的单台产品外部损失测算，初步明确单台产品外部质量损失的测算方法/流程及测评方案，并据此制定2020年单台产品外部质量损失指标。

（3）强化质量提升项目管理。发布《股份公司2019年质量提升项目实施计划》，包括整机外露件表面防锈能力提升等12大项，282个计划节点，节点完成率100%。2019年大轮拖拉机 70～130 马力动力输出总成打齿、漏油故障数同比下降 82.3%；ME 齿轮泵故障数同比下降 35.3%；小麦收获机主离合故障率同比下降 38.34%；柴油机高压油管故障数同比下降 75%。

4. 采购管理

（1）采购类别整合。完成 8 个物资类别整合，涉及采购规模 1 亿元。整合供应商 104 家，类别淘汰 41 家，淘汰率 39%；成本优化综合降幅 9.58%，年降低成本金额 947 万元。

（2）加强采购质量管控力度。完善驱动机制，注重提高产品质量数据收集的准确性，确定重点项目，实施专项突破，2019 年采购交付质量 PPM 值达到 3 099。

5. 人力资源管理

（1）优化人力资源结构，规范劳动用工。制定人力资源结构优化方案，引导各单位有序完成劳务派遣工、返聘和返岗人员退出工作。2019 年底有从业人员 10 614 人，同比减少 12.5%，2019 年平均从业人员 11 535 人，同比减少 17.5%。

（2）开展各类人才推荐工作。成功推荐国家百千万人才工程 1 人（首次入选），国机优秀专家 5 人，技术能手 33 人，河南省优秀专家 1 人，洛阳市学术和技术带头人 3 人等，共 47 人。

（3）搭建学习平台，落实人才强企战略，推进教育培训体系建设。2019 年 10 月 10 日成立东方红学院，至 12 月 31 日，组织开展所属单位党政负责人、新提任领导人员和国际业务人员培训班，组织培训 44 次，参训学员 221 人。围绕企业国际化和扭亏脱困发展需要，2019 年组织开展各类专项培训 1 137 班次，培训人员 34 667 人次。

【党建工作】

2019 年，中国一拖党委深入学习习近平新时代中国特色社会主义思想和党的十九大精神，以及十九届二中、三中、四中全会精神，深刻把握新时代国企党建工作新要求，坚定不移地贯彻落实党中央重要会议和文件精神、重大决策部署，以及国机集团党委的各项工作要求，聚焦公司扭亏脱困目标任务，坚持服务生产经营不偏离，积极主动履行全面从严治党主体责任，凝心聚力，为企业打赢扭亏脱困攻坚战提供坚强保证。截至 2019 年 12 月 31 日，中国一拖党委现有基层党委 18 个（含托管 1 个），党总支 5 个（其中直属 4 个），基层党支部 316 个（其中直属 21 个，托管 1 个），党员总数 7 595 人，其中在岗职工党员 3 785 人。

1. 突出政治建设，为企业扭亏脱困提供坚强的组织保证

（1）中国一拖党委邀请中央党校教授进行专题授课，举办党务干部、党支部书记等不同层面的培训班，共 185 人参加了培训；依托东方红学院，聚焦"不忘初心、牢记使命"主题教育，分别开设领导干部主题教育读书班和十九届四中全会专题培训班；通过中国一拖党委常委会、党委理论学习中心组等形式，认真研究落实中央及上级党组织重大决策部署、重要会议和文件精神。各单位结合党委会、中心组学习、民主生活会、组织生活会、三会一课、"学习强国"等多种形式，强化政治理论学习，有效指导实践、推动工作开展。

（2）持续落实党中央精神和上级党委决策部署。改进和加强党委理论学习中心组学习，通过集体学习、交流研讨、专题分享等形式拓展学习内容，全年举行 9 次学习，开展 31 项专题研讨，不断提升用理论指导实践的能力。主动承接国机集团振兴农机装备板块战略部署，牵头创建农机装备创新中心，推进农业机械化和农机装备转型升级。落实中央决策部署，制定《关于全面深化改革的指导意见》，全面推进各项改革措施落地。主动对接"一带一路"倡议，加快推进"走出去"步伐，成立国际化经营战略推进机构，古巴、缅甸、乌克兰等海外市场布局正在推进，非洲市场开拓也取得积极进展。

（3）扎实开展"不忘初心、牢记使命"主题教育。按照"守初心、担使命、找差距、抓落实"的总要求，分两批开展"不忘初心、牢记使命"主题教育活动。各级党组织坚持问题导向，聚焦中国一拖扭亏脱困和经营工作实际，实事求是推进问题落实整改。其中，第一批主题教育共检视出涉及企业经营重点难点和党的建设方面的11个问题，细化制定45项整改措施。国机集团第二巡回指导组对中国一拖进行"回头看"检查，11个问题中，3个专项整治问题已整改完成，8个其他问题已完成整改6项，限期整改1项，持续整改1项；制定的45项措施，已关闭43项，有效地促进了企业管理的改进与提升。

（4）严格落实党建工作责任制。落实全国国有企业党的建设工作会议精神，强化党组织在企业发展中的领导核心和政治核心作用。落实全级次企业党建要求进章程，组织修订公司"三重一大"决策制度实施办法，健全党委会、董事会、总经理办公会议事规则。全年召开党委常委会46次，研究"三重一大"事项50余项，有效发挥了党委把关定向作用。

2. 加强思想建设，汇聚推动企业扭亏脱困的强大力量

（1）进一步加强形势任务教育。积极创新形势任务教育方式方法，组建形势任务教育宣传团。由6名先进党员、劳模代表组成的扭亏脱困形势任务教育宣讲团，从梦想、奋斗、能力、责任、创新和担当六个维度，在公司层面和生产经营单位组织开展19场扭亏脱困巡回宣讲活动，累计6 100余名职工现场聆听宣讲，激发蕴藏在广大员工心中的工作热情。

（2）组织开展"大讨论"活动。中国一拖党委下发《"凝心聚力、勇于担当，打赢扭亏脱困攻坚战"大讨论活动实施方案》，从领导干部、党员、职工、团员青年四个层面引导全员坚定信心，增强使命担当。在大讨论活动中，广大职工围绕消除无效劳动和浪费现象，组织开展扭亏脱困"金点子"活动，通过查短板、找不足、抓提升、提效能，提出"金点子"项目8 000余个，立项6 100多个，实施完成5 800多个。

（3）持续做好文化宣传工作。制订《舆情引导处置管理办法》，引导企业舆论健康发展。持续推进职业化员工队伍建设。组织开展第五届企业文化案例大赛活动，利用报纸、电视、企业内部网站和"一拖人"微信公众号等媒体宣传报道先进员工事迹和优秀文化案例，传播企业文化，推进企业管理提升和先进文化理念落地。

3. 加强干部队伍建设，进一步营造干事创业氛围

（1）健全完善干部管理制度。坚持党管干部原则，凡涉及干部选拔任用事项，一律由各级党组织集体研究讨论，切实保证党对干部管理工作的领导权。2019年共召开24次党委常委会研究讨论干部调整事宜，涉及干部调整165人次。中国一拖党委将新时期好干部标准和"20字"要求作为选人用人工作的最高标准，修订《中国一拖领导人员管理办法》。2019年完成9家行政单位和10家党委（总支）单位的领导班子换届工作，结合组织考察和到届班子所在单位的特点，大力提拔年轻干部，进一步优化领导班子的年龄结构、素质结构和能力结构。

（2）严格执行干部选拔任用管理、纪实各项制度。制定《中国一拖领导人员选拔任用纪实工作办法》，明确选拔任用程序，严格落实"凡提四必"。对2019年新提拔任用的25名领导干部进行全过程实时记载，不断加强选人用人全程监督和所属单位选人用人工作指导。全年完成所属单位副职及以上152名领导干部个人有关事项报告的集中填报、录入和审核工作；完成25名新提任领导人员个人有关事项首次填报审核工作。严格执行《领导人员责任追究的组织处理办法》《违规经营投资责任追究实施办法（试行）》等相关管理办法，2019年对2人进行免职处理，对5人进行诫勉谈话。严格落实领导人员任职回避及兼职管理相关规定，对领导人员的近亲属任职问题和在社会团体兼职问题进行全面梳理和排查。

（3）加强年轻干部队伍建设。结合战略发展需求和个人成长需要，加强对17名后备干部的跟踪培养，让优秀年轻干部在实践中锻炼，在斗争中成长。开展优秀年轻干部队伍建设专项调研工作，广泛听取各单位对科级人员的管理意见和对后备干部队伍建设的意见和建议，依据调研结果完善年轻干部选拔培养等相关制度，增强培养的针对性和有效性；建立优秀年轻干部人才库，对到困难单位交流和到艰苦地区锻炼的年轻同志重点关注、关心和关怀，促进后备干部健康快速成长。

4. 加强组织建设，为企业扭亏脱困提供坚强保障

（1）全面夯实党的基本组织。认真落实"基层党建推进年"专项行动，推进整顿薄弱基层党组织、党组织到期换届、部分混合所有制企业建立党组织和公司各层级党建进章程等工作。加强对未建立党组织的混合所有制企业的管理，对纳入上级党组织和相关单位管理的6家企业和暂无党员的4家境外企业，进一步加强管理。对没有按期换届的党组织进行全面梳理、逐个进行研究，推进其完成换届或选举工作。重点推进26个党支部的标准化规范化建设，组织开展示范党支部自查自评工作，提升基层党支部建设水平。建立对基层党支部的经常性督查指导机制，每季度对1~2个基层党组织进行现场调研督查，全年对17个党委和22个直属党支部进行督查指导，为推进基层党组织建设提供有效的指导和服务。

（2）全面加强党员基本队伍建设，认真做好党员发展和教育培训工作。5月份举办了"2019年入党积极分子培训班"，22家单位的101名学员参加了培训。利用"学习强国"平台，抓好党员日常教育，推进"两学一做"学习教育常态化、制度化。严格遵守发展党员工作程序，按计划完成年度党员发展目标，全年发展新党员93人；注重从生产经营一线、产业工人和青年中发展党员，保证党员发展质量。组织所属党组织认真开展"三会一课"活动，定期召开组织生活会，做好民主评议党员工作。

（3）全面推进基层党建工作机制落实。严格执行党建工作考核评价制度，全年对各级党组织党建工作进行动态监督检查，年底进行综合考核评价。为做好党建年度考评工作，中国一拖党委成立4个现场考评小组，对24家党组织实施考评，通过现场反馈问题提出工作改进建议。

（4）推进基层党建工作创新。坚持常态化开展主题党日活动，持续开展"微党课"大赛，评选出《党徽》《假如你是我》等22个优秀作品。各单位以"迎七一"系列活动为契机，通过"三会一课"、主题党日活动，聚焦扭亏脱困，开展党员承诺践诺、党员立项攻关、党员责任区示范岗等活动，引导党员发挥带头作用。设立党员责任区示范岗、深入开展党员立项攻关活动，推动党建工作与企业生产经营和改革发展有机融合。大拖厂营销部党支部针对营销人员长期驻外，策划实施"双百无忧"活动，100%传递问候、100%支持到人，帮助化解驻外人员的后顾之忧。持续开展党建交流分享和党建创新奖评选活动，全年评选出党建创新项目29项，不断激发基层党建活力；开展党建与业务有机融合典型案例评选活动，梳理出优秀案例50个，做好经验交流和工作方法推广应用。

【信息化建设】

2019年，中国一拖信息化建设围绕年度重点工作，推进信息系统建设与应用、网络安全和软件正版化，积极探索云计算、大数据、移动化、物联网和人工智能新技术应用，加强信息系统的集成共享，加快推进信息化与管理业务融合，促进管理水平提升。

1. 推进农机作业平台应用 完成农机作业平台数据传输与对接，可在平台显示相应位置信息；制订服务监控和服务监控预警方案，完成平台功能开发。

2. 推进MES平台深化应用 对大拖厂精益生产模式进行优化，实施关键重要物件物料装配防错控制，年减少损失100万元以上；精准控制线边库存，减少线边库存金额30万元。完成柴油机公司气动量仪数据接口、缸套工位显示功能及MES与EPC、配件系统、服务系统CS等的数据接口开发；实现相关数据自动推送、装配线标准件防错等，这些措施降低了生产制造成本，提升了产品品质。

3. 应用SCM供应链系统平台，实现公司内、外部供应链协同 中型收获机、中小轮拖拉机厂在供应链协同、拣配和配送管理方面，通过扫描二维码快速处理业务，并与供应商建立紧密的业务协同，达到提高业务数据准确性和提高工作效率的目的。

4. 推进备配件电子商务系统应用 修订《备配件电子商务系统管理办法》，发布评审图册，分析柴油机生产中的问题，提出改进要求；启用问题处理流程，跟踪数据处理，提高数据质量。完成BOM导入报表、EPC订单供应商信息查询和淘汰件管理等功能的开发，为各单位提供技术支持，保障电子商务系统正常运行。

5. 实施SAP*ERP内存数据库HANA应用升级改造　　计算机主机由HPUNIX小型机切换到LINUX-X86平台下，以提高数据中心运行的稳定性，降低运维成本。大幅提升系统运行性能，业务报表运行从几分钟缩减到一秒内。梳理、压缩HANA数据，业务数据量缩减至480G，数据压缩率达84%，有效节省了存储资源。

6. 开展两化融合管理体系贯标　　中国一拖打造的信息化环境下的新型能力——为农业装备全生命周期服务能力，通过中国船级社的现场审核及工信部两化融合管理体系专家组复核，2019年11月25日获国家两化融合管理体系评定证书。

【企业文化建设】

2019年，中国一拖紧紧围绕"智能驱动、发展成套、布局全球、转型突破"战略发展目标，不断加强企业文化建设，修订企业文化理念，推进职业化员工队伍建设。坚持发布企业文化建设典型案例，深化企业文化建设考评体系，为企业持续、健康发展提供思想保证和文化支撑。

1. 修订完善企业文化体系　　为有效发挥先进文化在公司转型升级、提质增效过程中的引领作用，结合企业发展重点，修订完善企业文化体系，将企业愿景确定为"成为卓越的全球农业装备制造服务商"，并补充完善核心理念和单项理念的内涵释义。

2. 持续推进员工队伍职业化建设　　制定职业化员工评选流程，定期组织召开优秀职业化员工评选会，评选出年度十佳职业化员工和优秀职业化团队10个，以及季度优秀职业化员工40名。通过报纸、电视、内部网站和微信公众号等媒体宣传报道优秀职业化员工的先进事迹，促进员工职业化建设。

3. 坚持发布企业文化建设典型案例　　组织开展第五届企业文化案例大赛活动，征集到20家单位的51篇案例。利用《拖拉机报》、内部网站、"一拖人"等宣传平台，发布了《一个人的班前会》《从用户"吐槽"到网友"点赞"》等10篇反映企业文化建设的典型案例，促进全员职业意识和素养的提升。

4. 抓好企业文化实践活动的整改落实　　2019年，中国一拖组织开展"弘扬优秀文化，查杀糟粕文化"活动整改落实情况"回头看"，对本单位"查杀糟粕文化"的落实情况进行"回头看"，了解整改落实的进展、效果和存在问题，有针对性地制定解决对策，并形成常态化、制度化的方案和措施，使各项整改措施真落地、真管用、真见效。

5. 企业文化考评体系建设　　根据《中国一拖集团有限公司企业文化建设考核评价办法》，2019年采取各单位自评与综合评价相结合的形式，完成15个职能部门和19家所属经营单位的企业文化考评，并根据考评结果进行排序，引导和督促各单位切实有效地推进企业文化建设。

【承担社会责任】

2019年，中国一拖不断加强企业社会责任感，遵守对各利益相关方的责任承诺，推动企业经济效益、社会效益的和谐统一。有效防范安全生产风险，确保全体员工职业卫生健康和安全，参与社会公益事业，助力打赢脱贫攻坚战，传递企业发展正能量。

1. 牢固树立绿色、安全、健康发展理念

（1）强化绿色发展意识，大力发展循环经济，持续减少单位能源消耗，实施绿色设计、绿色改造，践行低碳环保发展，持续推进绿色环保工作。

（2）修订完善中国一拖《职业卫生管理办法》，切实保护员工职业健康。2019年度中国一拖无一例新发职业病。

（3）强化全员安全责任落实，开展双重预防体系建设和安全教育宣传，编制安全文化手册，持续提升基层安全风险防范能力。2019年度中国一拖获国机集团A类企业优秀单位第一名和年度安全生产单项奖。

2. 深化职工帮扶和送温暖活动　　中国一拖发挥帮扶基金的作用，全年救助377人，发放各类救助款96万元；组织国机爱心基金捐款45万元；审核互助互济基金会资料821份，发放互助互济款24.5万元；设立"幸福十号"幼教爱心班，持续实施职工子女幼儿园学费优惠政策；开展金秋助学感恩活动，为职工子女发放"东方红"行李箱及"东方红"未来基金15.6万元。

3. 履行央企责任 2019年，中国一拖主要领导先后6次带领帮扶干部到河南省洛阳市栾川县潭头镇纸房村入户帮扶慰问；组织17家单位与纸房村贫困户开展结对帮扶活动，实施"一对一"精准扶贫，送去家庭生活用品、学生学习用品4万余元；收购纸房村红薯粉条、栾川豆腐、玉米糁等农副产品价值79万元，解决贫困户劳动力20人的就业问题。对于已捐赠的拖拉机、小麦收割机，投资2万余元进行跟踪保养、维护，并培训农机操作员，2019年完成小麦收割240余亩（1亩≈666.6m^2），麦秆打捆270余亩。

苏美达股份有限公司

苏美达股份有限公司（简称苏美达），经过40多年发展，已成为以供应链集成服务为主体、以先进制造和工程承包为两翼的国际化企业集团。2019年，苏美达坚持稳中求进主基调，围绕"推动供应链运营业务转型升级""提升工程承包业务运行质量""夯实管理基础提升管理效能""升级文化体系提升软实力"四个方面，加快推动提质增效、转型升级发展，持续夯实平台赋能、组织赋能和人才赋能，增强发展内在驱动力，扎实推进高质量发展。

【主要指标】

2019年苏美达主要经济指标完成情况见表1。

表1 2019年苏美达主要经济指标完成情况

指标名称	2018年	2019年	同比增长（%）
资产总额（万元）	4 271 922.24	4 058 062.15	-5.01
净资产（万元）	846 897.53	969 629.78	14.49
营业收入（万元）	8 195 887.51	8 436 525.46	2.94
利润总额（万元）	176 286.00	190 381.19	8.00
技术开发投入（万元）	28 922.10	31 634.23	9.38
利税总额（万元）	235 217.71	252 307.42	7.27
EVA值（万元）	85 819.61	110 590.17	28.86
全员劳动生产率〔万元/（人·年）〕	21.80	13.94	-36.06
净资产收益率（%）	15.95	15.93	下降0.02个百分点
总资产报酬率（%）	5.81	6.11	增加0.30个百分点
国有资产保值增值率（%）	111.78	110.53	下降1.25个百分点

【改革改制】

苏美达围绕"十三五"发展战略，推进各项改革改制工作。

1. 财务管理方面 通过修订资金占用考核管理办法，优化金融资源配置；制定资产负债率压控管理办法，明确投资管控措施和可分配利润留存比例。2019年年底，逾期"两金"余额10.57亿元，同比下降7.69亿元；资产负债率76.1%，同比下降4.1个百分点；亏损企业数9家，同比减少7家；亏损额1.86亿元，同比增长10.65%。

2. 人力资源方面 积极推进干部培养、选拔和交流工作。在干部培养方面，苏美达举办了为期5个月的"达人领航"首期年轻干部培训班，并与东南大学建立战略合作关系，搭建人才培养"直通车"。在干部选用方面，将在实践中成长起来的优秀人才及时选拔到领导岗位，全年提拔任用26人，优化了干部队伍结构。在推进干部交流上，全年进行总部与子公司干部之间的纵向交流5人次、总部部门干部之间的横向交流5人次，激发了干部队伍活力。

3. 信息化建设方面 完成ORACLE一期业财系统上线工作；完成海外业财系统试点工作，为在全公司推广打下基础；资金系统的成功上线；建立了服装设计库，实现供应商试点上线。

4. 风险防范方面 通过合规与风控监管中心的运营，构建全面有效的风险预警和防控体系，配合海关"龙腾行动"，有效地打击商标侵权案件；配合上市公司开展年报审计、内控审计和专项审计，加大审计成果运用，促进价值提升；开展纪检监察专题培训，组织党建和纪检综合知识测试，健全完善监督管理体系。

5. 制度建设方面 先后制定担保管理、费用管理、期货业务、内部审计、投资后评价细则和巡察操作规程等多项制度，为堵塞管理漏洞、提升管理水平奠定良好的基础。

【重大决策】

1. 与东南大学签署战略合作协议 10月，苏美达与东南大学在东大九龙湖校区举行战略合作签约仪式暨2020校园招聘宣讲会，推动双方在人才培养和自主创新等方面合作。

2. 苏美达海运有限公司成立 4月，苏美达所属苏美达船舶有限公司（简称船舶公司）旗下苏美达海运有限公司在新加坡正式举行开业典礼。这是船舶公司在战略转移上迈出的重要一步，标志着苏美达跨国经营进入新阶段。

3. DNV GL和新大洋造船签署JDP合作协议 苏美达所属新大洋造船有限公司（简称新大洋）和DNV GL在挪威海事展览会上签署。合作开发JDP项目协议，即升级皇冠63 500t散货船设计。JDP项目将在设计中应用新协调统一版船舶建造通用规则（HCSR），注重提高设计能效，特别是针对船上机械和电气系统。

4. 起动并购美国NVM项目 江苏苏美达家用纺织有限公司（简称纺织公司）通过并购在美国设立填充工厂，以扩充填充类产品种类，做强做大绗棉被、羽绒被和抱枕等八大战略产品类别，减少中美贸易战加征关税带来的负面影响，补齐供应链能力体系，降低成本，使制造端更靠近消费者。随着海外子公司、办事处的设立和运营，纺织公司国际化经营步伐不断加快。

5. 启动斐乐品牌认证 江苏苏美达轻纺国际贸易有限公司（简称轻纺公司）启动斐乐品牌认证工作，包括成衣类、印花类等14个测试项目，以更好地把控质量，促进合作，为产品质量保驾护航。

6. 搭建工贸一体化项目 轻纺公司在前期H&M和仰光一厂一体化的基础上，围绕内贸品牌客户需求，制定新制衣一体化项目试点推进方案，对一体化商业模式、人员配备、激励方式等进行严格界定，搭建起轻纺公司第一个独立核算的工贸一体化项目单元。截至2019年12月31日，基本搭建起包含设计、面料研发和打样一体化的研发体系，样品间、面辅料间等基本建成。

7. 采取股权投资形式对外投资 截至2019年12月31日，轻纺公司境外投资主要集中于纺织服装领域，地点分布在缅甸、越南和埃塞俄比亚，其中，在缅甸投资60万美元，越南投资100万美元，埃塞俄比亚投资45.69万美元。投资全部以股权的形式进行。其中，在缅甸投资企业为轻纺公司控股子公司的独资企业；在越南、埃塞俄比亚投资企业为轻纺公司的独资企业。

【重大项目】

1. 世界首型"海骆驼"48500DWT 大型重吊杂货船完美收官 2019年1月,"TOP ELEGANCE"驶离镇江船厂码头执行首航,标志着该批由4艘世界首型"海骆驼"48500DWT大型重吊杂货船组成的新造船项目完美收官,4艘船全部顺利交付并投入营运。"海骆驼"船型是船舶公司联合世界著名船舶设计公司丹麦OMT设计公司共同研发的、瞄准高铁出口运输市场定向开发的全新船型,被《国际船舶网》评选为2017年度世界最先进杂货船。

2. 船舶公司 82 000t 散货船顺利交付 2019年由船舶公司代理、江苏新韩通船舶重工建造的2艘82 000t散货船顺利交付。该船船东是德国著名的Oldendorff Carrier,在世界干散货船东中排名第3位。第1艘船交付后,在船舶公司、韩通船厂、船东和船检的密切配合下,创造了试航后七天交船的新纪录。

3. 国银租赁首艘 82 000t 散货船命名交付 2019年新大洋造船为国银租赁建造的皇冠系列82000DWT散货船(DY6005)举行命名仪式。CL TAIZHOU是国银租赁与船舶公司签订系列散货船合同后交付的第一艘船,是国银租赁的第一艘新造船,也是新大洋船厂为国银租赁建造的第一艘船。

4. 签约越南中部电力 CPC 光伏电站 EPC 项目合同 3月,江苏苏美达成套设备工程有限公司(简称成套公司)与越南中部电力CPC公司在越南岘港CPC总部举行金兰64MWp光伏电站EPC工程合同签约仪式。该项目是越南国家电力公司投资的第一个光伏电站项目,具有里程碑意义。此次项目的签约,是成套公司深耕区域市场的重要成果。

5. 南京江北废弃物处置中心项目投入试运营 7月,成套公司参建的江北废弃物综合处置中心投入试运行。南京江北废弃物处置中心项目是南京市建成投运的首座市级餐厨垃圾处理厂,采用"厌氧产沼发电"工艺对餐厨垃圾进行无害化处理和资源化利用。该项目由成套公司承担工艺集成、设备供货、安装调试及部分运营服务,是国内第一座工艺系统齐全、技术先进、资源化程度高的餐厨垃圾处理项目。

6. 施耐德(北京)中低压电器有限公司 2.4MWp 分布式光伏电站项目正式落成 7月,由江苏苏美达能源控股有限公司(简称能源公司)设计建造的施耐德(北京)中低压电器有限公司2.4MWp分布式光伏电站项目正式落成。该项目年电量266.6万 kW·h/a,年减排二氧化碳约为2 657.8t,是目前施耐德在中国最大的光伏电站项目基地。从2019年开始,该系统将能够为施耐德北京工厂提供30%的清洁电力。

7. 新大洋造船 7 月交付 DY158 等 4 艘船 7月,新大洋造船为中航租赁建造的皇冠63 500t散货船DY158、DY4056顺利交付。中航租赁作为新大洋造船的合作伙伴之一,自新大洋成立之初即已开始合作,这两艘船分别是新大洋为其建造的第3艘和第4艘船。当月,新大洋造船为国银租赁建造的82 000t散货船DY6001、DY6002也命名交付。

8. 中标南京市高新区北部污水处理厂扩容改造项目 9月,成套公司中标南京市高新区北部污水处理厂扩容改造项目。高新区北部污水处理厂,现规模为2.5万 m^3/d,扩建后土建规模达15万 m^3/d,设备规模到达8.5万 m^3/d,主体工艺采用"改良型AAO+磁混凝高效沉淀池+反硝化深床滤池+滤布滤池",出水排放标准为一级A。

9. 签约柬埔寨暹粒供水扩建项目输水工程合同 9月,成套公司签约柬埔寨暹粒供水局关于暹粒市供水扩建项目输水工程合同。暹粒为柬埔寨第一大旅游城市,现有的自来水厂和污水处理厂已难以满足日益增长的用水需求,自来水厂的扩建和污水厂的建设亟待解决。成套公司在众多顶尖的国际公司中脱颖而出,首次把国内丰富的水处理项目经验带出国门。

10. 中标宁波市桃源水厂项目 9月,成套公司中标宁波市桃源水厂及出厂管线工程——桃源水厂机电和控制设备(未完成部分)采购及相关服务项目。宁波市桃源水厂设计规模50万 m^3/d,出厂水质达到国家《生活饮用水卫生标准》(GB 5749—2006)要求,并达到《浙江省现代化水厂标准大纲》优质水要求。桃源水厂采用国际先进的浸没式超滤膜技术作为工艺核心,为全国在建规模最大的浸没式超滤膜自来水厂。

11. 中标南京北河口水厂深度处理二期工程及排口迁移工程 10月,成套公司中标南京北河口水厂深度处理二期工程及排口迁移工程。此项目在改造的同时还要保证水厂正常的生产,为南京市居民提供充足供水,其改造的砂滤池为南京市宝贵的"工业遗产"。成套公司秉承"建一项工程,树一座丰碑"的理念,以优质的服务和过硬的技术实力确保该项目顺利执行,确保南京市民喝上优质水和放心水。

12. 签约菲律宾圣米格尔82MWp光伏电站EPC项目 10月,成套公司签约菲律宾圣米格尔82MWp光伏电站EPC项目。作为成套公司在菲律宾的第二座大型地面光伏项目,圣米格尔项目的成功签约代表成套公司工程总承包能力得到当地业主认可,同时也是成套公司深耕菲律宾市场的又一阶段性成果。

13. 大庆萨尔图春雷农场40MWp光伏发电项目完成股转 2019年10月,能源公司投资建设的大庆市萨尔图区春雷农场40MWp光伏发电项目在北京产权交易所完成企业国有资产交易,成功转让给中电(沈阳)能源投资有限公司。2018年3月,能源公司与中电(沈阳)能源投资有限公司签署合作协议,采用BT合作模式建设该项目,6月项目并网,9月项目完成满并。该项目预计25年寿命期内总发电量为135 929.23万 kW·h,寿命期内年均发电量约5 437万 kW·h,对促进大庆市社会经济建设具有积极意义。

14. 亚美尼亚Hrazdan项目正式建成并网 11月,由能源公司提供光伏组件的亚美尼亚Hrazdan项目正式建成并网并投入商业运营。该项目装机容量2.2MW,是亚美尼亚单体最大光伏电站项目,全部采用苏美达旗下辉伦太阳能品牌单晶双子星T系列380W双面发电光伏组件,也是亚美尼亚第一个采用双面发电组件的光伏电站。

15. "六国制造"产业格局初步形成 11月,苏美达缅甸双赢服饰有限公司(耶尼)、勃固启衡服装厂和苏美达越南服装有限公司相继开业。截至2019年12月31日,在缅甸仰光和耶尼地区布局6家工厂,在越南布局1家工厂,已形成中国、缅甸、越南、孟加拉、柬埔寨和埃塞俄比亚在内的"六国制造"产业格局。

16. 新大洋造船交付36 000m³ LEG船 12月,新大洋造船和南通中集太平洋海洋工程有限公司(CIMC SOE)联合建造的36 000m³ LEG船S1036在新大洋3号码头交付。"GasChem Narwhal"号是新大洋造船为德国Hartmann集团建造的36 000m³ LEG系列船的第3艘,前两艘姊妹船分别于2016年和2017年交付并投入运营,得到船东的高度认可,首制船"GasChem Beluga"号入选国际知名船舶杂志《Maritime Report & Engineering News》"2017全球十大名船"榜单。

【市场营销】

坚持"贸工技金"一体化发展模式,以贸易为引领,努力打造贸易竞争新优势,从转型升级和动力转换的要求出发,不断加强市场营销工作,推动业务持续健康发展。

1. 国际市场开拓

(1)动力工具板块。在核心产品细分市场方面,园林机械产品:2019年松土机海关出口排名全国第一,割草机海关出口排名全国第二;清洁机械产品:2019年高压清洗机海关出口排名全国第三。在重点与核心产品的市场突破方面,北美市场逆势上扬,规模占比在公司内首次突破30%;澳洲市场向做深做透发展,汽油割草机占有率排名第一,品牌产品进入主流零售渠道;在重点产品的推广上,割草机器人市场占有率在德国达20%左右。

(2)钢铁、建材等产品板块。以客户需求为导向,以主流优势资源建设为龙头,以渠道建设为着眼点,克服价格劣势、汇率波动和贸易保护主义等不利影响,专注细分市场,拓展三国贸易,优化商品结构,提高经营效率,发挥苏美达国际技术贸易有限公司(简称技贸公司)与香港永诚公司两个平台、两种贸易方式的优势,探索全球化资源配给下的国际化经营新思路。钢铁出口160万t,稳居全国非钢铁生产企业出口规模前3位,胶合板出口居全国前3名。

（3）新能源板块。辉伦太阳能品牌的国际知名度和美誉度不断提升，在美国 Solar Power International、南美 Intersolar South America、尼泊尔 Nepal Solar Week 等国际著名展会中亮相。2019年，辉伦太阳能高效多晶组件荣获行业最高殊荣——DNV-GL"全球最佳表现制造商"（Top Performer）称号。2019年4月，全球首张UL（Underwriter Laboratories Inc.）61730证书落户辉伦太阳能，为苏美达进一步开拓北美市场奠定基础。2019年，辉伦太阳能产品在欧洲市场整体实现订单超过350MW，销售规模连续3年翻番，其中在德国和比利时的商业分布式市场占有率超过5%。

（4）轻纺板块。海外营销支持部围绕北欧、亚洲、英国、美国等几大重点市场，梳理重要客户，并对现有客户群体进行分级分类，将客户分为ABCD四级，再经过充分的市场调研和资料、数据整理后，编制了全球服装市场大客户名录，筛选出A+级客户，初步形成全球服装大客户版图。2019年，轻纺公司对美国的产品出口同比增长4%，对意大利和法国的出口增速分别达到32%和14%，成功打开日本市场，实现零的突破。

（5）船舶板块。3月，国银租赁与船舶公司在苏美达大厦签署4艘63 500载重吨散货船的建造合同。

12月，亚洲最大、世界第二大的海事展——2019年中国国际海事技术会议和展览会在上海新国际博览中心正式开幕，成立一年的新大洋造船有限公司、江苏苏美达船舶工程有限公司和国银金融租赁有限公司在展会期间签订8艘皇冠63散货船合作意向书，成为继已有首批合作签订批量建造皇冠63和皇冠82散货船订单后的再次携手合作，是双方战略性合作的又一个里程碑，为"十四五"发展打下良好开局。

2019年，船舶公司凭借船舶制造及航运两个板块联动，逐步整合国际一流货主、租家、金融机构等战略性资源，以船舶为载体，贯通设计、制造、销售、租赁、管理、营运等价值链关键，通过一年的流程梳理和市场开拓，基本解决新大洋船厂未来2年的投产需求；船舶资产管理和运营能力得到显著提升，航运板块累计运力26艘，经营效益良好。2019年，船舶公司交船13艘，其中新大洋造船交船9艘，一举扭亏为盈。在严峻的外部环境下，船舶公司凭借新商业模式新签订14艘船舶制造订单，截至2019年年底，共有30艘船舶制造订单在手。

2. 开拓国内市场

（1）动力工具板块。在国内，以清洗机产品切入电商业务，注册"佳孚"品牌，京东店庆销售中，销量列洗车机行业第一，"双11"销售中，销量进入苏宁渠道榜TOP3，全年实现322%的增长，并向汽车后市场产品延伸。

（2）机电设备进口业务。在做大做强传统优势行业同时，以模式创新和能力优化，打造新的市场竞争优势，建立健全"一带一路"沿线国家和国内"一湾两角三区"（环渤海湾、长三角、珠三角、西南、东南和中部等国内主要经济区）的销售与运营网络，推动客户结构转型升级，实现客户质量、开发效率和盈利能力同步提升，机电设备进口代理稳居全国行业前列，纺织设备和机械加工设备等进口总量稳居全国第一。

（3）大宗商品国内贸易业务。坚持供应链集成服务运营商的发展定位，持续推进各主营商品（钢铁、矿产、煤炭、油品）运营能力提升和业务提质增效，优化客户、市场及业务结构，实现业务规模、经济效益和经营质量的进一步提升。全年实现煤炭运营超1 000万t，钢铁运营近1 000万t，钢铁运营量位居全国钢铁流通企业前10位。

（4）新能源板块。能源公司向社会提供光伏产品和服务共1 067MW，持有电站46座，容量907.55MW，提供光伏清洁电力11.94亿kW·h，减少二氧化碳排放量约119万t。

2019年，能源公司在手运维第三方光伏电站88座，容量445.5MW。3月，能源公司下属江苏苏美达电力运营有限公司荣获TÜV莱茵"质胜中国"光伏电站运维服务商优胜奖，这是本次评选中唯一一家获奖的光伏电站运维中央企业。8月，能源公司成功中标富士康17.4MW光伏电站运维服务项目。11月，中标道达尔远景能源服务有限公司总体量29MW电站运营维护服务项目，能源公司光伏电站运维市场竞争能力逐步增加。

（5）纺织板块。从零起步，勇于创新，积极探索拓展国内市场。通过广泛调研，走访不同渠道、供应链企业，测试不同类型的商业模式，逐步理清聚焦到部分细分市场。目前已经与考拉海购、苏宁极物等线上渠道合作，同时与北京故宫签约故宫IP，通过"Berkshire故宫"联名品牌，推出系列产品，提升纺织公司品牌形象。

（6）校服板块。全国"两会"期间，民革中央向政协提交《关于提高校服优质供给，杜绝劣质校服》集体提案，提案内容由民革四川省委会副主委曾蓉主导调研形成，由江苏苏美达伊顿纪德品牌咨询有限公司（简称伊顿纪德公司）提出及策划的"建议改进校服美感与舒适度"话题，登上微博热搜并引发3亿网友热议，央视、澎湃等核心媒体传播量达5 000余次。

3月，伊顿纪德公司联合中国服装协会共同成立"中国校服产业研究中心"，作为国内首个校服产业专业研究机构，中心将通过产业研究和专家会议等形式推动行业向市场化的方向发展。

3月，在上海国家会展中心举办的2019春季中国国际服装服饰博览会（CHIC展）上，伊顿纪德公司与3M中国、鲁泰集团签署战略合作协议，在价格、品质、科技含量等方面提升产品竞争力，携手合作伙伴共同推进中国校服行业的健康发展。

9月，在中国服装协会主办的"2019中国职业装产业大会"上，伊顿纪德公司荣获"中国职业装五十强企业""中国职业装（校服）优势企业"称号。

9月，在第二十一届江苏国际服装节上，伊顿纪德公司荣获"2019江苏纺织服装人才培育推动奖"，以其前瞻性的发展模式和在校服行业实施变革及人才培养方面所做的努力，赢得行业一致认可。

12月，伊顿纪德公司与蒲公英教育智库联合主办第六届中国教育创新年会。通过本次年会，伊顿纪德公司进一步巩固了教育创新品牌形象，取得了良好的社会反响，获取到大量优质客户资源。

【科技创新】

苏美达坚持市场化研发导向，持续加强技术研发，极大提升了产品核心竞争力，为自主品牌建设奠定基础。截至2019年12月31日，共拥有国家地方联合工程研究中心1个、国家级工业设计中心1个、国家级博士后科研工作站1个、国家级认可实验室2个，省级以上技术平台10个，高新技术企业8家，专利417项，其中发明专利84项。

（1）动力工具板块。五金公司2019年新申请专利突破百项，其中发明46项；新获专利授权45项，均创历史新高，被国家知识产权局评为"国家知识产权优势企业"。五金公司起草的两项国家标准正式发布，实现苏美达在国家标准领域的零突破。新产品开发方面，完成可进入产业化的40/60V锂电系列产品、系列汽油草坪机和交流扫雪机等新品开发近50项；割草机器人产品开发在无边界技术上终获突破，与国际领军企业实现同道赛跑；面向北美市场的新品开发，正式开启；智能公司入选"专精特新"企业，并被江苏省发改委评定为"江苏省智能机器人运动和导航控制系统技术工程研究中心"。

（2）新能源板块。2019年，能源公司获得发明专利授权1项，参与制修订国家标准3项。累计获得20项有效专利授权，其中8项发明专利，另有15项发明专利正在申请中。能源公司下属江苏辉伦太阳能科技有限公司被江苏省工业和信息化厅、江苏省发展和改革委员会、江苏省科技厅、江苏省财政厅、江苏省税务局、南京海关联合认定为"江苏省工业企业技术中心"。

（3）机电板块。2019年，江苏苏美达机电有限公司（简称机电公司）下属江苏苏美达车轮有限公司"轻质高强铝基纳米复合材料及其在高端载运工具上的应用"项目荣获2019年度江苏省科学技术奖，"基于电力载波通信的发电机控制装置与控制方法"项目荣获2019年度南京市优秀专利奖。"企业知识产权战略推进计划一般项目"通过江苏省知识产权局验收，验收结果为"优秀"等级。机电公司被南京市科技信息研究所评为南京市创新型企业50强。

【管理经验】

1. 坚持人才优先 苏美达践行"公司的事情员工做,员工的事情公司想"理念。开展"达人"系列培训,搭建"达人学院"网络学习平台,为公司各年龄和各层级员工,提供相应的培训课程。帮助员工,成就的是企业,尽最大能力吸引和培养优秀人才,坚持人才优先战略是苏美达发展的根本。

2. 坚持专注主业 苏美达从机电设备产品起家,1998年完成集团化改组,形成机电、五金、轻纺、成套、船舶和技贸六大核心业务板块。随着形势的变化,苏美达不断优化商业模式,提出贸易为引领、实业为支撑、技术为推动、金融为催化的"贸工技金"一体化发展模式。在经济进入新常态情况下,提出做全球产业链的组织者和整合者,夯实产业链竞争力,致力于做细分领域的领先者。

3. 坚持严格管理 2019年是苏美达的"严格管理年"。一是专项工作精细化,精心优选融资渠道,优化融资结构,降低融资成本;全面开展资产清查,排查隐患;持续加强"两金"管理,深入摸排亏损企业现状,压实责任;强化投资预审功能,从严把关。二是风险防控体系化,加强事前、事中、事后把关,风险管控的体系化建设初步形成。三是议题督办常态化,持续优化"三重一大"决策机制,逐项梳理党委会议题,按照审批权限进行跟踪,督办责任部门落实,并在党委会上通报,形成闭环,提升决策执行力。

【企业文化建设】

2019年,苏美达启动企业文化升级项目,系统回顾41年发展历程,梳理企业文化脉络。成立企业文化领导小组和工作小组,开展企业文化访谈近30场,邀请公司干部员工畅谈心中的苏美达文化。举办企业文化研讨会3场,企业文化共创营1场,参与人数超100人次。面向全公司开展网络调研,收回调研问卷3 000余份。开展庆祝新中国成立70周年系列活动,拍摄《我和我的祖国》短视频,传递苏美达人的爱国情怀;开展"达人好声音"歌咏比赛,展现苏美达人的昂扬姿态;拍摄《苏美达十二时辰》短视频,展现苏美达人专业、刻苦、奋进的精神风貌,并通过新媒体推送传播。开展员工子女高考学子自强感恩活动,为学子们开设大学前第一课,通过自强模范分享、亲子交流等环节,激励莘莘学子学会自强、懂得感恩。开展"大手拉小手"六一亲子嘉年华活动,为员工与家庭搭建全新交流平台,践行"公司的事情员工做,员工的事情公司想"文化理念,激发员工对公司的归属感、自豪感。

【社会责任】

持续推动河南淮滨苏美达产业扶贫项目——淮滨苏美达科技有限公司(简称淮滨苏美达)建设。二期项目固城、刘圩、麻西3个扶贫车间建成投产。截至2019年年底,淮滨工厂有员工417人,为当地60户建档立卡贫困户提供就业岗位,带贫比例为14.3%。2019年10月,淮滨苏美达员工月平均工资达3 187元,远超当地脱贫标准。

作为江苏省委省政府帮扶工作的后方成员单位,苏美达按照省委省政府部署,选派干部在泗阳县卢集镇镇东村开展为期近两年的定点帮扶工作,及时、足额向江苏省委驻泗阳帮扶队拨付帮扶资金100万元,通过积极开展产业、民生项目帮扶,有效促进了乡村振兴和集体经济发展。截至2019年年底,镇东村集体经济年收入达到28万元,超过省定帮扶指标18万元;低收入农户人均年收入达到8 000元,超过6 000元的江苏省定指标,如期实现"两不愁、三保障"的脱贫目标,为镇东村群众脱贫致富贡献力量,展现驻地央企的责任担当。

热心社会公益,坚持企业发展成果与社会共享,规范公益管理,积极投身社会公益事业,推进开展丰富多样的社会公益活动,倾情奉献社会。2019年,苏美达股份荣获江苏省2017—2018年度慈善精准扶贫"慈善之星"称号。

伊顿纪德公司联合发起"我请你做梦、美的守护、暖烛行动"等服装捐赠公益项目:2019年全年总计公益捐赠11.3万余件服装,惠及全国1 287所村小学,5.9万余名乡村小学师生,辐射国机集团扶贫区域山西运城平陆县1所学校、苏美达集团挂钩帮扶地江苏宿迁泗阳县45所学校,同时为"故事田"儿童哲学教育公益项目注入资源,建立长效帮扶机制,为国机集团精准扶贫工作持续贡献力量。

伊顿纪德公司发起的"故事田"儿童哲学教育公益项目新增学校964所，服务乡村学校超过3 900所，招募618名志愿者，惠及50万余人次。"故事田"及公益捐赠成为国机集团打造教育扶贫的"国机模式"。

完善公益管理，统一苏美达股份"小水滴"公益形象，围绕"小水滴"项目规范、有序、专业地开展各类公益活动，将苏美达人的公益力量带到更多需要关爱的社会弱势群体身边，让他们感受到爱和温暖。

【党建工作】

2019年，公司党委坚持以习近平新时代中国特色社会主义思想为指导，全面贯彻党的十九大和十九届二中、三中、四中全会精神，紧紧围绕新时代党的建设总要求和党的组织路线，全面推进党建工作与中心工作有机融合，以高质量党建引领高质量发展，推动公司事业发展再上新台阶。

1. 举旗定向，突出抓好党的政治建设 充分发挥党委领导把关作用，全年召开党委会27次，研究讨论"三重一大"议案249项，加强对决策事项的跟踪督办。深入贯彻落实全国国有企业党建工作会议精神，全面推进全级次164家企业党建进章程，落实11家二级企业党组织书记、董事长"一肩挑"要求。扎实开展"不忘初心、牢记使命"主题教育，按照"学习教育是基础，调查研究是途径，检视问题是关键，整改落实是目的"方法论，高质量完成第一批主题教育，高要求推进第二批主题教育，在找差距、抓落实中守初心、担使命。

2. 与时俱进，不断深化党的思想建设 党委会传达学习重要讲话、会议和文件精神28项，开展中心组学习7次，围绕应对中美贸易摩擦开展专题研讨2次，以新理念、新思想、新战略武装头脑、指导实践、推动工作。加强意识形态工作，紧跟热点、主动作为，围绕"一带一路""应对贸易摩擦走出去""广交会""进博会"等多个专题，通过CCTV、新华网、经济日报、江苏卫视等重要新闻媒体，向海内外公众展示苏美达有实力、有责任、有担当的央企形象。加强形势任务教育，以庆祝中华人民共和国成立70周年为契机，开展我与国旗同框、参观江苏省庆祝中华人民共和国成立70周年成就展等系列活动，激发党员干部职工的爱国情怀。

3. 强基固本，切实加强党的组织建设 改进干部考核方式方法，加强干部工作体系化建设，树立鲜明用人导向，坚持用"六种人"、坚决不用"六种人"，为干部注入"责任担当"的灵魂。配合完成国机集团优秀年轻干部调研，初步完成公司优秀年轻干部储备工作，大力选拔任用优秀年轻干部，2019年已提任的26名干部中，40周岁以下有14人、35周岁以下2人。扎实推进党的组织和党的工作全覆盖，集中整顿软弱涣散基层党组织，制定基层党支部标准化、规范化建设工作方案，持续强化"三基建设"。严肃党内组织生活，制定《苏美达股份有限公司基层党组织工作经常性督查指导意见》，推动基层党建抓在日常、严在经常。深化党员教育管理，落实苏美达股份2019年党员教育培训计划，对125名党组织书记和党务干部进行轮训，用"学习强国"学习平台，拓宽党员教育学习方式和渠道。

4. 求真务实，持续改进党的作风建设 积极开展"四风八规"专项检查工作，对检查中发现的问题立行立改。重要节庆期间，通过文件、短信、微信公众号、微信群等方式，提醒党员干部及职工群众自觉遵守廉洁自律各项规定，防止"节日病"发生。落实领导班子基层联系点制度，定期开展困难党员、职工慰问，帮助他们解决困难，送上组织温暖。加强群团统战工作，发挥党政工团合力，组织开展第十四届职工演唱比赛等各类特色活动，提升员工职业技能；举办"企业文化共创研讨营"，培育优秀企业文化。2019年，苏美达团委先后被江苏团委、中央企业团工委评为"五四红旗团委"。

5. 闭环问责，切实加强党的纪律建设 落实党风廉政建设"两个责任"，与所属二级党组织签订党风廉政建设责任书，扎实开展纪律教育。坚持抓早抓小抓严，加强追责问责力度，综合运用监督执纪"四种形态"问责处理56人次。按照中央巡视组整改工作要求，对下属单位办公用房使用面积、公车使用管理、业务支出和履职待遇等方面开展专项检查，对查明的问题依规依纪严肃处理，中央巡视组反馈的19项具体问题全部整改完成。制定《苏美达股份党委巡察工作操作规程》《苏美达股份党委巡察组管理细则》，对34名巡察人才库成员进行专项培训，完成对能源控股公司党委、五金公司党总支的进驻巡察，起动对轻纺公司党委、纺织公司党总支的巡察工作。

6. 建用并重，扎实推进党的制度建设 制定《苏美达股份有限公司党委关于全面落实管党治党主体责任和监督责任 促进企业治理效能进一步提升的实施意见》《苏美达股份有限公司党委会议议事规则》等实务性制度，修订完善《江苏苏美达集团有限公司企业负责人履职待遇、业务支出管理办法》《江苏苏美达集团有限公司违规经营投资责任追究实施办法（试行）》等重要经营管理制度办法，不断健全党建工作制度体系。通过党建信息平台及时完成制度报备，修订制度汇编，抓好各项制度的贯彻执行。

7. 同向聚合，推进党建业务互促共进 坚持党建工作和中心工作同谋划、同部署、同推进、同考核，组织党建工作和中心工作有机融合典型案例评选活动，通过打造具有影响力的党建特色做法，发挥示范带动作用。在开展生产经营和攻克重点难点工作时，以"党员传帮带""党员攻关项目"等活动载体，充分发挥党组织战斗堡垒作用和党员先锋模范作用。制定《苏美达股份有限公司评选表彰先进基层党组织、优秀共产党员和优秀党务工作者实施办法》，对2017—2018年度11个先进基层党组织、24名优秀共产党员和6名党务工作者予以表彰，对典型经验和先进事迹进行宣传报道，营造"比学赶帮超"的浓厚氛围。

中国浦发机械工业股份有限公司

依托上海的区位优势，经过20多年的辛勤耕耘，构建了总公司、子公司同步协调发展的混合所有制结构模式，其主营业务涉及电力、化工、环境保护和基础设施建设等国内外工程设计及总承包，大宗商品及机电成套设备进出口贸易，以及商业房产和工业园区资产运营。

【主要指标】

2019年中国浦发经营指标完成情况见表1。

表1 2019年中国浦发经营指标完成情况

指标名称	2018年	2019年	同比增长（%）
资产总额（万元）	1 969 093.07	2 583 108.95	31.18
净资产（万元）	529 257.21	740 375.99	39.89
营业收入（万元）	893 945.86	1 165 140.24	30.34
利润总额（万元）	21 559.62	14 430.78	-33.07
技术开发投入（万元）	6 950.74	21 455.20	208.68
利税总额（万元）	30 263.58	24 713.16	-18.34

（续）

指标名称	2018 年	2019 年	同比增长（%）
EVA 值（万元）	-9 292.30	-29 787.64	-220.56
全员劳动生产率〔万元/（人·年）〕	35.08	32.61	-7.03
净资产收益率（%）	3.68	0.93	下降 2.75 个百分点
总资产报酬率（%）	4.21	2.56	下降 1.65 个百分点
国有资产保值增值率（%）	102.59	101.25	下降 1.34 个百分点

【改革改制】

在法人层级压减方面，通过股权转让、清算注销等方式，完成 9 户法人压减。按严格控制法人户数总量要求，合并压减法人 58 户。

在管理层级提升方面，中国浦发和中国能源工程集团有限公司（简称中国能源）共同努力推进管理层级提升。在中国能源法人层级提升后，在管理层增加中国浦发的董事和监事席位，完善法人治理结构。中国能源对所属各层级法人单位的关键环节实施垂直管理，实现中国能源对其下属企业的管理层级提升。2019 年，中国浦发管理层级在国机集团 4 级以内，提高了对子公司的管控力度。

【重大项目】

1. 白俄罗斯斯拉夫钾肥综合体 EPC 项目 项目位于白俄罗斯明斯克州柳班市，总投资 16.68 亿美元，是迄今为止中国与白俄罗斯经贸领域规模及金额最大的合作项目。

2. 浙江省丽水市金周农居新社区（南）全过程代建开发项目 该项目是全过程代建开发项目，项目投资金额 13.36 亿元。截至 2019 年年底，已完成工程总体的 15%。

3. 茂名市循环经济示范中心 EPC 项目 项目总投资约 8.5 亿元，为无害化综合处理工业危险废物项目，是集收运、贮存、焚烧、物化、固化和填埋为一体的综合性处置中心，年综合处理外来危险废物 14 万 t，是国内标杆示范工程和最先进的危废处理中心。截至 2019 年年底完成工程总体的 62.9%。

4. 连云港荣泰化工储罐、荣泰码头低温储运 EPC 项目 项目总投资 5.2 亿元，包括全部工程建设范围所涉及的各专业工程设计、采购、施工、试车、开车投料及配合竣工验收等（EPC）全过程工作。截至 2019 年年底，完成工程总体的 83.2%。

5. 西安创业咖啡街区拓展建设 EPC 项目 项目总投资 3.8 亿元，2019 年 7 月 31 日完成竣工验收。该项目荣获第十四届"中照照明奖工程设计奖一等奖（室外、街区）"，该奖项是中国照明行业的最高奖项。

【市场开拓】

中国浦发通过加强成本管理，推行绿色发展，加快去产能、去库存和技术创新等举措走出高质量发展新路子，在整体业务版块中，化工、炼化及城乡建设板块得到快速发展。

中国浦发所属上海蓝滨石化设备有限责任公司（简称上海蓝滨）紧盯国际海事组织标准和环保政策，积极开发海外市场，有效避开了国内低价中标等竞争市场环境，累计承接 73 套出口脱硫塔系统的设计、制造和供货；再次与中石化广西北海液化天然气有限公司签订二期扩建两台开架式气化器设计和供货合同，标志着上海蓝滨在液化天然气终端市场关键设备的技术优势和核心地位得到进一步巩固。

中国浦发所属中国空分工程有限公司（简称中国空分）承接的河南安钢 30 000 Nm^3/h 制氧站项目，是河南省重点项目，为再次中标安钢空分总包工程打下坚实基础，也为今后承接安钢新区提产扩容所配套的空分总包工程创造良好的开端。

中国浦发所属企业中机联合投资发展有限公司（简称中机联合）浙江丽水安置房代建项目，

创建"总包＋代建"的新商业模式；"西安嘉会坊拓展提升建设EPC项目"成为城市有机更新样本案例，获得多方好评；"杨凌示范区科创中心小微文化企业孵化基地项目"成为产业园区有机更新样本。

中国浦发所属中国能源通过分立运营机制的建立和运作，进一步激发设计服务水平和质量提升，新承接中石油天津分公司2台2万 m^3 汽油储罐项目、化验计量中心分析化验站隐患治理项目和第二循环水系统整体优化项目等EPC工程总包项目，自主新签合同和收入实现飞跃发展，经营业绩进一步提高。

【自主创新及科技投入】

2019年全年实现科技投入达10 470万元，其中研究与试验发展费用9 450万元。

知识产权方面，申报专利109项，其中，申请发明专利33项，授权专利35项；软件著作权12项；主持制定行业标准2项；发表论文50篇，其中，SCI论文3篇、EI论文2篇。新申请并获批省部级以上科研机构1个（甘肃省省级工业设计中心）。

科技奖励方面，获得中国石油和化学工业联合会、甘肃省人民政府颁发的科技奖励各1项，国机集团备案项目2项。

【产权制度改革】

对中国浦发本部以及所属子公司已登记和需补录的产权信息进行梳理、核对和修改，进一步完善国有产权管理工作。

为实现中浦供销和中浦电磁协同发展，这两家公司的实际控股股东上海佳利特实业有限公司有意将中浦供销通过重组调整为中浦电磁的全资子公司，并以所持中浦供销股权增资中浦电磁。中国浦发作为两家公司的参股股东，与控股股东共同确定股权调整方案，同时实施增资方案。

【管理经验】

1. 经营管理

（1）强化生产管理，助推高质量发展。以客户需求和高附加值产品为导向，压缩常规产品生产，扩大高新技术产品开发，提升科技创新能力，不断增强核心竞争实力。全年生产产品1 087台，同比增加2.94%，产品以吨计数达21 981t。环境板块用绿色发展理念提升整体发展质量，继无锡印染废水处理EPC+运营项目之后，又介入更大规模的环保运维项目——徽州双益污水处理二期EPC+O项目，企业利润和附加值不断提升。

（2）聚焦"一带一路"沿线国家市场，积极把握市场机遇。新承接俄罗斯阿穆尔AGPP项目、沙特阿拉伯沙比克公司换热器塔器设计制造及玻利维亚乌尤尼盐湖（CMEC）冷却结晶项目，这3个国家市场均是中国浦发第一次进入。中国浦发积极与义乌市政府合作，规划建设"揿克义乌小镇"项目，拟以"投资+EPC+运营"的模式将其打造成为文旅特色小镇、重大产业示范项目及"一带一路"核心项目。

2. 人力资源管理 继续完善和优化人力资源管理体系，加快完善公司干部选拔任用机制，推进干部交流任职，强化业绩考核和责任追究，探索培育人才的新模式。制定2019年及2020年人工成本和年工资总额预算表，加强对工资总额预算执行情况的跟踪管理，不断完善工资效益联动机制。将党内学习与专业培训紧密结合，通过内外训结合以及线上线下结合等模式开展各项培训。组织做好中国浦发系统内年度职称评审工作，增加蓝科高新工程系列专业技术职务任职资格评审委员会。2019年度，中国浦发评审通过高级工程师31人、工程师38人；蓝科高新评审通过高级工程师13人、工程师11人。

3. 质量管理 通过建立一套完整可行的质量管理体系，同时参照相关国家、行业标准，严把质量关，维护工程质量荣誉。国内国外各重大项目按规定定期报告工作进展，确保年度无等级质量、安全和环保事故。

4. 安全生产管理 全面落实"党政同责、一岗双责、失职追责"安全生产责任体系，修订年度安全生产责任书并建立安全生产双向承诺制度。加强安全生产监督检查，对各层级应急管理体系进行审查和评估，开展安全应急演练活动，发现问题及时落实整改。

5. 节能减排 持续完善节能减排统计监测体系，建立健全制度体系。对所属企业进行全面排查，保证各项节能减排指标控制在责任考核目标范围内，各项目均符合国家产业政策，符合当地城乡规划要求。

【党建工作】

1. 加强政治建设，发挥党组织的核心领导作用 全面加强党的建设，以加强政治建设为根本，充分发挥党委在改革、转型、发展和生产经营过程中"把方向、管大局、保落实"的核心作用。全面落实全国国有企业党建工作会议精神，推动所属各级企业党建工作进章程。修订完善"三重一大"决策制度，确定公司各治理主体间的权责边界，为进一步完善现代企业制度奠定基础，确保党组织核心作用贯穿企业运营管理始终。认真落实党建工作责任制，着力强化党委主体责任、书记第一责任、班子成员"一岗双责"的落实，推动年度党建工作的开展，扎实开展"不忘初心、牢记使命"主题教育。

2. 夯实思想建设，为企业发展凝聚推动力 始终把学习贯彻习近平新时代中国特色社会主义思想作为首要任务，着力抓好理论武装和思想引领，严格落实党委中心组学习制度，推进"两学一做"学习教育常态化制度化。抓好新党员发展，落实党支部书记、党务工作者和普通党员教育培训要求，着重抓好党支部书记、党务工作者培训。中国浦发各级党组织结合企业实际，探索创新思想教育形式，以丰富的形式抓好党员思想教育。

3. 落实全面从严治党责任，提升党风廉政建设水平 深入学习贯彻十九届中央纪委三次全会精神，巩固发展中国浦发党风廉政建设和反腐败工作。坚持在"不忘初心、牢记使命"主题教育中抓工作作风建设，以良好作风扎实推动主题教育取得实效。带头抓好党风廉政建设，党委与各所属企业和总部各职能部门签订党风廉政建设责任书。为进一步推进全面从严治党，讨论修订《"三重一大"决策制度实施办法》。党委成立集中整治领导小组和工作小组，开展集中整治形式主义、官僚主义工作。组织召开巡察启动会暨巡察工作培训会，开展首次巡察工作。召开廉洁从业专题工作会议，总结部署工作，通报曝光各项违纪违规事项。

【信息化建设】

为保障信息化基础设施的安全和可用性，中国浦发定期对网络系统进行外部巡检和异常分析，及时发现并处理基础架构运行环境的异常和安全隐患。通过运维监控系统，及时发现并处理服务器预警，提高信息化应用的保障能力。完成系统更新维护，记录和处理各类异常100多项，推进并完成网络安全等级保护复核工作。完成OA系统升级和手机移动办公平台（EVO）的平稳升级。

【企业文化建设】

为庆祝新中国成立70周年，中国浦发全系统录制《我和我的祖国》MV，组织收看庆祝中华人民共和国成立70周年大会直播，组织参观"国机集团庆祝新中国成立70周年"主题展览；工会举行"致敬奋斗者 阔步新时代"主题教育宣传交流活动；团委组织参观中共一大、二大、四大会址纪念馆；工会召开庆元宵活动、三八妇女节活动、第五届职工乒羽赛；公司在中国浦东干部学院举办中高层管理干部专题培训班，在井冈山革命传统教育基地举办了党员培训示范班。

【承担社会责任】

履行央企责任，助力脱贫攻坚，为河南固始县提供11万元帮扶资金，为河南淮滨县提供20万元帮扶资金。关心扶贫干部，积极宣传报道中国浦发所属甘肃蓝科石化高新装备股份有限公司定点帮扶贫困村——王昌寺村第一书记王大勇同志的扶贫事迹，协助中央电视台《焦点访谈》栏目录制"让我脚下沾满泥土"系列专题节目。

中国联合工程有限公司

中国联合工程有限公司（简称中国联合）总部设在杭州，现有员工6 000多人，专业技术人员占95%以上，其中，7位中国工程院、中国科学院院士，8位全国勘察设计大师，1位"新世纪百千万人才工程"国家级人选，104位享受国务院政府特殊津贴的专家。公司现有高级技术职称专家1 635人（含正高级工程师170人），各类国家一级注册工程技术人员1 900人次，美国项目管理专业协会（PMI）认证的项目管理专业人士（PMP）80人。

中国联合设有工业工程、民用工程（一、二）、能源工程、工程建设、装备、全过程咨询和国际工程等业务板块。作为国内最早组建的国家大型综合性设计单位之一，中国联合设计了以上海电气、东方电气和哈尔滨电气三大动力基地为代表的一大批国家装备制造业骨干企业，设计和建设了300多座电厂，数以千计的标志性民用建筑。经过60年的纵横驰骋和市场竞争的风雨磨砺，中国联合的服务领域早已从单一的机械行业扩展到各类工业、电力、建筑和市政等20多个行业，成为国内首批获得工程设计综合甲级资质的企业。中国联合的服务方式也从工程设计延伸到工程建设全过程，在继续做精做强设计咨询业务的同时，积极开拓工程总承包和项目管理业务，大力提升EPC能力，积极参与国际竞争。

多年来，中国联合始终遵循"与顾客共同创造价值"的经营理念，完成了20 000多项大中型工程；主编、参编国家、地方和行业标准、规范100余项；获得国家科技进步奖28项（一等奖2项）、国家级各类工程技术奖100多项、各类省部级奖1 000多项。

在建设部对全国10 000多家勘察设计单位"综合实力和营业收入排名"中，中国联合连续多年进入百强榜，最高排名在第11位。在美国《工程新闻记录（ENR）》"中国工程设计企业60强"排名中，中国联合连年榜上有名，排名在10名左右。中国联合连年被浙江省市场监督管理局授予AAA级"重合同守信用"企业荣誉称号。

【主要指标】

2019年中国联合经济指标完成情况见表1。

表1 2019年中国联合经济指标完成情况

指标名称	2018年	2019年	同比增长（%）
资产总额（万元）	1 064 220.06	1 028 472.61	-3.4
净资产（万元）	195 835.77	225 874.87	15.3
营业收入（万元）	1 018 953.89	1 158 161.44	13.7
利润总额（万元）	40 890.85	52 626.46	28.7
技术开发投入（万元）	79 739.64	90 532.24	13.5
利税总额（万元）	67 226.91	74 014.44	10.1
EVA值（万元）	46 959.07	59 361.76	26.4
全员劳动生产率（万元/(人·年)）	28.80	40.66	41.2

（续）

指标名称	2018年	2019年	同比增长（%）
净资产收益率（%）	18.59	21.19	增加2.6个百分点
总资产报酬率（%）	3.63	5.04	增加1.41个百分点
国有资产保值增值率（%）	117.1	122.51	增加5.41个百分点

【党建工作】

落实"党建质量提升年"专项行动部署，持续提升党建工作质量和水平。深入学习贯彻习近平新时代中国特色社会主义思想和党的十九大精神，开展党建工作标准化、规范化、信息化和专业化建设，深入推进党建与生产经营有机融合。

认真开展"不忘初心、牢记使命"主题教育，中国联合党委立足贯彻"十二字"总要求，把握好"五句话"具体目标，切实通过学习教育，筑牢思想根基；通过调查研究，补齐发展短板；通过检视问题，改进工作作风；通过整改落实，推动高质量发展，始终与党中央和集团党委同向同行，做到了谋实事、出实招、做实功、求实效，取得了阶段性成效。主题教育期间收集整理的93条意见，目前已有90条得到了整改。

中国联合党委2019年共组织了9次中心组学习会和8场领导班子读书会，共学习上级会议精神及习总书记重要讲话43项。与浙江省委党校、嘉兴红船学院、井冈山国家干部学院等党校合作，举办了8期培训班，共937人参加培训，做到了党员轮训全覆盖。

认真贯彻落实党的十九大全面从严治党战略部署，驰而不息深入推进党风廉政建设和反腐败斗争。围绕夯实主体责任，签订"党风廉政建设责任书"30份，"廉洁从业责任书"62份，"廉洁从业承诺书"596份。扎实推进廉洁从业文化建设，在支部党员大会、经营采购经理培训会等多个场合进行廉洁从业教育宣讲10场。实现监督关口"前移"，加强对设计分包、采购等重点领域、关键环节的监督，让监督由"被动式"到"主动式"转变。认真落实中央"八项规定"精神，加强节假日廉政短信提醒和公车使用管理，持续推进作风建设。深入推进纪检监察组织建设，单独设立纪委办公室，组建公司巡察工作人员库。

积极做好中央巡视组对国机集团反馈巡视问题的整改工作。积极配合国机集团党委第一巡视组对公司的巡视工作，将国机集团党委对公司的巡视当作公司全面体检和查补短板的契机。对于巡视组提出的立行立改项和巡视反馈意见高度重视，党委书记、董事长亲自抓整改落实，召开座谈会，听取员工的整改建议并及时形成整改计划和方案。

积极发挥好公司报、《联合》杂志、官网、公众号的"喉舌"作用，宣传先进人物和典型项目。做好舆情监测工作。积极向国机集团投稿，第二季度、第三季度宣传工作得分分别列国机集团第三和第二名。按照国机集团品牌一体化的要求做好标识更新制作工作。

广泛开展庆祝中国共产党成立98周年和庆祝新中国成立70周年系列活动，积极选派文艺骨干参加国机集团的主题文艺交流。

【主要管理经验】

1. 强化制度建设，推进合规化管理，积极推动体制改革　规范董事会决策程序，落实各项议题。组织外部董事、监事调研，开展董事培训，提升科学决策水平。组织板块座谈会，持续做好团队建设。加强人文关怀，做好员工保健体系建设。

强化制度、流程建设，持续开展制度建设工作，2019年新制定15项、修订77项规章制度，现行有效规章制度共260个。

重视战略管理工作，完成了2019—2021三年滚动发展规划及人力资源、科技发展、资质和信息化四个子规划的修订工作。

根据国机集团统一部署，修订《公司"三重一大"决策制度实施办法》，编制《公司"三重一大"决策事项及权限表》，明晰党委会、董事会、总经理办公会的决策权限，梳理自党的十九大以来公司历次决策会议及决策事项，上传"三重一大"决策运行系统，扎实开展企业合规化管理工作。

扎实推进"双百企业"和混合所有制改革工作，对本单位业务结构及资产状况进行了全面的梳理，积极开展"三供一业"分离移交以及往来款项、产权、固定资产等清查处置等工作。

2. 加强人才和干部队伍建设，为战略发展提供人才保障 加强校企合作，与浙江大学、南京审计大学、吉林建筑大学电气学院等合作建立了实践基地；举办第五届"中联杯"建筑设计竞赛，收到有效作品 960 件，评选出获奖作品 135 项，编辑出版了《"中联杯"国际大学生建筑设计竞赛获奖作品集》；建设了校园招聘管理系统，全年招聘应届毕业生 212 人，社会人员 325 人，获得杭州市下城区"伯乐企业"。

2019 年中国联合统一认定五支人才队伍共 1 303 人的年度任职资格，发布 17 个职级体系的七支人才队伍建设实施细则，员工可自由选择发展通道，就高享受职级待遇。开展采购经理、项目经理、经营经理和项目设总的专题培训，选派 20 名骨干人才前往德国进行为期 14 天的骨干人才培训班——工业 4.0 与智能制造专题培训。全年组织各类培训 114 场，培训 4 435 人次，参加考试 2 122 人次，人才培训培养工作不断加强。

规范干部选拔任用工作程序，2019 年因干部和机构调整发文 70 个，提拔任用干部 22 人，其中，"80 后" 6 人；申报 33 项专家、127 人次；开展全员挂证清查，注销 37 人，解聘 5 人；修订完善 7 项规章制度和 13 项业务管理流程，建设人力资源信息化管理系统，上线各类管理业务流程 50 个；办理因公出国境 78 批 235 人次；按照一年一调的原则，重新确认 600 名协议上岗人员；184 卷干部人事档案实现电子化，835 卷员工档案进行标准化整理；调整员工薪酬体系，提升了人均工资标准，提高了五险一金缴费基数，增加了员工获得感。

3. 财务信息化持续深化，财务服务水平不断提高 根据国机集团考核要求，完成 4 家企业压减工作，超额完成国机集团下达的压减 3 家工作任务。2019 年度平均资金集中度为 63%，超额完成国机集团下达的 44% 考核目标。实施"两金"常态化管控，基于业务持续增长，"两金"仍控制在零增长趋势。优化债务结构，资产负债率持续下降，实现国机集团下达的 80.40% 年度考核目标。

完成财务综合事务管理平台开发，进一步提升财务综合事务管理水平。启用员工个人财务信息模块，实现员工实时在线查询固定资产、借款、报销、档案借阅等相关财务资讯。

会计稽核工作融入日常流水管理。设置专岗编制稽核工作汇总报告，及时纠正偏差，较大提升财务工作质量。

中国联合荣获国机集团 2019 年度财务信息管理先进单位三等奖，评分排名自 2018 年的第 9 名上升至 2019 年的第 5 名，已连续 3 年获奖。

4. 深耕技术创新，以质取胜成就核心竞争力 培育特色技术，推进 8 项特色专项执行，新立项 3 项特色专项。完成科研业务建设项目 53 项。获得各类工程技术奖 73 项，其中，国家级 6 项、省部级 44 项。评选出年度公司优秀项目 78 项。获授权专利 39 项，其中，发明专利 1 项，实用新型专利 38 项。正式启动主编国家标准 2 项，新申请主编国家标准 1 项，正在参编标准规范 29 项。对外发表论文 536 篇。首次获得"国机质量奖"企业奖，实现在质量奖方面的新突破。

组织编写设计管理、实施管理、试运行管理和资源管理工程总承包作业手册 4 册。对 2018 年编写完成的 11 册工程总承包作业手册和 30 项工程总承包典型案例进行完善。承担国机集团委托中国联合牵头开展的中国设计和标准"走出去"课题研究工作。

做好国家高新技术企业和公司外部各类科研平台日常管理维护工作，顺利通过省级工业设计中心和市级企业技术中心重新认定。协调管理 107 个中国联合代管协会和学会，提升企业行业影响力。

5. 高度重视设计质量，全面加强产品监控力度 以考促学，提升设计人员能力，组织 15 个专业 1 168 人次考试，对 2 097 个设校审人员进行资格认定。加强技术支撑，召开技术评审会 46 场，重点做好重大项目设计产品的质量拍查，审查图纸11 687张。做到对重大项目施工图全覆盖审查，设计质量全过程控制。2019年由中国联合设计的产品未发现违反强制性条文情况。

全面开展"三合一"体系内部及外部审核，做好管理评审工作，加强内审员队伍建设，修订中国联合管理体系及压力管道质量手册。

持续做好档案管理工作，重点推进档案信息化建设。推动电子签章系统二期建设，实现电子签章出图与归档一体化管理，提升设计签署、用印和归档效率。严把设计出图用印关，完成设计文件电子用印80余万个。

6. 加强生产经营管理，为生产部门提供有力支撑　顺利通过公司及二院浙江省AAA级"守合同重信用"企业延续、公司压力管道设计资质延续的审核工作。协助浙江国联建设有限公司获得建筑装修装饰工程专业承包二级与建筑幕墙工程专业承包二级两个增项资质。完成浙江省全过程工程咨询典型项目、浙江省第一批钢结构装配式住宅试点企业和浙江省全过程工程咨询试点企业的申报工作。

组织重大项目投标评审和合同评审，完成生产经营投标及合同评审共计2 010次，合同变更评审839次。合同及收入明细登记审核共计6 587次。做好项目备案登记管理工作，处理项目备案登记表3 178次。加强重大项目管理，每月发布中国联合重大项目清单。持续推进合同管理信息化工作，实现生产经营合同额实时统计。优化顾客满意度调查流程，开展顾客满意度调查242次，将所有具体意见反馈至生产部门落实整改措施以提高服务水平。

组织对工程总承包项目的采购进度、采购与施工协调情况进行现场检查，对存在的问题进行通报，督促整改，推动采购工作规范、合理、程序化。引入第三方信用查询平台对重要供货方进行信用审查，把控分包风险。持续加强对合格供货方的管理，制定并出台《合格供方考核评价办法》。完成工程项目采购文件和合同评审共计3 234次，设计分包申请审批及合同评审共计437次，物资采购文件和合同评审共计633次，采购合同明细登记及合同变更审核共计2 835次。

7. 落实"安全管理变革年"，推动安全管理改革创新　严格落实企业安全生产主体责任，落实"党政同责、一岗双责"领导干部安全生产责任制和全员安全生产责任制，加强全员安全生产宣传教育培训，强化安全生产投入，建立风险分级管控和隐患排查双重预防机制，按照"谁总包，谁负责"的原则，强化工程总承包项目安全管控，落实隐患排查治理的主体责任，狠抓各项安全措施的落实，积极创新安全举措，采取8个方面、18项工作措施，出色地完成了2019年度安全生产责任目标任务，在国机集团年度安全生产责任目标考核中排名第一，获得安全生产考核A级（优秀），首次荣获"国机集团2019年度安全生产单项奖先进单位"光荣称号。

组织开展安全生产隐患排查、消防安全专项检查和节假日安全生产大检查等工作，加强对重大危险源的监督检查和巡查频次，组织检查143次，发现一般隐患711项，未发现重大隐患。有针对性地提出1 102条注意事项和安全管理重点要求，确保重大安全风险始终处于受控状态。加强对子公司进行质量、安全检查及指导，先后对中机中联的安博物流中心、重庆果园保税物流中心等项目进行质量、安全检查，督促子公司履职尽责，全面落实安全生产责任制。

组织接受浙江省应急管理厅安全生产管理情况考核，并在48家受考核的中央在浙企业中脱颖而出，被评定为优秀，是11家优秀单位之一。

8. 加强审计法律监督，有效防范运行风险　开展对中层干部的离任审计和二级部门管理审计4项，完成医务室药品等专项审计1项、资产财务部内控审计1项。完成G3、G3.2、委内瑞拉工程项目效益情况审计10次，衢州双中心、安顺投资大厦、石家庄生物质焚烧发电等项目跟踪审计4项，完成工程总承包项目和二级生产部门的考核计奖审核工作293项以及现金流量36次、预算编制及执行14次、物资采购监督140余项等日常审计监督工作。

重视重大项目承接风险预防，分级分类开展项目承接风险评估58项，涉及金额约250亿元。加强总承包项目经营及合同签署风险管控，建立重大EPC项目风险信息库5项，动态跟踪监管重大项目风险。重视联合体项目风险管控，制定《公司与其他单位合作项目实施细则》，编制《联合体承包项目常见法律问题解析》，严格联合体合作方资格审查，完成联合体合作单位资格预审60余项，联合体内部协议评审40余项，完善联合体内部协议模板2项。为防范合同法律风险，完成重大总承包合同及会签审查160余项，涉及合同金额90余亿元，审查各类采购分包合同、招标文件和保函等6 500余份，涉及合同金额500余亿元。完善合规管理体系，制定合规及风险管控制度3项，审查企业规章制度20余项。

制定《企业主要负责人履行推进法治建设第一责任人职责规定》，落实企业主要负责人履行法治建设第一责任人职责要求，推动公司法治建设；落实公司"七五"普法规划，推进公司《法制工作规划方案（2015—2019年）》实施，完成专项普法宣传2项，累计投稿法律宣传文章4篇。重视合同标准化工作，更新完善公司合同范本及业务常用法律法规1 000余项。

9. 整合信息化资源，实现数据共享，确保网络安全 打通跨生产经营部、财务部、审计法律部和各生产部门的基础管理数据，实现总包项目的数据共享，提高各部门信息管理的协作能力，实现公司317个总承包项目基础数据的实时联动。完成电子签章系统的分布式部署功能，提高系统的效能和效率，2019年完成152万张蓝图出版服务。开发手机端的移动办公功能，为移动签章、移动协同办公提供了技术支持，全年新开发流程32项、修改流程131项、新增和修改业务功能模块52项。

落实推动三维设计的工作办法，对能源板块的三维软件进行集中采购。2019年组织PDMS三维设计软件培训75.5天次，组织对各三维设计项目进行交流汇报和评审。目前能源板块共计有8个项目开展了与三维设计相关的工作。

开展信息系统等级评定工作，通过了公安系统的安全等级二级审核认证。推动公司软件合规使用工作，重点对各生产部门的通用应用软件和专业软件进行核查，为公司正常生产运营规避风险。

10. 加强工团建设，促进企业和谐稳定健康发展 中国联合团委举办"青春心向党·建功新时代——纪念五四运动100周年"的主题团课，邀请浙江省团校教授授课。组织团干部集体收看习近平总书记在纪念五四运动100周年大会上的讲话。

开展第四届"青年岗位能手"评选和新员工之星、优秀团干部专题培训。2019年共组织60余项活动，举办多场走进项目实地参观学习活动。组织单身青年开展联谊活动，搭建交友平台。积极参与各类志愿者活动，参加杭州市下城区石桥街道组织的"捐献热血，分享生命"义务献血活动。2019年，中国联合市政工程设计研究院获得中央企业青年文明号，4个团支部获得国机集团青年文明号，4名团员获得国机集团青年岗位能手，1个项目获得国机集团青年安全生产示范岗等荣誉。

组织完成了二级部门工会换届选举工作，发挥二级部门民主管理、活跃部门气氛和增强集体凝聚力积极作用。组织全公司员工为"国机集团爱心基金"捐款，为12名困难和重病职工申报国机集团爱心基金补助，为5名女职工申报省部属工会困难女职工专项帮扶。开展三八妇女节、六一儿童节慰问活动和职工婚育、住院、至亲过世等个人重大事项关怀工作。热情做好离退休老同志联络沟通、帮扶济困、节日活动、保健医疗和过世善后等服务工作，传承公司敬老爱老文化传统。积极承担国机集团对口四川广元朝天区精准扶贫攻坚任务，选派一名优秀青年骨干常驻温州文成县黄坦镇担任党委副书记，帮助贫困村开展脱贫工作。中国联合1名员工获得中央企业劳动模范称号，1名员工获得国机集团劳动模范称号，1名工会干部获得国机集团优秀工会工作者称号，1个工会集体获得国机集团先进工会集体称号，4个总承包项目部获得省部属工会"三外"项目命名，公司院区获得省部属工会"美丽院（厂）区"命名等。

中国联合各级工会和团组织重视企业精神文明建设和职工文化建设，组织参加国机集团第五届职工乒羽赛，乒乓球队获得了混合团体第六名、多个单项前八名的好成绩；广泛开展职工喜闻乐见的群众性文化活动，对外积极参与"极光杯"篮球赛、"浙能足球友谊赛"等兄弟单位体育竞技联谊活动，拓展员工社会交流，扩大社会影响，巩固公司良好声誉和形象。

11. 全力做好后勤工作，为生产经营提供有力保障　后勤管理公司变"后勤"为"前勤"，加强巡回检查提早发现和解决问题，及时处理微信平台收集到的信息，实行首问负责制，推行服务承诺制，当天的事当天完成，完成不了的需要向用户说明理由，以立行立改为改进工作的切入点，不断提升后勤管理和服务工作满意度。

中国联合成立伙食管理委员会，后勤服务公司施行季度汇报机制，进一步促进员工餐厅改进工作，提高广大员工对餐饮工作的满意度。为提高后勤服务质量，员工食堂提出走出去、引进来的理念，先后参观了华数食堂、浙大紫金港、玉泉等校区食堂，学习先进食堂管理及服务理念。

机械工业第六设计研究院有限公司

机械工业第六设计研究院有限公司（简称中机六院）现有27个二级部门，包括8个职能管理部门，11个生产部门，7个子公司，1个直属分公司。拥有员工2 000余人，其中，中国工程院院士1人、中国工程设计大师1人、享受政府特殊津贴专家23人、河南省勘察设计大师2人、研究员级高级工程师77人、高级工程师636人、各类国家注册工程师1 200余人次。

中机六院拥有全国工程设计综合甲级资质、工程监理综合资质、建筑工程施工总承包一级资质和建筑智能化设计甲级资质、工程造价咨询甲级等专业资质；具有国家商务部援外设计、援外监理等资格。业务涵盖工业、民用与市政工程等领域，项目遍布全国各省、自治区、直辖市和世界60多个国家与地区。

中机六院已完成大中型工程项目20 000余项，主编、参编国家和行业标准、规范36项；荣获中国土木工程创新最高奖詹天佑奖，鲁班奖，国家科技发明奖，国家科技进步奖，优秀工程设计金、银、铜奖等各类国家级奖项和各类省部级奖项700余项；获得软件著作权登记193项；获得国家授权专利203项，其中，发明专利17项。

中机六院是我国机床工具与无机非金属行业专业设计院，是国内烟草、铸造、煤矿机械、石化机械、风电机械、重矿机械、工程机械、轨道交通装备、农业机械等行业设计强院，在绿色建筑、智能工厂、智慧园区、现代物流、大型公建等方面技术竞争优势突出。

中机六院建有绿色建筑信息模型化国家地方联合工程实验室、博士后科研工作站、河南省绿色与智能工程技术诊断院士工作站、河南省智能工厂系统集成创新中心、河南省工厂数字化建造工程技术研究中心等科研平台，在工业与信息化深度融合、绿色与数字化技术应用方面走在同行前列。

【主要指标】

2019年中机六院主要经济指标完成情况见表1。

表1　2019年中机六院主要经济指标完成情况

指标名称	2018年	2019年	同比增长（%）
资产总额（万元）	134 169.02	161 479.55	20.36
净资产（万元）	94 632.38	102 740.65	8.57
营业收入（万元）	123 938.05	124 521.83	0.47
利润总额（万元）	13 057.49	13 217.89	1.23
技术开发投入（万元）	10 585.49	10 615.35	0.28
利税总额（万元）	20 511.54	18 703.97	-8.81
EVA值（万元）	14 298.00	14 180.00	-0.82
全员劳动生产率〔万元/（人·年）〕	20.81	20.51	-1.44
净资产收益率（%）	12.03	11.58	下降0.45个百分点
总资产报酬率（%）	9.73	8.94	下降0.79个百分点
国有资产保值增值率（%）	113.01	112.04	下降0.97个百分点

【改革改制】

1. 完善制度体系，提升治理能力　紧密围绕国有企业治理体系和治理能力现代化建设的根本要求，修订《公司董事会工作制度》《公司总经理工作制度》《公司"三重一大"决策制度实施办法》，持续优化完善治理体系，全面提升治理能力。

2. 修订考核及分配办法，激发高质量发展活力　修订《公司经理层考核及薪酬分配办法（试行）》《公司工业与智能中心考核办法》《生产部门考核办法》《公司职能管理与服务部门考核办法》《公司工资发放管理办法》等，简化考核体系，优化考核指标建立以利润总额、发展业务等为核心要素的考核机制，突出"利润增、工资增，利润降、工资降"的分配导向，推动中机六院实现高质量发展。

3. 围绕战略落地，统筹推进机构整合　推进EPC总承包业务在生产部门内部封闭作业，加快推进设计承包一体化管理模式落地；按专业整合人力资源，提升生产部门独立运营能力和市场竞争力，增强对大客户和大项目的管理能力。机构调整后，中机六院直接管理的生产部门由原来的23个调整为14个，包括6个综合院、5个专业院、2个子公司、1个直属分公司，实现资源聚集、业务聚集和优势聚集。

【重大决策与重大项目】

印发《公司2019—2021年发展规划》，确立了打造国内一流的绿色与智能工程服务商的发展目标。

按"深化国有企业改革，发展混合所有制企业"要求，统筹推进国机工业互联网研究院（河南）有限公司的改革发展，实现业务切分和人员切分，不断创新机制，激发发展活力。

【市场经营】

2019年，中机六院进一步加强经营基础管理，夯实经营大平台，加大对经营一线的支撑支持服务和监督力度，大力推动业务结构和经营模式持续优化，市场开拓和业务升级有序推进，经营管理效率不断提升，为中机六院高质量发展和建设成为国内一流的绿色与智能工程服务商提供了坚实保障。

1. 合同质量持续提升　中机六院持续紧盯大客户、大合同、大项目，取得显著效果。2019年合同额千万元以上项目有27个，项目合同总额约9.2亿元，超过公司2019年合同总额的50%。

2. 传统优势持续巩固　中机六院聚焦设计核心业务，在工业、民用、市政、援外工程等领域承接了一大批具有重大市场影响力的品牌项目，进一步巩固了公司在机械、烟草、铸造、无机非金属、医药、军工、医院、学校、大型公建、市政道路、供热供水、环境治理等行业的优势地位，提升了中机六院在省外地区及一带一路沿线国家工程设计市场的知名度。

（1）工业工程领域承接的主要项目。中钢集团邢台轧辊搬迁改造产业升级项目、成都香创智造园区标准化厂房项目、中联重科印度产业园项目（拓展海外工程机械市场）、湖北中烟三峡烟厂易地技术改造项目、土耳其ETI MADEN班德尔马碳化硼项目（第一个在土耳其开发项目）、黑河远东中药产业文化园、西北工大重庆科创中心工程（航空航天合金材料基地）等。

（2）民用工程领域承接的主要项目。安阳市文体中心建设工程（目前公司承接的合同额最高的大型场馆建筑）、上蔡县人民医院搬迁项目、河南省直青年人才公寓文华苑项目（目前河南省体量最大的装配式建筑项目）、泸州医学院附属医院新院区一期续建工程和隆昌市人民医院西区医院综合大楼及内科综合楼建设项目（为医卫业务走出河南拓展省外市场打下基础）、安徽亳州经开区10所中小学幼儿园建设工程、河南省职工文体中心项目等。

（3）市政与环境工程领域承接的主要项目。兴安盟中药产业文化园景观、河道及市政路桥项目、焦作市城区黑臭水体综合整治白马门水生态治理工程、信阳市中心城区集中供热项目一期工程、信阳市中心城区平桥枢纽站项目、西昌市西部新城东西向一号路建设项目、眉山市"金象、甘眉、机械"园区供水工程和威远县严陵工业园区污水处理厂及配套管网工程（进一步提升了中机六院在西南市政工程市场的知名度和影响力）等。

（4）援外工程领域承接的主要项目。援西非国家经济共同体总部办公楼项目、援纳米比亚4所学校项目、援斐济苏瓦多功能体育馆维修项目、援刚果（金）金沙萨中部非洲国家文化艺术中心项目等。

3. 新发展业务势头良好　围绕建设中国智能工厂系统集成领军企业及国内一流的民用与市政工程全过程数字化工程咨询服务企业的发展目标，牢牢把握国家战略和行业趋势，加快拓展绿色智能工程，着力开展系统集成及全过程服务，积极优化业务结构，着力布局和抢占电子通信、高端成套智能装备、新材料、新能源、新能源汽车和节能环保等战略性新兴行业，进一步形成了多点开花的经营发展格局，为中机六院高质量发展开辟了新空间、增添了新动力。

（1）在智能制造领域。中机六院聚焦"助力强国建设"的企业使命，充分发挥在新一代信息技术方面的所长，大力拓展国家、集团、公司三层战略叠合的智能制造业务，在智能工厂落地、工业互联网平台建设、智能装备生产线建设等方面取得了丰硕成果，极大地提升了中机六院在智能工厂系统集成服务领域的市场影响力。

在智能工厂及智能装备方面：2019年9月以第一名成绩中标工信部智能制造系统解决方案供应商项目智能工厂整体规划设计（离散制造）标段；先后与郑州、重庆、许昌、信阳、平顶山、漯河、新乡等地方政府签订了智能制造及工业智能化改造诊断服务协议；持续开发和维护河南省智能制造公共服务平台，借助平台提供线上线下公共服务，为政府精准施策、行业精准引导、企业精准决策提供支持，其中"河南省智能化改造诊断平台"，目前全省已有735家企业进行线上智能化改造诊断服务、有411家企业进行现场诊断；陆续承接了漳州高新区靖城园区智能制造产业示范园、中国中铁智能化高端装备产业园、商丘健锋帽业智能工厂建设项目（通过项目实施，该企业成功入选河南省智能制造观摩优秀企业）、江苏庆峰工程集团智能工厂建设项目、中船重工长兴岛数字化机装车间、丹江口弘源碳化硅制品二期扩建及智能化升级改造项目自动化备配料系统等一大批具有市场影响力的项目，有力推动了中机六院战略业务的落地。

在工业互联网平台建设方面：牵头组建国机工业互联网（河南）研究院有限公司，紧密围绕装备制造业和现代制造服务业两大核心领域，开展工业大数据研究，提供智能工厂全生命周期数字化服务，为制造业客户提供系统解决方案。同时全面整合国机集团内外的智力、科技、成果和平台等资源，开展国家级工业互联网平台建设，促进我国智能制造和工业互联网产业的发展。国机互联协助中机六院成功中标 2019 年工业和信息化部工业互联网标识解析二级节点通用设备行业应用服务平台、材料行业应用服务平台和智能制造标准试验验证平台建设—智能工厂虚拟映射模型与数字化交付标准试验验证平台建设项目。

（2）在战略性新兴行业领域。中机六院在立足主责主业的同时，积极对接融入国家战略，大力拓展和深耕战略性新兴产业，取得了不错成效。

在电子信息产业方面：承接的项目主要有中国移动信息港 2019—2020 年度部分工程设计、曙光信息高端整机先进制造生产线工艺及物流项目（高性能计算机）等。

在新材料产业方面：持续在先进钢铁有色金属材料、特种材料、超硬材料、高端研磨材料、新型耐火材料、新型建筑材料、新型能源材料等领域承接了一批具有行业影响力的项目，其中有洛阳洛耐西力科新材料有限公司年产 10 万 t 环保型硅质耐火材料项目、四川新锂想能源科技有限责任公司年产 50 000t 锂电正极材料项目一期工程、国机精工（伊川）新材料有限公司中高档研磨材料基地建设项目、河南安华建筑装配式产业园（一期）建设项目等。

在新能源及新能源汽车产业方面：承接的项目主要有河南凤之阳新能源科技分布式光伏发电项目、佛山科霸混合动力汽车智能动力电池极板及电池一期项目等。

在节能环保及资源综合利用产业方面：中标工业和信息化部 2019 年度工业节能诊断服务提供单位选聘项目，成为国内首批工业节能诊断服务市场化组织。承接的项目主要有天津联美量子科技有限公司 5 万 t 废旧动力电池物理拆解再生利用项目、广西龙昌报废机动车回收拆解有限责任公司报废汽车拆解项目等。

（3）在现代物流领域。中机六院荣获"2019 年度中国农产品供应链最佳服务商"荣誉称号，进一步体现了中机六院在农产品冷链物流领域的市场地位；同时也承接了鲁西南（菏泽）中药材物流基地、豫东农产品冷链物流产业园、云南能投（昭通）扶贫综合物流产业园、普东智慧物流产业园等一大批物流工程，有力提升了公司在仓储物流、电商物流、冷链物流、快递物流、医药物流、多式联运和智慧物流装备等细分行业的影响力。

（4）在 BIM 技术服务领域。中机六院建筑信息模型（BIM）业务保持稳步发展，2019 年度有 3 个项目在第十届"创新杯"建筑信息模型（BIM）应用大赛中获奖，承接的项目主要有漯河卷烟厂、武汉卷烟厂等 BIM 设计和三维可视化动力管网设备系统、河南省人民医院地下智能停车及综合开发建设项目（中机六院首个地下智能停车及综合开发类型的 BIM 技术应用项目）、洛阳市轨道交通 2 号线工程 BIM 技术应用、国道 234 焦作至荥阳黄河大桥工程"互联网+BIM"路桥建设管理平台技术服务项目等。

（5）在工程总承包及全过程咨询服务领域。中机六院牢牢把握工程项目建设管理模式变革的趋势，加快拓展设计引领的具有六院特色的工程总承包及全过程咨询服务业务，取得了一定成效。

在工程总承包方面，充分发挥中机六院在机械、烟草、磨料磨具等行业的技术优势，承接了黄鹤楼香精香料产业园（三期）项目一期工程设计采购施工工程总承包、湖北中烟广水卷烟厂叶片精选生产线建设项目 EPC 总承包项目、二重德阳装备飞轮储能装置 EPC 总承包、国机精工（伊川）新材料有限公司中高档研磨材料基地建设项目（一期）工程等。

在全过程咨询服务方面，中机六院承接的项目有河南省老干部大学项目全过程咨询服务、淮阳县平安社区及文正社区棚户区改造项目建设期全过程项目管理服务等。

（6）在军民融合及军事工程领域。中机六院深入贯彻落实中央及国机集团军民融合战略要求，依托于军工领域的涉密资质和丰富经验，大力拓展军民融合及军事工程市场。2019 年以来相继入选了某战区空军勘察设计院工程设计单位短名单、空军某地方设计室设计合作单位，陆续承接了河南中宇通用航空高端航空器材物流产业园、空军某地方工程设计室 KF-01 工程项目、解放军某部 203 工程勘察设计项目、解放军某部场地勘察设计采购等一批军民军事工程项目，为中机六院进一步拓展该领域积累了丰富业绩和经验。

【科研成果及产业化发展】

1. 积极开展政府重大科技专项研究和标准规范的编制工作　充分发挥各级政府科技专项对中机六院工程全生命周期数字化、智能工厂建设新模式等方面研发工作的推动作用，持续扩大中机六院数字化、智能化技术在国内的技术优势和品牌影响力，提升中机六院整体市场形象。2019年度完成各级政府科技专项7项（其中，牵头1项、参与6项），具体为《智能工厂建设导则标准研究和试验验证平台》（牵头）、《远程运维关键技术标准研究与试验验证》（参与）、《个性化定制关键技术标准研究与实验验证》（参与）、《自主可控先进计算设备智能工厂》（参与）、《电机数字化车间运行管理标准研究与试验验证》（参与）、《农机装备智能工厂平台化制造运行管理系统标准制定和试验验证》（参与）、《乳制品智能工厂（流程型）新模式应用》（参与）。

完成标准规范编制4项（其中，国家标准1项、团体（协会）标准2项、地方标准1项）。具体为：《制造工业工程设计信息模型应用标准》（主编，国家标准）、《建筑排水内螺旋管道工程技术规程》（参编，协会标准）、《无源光局域网工程技术标准》（参编，团体标准）、《河南省装配式建筑信息模型应用标准》（主编，地方标准）。

2. 积极探索建立科技创新成果转化机制　重点推进以提高科技创新成果转化水平为目标的科技创新改革，积极推动关键核心技术应用，促进中机六院业务部门技术能力提高。

（1）建立科技创新成果转化制度。为激励生产部门科技成果应用主动性、积极性，提升科技成果转化应用效果，2019年中机六院立足顶层设计，制定《公司科技成果转化应用促进办法（试行）》，建立对科技成果应用团队和科技成果研究团队的激励制度，填补中机六院在科技创新成果转化应用制度方面的空白。

（2）完善专职研发模式，提升研发成果应用成效。在梳理、总结中机六院近几年专职研发运行经验基础上，扬长避短，进一步完善了专职研发模式。专职研发课题需求由生产部门提出，专职研发人员在生产部门上岗，实现科研和业务发展一体化，尽量避免"两张皮"现象，增强了科技研发投入的针对性、时效性，有利于研发成果的及时转化。

（3）开展定制化培训，积极推动新技术推广应用。在征集生产部门培训需求的基础上，制订了BIM、绿色建筑、装配式建筑等新技术定制化培训计划，并按计划开展培训工作，年度内共组织培训20次，培训人员960人次。由于技术培训内容源于生产部门需求，极大提升了新技术推广应用效果。

【产权管理】

2019年度中机六院股权投资预算8 661.06万元，其中：郑州中兴工程监理有限公司增加注册资本3 500.00万元，牵头成立国机工业互联网研究院（河南）有限公司并投资1 650.00万元，收购特色设计院投资1 000.00万元，厦门陆原建筑设计院有限公司增加注册资本900.00万元，收购河南硕华工程造价咨询事务所投资600.00万元，参股河南安华装配式建筑产业园投资500.00万元，参股洛阳市吉利区污水处理厂、固废处理厂、吉利区水系建设项目投资500.00万元，参股欧海奥体龙舟运动中心项目投资3.91万元，参股安阳文体中心PPP项目公司投资6.07万元，参股驻马店市第一高级中学迁建项目投资1.08万元。

郑州中兴工程监理有限公司增加注册资本事宜，已完成集团备案，2020年1月3日完成增资；参股洛阳市吉利区污水处理厂、固废处理厂、吉利区水系建设项目，已完成集团备案，正在办理后续手续。

【管理经验】

1. 做好经营基础管理，规范经营秩序

（1）营造规范有序的经营环境。先后制定和修订了《公司经营基金管理办法》《分公司设立及运行管理办法》《公司协同经营管理办法》等一系列规章制度，对业务分工、合作经营、学会协会、过程考核、特殊投标等管理事项进行了梳理、规范和优化，持续加大对企业经营的支撑、支持、服务和监管的力度。

（2）深入贯彻放管服精神，推进投标一站式服务。开发了资质证照、备案成果、中标通知书、人员职称证和人员注册证5项信息化管理模块，收集各类证书材料90余份、中标通知书400余份、注册证720份、职称证1300余份、备案成果70余项，累计处理各类借阅申请2100余次，促进了投标工作便利化，极大提升了投标效率。

（3）全面防范经营风险。推进了合作经营框架协议、标前协议、经营协议信息化痕迹化管理，并对合作经营项目进行抽检，确保合规经营；2019年已累计入库生效合作经营单位25家，处理合作经营项目备案申请100余项，审核并生效合作经营协议42份。

（4）做好各类资质证照管理。完成了工程设计综合甲级资质、工程勘察乙级资质等9项资质法定代表人变更、本部及子公司工商公示、公司安全生产许可证延续等10余项材料申报等工作；积极谋划和推动公司规划甲级资质的升级事宜。

（5）持续加大对分支机构的管控力度。对已明确后续不再发生业务的分（子）公司及时进行清理注销，2019年度已完成注销5家、正在注销1家、拟注销3家；建立了分支机构负责人微信工作群，加强日常沟通交流，及时宣贯中机六院有关制度并解答分支机构问题；组织召开了分支机构交流会，进一步明确了管理思路和管理要求，统一了思想；根据各分支机构反应的问题及需求，共制定分支机构工作计划60项，并于2019年7月底进行了检查，其中已完成计划39项。

（6）围绕公司的业务定位、方向和目标，结合各部门业务发展现状，研究制定了《公司各生产部门业务分工与发展业务清单》和《公司协同经营管理办法》，鼓励和引导公司各部门聚焦主责主业的同时，加强业务协同，发挥经营合力。

2. 风险管理成效显著，合规管理深入实施

中机六院持续建立健全全面风险管理体系和内部控制管理体系，建章立制、补齐短板、扎牢篱笆，深入开展联合体及总承包项目标前审批、合同评审及其相关风险排查等工作；加强法律纠纷案件过程管理和服务，通过案件管理累计为公司及子公司避免和挽回经济损失5000余万元；全面开展合规审查，全年新增规章制度法律审核率100%，相关"三重一大"事项也均经过法律审核；相继出台了《分承包设计的规定》《公司采购管理办法》和各业务类商品采购实施细则等制度，进一步规范采购方式、采购程序及供应商评价等；优化各职能部门的签字、审批流程，加强对业务真实性、合规性的审核验证；建立法律风险识别、分析、评价及应对机制，有效提升了全员的法律风险防控意识及能力；充分发挥财务、法律、内控、审计和纪检等监督作用，使公司合规管理更加科学和完善。

3. 强化监督，推动大监督格局有效运行 坚持把思想政治工作贯穿监督执纪全过程，进一步完善谈话制度，对所有被处理处分的人员，按照责任人管理权限均进行批评谈话，帮助其认清错误性质、实际产生或可能产生的后果，从中汲取教训，对真心知错认错改错的同志给予肯定和关心，鼓励其放下包袱、大胆工作，充分调动和激发干事创业的积极性。

每季度召开党风廉政建设监督协调组工作会议，推动监督联动，强化监督合力，保证生产经营活动规范有序开展。

4. 通过多途径管理、狠抓落实，使设计质量得到持续提升

（1）质量管理体系继续保持AAA级，质量管理水平持续提升。以质量管理体系升级认证为契机，结合中机六院2019年度组织架构的变化，调整优化《管理手册》《风险管理控制程序》，修订并发布《压力管道设计保证手册》《压力管道设计》《压力管道设计技术规定》三个标准文件。在2019年度的质量管理体系升级认证审核中，"信息化""数字化工程"两个过程获得下一年度再认证的免检许可。

（2）依托信息化管理平台，实现设计过程的精细化管理。持续推进业务信息化和标准化的建设。编制民用住宅项目自校和校对细则模板；上线"设计修改任务书"模块，规范设计变更管理；上线"施工图审查合格证""整体竣工验收报告""施工配合资料（交底记录/技术核定单）""设计审查意见"信息化收集模块，丰富业务知识的积累。

（3）不断完善设计质量奖惩制度，建立质量管理正向激励导向。修订《公司工程项目设计质量奖惩暂行办法》，扩大质量考核范围和奖励力度。公司积极采取正向激励方式，切实推进质量管理工作从事后管理向预防控制转变，从节点质量复查向过程质量确认转变。

（4）预防为主，防控结合，全面提升设计过程中质量风险把控能力。发布《设计项目质量风险清单》，针对设计咨询业务建立风险清单库，从法律法规和政策、质量、工期、变更、分包、验收、合同、环保等环节识别可能存在的风险并提出应对措施。

（5）完善工程总承包管理体系文件，规范工程总承包业务开展程序。修订、完善公司工程总承包业务的相关管理制度和管理流程，发布《公司工程总承包项目管理办法》，修订《公司工程总承包作业指导文件》，明确公司开展工程总承包项目经营、生产、收尾和保修等工作程序和工作要求。

（6）修订工程总承包各项管理制度，规范工程总承包项目管理。制定《公司工程总承包业务经营管理办法》，创新总承包业务新模式，参与工程总承包经营、投标及合同评审，减少工程总承包项目前期风险。

发布《公司生产类（工程承包）商品采购实施细则》，配合制定《公司供应商管理办法》《公司采购评审内部专家库管理办法》，规范生产类（工程承包）商品采购行为，促进降本增效，减少采购过程风险。监督管理工程总承包项目中采购工作，收集、整理供应商信息，审查供应商入库，建立合格供应商名册，跟踪、评估合格供应商动态。

发布《公司房屋建筑工程承包项目施工质量、安全检查评价标准》，统一公司工程总承包施工质量、安全检查评价的内容和方法，实现质量、安全检查评价标准化。

5. 重视安全管理，保证生产安全 根据国家法律法规和国机集团相关要求，结合自身实际情况，新编制了《公司全员安全生产责任制（暂行）》《公司安全生产责任目标考核办法》等安全方面的规章制度，确保公司各项安全生产管理制度文件的实用性和实效性，持续完善安全管理制度体系。严格落实"党政同责、一岗双责、失职追责"要求，组织中机六院各级行政及党组织负责人签订《安全生产责任书》《双向承诺书》，分解落实安全生产目标，不断完善安全责任体系。持续加强中机六院安全生产培训，组织参加安全生产知识竞赛。开展项目现场高处坠落、食物中毒等事故应急演练、应急预案培训，修订完善现有应急预案。2019年，中机六院未出现安全生产事故，在国机集团年度安全生产责任目标考核中被评为优秀企业。

6. 加强工程总承包项目现场安全生产情况检查 组织检查公司工程总承包项目现场安全生产的制度落实、资料管理和标准化建设情况，及时通报检查结果，并提出整改要求。2019年，检查工程总承包项目现场9次，发现并整改安全隐患43项。在国机集团内部安全互检活动中，国机集团专家对公司总承包项目现场安全生产情况给予高度评价。

7. 财务管理水平持续提升 持续推进财务制度化和规范化建设，提高财务管理水平。为进一步满足生产经营需要，修订《公司投资管理办法》《公司资金拆借管理办法》等制度；优化财务核算方式，全面实现依据外部证据确认收入、以合同为单位进行成本核算、按业务类别实施财务分析，规范收入确认、强化成本管控、细化行业分析；加大资金集中管控力度，严控新增银行账户并持续压减存量；建立承兑汇票票据池，提高资金周转率；深入研究税收政策，规范纳税行为，合理实施税收筹划。

持续推进财务信息化建设。做好与国机集团的对接，实现NCC系统升级及会计核算标准化的顺利落地；完成公司EEP平台报销系统和国机集团NCC系统的对接，提升财务核算效率；优化电子报销、内部成本核算等信息化系统，科学实施合同核算及财务分析；推进财务信息化管理系统之间数据的关联与共享，提高财务管理科学化水平。

持续推进业财融合，强化财务人员培养及团队建设。对财务人员开展专业知识和业务流程培训，提升其对业务真实性的辨别能力及专业素质；对生产部门人员进行培训，并开展交流，宣贯制度、了解诉求，强化财务管理对生产经营的服务；以五个财务管理中心为依托，进一步细化分工，调整岗位职责，强化中心内人员协作及跨中心人员定期流动，持续推进轮岗和AB角制，促进人才培养、强化团队建设。

8. 持续提升品牌影响

（1）加强学会协会管理。进一步完善和简化学会、协会管理流程，支持各部门加入对业务发展具有重要促进作用的行业学会、协会，鼓励各部门积极在学会、协会各类重大会议上发出中机六院声音、展示六院形象。

（2）强化品牌管理及对外宣传。落实国机集团品牌一体化战略的各项工作要求，逐步实现由"六院人"到"国机人"的转变；拍摄品牌故事《时间的重量》，记录企业发展历程，宣传品牌形象；完善、更新、制作中机六院各类宣传材料，为品牌宣传和企业经营提供助力；在EEP平台上新增了业务宣传资料档案管理模块，推进各类宣传资源的共享。

【党建工作】

2019年，中机六院党委深入贯彻落实习近平新时代中国特色社会主义思想和党的十九大、十九届二中、三中、四中全会精神，围绕新时代党的建设总要求，以党的政治建设为统领，贯彻落实党要管党、全面从严治党要求，贯彻落实中央精神和上级党委决策部署，深入开展"不忘初心、牢记使命"主题教育，深化落实"基层党建推进年"专项行动，坚持加强"三基"建设，公司党建工作质量显著提升。

1. 深入学习习近平新时代中国特色社会主义思想和党的十九大精神 中机六院党委自觉在思想上政治上行动上同以习近平同志为核心的党中央保持高度一致，以习近平新时代中国特色社会主义思想和党的十九大精神为指引，深入贯彻落实全国国有企业党的建设工作会议精神，自觉服务服从党和国家的发展大局，以国家强国战略为引领，组织制定了《公司2019—2021年发展规划》，提出了"推动行业发展，助力强国建设"的企业使命，确立了打造"国内一流的绿色与智能工程服务商"的战略发展总目标，明确了在工业领域打造"中国智能工厂系统集成领军企业"和民用与市政领域打造"国内一流的全过程数字化工程咨询服务企业"的分项发展目标，切实把党的政治优势和中国特色现代国有企业制度优势转化为中机六院的核心竞争力和改革发展动力。

2. 扎实开展"不忘初心、牢记使命"主题教育 紧紧围绕"守初心、担使命，找差距、抓落实"的总要求，坚持把学习教育、调查研究、检视问题、整改落实贯穿始终，从严从实抓好问题整改，高质量完成了主题教育各项工作任务。以读书班、报告会、党委理论学习中心组集中学习研讨等形式，组织全体党员、领导干部读原著、学原文、悟原理，系统学习习近平新时代中国特色社会主义思想。中机六院党政领导深入基层部门、基层党组织开展调查研究16次、讲党课12次，指导基层部门围绕公司、部门发展实际深入开展主题教育，听取基层部门、员工的意见建议，协调解决存在的问题。各级党组织召开对照党章党规找差距专题会议，领导班子民主生活会和专题组织生活会，从理想信念等方面问初心、认责任、担使命，认真检视反思问题，逐项查找问题，列出问题清单。针对在专项整治及其他方面对照检视出的12个问题，坚持立行立改，即知即改，用整改成果检验"两个维护"成效。

3. 坚持加强党的领导和完善公司治理相统一 全面落实"两个一以贯之"要求，进一步发挥党组织把方向、管大局、保落实的作用，不断加强党对国有企业的全面领导。认真执行国机集团党的政治建设的实施意见等制度，着眼谋全局、议大事、抓重点，对关系中机六院改革发展的重大问题把好方向关、政治关和政策关，充分发挥党委的领导核心和政治核心作用，为中机六院高质量发展提供坚强的政治保证。制定《公司"三重一大"事项决策制度实施办法》，持续完善"三重一大"事项清单及权限表，进一步厘清董事会、总经理办公会及党委会的权责边界，严格执行将党委研究讨论作为董事会、经理层决定重大问题的前置程序要求，全年党委前置研究公司"三重一大"事项101项，全面推进公司党委发挥领导作用组织化、制度化、具体化。

4. 全面强化"三基建设" 全面强化基本组织建设，根据党章及党的组织工作有关规定，圆满完成公司党委、纪委及基层党组织换届选举工作。积极贯彻落实"四同步、四对接"工作要求，根据公司组织机构设置，重新划分党总支、党支部，将原来的8个党总支、29个党支部调整为4个党总支、26个党支部，为推动党建工作与中心工作相互促进、共同发展提供了组织保证。全面推动党组织基本队伍建设，2019年确定入党积极分子15人，预备党员转正6人，严格执行党员发展程序，提高党员发展质量。制定《2019年党员教育培训计划》，向领导干部、各党总支、党支部发放10余种学习材料。组织"学习贯彻习近平新时代中国特色社会主义思想暨党建工作培训班"，举办《亲民艺术与干部执行力（焦裕禄精神）》专题报告会，组织参观"不忘初心、牢记使命"主题教育档案文献展。各党总支、党支部以"三会一课"、主题活动为载体，灵活运用"学习强国"、党员干部在线学习等平台，将集中学习与个人自学有机结合，组织开展各种理论学习及党性教育，进一步强化理论武装，筑牢思想根基。建立健全党的基本制度，持续完善公司党建工作制度体系，制定党员教育培训计划、党建工作任务清单，修订优化党建工作考核指标。组织党务干部专题学习公司党建工作制度办法，加强对制度落实的督导检查，推动制度执行落到实处。

5. 认真落实管党治党责任 加强对党风廉政建设和反腐败工作的领导，定期听取纪委工作报告，对党风廉政建设和反腐败工作进行部署安排。严格落实国机集团纪检监察体制改革要求，设立中机六院纪委办公室，推进纪检监察机构深化"三转"，聚焦主业主责。成立党风廉政建设监督协调组和党委巡察办公室，构建"大监督"工作格局。组织修订公司《进一步改进工作作风的实施细则》，开展集中整治形式主义、官僚主义活动，深刻剖析问题根源，组织制定25项措施，从严从实抓好整改落实。深入推进"放管服"，针对中机六院存在的无效管理、过度管理、简单问题复杂化等现象，围绕"可以废止的制度、可以简化的管理环节、可以优化的管理流程、可以放权至生产部门的管理权限"等，向各部门、全体员工征求意见建议。共归纳汇总了"简政类"意见建议120条，"放权类"意见建议40条，组织各职能管理部门深入分析、研究改进措施，简化投标审批、合同评审等流程56项，制定、修订《会议管理办法》《公司员工岗级晋升管理办法》等制度63个，切实改进工作作风，推进各项工作取得实效。

6. 加强意识形态及新闻宣传工作 落实意识形态和网络意识形态责任制。制定《公司党委意识形态工作责任制实施办法》，明确公司各级党组织、领导干部的意识形态工作责任和任务。修订《公司新闻宣传工作管理办法》，完善公司媒体平台建设，优化改版公司网站及手机端应用，形成了网站、微信、宣传册等多种形式的品牌宣传载体，持续推进新闻宣传工作规范化。围绕庆祝新中国成立70周年和建党98周年，组织开展了"不忘初心、牢记使命"七一主题活动、"大国顶梁柱，阔步新时代""升国旗仪式""我和我的祖国千人大合唱"等系列活动，进一步激发员工爱国爱企的热情，激励员工创造新业绩、展现新作为。

7. 加强对群团工作的领导 中机六院党委定期听取群团工作汇报，指导、组织公司工会、共青团围绕中机六院改革发展中心工作积极开展各项活动。中机六院工会组织举办了第十二届职工运动会、"我们的2019"主题活动、第二届燎原杯篮球联赛、中机六院第七届羽毛球比赛，开展"关爱老人·奉献爱心"等志愿服务活动。中机六院团委与固始县团委联合开展"青春心向党·建功新时代"等主题团日活动，积极推动青年职工素质提升。2019年，中机六院工会荣获国机集团"工会工作先进集体"，中机六院团委被授予河南省直"五四红旗团委"荣誉称号。

【信息化建设】

1. 编制《中机六院企业信息化标准体系》 该标准体系包含管理与服务标准、信息技术标准和信息安全标准三类19个标准，初步建立了信息化建设标准体系框架，为规范和指导公司信息化项目的开展提供了依据。

2. 加强网络安全管理，保障网络设施和信息安全　邀请外部网络安全公司对中机六院基础网络、重要信息系统及数据库进行漏洞扫描和渗透测试，模拟黑客攻击以发现安全隐患。针对发现和排查出的安全隐患，购置部署了边界防火墙、WEB应用防火墙、日志收集与分析系统、安全审计系统（数据库审计）等安全设备，对局域网内所有终端统一安装360天擎终端安全系统，确保了中机六院基础网络和重要信息系统的安全、可靠运行。

3. 签订BIM目标责任书，增加BIM技术专题库　为进一步推进BIM技术在实际项目中的应用，依据部门业务和市场需求，首次制定了差异化的《BIM技术应用目标责任书》，其中包括奖惩和资源支持措施。与各部门一把手签订责任书，年终严格按照责任书目标对部门进行考核。此外在知识管理平台中新增BIM技术专题库，包含BIM专题库和智能制造专题库，收集共享相关标准、政策、优秀书籍、项目案例分析和解决方案等相关知识，满足员工获取BIM技术知识的需求。

4. 开发工程承包类采购管理模块，实现承包类采购全过程电子化　规范中机六院工程承包类采购行为，满足生产经营需求，提升采购管理水平，开发EEP平台工程承包类采购管理模块，实现工程承包类采购全过程电子化审批，规范采购流程，促进降本增效。细化EEP平台工程承包类供应商分类，完善供应商入库、复评等评审流程。

【人力资源管理】

1. 顶层设计，适时进行规划评估与修订　为持续推进中机六院战略规划落地，人力资源部（党委组织部）对《人力资源2016—2020年发展规划》2018年度的实施情况进行了总体评估，分别从11个方面对定量目标和定性目标完成情况进行了分析，指出了5个方面的问题与挑战，经综合分析，从7个方面提出了下一步的工作重点。

根据评估报告，对人力资源规划进行了修订，使之更加契合中机六院战略要求，并持续加强战略、规划和计划体系衔接，提高战略和规划执行力。

2. 做精"塔尖"，聚焦高层次人才队伍建设　坚持党管人才，组织制定《公司高层次人才管理办法》，建立高层次人才体系。将高层次人才分为行业领军人物和专业拔尖人才2个类别，规定了高层次人才的基本条件、选拔程序、选拔数量与任期、考核激励、引进管理和动态调整等；制定了高层次人才及其培养对象的培养与管理措施，切实提高了高层次人才的待遇和薪酬，建立了高层次人才荣誉体系；采用资源定向流动措施，制定培养计划，有组织、有计划地培养、锻炼高层次人才，努力建设一支矢志奉献、勇于创新的优秀人才队伍。同时，认真做好专家推荐工作，做好百千万人才国家级人选、国机集团高级专家及首席专家、工信部人工智能专家、省市各项专家等人才申报工作。

3. 做强"塔身"，切实提高现有人才水平

（1）改革积分制。修订《员工岗级晋升管理办法》，突出员工上岗能力导向，破除岗位晋升"天花板"，岗级晋升突出体现优中选优的原则，通过晋升导向的调整，逐步提高各岗位特别是高层岗位人员的整体水平，为公司各类高层次人才的选拔培养提供有力保障。

（2）严格考核存量。对于存量的高层次岗位人才队伍，加强考核力度，优化考核指标。对于所从事专业、实际能力与岗位要求不符的，建议转入其他岗位。对于不能胜任岗位的，将通过考核逐步淘汰，以实现动态流动，优进劣出，持续提高现有高层次岗位人才的素质和水平。

（3）加强职业资格管理，为人才提升提供更多支持。持续规范员工职业资格考试、培训、注册和继续教育等工作，调整公司员工注册执业资格补贴标准，及时进行考前培训、注册管理等，截至2019年年底，公司共有各类注册人员1 150人次，比2018年度增加127人次。

4. 做稳"塔基"，全面夯实人才基础

（1）加大招聘力度，注重入职第一课。按照国机集团品牌一体化工作要求，重新设计宣传手册，积极组派人员参与国机集团统一招聘，同时自主组织秋季校园招聘15场。2019年度中机六院及子公司计划招聘合同制人员146人，招聘劳务合同员工364人。7月招聘新毕业大学生89人，其中，研究生52人，985院校10人。为进一步提升培训质量，编制近8 000字的新员工入职手册，更新各类宣传材料，完成111项工作任务，新增多项入职培训内容。

（2）提高培训质量，提升人才综合素质。2019年度主要开展11类培训，共培训57期，包括：新规范、新标准培训，新员工培训，领导干部培训，定制化培训，经营人员培训，"三标一体化"管理体系培训，专业及安全培训等。参加人员3 290人次，培训学时40 797学时。其中，内部培训34期，共计3 127人次，33 974学时；外部培训23期，共计163人次，6 823学时。同时，创新培训模式，开展BIM、绿色建筑和装配式建筑三大主题的定制化培训，为中机六院人才成长积蓄能量。

（3）优化职称评定。修订《公司专业技术职务任职资格评审办法》，按照中机六院现有业务类别，优化申报条件和分类评审标准，为人才培养创造良好条件。2019年共组织18人参加国机集团职称评审，239人通过中机六院职称评审（工程师133人、高级工程师106人）。

5. 强化薪酬管理，持续提升薪酬激励水平

（1）修订完善《公司工资发放管理办法》。聚焦利润考核指标，部门工资总额、超额奖励均和利润挂钩。

（2）加强工资总额管理。整理完善中机六院各部门近3年每月工资台账，对各部门人工成本占比情况、部门工资总额使用情况、各岗位绩效工资发放情况及时进行数据对比分析，合理规划工资总额。同时，充分发挥工资总额的调节作用，加强对部门收入分配的指导，推动高层次人才向人均利润率、单位工资利润率和单位收入利润率高的部门有序流动，为高层次人才实现个人长期发展创造更多机会。

（3）完善长效激励机制。强化全面薪酬理念，提高直接经济性薪酬，优化教育培训、职业指导、福利等间接经济性薪酬，强化工作平台、发展空间、晋升机会等非物质激励。修订《公司企业年金方案实施细则》《公司企业年金系数管理办法》，将参与年金计划人员扩大到子公司合同制员工，修订参保条件，体现企业年金的普惠性。同时，企业年金分配与员工岗位、考核、荣誉、获奖情况和高层次人才等要素挂钩，充分体现员工的能力和贡献。

6. 从严规范，持续提升干部管理水平

（1）加强制度建设，完善制度体系。深入贯彻落实全国和国机集团组织工作会议精神，修订《公司领导干部管理办法》，从职位设置、任职条件、选拔任用、考核评价、薪酬与激励、管理监督、培养锻炼、退出等方面全面完善了干部工作制度。修订《公司领导干部职务、职数、职级、岗级管理办法》，进一步理顺公司职级、职务、岗级体系，并从利润总额和收入总额两个维度更加科学地设定生产部门领导干部职数。

（2）严格选拔程序，落实刚性规定。根据中机六院发展需求和干部队伍建设实际，突出政治标准、严把政治关口，坚持事业为上、人岗相适，共选拔任用5名中层干部，组织两场竞争性选拔会议，民主推荐会议5场、个别推荐谈话33人、考察谈话31人，组织10余次领导干部任职宣布大会。选拔过程中，严格执行干部选拔任用纪实工作制度，建立领导干部选拔任用全过程档案。

（3）注重发现培养年轻干部。按照从严择优、多维考察、注重潜力原则，建立后备干部选拔模型，共选拔出正职后备38人，其中40岁及以下28人，占比73.7%；选拔出副职后备133人，其中35岁以下占比59.4%。同时，持续进行资源定向流动、交流轮岗，加强优秀年轻干部培养和锻炼。

（4）严格干部管理，强化日常监督。不断优化领导干部民主评议工作，优化在线测评；认真开展对领导干部的提醒、函询和诫勉工作，全年共批评教育10人，诫勉4人，通过"红脸出汗"，抓早抓小，防止小问题变成大问题等措施，积极防范风险，堵塞漏洞；对领导干部兼职、任职回避、出国管理、配偶子女及其配偶经商办企业等作出了明确规定，并进行专项监督检查。

（5）加强档案审核，严把身份底线。根据中组部和国机集团部署，制定《公司干部人事档案专项审核全覆盖工作实施方案》，集中开展干部人事档案专项审核工作，充分发挥干部人事档案在公司人事管理、人才队伍建设、高素质专业化干部队伍建设中的重要作用。

7. 压实责任，扎实开展保密机要工作

（1）加强保密管理工作。严格按照国家法律法规要求，落实保密领导责任制，认真执行并持续完善公司各项保密管理制度，积极组织开展保密知识培训，做好涉密信息系统集成资质延续工作，规范管理军工涉密业务咨询服务安全保密条件备案证书及涉密信息系统集成资质证书，定期进行保密工作自查，全年无一起失密、泄密事件发生。

（2）规范管理机要工作。2019年度，持续完善机要来件和机要寄件管理台账，规范管理流程，全年共收发机要文件80余份，是2018年的5倍。

8. 统筹兼顾，全面提升相关工作

（1）规范外事管理。修订《公司因私事出国（境）管理办法》，加强因私因公出国管理。及时更新完善因私出国（境）证件备案信息376条，累计办理因公出国（境）团组55个，保证所有团组按时出团。

（2）规范人事档案管理，2019年度共查阅、借阅人事档案3 900次，配合各部门投标、备案查阅、借阅职称证书5 000余次，调取专业技术人员职称证书600余人次。

（3）有序推进退休人员社会化工作，成立领导小组及工作小组，负责全面推进退休人员社会化管理工作，完成2 000余人次离退休人员工资差额调整200余万元。

【企业文化建设】

中机六院系统梳理企业文化理念，修订企业文化建设"十三五"发展规划，提出了"推动行业发展，助力强国建设"的企业使命；深入贯彻落实国机集团品牌一体化战略，有步骤、有计划地更新了行政办公、施工环境、会务、媒体宣传、环境导视等方面的视觉识别系统，并发布了《公司视觉识别系统管理手册（2019版）》；修订《企业文化建设管理办法》；组织职工运动会、《企业文化手册》发布仪式暨企业文化知识竞赛等系列文化主题活动，形成了弘扬企业精神、践行文化理念的良好氛围。

【社会责任】

中机六院积极践行企业使命，履行社会责任，按照国机集团党委"全员参与，进一步形成国机集团精准扶贫合力"的总体要求，带动片区成员单位强化对固始县的帮扶力度，主要帮扶措施有：投入45万元帮扶资金实施固始县观堂乡陈集村蔬菜大棚建设项目；联合共青团固始县委在固始县锁口小学组织开展了关爱贫困留守儿童志愿服务活动，开创了全员参与、多方合作的扶贫新思路；持续开展消费扶贫，助力固始县产业发展。

中机六院积极组织"国机爱心日"捐款活动，共有1 430名干部职工，捐款183 234.6元。

按照郑州市文明办精神文明结对帮扶的要求，中机六院积极参与新密市苟堂镇石庙村精神文明创建工作，捐助5万元，帮助石庙村修建文化墙1 000 m^2；组织公司200余名志愿者参加郑州市少数民族运动会文明交通志愿服务活动；与白鸽社区、思源社区按照"一结合、两改善、三促进、四提升"的共建要求，积极开展系列活动。

合肥通用机械研究院有限公司

【基本概况】

合肥通用机械研究院有限公司（简称合肥通用院）主要从事石化、能源、冶金、燃气、环保、国防军工等行业通用机械及化工设备的设计开发、产品研制、检验检测、设备监理、工程承包、设备成套和职业教育等，工程技术研发涵盖压力容器与管道、流体机械、包装食品机械及石油装备等领域20多个专业。拥有上市公司"国机通用"（股票代码：600444）和17家全资及控股子公司。现有在职职工1500余人，研发人员占80%以上，拥有博士51人，硕士近300人；具有高级职称职工300余人。

合肥通用院是国家创新型企业、国家高新技术企业、国家技术创新示范企业、国家火炬计划重点高新技术企业；是国家压力容器与管道安全工程技术研究中心、压缩机技术国家重点实验室、国家国际科技合作基地（国际联合研究中心）、国家中小企业公共服务示范平台、科技服务业行业试点、通用机械产业技术基础公共服务平台、国家创新人才培养示范基地、工业大数据应用技术国家工程实验室和国家企业技术中心等国家级科技创新和技术服务平台的依托单位，国家"极端环境重大承压设备设计制造与维护技术创新战略联盟"的理事长单位。设有压缩机制冷设备、泵阀和密封件产品等3个国家质量监督检验中心，可独立招生的博士后科研工作站、企业院士工作站，以及压力容器与管道安全安徽省技术创新中心、压缩机技术安徽省实验室等20余个省部级科研平台，挂靠有1个国际标准化技术委员会（ISO TC86/SC4）、10个全国标委会和4个全国标委会分会以及中国机械工程学会压力容器分会、流体工程分会等10余个行业学会、协会的秘书处。

建院60多年来，合肥通用院共取得各类科研成果3000余项，其中获国家级科技奖励47项、省部级科技进步奖400余项，项目成果均在石化、能源、冶金、燃气、环保、国防军工等领域得到广泛应用。

【经济指标】

2019年，合肥通用院实现利润2.87亿元，考核口径净利润3.35亿元，完成考核目标的102.76%；实现EVA值2.22亿元，完成考核目标的101.37%；年末资产总额35.54亿元，其中归属母公司的所有者权益16.41亿元；资产负债率为43.06%，较年初的44.44%，下降1.38个百分点。较好地完成了国机集团下达的考核指标，再次被评为国机集团"先进单位"（这是自2009年以来连续第11年获此殊荣）。2019年合肥通用院主要经济指标完成情况详见表1。

表1 2019年合肥通用院主要经济指标完成情况（含中通）

指标名称	2018年	2019年	同比增长（%）
资产总额（万元）	334 929	355 436	6.12
净资产（万元）	186 075	202 389	8.77
营业收入（万元）	211 499	208 505	-1.41
利润总额（万元）	28 604	28 711	0.37
技术开发投入（万元）	14 633	13 706	-6.33
利税总额（万元）	36 149	34 829	-3.65

(续)

指标名称	2018年	2019年	同比增长（%）
EVA值（万元）	23 838	22 189	-6.91
全员劳动生产率〔万元/（人·年）〕	39.78	40.83	1.05
净资产收益率（%）	14.31	12.76	减少1.55个百分点
总资产报酬率（%）	8.78	8.48	减少0.3个百分点
国有资产保值增值率（%）	112.59	115.41	增加2.82个百分点

【改制改革】

1. 企业改制 自2018年初，合肥通用院更名为"合肥通用机械研究院有限公司"，国机集团在合肥通用院正式宣布了改制后的党委、董事会、监事会干部任命，对经理层的干部提出了建议人选。按照现代企业制度要求，合肥通用院制定了董事会、监事会和总经理工作制度，经董事会批准后正式任命了经理班子，设立了董事会、监事会的相关工作委员会和办事机构，重新修订了全院相关文件制度，对董事会和经理班子的职责权限进行了界定，明确了"三重一大"事项党委会前置决策的要求，理顺了各项工作流程，董事会决策的"三重一大"事项全部履行了党委会前置决策程序，为全院顺利完成全年的经济目标提供了保障。

2. 治理特困企业 国机通用（管材业务部分）通过搬迁和业务调整，对原有的产品、人员、业务、资产等进行优化，2019年度实现扭亏为盈，实现了专项治理工作的预定目标。

3. 压减工作 根据2016年8月上报国机集团的《合肥通用机械研究院压缩管理层级、减少法人户数实施方案》，列入压减计划的5家企业，截至2019年末已全部完成压减目标。

4. 治理亏损企业 积极贯彻国机集团的治亏减负要求，2019年，合肥通用院首次实现合并范围零亏损，完成国机集团年初亏损治理目标。

5. 降杠杆减负债 2019年年末企业资产负债率为43.06%，较年初的44.44%，下降1.38个百分点；对外带息负债为7 500万元，较年初下降2 300万元，全部为中通公司在国机财务有限责任公司的贷款，扣除新合并的中通公司因素，合肥通用院没有对外带息负债，资产负债率约为33.21%，完成了2019年不高于42%的资产负债率管控目标。

【重大决策】

1. 执行"三重一大"议事制度 严格贯彻国有企业党建工作会议精神，对重要人事任免、重大决策事项、重大投资项目和大额资金使用均坚持党委会前置决策，党委会通过以后再由企业领导班子集体研究决定。全年共召开党委扩大会50次、董事会10次、总经理办公会议9次。

2. 履行民主决策 发挥职代会的民主监督和民主决策作用，广泛听取各群体意见，坚持涉及职工利益的事项由职代会讨论决定。全年召开职代会、组长联席会5次，讨论涉及职工利益的重大议题9项。并多次召开专家座谈会、老干部座谈会、青年职工座谈会，广泛征求各方意见建议，认真履行民主决策程序。

3. 加强监督管理 对干部任命、先进人物推选、奖励申报、人员因公出国等重要事项进行公示公告，接受群众监督；对执行不力的事项向中层干部会或职代会通报，对造成损失或不良影响的责任人给予责任追究。

【重大项目】

1. 国家"973"计划课题"基于高压氢系统承载件失效模式的设计制造理论及方法"通过验收 该课题由合肥通用院和浙江大学共同承担，提出了常温高压氢系统塑性垮塌和疲劳失效预测方法，高温高压氢系统基于脆性断裂、蠕变、疲劳等失效模式的结构强度校核技术方法；基于损伤容限的缺陷控制指标，并将研究成果进行工程应用，为提升高压氢系统设计制造水平提供了科学依据。

2. 国家重点研发计划项目"典型石化装置动设备检测监测与完整性评价技术"已具备结题验收条件 该项目由合肥通用院牵头，北京航空航天大学、北京化工大学、中国特种设备检测研究院等共同参与，项目针对我国典型石化装置中压缩机、泵等动设备，建立了全生命周期质量完整性评价方法，构建了设备群质量预警平台和安全保障技术体系。开发的设备质量预警平台，具备故障案例库、设备管理、状态监测、故障诊断和检维修决策等功能，目前已在中石化等企业得到应用，为保障在役动设备稳定安全运行提供了重要依据。该项目已完成了全部研究内容和考核指标，正在准备结题验收。

3. 国家重点研发计划项目"70MPa车载高压储氢瓶技术"获批立项 该项目由合肥通用院牵头，组织浙江大学、北京化工大学、中国特种设备检测研究院、江苏国富氢能技术装备有限公司、中国石油天然气集团公司管材研究所、中国石化上海石油化工股份有限公司、山东奥扬新能源科技股份有限公司、中材科技（成都）有限公司、奇瑞汽车股份有限公司共10家单位参加。项目面向高密度、高可靠储氢需求，开展70MPa Ⅳ型车载储氢瓶技术研究，揭示材料－环境－应力多因素耦合作用下，复合材料储氢瓶损伤机理与失效规律、基于全生命周期失效模式的储氢瓶性能调控原理，攻克塑料内胆、碳纤维缠绕复合材料层、瓶口组合阀及密封结构设计制造与检测评价关键技术，研制70MPa Ⅳ型储氢瓶（含瓶口阀），并进行示范应用，为氢能及氢燃料电池汽车产业发展提供重要支撑。

4. 国家重点研发计划课题"零部件高压高速氢气冲击（蚀）损伤/自燃检测技术及测试装备"获批立项 该课题隶属"加氢关键部件安全性能测试技术及装备研究"项目，由合肥通用院牵头，联合浙江大学、中国石油化工股份有限公司、中国特种设备检测研究院共同承担，针对加氢站供氢系统的阀门，重点开展高速冲击（冲蚀）测试技术与装备开发。

5. 国家重点研发计划课题"车载液氢系统安全监测技术研究"获批立项 该课题隶属"重型车辆液氢储供关键技术研究"项目，由合肥通用院牵头，联合北京航天试验技术研究所、北京交通大学共同承担，针对重型车辆用液态储供氢系统，开展安全状态监测和实时预警技术研究。

【市场开拓和签约】

2019年，全年新签合同累计33.36亿元，比2018年增长46%，为2020年稳定发展打下了较好基础。

在工程项目方面。城市综合管廊和污泥处理工程获得突破，污水环保处理、城市供水等业务保持良好业绩，累计新签合同13.51亿元。"郑州新区污水处理厂二期工程污泥处理处置系统"单项合同金额达7.38亿元。首次参与长江三峡集团主导的"长江大保护"项目并获得了两个项目。

在技术服务方面。为中石化、中石油、中海油的50余家企业提供特种设备检验服务，检验压力容器3 700余台、压力管道9 500余条、常压储罐40余座，完成石化装置承压设备风险评估近200套，承担失效分析和安全评定80余项。依托拥有的检测认证机构，为行业制造企业提供产品性能委托、节能、安全、出口等认证与检测等服务，为中石化等大企业提供产品集中采购质量控制服务，全年检测制冷空调、压缩机、泵、阀门、密封件等产品、设备、部件1万多台（套）。全院累计新签技术服务合同超过4亿元。

在产品研制生产方面。以核心技术与产品为抓手，为石化和能源等行业提供了煤化工专用阀门、特殊元素提取分离机组、缠绕管换热器、特种材料压力容器、储油罐机械清洗装置等一批高水平的装备；为上百家制冷空调、阀门、泵、换热器等产品制造企业提供了产品性能和可靠性试验装备；为国防军工提供了300余台（套）配套产品。累计新签产品研制生产合同近6亿元。

【科技创新】

1. 创新平台建设 在国家发改委、工信部、科技部和安徽省等多个项目支持下，通过自主攻关，国内首次研制出车载储氢容器高压、超高压氢气循环疲劳测试系统并投入试运行，系统最高压力达140MPa，测试条件完全满足国际标准要求，解决了我国车用高压储氢容器性能测试的"卡脖子"难题。

合肥通用院被新认定为安徽省新型研发机构。依托合肥通用院的压力容器与管道安全安徽省技术创新中心建设可行性方案已通过专家论证并已公示。安徽省技术创新中心以国家压力容器与管道安全工程技术研究中心为基础组建,充分汇聚高等院校、科研院所、装备制造和用户企业的优势资源,围绕"国家重大工程建设与国防军工关键装备首台(套)国产化"和"重要过程工业装置长周期运行安全保障"两大领域,开展技术创新和成果转化推广应用,提升我国压力容器设计制造与维护的高端化、绿色化与智能化水平,解决压力容器关键核心技术与装备"卡脖子"问题,补齐工业基础短板,推动产业整体迈向中高端,支撑经济高质量发展。

已有平台中,合肥通用院国家企业技术中心再次获评"优秀";国家中小企业公共服务示范平台再次通过工信部评审认定,将继续发挥合肥通用院优势,服务于行业广大中小企业。

2. 科研立项 面向国家重大战略需求,瞄准装备制造业高端、绿色、智能等方向,围绕氢能与可再生能源、制造基础技术与关键部件、质量基础、公共安全、高技术船舶等领域,获批立项32项(其中国家级16项),获专项经费近7500万元。

在基础研究领域。承担的国家自然科学基金、安徽省自然科学基金杰青项目等多个项目,将在超临界CO_2管道泄漏、Fe-Cr-Ni基铸造耐热合金制备、氢燃料电池汽车储氢装备传热传质机理与过程强化设计、海洋平台立管疲劳分析等方面开展研究。承担的国家重点研发计划项目,将进一步夯实我国高参数机械密封和特种工况控制阀的理论基础,为提升相关产品的技术水平提供支撑。

在高端装备制造领域。面向氢能利用车载和加氢站气态、液态、高压-固态等不同形式储氢需求,认真凝练、积极申报了多项国家重点研发计划项目/课题。其中,牵头申报的国家重点研发计划项目"70MPa车载高压储氢瓶技术",研制的70MPa Ⅳ型储氢瓶(含瓶口阀),进行示范应用,将为氢能及氢燃料电池汽车产业发展提供重要支撑。安徽省科技重大专项项目"大型原油储罐线性-非线性相控阵复合检测机器人"、安徽省重点研发项目"压水堆核电站新型蒸发器关键技术研究"将攻克在油状态下大型原油储罐在线检测技术、缠绕管式蒸发器设计制造技术难题,助推我国原油储罐使用维护技术和核电设备技术的进步。

在绿色制造领域。安徽省重点研发项目"城市污泥无害化热解气化处理技术的研究及应用"将煤化工行业的相关技术尝试应用于市政污泥处理,对于促进我国污泥减量及资源化绿色新技术的应用具有重要意义。

在智能制造领域。安徽省重点研发项目"炼油装置空冷系统腐蚀远程在线监控及预警云服务平台研发""轨道交通制动系统用风源装置故障预测与健康管理技术研究及应用"针对石化、轨道交通领域的重要设备开展远程监测诊断分析和预警技术研究,推动我国通用机械远程智能运行维护技术的发展。

3. 科研成果 各科研项目进展顺利,已完成结题验收的项目/课题共16项。获得省部级各类科技成果奖励共23项,其中:省部级科技进步一等奖7项、二等奖9项、三等奖4项、优秀奖3项;"GLZ1600-N型湿法烟气脱硫石膏离心分离设备"被认定为安徽省首台(套)重大技术装备。牵头的"极端环境重大仪器设备研发与产业化"获2019年度安徽省技术发明奖一等奖。牵头的"危化品承压设备防灾减灾关键技术及工程应用"获2019年度安徽省科技进步奖一等奖。牵头的"寒冷及严寒气候区空气源热泵关键技术开发与应用"项目获2019年度中国机械工业科学技术奖一等奖。牵头的"过程工业旋流强化换热设备技术及工程应用"项目获2019年度国机集团科学技术奖一等奖。

获得授权专利67项,其中,发明专利54项,获得软件著作权10项;制修订并发布的国家标准10项,行业标准2项。正在执行的标准计划有国际标准2项,国家标准36项、行业标准120项,国军标12项。其中,ISO 22153《工业阀门电动装置一般要求》已于2020年1月7日发布,ISO 6002《螺栓连接阀盖钢制闸阀》方案稿已完成,进入方案稿投票阶段。2019年,《压力容器》《流体机械》《包装与食品机械》三本特色科技期刊全部入选中文核心期刊,影响因子在各自专业学科中继续名列前茅;《压力容器》

还入选了由中国科协、财政部、教育部、科技部、国家新闻出版署、中国科学院、中国工程院等部门联合实施的中国科技期刊卓越行动计划中"梯队期刊"建设项目,成为近万种科技期刊当中入选的100余种中文核心期刊之一。

4. 新领域探索 持续在新能源与节能、公共安全、海洋工程装备、复合材料及其加工技术、智能制造等领域开展探索。在高端装备制造领域,建成70MPa复合材料高压储氢气瓶和高压-固态复合储氢装置研发、高压氢气循环疲劳试验装置,将为氢能及氢燃料电池汽车产业发展提供重要支撑。在绿色制造领域,"城市污泥无害化热解气化处理技术的研究及应用"将煤化工行业的相关技术尝试应用于市政污泥处理,对于促进我国污泥减量及资源化绿色新技术的应用具有重要意义。在智能制造领域,"炼油装置空冷系统腐蚀远程在线监控及预警云服务平台研发""轨道交通制动系统用风源装置故障预测与健康管理技术研究及应用"针对石化、轨道交通领域的重要设备开展远程监测诊断分析和预警技术研究,推动我国通用机械远程智能运行维护技术的发展。

【管理经验】

1. 人才队伍建设 按照管理、技术、工勤三个序列,根据业绩对个人薪酬等级进行了调整;继续落实四级以上专业技术人员的动态考核;按照目标责任制考核办法,根据2018年度考核结果,对各业务部门进行薪酬激励。

从日本九州大学引进高层次人才1名,从英国布里斯托大学、华中科大、西安交大、中国科大、大连理工等国内外知名高校引进毕业生26名,其中,博士7名,硕士9名,进一步充实了人才队伍。新设立博士科技基金项目6项,青年基金项目14项。

依托高水平创新平台、人才培养示范基地和国家重大科研项目,不断促进团队建设,打造人才聚集高地,培养行业技术领军人才,涌现出一批工程经验丰富、创新意识强、学术造诣深、勇于担当的科技创新领军人才和业绩突出的中青年科技骨干。2019年,获批国家创新人才培养示范基地,1人入选国家"万人计划"科技创新领军人才和中青年科技创新领军人才,2人入选安徽省学术技术带头人,2人入选安徽省战略性新兴产业技术领军人才,1人获安徽省"五一劳动奖章",29人入选国机集团高级专家,还有10余人次获得国机集团、安徽省直机关和合肥市的相关荣誉。

2. 质量提升 通过加强核心技术攻关,推动产品质量技术水平不断提升。从强化质量意识、提高检验检测能力等方面着手,引导全院各部门把质量理念贯穿到设计、制造、采购、调试、检验和服务全过程,全面提高质量综合管理水平,质量、环境、职业健康与安全三体系的有效运行与持续改进,为全院质量提升提供了有力的支撑。充分利用挂靠合肥通用院的标委会平台与行业组织,在关键技术、核心领域、新兴产业等方面积极主导或参与标准制修订,以标准引领和支撑创新发展。

2019年,合肥通用院"基于PES管理模式的制冷空调检测系统质量提升技术开发与应用"项目获得中国质量协会2019年质量技术奖优秀奖;参建的"小仓房污水处理厂二期新建工程"荣获2018～2019年度第二批中国建设工程"鲁班奖";在苏浙皖赣沪"质量月"活动中,合肥通用院所属机电产品检测院的"服务为先、质量第一"质量管理经验获五省市市场监督管理局认可并得到宣传推广;合肥通用院还以军工产品配套服务获江南造船(集团)"四星优秀合作单位"。

3. 风险防控 持续推进资金集中管理,按照国机集团的管理目标,扣除新合并中通公司和上市公司因素,合肥通用院资金集中度为82.45%,全院全口径资金集中度为79.44%,均达到了国机集团的要求。组织开展银行账户专项清理工作,完成了国机集团要求的2019年净销户比例不低于20%的任务目标。严格债务风险管控,全院资产负债率为43.11%,较年初下降1.39个百分点;中通公司带息负债为7 500万元,较年初下降2 300万元。扣除新合并的中通公司的因素，合肥通用院无对外带息负债，资产负债率为33.07%，远低于国机集团下达的考核目标。统筹资金安排，降低财务费用，一方面以企业间的内部贷款替代外部贷款，以避免存贷双高带来的资金成本；另一方面加强资金筹划，提高定期存款的比重。全年合并报表利息收入为3 170万元，同比增加1 131万元。从做好日常产权登记、动态监管所属企业产权状况、内控检查、完善固定资产管理流程等角度切实夯实财务管理基础，做好资产管理工作，保障国有资产权益。从优化风险管理体系、强化内部控制和运行分析、开展专项风险评估等角度入手，加强风险管控，提高全院风险防范能力。注重以法律手段维护保障合肥通用院权益，2019年，全院共处置法律纠纷案件24起，其中已结案件18起，避免经济损失648万元；处置强制执行案件11起，目前已完结7起，执行款到账1 526万元；另外，通过发律师函、申报债权等方式追回欠款260万元。

4. 安全生产 继续认真贯彻国家安全生产的法律法规，履行国机集团规定的安全生产管理职责。进一步落实安全生产责任，通过签署安全生产责任书层层细化，把安全生产责任逐级落实到科研开发、生产经营、基本建设的各环节、全过程。按计划认真组织安全防护、应急救援、特种作业等方面的安全培训，提高职工的安全意识和防范能力。强化安全监督和隐患排查治理，加强对生产现场的安全监管，防患于未然。全年合肥通用院未发生安全生产事故。

【行业交流】

时任董事长、党委书记陈学东应邀出席2019世界制造业大会开幕式，并在质量品牌建设、制造强国建设、创新驱动与制造业高质量发展等高端论坛上做主题演讲，和与会代表分享了全寿命风险识别控制、压力容器质量提升的实践经验，提出了推进工业强基工程、实现制造业高质量发展，以及提升企业技术创新能力、推动科技与经济深度融合的建议。

依托中国机械工程学会压力容器分会等行业平台，合肥通用院组织参加了在美国圣安东尼奥举行的2019年度ASME PVP会议，会议设置中国分会场，相关单位的110多名代表参会并宣读了论文，陈学东院士等发表的论文获优秀论文奖；联合了英国结构完整性联盟，在英国剑桥组织了2019年国际结构完整性学术研讨会（ISSI 2019），来自英国、法国、俄罗斯、韩国等国家，以及国内相关研究机构的代表共计100余人参加会议；两次组织召开了美国ASME锅炉与压力容器规范第Ⅷ卷委员会中国国际工作组会议，就ASME第Ⅷ卷标准在中国应用的10余项相关技术议题进行了讨论；组织召开了全国机械和静密封行业2019年年会，来自行业220余家单位近350名代表参加会议，促进了行业交流。

压缩机、泵、阀门、冷冻空调设备、安全泄压装置、喷射设备、机械密封、分离机械、包装机械及食品包装机械、固定式压力容器等标委会都多次组织召开了标准的研讨、审查、宣贯等会议；院阀门专业的专家代表中国参加了国际标准化组织ISO/TC153在德国、加拿大召开的国际标准会议。

【党建工作】

1. 贯彻落实"两个一以贯之"，推进党建进章程，充分发挥党组织的领导核心和政治核心作用 认真落实习近平总书记"两个一以贯之"指示精神，在企业治理结构中，全面落实党建进章程，17家法人企业完成党建进章程工作；在领导机制上，坚持党对一切工作的领导，党委书记和董事长"一肩挑"；在决策程序上，坚持"三重一大"事项党委会前置决策。促进党建与中心工作融合，把党建工作纳入年度"目标责任制考核办法"、融入质量管理体系、嵌入各专业发展，与中心工作同部署、同落实、同检查、同考核。落实全面从严治党责任，党委书记履行好第一责任人职责，抓班子、带队伍、正风气，党委班子其他成员落实"一岗双责"；持续推进党建述职评议工作，形成党委书记、党委班子成员、党支部书记"三个层面"的党建述职评议考核机制。

严肃党内政治生活，制定民主生活会若干规定、基层联系点制度、基层党组织督查指导机制等；高质量开好民主生活会，班子成员以普通党员身份参加所在支部组织生活会，深入基层开展调研40余次。

2. 贯彻落实"两个责任"，加强党风廉政建设工作 党委站在讲政治的高度，把责任扛在肩上、落实在行动上，真抓真管、实抓实管；纪委结合"三转"要求，把握职责定位，落实好监督责任。党委书记带头履行好第一责任人的责任，始终将党风廉政建设与中心工作同部署、同落实、同检查，做到"四个亲自"；领导班子成员主动履行"一岗双责"，主动担责、传导压力。严格落实中央八项规定及实施细则精神，制定完善进一步改进工作作风等相关规定；完善纪检机构设置，加强人员配置，专职纪检干部达3名；成立巡察办公室，制定巡察工作规定，按要求对所属中通公司、国机通用管材业务部分开展了常规巡察；落实"三个区分开来"要求，把"严管厚爱"落实到监督执纪问责工作中。加强任前廉洁提醒，与新任命干部开展廉洁谈话并签订"廉洁承诺书"；开展"廉洁宣传教育月"等活动，组织班子成员、中层干部参加国机集团党委警示教育视频会；组织中层干部、支部书记观看《中国共产党纪律处分条例》视频解读；组织中层干部观看警示教育片《叩问初心》；向全院中层干部发放《党的十九大以来查处违纪违法党员干部案件警示录》，及时通报公开曝光的违反中央八项规定精神的各类典型案例，加强了警示教育。坚持反腐败无禁区、全覆盖、零容忍；精准运用监督执纪"四种形态"，通过惩处"极少数"警戒"大多数"；加大信访举报案件查办力度，加大执纪审查力度，加大违纪典型案件通报力度；对侵害国家、合肥通用院和职工切身利益的违纪违法行为，发现一起坚决查处一起，查处一起通报一起。

3. 严格执行中央八项规定及实施细则精神，驰而不息反对"四风" 2019年，合肥通用院组织召开中层以上干部会议，学习传达国机集团纪委有关通知精神，盯紧元旦、春节、清明、五一、端午、中秋、国庆等重要节日，不断重申纪律要求，发送廉洁提醒短信，安排值班人员，公布值班电话，畅通监督渠道。集中学习中央纪委、国务院国资委纪检监察组、安徽省纪委分别公开曝光的违反中央八项规定精神典型问题的通报，要求党员干部吸取教训，引以为戒。合肥通用院纪委牵头组织纪检、审计、综合管理和财务等部门，对公车使用、业务招待、零星发票报销、职工食堂食材采购、福利发放认真开展监督检查。认真开展集中整治形式主义、官僚主义，督促做好调研排查工作，积极推动落实整改。2019年度没有发现违反中央八项规定精神典型问题。

【社会责任】

1. 承担公共责任 坚持守法经营的基本原则，严格执行国家的各种法律法规，充分考虑产品服务和运营过程中的因素，努力消除产品经营可能带来的任何不良影响。

2. 以德治企，以法治企 重视和加强全员思想道德建设，落实诚信主体责任，建立制度化的规范经营管理体系，以公平、公正、合理为基础，自觉接受社会监督，共建良好的经营秩序。

3. 认真履行中央企业职责 履行经济发展责任，坚持稳中求进，按照质量、效益可持续发展的要求，完成经济发展目标，国有资产有效保持增值，职工收入不断提高；通过人大、政协、政府部门、行业学（协）会等多种渠道，为政府和行业科技发展规划、相关政策编制建言献策；以科技服务于经济建设，补短板、强弱项，解决卡脖子问题，包括：为国家重大工程建设提供重要装备，为大型石化装置长周期安全运行提供保障支持，承担灾后抢险和隐患排查，开展节能与绿色制造共性技术研究，为制造企业提供各类产品性能与可靠性试验装置、提升企业自主创新能力，用标准引领行业技术进步；推出了"GCCA诚信认证"，并在全行业内开展工作，受到国际著名认证机构和协会的关注；承担多项环巢湖流域污水治理工程，支持环境保护工作；研究制冷剂替代技术，为我国履行国际公约提供支持；研究科普装备，参与多个科技馆项目建设，支持科学普及工作；发挥专业优势，为社会培养高技能职业技术人才，支持区域经济发展。

4. 积极参与扶贫攻坚　合肥通用院领导专程至定点帮扶地区开展实地走访、调研活动，看望慰问贫困户，现场研究扶贫项目并解决农产品销售等实际困难和问题；继续资助国机集团对口扶贫点河南固始和淮滨贫困县大学生；为河南固始县中职骨干教师举办为期22天480个学时的培训班；选派4名干部驻村定点帮扶界首市任寨乡杨庄村、舒庄镇大鲁村，已率先帮助整村脱贫并成为安徽省美丽乡村建设示范点。

5. 打造行业技术服务中心　坚持"快速反应、服务全国"的原则，运用技术创新成果，积极为行业企业开展研发技术与设计服务、设备检验检测与安全评定、设备运行维护技术服务，积极履行工业重要装备的事故原因分析、对外索赔以及灾害应急抢险等社会责任，并通过不断整合行业优势服务资源和服务示范带动作用，打造广泛服务于行业的技术服务中心。

洛阳轴研科技股份有限公司

【基本概况】

洛阳轴研科技股份有限公司（简称轴研科技）现有11家子公司，其中全资子公司6家，分别为轴研所、三磨所、中机合作、中机合作（香港）公司、精工发展和阜阳轴研（正在处置中）；托管企业2家为白鸽公司、成都工具所；控股子公司3家，分别是中浙高铁、爱锐网公司和精工（伊川）新材。

轴研科技主营业务涵盖轴承行业、工磨具行业及相关领域的研发制造、行业服务与技术咨询、贸易服务等，在高精度、高可靠性轴承与高速高效超硬材料制品及相关零部件研发与制造、检测与试验方面具有雄厚的实力，居国内领先地位。轴承业务板块主要从事精密及特种轴承、高铁轴承、高速机床主轴、轴承专用装备和检测仪器、轴承试验机以及轴承特种材料的研究、开发、生产和销售，拥有"轴研科技""ZYS""ZZGT"行业知名品牌。磨料磨具业务板块主要从事普通磨料、固结磨具、涂附磨具、超硬材料及制品和行业装备的研发、生产与销售，旗下拥有"white dove白鸽""ZZSM三磨"等行业知名品牌。精密工具业务板块主要从事精密切削刀具、精密测量仪器和表面改性技术三大类机械产品共性技术研究及其高新技术产品的开发、生产与销售，旗下拥有"Gμ工研"行业知名品牌。贸易与服务业务板块包括进出口贸易、电子商务业务，旗下拥有"中磨CAEC""爱锐网"等行业知名品牌。

公司主导产品为精密及特种轴承、超硬材料及制品、行业装备和检测试验仪器等，其中航天领域特种轴承处于国内龙头地位，高端复合超硬材料制品为世界三大供应商之一。产品广泛应用于航空航天、舰船兵器、汽车与轨道交通、电子、新能源、机床工具、石油化工、医疗器械、制冷等领域，业务遍及世界80多个国家与地区。

【主要指标】

2019年轴研科技主要经济指标完成情况见表1。

表1　2019年轴研科技主要经济指标完成情况

指标名称	2018年	2019年	同比增长（%）
资产总额（万元）	613 437.87	617 434.21	0.65
净资产（万元）	345 533.48	349 375.34	1.11
营业收入（万元）	241 344.62	239 308.51	-0.84
利润总额（万元）	8 263.82	3 692.59	-55.32
技术开发投入（万元）	21 314.19	27 604.72	29.51
利税总额（万元）	23 004.57	18 388.62	-20.07
EVA值（万元）	-3 691.53	-8 173.00	-121.40
全员劳动生产率〔万元／(人·年)〕	21.81	23.12	5.96
净资产收益率（%）	1.60	0.54	下降1.06个百分点
总资产报酬率（%）	2.30	0.30	下降2个百分点
国有资产保值增值率（%）	99.43	100.28	增加0.85个百分点

注：1. 上表数据均为轴研科技合并报表＋托管企业成都工具所和白鸽公司。

2. 2019年利润比上年减少4 571.23万元，主要是托管企业白鸽公司利润总额同比减少4 033万元；由于利润总额的大幅下降，利税总额、EVA值也大幅下降。

【重大决策】

2019年5月，精工新材与伊川精工研磨材料有限公司共同投资设立"伊川精工能源有限公司"（以下简称能源公司），能源公司注册资本3 000万元，其中，精工新材持股51%，伊川精工研磨材料有限公司持股49%，主要职能是为国机精工伊川磨料磨具产业园提供供电服务业务支撑。

【重大项目】

1. 三磨所承担的工信部国家智能制造专项"高性能超硬材料磨具智能制造新模式"项目全面建设完成　2019年完成投资5 254.54万元，已具备验收条件。项目围绕高性能超硬材料磨具智能制造，建设完成自动化、智能化的混分料配比中心、成型中心、烧结中心、磨料层与基体粘接中心、精密砂轮加工中心，实现关键工序装备自动化与智能化；完成高性能超硬材料磨具混分料在线检测、高性能超硬材料磨具装配在线检测、高性能超硬材料磨具基体加工与磨具修整在线检测、超硬材料砂轮自动动平衡检测、超硬材料砂轮终检平台建设；实施并应用MES、ERP、PES、PLM、CAPP等智能化信息管理系统，建设完成企业数字化设计及精密加工系统平台，完成底层物联网络系统搭建；项目实施后，具备年产8 000万克拉的高性能超硬材料磨具的生产能力，年产值可达到5亿元，生产效率可提高32.36%，运营成本降低31.65%，产品研制周期缩短36.33%，产品不良品率降低39.17%，能源利用率提高16.60%，全面实现预期综合指标，累计实现销售收入5.47亿元。

2. 三磨所承担的国家工业强基工程项目"新型MPCVD法大尺寸单晶金刚石片"项目已全面建设完成　2019年完成投资2 378.75万元。2019年年底，完成高功率MPCVD法制备大尺寸单晶金刚石的高速大面积均匀沉积技术、三维侧向外延技术、零致命缺陷密度沉积技术、低位错密度沉积技术、B/P掺杂技术、高热导率与热稳定性单晶金刚石精密刀具材料制备技术、高透射率与低吸收系数金刚石光学窗口材料制备技术、B掺杂金刚石多晶膜沉积技术、多晶金刚石含B电极材料重掺杂等关键技术的研究。开发出应用电子器件、超硬刀具、光学窗口片、高性能硼掺杂钻石膜电极等领域的大尺寸单品金刚石材料；完成批量化工艺研究，批量化生产的大尺寸单晶金刚石片各项性能指标满足项目要求。项目关键核心技术已申报国家专利23项（其中发明专利16项）、发表学术论文6篇、形成企业标准4项、培养中高级人员14名；新增MPCVD设备、激光切割机、金刚石清洗机、金刚石抛光机等工艺设备76台（套），建成新型高功率MPCVD法大单晶金刚石生产线1条，具备年产30.93万片、产值2.01亿元的生产能力，批量生产的产品良品率达到98%。2019年项目实现销售收入3 501.64万元，已成为公司核心业务产品。

3. 轴研所承担的国家科技重大专项"高速精密数控机床轴承系列产品升级及产业化关键技术研发"顺利通过最终验收 通过对10大数控机床轴承系列产品技术开发和研制，解决中高档数控机床轴承系列产品高速、高精、高可靠性等技术关键瓶颈。开发的高速精密机床主轴轴承，高速性能指标dmn值达到3.2×10^6 mm·r/min，达到国际先进水平；开发的密封脂润滑主轴轴承高速性能指标dmn值达到2.1×10^6 mm·r/min，达到国际先进水平；开发的高精密滚珠丝杠支撑轴承单元、精密交叉滚子轴承和精密转盘轴承等，其性能指标均达到国际同类产品水平。课题研制完成各类专业试验机9台套，专业检测仪器16台（套），建成轴承高速、密封润滑、可靠性寿命及振动噪声等综合性试验基地；形成的4条示范生产线，年产中高档机床轴承95万套。项目实施期间，获得授权知识产权41项，其中发明专利20项，实用新型专利19项，软件著作权1项；发表学术论文17篇；制定相关技术标准21项，其中国家标准11项。通过课题的实施，推动了我国精密机床轴承的快速发展，打破了国外机床轴承的核心垄断地位，基本实现中高档机床主轴轴承的品种覆盖率达到90%以上，带动量大面广的机床主轴类国产轴承系列产品市场占有率达到50%以上，课题研制单位近3年累计销售轴承205 276套，销售收入达4.66亿元。

【市场开拓】

2019年，面对复杂多变的外部环境和艰巨繁重的经营发展任务，轴研科技以习近平新时代中国特色社会主义思想和党的十九大精神为指导，认真贯彻落实国机集团工作会议精神，按照"一体四驱"的战略布局，以"主业做强、机制搞活"为重点，以高质量发展为目标，持续推进"内涵性、外延性、能动性"增长工程，牵引各主要子公司圆满完成年度经营目标任务，为深入推进高质量发展奠定良好基础。

1. 洛阳轴承研究所有限公司（轴研所） 2019年，在严峻的市场竞争形势下，围绕年度经营目标，大力开拓市场，加强内部协同，促进降本增效，不断加强品牌宣传，推进新产品开发，各项业务稳步增长，取得较好业绩，实现营业收入5.52亿元，同比增长5.71%。

（1）特种轴承。持续维护传统军工客户，全年累计新增订单3 000余万元；重点开发商业航天、民用航空、舰船等新领域，新签订单500余万元；积极培育潜在客户市场，新签订单400余万元。尤其是科技协同创新业务呈现较快增长态势，累计签订合同2 800余万元。

（2）精密轴承。加强渠道建设，进行深度市场开发，全年开发大客户7家，实现销售收入2 553万元，同比增长84%，在3C机械轴领域打开了市场，新开发客户实现1 000万元的销售收入。大型和重大型产品面对传统市场下滑，积极实施产品结构调整、重点客户攻关，重点开发钢铁行业、工程机械行业客户，为后期增长储备力量。

（3）智能装备。加快产品结构调整步伐，顺应客户需求，主轴业务向高附加值、高性能产品和进口替代产品发展，仪器业务重点对现有产品做智能化、自动化升级。积极拓展行业外市场，在空调压缩机行业取得新进展，全年新增销售收入近500万元。

（4）制造服务。以服务拓市场，逐步扩大在军工、轨道交通、汽车、电力、电梯等行业的检验、试验、分析业务影响力，利用军工资源和技术优势，开发出高洁净度、大尺寸、性能优异的聚酰亚胺绝缘板材，已经过客户试验验证，可满足市场对大尺寸产品的批量需求。

2. 中国机械工业国际合作有限公司（中机合作） 2019年中机合作完成营业收入7.52亿元，利润总额1 112万元。

（1）出口业务大幅增加。2019年实现销售收入35 950万元。其中工磨具业务2016—2019年分别完成销售收入3 357万元、4 952万元、5 374万元、7 100万元。近2018—2019两年中机合作加强工磨具产品的资源配置，加大开发力度，在巴西、俄罗斯和印度市场与当地知名的磨具生产企业合作，利用产品的互补性及其成熟的渠道，开发当地市场，成效明显。

（2）进口业务基本成形。围绕产品结构调整、转型升级要求，继续拓展进口业务，新开发硼酸、矿产和剑麻等产品进口业务；2016—2019年进口业务完成销售收入分别为595万元、2 089万元、4 063万元、3 961万元。

（3）工程配套项目运行平稳。围绕产品结构调整、转型升级主线，以国机集团机械行业为背景，与集团内兄弟单位协作，共同开发工程项目及配套业务，其中马尔代夫光伏项目、越南铁厂项目按照时间节点平稳运行。

3. 郑州磨料磨具磨削研究所有限公司（三磨所） 抓住下游行业发展拉动机遇，加快新产品研发和质量提升、扩大大客户开发成果，在汽车动力总成、半导体封装、光伏单晶硅、CNC加工、蓝宝石衬底减薄等领域形成一批有代表性的产品及客户，产业化成果显著，经营业绩再创新高，实现营业收入4.25亿元，同比增长5.18%。

（1）积极推进产品创新。行业装备市场方面，新增六面顶压机项目，重点推广超硬材料用锻造六面顶压机，并与河南力量、四方达等企业达成战略合作；电子行业市场，新增UV膜项目，配套超硬材料制品，提高三磨品牌的市场知名度和市场占有率，并与湖北五方达成战略合作；同时积极开拓汽车行业、工磨具行业和电子行业用超硬材料制品，与隆基集团、华灿光电、通富微电、深圳远亚、马勒三环、柳州上汽、株洲硬质合金等大客户签订供货协议。

（2）注重品牌形象塑造与传播。重点通过展会并辅以软文投放和专项产品推介等形式强化品牌传播与推广，2019年参加国内外行业展会9个，全面展示公司代表性产品。结合新中国成立70周年，在机经网"中国机械工业辉煌70年经典成果案例"专栏发布《三磨所成功研制出中国第一颗人造金刚石》文章，展示公司悠久历史和对行业的贡献。在刀具协会会员大会上，对刀具行业用产品进行专项推介。通过多种形式的品牌展示，公司品牌知名度和影响力稳中有升。

（3）积极推进实施产服融合。重点推动"六面顶压机推广"项目落地实施，专门成立1902项目组推进项目执行，在舞钢市建立生产基地，为客户提供包括运输、安装、调试、售后等系统的全流程服务。2019年度实现销售收入4 088万元，完成年度目标的204%。

4. 白鸽磨料磨具有限公司（托管，白鸽公司） 2019年，重点建立和完善营销管理系统、管理体系，创新营销，立体营销，实现营业收入18 363万元。

（1）建立营销过程管理体系。通过月度目标分解与检视，对业务人员的营销行为进行规范。细化营销薪酬绩效激励机制，丰富考核维度。

（2）建立涂附磨具营销系统，聚焦关键产品、聚焦大客户，实施拼多多产品组合的营销策略，为涂附公司实现盈亏平衡奠定基础。

（3）建立固结磨具产品聚焦终端大客户的营销策略，在马勒气门、丽水永固、宝钢等行业标杆企业处发力，尝试为客户提供整体解决方案。

（4）建立渠道授权管理体系，规范经销商渠道管理；加大流通领域渠道建设，试水新媒体营销渠道，官网正式上线，平均日访问量为140次。

5. 成都工具研究所有限公司（托管，成都工具所） 产品定位"专、精、特"，发挥专用领域、精益化制造和特殊定制等方面的综合性价比优势，积极参与国内市场竞争，2019年实现销售收入1.24亿元。

（1）积极调整产品结构。在发挥专用领域、精益化制造和特殊定制等方面竞争优势的基础上，开展产品结构调整项目5项，实现销售收入1 773万元。

（2）推进产服融合工作。大力推进"小径内螺纹加工解决方案开发""小尺寸零件成形加工方案应用示范""气门第二代QPQ处理技术的推广"等产服融合项目，实现销售收入590万元，超额完成年度目标。

【科技创新】

1. 科技创新成果显著 2019年，成功申报国家、省、市各级科技项目31项，其中国家级15项、省部级8项；获省部级以上科技奖8项，其中三磨所"大尺寸硅片超精密磨削技术与装备"获国家技术发明奖二等奖；获授权专利86项，其中发明专利77项、美国PCT专利1项；主持或参与制定、修订国家及行业标准32项，其中国家标准11项。三磨所获国机集团"2019年科技创新奖"，轴研所获"国防科技创新团队"。

2. 科研平台建设持续推进 "国家磨料磨具产业计量测试中心"获批筹建；河南省轴承创新中心完成实体注册和省级培育评估，进入建设阶段。三磨所申报并获批为河南省企业技术中心；轴研所在河南省企业技术中心年度考评中获得优秀。

3. 重大项目培育取得新进展 面向国家战略，积极参与国家重大技术装备创新研究院筹建，承接集团公司"卡脖子"及关键核心技术攻关项目5项，实施河南省国防科技关键核心技术"卡脖子"项目1项；组织企业积极申报国家、省市、集团科技项目，获批科研经费17 654万元，创历史新高。其中，"大功率风力发电机主轴轴承及试验装置研发"项目获批为国机集团重大科技专项，获3 000万元经费。

4. 科技创新成果转化加快 完成《科技人员考核激励指导意见》，制修订发布《科技创新发展基金项目管理办法》《重点新产品增长考核办法》《产品结构调整管理办法》《重点新产品管理办法》等制度，激发科技创新原动力。按照"市场导向、战略导向、完善谱系"的原则，实施年度产品结构调整一级项目10项、二级项目22项，重点新产品实现销售收入2.79亿元，同比增长21.59%。轴研所"高速、高精、高可靠性角接触轴承项目"、三磨所"金刚石大单晶项目开发及产业化"、成都工具所"高速切削石油管螺纹刀具"等项目实现关键技术的新突破，并产生显著经济效益，实现销售收入1.25亿元。

【经营管理】
1. 强化战略引领

（1）完善规划体系。以发展规划纲要为指导，以主业做强为导向，修订轴研所、中机合作、三磨所、成都工具所和白鸽公司业务发展规划，编制国际化发展、科技发展、营销、人力资源和信息化等职能规划，明确发展路径和关键任务，轴研科技三层规划体系基本建立。

（2）推进战略落地。组织召开产品结构调整、激励机制等研讨会，开展规划培训与落地研讨、宣贯，进一步清晰产品结构调整及体制机制改革的方法路径，提高两级班子对"主业做强、机制搞活"的思想认识和行为自觉；坚持战略绩效闭环管理理念，系统策划、精心编制、科学论证、严格实施各经营主体、职能部门"年度业务与全面预算计划"，总部及下属企业聚焦战略痛点、当期重点、关键任务，合力攻坚克难，圆满完成董事会考核目标，战略落地成效明显。

（3）开展战略落地评估。修订发布公司《战略规划管理办法》《战略规划评价细则》等管理制度，采取自上而下和自下而上相结合、整体和业务单元相结合的方式，完成公司总体规划落地评估，总结成绩和不足，洞察发展规律与趋势，积累战略管理经验，为战略规划滚动修订及"十四五"规划制订提供支撑。

2. 坚持"把产品做好"

（1）提升质量效率明显。突出主业导向，优化管理流程，强化技术工艺提升，追求标准化作业，实施并完成质量效率提升项目22项，实现销售收入19 808.5万元，同比增长15.35%。

（2）质量管理体系建设再上台阶。制定发布《质量专项审核管理办法》《质量成本管理办法》等7项制度和《质量文化手册》。轴研所通过AS9100和IATF16949质量管理体系认证，三磨所系统开展质量专业知识培训，加强质量队伍能力建设，成都工具所完善质量管理制度，实施"精品战略"提高产品质量，两级一体化质量管理体系进一步完善。

（3）质量提升活动不断深化。聚焦质量"过程控制"，以内部互审的形式开展5家企业专项审核，改进问题157项；开展VDA6.3过程审核、质量管理、质量成本管理等培训活动，培训人员150人次；持续开展QC小组活动，实施课题114项，同比增长17.5%；组织开展质量月、全面质量管理知识竞赛、质量信得过班组评选等质量活动，"精制细琢、成就品质"的质量理念逐渐入脑入心。

（4）智能制造项目取得阶段性进展。三磨所"高性能超硬材料磨具智能制造项目"，建成树脂、金属、陶瓷结合剂超硬磨具智能制造生产线并交付试运行；轴研所"精密轴承智能制造标准化研究"专项，建成柔性加工生产线验证平台和智能仓储系统，进入系统联合调试阶段。智能制造项目有力推进产品质量效率的提升，为"把产品做好"奠定坚实基础。

3. 提升市场管控能力

（1）坚持季度经济运行分析例会制度，遵循"管方向、管重点、管波动、管异常"的原则，加强对重点领域、重点市场、重点大客户进行管控，提高市场占有率和市场占有质量。

（2）成立轴研科技市场战略委员会，制定《市场开发激励办法》，针对重点市场及重点大客户进行协调指导，发挥整体竞争优势，通过业务协同实现 4 130 万元收入，同比增长 72.96%。

（3）制定实施"销售人员专业能力提升计划"，围绕能力提升抓好销售培训，组织开展营销经验交流分享会、销售能手实战演讲比赛、大客户开发交流评比，指导提炼优秀销售案例 11 项，销售人员业务素质能力得到提高，全年实现主导及主要产品销售收入 19.04 亿元。

（4）注重品牌建设、抓好品牌推广，制修订公司《品牌管理办法》《展会工作管理细则》《品牌传播与推广计划》等制度方案，统一组织参加重要展会，提高品牌影响力；全面实施国机集团主品牌在各层级的一体化应用，扩大国机集团品牌传播与推广。

4. 产服融合实现新突破

（1）深入探索产服融合构建模式，形成"业务集成、实践交流、经验萃取、模式构建"的长效机制。通过"产品+服务""传统制造与服务+系统解决方案"的开发实施，建立产服融合知识数据库，构建完整的产服融合知识体系，进一步提升企业开放寻源、整合集成的能力。

（2）面向客户需求、完善项目策划，突出业务协同、深化项目实施，总结经验教训、实现模式迭代。全年开展产服融合项目 17 项，项目目标达成率为 153%，实现收入 13 690 万元，同比增长 394%。"内圆磨削解决方案"从轴承行业向压缩机行业拓展，成功探索出以磨削方案牵引销售的路径，开发出新的磨床配套产品集成销售模式，实现产品销售 1 100 多万元。

5. 夯实平台建设基础

（1）采购物流平台价值日渐凸显。内部实施优化供应商管理、协同基准交期、扩大集采范围、拓展网络采购渠道等系列"保供降本"专项改进，全年采购成本下降 302 万元，按期交付率达 98.1%，同比提高 13%，一次交检合格率 98%；外部以"两面市场"理论为指导，推进市场开发、渠道布局、业务集成、效薪挂联等工作，全年实现外销收入 13 357 万元、同比增长 184%，实现边际利润 305 万元，同比增加 120 万元，"两面市场"业务取得新突破；采购物流平台"内部服务、外部拓展"的价值不断提升。

（2）公共技术服务平台持续升级。整合行业优质资源，完善磨削实验室建设，支撑公司科研生产发展；优化原材料与产成品检验时效、标准，强化内部服务质量，提升原材料进口、产品出口的合规检验能力；挖掘客户需求，调整业务结构，探索国际标准制定、产品进出口检验服务、产品认证业务，实现营业收入 2 160 万元、利润 200 万元，同比分别增长 18%、150%。

（3）信息化平台建设进一步完善。制定实施《信息化项目建设管理办法》，开展"两化融合"应用经验总结，提升信息化研发和实施能力，积极推进市场拓展。加快财务一体化进程，实现 NC6 财务系统基本覆盖及费用预算模块试点上线；建立科研项目管理信息化系统，实现项目闭环管理；开发产业互联网供需链合交易及增值服务平台；开展成都工具所、白鸽公司供应链信息化升级扩展的前期工作，持续完善信息化统一平台、赋能卓越运营。

（4）产业互联网平台建设扎实推进。推进爱锐网混合所有制改革，完成爱锐网股权收购与增资，为打造工磨具"供需链合、知识集成"综合服务平台奠定基础；进一步明确平台战略定位与发展路径，以爱锐网和采购物流中心的"直运贸易"为核心，搭建磨料交易平台；积极拓展磨料代理采购及代理业务，为线上业务运营提供资源支持；探索实践针对核心企业的供应链金融服务，实现收入990万元。

(5) 资产运营平台效率不断提高。资产运营中心以经济增加值（EVA）管理为牵引，采取多种方式盘活闲置资产，2019年实现房屋出租收入2 413万元，回款率达97%，闲置房产空置率下降30%，非经营性资产使用效率进一步提高。

6. 推动管理效能提升

(1) 持续开展管理提升。针对经营管理中的重大问题和生产经营中的薄弱环节，统筹利用职能部门、下属企业及内部专家等各种资源，策划实施科技创新、产品领先、卓越运营、资本化经营、体制机制等管理提升重点项目36个，实施项目责任制和服务责任制，加强项目立项、实施和结项等全过程管理，项目成果有效地支撑了经营业绩的实现和卓越体系的构建。其中，战略与运营持续改进项目完成7项，12个闭环项目实现收入13 276万元，目标完成率为93%、同比提高17个百分点。

(2) 有效实施亏损治理。主要领导深入基层研究治亏方案、落实工作措施，下属企业根据不同类别、"一企一策"深入开展开源节流、产品调整、压库催收、综合治理等工作，各层级存量亏损面下降78%、亏损额下降109%，亏损治理企业增利21 315万元，超额完成亏损治理年度任务，获得国机集团年度唯一"亏损企业治理"奖。

7. 强化财务管理

(1) 深入全面预算管理。发布公司总部费用、研发、投资预算管控及预算编制质量考核办法，从制度上规范总部费用、研发以及各层级投资预算的管控标准与流程，初步搭建全面预算管理体系。

(2) 提高资金集中效益。开通国机集团财务公司现金池业务，加大银行账户清理力度，净销户比例达29%，实现企业现金池银行账户零余额控制，资金集中实现财务收益460万元，资金成本率同比降低3%。

(3) 加强成本管理，组织轴研所、三磨所、成都工具所编制《标准成本制定工作方案》，发布《质量成本管理办法》，试点开展标准成本制定，推进成本核算精细化；积极开展税收筹划，节约税务成本5 500万元。

(4) 启动财务共享中心建设，制定《财务共享中心建设方案》，确定统筹规划、分期建设的总体思路，推动核算会计向管理会计转型。完善财务制度体系，制定发布公司《担保管理办法》《财务报告管理办法》等12项制度，规范会计核算、税务、资产和预算等基础管理。

8. 完善动力机制

(1) 建立健全激励约束机制，发挥绩效考核激励牵引增量价值创造的作用，按照市场化经营原则，修订完善工资总额管理办法、下属企业负责人薪酬管理及中长期激励、总部经营实体薪酬与绩效挂钩考核等管理办法，引导经营单元树立高质量发展的理念，不断加强"价值驱动、增量激励"的机制建设。完成总部职能部门岗位的公开竞聘，有效提高能力岗位匹配度、岗位胜任力；对6家下属企业领导班子进行调整，调整人员16人，新提拔年轻干部11人，有效改善下属企业班子的年龄结构、知识结构、专业结构，为企业未来发展奠定干部基础；加强高层次人才队伍建设，2人荣获国务院政府特殊津贴、8人入选国机集团高级专家、2人入选国机集团技术能手；通过智联和前程无忧发布岗位22个，在近5 000份竞聘人员中择优录用年轻人才16人。制定公司《科技人员职业发展通道设计方案》，逐步完善员工多通道职业发展体系。

(2) 建立绩效考核指标体系，应用平衡记分卡原理，组织编制总部职能部门及经营实体绩效考核指标库，完善企业绩效考核指标体系。根据下属企业存在的突出问题，总部职能部门确定分类KPI指标与下属相关企业互锁，强化总部服务指导意识和能力。

(3) 持续加强能力素质培训，以能力建设为核心，以精准培训和行动学习为载体，开展各类干部员工能力提升培训15次、培训825人次，组织567人参加在线学习，行动学习项目结题23项，启动内训师队伍建设，选聘内部讲师23人，组织总部及下属企业人员参加国机集团组织培训54人次，切实提高干部员工的知识素养和履职能力，着力打造"努力学习、勤奋工作、不懈探索、创新发展、合作共赢"的学习型团队。

9. 严格风险防控

（1）持续完善内控体系。完成内部控制体系运行评估，建立风险预警机制，重点抓高风险领域风险防控，梳理公司重大风险清单，查漏补缺有效防控系统风险，筑牢不发生重大风险的底线。

（2）持续提升审计效能。完成总部及各级企业经济责任、经济效益、基建、科研、大额资金、关联交易、会计信息质量、工会经费等29项审计项目，建立整改台帐、落实整改措施，提高运营效能。

（3）持续防范法律风险。加强公司"三重一大"法律审核，修订公司《合同管理办法》，开展境外法律风险排查处置，提供法律支持和合法保证。

（4）完善国有资产监督管理制度。制订《洛阳轴研科技股份有限公司违规经营投资责任追究实施办法（试行）》，从企业管控、风险管理、购销管理、工程承包建设、资金管理、转让产权、上市公司股权及资产、固定资产投资、投资并购、改组改制、境外经营投资等11个方面，详细规定应该进行责任追究的情形，明确责任认定和责任追究程序，加强违规责任追究，建立经营投资风险防范长效机制。

（5）持续降低"两金"风险。落实责任主体，分类精准施策，公司"两金"管理得到有效改善。轴研所两年以上应收账款压降1 126万元、一年以上应收账款压降2 178万元、存货周转率提高11.59%。持续化解专项风险，妥善处置阜阳轴承、阜阳轴研的遗留问题。阜阳轴承进入资产拍卖程序，阜阳轴研项目与阜阳市经济开发区管委会达成处置共识，各项工作稳步有效地推进。

（6）持续加强安全生产管理，进一步完善公司安全生产管理制度及双重预防体系，强化责任落实，提高标准化水平，全年未发生轻伤以上安全生产责任事故，连续保持国机集团年度安全考核A级水平。

【党建工作】

2019年是轴研科技全面推进党的建设一年。公司党委带领广大党员干部，坚决贯彻执行国机集团党委的决策部署，落实全面从严管党治党要求，基层党建意识明显增强，工作质量持续提升，党的各项建设工作取得新成效，为公司创新精进、高质量发展提供坚强保证。

1. 加强政治建设，党的全面领导持续深入

轴研科技党委始终把党的政治建设摆在首位，认真贯彻《中共中央关于加强党的政治建设的意见》及国机集团党委"实施意见"，严明党的政治纪律和政治规矩，树牢"四个意识"、坚定"四个自信"，始终做到"两个维护"。坚持把新时代党的建设总要求纳入企业章程，确立党组织在下属企业法人治理结构中的法定地位，22家境内全资、控股、托管企业全面完成党建进章程工作；强化党在国有资本控股企业的领导地位，公司直管企业全部按要求实现党组织书记、董事长由一人担任。充分发挥党组织把方向、管大局、保落实的重要作用，全年召开公司党委会18次，前置研究"三重一大"事项136项次；督导下属企业修订《"三重一大"事项集体决策制度实施办法》，规范"三重一大"事项范围与权限分配，完善党委会、董事会、总经理办公会议事规则，严格执行党组织研究讨论前置的程序。

2. 加强思想建设，政治理论根基不断巩固

（1）扎实开展主题教育。轴研科技及下属企业分两批参加"不忘初心、牢记使命"主题教育，牢牢把握"守初心、担使命，找差距、抓落实"总要求，积极落实"学习教育、调查研究、检视问题、整改落实"四项重点措施，深入学习习近平新时代中国特色社会主义思想，举办"结构调整、激励机制、亏损治理、创新发展"等专题研讨，深入基层开展调查研究，分层分级上好专题党课，多渠道收集整理意见建议，认真检视问题和不足，大规模开展党员志愿服务活动，高质量组织民主生活会、组织生活会和党员民主评议，狠抓问题清单整改落实，切实解决职工群众反映强烈、制约改革发展的突出问题，有力地推动了公司改革发展。

（2）抓好宣传思想工作。紧密结合新时代发展要求，严格落实意识形态责任制，充分利用季度经营分析会、业务计划论证会、战略规划宣贯会、亏损业务治理专题会和上党课、干部员工培训等多种渠道，将形势任务教育和意识形态工作融入经营工作，始终把握正确舆论方向，引导激发奋斗进取精神。强化"学习强国"和在线学习平台应用，开辟主题教育宣传专栏，结合庆祝新中国成立70周年，组织开展"爱祖国、颂党恩、跟党走"歌咏比赛、营销业务实战演讲赛、"我和我的祖国"快闪等系列文化宣传活动，唱响主旋律、坚守主阵地、凝聚正能量。

3. 加强组织建设，党建工作基础不断夯实

（1）加强干部队伍建设。围绕贯彻新时代党的建设总要求和党的组织路线，落实党管干部、党管人才原则，梳理和部署人才工作，组织制定公司人力资源发展规划；规范用人管理，制修订下属企业负责人、总部经营实体、总部员工绩效管理办法；完善和规范选人用人制度体系和工作机制，印发实施《总部全体员工岗位公开竞聘工作方案》以及下属企业领导班子成员届中、换届考核方案，调整中层干部19人次。加强干部日常监督、扩大民主监督和组织监督，修订实施《领导干部因私出国（境）管理规定》，严格审查干部"三龄二历一身份"人事档案；深入开展精准培训，开设干部管理能力提升班、高研班、高潜班，组织干部、骨干集中培训17期近860人次，稳步提升公司各级干部的政治理论水平和干事创业本领。

（2）推进党建标准化规范化。按照"六个标准"选树5个基层党支部并择优推荐两个，作为集团公司示范党支部重点创建单位。完成轴研科技党委、轴研所党委、总部党总支选举换届，督导27个基层党组织换届调整；组织对薄弱基层党组织集中排查，完成10家薄弱党支部的集中整改。规范党员发展程序，认真落实国机集团党委从高知群体和一线骨干发展党员的要求，全年发展党员18名。实施年度教育培训计划，举办支部书记集中培训班、十九届四中全会精神集中培训班、党员发展对象培训班。抓好经常性督查指导，现场检查和党建例会检查相结合，用好国机集团党建信息平台功能模块，指导基层党组织及时做好党建工作。落实党建工作保障，按比例将党建工作经费纳入年度业务计划和专项预算，2019年总部新增专职党务干部3人，轴研科技全系统专职党务干部达到28人，为党建工作开展提供人力支撑。

（3）推进党建业务融合。围绕主业做强抓党建，牵引基层党组织结合各自特点开展主题实践活动，紧紧把握生产经营工作重点、难点，持续探索与党建业务相融合的新途径。轴研科技党委坚持将党建工作与业务工作同部署、同检查、同考核，年度工作会同步安排党建工作，业务论证同步应用战略绩效闭环工具论证党建工作计划，年度绩效考评同步考核党员干部"一岗双责"，公司领导班子成员基层调研同步检查、指导基层党建工作，引导各级领导干部"两手抓、两手都要硬"。持续打造"双创"平台，召开"双创"工作经验交流会，完善"双创"工作流程和激励机制，2019年实施187个"双创"项目，同比增幅超过50%。牵引推进"一支部一品牌"活动，基层党组织围绕科研、销售、生产、质量、安全等领域的难点问题，开展"一支部一课题""一支部一特色""一带二结对子"等特色活动，将现代管理理念融入党建工作，实施项目化和积分制管理，通过支部和党员的干事创业活动，带动广大员工立足岗位、建功立业，从各个领域助推企业持续健康发展。积极探索党建和业务融合新途径，组织基层党组织到业务单位开展"党建促经营，交流共发展"活动，与国机重装的合作保障了六面顶压机关键部件的有效产出，与航天科工二院合作组建"康复型外骨骼机器人联合研发中心"，与航天科工三院的业务合作在提前参与全部新型号研制的基础上、2019年业务收入也较上年增长32%。

4. 加强廉政建设，防腐拒变能力不断增强

（1）落实"两个责任"。2019年年初召开党风廉政和反腐败工作会议，部署年度重点工作，研究制订2019年纪检监察工作要点，明确28项工作任务，分级组织党委书记与班子成员、职能部门负责人、下级党组织书记签订党风廉政建设责任书，总部及下属企业中层以上干部全部签订"廉洁承诺书"，形成一级抓一级的"责任链"、构成"层层抓落实"的责任体系。党委坚持定期听取纪委关于党风廉政建设工作汇报，压实党风廉政建设责任，推动党风廉政建设落到实处。

（2）深入开展廉洁教育。组织广大党员干部深入学习党章、宪法以及《中国共产党廉洁自律准则》《中国共产党党内监督条例》等党内法规，增强依法依规管理的意识和能力。开展廉洁宣传教育月专项活动和警示教育活动，154名党员干部参加了廉政教育学习，546人次参加观看反腐倡廉教育片活动，增强了廉洁自律意识、宗旨意识和法纪观念。开展廉政提醒谈话，提高新任干部的政治站位，确保廉洁从政，防控腐败风险。

（3）加大监督执纪力度。坚持把纪律挺在前面，抓早抓小、抓常抓长，强化监督、积极预防。加强党员干部日常教育，落实中央八项规定，坚持节假日廉政提醒，持之以恒防控"四风"问题反弹。按照程序和要求，及时审批、调查、处理违法违规违纪问题线索，把握运用监督执纪"四种形态"，强化"一案双查"、责任追究意识，做到应究必究、应究尽究，2019年处置问题线索5件、处理6人，其中，"第一形态"4人，"第二形态"2人。

（4）开展内部巡察和专项检查。制定3年全覆盖巡察工作计划，成立巡察工作领导小组及办公室，建立公司巡察人才库，开展业务培训，有序开展内部巡察，制定中机合作巡察工作方案并实施完成，拉开内部巡察序幕。组织5家主要下属企业开展"履职待遇、业务支出"专项监督检查，对检查发现的问题，即时通报、立行立改。

5. 强化群团工作，服务大局作用有效发挥

（1）党建带团建促工建。指导完成轴研科技团委换届选举，健全配强新一届领导班子；努力提升群团干部、一线班组长管理能力，组织近20人次参加全国、省市、国机集团组织等各类培训班，组织21名班组长参加国机集团集中培训；组织工会干部观摩中国一拖、恒天重工劳模工作室，交流取经。

（2）增强职工归属感。发挥群团组织优势，举办"精工杯"乒羽赛，组织员工生日宴，筹建职工之家，配备多功能机、跑步机、椭圆机、划船机和哑铃等健身器材，以及篮球、乒乓球、羽毛球和台球场地及设备，丰富职工生活，打造温馨企业，激发员工爱岗敬业的归属感和认同感。

（3）促进生产经营。围绕企业发展大局，发挥工会、团委的桥梁作用，组织广大员工积极投身"双创"活动、劳动竞赛、技术比武、岗位练兵以及丰富多彩的文体活动，凝心聚力，有效地推动企业各项工作的开展，取得不凡业绩。轴研科技获得国机集团2019年度科学技术奖三等奖、亏损企业治理奖和科技创新奖；轴研所获国防科工委科技创新团队、三磨所获"2016—2018年度国机集团先进集体"、轴研所杨虎获"国机集团劳动模范"荣誉称号。

（4）高度关注统战工作。持续推进统战成员"爱企业、献良策、做贡献"主题活动深入开展，推动创建"轴研所党外代表人士建言献策平台孙立明工作室"，召开党外代表人士献言献策座谈会，广泛征求党外人士意见建议，鼓励统战对象为企业发展多做贡献。

【企业文化】

制修订公司《品牌管理办法》《展会工作管理细则》《品牌传播与推广计划》等制度方案，统一组织参加重要展会，提高品牌影响力；全面实施国机集团主品牌在各层级的一体化应用，扩大国机集团品牌传播与推广。

【社会责任】

2019年，公司继续以驻村第一书记为纽带，实施新老书记传帮带计划，压茬交接工作，确保驻村扶贫工作的连续性。从解决热点、难点、焦点问题入手，突出重点、强化措施、狠抓落实，有效地推进刘围村精准扶贫工作，圆满完成地方各级政府和国机集团安排的各项工作任务。年内，轴研科技出资17万元定点帮扶淮滨县，并作为淮滨县"美丽刘围"建设项目、基层干部培训、技能人才培训三个帮扶项目的责任单位督导项目的落地实施。春节扶贫慰问和日常帮扶活动持续进行，送达慰问物资2.22万元；继续开展购买扶贫产品活动，消化刘围村特色农副产品16.66万元。组织公司两个基层党支部到村开展活动，先后以"走访慰问送温暖，扶贫帮困暖人心""不忘初心、牢记使命，坚决打赢脱贫攻坚战"为主题开展党日活动和"党建＋扶贫"对口帮扶活动，将脱贫攻坚和"不忘初心、牢记使命"主题教育相结合，以高质量的党建助力高质量的脱贫攻坚,以实际行动响应党中央和国机集团对精准扶贫决策部署。截至2019年年底,刘围村贫困发生率由20%降至0.95%,建档立卡贫困户2户15人的生活得到基本保障,村容村貌和基础设施明显改善,并成功举办淮滨县西片区广场舞大赛,成为远近闻名的"幸福村"。筹划多年的粉条厂正式投产运营,引进成功的薄荷、紫苏和菊花等经济作物种植面积不断扩大,刘围村决胜建成全面小康的主导产业已然形成。

中国电器科学研究院股份有限公司

中国电器科学研究院股份有限公司(简称中国电器院)始建于1958年,隶属于中国机械工业集团有限公司(简称国机集团),注册资本为35 450万元,拥有2 000多名员工,总部位于广州市海珠区新港西路。2016年11月,中国电器院获准成为中央企业首批开展混合所有制改革试点的十家企业之一。2017年5月26日,首次股东大会召开,标志着改制的顺利完成,成为由国有独资改制为"国有+民营+员工"的混合所有制企业。

中国电器院致力于研究电器产品在不同的气候、机械、化学和电磁等复杂环境中的适应性和可靠性,提升电器产品质量,围绕电器行业的标准规范、检测评价、系统集成、电能转换、先进控制和材料保护等共性技术进行研发,取得了一系列核心技术成果,通过成果转化,为电器产品质量提升提供整体解决方案,形成质量技术服务、智能装备和环保涂料及树脂3大主营业务领域。

中国电器院建有国家重点实验室、国家技术标准创新基地等10个国家级科研平台,拥有15个国际电工委员会(IEC)国际标准对接平台和11个国家标准平台。自2010年以来,中国电器院累计主持和参与制(修)订国际、国家、行业和地方标准500多项,拥有20多项核心技术,依托在全国的10多个产业基地和服务机构,快速实施成果转化,为全球30多个国家、10 000多家客户提供优质服务,已成为国内日用电器行业专业技术服务的龙头企业,亦是我国电器行业接轨国际、提高国际话语权的重要支撑平台。

【经营业绩】

2019年中国电器院主要经济指标完成情况见表1。

表1 2019年中国电器院主要经济指标完成情况

指标名称	2018年	2019年	同比增长(%)
资产总额(万元)	296 944.71	380 402.62	28.11
净资产(万元)	123 787.49	235 666.80	90.38
营业收入(万元)	267 634.05	281 649.40	5.24
利润总额(万元)	22 463.04	27 717.76	23.39
技术开发投入(万元)	15 951.06	21 194.14	32.87
利税总额(万元)	33 830.17	37 825.09	11.81
EVA值(万元)	24 820.00	30 222.35	21.77

（续）

指标名称	2018年	2019年	同比增长（%）
全员劳动生产率〔万元/（人·年）〕	54.84	35.26	-35.70
净资产收益率（%）	17.08	16.80	下降0.28个百分点
总资产报酬率（%）	8.15	8.26	增加0.11个百分点
国有资产保值增值率（%）	113.46	119.47	增加6.01个百分点

【改革改制情况】

2019年3月14日，国机集团下发《国机集团关于中国电器科学研究院股份有限公司（筹）国有股权管理有关问题的批复》（国机战投〔2019〕185号），同意中国电器科学研究院股份有限公司整体变更设立中国电器科学研究院股份有限公司的国有股权管理方案。2019年3月20日，召开股东会，同意以2018年9月30日经安永会计师事务所审计的账面净资产105 931.00万元折股，整体变更设立股份公司，并更名为中国电器科学研究院股份有限公司。

2019年11月5日，中国电器院在上交所科创板挂牌上市，是首批10家央企混合所有制员工持股改革试点中率先成功登录科创板的企业，也是科创板首家转制院所。

【重大决策与重大项目】

1月3日，中国电器院牵头制定家用和类似用途皮肤美容器首个国家标准（GB/T 36419—2018）发布。此项标准涵盖超声波、红外线、紫外线和离子等相关美容器产品，目前该标准是推荐性标准，引导、指导制造商在生产环节达到安全方面要求，监管执法部门可运用这个标准来抽查、监督市场，起到规范行业发展的作用。

2月28日，威凯上海公司（CVC）正式开业。威凯上海公司旨在依托中国电器院和CVC威凯的品牌与技术实力，通过与车企、高校和科研机构等建立深度的合作，建成国内领先的综合汽车技术服务平台，为上海及周边企业提供相关质量系统解决方案，共同完善上海乃至中国汽车产业生态。

3月，中国电器院下属CVC威凯与长城汽车达成战略合作。此次战略合作的达成，旨在联合攻克智能网联、汽车电子EMC、环境可靠性、电性能和用户体验评价等检测领域的技术难点，同时推动智能网联检测领域中ADAS系统、V2X、T-box、E-call等新检测技术研究。作为产品质量的技术支持方，CVC威凯将充分发挥自身资源和技术优势，与长城汽车密切配合，打造产学研合作平台，将合作落到实处，实现互利共赢。

3月12日，中国电器院正式启动上市工作，举行首次工作组会议。

4月，中国电器院成功争取到在IEC/TC 72成立物联网设备用智能控制器工作组（WG13），由中国电器院担任召集人，组织国内外专家制定相关国际标准。WG13首次工作组会议于10月在挪威召开。

4月，中国电器院作为第一大股东参股的广东擎天粤鼎模具有限公司正式成立。

6月，中国电器院承接的博格思众汽车空调综合性能实验室正式交付使用。在与博格思众的首次合作中，中国电器院凭借过硬的技术实力、高质量的服务水平成功获得了博格思众的赞赏与肯定，在汽车空调试验装备领域又迈出新的一步。

7月，中国电器院顺利完成埃及ELA公司电磁兼容（EMC）试验室项目，这是埃及多年来第一家EMC实验室，意味着埃及第一次具备了全面的测试能力，对提高埃及整个家电行业的检测能力有着积极作用。

7月，中国电器院成功完成印度HAVELLS公司空调器智能化工厂和数字化管理系统建设，该工厂成为印度空调行业样板工程。

2019年，中国电器院智能装备国际业务持续增长，高端客户开拓取得突破，先后与日本夏普、美国惠而浦、德国博世、欧洲Gorenje签订了设备供货合同。

9月，中国电器院建设的广州和琼海国家野外科学观测研究站通过国家科技部考核，作为国家材料环境腐蚀野外试验站网络主要成员，为科技创新提供基础支撑和条件保障。

10月，智能装备业务中励磁装备首次成功为行业提供300MW等级抽蓄励磁设备。

10月，中国电器院下属安徽擎天伟嘉装备制造有限公司新工厂竣工投产。

11月，由中国电器院研发的动力电池串联化成分容设备取得国内首批批量订单，该产品既可保证充放电电流一致性，又能帮助用户节能降本增效，得到用户肯定。

11月，在第83届IEC国际电工委员会大会上，中国电器院主持了IEC/PT 60335-2-115工作组会议，提出多项国际标准修订提案。2019年，中国电器院主持和参与制修订国际标准4项、发布1项。

12月22日，中国电器院首次签订的电站机电设备成套项目－尼泊尔上博迪克西水电站修复工程顺利进入商业运行阶段，项目得到了包括业主、总包及咨询方的肯定和赞赏。

12月，中国电器院环保涂料及树脂立沙岛产业基地完成设备调试，即将试产。

【市场开拓、科研成果、产业化发展情况】

1. 市场开拓稳健推进　不断优化市场布局，主动融入国家发展战略，对接"一带一路"倡议和粤港澳大湾区建设，通过技术、产品、服务的创新和升级，各业务板块有效拓展了新的业务领域，推动产品和服务向中高端转型，努力占领中高端市场；国际业务持续增长，高端客户开拓取得突破，利用"两个市场、两种资源"的能力进一步增强，国际化经营水平进一步提高。

（1）质量技术服务板块。在保持传统市场竞争优势同时，积极拓展汽车空调、空气净化器、轨道交通、EMC计量、电动单车和燃气具等新业务；开拓空调产品典型气候户外实证试验业务；不断扩展电子通信业务资质。新获批电线电缆、照明、玩具和童车4类产品CCC认证资质，新获批电动自行车CCC检测资质，节能认证获政府采信，获国推ROHS认证授权，获得制冷产品CQC绿色认证检测资质及十环认证检测资质，新增10类产品企业标准领跑者评价机构资质。

（2）智能装备成套业务板块。国际业务持续增长，高端客户开拓取得突破，先后与日本夏普、美国惠而浦和德国博世等签订合同，家电智能专机业务增长迅速，成功完成印度HAVELLS公司空调器智能化工厂和数字化运营系统建设，开发冰箱生产线smartMES系统。新签订户学、压缩机、汽车及零部件试验装备、沈飞表面处理线项目。应对国际市场环境变化，推动国际业务以人民币结算，成效显著。

（3）智能装备电气业务板块。励磁装备方面，成功签订南网广东梅州抽水蓄能电站（4×300MW）励磁合同，首次为行业提供300MW等级抽蓄励磁设备；首次进入阿根廷市场，签订了阿根廷最大水电站的励磁合同。新能源电池自动检测系统继续保持比亚迪首选供应商地位，并在ATL、CATL等高端客户批量投运；消费类电池检测设备取得突破（全年合同额约5 000万元）；高压高频开关电源（500V以内）在铝箔市场推广应用。

（4）环保涂料及树脂板块。粉末涂料市场结构持续优化，汽车轮毂、卷材等高附加值产品快速增长；水性工业涂料进入汽车、农机零配件市场领域，新增10多家客户。材料板块新市场新产品销售比例提高到27.9%，产品利润率有较大提升。

2. 科技创新迈上新台阶　2019年，立项106项科技开发项目，完成结项验收95项，评选出24项优秀成果。申请专利106项，其中，发明55项。

国家重点实验室开展电站发电设备服役环境监测评价，在国内首次针对电站运行环境特点，对电气设备、部件及关键材料提出了腐蚀防护系统解决方案。擎天材料公司研制出高速卷钢彩涂专用粉末涂料，并首次实现产业化。成套公司开发车间生产数字化管理系统，在印度空调器智能化工厂得到应用。擎天实业成功研制出动力电池串联化成分容充放电电源设备，获得行业首批批量合同。

全年共获政府及行业各类优秀成果奖10项，其中，"典型再生资源回收利用系统优化集成技术与应用"获中国循环经济协会科技技术奖一等奖;"基于同步整流技术的高效节能大功率电化学电源研制及产业化"获国机集团科技奖二等奖。

获广东省工信厅批复,牵头组建广东省智能家电制造业创新中心。中国电器院以独立法人被认定为广东省省级企业技术中心,是中国电研第四个省级企业技术中心。

3. 国际标准化工作取得新突破 成功推动在IEC/TC 72成立了WG13"智能家居用控制器"工作组,在IEC/TC 61成立WG49"家用电器循环经济与材料效率"工作组,并且担任两个工作组的召集人。牵头成立全球物联网标准组织开放互联基金会OCF中国论坛。获批国家市场监管总局标准创新管理专项。全年主持或参与制修订的各类标准中,74项已发布,其中,国际标准1项,国家标准22项,团体标准29项,行业标准22项。

4. 重点项目加快推进 重大技术装备环境适应性公共服务平台项目建设是中国电器院上市的募投项目,同时也是国家重大专项项目,设备投入按计划进行,建设规划正在审批中。东莞立沙岛聚酯工厂已完成土建建设,并初步完成设备调试,春节后将进行试生产,已与政府签订50亩(1亩≈666.67m^2)土地购地合同。伟嘉新工厂建成投产,将有力增强家电专机制造能力,增强市场竞争力。

【主要管理经验】

1. 加强合规经营和风险管控 全面梳理公司规章制度,完善制度体系。中国电器院成立制度工作小组,对现行制度流程进行梳理,全年共修订制度55项,新制定制度18项,废止制度文件14项。进一步明确了管理体系文件的制定、执行监督和优化流程,建立持续改进的管理机制。

2. 加强质量管理 设立质量总监,不断提升质量管理水平。所属威凯公司通过开展质量管理和质量技术创新,报告(证书)一次交验合格率达到99%以上。电气事业部从产品技术出发,寻找关键器件和外协加工质量的最优方案,通过系统设计解决产品工艺共性问题,返工率由2018年3.64%下降至2%。成套事业部通过规范产品设计标准及验收规范,装备一次检验合格率达97%。材料科技公司组织树脂产品质量提升方案,以应对产能释放。

3. 加强逾期账款管理 中国电器院成立逾期账款管控小组,组织各业务公司进行全面清查、制定压控计划、分级分类落实责任人定期报告工作情况,管控小组对逾期规模大、压控效果差的部门进行面谈督导。全年压降逾期账款3 500万元,其中存量逾期压降1 600万元,取得较好成效。

【党建工作】

2019年,中国电器院党委以习近平新时代中国特色社会主义思想为指导,紧密结合企业工作实际,认真落实党的方针政策和国机集团党委各项部署要求,进一步强化党建工作责任制,压实管党治党政治责任,突出加强政治建设、"三基"建设、干部队伍建设、党风廉政建设和反腐败工作,为深化改革提供坚强政治保证。

1. 扎实开展"不忘初心、牢记使命"主题教育 围绕"守初心、担使命、找差距、抓落实"总要求,一体推进学习教育、调查研究、检视问题、整改落实,聚焦8个方面的突出问题开展专项整治,实现了理论学习有收获、思想政治受洗礼、干事创业敢担当、为民服务解难题、清正廉洁做表率的目标,职工群众反映集中的一批问题,得到切实解决。获得国机集团指导组"优秀"评价。

2. 加强党的政治建设 认真贯彻落实关于加强和维护党中央集中统一领导的若干规定,带领党员干部不断增强"四个意识",坚定"四个自信",做到"两个维护"。全面完善治理结构,下属15家企业全部完成党建进章程和三级企业党组织书记、董事长"一肩挑"。落实党委会"三重一大"事项前置要求,把党的政治优势、思想优势和组织优势转化为公司治理优势、科学管理优势和市场竞争优势。

3. 全面深化"三基"建设 2019年,中国电器院党委及基层党组织按期完成换届。新设立企业和控股企业同步建立党组织,实现党组织全覆盖。深入开展基层党建推进年专项行动,全面强化基层组织,广泛开展基层党组织标准化、规范化建设。树立党建与业务有机融合的鲜明导向,增强基层党建的引领作用,把党建工作的立足点放在业务发展上,努力将中国电器院打造成为服务国家战略的主力军。不断加强基本内容,严格落实党员教育培训安排,组织100多人参加党务集中轮训,通过"威凯大讲堂""擎天大讲堂"等形式,加强党员常态化教育。

4. 不断加强领导班子和高层次人才队伍建设 完善选人用人制度体系,规范干部选拔任用程序,严格执行"凡提四必",健全选拔纪实、因私出国、驻外机构等管理制度。完善交叉任职、双向进入机制,结合基层党组织换届,配优配强基层组织带头人队伍,实现各级党组织班子和经营管理班子"双向进入、交叉任职"。开展年轻干部选拔培养工作,形成后备干部库。积极培养高层次领军人才,实施青年骨干人才培养项目,完成124名学员培训工作,40多名管理和技术人才获省、市、区等各级人才认定或入选专家库。

5. 深入推进党风廉政建设和反腐败斗争 中国电器院党委严格落实主体责任,专题研究部署党风廉政建设,积极支持纪委履行监督责任,制定了《巡察工作规定》等5项巡察制度。对中国电器院本部所在地企业实施采购专项巡察,对公司和下属企业负责人履职待遇和业务支出进行自查和检查。敢于动真碰硬,坚决同侵犯企业合法权益的违法行为作斗争,对离职员工在外严重侵犯公司知识产权,涉嫌侵犯商业秘密犯罪行为进行了坚决的斗争。

【企业文化、社会责任】

1. 抓好扶贫攻坚工作 积极参与国机集团对四川省广元片区的扶贫工作,落实对口帮扶资金。中国电器院团委组织开展了扶贫支教活动、中小学生科普宣传等活动。派驻广东省廉江市涯坭塘村扶贫干部李文超获得广东省"百名优秀村(社区)党组织第一书记"荣誉称号。

2. 积极开展工会工作 举办3场员工新春游园会、2次暑假亲子活动、女职工三八妇女节春游活动、单身青年员工相亲活动、职工系列运动会等。参加第五届"和谐国机杯"乒乓球、羽毛球比赛,取得较好成绩,获得优秀组织。

国机智能科技有限公司

【基本概况】

国机智能科技有限公司(简称国机智能)由国机集团与广州市政府共同投资组建,于2015年12月揭牌成立。国机智能战略布局于粤港澳大湾区、长江经济带和京津冀等国家重要战略规划实施区域,致力于机器人、智能装备及关键零部件的技术研发、生产制造、检测咨询服务,重点研发制造面向行业需求的工业机器人本体技术与产品,以及智能装备等自动化生产线,为工业客户提供系统的解决方案。主体企业广州机械科学研究院(简称广州机械院)具有60年历史,是国家首批创新型企业、国家认定企业技术中心、国家技术创新示范企业;1983年自主研制成功我国第一台计算机控制工业机器人,是我国最早开展工业机器人技术研究的科研院所之一。

国机智能总部位于广州市开发区新瑞路2号,共有员工1391人,其中技术研发人员429人,具有中级以上职称247人(其中,高级职称65人,教授级高工31人),享受政府特殊津贴专家5人,另有特聘专家13名组成外部智囊团。国机智能拥有国家橡塑密封工程技术研究中心、工业摩擦润滑技术国家地方联合工程中心、国家汽车零部件技术研究开发平台(广州）等国家级高端研发平台，国家机器人检测与评定中心（广州）、国家自动化装备质量监督检验中心、国家认可实验室广州机械科学研究院检测实验室等国家级认证检测平台，工业和信息化部产业技术基础公共服务平台（部省共建）、中国机械工业联合会机械行业中小企业公共服务示范平台等国家级公共服务平台，以及广东省中高端机器人技术企业重点实验室、广东省智能工厂工程技术研究中心等25个省级研发及服务平台；联合有关单位共建国家机器人创新中心、中国（广州）智能装备研究院、中国－以色列机器人研究院和广州中以机器人与智能制造产业基地；组建了广东省院士工作站；担任中国机器人产业联盟副理事长单位、全国机器人标准化总体组及咨询专家组副组长单位，发起组建"广州机器人联盟"并担任常务副理事长兼秘书长单位。

【经营业绩】

2019年国机智能主要经济指标完成情况见表1。

表1 2019年国机智能主要经济指标完成情况

指标名称	2018年	2019年	同比增长（%）
资产总额（万元）	207 570	207 169	-0.19
净资产（万元）	120 575	116 689	-3.22
营业收入（万元）	118 304	126 486	6.92
利润总额（万元）	3 833	563	-85.33
技术开发投入（万元）	13 742	21 333	55.24
利税总额（万元）	9 538	5 206	-45.42
EVA值（万元）	5 276	5 782	9.60
全员劳动生产率〔万元/（人·年）〕	22.32	20.36	-8.78
净资产收益率（%）	1.88	-0.53	下降2.41个百分点
总资产报酬率（%）	3.09	1.27	下降1.82个百分点
国有资产保值增值率（%）	104.92	101.19	下降3.73个百分点

【重大决策】

1. 贯彻"六稳"，积极推动高质量发展　国机智能坚持稳中求进工作总基调，贯彻新发展理念，落实高质量发展要求，围绕五大发展理念，积极推进落实"六稳"工作。在稳就业方面，国机智能采取派遣、劳务、合同等各类灵活的用工方式，2019年共入职各类员工551人，其中招聘应届毕业生63人，接纳实习生53人。在稳金融、稳投资方面，重点抓好金融风险管控，强化担保业务管理和现金流风险管理，重新修订了《担保管理办法》《结算中心管理办法》和《股权投资管理办法》等制度。在稳预期方面，国机智能长远谋划产业生产经营用地，积极探索解决制约企业发展核心问题，明确采取腾挪、扩建等方式科学合理地利用好茅岗路院区、科学城院区现有场地，争取优惠购入或优惠租赁外部场地，积极推进广州黄埔智能装备价值创新园和苏州电加工研究所有限公司（简称苏州电加工）闲置土地厂房开发。

2. 优化重组，密封产业集群化发展　密封产业是国机智能的核心业务，肩负公司创新发展重任。为优化和调整产业结构，更好地聚焦主业，过去几年，通过成立广州国机智能橡塑密封科技有限公司（简称新能源密封）、投资并购江门鑫辉密封科技有限公司、重组广州宝力特密封技术有限公司等一系列举措，提高密封产业的经营和管理能力，形成优势互补、协同发展的新格局，促进密封板块提前两年完成产业"十三五"战略目标。2019年4月，广州国机密封科技有限公司（简称国机密封）揭牌成立，拉开了密封产业集群化重组大幕。国机密封聘请专业咨询公司通过对环境、战略、资源及组织结构的深度分析研究，确立了密封产业一体化发展战略，并建立与战略相适应的组织架构，完成了对密封板块各子企业的股权重组。密封产业板块一改散、小、弱的局面，呈现集群化发展新格局。

3. 奋发求变，智能产业逆势中有为 智能产业板块在面临外部市场环境恶化、收入与利润下降的压力下，逆境中求发展。广州启帆工业机器人有限公司成功获得华为5G产品自动化生产线机器人开发权，成为进入华为的第一批国产机器人厂家，启帆工业机器人成为华为5G产品自动化生产线机器人指定品牌；国机智能（苏州）有限公司（简称苏州智能）与中科院深圳先进技术研究院合作成立"国机智能－中科院深圳先进院人工智能联合实验室"，开展腰部助力外骨骼产品小批量产品的设计与制造，并在世界智能制造大会、中国国际高新技术成果交易会、广州机器人大会等展会上亮相展示；国机智能技术研究院有限公司（简称北智院）MES业务成功中标武汉武锅能源工程有限公司新工厂5个车间的MES项目、中化自动化生产线及小智机器人装配线项目等，并成为《中国制药工业智能制造指南》编写组成员，为智能工厂业务进军制药行业打下坚实基础。

【重大项目】

在2019年3月27日召开的广东省科技创新大会上，由广州机械院牵头，联合清华大学、长江电力股份公司等单位共同完成的《高端装备大型橡塑密封设计制造关键技术及工业化应用》项目，从700多个申报项目中脱颖而出，荣获广东省科技进步奖一等奖。此前，该项目还获得了广东省机械工程学会科学技术奖一等奖和广东省机械工业科学技术奖一等奖。该项目围绕高端装备大型橡塑密封设计制造关键技术瓶颈，从减摩降损密封材料、数字化结构设计方法、大型密封整体成型工艺技术及装备、密封全寿命预测及可靠性评估测试技术等方面全面创新，形成了一套完备的正向设计体系，从根本上改变了国内测绘、仿制的现状。项目获授权发明专利13项，实用新型专利9项，发表论文18篇，制（修）订国家标准6项、行业标准1项。项目产品有效解决了长江电力等水轮发电机组介质泄漏污染水源的问题，并在大型陆上、海上风电机组，大型盾构机，万吨级模锻压机等多个领域得到成功应用，打破了国外技术垄断，成功实现了重大装备关键密封的自主配套，获得行业的高度认可。

2019年5月22日，中国机械工程学会在广州市召开"大型风电场运行维护关键技术及应用"项目科技成果鉴定会。鉴定委员会一致认为，项目成果总体达到国际先进水平，其中远程在线油液监测和离线油液监测信息融合的润滑故障预警体系、基于在线检测的多源异构数据融合与运行维护一体化监控技术处于国际领先水平。该项目由广州机械院、华南理工大学和华中科技大学等单位共同完成，共获得授权发明专利15件，实用新型专利9件，发表论文16篇，出版专著1部，制定国家、行业技术标准4项。项目成果通过了中国赛宝、广州威凯等第三方权威检测机构检测，在国电思达、华能饶平、粤电湛江等数百家风电场获得了应用，取得了重大的经济效益和社会效益。

2019年9月27日，由国机智能牵头承担，机械工业仪器仪表综合技术经济研究所、机械工业第六设计研究院等单位共同参与的2016年智能制造综合标准化项目《农机装备智能工厂平台化制造运行管理系统标准制定和试验验证》顺利通过验收。该项目是国机智能牵头承担的首项国家级智能制造综合标准化项目，经过两年多的技术攻关，项目组构建了制造运行过程模型，制定了智能工厂平台化运行管理系列标准，建立了标准的试验验证平台，并通过举证、平台和现场三方面对标准进行了验证，登记软件著作权7项。项目的完成对农机装备数字化车间制造运行管理系统平台的设计、开发、应用与实施具有指导作用。

【业务发展】

2019年，国机智能业务发展总体平稳。产业发展稳中有进、难中有成。"三基"板块（基础材料、基础元件、基础技术）高质量发展成绩喜人，密封产业提前完成产业"十三五"战略目标，国机密封揭牌成立并完成对板块各子公司的控权；新能源密封产能从200万件/天提升到500万件/天，全年营业收入同比增长超过

100%；广州吉盛润滑科技有限公司制造业务同比增长12%，新建两条自动化车用油灌装生产线，产能提升明显。检测板块保持快速发展势头，广州机械院检测研究所业务增速较快，在线监测系统装机突破100台（套）；中汽检测技术有限公司成功开展CR认证业务，机器人检测业务取得200%的业绩增长。智能板块逆势求变，采取多项措施纾困解难，为未来发展铺路架桥。

【科技创新】

1. 承担多项国家重大任务 2019年，国机智能积极对接国家战略需求，依托强大的技术基础，加强产学研合作，与清华大学、同济大学、重庆大学、山东大学等高校和研究院所开展技术协同攻关。牵头承担国家重点研发计划重点专项1项、参与2项，牵头承担广东省重点领域研发计划重大专项1项，获批资助经费超过6 000万元；积极参与粤港澳大湾区建设，与香港科技大学等高校开展深度合作，牵头承担国际科技合作项目"基于物联网和人工智能的设备状态监测关键技术研究与应用"。此类项目重点突破制约行业发展的"卡脖子"关键技术问题，从根本上解决了依赖大量进口的窘境和制约产业发展的瓶颈，促进我国制造业的高质量发展。

2. 科技创新成果丰硕 "高端装备大型橡塑密封设计制造关键技术及工业化应用"成果荣获广东省科技进步奖一等奖、广东省机械工业科学技术奖一等奖、广东省机械工程学会科学技术奖一等奖；"大型风电场运行维护关键技术及应用"成果荣获中国机械工业集团科学技术奖二等奖；"基于工业互联网的重大装备润滑安全远程监控与智能运维云平台"荣获中国工业互联网大赛二等奖；"端硅烷基聚醚密封胶的研制及应用"成果荣获中国液压液力气动密封行业技术进步奖二等奖；"基于工业设备油液监测大数据挖掘的设备健康状态智能运维应用技术"获2019年星河奖"最佳行业大数据应用奖"；"面向信息物理系统（CPS）的iMES-100产品攻关"被工业和信息化部认定为2019年制造业与互联网融合发展试点示范项目；"基于工业互联网平台的设备健康状态智能运维"被工业和信息化部评选为2019年工业互联网平台创新应用案例；"面向轨道交通关键部件梁枕智能制造自动化生产线"被评选为2019中国智能制造十大实施案例；"大型风力发电装备关键密封件质量提升项目"荣获"国机质量奖"。

国机智能有2项科技成果经鉴定技术水平达国际领先水平、13项科技成果被认定为广东省高新技术产品、5项科技成果被认定为广州市科技成果。全年申请专利80项，其中发明专利42项；获授权专利84项，其中发明专利16项。新立项国家标准3项、行业标准9项；发布国家标准7项、行业标准5项。

3. 创新平台建设卓有成效 获批新建省部级平台9个：广州机械院被工业和信息化部认定为"产业技术基础公共服务平台（部省共建）"，广州机械院获批筹建"机械工业橡塑密封产品质量监督检测中心"，中汽检测（长沙）有限公司获批筹建"机械工业智能网联产品质量监督检测中心"，"机械工业油品检验评定中心""机械工业汽车零部件产品质量监督检测中心""国家自动化装备质量监督检验中心"分别入选广东省科技创新服务机构，广州机械院的"机械装备综合服务示范平台"被广东省工业和信息化厅认定为"珠三角地区服务型制造示范平台"（全省仅认定10个），广州机械院被中国机械工业联合会认定为"机械行业中小企业公共服务示范平台"（2019年度仅认定4个）；苏州电加工获批为"江苏省博士后创新实践基地"，为开展高端人才引进创造条件。建成省部级以上平台4个："工业摩擦润滑技术国家地方联合工程研究中心"完成建设任务，并投入运行；"广东省中高端工业机器人技术工程实验室"完成建设任务，为公司机器人产业向中高端方向发展建立平台支撑；国机智能承担的"机械工业工业机器人系统技术工程研究中心"和由广州机械院承担的"机械工业装备润滑智能检测重点实验室"通过中国机械工业联合会组织的验收，并挂牌运行。2个省部级平台年度评估优秀：广州机械院承担的"广东省工业摩擦学企业重点实验室"，2019年度被广东省科学技术厅评为优秀，成为全省仅有的10个企业类优秀重点实验室之一；广州机械院企业技术中心在2019年度，被广东省工业和信息化厅评为优秀。

4. 企业资质再上台阶 国机智能被工业和信息化部认定为符合"工业机器人行业规范条件"企业，成为2019年被认定的8家企业之一（全国累计23家，占我国工业机器人企业总数的0.49%）。获批筹建"机械工业橡塑密封产品质量监督检测中心""机械工业智能网联产品质量监督检测中心"。4家子公司被认定为高新技术企业，7家子公司被认定为科技型中小企业，3家机构被认定为广东省科技创新服务机构，3家子公司被认定为广州市人工智能企业，2家公司被认定为广州地区中试基地，国机智能被认定为"两高四新"企业，广州机械院、北智院、苏州智能分别被认定为广东省工业互联网产业生态供给资源池暨上云上平台供应商、北京市智能制造关键技术装备供应商、苏州市工业互联网专业服务商。

【经营管理】

1. 风险防控全面加强 一是完善长效机制，制定《违规经营投资责任追究实施办法》，严肃违规经营投资追责问责；通过ERP系统进行客户信用额度控制；对流动资金授信额度进行管控。二是增加法务参与度，实现法务参与重大经营、管理决策并提出法律意见的常态化。三是开展审计监督，全年完成任期经济责任审计5项，完成专项审计4项。四是开展担保专项整改，对超比例担保的不符项，开展小股东以股权质押方式对大股东的担保提供反担保，确保资金担保合规。五是加强安全环保隐患排查治理，组织安全环保检查和各类专项检查，排查治理各类隐患135项，全年无一般及以上级别安全环保事故，无职业病例，安全生产工作继续保持国机集团年度A级。

2. 质量管理水平明显提升 国机智能积极推进质量荣誉、质量意识、全员质量行动等方面的质量文化建设。"大型风力发电装备关键密封件质量提升"项目荣获"国机质量奖"项目奖，此奖项为国机智能首次获得，是坚持高质量发展引领、全员重视质量、追求质量、持续质量创新的可喜成果。在第二届中央企业QC小组成果发表赛中，国机智能红外光谱QC小组的"抗氧化剂含量测试试剂的研制"课题从进入总决赛的192个课题中脱颖而出，荣获二等奖，这是国机智能QC小组连续第二年获得央企QC小组大赛奖项。公司还成功举办"国机智能2019年度质量管理小组成果发布赛"，10个质量管理小组共80余人参加了竞赛；持续开展"改善之旅"活动，2019年由基层员工提出并完成实施的改善提案达300多份。国机智能质量管理体系（ISO9001、ISO17025、IATF16949、GJB9001C等）运行平稳，均顺利通过第三方审核，产品合格率稳步提升，客户满意度有所提升。

3. 人才建设卓有成效 2019年，国机智能引进优才人员2名，引进1名博士进入博士后工作站开展检测技术研究。选聘干部11名，其中，社会公开招聘6人，内部公开竞聘5人，从基层选拔了一批优秀年轻干部充实公司人才库，搭建了涵盖中层以上干部、优秀年轻干部、专业领域优才及应届毕业新入职员工的"智胜班""智行班""智强班""智远班"人才培养和培训体系。第一期46名优秀年轻干部参加了三阶段共15天的"智行班"行动学习。

4. 管理根基持续夯实 一是严格财务管理，财务共享中心建设达到预期目标，财务单据审核效率大大提升；注销银行账户24户，资金集中度为75%，较好地完成国机集团考核指标；提升资金池运行效果，有效地降低融资成本。二是加强"两金"管理，开展"两金"专项清理行动，对非正常存货及大额逾期应收账款进行专项清理。三是提升信息化水平，优化智能办公手段，OA门户上实现资产自助盘点；FSP系统实现银企直联；完成视频会议系统建设，实现多地多方式视频会议。四是提升品牌知名度，积极推进品牌一体化建设，在集团内率先完成标识改造，点亮办公大楼国机集团主品牌；《人民日报》4次报道国机智能科研创新成果；主办2 000多人参会的摩擦学领域最大规模、最高规格全国学术会议——"第十四届全国摩擦学大会暨2019年全国青年摩擦学学术会议"，荣获中国机械工程学会"2019年度最具影响力学术活动"称号，彰显行业地位。

【党建工作】

1. 高质量开展主题教育 严格落实"守初心、担使命，找差距、抓落实"总要求，扎实推进学习教育、调查研究、检视问题、整改落实等工作，并取得阶段性成果。聚焦梳理出8个方面的突出问题，已制定整改措施；对群众反映强烈的交通班车线路站点设置不合理等民生问题立行立改；领导班子在"不忘初心、牢记使命"专题民主生活会上作自我检视剖析，查找差距不足，剖深析透根源，明确努力方向和整改措施，达到预期效果。

2. 全面深化"三基建设" 推行"十个一"基层党建工作规范建设。严格落实党员教育培训，邀请外部专家学者讲形势讲政治，提升党员党性修养。从高知群体、青年骨干、艰苦岗位、生产经营和项目一线岗位优先发展党员7名。修订《基层党支部考核细则》，提高基层党组织科学化、规范化水平。

3. 深入推进党风廉政建设 开展履职待遇、业务支出专项监督检查，违反中央八项规定精神和"四风"问题、"靠企吃企"问题专项检查，扶贫资金专项审计工作等，持续纠"四风"、树新风。

4. 狠抓巡视、党建考评整改 按照集团巡视反馈和党建考评整改要求，持续抓好问题清单的整改落实。健全巡察工作机构、制定巡察工作规划、组建巡察工作人员库并开展培训，印发《巡察工作规定》《巡察工作操作规程》《巡察组管理细则》等制度。

5. 着力培育企业文化 2019年是公司主体企业广州机械院成立60周年。国机智能隆重举行庆祝大会，并通过合唱比赛、主题展览、纪录片、纪念册等多种形式，缅怀奋斗历程、彰显辉煌成就、憧憬美好前景。60周年系列活动唤起了员工自豪感，增强了企业凝聚力，促进了企业文化建设。

6. 积极履行社会责任，抓好扶贫攻坚 增加1名扶贫干部驻村，整改落实省扶贫办反馈的问题，2019年在国机集团和广东省两个扶贫点共投入110万元。

桂林电器科学研究院有限公司

【基本概况】

桂林电器科学研究院有限公司（简称桂林电科院）成立于1954年，1999年7月转制为科技型企业，隶属中国机械工业集团有限公司（简称国机集团）。

桂林电科院长期承担国家、部（省）级科研任务和地方科研项目，共取得成果1 000多项。拥有国家级企业技术中心、电工材料行业生产力促进中心、国家认可检测实验室和博士后科研工作站；设有广西电器产业工程院、广西电工材料工程技术研究中心、广西双向拉伸薄膜成型装备工程研究中心等多个省级科研开发平台，被广西壮族自治区认定为高新技术企业、广西技术创新示范企业。经过专业与产业重组，桂林电科院已发展成为以电触头材料、电工塑料、双向拉伸聚酰亚胺薄膜、薄膜成套装备和特种电机为主导产品的高科技型企业。

截至2019年12月31日，桂林电科院有在职职工666人，其中，专业技术人员324名（教授级高级工程师11人、副高级专业技术人员55人、中级技术人员151人）、工人342人。

【主要指标】

2019年桂林电科院主要经济指标完成情况见表1。

表1 2019年林电科院主要经济指标

指标名称	2018年	2019年	同比增长（%）
资产总额（万元）	86475.06	87997.98	1.76
净资产（万元）	56951.15	57260.21	0.54
营业收入（万元）	67781.03	61052.92	-9.93
利润总额（万元）	542.89	581.72	7.15
技术开发投入（万元）	3984.29	4007.68	0.59
利税总额（万元）	2407.89	2141.06	-11.08
EVA值（万元）	529.98	301.62	-43.09
全员劳动生产率〔万元/（人·年）〕	18.08	16.36	-9.51
净资产收益率（%）	0.83	0.83	持平
总资产报酬率（%）	1.32	1.36	增加0.04个百分点
国有资产保值增值率（%）	100.82	100.87	增加0.05个百分点

【重大决策】

1. 贯彻落实"五大发展理念"、推动高质量发展　桂林电科院紧紧围绕落实"创新、协调、绿色、开放、共享"五大发展理念，稳步推进桂林电科院5年发展规划战略，不断优化公司产业发展，形成以环保型电触头材料、聚酰亚胺薄膜和双轴定向拉伸塑料薄膜生产成套装备为支撑，特种塑料、特种电机、行业技术服务和其他新兴业务共同发展的新格局。同时研究制定桂林电科院3年战略发展规划工作，重点突出科技引领的作用，做好业务组合战略梳理，不断推动公司高质量发展。

2. 企业重大改革任务推进情况

（1）健全公司法人治理结构，强化董事会、监事会的工作职能。2019年度，桂林电科院董事会召开会议4次，审定、审批包括投资设立子公司、公司年度工作报告、年度财务预决算方案和利润分配方案等重大事项，充分发挥了董事会的决策作用。桂林电科院监事会召开会议2次，审议通过了监事会年度工作报告、新修订的《监事会议事规则》，通过访谈、专题调研等形式，了解公司生产经营情况，提出监督意见和建议，充分履行了监事会的内部监督作用。

（2）充分发挥国有企业党组织的政治核心作用，落实国有企业党建工作会议精神总体要求。桂林电科院设置了党的独立工作机构，落实专职党务人员超过了占比1%总人数的要求，落实占比1%工资总额的工作经费预算要求。落实三级企业党建工作纳入公司章程的总体要求，完成了对新设下属公司——格莱斯科技有限公司、赛盟检测技术有限公司的党建工作进章程的工作，明确国有企业党组织在公司法人治理结构中的法定地位。

（3）顺利完成"三供一业"的移交工作。2019年，桂林电科院推进成立了小区业主委员会，通过业主委员会招聘物业公司，于12月实现物业管理权平稳移交。

（4）违规经营投资责任追究制度建立与执行。2019年，桂林电科院印发了《违规经营投资责任追究实施办法（试行）》，进一步加强和规范公司违规经营投资责任追究工作，不断完善国有资产监督管理制度，落实国有资产保值增值，防止国有资产流失。

【重大项目】

桂林电科院的产业搬迁战略有序推进。经各部门协作配合，2019年年底，圆满完成了金格公司低压车间、特种薄膜车间的搬迁任务，初步建立了英才产业园生产运营的新机制。

2019年英才产业园基础设施建设完成投资2 027万元，累计完成投资47 345万元。倒班宿舍交付使用，厂区道路及给排水工程、薄膜厂房洁净室工程完工并通过验收，主大门、二号物流门主体、围墙工程完工，完成了60%的绿化工程。

【科技创新】

1. 科技成果获奖情况 "塑料机械专用链铗关键技术开发及应用"项目成果获广西科学技术奖技术发明类三等奖；"晶体硅太阳电池组件用绝缘背板"（GB/T31034—2014）标准获得中国机械工业联合会科技进步奖三等奖。2019年，桂林电科院分别与中汇睿能透明亚胺薄膜核心技术构筑公司签定"中汇睿能透明亚胺薄膜核心技术构筑"横向项目、与柳州市华晟机电设备制造有限公司签定"散料场管理及堆取料机远程操控系统改造"横向项目，打破了桂林电科院近十年无横向项目签约的局面。

2. 动力电池关键材料及技术取得新进展 2019年，桂林电科院完成了500L中试反应釜平台搭建和设备联调，NCM721正极材料已经进行多批次生产，其中前驱体粉末具备50kg/次的合成能力，并可进行2kg/次的锂化处理，已满足中试生产及小批量试验要求；针对多孔纳米Si粉进行表面改性研究，研究如何提高多孔纳米Si粉的首次库伦效率、补锂方式及锂源对首效的影响，并对LiF，LiCl等锂盐的添加方式及添加量对电池首效的影响进行研究开发。开展电解质中试工艺研究，具备1kg/月的合成能力。开发出新型LiSiPSCl等电解质材料，其室温离子传导率达3.0×10^{-3}S/cm。

3. 科技项目管理不断夯实 2019年桂林电科院组织申报纵向项目22项（其中国家知识产权局项目2项，广西区项目9项，广西工信委项目3项，国机集团项目2项，桂林市项目6项），及时组织验收各类科研项目13项；申请政府、国机集团的资金资助总获批2050万元，实现获批奖补资金总额连续两年突破2000万元。

4. 知识产权工作持续加强 2019年，桂林电科院提交专利申请40项，其中，发明专利28项，实用新型专利12项；获授权专利17项，其中，发明专利14项，实用新型专利3项。截至2019年12月，公司共拥有有效专利173项，其中，发明专利123项，实用新型专利50项；2019年公开发表论文28篇，其中在中文核心期刊上发表19篇。

5. 标准制（修）订工作稳步推进 2019年，桂林电科院组织申报国家标准22项、行业标准33项；完成了5项国家标准、2项目国家军用标准和11项行业标准制修订工作。桂林电科院牵头制定的ISO21223：2019《冲模术语》国际标准于2019年正式发布。桂林电科院以全国模具标准化技术委员会的名义首次与合肥市人民政府共同主办了"2019首届中国智能家电模具技术及标准化高峰论坛"，提升了全国模具标准化技术委员会和桂林电科院的知名度和影响力。

【市场开拓】

2019年度，桂林电科院下属桂林金格电工电子材料有限公司针对大客户群体采用低压、塑料联合营销模式，以新产品开发和推广为重点，努力开拓新市场，其中塑料业务实现逆势增长，产品产量首次突破了2000t大关。下属桂林格莱斯科技有限公司积极参加国内外展览会，用销售代理和合作伙伴等方式在国外重点市场上拓展。特种薄膜部从小客户着手，逐步攻克非软板行业大用户，并为满足电子产品进一步轻薄化的需要打下基础。检测中心积极拓展新领域新业务，在新能源业务及认证业务上发力，承接UL认证项目，实现认证业务零的突破。

【管理经验】

1. 治理更加严谨规范 2019年，桂林电科院重新修订了"党委会决策事项清单"，明确了党委会前置审批事项的决策权限划分，进一步理清了党委会与总经理办公会的决策关系。在新设公司（格莱斯公司、赛盟公司）建立了党委前置讨论、执行董事决策、经理层执行、监事监督的运行机制，全面加强了战略引领作用，降低战略决策风险。

2019年，桂林电科院共组织召开党委会24次，前置研究讨论"三重一大"事项59项；召开总经理办公会21次，审议议题69项；召开公司董事会会议4次，审议议题22件；召开公司股东会会议4次，审议议题14件。

2. 财务风险防范能力持续加强　2019年，桂林电科院制订实施了"存货管理办法""应收账款管理办法"，强化公司存货和应收账款的内部控制和管理，提高两金周转率；加强对资金使用的监管，加速资金周转，积极筹措资金；将财务管理工作前移，提出财务方案，规避和防范潜在的经营风险和财务风险。

3. 审计监督力度进一步加大　2019年，桂林电科院成立了审计法务部，进一步加大对重大工程项目的审计监督和整改检查力度，着重关注管理的规范性和工程造价的成本，及时提出审计建议，全过程跟踪，督促整改。2019年审计基本建设和维修项目7项，涉及工程造价金额8 932.02万元，核减工程造价755.23万元；开展"三供一业"分离移交项目专项审计4项；自主开展审计项目12项；落实国机集团专项工作任务，扎实推动内控和风险管理工作。

4. 法律服务水平不断提高　2019年，桂林电科院依托新成立审计法务部，严格执行"法律事务工作管理办法""合同管理办法"，规范重大决策的法律审核制度，强化相关合同审查。全年共草拟、修改、审核合同239份，告知函、招标文件等文件40份；审查、修改制度56个，处理法律纠纷案件6起，通过诉讼（仲裁）调解直接收回款项380万元。

5. 五大管理体系持续有效运行　2019年，桂林电科院组织完成GB/T 19001—2016质量管理体系、GJB9001C—2017军品质量管理体系、GB/T 24001—2016环境管理体系、GB/T 28001—2011职业健康安全管理体系和GB/T 29490—2013知识产权管理体系五项体系的首次联合内审和管理评审，顺利通过质量（含军工）管理体系再认证和环境、职业健康安全知识产权管理体系监督审核，五项管理体系持续有效运行。

6. 人力资源管理不断完善　2019年，桂林电科院落实党管干部要求，制定发布了11项制度，选拔了9名中层干部，进一步配齐了干部队伍；开展人才调研工作，制定部门人才发展规划，推进人才梯队建设；完善技术人才职业发展通道，建立了技术专家晋升体系，不断满足人才多元化发展需求；落实轮岗培养计划，开展了经营与党建干部的双向交流，加强了关键风险岗位人员的轮岗培养和监督。

7. 安全环保工作扎实开展　2019年修订了"桂林电器科学研究院有限公司安全生产责任制管理规定"，组织逐级签订责任书和承诺书，策划了"安全生产月"系列活动，全面落实安全责任制；组织开展安全生产检查，对发现的问题开具整改单并对整改情况实施跟踪；制定发布应急演练工作指南，组织开展综合应急演练。2019年度的安全生产工作被国机集团评定为A级（优秀），在同类企业考核中得分第一。

8. 党建工作卓有成效　2019年，桂林电科院党委在国机集团党委的领导下，深入学习贯彻落实党的十九大精神、国有企业党建工作会议精神和习近平总书记系列重要讲话精神，深入贯彻全面从严治党的新部署、新要求，扎实开展推进"两学一做"常态化制度化，紧紧围绕公司经营改革发展的中心任务，充分发挥公司党委的政治核心作用、党委书记从严治党第一责任人的作用、基层党组织的战斗堡垒作用和党员的先锋模范作用，强化各级党建工作责任，不断创新党建工作思路，持续改进党建工作方法，全面加强公司党建工作。一是以加强党的政治建设为统领，保证党的方针政策、国机集团的工作部署在公司落实落地。二是以加强党的思想建设为重点，夯实党员干部理想信念根基；三是以加强党的组织建设为保障，着力提升党组织的凝聚力和战斗力；四是以加强作风建设为戒尺，认真贯彻落实中央八项规定精神，持之以恒反对"四风"；五是以加强纪律建设为抓手，落实党风廉政建设"两个责任"；六是以加强党建与业务工作相融合为动力，统筹谋划推进企业党的建设和改革发展。

9. 企业文化建设迈上新台阶　2019年全面推进了品牌一体化工作，编制并发布了《视觉识别系统管理手册》，统一规范了企业形象标识，并通过分类推进的方式，完成了行政办公、服装、会务、媒体宣传、环境导示、礼赠附属品等载体的设计与制作，并在各类工作场景中进行了实施应用，努力塑造统一的"大国机"形象，不断提高企业文化的认同感和归属感；组织开展了丰富的企业文化活动，如："长征"情景诗、讲述"我的入党初心""我和我的祖国"快闪、"同唱国歌"升国旗、职工广播操比赛、"我和祖国共成长"职工作品展、"爱岗位、爱生活"三八节活动、钳工技能大赛、五四主题团日等活动，不断扩大公司文化影响力。同时重新调整了通讯员队伍，新设立了党建宣传长廊，加强党建宣传阵地管理；精心运营《桂电院通讯》、微信公众号、官方网站和公司内网。

10. 社会责任工作取得积极成效 2019年，桂林电科院积极参与国机集团对四川广元市朝天区的扶贫工作，多次派人到该地区考察调研、出谋划策，并投入帮扶资金15万元。持续坚持到龙胜县乐江乡西腰小学开展慰问帮扶，开展互动益智活动，捐赠爱心慰问品。桂林电科院还组织了植树造林、学雷锋志愿服务、无偿献血、国机集团爱心捐款、文明交通、创城清洁等一系列精神文明和社会公益活动。

11. 员工关爱厚植群众基础 2019年，桂林电科院将两年一次的体检调整为一年一次体检；如期完成职工意外医疗综合保险和重疾保险相关续保工作，开展了慰问事项专项调研，节假日走访慰问老党员、劳动模范和困难职工、患病住院治疗职工，开展年度生活困难职工经济补助工作，共慰问住院员工38人次，慰问职工结婚、子女入学、直系亲属去世职工等34人次，将职工保障体系做细做好。

第四篇

规章制度选编

2020 中国机械工业集团有限公司年鉴
CHINA NATIONAL MACHINERY INDUSTRY CORPORATION LTD. YEARBOOK

国机集团党委关于进一步激励广大干部新时代新担当新作为的实施意见

国机党〔2019〕9号

为深入贯彻习近平新时代中国特色社会主义思想和党的十九大精神，全面落实《中共中央办公厅印发〈关于进一步激励广大干部新时代新担当新作为的意见〉的通知》《国资委党委关于中央企业贯彻落实〈关于进一步激励广大干部新时代新担当新作为的意见〉的实施意见》要求，建立完善激励机制和容错纠错机制，大力营造干事创业、人才辈出的良好环境，进一步激励集团各级领导干部在建设"五个国机"、打造具有全球竞争力的世界一流企业新征程中锐意进取、担当作为，提出如下实施意见。

一、增强责任担当，激发干部担当作为的内生动力

1. 切实增强政治担当。坚持用习近平新时代中国特色社会主义思想武装头脑，教育引导干部树牢"四个意识"，坚定"四个自信"，做到"四个服从"，坚决维护习近平总书记党中央的核心、全党的核心地位，坚决维护党中央权威和集中统一领导，始终在思想上政治上行动上同以习近平同志为核心的党中央保持高度一致。集团各级领导干部要筑牢信仰之基、补足精神之钙、把稳思想之舵，深刻认识党的领导是集团发展的根本保证，不断增强搞好国有企业、巩固党的执政基础和执政地位的政治担当，满怀激情地投入到集团生产经营、深化改革、党的建设等各项目标任务中来。

2. 切实增强历史担当。把党的十九大精神、全国国有企业党的建设工作会议精神、全国组织工作会议精神、全国宣传思想工作会议精神的贯彻落实与集团的改革发展紧密结合起来，用"二次创业""再造海外新国机"作为集团广大干部接力奋斗的重大使命，来教育引导广大干部，争当改革的促进派和实干家，创造出无愧于新时代的业绩。

3. 切实增强责任担当。集团各级领导干部要充分认识集团所处的历史阶段，要以集团新时代的使命和目标任务为着力点，紧紧围绕建设"五个国机""不忘初心、坚守实业，振兴机械、装备中国"的誓言，切实增强勇立潮头、改革创新，只争朝夕、锐意进取的使命感，立足集团事业真诚奉献、建功立业，以责任担当创造新业绩。

二、树立鲜明导向，让担当有为者有位、消极无为者失位

4. 大胆使用敢担当善作为的干部。坚持新时期好干部标准和国有企业领导干部对党忠诚、勇于创新、治企有方、兴企有为、清正廉洁"20字"要求，树立重实干重实绩的用人导向，坚持事业为上、以事择人、人岗相适，坚持有为才有位，突出政治标准，大胆提拔重用政治过硬、敢担当善作为的干部。对在市场开拓前沿、经营困难企业工作业绩突出，在关键时刻或承担重大专项、重大改革等急难险重任务中经受住考验、表现突出、作出重大贡献，在本岗位上尽职尽责、工作业绩特别显著的干部，要不拘一格大胆使用，同等条件下优先使用。坚持全面历史辩证地看待干部，注重看主流、看本质、看发展，不唯票、不唯分，不求全责备，为干部成长进步创造更多的机会。

5. 大力培养选拔优秀年轻干部。要深刻认识到大力培养选拔优秀年轻干部的重要意义，将其作为重大政治责任贯彻落实，摆上重要日程深入推进。结合集团长远发展需要和干部队伍现状，认真落实好集团党委关于大力发现培养选拔优秀年轻干部的有关精神，加快建立集团优秀年轻干部发现、培养、选拔和使用机制，大力培养选拔政治素质好，在关键岗位、基层一线、重要工作中做出突出贡献的优秀年轻干部。要敢于打破隐性台阶，更大范围发现培养选拔一批想干事、能干事、干成事的优秀年轻干部。加强政治训练和实践锻炼，为敢担当善作为的优秀年轻干部搭建成长锻炼平台，让他们在多岗位锻炼、党性教育中开阔思路视野，砥砺意志品行。

6. 坚决调整不担当不作为的干部。将干部担当作为情况作为干部监督的重点，结合选人用人工作监督检查，实现对所属企业党组织监督检查全覆盖。进一步加强干部人事档案管理，加大领导干部个人有关事项报告抽查核实工作力度，对存在问题的情况和干部采取组织措施，严肃处理。综合运用考核评价、巡视、纪检监察、审计、干部监督等成果，对贯彻执行集团重大决策部署不坚决不全面不到位，漠视纪律、不守规矩、虚言虚行，改革勇气锐气弱化，不敢担当碰硬，遇到困难往后退、碰到矛盾绕着走，不负责任、不守信用、欺上瞒下，大局意识、全局意识差，只顾自身眼前利益不顾大局长远发展，精神懈怠、作风漂浮，表态多调门高、行动少落实差，思想僵化、墨守成规，管理能力不足、专业素养欠缺，不担当、不作为、慢作为的干部，轻的要约谈函询、督促整改，重的要坚决处理、果断调整，使能上能下成为常态。

三、改进考核工作，激励鞭策干部担当作为

7. 修订完善考核评价制度。以高质量发展为导向，优化绩效考核体系。合理设置考核指标，既看当期、更看长远，既看速度、更看质量，引导各级领导干部牢固树立正确的业绩观。健全对重大改革任务推进、重大专项攻坚等方面的表彰机制。改进业绩考核体系，客观评价业绩贡献，研究制订中长期激励措施，加大奖惩力度，有效激励先进、鞭策后进。落实党建考核与经营业绩考核联动机制，实现党建工作与生产经营中心工作深度融合。进一步健全领导班子和领导干部考评制度，改进考核方式方法，利用三年任期考核、年度考核、专项考核等多种方式对领导班子全面系统分析，真正考出孰优孰劣、孰强孰弱。做好薪酬兑现配套衔接，进一步解决干好干坏一个样、干多干少一个样的问题。

8. 强化考核结果运用。将考核结果作为干部选拔任用、评先奖优、问责追责的重要依据，对表现优异、业绩突出、担当作为的干部给予激励，有效调动和保护好广大干部的积极性。对综合考核评价结果为不称职、干部职工反映意见较多的干部，经分析研判确属不胜任或者不适宜担任现职的，原则上调整岗位或退出领导班子。根据考核结果，对领导班子年龄结构、专业结构、业务能力及协作能力等方面统筹研究，合理配置。做好考核结果反馈，建立日常谈心谈话机制，引导干部发扬成绩，改进不足，忠于职守，担当奉献。

四、建立健全容错纠错机制，为敢于担当的干部撑腰鼓劲

9. 完善相关规章制度。深入贯彻习近平总书记关于"三个区分开来"的重要要求和"干事业总是有风险的，要允许试错，不能期望每一项工作只成功不失败"的重要讲话精神，按照《关于中央企业纪检工作贯彻落实习近平总书记"三个区分开来"重要思想的指导意见》（驻国资纪发〔2016〕39号）要求，结合企业实际，合理划分正常经营与失误错误、失误错误与违纪违法，对失误错误容与不容的界限，让领导干部知底线、有底气，既行有所止、又敢于担当作为。集团各级党组织及纪检监察、组织人事等相关职能部门，要进一步理解把握容错纠错的精神实质，加大探索力度，边总结、边完善、边提升，确保相关制度进一步完善规范，真正做到保护改革者、鼓励探索者、宽容失误者。

10. 认真落实容错原则。对企业领导干部的失误错误，集团各级党组织及纪检监察、组织人事等相关职能部门要妥善把握事业为上、实事求是、依纪依法、容纠并举"四个原则"，结合动机态度、客观条件、程序方法、性质程度、后果影响以及挽回损失等"六个要件"，对干部的错误进行综合分析，全面地、客观地、辩证地看待领导干部经营上的成败得失，统筹把握一时一事成败与整体经营成效的关系、年度经营业绩与任期经营业绩的关系、企业经营业绩与行业发展水平的关系，以及国有资产保值增值率等情况，区分清楚是出以公心还是源于私利，是无心之失还是有心之过，是履行程序还是破坏规则，是遵纪守法还是违法乱纪，经研究认定属于应该容错的要大胆容错。坚决查处违纪违法行为，防止混淆问题性质，拿容错当"保护伞"，搞纪律"松绑"，确保容错在纪律红线、法律底线内进行。

11. 严格规范容错程序。领导干部容错纠错工作按管理权限在党委领导下开展，由纪检监察部门、组织人事部门会同相关业务部门组织实施。落实《国机集团党委关于建立容错纠错机制鼓励担当作为干事创业若干意见（试行）》，对出现失误错误的领导干部，党委启动问责追责程序前，要客观认定其是否符合容错情形、容错条件，符合的大胆容错，不符合的按规定问责追责。领导干部提出容错申请的，要严格按规定程序处理。容错结果要做到客观公正，经得起检验，视情况在一定范围内公开，并报上级有关部门备案。坚持有错必纠、有过必改，对失误错误及时采取补救措施，帮助领导干部汲取教训、改进提高，让干部放下包袱、轻装上阵。采取适当方式跟踪了解整改情况，对整改不力或拒不整改的，按照规定给予问责。正确对待给予容错的干部，对思想端正、主动改过，工作中作出新贡献的，要及时给以肯定，该奖励的奖励、该使用的使用，保护好他们干事创业的积极性。

12. 及时稳妥处理有关信访举报。集团各级党组织及纪检监察、组织人事等相关职能部门接到涉及干部的信访举报，按照有关规定调查核实，及时处理。认真落实《组织人事部门对领导干部函询回复采信反馈办法》（组通字〔2018〕18号），函询说明经综合研判后采信的，函询问题及时了结，采信结果及时反馈。严肃查处诬告陷害行为，及时为受到不实反映的干部澄清正名、消除顾虑。

五、强化培养锻炼，增强干部适应新时代发展要求的本领能力

13. 加大干部素质培养。进一步构筑完善集团培训体系，充分整合教学资源，按照建设高素质专业化企业领导干部的要求，结合集团改革发展实际，开展党的理论教育、党性教育及企业管理等系列培训工作。科学设计课程，突出精准化和实效性，围绕贯彻落实新发展理念、增强企业核心竞争力、建设世界一流企业、推动供给侧结构性改革、打好三大攻坚战等一系列重大战略部署，帮助广大干部弥补知识弱项、能力短板、经验盲区，增强驾驭复杂局面、处理复杂问题的本领。集团各级领导干部要将学习作为一种追求和习惯，自我加压，利用业余时间主动学习提升，加强党性修养，提高业务能力，拓宽视野格局，注重培养专业作风、专业精神，适应集团发展的要求。

14. 锤炼干部过硬作风。集团各级领导干部要带头遵守党内政治生活若干准则，严格执行"三会一课"、双重组织生活、谈心谈话、民主评议、述职述廉等制度，坚决贯彻民主集中制原则，用好批评与自我批评这个武器，坚定信念、锤炼党性、淬炼品格，不断提高理论素养、提升政治能力。集团各级党组织要大力弘扬忠诚老实、公道正派、实事求是、清正廉洁等价值观，引导干部自觉践行"三严三实"。作风建设要常抓不懈，要着力解决影响党的形象、制约企业发展的不良作风问题。各级党组织主要负责人要发挥"头雁效应"，带头树立优良作风，以"关键少数"的自我革命带动"大多数"党员干部的作风转变，推动形成广大干部积极作为、奋进奋发的生动局面。

15. 加强实践锻炼培养。优化干部成长路径，注重加强实践锻炼，有计划地将优秀干部选派到困难单位、生产经营责任重的单位、扶贫对口地区、基层一线等交流任职、挂职锻炼，让干部在实践中砥砺品质、增长才干。推进集团总部与所属企业、各所属企业之间、企业内各系统各部门间的干部交流，增强基层干部宏观政策把握能力，补齐总部干部基层经历短板，丰富工作阅历，积累工作经验。加大党务干部和经营干部交流力度，着力培养综合型复合型干部。

六、加强关心关爱，为干部担当作为干事创业提供有力保障

16. 注重思想心理关怀。围绕党和国家、集团改革发展等重大任务做好思想政治工作，为干部释疑解惑、加油鼓劲。及时掌握领导干部思想、工作、作风和生活状况，做好心理疏导，缓解压力，引导干部树立正确价值观，提高自我调节能力。开展干部心理援助，结合体检，每年提供心理咨询服务、心理健康测评等，引导干部用积极平和的心态面对工作压力，振奋精神，调整好工作状态。

17. 落实待遇保障。给生产经营服务一线干部特别是工作在艰苦地区、困难企业和承担重大项目、急难险重任务的干部更多理解和支持，主动排忧解难，在政策、待遇等方面给予倾斜，让他们安心、安身、安业。对因换届时年龄不够任满一届退出现职且业绩表现突出的领导干部，要落实好相关工作安排、薪酬待遇等。落实干部体检、休假制度，丰富文体活动，保证正常福利，保障合法权益。合理合规开展走访慰问，关心干部家庭生活，关爱异地交流干部，帮助解决实际困难，创造条件解决后顾之忧，使干部能够全身心投入工作。

七、加强组织领导，形成推进集团高质量发展强大合力

18. 强化组织保障。要把激励干部担当作为纳入领导班子和干部队伍建设整体布局，加强科学统筹谋划和组织实施，制订和执行政策及配套措施坚持具体问题具体分析，特别是在当下改革改制各项工作中，既要结合实际、符合政策要求，也要兼顾历史、全面辩证分析，充分发挥政策的激励引导和保障支持作用。抓好跟踪问效，加强督查指导，及时了解实施意见落实情况，协调解决落实中遇到的困难，不断探索和完善具体政策制度，确保中央精神、集团各项部署要求落到实处、见到实效。

19. 营造浓厚氛围。各级党组织主要负责同志要在讲政治、敢担当、善作为上发挥引领带动作用，敢于为改革创新者说公道话、撑腰鼓劲，真正为担当者担当、为负责者负责。要及时宣传上级和集团政策导向，坚持激浊扬清，大力宣传表彰在企业改革发展、党的建设等各项工作中敢于负责、勇于担当作出突出贡献的先进典型，增强干部的荣誉感、归属感、获得感。要进一步激励广大干部见贤思齐、奋发有为、锐意进取，撸起袖子加油干，奋力开创集团改革发展和党的建设新局面，为把集团建设成为具有全球竞争力的世界一流企业提供坚强保障。

中国机械工业集团有限公司全资及控股企业党组织换届选举工作实施办法

国机党〔2019〕162号

第一章 总 则

第一条 为深入贯彻习近平新时代中国特色社会主义思想，坚持和加强党的全面领导，加强党的基层组织建设，促进中国机械工业集团有限公司（以下简称国机集团）全资及控股企业（以下简称下属企业）党组织换届选举工作制度化、规范化，根据《中国共产党章程》、《中国共产党基层组织选举工作暂行条例》、中共中央办公厅《关于党的基层组织任期的意见》等有关规定，结合国机集团实际情况，制定本实施办法。

第二条 本办法所称下属企业党组织是指由国机集团党委直接管理的全资及控股企业党委（党总支）。

第三条 下属企业党组织换届选举工作接受上级党组织领导。在京下属企业党组织由国机集团党委领导；京外下属企业党组织由所在地上级党组织和国机集团党委双重领导。

第四条 下属企业党组织换届选举日常管理工作由国机集团党委组织部负责，党委工作部配合。

第五条 下属企业党组织应严格执行任期制度，任期届满按期进行换届选举。如需延期或提前进行换届选举，应报上级党组织批准，延长或提前期限一般不超过1年。

第二章 基层党组织设置及任期

第六条 党组织设置。下属企业根据工作需要和党员人数，经上级党组织批准，一般设立党的基层委员会或总支部委员会（以下分别简称"党委""党总支"）。

第七条 下属企业党委每届任期一般为5年，党总支每届任期一般为3年。中共中央办公厅《关于党的基层组织任期的意见》印发前已换届的下属企业党委（党总支），原则上从本届任期届满后开始执行上述规定。

第八条 下属企业党委是设立纪律检查委员会（以下简称纪委），还是设立纪律检查委员，由上级党组织根据具体情况决定。下属企业党总支设纪律检查委员。下属企业纪委每届任期和同级党委相同。

第九条 下属企业党组织委员职数设置原则

（一）党委一般设委员5至9名，设书记1名，可以设副书记，党员总经理担任党委副书记，规模较大的下属企业可配备党委专职副书记；纪委一般设委员3至7名，设书记1名，根据工作需要，可设副书记1名。

（二）党委一般不设立常务委员会。规模较大、下属党组织和党员人数较多、工作地点较分散的，为便于工作确需设立常务委员会的，经上级党组织批准，可设立常务委员会。设立常务委员会的下属企业党委，委员名额一般为15至21名，常委名额一般为5至9名。

（三）党总支一般设委员3至5名，设书记1名，根据需要可设副书记1名。

第十条 下属企业党委（党总支）一般由党员大会选举产生。具备以下条件，经上级党组织批准，可以召开党员代表大会进行选举。

（一）党员人数在500人以上的或党员人数在500人以下，但所辖党组织驻地分散、党员工作流动性较大、集中难度较大的。

（二）离退休党员、待岗等非在岗党员占党员总人数40%以上的党组织。

第三章 选举工作筹备与报批

第十一条 下属企业党组织任期届满之前，应提前6个月与上级党组织进行沟通、商讨有关换届选举事宜。人事安排意见与国机集团党委组织部沟通情况。

第十二条 经上级党组织同意进行换届选举的下属企业，应召开党委（党总支）会或党委（党总支）扩大会，讨论确定换届选举工作有关事项，并以书面形式向上级党组织呈报《关于召开中国共产党×××党员大会（第×次代表大会）的请示》。内容主要包括：

（一）党委、纪委或党总支任期情况，党组织和党员队伍基本情况。

（二）召开大会的时间、形式（党员大会或党员代表大会），主要议程，拟定代表名额、构成比例及分配原则。召开党员代表大会需说明理由。

（三）新一届党委、纪委或党总支委员名额、选举差额比例（一般不少于20%）以及书记、副书记、常委的配备职数。

（四）工作计划及其他相关事项。

京外下属企业按照所在地上级党组织的要求报送换届选举工作请示，并抄报国机集团党委备案。

第十三条 下属企业根据上级党组织的批复意见，召开党委（党总支）会或党委扩大会，讨论决定新一届党委、纪委或党总支委员候选人条件及酝酿提名办法等事项，并对换届选举工作进行部署。

第十四条 召开党员大会的，筹备工作包括：

（一）召开党委（党总支）会讨论决定召开党员大会有关事宜。

（二）与上级党组织沟通并报送有关情况，获得上级党组织批准。

（三）组织和协助做好委员候选人的酝酿、提名推荐和考察工作。

（四）起草大会工作报告、党费收缴使用情况报告及其他会议文件。

（五）做好党员大会选举准备工作。

第十五条 召开党员代表大会的，筹备工作包括：

（一）召开党委会（党委扩大会）讨论决定召开党员代表大会有关事宜。

（二）建立筹备工作机构，制订筹备工作计划。

（三）与上级党组织沟通并报送有关情况，获得上级党组织批准。

（四）对代表选举工作进行部署，组织指导下属单位做好代表选举工作。

（五）组织和协助做好委员候选人的酝酿、提名推荐和考察工作。

（六）提出大会领导机构及其组成人员名单。

（七）起草大会工作报告、代表资格审查报告、党费收缴使用情况报告及其他会议文件。

（八）做好党员代表大会选举准备工作。

第十六条 下属企业党组织在召开换届选举党员大会（党员代表大会）前1个月，向国机集团党委报送委员候选人预备人选请示，京外下属企业需同时抄报所在地上级党组织备案。请示内容主要包括：

（一）新一届委员候选人预备人选及书记、副书记、常委候选人酝酿讨论情况。

（二）委员候选人预备人选名单按姓氏笔画为序排列。

（三）干部任免审批表。

（四）委员候选人预备人选考察材料。

第十七条 下属企业党组织根据国机集团党委批复，按照《中国共产党章程》《中国共产党基层组织选举工作暂行条例》等规定的程序进行选举。

第四章 代表的选举

第十八条 经上级党组织批准，召开党员代表大会的下属企业，代表名额一般为100名至200名，最多不超过300名。

第十九条 代表名额的分配根据党员人数和工作需要确定。代表构成应体现广泛性，各类人员构成比例根据企业实际确定。

第二十条 对于规模较大、下属单位较多而又分散的下属企业，允许其所在地之外的下属单位党组织选派代表参加党员代表大会，并授予参加会议的代表选举权、被选举权和表决权。

第二十一条 代表必须是有选举权的正式党员，而且是党员中的优秀分子。代表应具备的条件：

（一）共产主义信念坚定，在关键时刻和重大原则问题上是非分明，坚定地站在党的立场上。树牢"四个意识"，坚定"四个自信"，做到"两个维护"，严格遵守党的政治纪律和政治规矩，在思想上政治上行动上同以习近平同志为核心的党中央保持高度一致。

（二）认真学习马列主义、毛泽东思想、邓小平理论、"三个代表"重要思想、科学发展观、习近平新时代中国特色社会主义思想，模范执行党的路线方针政策和上级党组织的决议、指示，有较高的政治理论水平和议事能力。

（三）工作中表率作用突出，成绩显著。

（四）公道正派，清正廉洁，密切联系群众，在职工群众中具有较高威信。

（五）坚持党性原则，以对党的事业高度负责的精神，如实反映本单位党组织和党员的意见，正确行使党员权利。

第二十二条 代表产生的程序：

（一）代表的选举按照《中国共产党基层组织选举工作暂行条例》有关规定进行，实行无记名投票、差额选举，差额比例不少于应选人数的20%。

（二）代表由下属各选举单位选举产生。选举单位一般按照下一级党委或独立设置的党总支、党支部划分。必要时，也可以将几个基层党组织划分为一个选举单位。

（三）选举单位根据上级党组织分配的代表名额和代表条件，组织全体党员酝酿提名，按照不少于代表名额30%的差额比例提出代表候选人推荐人选。

（四）选举单位按照上级党组织提出的代表构成比例的要求，根据多数党组织或多数党员的意见，从推荐人选中按照不少于代表名额20%的差额比例提出代表候选人初步人选。

（五）选举单位在对代表候选人初步人选考察的基础上，召开党委（党总支、党支部）会进行充分讨论，确定代表候选人预备人选，报上级党组织审查。

（六）选举单位召开党员大会，对代表候选人预备人选进行充分酝酿，根据多数选举人的意见确定代表候选人，进行选举。选举结果应报上级党组织审批。

第五章　委员会的选举

第二十三条　下属企业党委、纪委或党总支委员由党员大会（党员代表大会）实行差额选举，以无记名投票方式选举产生，按照《中国共产党基层组织选举工作暂行条例》有关规定进行。委员候选人的差额比例不少于应选人数的20%。

第二十四条　委员产生的程序：

（一）下属企业党委、纪委或党总支委员候选人按照德才兼备和结构合理的原则提名，由下属企业党委（党总支）提出提名的基本条件，包括：

1. 企业领导人员一般实行"双向进入，交叉任职"。国机集团党委管理的下属企业领导班子成员中的党员，符合条件的一般应当提名为党委委员候选人预备人选。

2. 企业党委、纪委或党总支委员候选人的年龄原则上要能够任满一届。根据工作实际需要，企业领导班子成员中的委员候选人换届时年龄可适当放宽，但一般应能任满3年。

3. 委员候选人党龄一般不少于3年，下属企业领导班子成员中的专家型人才党龄可适当放宽，但一般应不少于1年。

（二）下属企业党委（党总支）提出下一届委员会组成的原则意见，与国机集团党委组织部进行沟通。

（三）经国机集团党委原则同意后，下属企业党委组织下属党组织酝酿推荐，根据多数党组织的意见提出委员候选人初步人选，由党委集体讨论确定。

（四）按照干部管理权限，对委员候选人初步人选的德、能、勤、绩、廉进行考察，突出政治标准，把好政治关、品行关、廉洁关。根据考察结果确定委员候选人预备人选，报国机集团党委审批。

（五）根据国机集团党委批复意见，按照选举程序选举委员。

召开党员代表大会的，由大会主席团审议通过候选人预备人选，提请各代表小组酝酿讨论，根据多数选举人的意见确定候选人，提交党员代表大会选举。

召开党员大会的，党委（党总支）向党员大会介绍候选人预备人选酝酿产生情况，提请大会讨论并根据多数选举人的意见确定候选人，提交党员大会选举。

第二十五条　书记、副书记、常委产生的程序：

（一）党委（党总支）书记、副书记由新一届党委（党总支）会第一次全体会议等额选举产生。

（二）设立常务委员会的党委，应在新一届党委会第一次全体会议上先差额选举产生常委，候选人数比应选人数多1至2人，再从当选的常委中等额选举产生书记、副书记。

（三）纪委书记、副书记由新一届纪委会第一次全体会议选举产生，党委会第一次全体会议审议通过。

第六章　选举工作的组织实施

第二十六条　选举工作按照《中国共产党基层组织选举工作暂行条例》有关规定执行。召开党员大会进行选举的，由本届委员会主持；召开党员代表大会进行选举的，由大会主席团主持。

第二十七条　进行选举时，有选举权的到会人数超过应到会人数的五分之四，会议有效。

第二十八条　选举采用无记名投票的方式。选票上的候选人名单以姓氏笔画为序排列。

第二十九条　选举设监票人、计票人。监票人负责对选举全过程进行监督。监票人和计票人应在非党委委员、纪委委员候选人中产生。计票人在监票人监督下进行工作。

第三十条　选举收回的选票，等于或少于投票人数选举有效；多于投票人数，选举无效，应重新选举。每一选票所选人数等于或少于规定应选人数的为有效票，多于规定应选人数的为无效票。

第三十一条　进行正式选举时，被选举人获得的赞成票，超过实到会有选举权人数的一半，始得当选。

得票超过半数的人数多于应选名额时，以得票多的当选。遇票数相等不能确定当选人时，应就票数相等的被选举人重新投票，得票多的当选。

得票超过半数的人数少于应选名额时，对不足的名额可另行选举。候选人从未当选的得票多的候选人中确定，实行差额选举；如当选人数接近应选名额，也可以减少名额，不再进行选举。

第三十二条　投票结束后，监票人、计票人应认真统计核对投票人数和票数，做好记录，由监票人签字并公布候选人得票情况，由会议主持人宣布当选人名单。选票应妥善保存以备核查。

第三十三条　选举应尊重和保障党员的民主权利，体现选举人的意志。任何组织和个人不得以任何方式强迫选举人选举或不选举某人。在酝酿候选人和选举过程中，不允许任何非组织活动。

第三十四条　在选举中，凡有违反《中国共产党章程》和《中国共产党基层组织选举工作暂行条例》规定的行为，必须认真查处，根据问题的性质和情节轻重，给予有关党组织、党员批评教育，直至给予组织处分。

第七章　选举结果的报批

第三十五条　党员大会（党员代表大会）结束后，下属企业党组织应及时将选举结果报上级党组织。内容主要包括：

（一）选举情况（应到会人数、实到会人数、每个当选人获得的票数）。

（二）党委、纪委或党总支委员名单。

（三）党委（党总支）书记、副书记、党委常委名单，经同级党委通过的纪委书记、副书记名单。

第三十六条　选出的委员，报上级党组织备案；书记、副书记、常委报上级党组织批准。纪律检查委员会选出的书记、副书记，经同级党的委员会通过后，报上级党组织批准。在京下属企业党组织选举结果报国机集团党委批复；京外下属企业党组织选举结果由国机集团党委与企业所在地上级党组织协商办理批复手续。

第三十七条　党员大会（党员代表大会）闭会期间，下属企业党委（党总支）书记、副书记、党委常委、纪委书记出缺或需要调整时，按照干部管理权限，由国机集团党委研究后指派或调整。

第三十八条　下属企业党委、纪委或党总支委员在任期内由于工作调离、退休等原因出缺的，如果不影响工作，可以不增补委员；如果工作需要，应按照有关规定履行报批程序后，召开党员大会（党员代表大会）进行补选，并将补选结果报上级党组织备案。

第八章　附　则

第三十九条　本办法由国机集团党委组织部负责解释。

第四十条　本办法自印发之日起施行。《中国机械工业集团有限公司全资及控股企业党组织换届选举工作实施办法》（国机党〔2018〕89号）同时废止。

中国机械工业集团有限公司
全资、控股企业领导人员管理办法

国机党〔2019〕126号

第一章 总 则

第一条 为深入贯彻落实习近平新时代中国特色社会主义思想，坚持和加强党的全面领导，认真践行新时代党的组织路线，不断加强中国机械工业集团有限公司（以下简称国机集团或集团）全资、控股企业领导人员管理工作，完善选人用人机制，提高选人用人质量，着力建设对党忠诚、勇于创新、治企有方、兴企有为、清正廉洁的高素质专业化领导人员队伍，激发和保护企业家精神，更好地发挥领导人员作用，培育具有全球竞争力的世界一流企业，根据《中国共产党章程》《中央企业领导人员管理规定》和有关党内法规、国家法律法规，结合国机集团实际情况，制定本办法。

第二条 本办法适用于列入国机集团党委干部管理序列的全资企业和控股企业。

第三条 本办法适用于列入国机集团党委管理的下列企业领导人员：

（一）党委书记、党委副书记、党委常委、纪委书记（纪检组组长）；

（二）董事长、副董事长、董事（不含外部董事、职工董事）；

（三）总经理（院长）、副总经理（副院长）、财务总监（总会计师）。

第四条 企业领导人员管理，必须坚持党管干部原则，坚持党对干部工作的领导权和重要干部的管理权，坚持发挥市场机制作用，坚持德才兼备、以德为先、任人唯贤，坚持事业为上、人事相宜，坚持组织认可、出资人认可、市场认可、职工群众认可，坚持民主、公开、公平、竞争、择优，坚持严管和厚爱结合、激励和约束并重，坚持依规依纪依法。

第五条 控股企业中的上市公司或全资、控股企业中建立规范法人治理结构的，且外部董事在董事会中超过半数、运行规范的企业，国机集团对董事长、副董事长、董事、监事会主席、监事、总经理提出选派建议，商企业股东会或董事会确认。经国机集团党委批准，副总经理、财务总监（总会计师）等经理层副职领导人员，可授权企业董事会进行选拔、任免，国机集团党委发挥确定标准、规范程序、参与考察、推荐人选的作用，选拔、任免工作按照《国机集团党委授权试点企业董事会选聘经理层副职工作流程》执行，履行事前请示和任后备案程序。被授权企业董事会选拔经理层副职领导人员时，任职条件、职数、年龄、期限等应符合国机集团干部管理规定。其他经考核认定董事会建设科学规范的企业，经国机集团党委研究后可授权企业董事会选拔任免经理层副职。

第二章 职位设置

第六条 企业党委发挥领导作用，在公司法人治理结构中具有法定地位。党委、董事会、经理层应当各司其职、各负其责、协调运转、有效制衡，把加强党的全面领导和完善公司治理统一起来。

第七条 根据企业实际情况，合理确定并从严掌握企业党委、董事会、经理层职数：

（一）企业设党委书记1人，可以设党委副书记，设纪委书记（纪检组组长）1人；设立常务委员会的企业党委，党委常委职数一般为5人至9人。

（二）董事会职数一般为5人至13人，设董事长1人，可以设副董事长。

（三）设立董事会的企业经理层职数一般为4人至7人，设总经理1人。未设立董事会的企业经理层职数一般为5人至8人，设总经理（院长）1人。

列入国机集团党委管理的企业领导班子职数一般不得超过9人。

根据国机集团发展战略和企业改革发展实际需要，经集团党委常委会研究，可适当对企业领导班子职数进行调整。

第八条 企业党委领导、董事会成员、经理层成员实行双向进入、交叉任职。党委书记、董事长由一人担任，董事长、总经理分设；总经理是党员的一般担任党委副书记并进入董事会；规模较大的企业可配备党委专职副书记，并进入董事会，专责抓党建工作。经理层成员中符合条件的党员可以依照有关规定和程序进入党委。

第九条 企业领导人员实行任期制，任期届满，经考核合格的可以连任。

企业党委每届任期5年，中共中央办公厅《关于党的基层组织任期的意见》印发前已换届的企业党委，原则上从本届任期届满后，开始执行每届任期5年。

董事会成员、经理层成员每届任期一般为3年。

企业领导人员任期综合考核评价周期为3年。

第三章 任职条件

第十条 国有企业领导人员是党在经济领域的执政骨干，是治国理政复合型人才的重要来源，肩负着经营管理国有资产、实现保值增值的重要责任，国机集团企业领导人员应当对党忠诚、勇于创新、治企有方、兴企有为、清正廉洁，具备下列基本条件：

（一）自觉坚持以马克思列宁主义、毛泽东思想、邓小平理论、"三个代表"重要思想、科学发展观、习近平新时代中国特色社会主义思想为指导，树牢"四个意识"，坚定"四个自信"，做到"两个维护"，坚决执行党和国家的方针政策，严格遵守党的政治纪律和政治规矩，在思想上政治上行动上同以习近平同志为核心的党中央保持高度一致。坚持国有企业的社会主义方向，坚持全心全意依靠工人阶级方针，坚定建设具有全球竞争力的世界一流企业的职业追求。

（二）具有强烈的创新意识和创新自信，敢闯敢试、敢为人先，勇于变革、开拓进取，市场感觉敏锐，善于捕捉商机、防控风险，持续推进企业产品创新、技术创新、商业模式创新、管理创新、制度创新、文化创新，不断提高企业核心竞争力。

（三）具有较强的治企能力，善于把握市场经济规律和企业发展规律，掌握宏观经济形势和国家政策法规，有国际视野、战略思维、法治理念，有专业思维、专业素养、专业方法，懂经营、会管理、善决策，注重团结协作，善于组织协调，能够调动各方面积极性。

（四）具有正确的业绩观，坚决贯彻创新、协调、绿色、开放、共享的发展理念，紧紧围绕国机集团发展战略，坚持创新驱动、转型升级、提质增效，正确处理当期效益与长远发展的关系，勇担当，善作为，有斗争精神和斗争本领，勤奋敬业，真抓实干，推动企业高质量发展，推动企业全面履行经济责任、政治责任、社会责任，工作业绩突出。

（五）具有良好的职业操守和个人品行，严格遵守党章党规党纪，自觉践行"三严三实"，认真贯彻落实中央八项规定精神，坚决反对形式主义、官僚主义、享乐主义和奢靡之风，坚决反对特权思想和特权现象，谨慎用权，公私分明，诚实守信，依法经营，严守底线，廉洁从业。

党委领导还必须具有较强的管党治党能力和较高的思想理论水平，深入贯彻党要管党、全面从严治党方针，严格遵守《关于新形势下党内政治生活的若干准则》和《中国共产党党内监督条例》，严格执行民主集中制原则，善于围绕企业改革发展的中心任务抓好党建工作。党委书记还应当善于总揽全局、协调各方，善于抓班子带队伍、聚人才强党建。

第十一条 担任国机集团企业领导人员，应当具备下列任职资格：

（一）具有累计 10 年以上企业工作经历或者相关的经济、法律、党群等工作经历。

（二）提任正职领导人员的，一般应当在同层级副职岗位工作 2 年以上，未满 2 年的一般应当在同层级副职岗位和下一层级正职岗位工作累计 5 年以上；提任副职领导人员的，一般应当在下一层级正职岗位工作 3 年以上，未满 3 年的一般应当在下一层级正职岗位和副职岗位工作累计 5 年以上。

（三）一般应当具有大学本科及以上文化程度。

（四）初次任职的副职领导人员一般应当具有在下一层级两个或两个以上岗位任职的经历。

（五）具有良好的心理素质和能够正常履行职责的身体条件。

（六）符合有关法律法规规定的资格要求。

（七）担任党的领导职务的，还应当符合《中国共产党章程》和有关规定的要求。

（八）担任财务总监（总会计师）的，一般还应当具有注册会计师职业资格或者高级会计师、高级审计师等经济管理类高级职称。从事财务会计或者审计等相关工作时间累计不少于 8 年。

第十二条 特别优秀或者工作特殊需要的人才，可以破格提拔。

破格提拔的特别优秀领导人员，应当政治过硬、德才素质突出、市场和职工认可度高，并且符合下列条件之一：

（一）在关键时刻或者承担重大专项、重大改革、市场开拓前沿、经营困难企业等急难险重任务中经受住考验、表现突出、作出重大贡献。

（二）在其他岗位上尽职尽责、工作业绩特别显著。

因工作特殊需要破格提拔的领导人员，应当符合下列情形之一：

（一）重大专项、重大改革、市场开拓前沿、经营困难企业工作急需的。

（二）发展新技术、新产业、新业态、新模式、专业性较强的岗位急需的。

破格提拔领导人员，不得突破本办法第十条规定的基本条件和第十一条第六、七、八项规定的资格要求。提拔任职不满 1 年的，不得破格提拔。不得在任职年限上连续破格。不得越两级提拔。

第十三条 市场化选聘的职业经理人，除法律法规有明确规定外，根据工作需要，可以结合本规定第十条、第十一条规定的任职条件，明确特殊的任职资格条件。

实行企业领导人员职位禁入制度，严格按照党章党规党纪及有关法律法规执行。

第四章 选拔任用

第十四条 选拔任用企业领导人员，必须发挥国机集团党委的领导和把关作用，突出政治标准和专业能力，树立正确选人用人导向。

第十五条 落实中央《关于适应新时代要求大力发现培养选拔优秀年轻干部的意见》，大力发现培养选拔适应新时代要求的优秀年轻领导人员，坚持老中青梯次配备，用好各年龄段领导人员，保持领导班子合理年龄结构。

第十六条 选拔任用企业领导人员，主要采取内部推选、外部交流、公开遴选等方式。对经理层成员也可以采取竞聘上岗、公开招聘、委托推荐等方式。

第十七条 选拔任用企业领导人员，严格执行国机集团党委选拔任用领导人员工作程序，一般经过下列环节：

（一）提出工作方案；

（二）确定考察对象；

（三）考察或者背景调查；

（四）集体讨论决定；

（五）依法依规任职。

第十八条 选拔任用企业领导人员，国机集团党委及其组织部门提出启动意见，就选拔任用的职位、条件、范围、方式、程序等提出建议，在一定范围内进行酝酿，形成工作方案。

纪委书记（纪检组组长）选拔任用工作方案的提出和人选考察，按照有关规定执行。

第十九条 选拔任用企业领导人员，应当采取适当方式，综合考虑考核评价、一贯表现、人岗相适等情况，确定考察对象：

（一）采取内部推选方式的，应当经过民主推荐。民主推荐包括个别谈话推荐和会议推荐。根据工作需要，可以先进行个别谈话推荐，也可以先进行会议推荐。先进行个别谈话推荐的，可以根据谈话情况提出参考名单进行会议推荐。推荐结果作为选拔任用的重要参考，在1年内有效。

（二）采取外部交流方式的，可以综合有关方面意见提出拟交流人选，也可以通过民主推荐提出拟交流人选。

（三）采取公开遴选方式的，应当对相关企业和单位党委推荐的人选进行资格审查，开展能力和素质测试。

（四）采取竞聘上岗、公开招聘方式的，应当对报名人选进行资格审查，开展能力和素质测试。竞聘上岗的，也可以通过会议推荐或者个别谈话推荐确定参加测试人选。

（五）采取委托推荐方式的，应当对人才中介机构或者业内专家等推荐的人选进行资格审查，并与人选进行意愿沟通，必要时开展能力和素质测试。

上述第一项中参加个别谈话推荐的人员范围一般包括：企业领导班子成员，国机集团派出的董事、监事，企业近两年退出领导岗位的原领导班子成员，党委委员，纪委委员，内设部门主要负责人以上管理人员，下一级单位正职领导人员和其他需要参加的人员。

上述第一项中参加会议推荐的人员范围一般包括：企业领导班子成员，国机集团派出的董事、监事，企业近两年退出领导岗位的原领导班子成员，党委委员，纪委委员，内设部门负责人以上管理人员，下一级单位正职领导人员和其他需要参加的人员。

第二十条 选拔任用企业领导人员，应当坚持实践标准，注重精准识人，突出考察政治表现，全面考察人选素质、能力、业绩和廉洁从业等情况，严把政治关、品行关、能力关、作风关、廉洁关，防止"带病提拔"。考察应当把握以下方面：

（一）综合运用个别谈话、发放征求意见表、民主测评、实地走访、查阅工作资料、同人选面谈等方式广泛深入了解人选情况，根据工作需要进行实地考察、延伸考察、专项调查。

（二）拟提任或者重用的人选就本人廉洁从业情况作出说明，企业党委对其廉洁从业情况提出结论性意见，并由党委书记和纪委书记（纪检组组长）签字。

（三）就人选情况听取国机集团纪检监察机构的意见，集团纪委书面反馈人选廉洁从业情况意见。

（四）就京外企业人选情况听取地方协管方的意见。

（五）严格审核人选的干部人事档案。

（六）严格核查人选的个人有关事项报告。

（七）对人选的有关问题反映，线索具体、有可查性的，按照有关规定调查核实。

（八）需要对人选进行经济责任审计的，按照有关规定进行审计。

对通过公开招聘、委托推荐方式产生的人选，不具备考察条件的，应当通过适当方式进行背景调查，认真审核人选出生时间、政治面貌、学历学位、履职经历等基本信息，全面了解其政治素质或者政治倾向、专业能力、工作业绩、职业操守和廉洁从业等情况。

第二十一条 选拔任用企业领导人员，应当按照干部管理权限由国机集团党委集体讨论作出任免决定，或者决定提出推荐人选的意见。

党委书记、党委副书记、党委常委、纪委书记应当由党员代表大会或者党员大会选举产生的，按照《中国共产党章程》和有关规定办理。

董事会成员、经理层成员应当由股东会、董事会履行任免程序的，按照有关法律法规和公司章程办理。

第二十二条 实行干部任职前公示制度，对拟提任的干部，在国机集团党委讨论决定后、下发任职通知前，应当在一定范围内进行公示，公示期不少于5个工作日。公示结果不影响任职的，办理任职手续。

第二十三条 任用企业领导人员，对党委书记、党委副书记、党委常委、纪委书记（纪检组组长）实行委任制或者选任制，对董事会成员实行委任制或者选任制，对经理层成员实行聘任制或者委任制。

第二十四条 实行企业领导人员任职承诺制度，新任领导人员应当就忠诚干净担当作出承诺，任职3年内一般不因个人原因提出辞去领导职务。对正职领导人员，根据工作需要开展任职承诺。

第二十五条 实行领导人员任职谈话制度。对决定任用的领导人员，由国机集团领导或指定专人同本人谈话，肯定成绩，指出不足，提出要求和需要注意的问题。

第二十六条 实行企业领导人员选拔任用工作纪实制度。选拔任用企业领导人员，要严格按照干部管理权限和有关规定进行纪实，要对动议、民主推荐、考察、讨论决定、任职等各个环节如实记录，有关资料将作为选人用人工作监督检查和责任追究的重要依据，使干部的选任过程可追溯、可倒查。

第二十七条 企业领导人员在同一企业任职，有下列情形之一且还能任满3年以上的，一般应当交流：

（一）董事长、总经理（院长）在同一职位任职满9年的；

（二）担任正职领导人员满12年的；

（三）纪委书记（纪检组组长）、财务总监（总会计师）在同一职位任职满6年的；

（四）其他领导人员在同一层级职位任职满9年的；

（五）其他应当交流的情形。

副职领导人员应当交流但暂不具备交流条件的，应当先进行轮岗或者调整工作分工。

纪委书记（纪检组组长）、财务总监（总会计师）一般应当交流任职。

第二十八条 企业领导人员配偶已移居国（境）外，或者没有配偶但子女均已移居国（境）外的（以下简称配偶移居人员），其任职岗位管理按照有关规定执行。

第五章　考核评价

第二十九条 国机集团党委及其有关部门建立和完善体现企业特点的领导人员考核评价体系，强化抓改革、强党建、促发展导向，引导企业领导人员树立正确业绩观，做到忠诚干净担当，推动企业持续健康发展。

注重考核评价结果运用，将考核评价结果作为企业领导人员选拔任用、薪酬与激励、管理监督、培养锻炼和退出的重要依据。

第三十条 对企业领导班子和领导人员进行综合考核评价：

（一）综合考核评价以日常管理为基础，对企业领导班子重点考核评价政治素质、经营业绩、团结协作、作风形象和党建工作等情况，对企业领导人员重点考核评价政治表现、能力素质、工作业绩、廉洁从业和履行"一岗双责"等情况。

（二）对企业领导班子和领导人员综合考核评价分为任期考核评价、年度考核评价。任期考核评价是对任期内企业的经营管理、资产负债、制度建设、领导班子的运行效果、班子成员的实际表现等进行全方位的考核评价。年度考核评价是根据企业年度生产经营实际情况，对领导班子任期内年度工作情况进行的全面考核评价。

（三）综合考核评价坚持定量考核与定性评价相结合，实行分层分类考核评价，综合运用多维度测评、个别谈话、听取意见、综合分析研判等方法进行。

（四）企业领导班子综合考核评价结果分为优秀、良好、一般、较差，企业领导人员综合考核评价结果分为优秀、称职、基本称职、不称职。综合考核评价结果作为企业领导班子调整和领导人员培养、使用、奖惩的重要依据。

（五）加大综合考核评价力度，推进年度考核、日常考核、近距离考核，做到考核经营化、制度化、全覆盖。

第三十一条 对企业领导人员经营业绩进行考核：

（一）经营业绩考核分为年度考核和任期考核，根据企业功能定位、发展目标和责任使命，合理确定业绩考核重点、考核指标及目标值，综合相关情况确定考核结果。

（二）经营业绩考核应当区别企业领导人员岗位职责和履职特点，实现领导班子成员全覆盖。

加强对董事会及其成员在推动企业贯彻党和国家重大方针政策，履行战略引领、重大决策、风险防控职责，促进企业改革发展等方面的考核。

开展落实董事会职权试点的企业，董事会应当根据履行出资人职责的机构明确的经营业绩考核导向，围绕企业发展战略和中长期发展规划，对经理层成员实施业绩考核并决定考核结果。

第三十二条 按照有关规定对企业党建工作责任制落实情况进行考核：

（一）党建工作考核每年开展1次，可以与企业党委工作报告、综合考核评价、民主生活会召开等结合开展。重点考核企业党委履行全面从严治党主体责任、纪委（纪检组）履行监督责任、党委书记履行第一责任、党委专职副书记履行直接责任、纪委书记（纪检组组长）履行监督执纪问责责任、党委领导班子其他成员履行分管领域党建工作责任等情况，有效落实党委把方向、管大局、保落实职责，充分发挥党委领导作用。

（二）实行党建工作责任制落实情况量化考核，党建工作考核评价结果同企业评优相衔接，同企业领导班子成员任免奖惩相挂钩。

（三）企业党委每年年初向国机集团党委全面报告上年度党建工作情况，党委常委会每年向全会专题报告党建工作情况，企业党委领导班子成员定期向本企业党委报告抓党建工作情况。实行企业党委书记抓党建述职评议考核制度，把抓企业基层党建工作作为述职评议考核的重要内容。纪委书记（纪检组组长）的履职专项考核按照有关规定执行。

第六章 薪酬与激励

第三十三条 完善既符合企业一般规律又体现企业特点的薪酬分配和激励机制，坚持物质激励与精神激励相结合、短期激励与任期激励相结合，强化正向激励导向，激发企业领导人员创新活力和创业动力。

第三十四条 坚持分类分级管理，实行与企业领导人员选任方式相匹配、与企业功能性质相适应、与经营业绩相挂钩的差异化薪酬分配办法，严格规范企业领导人员薪酬分配。

第三十五条 落实中央《关于进一步激励广大干部新时代新担当新作为的意见》，对敢于负责、勇于担当、善于作为、业绩突出的企业领导人员，应当及时提拔重用，以正确用人导向激励企业领导人员讲担当、重担当。

第三十六条 对在企业改革发展、党的建设中作出突出贡献，以及在完成重大专项和重大改革任务、处置突发事件等工作中表现突出的企业领导人员，按照有关规定予以表彰。

有关部门应当宣传优秀企业领导人员的先进事迹和突出贡献，展现优秀企业家精神，汇聚崇尚创新创业正能量，营造尊重企业家价值、鼓励企业家创新、发挥企业家作用的浓厚氛围。

第三十七条 企业领导人员应当执行带薪休假制度。

第七章 管理监督

第三十八条 完善企业领导人员管理监督体系，把党内监督、监察监督同出资人监督、审计监督、职工民主监督、舆论监督贯通起来，增强监督合力，提高监督效能。

领导人员应当依法履职，廉洁从业，切实维护党和国家利益、出资人利益、企业利益和职工群众合法权益。党员领导人员还应当按照党章党规党纪，自省自律，自觉接受监督。

第三十九条 国机集团党委、纪委及其有关部门应当坚持抓常、抓细、抓长，通过谈心谈话、考察考核、列席会议、调研督导、个人有关事项报告抽查核实和提醒、函询、诫勉等方式，全方位、多角度、近距离了解识别企业领导人员，加强对领导人员的日常管理和监督，把管思想、管工作、管作风、管纪律统一起来，做到真管真严、敢管敢严、长管长严。

组织人事部门要加强对企业领导班子运行情况和领导人员思想状况的日常研判，坚持任期制管理，加大考核力度，加强考核评价结果运用，及时调整优化领导班子，确保企业持续健康运行。

国机集团党委常委及有关部门要与企业领导人员开展经常性的谈心谈话，与正职领导人员谈心谈话每年至少1次。

有关部门要及时稳妥处理涉及企业领导人员的来信、来访、举报，加强舆情收集、分析和处置。

第四十条 国机集团党委要对企业党委领导班子及其成员开展巡视工作，深化政治巡视，聚焦坚持党的领导、加强党的建设、全面从严治党，发现问题、形成震慑。

国机集团党委、纪委要加强对企业领导班子和领导人员履行职责、行使权力的监督，坚持抓早抓小，有效运用监督执纪"四种形态"，严肃查处违规违纪行为，严肃追责问责，坚决惩治和有效预防腐败。

第四十一条 对企业和领导人员的出资人监督、审计监督，按照有关规定执行。企业领导人员在离任、任期届满时，依照有关规定由国机集团审计部门负责组成审计组进行经济责任审计。必要时，依照有关规定进行专项经济责任审计。

第四十二条 企业党委、纪委（纪检组）要严格落实全面从严治党责任，加强对企业领导人员履职行权、遵规守纪等情况的监督检查。领导人员之间应当强化同级监督，党委书记、纪委书记（纪检组组长）应当及时提醒纠正苗头性、倾向性问题。

企业党委要以党章为根本遵循，加强和规范党内政治生活，增强党内政治生活的政治性、时代性、原则性、战斗性，营造风清气正的良好政治生态。推进"两学一做"学习教育常态化制度化，坚持"三会一课"、民主生活会、组织生活会和民主评议党员等制度。

企业党委要严格落实向国机集团党委请示报告制度。按照规定向国机集团党委报备领导人员分工，无正当理由、未向国机集团党委报备不得调整。企业领导人员应当强化组织观念，工作中重大问题、重大情况和个人有关事项按照规定程序向组织请示报告，离开岗位或者工作所在地事先向企业党委报告。

第四十三条 企业要发挥职工代表大会、工会作用，坚持和完善职工代表大会民主评议企业领导人员制度，加强职工民主监督。做好"一报告两评议"工作，组织干部职工对干部选拔任用工作和新选拔任用的干部进行民主评议。企业应当坚持和完善职工董事制度，保障职工代表有效参与公司治理。

第四十四条 企业党委、董事会、经理层应当分别依据各自职责、权限和议事规则，集体讨论决定"三重一大"事项。

企业党委研究讨论是董事会、经理层决策重大问题的前置程序，重大经营管理事项应当经党委研究讨论后，再由董事会或者经理层作出决定。进入董事会、经理层的党委领导班子成员和本企业的党员应当落实党组织的意图。

第四十五条 企业领导人员兼职要按照有关规定严格管理。

（一）企业领导人员在所任职企业出资企业（包括全资、控股或者参股企业，下同）兼职，根据工作需要掌握；在社会团体、基金会兼职合计不得超过3个；在国际组织兼职一般不得超过1个。不得在其他企事业单位、营利性组织和社会服务机构兼职。

（二）企业领导人员兼职要按照干部管理权限审批，任期届满连任的，要重新报批。在社会团体、基金会兼职不得超过两届。

（三）企业领导人员不得在兼职单位领取工资、奖金、津贴等任何形式的报酬和获取其他额外利益。

第四十六条 按照有关规定，严格企业领导人员出国管理，严肃外事纪律，不得安排照顾性、任务虚多实少、目的实效不明确或者考察性出国，严禁变相公款出国旅游，严禁安排与公务活动无关的娱乐活动。

第四十七条 企业领导人员履职待遇和业务支出应当按照有关规定严格规范，严禁将公款用于个人支出。

第四十八条 实行企业领导人员任职回避制度。属夫妻关系、直系血亲关系、三代以内旁系血亲以及近姻亲关系的，不得在同一企业同时担任领导职务，不得在同一企业担任双方直接隶属于同一领导人员的职务或者有直接上下级领导关系的职务，也不得在其中一方担任领导职务的企业从事组织人事、纪检监察、审计、财务工作。

第四十九条 实行企业领导人员选拔任用工作回避制度。党委及其组织人事部门讨论干部任免，涉及与会人员本人及其亲属的，本人必须回避。干部考察组成员在干部考察工作中涉及其亲属的，本人必须回避。

第五十条 实行企业领导人员报告个人有关事项制度。企业领导人员要按照有关规定，按照管理权限向国机集团党委报告个人有关事项。

企业领导人员的配偶、子女及其配偶经商办企业行为应当按照有关规定严格规范，促进廉洁齐家。

企业领导人员不得利用职权或者职务上的影响，为本人配偶、子女及其配偶等亲属和其他特定关系人的经营活动提供便利、谋取利益。

第五十一条 对企业党委和党员领导人员的问责，以及领导人员违规经营投资责任追究，按照有关规定执行。

第五十二条 建立容错纠错机制，鼓励探索创新，支持担当作为，允许试错，宽容失误。对企业领导人员履职行权过程中出现的失误错误，同时符合下列条件的，经综合分析研判，可以免责或者从轻、减轻处理：

（一）以促进企业改革发展稳定或者履行企业经济责任、政治责任、社会责任为目标的；

（二）党和国家方针政策、党章党规党纪和国家法律法规没有明确限制或者禁止的；

（三）贯彻了民主集中制原则和"三重一大"决策制度的；

（四）没有为个人、他人或者单位谋取私利等违规违纪违法行为的；

（五）未造成重大损失或者恶劣影响的。

容错工作在国机集团党委领导下开展，由纪检监察部门、组织部门等机构按照职责权限组织实施。

第五十三条 按照上级要求，结合企业实际，可以按照市场规律管理企业经理层，推进经理层成员契约化管理，签订聘任协议和业绩合同，明确权利、义务、责任，约定绩效目标、奖惩依据、退出条件、竞业禁止、责任追究等条款。

第八章 培养锻炼

第五十四条 建立源头培养、跟踪培养、全程培养的素质培养体系，以强化忠诚意识、拓展国际视野、提高战略思维、增强创新精神、提升治企能力、锻造优秀品行为重点，加强对企业领导人员的教育培训和实践锻炼，增强建设世界一流企业、适应新时代中国特色社会主义发展要求的素质和能力。

培养锻炼情况作为企业领导人员考核的内容和任用的重要依据。

第五十五条 加强企业领导人员政治建设和思想建设，强化理想信念宗旨教育和党性锻炼，引导企业领导人员坚持用习近平新时代中国特色社会主义思想武装头脑，学习贯彻维护党章，坚定中国特色社会主义道路自信、理论自信、制度自信、文化自信，提高政治觉悟和政治能力，牢记党的宗旨，树立正确的世界观、人生观、价值观，全面贯彻党的基本理论、基本路线、基本方略，自觉做共产主义远大理想和中国特色社会主义共同理想的坚定信仰者和忠实实践者。

第五十六条 加强企业领导人员能力建设，引导企业领导人员围绕统筹推进"五位一体"总体布局和协调推进"四个全面"战略布局，以供给侧结构性改革为主线，着眼增强核心竞争力、建设世界一流企业，着眼国有资产保值增值、国有资本做强做优做大，培养专业能力、专业精神，提升学习能力、政治领导能力、改革创新能力、市场洞察能力、战略决断能力、推动执行能力和风险防控能力。

第五十七条 加强企业领导人员职业修养和道德品行教育，引导领导人员践行社会主义核心价值观，继承和发扬党的优良传统和作风，秉承中华民族传统美德，弘扬企业家精神，树立良好社会形象。

第五十八条 企业领导人员教育培训，可以以脱产培训、党委理论学习中心组学习、网络培训、在职自学等方式进行。脱产培训以组织调训为主。

企业领导人员5年内参加干部教育培训管理部门认可的脱产培训累计不少于3个月或550学时，网络培训每年不低于50学时。

第五十九条 加大企业领导人员交流培养力度。有计划地选派企业领导人员和优秀年轻干部到重大专项攻坚、重大改革推进、市场开拓前沿、经营困难企业、艰苦地区的关键岗位上锻炼培养。

依托驻外企业（机构）和境外项目，加强国际化经营管理人才的培养锻炼。坚决防止"镀金"思想和短期行为。

健全干部交流工作机制和相关制度，认真研究解决干部交流的政策、措施，从管理、薪酬待遇、生活等多方面做好保障，在交流中发现干部、培养干部、推动工作。

加强企业领导人员在党务工作岗位与经营管理岗位之间的轮岗交流，培养复合型领导人员。

第六十条　大力发现、培养、选拔优秀年轻干部，健全优秀年轻干部发现培养、选拔使用和管理监督的全链条机制和相关制度，国机集团党委直接掌握一批来源广泛、数量充足、结构合理、素质优良的优秀年轻干部队伍，在国机集团内统筹使用。坚持拓宽视野、优化结构、确保质量，深入开展调研，及时发现、补充优秀年轻干部人选。加强培养锻炼，国机集团党委和企业党委共同制订培养方案，坚持跟踪培养，加强教育培训，注重基层锻炼，强化实践磨练，坚持必要台阶和递进式培养。完善适时使用机制，大胆选拔使用经过实践考验的优秀年轻干部。全面从严管理监督，健全考核机制，国机集团党委和企业党委共同考核，实行动态管理，做到定期调整，有进有退，始终保持优秀年轻干部队伍"一池活水"。

企业党委要把关心年轻干部健康成长作为义不容辞的政治责任，加强长远规划，健全工作责任制，大力发现、培养、选拔优秀年轻干部。

第六十一条　扩大国机集团干部使用资源和选人用人视野，发挥各级干部作用。优化集团干部管理层级，自2013年以来根据国机集团发展战略需要实施重组不再列入集团直接管理的原二级企业，其由国机集团党委选拔任命的原领导班子成员，继续纳入国机集团党委干部管理序列，保留原职级。将部分重点三级企业、部分转制院所领导人员纳入选人用人范围，进行备案管理，由国机集团党委商二级企业党委统筹调配和使用。设立国内地方代表处、海外区域中心，将地方代表处负责人、海外区域中心负责人、驻外机构总代表、重大项目负责人、重点项目团队负责人等优秀年轻干部人才纳入组织视野，国机集团党委给予重点关注。

企业应根据自身发展实际，本着有利于加强干部培养锻炼、有利于促进干部梯队建设、有利于推动生产经营工作开展的原则，按照国机集团党委备案管理的有关要求，合理合规设置助理级领导职务，做到严格控制数量、确保人选质量。

第九章　退　出

第六十二条　健全企业领导人员退出机制，完善企业领导人员免职、撤职、辞职、退休制度。根据领导班子建设和领导人员年龄、健康、履职等情况，以及企业发展战略调整、产业转型、兼并重组等需要，及时调整领导人员，促进领导人员正常更替、人岗相适，增强领导人员队伍活力。

企业领导人员因涉及违纪违法、问责和责任追究应当退出的，按照党章党规党纪和有关法律法规办理。

第六十三条　企业领导人员达到规定的退休年龄，应当退休并及时办理退休手续。男年满60周岁退休，女年满55周岁退休，对于工作业绩突出且企业工作确实需要的正职女领导人员，如本人身体条件允许，可根据本人意愿年满60周岁退休。

为完善企业领导班子结构，加强干部队伍梯队建设，促进优秀年轻干部成长，根据工作需要，对于距离法定退休年龄不满3年且业绩突出的领导人员，可提前退出领导岗位，从事专项工作，享受原岗位职级待遇。因工作需要，企业领导人员到龄免职未退休的，退休年龄界限按照有关规定执行。

第六十四条　企业领导人员任期（聘期）届满未连任（续聘）的，自然免职（解聘）。

第六十五条　企业领导人员因健康原因无法正常履行工作职责1年以上的，应当对其工作岗位进行调整。

第六十六条　企业领导人员非由组织选派，个人申请离职学习期限超过1年的，应当免职（解聘）。

第六十七条　落实中央《推进领导人员能上能下若干规定（试行）》有关精神，企业领导人员具有下列情形之一，经提醒、教育或者函询、诫勉仍未改正或者问题严重的，应当认定为不适宜担任现职，及时采取调整岗位、免职（解聘）、降职等方式予以调整：

（一）理想信念动摇，遵守党的政治纪律和政治规矩不严格，贯彻执行党的路线方针政策不坚决，在重大原则问题上立场不坚定，关键时刻经受不住考验的；

（二）违背民主集中制原则，个人凌驾于组织之上，独断专行，我行我素，拒不执行或者擅自改变组织决定，在领导班子中闹无原则纠纷的；

（三）组织观念淡薄，不执行重要情况请示报告制度，或者漏报、隐瞒不报个人有关事项的；

（四）不担当、不作为，庸懒散拖，干部职工意见较大的；

（五）未履行或者未正确履行职责，导致企业发展、党建工作或者分管工作处于落后状态，企业丧失发展机遇，或者造成国有资产损失以及其他不良后果的；

（六）违反中央八项规定精神，不严格遵守廉洁从业有关规定和廉洁自律规范的；

（七）品行不端，违背社会公德、职业道德、家庭伦理道德，造成不良影响的；

（八）配偶移居人员按照有关规定不适宜担任现职的；

（九）综合考核评价结果较差，或者正职领导人员综合考核评价得分连续2次靠后、副职领导人员连续2次排名末位，经分析研判确属不胜任或者不适宜担任现职的；

（十）综合考核评价结果为不称职或连续2次为基本称职的企业领导人员，原则上调整工作岗位或退出领导班子；

（十一）其他不适宜担任现职的情形。

第六十八条 企业领导人员应当全面落实国有资产保值增值责任，出现下列情形之一的，应当及时予以调整：

（一）任期内未实现国有资产保值增值，且无重大客观原因的；

（二）连续两年未完成国机集团下达的经营业绩考核目标或连续当期经营性亏损，且无重大客观原因的；

（三）因企业会计信息严重失真或者提供虚假信息导致经营业绩考核结果严重不实的。

第六十九条 对无正当理由拒不服从组织调动或者交流决定的，依照法律及有关规定予以免职或者降职使用。

第七十条 实行企业领导人员辞职制度。辞职包括因公辞职、自愿辞职、引咎辞职和责令辞职。

因公辞职是指企业领导人员因工作需要变动职务，依照法律或者有关规定辞去现任职务。

自愿辞职是指企业领导人员因个人或者其他原因，自行提出辞去现任职务。

引咎辞职是指企业领导人员因工作严重失误、失职造成重大损失或者恶劣影响，或者对重大事故负有重要领导责任等，不宜再担任现职，由本人主动提出辞去现任职务。

责令辞职是指企业领导人员应当引咎辞职或者因其他原因不再适合担任现职，本人未提出辞职的，通过一定程序责令其辞去现任职务。

企业领导人员自愿辞职的，应当提交书面申请，按照干部管理权限审批。未经批准，不得擅离职守。擅自离职的，视情节轻重给予相应处理；造成严重后果的，依法追究责任。

第七十一条 有下列情形之一的，不得辞去公职：

（一）在涉及国家安全、重要机密等特殊岗位任职或者离开上述职位不满解密期限的；

（二）正在接受纪检监察机关、司法机关调查，履行出资人职责的机构专项核查，或者正在接受审计的；

（三）存在其他不得辞去公职情形的。

重要项目或者重要任务尚未完成且必须由本人继续完成的，或者有其他特殊原因的，不得辞去领导职务。

第七十二条 严格企业领导人员退出后的兼职（任职）管理：

（一）领导人员到龄免职未退休或者退休后，不得在原任职企业及其出资企业担任各级领导职务。

（二）领导人员到龄免职未退休或者退休后，经国机集团党委批准，可以兼任国机集团下属企业外部董事，并由国机集团按规定核发工作补贴，不得在兼职企业领取其他任何形式的报酬。

（三）领导人员到龄免职未退休，除经批准兼任国机集团下属企业外部董事外，不得在其他企事业单位、营利性组织和社会服务机构兼职。

（四）领导人员离职或者退休后3年内，不得在与本人原任职企业出资企业有业务关系或者竞争关系的企业兼职（任职）、投资入股或者从事相关的营利性活动；拟在其他企业兼职（任职）的，按照有关规定严格审批。

（五）领导人员到龄免职未退休或者退休后，确因工作需要到社会团体、基金会、国际组织兼职，按照有关规定履行审批手续。

第七十三条 企业领导人员退出后，继续对所知悉的国家秘密和原任职企业的商业秘密、技术秘密负有保密责任和义务，保密期限按照国家和原任职企业的规定执行。

第十章 附 则

第七十四条 国机集团全资、控股企业要根据本办法精神，结合实际完善本企业干部管理相关制度。

第七十五条 本办法由国机集团组织人事部门负责解释。

第七十六条 本办法自印发之日起施行。原《中国机械工业集团有限公司全资、控股企业领导干部管理办法》（国机人〔2015〕434号）同时废止。

中国机械工业集团有限公司高层次科技专家选聘管理办法

国机人〔2019〕404号

第一章 总 则

第一条 为加强中国机械工业集团有限公司（以下简称国机集团）高层次科技专家队伍建设，完善高层次科技专家职业发展通道，结合国机集团实际，制定本办法。

第二条 国机集团高层次科技专家序列，由低到高设为高级专家、首席专家、突出贡献专家。

（一）国机集团高级专家

国机集团高级专家实行备案制，二级企业评选出的首席专家和国机集团评选出的原高层次科技专家，入选国机集团高级专家。

（二）国机集团首席专家

国机集团首席专家实行选聘制，每届任期三年，依据选聘程序组织实施。

（三）国机集团突出贡献专家

国机集团首席专家任满三届，经国机集团党委研究决定，入选国机集团突出贡献专家。

第三条 本办法适用于国机集团高层次科技专家的选聘管理工作。

第二章 国机集团高级专家的备案管理

第四条 国机集团高级专家的备案程序

（一）人选推荐。建立首席专家制度的二级企业，将首席专家制度和评选出的首席专家名单报国机集团。

（二）资格审查。国机集团进行资格审查，符合条件的人选入选国机集团高级专家。

（三）国机集团评选出的原高层次科技专家直接入选国机集团高级专家。

第五条 国机集团高级专家的考核

国机集团高级专家所在二级企业负责高级专家的考核工作，考核结果等情况，报国机集团人力资源部备案。

第六条 国机集团高级专家的待遇

国机集团高级专家的待遇依据所在二级企业相关规定执行。

第三章 国机集团首席专家的选聘管理

第七条 国机集团首席专家的选聘范围

国机集团首席专家从在职国机集团高级专家中选聘。

第八条 国机集团首席专家的选聘条件

（一）具有良好的思想政治素质、职业道德和科学素养；具备较强的创新能力、团队协作意识和实干精神；忠诚于国机集团发展事业，贯彻落实国机集团中长期发展战略。

（二）具有扎实的理论基础、系统的专业知识和丰富的实践经验，能及时掌握本领域国内外发展动态，解决本专业重大技术难题，具备引领行业技术发展的能力。

（三）具有正高级专业技术职称。

（四）国机集团党委管理的领导干部，可参加国机集团首席专家的选拔推荐。若选聘为国机集团首席专家，应退出领导岗位。

（五）近五年内在重大质量、安全、保密责任事故中负主要责任的，不得申报。

第九条 国机集团首席专家的选聘职数与任期

（一）国机集团研究确定选聘的重点领域和专业设置，每个专业最多选聘1人。

（二）国机集团首席专家实行聘任制，聘期三年。聘期期满后，重新参加选聘；距离退休时间不足三年的，聘期以退休时间（劳动合同）为限；退休后返聘的，首席专家聘期至期满为止。

第十条 国机集团首席专家的选聘程序

（一）人选推荐。由各二级企业向国机集团上报推荐人选。

（二）资格审查。国机集团对推荐人选进行资格审查，符合申报条件的推荐人选作为候选人参加评审。

（三）综合评审。国机集团成立首席专家评审委员会，组织专家评审委员会进行评审，评审重点是专业技术水平、科技研发能力及解决技术难题能力等。

（四）研究决定。根据评审情况提出国机集团首席专家建议人选，报国机集团党委研究决定。

（五）公示聘任。对国机集团首席专家人选进行公示，时间为5个工作日，公示无异议者，国机集团正式发文聘任。

第十一条 国机集团首席专家选聘工作由国机集团人力资源部牵头，相关部门配合。

第十二条 国机集团首席专家的管理与考核

（一）国机集团首席专家实行目标管理。国机集团与首席专家签订《任期岗位履职责任书》，责任书内容由国机集团、首席专家所在二级企业和首席专家本人共同商定，报国机集团领导审定。

（二）《任期岗位履职责任书》应明确工作任务、工作目标和时间节点，内容包括履职能力、技术创新、学术研究、项目获奖、技术指导、人才培养、工作作风等七个方面。

1. 履职能力方面：指岗位履职情况。

2. 技术创新方面：指承担科技项目研究、技术攻关、技术改造和科技成果推广应用等情况。

3. 学术研究方面：在本领域、专业发表学术论文和著作编写等情况。

4. 项目获奖方面：在科技项目研究、技术攻关、技术改造和科技成果推广应用中获得奖励情况。

5. 技术指导方面：制定或修订国家、行业标准及重要技术规程等情况。

6. 人才培养方面：担任指导教师或兼职培训师的情况，以及本领域、专业内人才培养情况。

7. 工作作风方面：职业道德、团结协作、廉洁自律等情况。

（三）国机集团首席专家的年度考核和任期考核由国机集团组织开展，任期的第三个年度考核与任期考核一并进行，考核结果分为优秀、称职、不称职三个等级。

1. 考核结果为"优秀"或"称职"的，国机集团支付首席专家津贴每人每年人民币税前

150 000 元。

2. 考核结果为"不称职"的，不享受首席专家津贴。

3. 任期内，年度考核结果有两次为"不称职"的，取消国机集团首席专家称号，且三年内不得参加国机集团首席专家选聘。

第十三条 国机集团首席专家的待遇

（一）国机集团首席专家的薪酬按照不低于所在二级企业领导班子副职的平均水平执行；其他待遇按照所在二级企业领导班子副职标准执行。

（二）工作业绩突出、身体健康的首席专家，本人提出申请且所在企业同意，在符合有关政策的前提下，经国机集团党委批准，可延迟退休至63周岁。

（三）国机集团首席专家列席国机集团年度工作会。

第四章 国机集团突出贡献专家的选聘管理

第十四条 国机集团突出贡献专家的聘任程序

（一）资格审查

1. 国机集团首席专家任满三届，且每届任期考核结果均为"优秀"或"称职"的，作为国机集团突出贡献专家的候选人选。

2. 在职的中国科学院院士、中国工程院院士、全国工程勘察设计大师可作为国机集团突出贡献专家的候选人选。

（二）研究决定。国机集团突出贡献专家的候选人选，报国机集团党委研究决定。

（三）公示聘任。对国机集团突出贡献专家人选进行公示，时间为5个工作日，公示无异议者，国机集团正式发文聘任，聘期以退休时间（劳动合同）为限。

第十五条 国机集团突出贡献专家的年度综合评价与考核

国机集团突出贡献专家的年度综合评价与考核由国机集团组织开展，依据国机集团突出贡献专家工作述职，年度综合评价与考核结果分为优秀、称职、不称职三个等级。

1. 年度综合评价与考核结果为"优秀"或"称职"的，国机集团支付突出贡献专家津贴每人每年人民币税前150 000元。

2. 年度综合评价与考核结果为"不称职"的，不享受突出贡献专家津贴。

第十六条 国机集团突出贡献专家的待遇

（一）国机集团突出贡献专家的薪酬按照不低于所在二级企业领导班子副职的平均水平执行；其他待遇，按照所在二级企业领导班子正职标准执行。

（二）工作业绩突出，身体健康的突出贡献专家，本人提出申请且所在企业同意，在符合有关政策的前提下，经国机集团党委批准，可延迟退休至65周岁。中国科学院院士、中国工程院院士按有关政策办理。

（三）国机集团突出贡献专家列席国机集团年度工作会。

第五章 职责与权利

第十七条 国机集团高层次科技专家的职责

（一）提出本领域战略性、前瞻性、创造性的顶层研究构想和规划建议，引领国机集团本专业发展方向。

（二）面向国家重大战略需求和国际科技前沿，获取重大科研项目，主持项目研究攻关。

（三）建设创新团队，指导并培养企业级科技专家，加强本专业人才梯队建设。

（四）组织学术交流与合作，指导解决技术难题，提升国机集团整体科技水平。

第十八条 国机集团高层次科技专家的权利

（一）直接向国机集团或所在二级企业提出本领域发展建议，参与国机集团和所在二级企业有关重大科技项目和本领域重大事项的决策。

（二）优先承担国机集团重大科研项目，担任技术负责人。

（三）向国家部委推荐奖项候选人时，优先从国机集团高层次科技专家中选拔。

（四）国机集团和国机集团高层次科技专家所在二级企业应提供必要的工作条件，协调解决高层次科技专家在工作中的问题。

（五）国机集团适时组织高层次科技专家参加培训、学术技术交流、休假等活动。

第十九条 有下列情况之一的，经国机集团人力资源部审核，取消国机集团高层次科技专家资格

（一）丧失基本政治条件的。

（二）受党内严重警告或者行政记大过以上处分，或构成犯罪，被依法追究刑事责任的。

（三）与所在企业解除劳动合同并离开国机集团的。

（四）由于本人原因，在工作中发生重大事故或造成重大经济损失和不良影响的。

（五）因其他原因应取消资格的。

第六章　附　则

第二十条 国机集团高层次科技专家的日常管理工作由所在二级企业负责，所在二级企业在备案、选聘及考核等工作中弄虚作假的，经调查核实，根据情节轻重，追究相应责任。

第二十一条 本办法由国机集团人力资源部负责解释。

第二十二条 本办法自颁布之日起实行，原《中国机械工业集团有限公司高层次科技专家选聘管理办法》（国机人〔2019〕277号）同时废止。

中国机械工业集团有限公司高层次技能专家选聘管理办法

国机人〔2019〕276号

第一章　总　则

第一条 为加强中国机械工业集团有限公司（以下简称国机集团）高层次技能专家队伍建设，完善高层次技能专家职业发展通道，结合国机集团实际，制定本办法。

第二条 国机集团高层次技能专家按由低到高序列，设为技术能手、首席技师、国机大工匠。

（一）国机集团技术能手

国机集团技术能手实行备案制，二级企业评选出的首席技师和符合条件的人选入选国机集团技术能手。

（二）国机集团首席技师

国机集团首席技师实行选聘制，每届任期三年，依据选聘程序组织实施。

（三）国机大工匠

国机集团首席技师任满三届，经国机集团党委研究决定，入选国机大工匠。

第三条 本办法适用于国机集团高层次技能专家的选聘管理工作。

第二章　国机集团技术能手的备案管理

第四条 国机集团技术能手的备案程序

（一）人选推荐

1.建立首席技师制度的二级企业，将首席技师制度和评选出的首席技师名单报国机集团。

2.符合下列条件之一，可作为推荐人选：

（1）获省（部）级技术能手称号及以上者；

（2）国机集团职业技能竞赛各职业（工种）决赛前3名；

（3）二级企业职业技能竞赛各职业（工种）决赛第1名。

（二）资格审查。国机集团进行资格审查，符合条件的人选，入选国机集团技术能手。

第五条 国机集团技术能手的考核

国机集团技术能手所在二级企业负责技术能手的考核工作，考核结果等情况，报国机集团人力资源部备案。

第六条 国机集团技术能手的待遇

国机集团技术能手的待遇，依据所在二级企业相关规定执行。

第三章　国机集团首席技师的选聘管理

第七条 国机集团首席技师的选聘范围

国机集团首席技师从国机集团技术能手中选聘。

第八条 国机集团首席技师的选聘条件

（一）具有良好的思想政治素质、职业道德；具备较强的技术革新能力和实干精神；忠诚于国机集团发展事业，贯彻落实国机集团中长期发展战略。

（二）具有扎实过硬的职业技能和较强的技能指导能力；在本职业（工种）工作中，总结出先进可行的技能操作方法，或提出了具有重要影响的合理化建议，显著提升工作效率和工作质量，被本行业或所在企业推广应用，并取得重大经济效益。

（三）在生产运行，设备试制、安装、调试、检修中，或在技术革新和新技术研究中，做出了突出贡献。

（四）具备本职业（工种）高级技师职业资格。

（五）近五年内，在产品质量、安全生产、保密责任事故中负有主要责任的，所属企业不得推荐。

第九条 国机集团首席技师的选聘职数与任期

（一）国机集团首席技师的选聘不限职业（工种）。

（二）国机集团首席技师实行聘任制，聘期三年。聘期期满后，重新参加选聘；距离退休时间不足三年的，聘期以退休时间（劳动合同）为限；退休后返聘的，首席技师聘期至期满为止。

第十条 国机集团首席技师的选聘程序

（一）人选推荐。由各二级企业向国机集团上报推荐人选。

（二）资格审查。国机集团对推荐人选进行资格审查，符合申报条件的推荐人选作为候选人参加评审。

（三）综合评审。国机集团成立首席技师专家评审委员会，组织专家评审委员会进行评审，评审重点是工作效率、工作质量、所取得的业绩成果、技艺传授以及技术革新能力等。

（四）研究决定。根据评审情况提出国机集团首席技师建议人选，报国机集团党委研究决定。

（五）公示聘任。对国机集团首席技师人选进行公示，时间为5个工作日，公示无异议者，国机集团正式发文聘任。

第十一条 国机集团首席技师选聘工作由国机集团人力资源部牵头，相关部门配合。

第十二条 国机集团首席技师的管理与考核

（一）国机集团首席技师实行目标管理。国机集团与首席技师签订任期目标责任书，明确工作业绩、技术革新、传艺带徒等任务。责任书内容由国机集团、首席技师所在二级企业和首席技师本人共同商定。

（二）国机集团首席技师的年度考核由所在二级企业组织开展，考核结果报国机集团人力资源部审核；任期的第三个年度考核与任期考核一并进行，由国机集团组织开展。考核结果分为优秀、称职、不称职三个等级。

1. 考核结果为"优秀"或"称职"的，国机集团支付首席技师津贴每人每年人民币税前50 000元。

2. 考核结果为"不称职"的，不享受首席技师津贴。

3. 任期内，年度考核结果有两次为"不称职"的，取消国机集团首席技师称号，且三年内不得参加国机集团首席技师选聘。

第四章　国机大工匠的选聘管理

第十三条　国机大工匠的聘任程序

（一）资格审查。国机集团首席技师任满三届，且每届任期考核结果均为"优秀"或"称职"的，作为国机大工匠的候选人选。

（二）研究决定。国机大工匠的候选人选，报国机集团党委研究决定。

（三）公示聘任。对国机大工匠人选进行公示，时间为5个工作日，公示无异议者，国机集团正式发文聘任，聘期以退休时间（劳动合同）为限。

第十四条　国机大工匠的年度综合评价与考核

国机大工匠的年度综合评价与考核由国机集团组织开展，依据国机大工匠的工作述职，年度综合评价与考核结果分为优秀、称职、不称职三个等级。

1.年度综合评价与考核结果为"优秀"或"称职"的，国机集团支付国机大工匠津贴每人每年人民币税前50 000元。

2.年度综合评价与考核结果为"不称职"的，不享受国机大工匠津贴。

第十五条　国机大工匠列席国机集团年度工作会。

第五章　职责与权利

第十六条　国机集团高层次技能专家的职责

（一）努力钻研新技术，不断更新知识，着力提高岗位技能水平。

（二）发挥技能带头人的示范和引领作用，参与企业重大生产建设、技术革新、技术攻关等项目，解决生产服务中的技术难题，创造新的业绩。

（三）积极传授技艺和经验，培养后备人才。

（四）主动承担国机集团高技能人才培养和重大职业技能竞赛技术指导等工作。

第十七条　国机集团高层次技能专家的权利

（一）优先承担国机集团重大工程项目技术攻关、技术创新等。

（二）向国家部委推荐奖项候选人时，优先从国机集团高层次技能专家中选拔。

（三）国机集团和国机集团高层次技能专家所在二级企业应提供必要的工作条件，协调解决高层次技能专家在工作中的问题。

（四）国机集团适时组织高层次技能专家参加培训、技术交流、休假等活动。

第十八条　有下列情况之一的，经国机集团人力资源部审核，取消国机集团高层次技能专家资格

（一）丧失基本政治条件的。

（二）受党内严重警告或者行政记大过以上处分，或构成犯罪，被依法追究刑事责任的。

（三）与所在企业解除劳动合同并离开国机集团的。

（四）由于本人原因，在工作中发生重大事故或造成重大经济损失和不良影响的。

（五）因其他原因应取消资格的。

第六章　附　则

第十九条　国机集团高层次技能专家的日常管理工作由所在二级企业负责，所在二级企业在备案、选聘及考核等工作中弄虚作假的，经调查核实，根据情节轻重，追究相应责任。

第二十条　本办法由国机集团人力资源部负责解释。

第二十一条　本办法自颁布之日起实施，原《中国机械工业集团有限公司首席技师选聘管理办法》（国机人〔2014〕502号）同时废止。

国机集团贯彻落实《关于提高技术工人待遇的意见》指导意见

国机人〔2019〕118号

按照中共中央办公厅、国务院办公厅印发的《关于提高技术工人待遇的意见》，结合《国机集团人才队伍建设规划（2016—2020年）》要求，为建立技能导向的激励机制，不断完善技能人才职业发展通道，着力提高技能人才收入水平，努力打造一支政治坚定、业务精湛、爱岗敬业、作风优良的高技能人才队伍，提出如下指导意见。

一、指导思想

全面贯彻党的十九大精神，以习近平新时代中国特色社会主义思想为指导，紧紧围绕国机集团"十三五"发展战略，进一步完善技能人才培养、评价、使用、激励、保障等措施，实现技高者多得、多劳者多得，增强技能人才获得感、自豪感、荣誉感，激发技能人才积极性、主动性、创造性，为培育具有全球竞争力的世界一流企业提供有力的人才支持。

二、工作目标

坚持党管人才原则，深入实施人才强企战略，解放思想，深化改革，充分发挥技能人才的作用。将技能人才队伍建设作为"人才强企"战略的重要组成部分，统筹规划，共同发展，打造一支具有扎实理论功底和精湛专业技能，能够系统解决生产制造领域关键问题，持续创新增效，适应和引领智能制造技术发展趋势的新型技能人才队伍，为实现国机集团"聚焦两大领域、发展四大主业"业务定位与"再造海外新国机"愿景提供人才保障。

三、主要措施

（一）畅通技能人才发展通道

以国家职业技能鉴定和职业资格认证为基础，完善技能人才评价体系，突破年龄、学历、资历、身份等限制，促进优秀技能人才脱颖而出。

1. 发挥职业技能鉴定机构的作用，积极组织技能人才参加职业技能鉴定，逐步实现由初级工、中级工、高级工向技师、高级技师的晋升。

2. 贯通技能人才与工程技术人才职业发展通道，拓宽人才发展空间。在工程技术领域从事技能工作的技能人才，符合国家规定条件，可申报评审专业技术职称。

3. 在国家五级职业资格的基础上，丰富并完善《中国机械工业集团有限公司首席技师选聘管理办法》，提高国机集团首席技师待遇，薪酬待遇标准参照所在企业副高级专业技术职务水平执行。

4. 引导、推动具备条件的企业建立相应的首席技师制度，提高企业级首席技师待遇，薪酬待遇标准按照所在企业中级专业技术职务水平执行。

（二）加大技能人才培养力度

大力推进技能人才培养工作，创新技能人才培养模式，全面推行企业新型学徒制，促进技能人才培养，提高技能人才技术水平。企业要用足用好职工教育经费，发挥职工教育经费促培训作用，并向生产一线技能人才倾斜。

1. 岗位技能培训和岗位练兵，每人每年应不低于2次；职业资格等级培训每人每年至少1次；企业针对生产制造中的实际需要，可组织开展专项培训。

2. 加强技能人才的沟通交流，对于有条件的企业，应适时组织技能人才赴境外培训。

3. 发挥职业技术院校、技能人才培养基地的作用，定期组织技能人才培训或交流，为技能人才晋升创造条件。

（三）鼓励开展技能人才比武竞赛活动

1. 支持技能人才参加国家级、省部级技能竞赛，发挥技能竞赛在选拔培养技能人才中的作用。

（1）对通过技能竞赛获"全国技术能手"荣誉称号者，国机集团给予奖励每人不低于税前50 000元。

（2）对通过技能竞赛获"省级技术能手"荣誉称号者，国机集团给予奖励每人不低于税前20 000元。

2. 制定出台国机集团技能比赛管理办法，广泛深入开展岗位练兵、技能比武等活动。原则上，国机集团每年举办一次技能比赛。

（1）对国机集团技能比赛各职业（工种）决赛前3名的选手，国机集团给予奖励每人不低于税前10 000元。

（2）其他技能比赛，各职业（工种）决赛前3名的选手，所在企业应给予适当奖励。

（四）加大技能人才选拔评审力度

1. 对获得国家级或省部级科学技术进步奖、拥有发明专利、出版过国家或行业标准的技能人才，所在企业应给予适当奖励。

2. 在评选"劳动模范""享受国务院政府特殊津贴"等荣誉称号时，应向技能人才倾斜。

3. 依据发展需要，启动"国机大工匠"等荣誉称号的评选工作。

（五）加大"技能大师工作室"建设力度

突出"高精尖缺"导向，对"中华技能大奖""全国技术能手"、国机集团"首席技师"等荣誉称号获得者，成立"技能大师工作室"，国机集团给予一次性资金支持税前100 000元。

（六）提高技能人才收入水平

引导企业建立基于岗位价值、能力素质、业绩贡献的工资分配机制，强化工资收入分配的技能价值导向。结合企业实际，制定关于技术工人的培养、激励、福利待遇、职业发展、服务保障等相关制度。

1. 建立技能人才工资增长机制，所在企业技术工人平均工资增长幅度不得低于企业整体员工平均工资的增长幅度。

2. 结合企业实际情况，鼓励企业将核心高技能人才纳入股权激励、岗位分红等中长期激励范围。

（七）提高技能人才保障水平

1. 加强党委联系服务工作。将影响大和贡献突出的高技能人才纳入到党委联系服务专家范围。建立联系名单和信息库，实时关注人才变化情况，及时进行动态调整。密切日常联系，加强感情交流，适时开展慰问工作。建立高技能人才休假制度，定期组织、分级实施休假活动。

2. 营造良好氛围。利用国机集团报等媒体，大力弘扬工匠精神，展示优秀技能人才风采，支持优秀技能人才跨企业开展联合技术攻关，充分发挥优秀技能人才作用，积极营造劳动光荣的社会风尚和精益求精的敬业风气，使技能人才获得更多职业荣誉感，不断提高技能人才社会地位。

3. 提高福利保障。支持企业根据实际情况，积极研究并充分利用地方政府相关福利保障政策，帮助解决高技能领军人才在购（租）住房、安家补贴、定期体检等方面遇到的困难，为高技能领军人才提供更多的福利保障。

中国机械工业集团有限公司教育培训工作管理办法

国机人〔2019〕117号

第一章 总则

第一条 为深入贯彻习近平新时代中国特色社会主义思想和党的十九大精神，全面落实全国国有企业党的建设工作会议要求，加强中国机械工业集团有限公司（以下简称国机集团）教育培训管理工作，培养造就忠诚干净担当的高素质专业化干部人才队伍，结合国机集团实际，制定本办法。

第二条 国机集团教育培训工作的目标：根据国机集团的发展战略，有计划地提高员工的政治素质、理论素养、思想品德与知识技能，充分发挥员工的潜在能力，使员工具备与国机集团发展相适应的素质和能力。

第三条 国机集团教育培训工作的原则：组织选派与个人申请相结合；普遍提高与重点培养相结合；企业发展与个人成长相结合。

第四条 国机集团企业领导人员5年内参加被干部教育培训管理部门认可的脱产培训累计不少于3个月或550学时，网络培训每年不低于50学时。

第五条 国机集团企业领导人员每年脱产调训率（调训率＝本企业领导人员实际参加组织调训的人数÷本企业领导人员总人数）不低于30%，参训率（参训率＝本企业领导人员实际参加脱产培训和网上专题班的人数÷本企业领导人员总人数）不低于50%。

第二章 教育培训方式和类型

第六条 国机集团组织的教育培训，综合利用讲授式、研讨式、案例式、模拟式、体验式、辩论式等方式开展教学活动，提高教育培训质量。

第七条 国机集团组织的教育培训，课程分必修课和选修课两类。必修课包括习近平新时代中国特色社会主义思想、党的十九大精神以及与培训主题相关的专业化能力培训和知识培训，选修课可作为培训主题内容的补充。

第八条 国机集团组织的教育培训，分为以下类型：

（一）外部教育培训，是指国机集团根据工作需要选派人员参加的由外部教育培训机构举办的教育培训；

（二）内部教育培训，是指国机集团自行举办或委托外部教育培训机构承办的教育培训，其中，委托国家级干部教育培训机构以及中组部确定的全国干部教育培训高校基地承办的内部教育培训项目可不进行招标，内部教育培训时间（不含报到时间）在3天（含）以上；

（三）在线学习，是指运用互联网、多媒体等信息化技术，通过移动学习平台进行学习的教育培训；

（四）国机讲堂，是指国机集团组织的、邀请对特定教育培训主题有独特见解的内外部讲师进行启发式讲授、学习体会分享或经验分享的教育培训。

第九条 内部教育培训应结合教育培训主题安排一定比例的内训课程，由国机集团内部讲师授课。

第三章 教育培训的归口管理和组织实施

第十条 国机集团人力资源部为教育培训工作的归口管理部门，其职责是：

（一）负责制订国机集团教育培训工作规划。

（二）负责建立国机集团教育培训体系，包括师资体系、课程体系、评估体系等，并制定相关管理制度。

（三）负责国机集团教育培训工作情况的统计和分析。

（四）负责国机集团职工教育经费统筹规划和归口管理。

（五）负责指导、督促、检查所属企业教育培训工作。

（六）负责编制国机集团总部年度教育培训计划，组织实施重点教育培训项目。

第十一条 内部教育培训突出组织需求和岗位需求，牢固树立按需培训理念。教育培训开始前，应组织有针对性的需求调研，编制项目实施方案，实施方案应包括教育培训主题、培训对象和内容、授课师资、培训方式、培训机构以及费用预算等；过程中，若发现问题，要及时采取措施进行调整，保证教育培训效果；结束时，组织学员对培训班、培训课程和培训讲师进行评价，评价表见附件1和附件2，评价结果作为教育培训改进和提高的依据。

第十二条 境内培训时间在20天（含）以上或境外培训时间在14天（含）以上的，参训学员应撰写培训成果总结，在教育培训结束后两周内，按照干部管理权限，提交给国机集团人力资源部或所在企业人力资源部，培训成果总结应进行分享。

第十三条 国机集团各所属企业每年年初提交上年度培训工作总结及本年度内部教育培训计划。培训工作总结应包括上年度培训工作情况、内部教育培训实施情况、职工教育经费使用情况、企业领导人员培训情况（包括脱产培训学时、网络培训学时、调训率、参训率等）等。本年度内部教育培训计划应包括拟实施的内部教育培训项目名称、培训对象、预计时间、预计天数、预计人数和培训费用预算等。

第十四条 国机集团总部组织的内部教育培训项目，承办部门填写《国机集团总部——年度内部教育培训项目申请表》（附件3），报人力资源部汇总，经评审、报批后印发执行。

第四章 教育培训经费的使用和审批

第十五条 教育培训经费列入企业年度预算，在职工教育经费中列支。职工教育经费支出不低于企业职工工资总额的1.5%。

第十六条 外部教育培训、在线学习的费用由所在企业承担；国机讲堂的费用由国机集团总部承担。

第十七条 国机集团总部组织的内部教育培训，列入年度预算的，交通费用和住宿费用由学员所在企业承担，其他费用由国机集团总部承担；未列入年度预算的，费用由所在企业分担。

第十八条 国机集团总部组织的内部教育培训，费用报销前，应将以下材料提交人力资源部：

（一）教育培训项目审批文件；

（二）培训手册；

（三）学员对培训班、培训课程和培训讲师的评价结果；

（四）国机集团总部——年度内部教育培训项目预算和实际支出对照表（附件4）。

第五章 附 则

第十九条 本办法由国机集团人力资源部负责解释。

第二十条 本办法自发布之日起实施。原《中国机械工业集团有限公司教育培训工作管理办法》（国机人（2017）645号）同时废止。

附件 1

国机集团培训班评价表

班级名称：   **培训时间：**

评价维度		评分				
		5	4	3	2	1
您对本期培训班的总体满意度						
1	培训与学习需求的匹配性					
2	培训对实际工作的指导性					
3	培训对能力提升的帮助度					
4	培训师资配备的合理性					
5	教学方式方法的有效性					
6	学员间互动交流的充分度					
7	班级组织管理的有序性					
8	班级后勤服务保障的满意度					

您对本期培训班的意见和建议：

附件 2

国机集团培训课程及授课讲师评价表

班级名称：　　　　　　　　　　　　　　　　　**培训时间：**

序号	课程名称	课程整体评分					授课讲师	授课讲师满意度评分				
		5	4	3	2	1		5	4	3	2	1
1	课程名称 1						任课教师 1					
2	课程名称 2						任课教师 2					
3	课程名称 3						任课教师 3					
4	课程名称 4						任课教师 4					
5	……						……					

通过本次培训，您希望增加或建议取消的课程及原因：

您认为本次培训中，哪种教学方式有效，或请推荐更为有效的教学方式：

优秀课程与师资推荐 为加强国机集团培训资源建设，请推荐一些优秀课程与师资（集团系统内外均可，非本次培训），感谢您的支持！

教师姓名	课程主题	单位	联系方式	您在什么培训中了解该课程或老师

附件3

国机集团总部＿＿＿年度内部教育培训项目申请表

承办部门：　　　　　　　　　　　　　　　　　　　　年　　月　　日

教育培训主题					
教育培训对象					
教育培训内容					
预计时间	＿月＿旬		预计人数		预计天数

教育培训费用预算明细（金额：元）					
序号	费用项目	自办教育培训	委托举办教育培训		备注
			境内	境外	
一	外部教育培训机构费用	——			
二	自办教育培训组织费用		——	——	
1	其中：讲师课酬		——	——	
2	教室租赁		——	——	
3	资料制作		——	——	
三	伙食费			——	
四	住宿费				
1	其中：总部承担			——	
五	不可预见				
	费用预算合计				
	总部承担费用预算合计				

承办人：　　　　　　　　**部门领导：**　　　　　　　　**主管领导审批：**

附件 4

国机集团总部＿＿＿年度内部教育培训项目预算和实际支出对照表

教育培训主题							
教育培训对象							
实际时间	月 日 至 月 日	人数	预计： 人 实际： 人	天数		预计： 天 实际： 天	

序号	费用项目	预算费用明细（金额：元）			实际费用明细（金额：元）			备注
		自办教育培训	委托举办教育培训		自办教育培训	委托举办教育培训		
			境内	境外		境内	境外	
一	外部教育培训机构费用	——			——			
二	自办教育培训组织费用		——	——		——	——	
1	其中：讲师课酬		——	——		——	——	
2	教室租赁		——	——		——	——	
3	资料制作		——	——		——	——	
三	伙食费		——			——		
四	住宿费		——			——		
1	其中：总部承担		——			——		
五	不可预见							
	费用合计							
	总部承担费用合计							

承办部门：　　　　承办人：　　　　部门领导：　　　　　　　　　　　　　年　月　日

中国机械工业集团有限公司驻外人员管理规定

国机人〔2019〕456号

第一章 总 则

第一条 为加强中国机械工业集团有限公司（以下简称国机集团）驻外人员的管理，依据国家有关政策，结合国机集团实际，制定本规定。

第二条 国机集团及各企业在我国境外设立的子公司、分公司、代表处、办事处、项目组等机构，统称驻外机构。派往驻外机构工作的人员统称驻外人员。

第三条 驻外人员必须严格遵守以下纪律：

（一）严格遵守政治纪律，严格执行党中央对外方针政策和决策部署，在思想上政治上行动上同以习近平同志为核心的党中央保持一致；

（二）严格遵守外事纪律，对外活动中要提高警惕，保持敏感性，遇事及时请示报告；

（三）严格遵守保密纪律，严守国家秘密和商业秘密。

第二章 驻外人员选派条件

第四条 驻外人员的选派，坚持党管干部的原则和正确的用人导向，坚决贯彻德才兼备、以德为先的基本要求，优先从中共党员、共青团员中选派。

（一）具有良好的政治素质，牢固树立"四个意识"，坚定"四个自信"，做到"两个维护"，认真贯彻执行党的基本路线和各项方针政策，思想健康，作风正派，遵章守纪，廉洁自律；

（二）具有较强的事业心和责任感，以大局为重，具有团结协作意识和奉献精神，工作勤奋，求真务实；

（三）具有相应的国际经贸或海外工程管理知识、政策理论水平和外语水平，熟悉驻外机构所在地的业务情况、法律法规情况等；

（四）具备常驻境外所要求的身体条件、心理素质和适应能力；

（五）原则上应从企业在职工作一年以上人员中选派；

（六）驻外机构负责人应具有大学本科及以上学历，具备政治敏感性和国际化管理创新及经营管理能力。

第五条 具有下列情形之一的，一般不得批准执行常驻任务：

（一）属于退（离）休人员的；

（二）试用期未满的；

（三）夫妻、父（母）子（女）在同一时间派驻同一国家或地区的；

（四）受到党纪、政纪处分或组织处理的人员，影响期未满的；

（五）其他不适宜执行常驻任务的。

第三章 驻外人员审批程序

第六条 驻外人员任职需履行审批手续（包含有外事审批权的企业）。国机集团驻外人员分为：

（一）驻外机构负责人；

（二）驻外机构一般工作人员。

第七条 驻外机构负责人的审批程序

（一）集团各二级企业行文请示，提交《中国机械工业集团有限公司驻外人员审批表》一式两份，企业境外机构证书（或企业境外投资证书复印件一份，报国机集团人力资源部；

（二）国机集团人力资源部对驻外人员进行资格审查，符合条件的人选，行文批复，任期以行文明确的时间为准。

第八条 驻外机构一般工作人员，由集团各二级企业审批管理，审批情况报国机集团人力资源部。国机集团进行专项检查或不定期抽查。

第九条 驻外人员任期原则上不超过三年，任期届满需继续留任的，重新履行审批手续。同一驻外机构的负责人，连续任职不超过三届。

第十条 驻外机构负责人在任期内发生调整变动等情况，派出企业应报国机集团人力资源部审批，经同意后，方可调整。

第四章 驻外人员管理

第十一条 派出企业对驻外人员的管理负有第一责任，应加强驻外人员的行前教育和任期管理。

（一）行前教育

派驻前，派出企业应对驻外人员进行思想政治、安全保密、外事纪律和外事礼仪等教育。

（二）任期管理

1.派出企业应及时掌握驻外人员的思想动态和对外交往情况，对不宜继续在境外工作的人员应当及时调回。

2.驻外人员要自觉接受我国驻外使领馆或机构的指导和监督，遵守所在国家（地区）的法律法规，尊重当地的风俗习惯。不得参与赌博、色情等活动。

3.驻外人员在任期内，不得擅自离岗、兼职。

4.驻外人员应按规定办理常驻手续，不得就地改变身份。确有特殊需要的，需报国机集团批准，方可按照规定手续办理。

5.驻外机构负责人，在任期内应至少参加一次国机集团组织的驻外人员集中培训。

第十二条 驻外人员的年度考核、任期考核，由派出企业负责，国机集团有重点地组织或参加对驻外机构负责人的任期考核工作。考核结果作为驻外人员调整、激励的依据。

考核的主要内容是：

（一）思想政治表现；

（二）驻外机构党建工作情况；

（三）执行国家政策及遵守外事纪律情况；

（四）年度及任期工作完成情况；

（五）驻外机构经营管理、资产保值增值情况；

（六）其他相关情况。

第五章 责任追究

第十三条 各企业履行监督管理职责不力，对驻外人员违反纪律规定的行为未及时予以纠正和处理的，国机集团予以通报批评。对存在问题较多的企业，收回驻外机构一般工作人员的审批权。

第十四条 驻外人员发生违纪违规等问题，情节较轻者，派出企业应给予批评教育，并责令作出检查；情节较重者，派出企业按照有关规定给予党纪、政纪处分。

第六章 附 则

第十五条 各企业应参照本管理规定制定本企业驻外人员管理制度，明确选派条件、审批程序、管理职责、责任追究等内容，切实加强驻外人员的管理工作。

第十六条 本规定由国机集团人力资源部负责解释。

第十七条 本规定自颁布之日起实行，原《中国机械工业集团有限公司驻外机构干部管理暂行规定》（国机人〔2009〕388号）同时废止。

附件：《中国机械工业集团有限公司驻外人员审批表》

附件

中国机械工业集团有限公司驻外人员审批表

派 出 企 业					
境外机构名称及所在地					
姓 名		性 别		出生年月	
民 族		政治面貌		健康状况	
学 历		学 位		专业技术职务	
毕业时间、院校及专业					
所会语种及熟练程度					
参加国机集团驻外人员培训时间					
国内所任职务			是否为第一次派出		是□ 否□
驻外拟任职务					
任职起止时间		年 月 日至 年 月 日			
家庭成员情况					
工作简历					

政治思想表现	
履职情况及派出理由	
近三年考核情况	
派出企业意见	（公章） 年　月　日

国机集团外事部门意见	签字： （盖章） 年　月　日	国机集团保密部门意见	签字： （盖章） 年　月　日
国机集团纪委办公室意见	签字： （盖章） 年　月　日	国机集团人力资源部意见	签字： （盖章） 年　月　日

（本表正反面打印）

中国机械工业集团有限公司合规管理办法（试行）

第一章 总则

第一条 为全面推进"法治国机"建设，建立健全中国机械工业集团有限公司（以下简称国机集团或集团公司）合规管理体系，提升依法依规治企能力，根据《中央企业合规管理指引（试行）》、《企业境外经营合规管理指引》，结合集团公司实际，制定本办法。

第二条 本办法适用于集团公司总部及集团公司的各级全资及控股企业（以下简称集团各企业）。

第三条 本办法所称合规管理是指企业（集团公司总部及集团各企业）通过制定、执行合规管理规章制度，建立、运行合规管理机制，防范、管控合规风险，培育、打造合规文化，促使企业经营活动及员工履职行为符合应适用的法律法规、国际条约、监管规定、行业准则、企业章程及规章制度等企业内外部强制性、规范性要求的有组织、有计划的管理活动。

第四条 合规管理遵循以下原则：

（一）全面覆盖、重点突出。合规管理要求应全面嵌入企业生产经营管理的各领域、各层级、各部门、各环节、各岗位，贯穿决策、执行、监督全流程，突出重点领域、重点环节、重点岗位的合规管理，切实防范合规风险。

（二）客观独立、协同联动。合规管理机构及合规管理人员应独立履行职责，避免与其承担的其他职责发生利益冲突，且不受其他部门和人员的干涉。合规管理工作应与风险管理、内部控制、审计监督、纪检监察、法律、人事、财务、经营、安全生产、贯标认证等工作统筹、衔接。

（三）惩防并举，讲求实效。合规管理应从经营范围、组织结构和业务规模等实际出发，兼顾成本与效率原则，通过建立机构、完善规章制度、优化流程、健全机制、增强意识、培育文化、强化惩戒与问责等，提高合规管理的操作性和实效性。

第二章 合规管理机构与职责

第五条 集团公司统一指导，建立自上而下的合规管理组织体系。集团各企业可参照本办法，明确本企业合规管理的决策、管理、执行机构及其职责。具备条件的企业，可设立合规委员会，与企业法治建设领导小组或风险控制委员会等合署，承担合规管理的组织领导和统筹协调工作，可设立独立合规管理部门或合规管理机构，组织、协调和监督合规管理工作。

第六条 集团公司董事会作为合规管理决策机构，授权国机集团法治建设领导小组，承担合规管理的组织领导和统筹协调工作，履行以下合规管理职责：

（一）研究明确合规管理目标，批准合规管理规划或方案；

（二）推动完善合规管理体系，审议合规工作基本管理制度；

（三）批准合规管理报告，研究决定合规管理有关重大事项。

第七条 集团公司法治工作主管领导担任合规管理负责人，总法律顾问协助履职，主要职责包括：

（一）建立合规管理组织机构，领导合规管理牵头部门开展工作；

（二）组织制定合规管理规划或管理方案；

（三）组织制定合规工作基本管理制度；

（四）向法治建设领导小组汇报合规管理重大事项；

（五）参与企业重大决策并提出合规意见；

（六）听取合规管理工作汇报，指导、监督、评价合规管理工作。

第八条 集团公司审计与法律风控部是合规管理牵头部门，履行以下合规管理职责：

（一）研究起草合规管理规划或方案，研究起草合规工作基本管理制度；

（二）组织开展合规风险识别和预警，参与企业重大事项合规审核和风险应对；

（三）组织开展规章制度、流程的合规性审核，督促整改和持续改进；

（四）指导下属企业合规管理工作，组织开展合规考核；

（五）组织或参与违规事件调查，制止并纠正不合规的经营行为，对违规人员提出责任追究及处理建议；

（六）组织起草合规管理报告，组织开展合规管理培训。

第九条 企业各部门是合规管理的执行机构暨责任部门，执行本部门业务领域的日常合规管理工作并向企业经理层负责。合规管理执行机构的具体职责包括：

（一）按照合规要求完善本业务领域的规章制度和流程，并组织实施；

（二）开展本业务领域合规风险识别和隐患排查，发布合规预警，制订并落实防控措施；

（三）开展本业务领域商业伙伴的合规调查；

（四）开展本业务领域重大事项的合规论证；

（五）开展本业务领域的合规培训；

（六）妥善应对本业务领域的合规风险事项并及时向合规管理牵头部门通报；

（七）开展本业务领域合规管理情况的监督检查，组织或配合对违规问题进行的调查并及时整改；

（八）向企业领导定期汇报本业务领域的合规管理工作；

（九）其他日常合规管理工作。

第三章　合规管理内容与机制

第十条 集团公司总部和集团各企业应建立健全合规管理规章制度，根据法律法规变化和内外部监管动态，及时将外部合规要求转化为内部规章制度或行为规范指引，将企业规章制度体系建设作为企业合规管理的基础。

第十一条 集团公司总部和集团各企业应通过开展合规管理重点领域专项工作，逐步推进集团公司合规管理全覆盖，应建立健全集团公司总部和下属企业之间以及下属企业相互之间的协同机制，不断健全集团公司合规管理体系。

第十二条 结合企业实际，集团公司确定以下领域为合规管理重点领域：

（一）生产经营：重点包括产品质量、安全环保、科研开发、知识产权等事项。

（二）贸易投资：重点包括贸易管制、国际制裁、技术标准、投资决策、财务税收等事项。

（三）工程建设：重点包括商业伙伴调查、招标采购、劳动用工、环境保护等事项。

（四）市场交易：重点包括反贿赂、反腐败、反垄断、反不正当竞争等事项。

（五）集团公司董事会要求关注的其他重点领域。

第十三条 集团各企业根据本办法并结合企业实际，确定本企业合规管理的重点领域，开展以下合规管理工作：

（一）建立和完善本企业合规管理重点领域"1+N"的配套性规范文件，"1"即重点领域专项管理制度，"N"即以专项管理制度为基础，制定并实施的合规管理方案、纲要或合规管理指南、指引等。

（二）加强对重点领域重点环节的合规管理。在合规管理重点领域的规章制度制定环节和经营决策环节，应明确合规审核要求，生产运营环节应明确合规监督要求。规章制度制定、经营决策、生产运营及其他重点关注环节的合规要求应明确列入规章制度并体现在管理流程中。

（三）加强对重点领域重点人员的合规管理，将管理人员、重要风险岗位人员、海外工作人员等作为合规管理重点关注人员，明确合规责任、加强合规培训、强化合规考核，提高上述人员的合规管理意识和合规管理能力。

（四）建立和完善合规管理机制，包括但不限于：合规论证审核、合规风险预警、合规风险处置、合规管理培训、合规管理报告、合规评估考核、合规协同保障、违规监督问责机制等。

（五）不断加强重点领域合规管理队伍建设，可通过牵头部门配备专职人员，其他部门和各业务条线配备兼职人员等方式，扩大合规管理队伍，提升合规管理水平。

第十四条 集团公司建立、健全和运行以下合规管理机制：

（一）合规论证审核：将合规论证审核作为规章制度制定、重大事项决策、重要合同签订、重大项目运营等经营管理行为的必经程序，对不合规内容提出修改建议，未经合规审核不得实施。

（二）合规风险预警：全面系统梳理经营管理活动中存在的合规风险，对风险发生的可能性、影响程度、潜在后果等进行分析，对于典型性、普遍性和可能产生严重后果的风险及时发布预警。

（三）合规风险处置：针对发现的风险事项由合规管理责任部门制定预案，采取有效措施及时应对处置。对于特别重大的风险事件，可由法治建设领导小组统筹领导，合规管理负责人牵头，相关部门协同配合，最大限度化解风险、降低损失。

（四）合规管理培训：结合风险、内控、法治宣传教育，建立制度化、常态化培训机制，确保员工理解、遵循企业合规目标和要求。

（五）合规管理报告：发生被域外国家或国际组织制裁的重大合规风险事件（被吊销营业执照、受到市场准入限制、遭受信用惩戒措施等造成重大经济损失或重大负面影响的违规事件），合规管理责任部门应及时通报合规管理牵头部门，并共同向合规管理负责人报告。集团各企业应及时、逐级汇报至集团公司总部，由集团公司总部向国资委和有关国家机关报告。

集团公司审计与法律风控部按照上级要求，组织集团各企业全面总结合规管理工作，向国资委或有关国家机关提交合规管理报告。

（六）合规评估考核：对于重大或者反复出现的合规风险和违规问题，应深入查找根源，完善相关规章制度，堵塞管理漏洞，强化过程管控，持续改进提升。上级企业可将合规管理情况纳入下属企业负责人年度综合考核内容。企业员工的合规履职情况应作为员工考核、干部任用、评先选优等工作的重要依据。

（七）合规协同保障：企业风险、内控、审计、纪检监察、法律、人事、财务、经营、安全生产、质量环保等部门，在其职权范围内协同合规管理牵头部门履行合规管理职责。合规风险防范归属于全面风险管理，合规评价纳入内控评价范畴，合规管理、违规调查作为审计监督、纪检监察的重要内容，法律、合规同步审核，人事、财务部门重点负责劳动用工、财务税收合规。各部门相互配合，协同推动经营合规、安全合规、质量合规、环保合规等各项合规工作统筹、衔接。

（八）违规监督问责：畅通违规举报渠道，及时开展违规调查工作，完善违规行为处置机制，严肃追究违规人员责任。

第四章 合规文化建设

第十五条 合规资源分享：集团公司利用信息化手段建立合规宣传素材共享机制和宣传共享平台，加强集团各企业的合规经验交流和工作推动。

第十六条 合规管理提升：集团公司总部及集团各企业应通过合规管理的制度化、流程化、信息化建设，探索建立合规管理集中管控机制，不断提升企业合规管理能力。

第十七条 合规理念塑造：企业领导应当以身作则，带头倡导合规理念，灌输合规意识。全体员工依法合规履行岗位职责，全面接受合规培训、积极寻求合规咨询、识别报告合规风险、主动举报违规行为，养成合规自觉和违规警觉。

第十八条 合规文化培育：集团各企业结合企业文化建设、法治宣传教育和员工思想教育等工作，自上而下践行依法合规、诚信经营的价值观，营造依法依规办事、按章守则操作的文化氛围。

第十九条 合规文化推广：集团各企业将合规作为企业经营理念和社会责任的重要内容，树立积极正面的合规形象，并将合规文化传递至利益相关方，营造和谐健康的合规经营环境。

第五章 附 则

第二十条 集团各企业可参照本办法制定合规管理规章制度。

第二十一条 本办法由国机集团审计与法律风控部负责解释。

第二十二条 本办法自印发之日起施行。

中国机械工业集团有限公司科技创新改革重点任务与措施

为加快推进集团自主创新能力和整体技术水平的提升，支撑集团打造世界一流企业，依据国家创新驱动战略、集团发展战略等决策部署，按照中央巡视整改及集团国有资本投资公司改革试点有关要求，围绕集团现阶段科技创新存在的主要问题，针对推动科技创新有关政策与措施进行改革和优化调整，提出了科技创新改革重点任务与措施。

一、加强科研平台建设

（一）强化对国家级研发平台分类分级评定

针对集团现有企业国家重点实验室、国家工程实验室、国家工程技术研究中心、国家工程研究中心，以及转建的国家技术创新中心等国家级研发平台每两年评定一次。评定为优秀的每年给予180万元经费支持；评定为合格的每年给予70万元经费支持；支持资金用于以研发平台为依托的项目研发。在评定指标中，合理设置国家科学技术奖、国家专利奖、国际标准和国家标准制修订、核心技术突破等指标，突出成果产出效益。

（二）加强对新设国家级研发平台培育

按"成熟一家，批准一家"的原则，从集团已建省市级研发平台中，择优设立集团级研发平台，作为国家级平台重点培养对象。近五年将初步确定5-8家集团级研发平台。对于认定的集团级研发平台，每年给予100万元经费用于项目研发支持，连续支持三年。对升级为国家级的集团研发平台，集团将一次性给予400万元经费支持，后续将对接国家级研发平台支持方式。在布局方向上，充分考虑集团重点专业及未来发展的重点领域；在评价体系上，合理设置创新能力、技术水平、创新成果、运行机制等指标；在评价周期上，按三年一个周期对集团级研发平台进行评估并动态调整。

二、加快科研开发与攻关

（三）采取"揭榜挂帅"模式开展重大科技专项攻关

依据集团发展需要，瞄准重大关键核心技术和战略新兴产业技术，确定重大科技专项攻关方向，集团每年提供5 000万元专项资金（如有特别重大项目，可另行增加预算），自上而下提出攻关任务，由企业"揭榜挂帅"，签订"军令状"明确责任，组织开展项目攻关。建立集团重大科技专项以效益为核心的后评价机制。对于取得效益的项目，集团将按项目投入比例收回相应资金，并对效益好的项目给予资金奖励。

（四）组织实施集团关键核心技术攻关工程

按照国资委关于开展关键核心技术攻关工作要求，新增设立专项资金，组织实施"国机集团关键核心技术攻关工程"。围绕国资委关键核心技术清单中由集团牵头及参与的攻关任务，签订"军令状"压实责任，以最严格的要求，最有利的措施组织项目攻关。集团将制定《国机集团关键核心技术攻关工程项目管理及专项资金使用管理办法》，制定企业开展关键核心技术攻关的支持政策，以最有利条件支持攻关任务。

（五）推进企业开展自主项目研发

集团支持国家级研发平台、集团级研发平台的资金，以及高层次人才项目基金，用于项目研发。项目采取自下而上，由企业自主立项，项目立项计划报集团备案，集团将对项目实施跟踪管理。

三、加强高层次科技人才培养

（六）建立人力资源部与科技发展部联合工作机制

人力资源部会同科技发展部负责高层次科技人才遴选与评审、高层次人才评价考核办法的研究与制定。每年评审一次，实行动态调整。

（七）设立高层次科技人才项目基金

由高层次科技人才牵头开展项目研究，每人任期内保障200万元研发资金，其中集团支持100万元，所在企业配套100万元。加强高层次科技人才的评价，将任期内承担国家科研项目、科研成果奖项、专利、标准等内容纳入评价指标。

四、加大科技成果奖励力度

（八）提高"中国机械工业集团科学技术奖"水平与质量

进一步提高集团科技奖一等奖水平和质量。一等奖水平应至少达到国家科学技术二等奖水平，严格控制一等奖项目数量，一等奖项目将择优推荐为国家奖参评项目。适当提高集团科学技术奖奖金额度，一等奖奖励20万元，二等奖奖励10万元，三等奖奖励5万元。调整项目申报条件，拓宽项目申报范围，取消同一项目申报其他省部级奖的限制，以满足高水平项目参与不同渠道的报奖要求。集团将视情况组织提炼重大成果，择优推荐国家科学技术奖。针对集团下属企业作为第一完成单位并获得国家科学技术奖一等奖的项目，集团给予100万元配套奖励；获得二等奖的项目，集团给予20万元配套奖励。经国家或有关部委批准或表彰的创新团队，集团给予10万元配套奖励。

（九）设立国机集团优秀专利奖

取消原对发明专利、实用新型、外观设计、软件著作权的资金支持。新设立国机集团优秀专利奖，每年组织评审一次。优秀专利奖设立一、二、三等奖三个级别；奖励金额分别为一等奖5万元、二等奖3万元和三等奖2万元，同时向专利发明人颁发荣誉证书。针对每项授权发明专利，集团给予相关企业2万元工资总额奖励。制定与中国专利奖对接的评价体系，从集团优秀专利中择优推荐参评中国专利奖。对获得中国专利奖的团队，集团另行给予配套资金奖励。

（十）设立国机集团优秀标准奖

取消原集团标准补助支持政策。新设立国机集团优秀标准奖，每两年评审一次。优秀标准奖设立一、二、三等奖三个级别；奖励金额分别为一等奖10万元、二等奖5万元、三等奖3万元，同时向标准制修订个人颁发荣誉证书。针对企业设立"国机集团标准化工作突出贡献单位"奖项。从集团优秀标准奖中择优推荐参评国家标准创新贡献奖。对获得国家标准创新贡献奖的团队，集团另行给予配套资金奖励。强化国际标准化工作，加大国际标准在集团优秀标准奖评选中的比重。

（十一）设立国机集团优秀科技期刊奖

新设立集团优秀科技期刊奖，每两年评审一次。优秀科技期刊奖设立一、二、三等奖三个级别；奖励金额分别为一等奖20万元、二等奖10万元、三等奖5万元。结合国家卓越期刊支持计划，合理设置集团科技期刊奖评价体系。从集团优秀科技期刊中择优推荐参评国家卓越期刊。对入选期刊，集团另行给予配套资金奖励。

（十二）优化完善国机质量奖

调整国机质量奖奖励周期，每两年评选一次。国机质量奖设立企业奖和项目奖两个奖项；奖励金额分别为企业奖10万元、项目奖3万元；同时向企业颁发奖牌，向获奖项目团队个人颁发证书。结合"中国质量奖"评价指标，对国机质量奖评价体系进行优化调整。从国机质量获奖项目中择优推荐参加"中国质量奖"的评审。对获得中国质量奖的项目，集团另行给予配套资金奖励。

（十三）开展国机集团新产品认定

国机集团新产品每两年认定一次，本着宁缺毋滥的原则，确保新产品认定质量。对认定为国机集团新产品的项目，集团给予20万元的奖励，同时颁发荣誉证书。结合国家新产品认定评价指标，合理设置国机新产品评价体系。

五、强化科技创新考核导向

（十四）提高科技创新综合指标考核权重

获得国家科学技术奖、中国专利奖、中国质量奖、国家标准创新贡献奖、国家新产品、入选卓越期刊计划、主持完成至少1项国际标准等企业，在企业领导人业绩考核中进行加分。对获得集团科学技术奖、优秀专利奖、优秀标准奖、优秀期刊奖、国机质量奖、集团新产品认定的企业，在企业领导人业绩考核中进行加分。

六、加强科技资源整合

（十五）加强国机研究院建设

发挥国机研究院在"国家需求对接、科技资源整合、高端人才聚集、核心技术研发、科技改革试验"等平台功能。围绕关键基础材料、重要元器件、核心基础零部件、产业共性技术，以及智能制造、工业互联网等战略性新兴产业领域，建立投入机制，加快资源整合。做好国家重大技术装备创新研究院组建工作，并积极参与国家工业技术研究院筹建工作。探索对国机研究院"一院两制"考核机制，对重组进入国机研究院的存量业务，沿用科技型企业考核模式；对集团布局在国机研究院的前沿项目和交办的专项任务，采用模拟事业单位的考核模式。

（十六）组建国机特检集团

推动集团内部特检资源的整合，通过资产出资注入组建国机特检集团。要建立严格管控的质保体系。积极开展与外部特检资源整合，推动与地方特检资源的重组，不断做强集团特检业务。

各企业要深入学习贯彻中央关于科技创新有关精神与决策部署，弘扬科学家精神，树立优良作风学风，杜绝学术不端、虚假科研；科研人员要勇于担当，既要有久久为功、十年磨一剑的恒心，又要紧贴市场、注重成效；要务实开展科研活动，积极承担"卡脖子"与短板技术攻关任务，要不断加大研发投入和创新力度，为科研人员创造优良创新环境。

第五篇

荣誉汇编

全国及省部级、中央企业和国机集团先进集体及先进个人

中国机械工业集团有限公司主要排名及荣誉

一、主要排名

1. 综合排名

世界500强企业排名第281位

中国500强企业排名第71位

2. 机械行业排名

中国机械工业企业百强第1位

3. 对外贸易排名

中国对外贸易企业500强第24位

4. 汽车贸易和服务

中国最大的汽车贸易和服务商

5. 国际工程设计公司排名

ENR"国际工程设计公司225强"第59位

6. 国际工程承包商排名

ENR全球250家最大国防工程承包商第25位

7. 国务院国资委考核

国资委中央企业业绩考核A级企业

二、获得荣誉

1. 2019年度人才发展优秀实践奖
2. 2019年度优秀国际化人才培养项目
3. 国有企业管理实践最佳案例奖
4. 国有企业管理实践优秀案例奖

全国及省部级、中央企业和国机集团先进集体及个人

一、全国先进集体

1. 全国工人先锋号

青岛宏大纺织机械有限责任公司络筒机厂单锭班

恒天嘉华非织造有限公司莱芬线A组

2. 全国"三八"红旗集体

中国汽车工业工程有限公司技术经济所

3. 全国青年文明号

国机重装二重装备重机公司重机厂FAF260数控镗床班

4. 中央企业五四红旗团支部

中国汽车工业工程有限公司涂装工程院团支部

5. 国家知识产权优势企业

江苏林海动力机械集团有限公司

6. 2018—2019年度机械行业质检机构先进集体

威凯检测技术有限公司

7. 国家技术创新示范企业

重庆材料研究院有限公司

8. 全国模范职工之家

中国汽车工业工程有限公司

9. 国家级企业技术中心

桂林电器科学研究院有限公司

10. 国家级工业设计中心

洛阳拖拉机研究所有限公司

11. 制造业单项冠军示范企业

中国一拖集团有限公司

12. 全国产品和服务质量诚信示范企业

中国一拖集团有限公司

二、全国先进个人

1. 全国五一巾帼标兵

曾　菁　中国二重万航模锻有限责任公司材料及热处理专业室

2. 全国巾帼建功标兵

柴海珍　中国汽车工业工程有限公司技术经济所

3. 国家有突出贡献中青年专家

王冬青　中国一拖集团有限公司技术中心

4. 2018中青年科技创新领军人才

范志超　合肥通用机械研究院有限公司

5. 第四批国家"万人计划"

范志超　合肥通用机械研究院有限公司

6. 全国优秀共青团员

韩浩然　国机重装二重装备重机公司通用工程部

7. 全国青年岗位能手

郑传经　合肥通用机械研究院有限公司

8. 2019年全国向上向善好青年

罗恒军　中国二重万航模锻公司技术部

9. 庆祝新中国成立70周年优秀企业家

陈有权　中国汽车工业工程有限公司

易　凡　中机国际工程设计研究院有限责任

杨永林　机械工业勘察设计研究院有限公司

10. 庆祝新中国成立70周年优秀科技创新带头人

阮　兵　中国汽车工业工程有限公司

郑建国　机械工业勘察设计研究院有限公司

11. 庆祝新中国成立70周年杰出人物

申昌明　中国汽车工业工程有限公司

12. 全国纺织企业诚信文化建设带头人

邵明东　青岛宏大纺织机械有限责任公司

三、中央企业先进集体

1. 中央企业先进集体

苏美达国际技术贸易有限公司

中工国际工程股份有限公司委内瑞拉比西亚电站项目

中工国际中元国际工程有限公司建筑工程设计研究三院

中国进口汽车贸易有限公司

中机工程青岛模块项目部

2. 中央企业先进基层党组织

中共中国汽车工业工程有限公司委员会

经纬智能纺织机械有限公司

国机重装二重装备重机公司重机厂机加一工段党支部

3. 中央企业青年文明号

合肥通用机械研究院特种设备检验站承压设备安全评定团队

中国机械设备工程股份有限公司巴基斯坦塔尔煤电项目部

4. 中央企业五四红旗团委

苏美达股份有限公司团委

中国一拖集团有限公司团委

5. 中央企业五四红旗团支部

郑州纺机工程技术有限公司加工事业部团总支

四、中央企业先进个人

1. 中央企业劳动模范

赵传扬　第一拖拉机股份有限公司大拖装配厂

殷扣宏　江苏林海动力机械集团有限公司

邹建福　国机重工集团常林有限公司

李　珂　国机重装成都重型机械有限公司

2. 中央企业优秀党务工作者

何为群　郑州纺机工程技术有限公司

3. 中央企业优秀共产党员

张　川　国机重装二重装备铸锻公司铸锻所铸造工艺科

4. 中央企业百名杰出工匠

李会东　郑州恒天重型装备有限公司

5. 中央企业青年岗位能手

叶林伟　中国第二重型机械集团德阳万航模锻有限责任公司模锻厂800MN三组

6. 中央企业优秀共青团干部

赵流韵　国机重型装备集团股份有限公司中国重型机械研究院股份公司

7. 2019年中央企业优秀团员

廖文春　机械工业勘察设计研究院有限公司

五、省部级先进集体

1. 安徽省直机关先进党组织

合肥通用机械研究院有限公司压力容器与管道技术基础研究部联合党支部

2. 湖南省直机关先进基层党组织

中机国际工程设计研究院有限责任公司

3. 国有企业先进党组织

中国第二重型机械集团德阳万航模锻有限责任公司党委

4. 四川省先进党组织

国机重装二重装备核电石化公司党委

5. 上海市先进基层党组织

中国浦发职能管理第一党支部

6. 天津市五一劳动奖状

中国汽车工业工程有限公司建筑工程二院

7. 河南省五一劳动奖状

第一拖拉机股份有限公司中小轮拖装配厂

8. 四川省工人先锋号

国机重装二重装备重机公司重机厂装配工段

9. 河南省工人先锋号

第一拖拉机股份有限公司齿轮厂姜国财劳模创新工作室

10. 江苏省文明单位

苏美达国际技术贸易有限公司

11. 河南省文明单位

机械工业第六设计研究院有限公司

12. 山西省五四红旗团支部

经纬智能公司棉纺机械总装厂团支部

13. 陕西省五四红旗团委

机械工业勘察设计研究院有限公司团委

14. 江苏省五四红旗团委

苏美达股份有限公司团委

15. 湖南省五四红旗团委

共青团中机国际工程设计研究院有限责任公司委员会

16. 河南省五四红旗团委

一拖（洛阳）福莱格车身有限公司团委

17. 安徽省直机关五四红旗团委

合肥通用机械研究院有限公司团委

18. 天津市三八红旗集体

天津工程机械研究院有限公司标准技术研究所

19. 浙江省直机关工会"先进职工之家"称号

中国空分工程有限公司工会

20. 三秦企业文化标兵单位

机械工业勘察设计研究院有限公司

21. 河南省机械冶金建材行业劳模和创新人才示范工作室

一拖（洛阳）忠诚机械有限公司张军劳模创新工作室

22. 河南省质量诚信体系建设 AAA 级企业

中国一拖集团有限公司

23. 河南省安全示范班组

一拖（洛阳）柴油机有限公司缸体一车间新二组

一拖（洛阳）福莱格车身有限公司冲压工部冲压三组

24. 陕西省青年安全示范岗

机械工业勘察设计研究院有限公司勘察三公司

25. 2017—2019 年度科技系统模范职工之家

天津电气科学研究院有限公司工会

26. 2017—2019 年度科技系统模范职工小家

天津电气科学研究院有限公司系统工程公司分会

27. 2019 年全国纺织行业创新型班组

经纬智能纺织机械有限公司棉机总装厂组装班

28. 全国纺织行业技能人才培育突出贡献单位

经纬智能纺织机械有限公司

29. 陕西省 2019 年度驻村联户扶贫工作考核优秀单位

中国三安建设集团有限公司

30. 江苏省国有企业党建"强基提质"提升工程创新案例二等奖

国机重工集团常林有限公司装载机事业部党支部

31. 四川省厂务公开民主管理先进单位

二重德阳重型装备有限公司

32. 四川省厂务公开民主管理示范班组

二重装备铸锻公司铸造厂清理工段清铲班

33. "中国梦·劳动美"——与共和国同成长、与新时代齐奋进全省职工征文比赛优秀组织奖

国机重型装备集团股份有限公司

六、省部级先进个人

1. 湖南省直机关优秀共产党员

李　睿　中机国际工程设计研究院有限责任公司

2. 安徽省直机关优秀共产党员

朱丰雷　合肥通用机械研究院有限公司

3. 四川省优秀共产党员

何朝锐　国机重装二重装备万信公司

4. 国有企业优秀共产党员

曾　菁　中国二重万航模锻有限责任公司材料及热处理专业室

5. 四川省优秀党务工作者

郭　昕　国机重装成都重型机械有限公司

6. 河南省劳动模范

陈浩然　中国一拖集团有限公司能源分公司

薛志飞　中国一拖集团有限公司技术中心

郭　超　郑州纺机工程技术有限公司

7. 陕西省五一劳动奖章

杨晓鹏　机械工业勘察设计研究院有限公司

8. 河南省五一劳动奖章

任亚严　第一拖拉机股份有限公司铸锻厂

杨庆源　郑州恒天重型装备有限公司

9. 安徽省五一劳动奖章

王　渭　合肥通用机械研究院有限公司

10. 安徽省直机关五一劳动奖章

张德友　合肥通用机械研究院有限公司

11. 江苏省五一创新能手

吴申亮　苏美达股份有限公司

12. 天津市三八红旗手

刘占巧　中国汽车工业工程有限公司质量部

13. 天津市最美科技巾帼

贾晓雯　天津工程机械研究院有限公司

14. 安徽省直机关优秀共青团干部

孙　李　陈　虹　张连娟　合肥通用机械研究院有限公司

15. 四川省优秀共青团干部

邓汉佳　国机重装二重装备核电石化公司核电容器厂铆焊

16. 四川省优秀共青团员

陈　益　国机重装二重装备检测中心仪表计量部

17. 安徽省直机关优秀共青团员

范海俊　合肥通用机械研究院有限公司

18. 江苏省共青团工作先进工作者

陈子尧　苏美达股份有限公司团委

19. 江苏省杰出青年岗位能手

吴申亮　苏美达股份有限公司团委

20. 江苏省技术能手

吴申亮　苏美达股份有限公司团委

21. 陕西省优秀青年科技新星

刘争宏　机械工业勘察设计研究院有限公司

22. 安徽省学术技术带头人

陈　涛　张德友　合肥通用机械研究院有限公司

23. 安徽省学术技术带头人后备人选

明　友　陈崔龙　合肥通用机械研究院有限公司

24. 安徽省战略性新兴产业技术领军人才

董　杰　陈崔龙　合肥通用机械研究院有限公司

25. 安徽省向上向善好青年

王　信　合肥通用机械研究院有限公司

26. 安徽省直机关优秀青年

聂德福　合肥通用机械研究院有限公司

27. 河南省装备制造行业大工匠

陈浩然　中国一拖集团有限公司能源分公司

28. 河南省机械冶金建材行业大工匠

杨宏哲　第一拖拉机股份有限公司铸锻厂

29. 第十批河南省优秀专家

王冬青　中国一拖集团有限公司技术中心

30. 2017—2019年度科技系统优秀工会之友

刘国林　天津电气科学研究院有限公司

31. 2017—2019年度科技系统优秀工会工作者

王　涛　天津电气科学研究院有限公司

32. 2017—2019年度科技系统优秀工会积极分子

于泽龙　刘　伟　周同旭　赵文静　天津电气科学研究院有限公司

33. 2019年天津市最美科技巾帼
吕秋贻　天津电气科学研究院有限公司
34. 山东省泰山产业领军人才
车社海　青岛宏大纺织机械有限责任公司
35. 全国纺织行业技术能手
裴宝林　薛瑞安　经纬智能纺织机械有限公司
36. 2019年度陕西省助力脱贫攻坚优秀个人
刘永红　中国三安建设集团有限公司
37. 四川省第二届工匠
肖绍军　国机重装二重装备重机公司重机厂

七、其他

1. 新中国成立70周年群众游行地方彩车"创新奖"
兰州电源车辆研究所有限公司
2. 2019年广州地区最有特色科普创客团队
威凯检测技术有限公司
3. 2019年度企业标准"领跑者"评估机构杰出贡献奖
威凯检测技术有限公司
4. 全国工会爱心托管班
中国汽车工业工程有限公司
5. 深化人才发展体制机制改革示范企业
中国汽车工业工程有限公司
6. 2019中国上市公司诚信企业百佳奖
国机汽车股份有限公司
7. 2019最佳公司治理董事会奖
国机汽车股份有限公司
8. 2019最具社会责任上市公司
国机汽车股份有限公司
9. 2019中国汽车流通行业知名品牌
国机汽车股份有限公司
10. 2019年度社会责任最具影响力品牌
国机汽车股份有限公司
11. 机械行业质检机构先进集体
洛阳西苑车辆与动力检验所有限公司
12. 全国勘察设计行业新中国成立70周年优秀勘察设计企业
中机国际工程设计研究院有限责任公司
机械工业勘察设计研究院有限公司

八、国机集团先进单位、先进个人及单项奖

（一）2019年先进单位
中国联合工程有限公司
合肥通用机械研究院有限公司
中国电器科学研究院股份有限公司
机械工业第六设计研究院有限公司
中国农业机械化科学研究院

（二）2019年单项奖
区域协同协作奖
国机集团海外区域中心乌克兰农业市场协同协作项目　苏美达股份有限公司
亏损企业治理奖
洛阳轴研科技股份有限公司
科技创新奖
中国恒天集团有限公司
中国农业机械化科学研究院
洛阳轴研科技股份有限公司

（三）2019年总部先进集体
人力资源部（党委组织部）
党委工作部（党委宣传部　党委统战部　企业文化部）
纪委办公室
巡视巡察工作领导小组办公室（党风廉政建设办公室）

（四）2019年总部度先进个人
刘祖晴　王锡岩　宋志明　李延平　从　容
王玉琦　翟祥辉　徐晓俊　张喜军　王惠芳
冯雪峰　徐　刚　赵芳莉　陈　勤　张雪超
李良寿　周　斌　孟　超　彭方波　吴　璇
杜　彬　郭江杰　吴　祎　刘海平　郭晋峰
李　光　李　伟　毕　磊　张少晨　孙伏元
程思榕　白　昊　曲　鑫　徐　玮　焦迪清
朱绍勇　厉　楠　刘永祥　田保伟　王玉萍
周铖岑　马　君　杨　瑶　魏晓媚　沈钦砚
丁　锐　岳德高　陈　曦　王海英　王　蕾
翟江红　王巍娜　王　斌　于雪娟　何　源
杨　晨　董超然　王玥琦　王　赟　石　琼

（五）2019年度"国机质量奖"
企业奖
中国联合工程有限公司

国机汽车股份有限公司下属中国汽车工业工程有限公司

中国恒天集团有限公司下属恒天重工股份有限公司

项目奖（产品）

国机重型装备集团股份有限公司下属二重（德阳）重型装备有限公司

"华龙一号"示范工程福清6号机组ACP1000主管道

中国一拖集团有限公司下属第一拖拉机股份有限公司

东方红LX1604/LX1804轮式拖拉机

中国福马机械集团有限公司下属江苏林海动力机械集团有限公司

T-BOSS系列全地形车项目

国机智能科技有限公司下属广州机械科学研究院有限公司

大型风力发电装备关键密封件质量提升项目

项目奖（工程）

中国机械设备工程股份有限公司

安哥拉SOYO I联合循环电厂建设和安装项目

中工国际工程股份有限公司

玻利维亚乌尤尼35万t/a钾盐工厂项目

中国机械工业建设集团有限公司下属中国机械工业机械工程有限公司

宁波金海晨光化学股份有限公司5万t/a弹性体项目安装工程

中工国际工程股份有限公司下属中国中元国际工程有限公司

中白工业园招商局商贸物流园首发区项目

2019年全国、机械行业及省部级科学技术奖

一、国家科学技术进步奖

二等奖

东北玉米全价值仿生收获关键技术与装备 中国农业机械化科学研究院

高性能工业丝节能加捻制备技术与装备及其产业化 宜昌经纬纺机有限公司

二、中国机械工业科学技术奖

一等奖

大跨度柔性吊装技术及应用 北京起重运输机械设计研究院有限公司

高湿玉米低损高净籽粒直收关键技术与装备 中国农业机械化科学研究院

寒冷及严寒气候区空气源热泵关键技术开发与应用 合肥通用机械研究院有限公司

桩基础内力测试关键技术与应用 机械工业勘察设计研究院有限公司

半导体芯片高效精密划切超薄砂轮关键技术开发及应用 郑州磨料磨具磨削研究所有限公司

高速精密数控机床轴承系列产品升级及产业化关键技术研发 洛阳轴承研究所有限公司

二等奖

宝鸡吉利汽车有限公司涂装厂生产设备总承包项目 中国汽车工业工程有限公司

收获机械生产制造与田间作业智能测控技术装备及运维平台 中国农业机械化科学研究院

低温阀门工况模拟技术与装备的开发及应用 合肥通用机械研究院有限公司

JB/T 2548—2015《外抽式真空包装机标准》 合肥通用机械研究院有限公司

高温石化装备的强度设计关键技术及应用 合肥通用机械研究院有限公司

大型输水工程用高参数空气阀试验技术及产品应用 合肥通用机械研究院有限公司

大功率雷达机械密封系统关键技术及应用 合肥通用机械研究院有限公司

新型高效、高速、高刚度、大功率电主轴及驱动装置 洛阳轴承研究所有限公司

东方电气集团东方汽轮机有限公司 F 级 50 MW 燃机整机试验系统　中国联合工程有限公司

沈鼓集团营口透平装备有限公司建设项目一期工程　中国联合工程有限公司

杭州萧山区 4 000t/d 污泥处理工程项目　中国联合工程有限公司

直弧形板坯连铸设备专著　中国重型机械研究院股份公司

高性能精密工业铝材有效摩擦挤压成形关键技术与装备　中国重型机械研究院股份公司

核用硬铝合金薄壁管材高效精密矫整理论及其工艺　中国重型机械研究院股份公司

电动汽车充换设施技术服务体系综合研究与应用　中国电器科学研究院股份有限公司

海上风电电器设备腐蚀防护技术研究及应用　中国电器科学研究院股份有限公司

三等奖

高速大运量脱挂式客运索道规模制造关键技术研究　北京起重运输机械设计研究院有限公司

GB/T 31034—2014《晶体硅太阳电池组件用绝缘背板》　桂林电器科学研究院有限公司

大型原油储运设备在线综合检测技术研究　合肥通用机械研究院有限公司

JB/T 12324—2015《集装箱用制冷机组》标准的研究及制定　合肥通用机械研究院有限公司

《半导体裸芯粒检测分选设备》　秦皇岛视听机械研究所有限公司

高速、精密、大功率电主轴的可靠性设计与性能试验技术　洛阳轴承研究所有限公司

协鑫光伏科技有限公司年产 3.2 亿片太阳能多晶硅片项目　中国联合工程有限公司

工艺物流仿真技术的理论研究与规模化应用　中国联合工程有限公司（中机中联工程有限公司）

工程机械司机被动安全保护结构检测系统　天津工程机械研究院有限公司、天津鼎成高新技术产业有限公司

重庆市赛特刚玉有限公司数字化工厂装备　机械工业第六设计研究院有限公司

大弯曲度圆钢高性能精密矫直工艺装备及其产业化　中国重型机械研究院股份公司

三、2019 年国家技术发明奖
二等奖

大尺寸硅片超精密磨削技术与装备　郑州磨料磨具磨削研究所有限公司

四、中国创新方法大赛总决赛
优胜奖

基于 TRIZ 的金属弹性元件超高温性能改善　沈阳仪表科学研究院有限公司

五、2019 年度高等学校科学研究优秀成果奖（科学技术）进步奖
二等奖

复杂曲面高性能磨削工艺理论、工程软件研发与应用　郑州磨料磨具磨削研究所有限公司

六、2018—2019 年度中国安装协会科学技术进步奖
一等奖

成套设备拆迁信息管理系统的研究与应用　中国三安建设集团有限公司

二等奖

玻利维亚 7 000t/d 糖厂项目综合施工技术研究与应用　中国机械工业建设集团有限公司　中国机械工业第二建设有限公司

白俄 40 万 t/a 纸浆项目关键技术研发与应用　中国机械工业建设集团有限公司　中国机械工业第一建设有限公司

三等奖

无穿孔机械固定 TPO 屋面防水施工技术应用　中国机械工业建设集团有限公司　中国机械工业第四建设有限公司

印尼 200 万 t/a 氧化铝项目施工综合技术研究与应用　中国机械工业建设集团有限公司　中国机械工业第一建设有限公司

七、2019 年冶金科学技术奖
三等奖

超薄镀锡原板平整及二次冷轧高效精密工艺与装备　中国重型机械研究院股份公司

板坯连铸装备设计理论研究与应用　中国重型机械研究院股份公司

八、绿色制造科学技术进步奖
二等奖

高性能精密工业铝材有效摩擦挤压成形关键

技术与装备　中国重型机械研究院股份公司

九、中国航空工业科学技术奖
二等奖

大长细比垂尾梁构件制造技术　中国第二重型机械集团德阳万航模锻有限责任公司

十、2019年工业互联网平台创新应用案例

风电设备健康状态多维度监测管理应用案例　国机智能科技有限公司所属广州机械科学研究院有限公司

十一、2019年中国智能制造十大实施案例

面向轨道交通关键部件梁枕智能制造自动化生产线　国机智能科技有限公司所属国机智能技术研究院

十二、第四届全国质量创新大赛QIC-V级技术成果奖

环保型银氧化锡系列触头材料研究及产业化项目　桂林金格电工电子材料科技有限公司

十三、神农中华农业科技奖
一等奖

作物品种小区试验与繁育机械化关键技术及装备　中机美诺科技股份有限公司

十四、中国职业安全健康协会科学技术奖
一等奖

承压设备合于使用评价关键技术研究及应用　合肥通用机械研究院有限公司

十五、中国产学研合作创新成果奖
一等奖

大型潜水电泵关键技术及产业化应用　合肥通用机械研究院有限公司

二等奖

航空关键部件精密成形制造技术　中国第二重型机械集团德阳万航模锻有限责任公司

十六、中国石油和化学工业联合会科学技术奖
一等奖

面向重大承压设备本质安全的焊接形性调控关键技术　合肥通用机械研究院有限公司

二等奖

延迟焦化焦炭塔安全评估及焊接修复关键技术　合肥通用机械研究院有限公司

三等奖

基于损伤模式的承压设备合于使用评价技术研究及应用　合肥通用机械研究院有限公司

十七、2019年"电工标准—正泰创新奖"
三等奖

"T/CEEIA 275～279—2017《绿色设计产品评价技术规范　电热水壶》《绿色设计产品评价技术规范　扫地机器人》《绿色设计产品评价技术规范　家用新风系统》《绿色设计产品评价技术规范　智能马桶盖》《绿色设计产品评价技术规范　室内加热器》"标准项目　中国电器科学研究院股份有限公司

T/CEEIA 274—2017《智能家电互联互通协议》标准项目　中国电器科学研究院股份有限公司

十八、中国质量协会质量技术奖
优秀奖

基于PES管理模式的制冷空调检测系统质量提升技术开发与应用　合肥通用机械研究院有限公司

海上风电电器设备腐蚀防护技术研究及应用　中国电器科学研究院股份有限公司

挖掘机高压液压元件可靠性试验技术研究　天津工程机械研究院有限公司

成套设备搬迁信息化系统应用技术　中国三安建设集团有限公司

3 000kN·m锻造操作机质量管理体系　中国重型机械研究院股份有限公司

二等奖

电动汽车充换设施技术服务体系综合研究与应用　中国电器科学研究院股份有限公司

十九、绿色制造科学技术进步奖技术创新奖
二等奖

离心风机绿色制造关键技术及应用　合肥通用机械研究院有限公司

二十、中国仪器仪表学会科学技术奖
二等奖

核电关键测温仪表的自主化研发　重庆材料研究院有限公司

二十一、2019 年制造业与互联网融合发展试点示范项目

面向信息物理系统（CPS）的 iMES-100 产品攻关　国机智能科技有限公司所属国机智能技术研究院

二十二、2019 年第二届中央企业 QC 小组成果发表赛

二等奖

红外光谱 QC 小组　国机智能科技有限公司

二十三、中国循环经济协会科学技术奖

一等奖

典型再生资源回收利用系统优化集成技术与应用　中国电器科学研究院股份有限公司

二十四、中国腐蚀与防护学会科技奖

一等奖

建材及构件环境试验和耐久性评价技术研究及标准体系建设　中国电器科学研究院股份有限公司

二十五、第十四届中照照明奖工程设计奖

一等奖

西安市创业咖啡街区夜景照明工程项目　中机工程有限公司

二十六、重庆市科学技术进步奖

三等奖

新型导电游丝及微细材料关键技术开发与应用　重庆材料研究院有限公司

二十七、四川省科学技术进步奖

二等奖

复杂孔系大型球体原位制造中主动测量与精准引导关键技术　二重德阳重型装备有限公司

航空钛合金大型框梁类关键构件整体模锻技术　中国第二重型机械集团德阳万航模锻有限责任公司

三等奖

620℃超超临界火电机组大型关键铸件研制及产业化　二重德阳重型装备有限公司

二十八、天津市科学技术进步奖

二等奖

非道路车辆智能化关键技术研究与应用　天津工程机械研究院有限公司

三等奖

发射平台机电液综合匹配台架试验系统　天津鼎成高新技术产业有限公司

二十九、江苏省科学技术进步奖

二等奖

轻质高强铝基纳米复合材料及其在高端载运工具上的应用　江苏苏美达车轮有限公司

三十、山东省科学技术进步奖

一等奖

主要根茎类作物机械化生产技术装备　中机美诺科技股份有限公司

三十一、广东省科学技术进步奖

一等奖

高端装备大型橡塑密封设计制造关键技术及工业化应用　国机智能科技有限公司所属广州机械科学研究院有限公司

二等奖

高效超薄液晶电视绿色设计与关键技术研发及产业化　中国电器科学研究院有限公司

基于热转印铝型材粉末涂料用新型聚酯树脂的合成与应用研究　广州擎天材料科技有限公司

典型家电产品制造过程关键技术与系统研究及应用　中国电器科学研究院股份有限公司

三十二、陕西省科学技术进步奖

一等奖

古建筑抗震及振动控制关键技术与应用　机械工业勘察设计研究院有限公司

二等奖

边坡支护扩大头锚杆技术研究及设备研发和推广　机械工业勘察设计研究院有限公司

高品质钢连铸物理数字系统及在线监控平台　中国重型机械研究院股份公司

LG-730-HLS 伺服控制两辊冷轧管机　中国重型机械研究院股份公司

三等奖

深海管线 200MPa 超高压水压装备研发与应用　中国重型机械研究院股份公司

三十三、河南省科学技术进步奖
二等奖

LED衬底超精密研磨抛光液关键技术开发及应用 郑州磨料磨具磨削研究所有限公司

数控磨、铣床用电主轴的可靠性设计、试验及应用 洛阳轴承研究所有限公司有限公司

三十四、河南省科学技术进步奖
三等奖

工业汽车涂装车间生产用U形杆悬摆输送机系统项目 中国汽车工业工程有限公司

三十五、广西壮族自治区科学技术进步奖
二等奖

双向拉伸聚酯薄膜生产装备关键技术研究与应用 桂林电器科学研究院有限公司

三十六、第九届广西发明创造成果展览交易会参展项目金奖

塑料膜拉伸生产线的厚膜链铗 桂林电器科学研究院有限公司

三十七、安徽省科学技术进步奖
一等奖

极端环境承压设备安全性能测试仪研发与应用 合肥通用机械研究院有限公司

危化品承压设备防灾减灾关键技术及工程应用 合肥通用机械研究院有限公司

二等奖

湿法烟气脱硫污酸石膏离心分离系统关键技术及应用 合肥通用机械研究院有限公司

合金材料局域塑性失稳的多尺度实验技术和机理研究 合肥通用机械研究院有限公司

三等奖

涡轮叶片损伤的热等静压治愈机理与方法 合肥通用机械研究院有限公司

三十八、首届辽宁省创新方法大赛
一等奖

基于TRIZ的超高温环境下动密封特性研究 沈阳仪表科学研究院有限公司

三十九、广西科学技术发明奖
三等奖

塑料机械专用链铗关键技术开发及应用 桂林电器科学研究院有限公司

四十、安徽省专利奖
优秀奖

一种煤粉流量调节阀 合肥通用机械研究院有限公司

一种离心铸造合金炉管的检测方法 合肥通用机械研究院有限公司

四十一、辽宁省专利奖
三等奖

电站间接空气冷却器自动清洗装置 沈阳仪表科学研究院有限公司

四十二、北京茅以升岩土工程技术创新奖

高填方工程监测关键技术研发与应用 机械工业勘察设计研究院有限公司

四十三、陕西省科技创业大赛

铜奖室内智能移动测绘机器人 机械工业勘察设计研究院有限公司

四十四、2019年度山东省优秀建筑设计项目竞赛
二等奖

费县文化体育综合活动中心 中国能源工程集团有限公司

2019年全国及行业、省区市优秀工程奖

全国及行业奖项

一、2018—2019年度中国建设工程鲁班奖

玻利维亚乌尤尼35万t/a钾盐制造厂 中工国际工程股份有限公司

玻利维亚圣布埃纳文图拉糖厂 中工国际工程股份有限公司

小仓房污水处理厂二期新建工程　合肥通用机械研究院有限公司

白俄罗斯吉利汽车生产线项目　中国机械工业建设集团有限公司、中国机械工业第一建设有限公司、中国机械工业第五建设有限公司

玻利维亚圣布埃纳文图拉糖厂项目　中国机械工业建设集团有限公司、中国机械工业第二建设有限公司

二、2018—2019年国家优质工程奖

中白商贸物流园首发区ZBSG-1标项目　中国中元国际工程有限公司

新乡市中心医院门急诊儿科综合楼工程　中国中元国际工程有限公司

苏州科技城医院　中国中元国际工程有限公司

洛阳正大国际城市广场暨市民中心西地块项目（Ⅰ标段）　中国汽车工业工程有限公司

柳州上汽汽车变速器有限公司柳东分公司一期工程建设项目—机加工车间、装配车间　中国汽车工业工程有限公司

长城汽车股份有限公司徐水哈弗分公司整车厂三期一标段焊装车间工程　中国汽车工业工程有限公司

沈阳嘉里中心项目　中国电力工程有限公司所属北京兴电国际工程管理有限公司

中机国际工程技术研发中心及配套工程　中国电力工程有限公司所属北京兴电国际工程管理有限公司

互联网安防产业基地Ⅰ标段　中国联合工程有限公司

洛阳市中心医院新建综合病房楼工程　机械工业第六设计研究院有限公司

湖南中烟工业有限责任公司四平卷烟厂易地技术改造项目联合工房　机械工业第六设计研究院有限公司

国家质检中心郑州检测基地　机械工业第六设计研究院有限公司

正弘国际广场　机械工业第六设计研究院有限公司

三、全国优秀勘察设计行业奖

一等奖

延安市新区北区一期综合开发工程岩土工程勘察、监测与研究　机械工业勘察设计研究院有限公司

二等奖

西安绿地中心A座岩土工程勘察、基坑支护及降水设计、桩基试验及检测工程　机械工业勘察设计研究院有限公司

三等奖

委内瑞拉中央电厂6号600MW蒸汽轮机发电机组项目基坑支护及降水工程设计　机械工业勘察设计研究院有限公司

西安创业咖啡街区拓展建设项目测绘　机械工业勘察设计研究院有限公司

西安国际金融中心基坑支护及降水工程设计　机械工业勘察设计研究院有限公司

四、2019年度行业优秀勘察设计奖

二等奖

澧县城头山遗址博物馆　中机国际工程设计研究院有限责任公司

三等奖

城北污水处理厂扩容提质工程　中机国际工程设计研究院有限责任公司

五、2019年全国勘察设计行业优秀工程勘察设计

二等奖

陕西富平热电新建行政办公楼及综合服务区项目　中国联合工程有限公司（中联西北工程设计研究院有限公司）

杭州良渚新城梦栖小镇（建机厂区块改扩建工程）　中国联合工程有限公司

三等奖

杭州城北市民健身中心　中国联合工程有限公司

新加坡杭州科技园数据处理厂房　中国联合工程有限公司

阿里巴巴淘宝城三期项目（淘宝城配套商住项目）　中国联合工程有限公司

杭州博地中心（萧政储出（2010）46号地块，萧政储出（2011）45号地块）　中国联合工程有限公司

西安国家数字出版基地起步区二期项目　中国联合工程有限公司（中联西北工程设计研究院

有公司）

中国联合工程有限公司（中联西北工程设计研究院有限公司）科技办公楼　中国联合工程有限公司（中联西北工程设计研究院有限公司）

六、中国机械工业勘察设计咨询成果奖

一等奖

西安地铁五号线一期工程DKKC-5标段现场试浸水试验专题研究　机械工业勘察设计研究院有限公司

三等奖

陕西省宝鸡市矿山地质环境调查、保持与治理规划　机械工业勘察设计研究院有限公司

七、中国机械工业优秀工程咨询成果奖

二等奖

湖北星晖新能源智能汽车有限公司汽车整车建设项目可行性研究报告　中国汽车工业工程有限公司

零跑汽车有限公司年产25万台（套）节能与新能源汽车关键零部件项目可行性研究报告　中国汽车工业工程有限公司

浙江吉利汽车有限公司义乌分公司年产3万辆混合动力（增程式）多用途乘用车项目申请报告　中国汽车工业工程有限公司

郑州宇通客车股份有限公司电动客车工程技术中心项目　中国汽车工业工程有限公司

东台市生物质能源发电项目可行性研究报告　中国联合工程有限公司

泰顺县域总体规划研究（2015—2035年）　中国联合工程有限公司

浙江星星冷链集成股份有限公司年产100万台冷链设备智能制造建设项目可行性研究报告　中国联合工程有限公司

中车唐山机车车辆有限公司高速车车体制造新模式项目可行性研究报告　中国联合工程有限公司

三等奖

常德中车新能源汽车扩能项目可研报告　中国汽车工业工程有限公司

威马汽车制造温州有限公司新能源汽车零部件项目可行性研究报告　中国汽车工业工程有限公司

昆明市西山区城市生活垃圾焚烧发电改扩建项目可行性研究报告　中国联合工程有限公司

长城汽车股份有限公司年产10万辆整车项目申请报告　中国联合工程有限公司

哈电通用（秦皇岛）燃气轮机有限公司合资项目可行性研究报告　中国联合工程有限公司

潍柴动力股份有限公司自主品牌大功率高速机产业化项目申请报告　中国联合工程有限公司（中机中联工程有限公司）

八、中国机械工业优秀工程勘察设计成果奖

一等奖

神华宁煤400万t/a煤炭间接液化项目动力站装置　中国联合工程有限公司

印度尼西亚Tanjung AwarAwar 2×350MW电厂工程　中国联合工程有限公司

杭州滨江银泰喜来登大酒店（杭政储出〔2004〕37号地块）　中国联合工程有限公司

浙江省地理信息产业园芯片科技大楼项目　中国联合工程有限公司

二等奖

兰石集团装备制造工业园区建设项目兰石重装炼化装备生产项目　中国联合工程有限公司

杭州九峰垃圾焚烧发电工程　中国联合工程有限公司

沈鼓集团营口透平装备有限公司建设项目一期工程　中国联合工程有限公司

杭州龙湖下沙天街　中国联合工程有限公司

恒生软件园扩建项目　中国联合工程有限公司

良渚梦乐城购物中心　中国联合工程有限公司

三等奖

查特深冷工程系统（常州）有限公司VT自动化生产线　中国联合工程有限公司

金洲管道年产10万t新型钢塑复合管项目　中国联合工程有限公司

兰石集团兰驼农业装备有限公司出城入园产业升级项目　中国联合工程有限公司

中国核动力研究设计院综合试验大厅项目

中国联合工程有限公司

湖州师范学院数字图书馆、三号公共教学楼工程　中国联合工程有限公司

九、2019年机械工业优秀工程勘察设计咨询成果奖

一等奖

陕西省中医药研究院迁建项目（一期）可行性研究报告　中国联合工程有限公司（中联西北工程设计研究院有限公司）

二等奖

厦门国际物流港有限公司前场铁路大型货场铁路作业区二期项目建议书　机械工业第六设计研究院有限公司

国投福建城市资源循环利用有限公司国投福建（连江）资源循环利用基地可行性研究报告　机械工业第六设计研究院有限公司

三等奖

西电宝鸡电气有限公司"中低压输配电装备智能制造新模式"项目可行性研究报告　中国联合工程有限公司（中联西北工程设计研究院有限公司）

商洛紫荆慧谷A地块（启动区）项目可行性研究报告　中国联合工程有限公司（中联西北工程设计研究院有限公司）

华远·枫悦二期项目交通影响评价　中国联合工程有限公司（中联西北工程设计研究院有限公司）

华润电力（西安）万家DC5MWp分布式光伏发电项目可行性研究报告　中国联合工程有限公司（中联西北工程设计研究院有限公司）

徐州徐工精密工业科技有限公司徐工集团高端零部件产业基地项目可行性研究报告　机械工业第六设计研究院有限公司

河南五建装配式建筑有限公司河南五建建设集团绿色建筑产业园项目一期工程可行性研究报告　机械工业第六设计研究院有限公司

十、2019年度行业优秀勘察设计奖

优秀建筑智能化

一等奖

浙江中烟宁波卷烟厂智能制造项目　机械工业第六设计研究院有限公司

三等奖

浙江中烟宁波卷烟厂智能制造项目　机械工业第六设计研究院有限公司

十一、全国优秀测绘工程奖

铜奖

兰新铁路第二双线沉降观测评估及平行观测项目LXPG-1标　机械工业勘察设计研究院有限公司

十二、第四届全国质量创新大赛QIC-V级技术成果

智能精准水肥一体化项目　中工武大设计研究有限公司

十三、2019年度优秀（公共）建筑设计

二等奖

中国科学院国家天文台FAST观测基地　中国中元国际工程有限公司

神农大剧院　中国中元国际工程有限公司

十四、2019年度优秀市政工程设计

二等奖

中国人民大学锅炉房工程　中国中元国际工程有限公司

十五、2019年度优秀建筑智能化

二等奖

中新天津生态城天津医科大学生态城代谢病医院项目　中国中元国际工程有限公司

十六、2019年度优秀水系统工程

二等奖

东方影都大剧院　中国中元国际工程有限公司

十七、2019年度优秀建筑电气

二等奖

中新天津生态城天津医科大学生态城代谢病医院　中国中元国际工程有限公司

中国航信高科技产业区—生产区　中国中元国际工程有限公司

十八、2019年度优秀建筑工程标准设计

三等奖

16G362《钢筋混凝土结构预埋件》　中国中元国际工程有限公司

十九、全国勘察设计行业海外工程经典项目

哥伦比亚 G3.G3.2 燃煤电站项目　中国联合工程有限公司

二十、2019 年度中国电力优质工程奖

杭州九峰垃圾焚烧发电工程　中国联合工程有限公司

攀枝花市生活垃圾焚烧发勢工程　中国联合工程有限公司

二十一、新中国成立 70 周年优秀勘察设计项目

洛阳拖拉机研究所噪声和高低温实验室项目　中国汽车工业工程有限公司

中日合资建立四川丰田汽车有限公司项目　中国汽车工业工程有限公司

天津夏利轿车十五万辆扩建工程项目　中国汽车工业工程有限公司

浙江美术馆　中国联合工程有限公司

哈尔滨锅炉厂"七五"发电设备制造基建改造工程项目　中国联合工程有限公司

9FA 燃气轮机试车站项目　中国联合工程有限公司

沈阳鼓风机（集团）股份有限公司战略重组异地改造项目　中国联合工程有限公司

上海汽轮机厂 200t 高速动平衡实验室项目　中国联合工程有限公司

二十二、第十三届第一批中国钢结构金奖工程

盛京金融广场项目 C 标段　中国电力工程有限公司所属北京兴电国际工程管理有限公司

盛京金融广场项目 B2 标段　中国电力工程有限公司所属北京兴电国际工程管理有限公司

OS-10B 地块办公商业楼（朝阳区北土城中路北侧 OS-10B 地块 B4 综合性商业金融服务业用地项目）　中国电力工程有限公司所属北京兴电国际工程管理有限公司

二十三、2019 年度工程勘察、建筑设计行业和市政公用工程优秀勘察设计奖

一等奖

水土 8.5 代玻璃基板生产厂房项目（一期）　中国联合工程有限公司（中机中联工程有限公司）

二等奖

重庆璧山规划展览馆　中国联合工程有限公司（中机中联工程有限公司）

天下龙缸·云端廊桥　中国联合工程有限公司（中机中联工程有限公司）

二十四、第十届"创新杯"建筑信息模型（BIM）应用大赛　文化体育类 BIM 应用

三等奖

河南省歌舞演艺集团、河南省京剧艺术中心新建剧场　机械工业第六设计研究院有限公司

二十五、第十届"创新杯"建筑信息模型（BIM）应用大赛　工程建设专业 - 安装类 BIM 应用

一等奖

郑州市民活动中心　机械工业第六设计研究院有限公司

二十六、第十届"创新杯"建筑信息模型（BIM）应用大赛　工业建筑类 BIM 应用

二等奖

上海烟草浦东科技创新园区建设工程（北区）　机械工业第六设计研究院有限公司

二十七、第八届"龙图杯"全国 BIM 大赛设计组

三等奖

河南省歌舞演艺集团、河南省京剧艺术中心新建剧场项目　机械工业第六设计研究院有限公司

二十八、第八届"龙图杯"全国 BIM 大赛综合组

三等奖

宁波卷烟厂"十二五"易地技术改造项目全生命周期的 BIM 技术应用　机械工业第六设计研究院有限公司

二十九、全国工程建设质量管理小组活动成果

二等奖

提高卫生间厨房渗漏施工质量一次合格率（胜利饭店项目第二 QC 小组）　中国机械工业建设集团有限公司　中国三安建设集团有限公司

三十、中国工程建设焊接协会优秀焊接工程

一等奖

玻利维亚圣布埃纳文图拉糖厂项目　中国机

械工业建设集团有限公司、中国机械工业第二建设有限公司

Yamal LNG 模块化建造项目　中国机械工业机械工程有限公司

澳门运动员培训及集训中心建造工程　中国机械工业建设集团有限公司、中国机械工业机械工程有限公司

优秀奖

白俄罗斯斯韦特洛戈尔斯克纸浆公司年产 40 万 t 漂白硫酸盐木浆项目　中国机械工业建设集团有限公司、中国机械工业第一建设有限公司

赛得利（九江）二期年产 16 万 t 差别化化学纤维项目原液车间 MEI 安装工程　中国三安建设集团有限公司

科威特 CFP 清洁燃油　中国机械工业建设集团有限公司、中国机械工业机械工程有限公司

连云港市东港污水处理厂一期工程储罐安装工程　中国机械工业建设集团有限公司、中国机械工业第四建设有限公司

三十一、2019 年度中质协质量技术优秀奖

机器人自动取料、检测汽车转向节清理单元　中国汽车工业工程有限公司

三十二、北京市结构长城杯

金质奖

中国第一历史档案馆迁建项目　中国电力工程有限公司所属北京兴电国际工程管理有限公司

北京新机场南航基地第三标段航空食品设施、生产运行保障设施车辆维修及勤务区项目　中国电力工程有限公司所属北京兴电国际工程管理有限公司

银质奖

瑞河兰乔花园 30# 商住楼项目　中国电力工程有限公司所属北京兴电国际工程管理有限公司

丰台区老年综合服务中心建设项目　中国电力工程有限公司所属北京兴电国际工程管理有限公司

北京体育大学新建武术及体育艺术综合馆　中国电力工程有限公司所属北京兴电国际工程管理有限公司

三十三、2019 年"海河杯"天津市优秀勘察设计奖

三等奖

东风井关农业机械有限公司东风井关农业装备生产新建项目一期工程　中国汽车工业工程有限公司

三十四、湖南省优秀工程勘察设计奖

一等奖

邵阳市中心医院东院项目一期工程　中机国际工程设计研究院有限责任公司

长沙铜官窑遗址博物馆　中机国际工程设计研究院有限责任公司

雷锋文化主题公园　中机国际工程设计研究院有限责任公司

三十五、陕西省勘察设计优秀质量管理小组

一等奖

延安分公司生产技术 QC 小组——提高大厚度挖方区地基回弹变形监测标志预埋成功率　机械工业勘察设计研究院有限公司

二等奖

技术研发中心 QC 小组——土壤水分计标定与埋设技术的研发　机械工业勘察设计研究院有限公司

三等奖

勘察三公司 QC 小组——提高勘察报告编写效率　机械工业勘察设计研究院有限公司

测试公司生产技术 QC 小组——提高滑动测微测试用测管安装可靠性　机械工业勘察设计研究院有限公司

三十六、2019 年重庆市优秀勘察设计奖

一等奖

跳蹬河（九龙坡区段）黑臭水体整治（一期）项目　中国联合工程有限公司（中机中联工程有限公司）

二等奖

重庆医药现代物流综合基地项目（一期工程）　中国联合工程有限公司（中机中联工程有限公司）

重庆市房地产职业学院图书馆项目　中国联

合工程有限公司（中机中联工程有限公司）

阳光100慈云老街一期　中国联合工程有限公司（中机中联工程有限公司）

重庆融创·凯旋路项目A区一期　中国联合工程有限公司（中机中联工程有限公司）

三等奖

重庆·绿岛中心一期总部楼（48#楼、49#楼、50#楼）　中国联合工程有限公司（中机中联工程有限公司）

宜宾市南部新区七星城城市基础设施建设项目——金沙江大道　中国联合工程有限公司（中机中联工程有限公司）

花坝露营基地项目　中国联合工程有限公司（中机中联工程有限公司）

富盈长寿湖商业广场项目　中国联合工程有限公司（中机中联工程有限公司）

三十七、河南省勘察设计优秀QC小组

三等奖

医院污水处理设计、运行、维护综合分析　中国汽车工业工程有限公司

三十八、河南省优秀勘察设计创新奖

一等奖

上海汇众汽车制造有限公司灵石路厂区修缮改造项目测量　中国汽车工业工程有限公司

正弘国际广场　机械工业第六设计研究院有限公司

二等奖

三门峡中隆置业有限公司滨河湾勘察，洛阳正大国际城市广场暨正大广场东区44层～45层楼、正大广场、裙楼及地下车库等（7#超高层办公楼）勘察　中国汽车工业工程有限公司

三十九、2019年河南省优秀勘察设计创新奖

一等奖

阜外华中心血管病医院国家心血管病中心华中分中心建设项目　机械工业第六设计研究院有限公司

大庆石化机械厂搬迁改造项目　机械工业第六设计研究院有限公司

郑州市第二人民医院新建病房楼项目　机械工业第六设计研究院有限公司

山西昆明烟草有限责任公司"十二五"易地技术改造项目　机械工业第六设计研究院有限公司

河南建正房地产有限公司建正东方中心项目　机械工业第六设计研究院有限公司

二等奖

福建省三明金叶复烤有限公司打叶复烤易地技术改造项目　机械工业第六设计研究院有限公司

汝州市高等职业技术学院项目工程　机械工业第六设计研究院有限公司

开封众意馨园小区（A区）　机械工业第六设计研究院有限公司

浙江省烟草公司温州市公司新建卷烟物流配送中心项目　机械工业第六设计研究院有限公司

正商金域人家　机械工业第六设计研究院有限公司

滑县县城第三自来水厂建设工程项目　机械工业第六设计研究院有限公司

四十、2019年河南省优秀勘察设计创新奖设计方案

一等奖

平顶山市树雕艺术博物馆建设项目规划设计　机械工业第六设计研究院有限公司

智慧岛大数据总部项目方案设计　机械工业第六设计研究院有限公司

菲律宾克拉克国际机场新航站楼方案设计　机械工业第六设计研究院有限公司

二等奖

沧州旭阳化工有限公司厂前区建筑规划前期方案　机械工业第六设计研究院有限公司

平顶山市儿童医院方案设计　机械工业第六设计研究院有限公司

新郑市文化广电新闻出版局新建图书档案方志馆工程方案设计　机械工业第六设计研究院有限公司

援尼泊尔辛杜巴尔乔克县医院恢复和改造项目设计方案　机械工业第六设计研究院有限公司

援马里巴马科大学卡巴拉校区二期项目方案设计　机械工业第六设计研究院有限公司

河南大学附属"两校一园"新校区建设项目勘察设计项目　机械工业第六设计研究院有限公司

中铁十局郑州航空港置业有限公司总部基地项目　机械工业第六设计研究院有限公司

新蔡县第二人民医院建设项目方案设计　机械工业第六设计研究院有限公司

驻马店市监察委员会办案留置场所建设项目方案设计　机械工业第六设计研究院有限公司

四十一、浙江省勘察设计行业优秀勘察设计成果

一等奖

杭州博地中心（萧政储出（2010）46号地块，萧政储出（2011）45号地块）　中国联合工程有限公司

杭叉集团股份有限公司年产5万台电动工业车辆整机及车架项目　中国联合工程有限公司

二等奖

阿里巴巴淘宝城三期项目（淘宝城配套商住项目）　中国联合工程有限公司

杭州城北市民健身中心　中国联合工程有限公司

杭州良渚新城梦栖小镇（建机厂区块改扩建工程）　中国联合工程有限公司

松原市生活垃圾焚烧处理项目　中国联合工程有限公司

江山市峡口水库引水工程　中国联合工程有限公司

四十二、浙江省勘察设计行业优秀建筑电气专项

二等奖

杭州恒生科技园三期　中国联合工程有限公司

四十三、浙江省勘察设计行业优秀给排水专项

二等奖

新加坡杭州科技园数据处理厂房　中国联合工程有限公司

四十四、浙江省勘察设计行业优秀建筑结构专项

三等奖

中国核动力研究设计院华阳基地综合试验大厅项目　中国联合工程有限公司

四十五、浙江省勘察设计行业优秀建筑智能化专项

三等奖

杭州国际会议中心及配套设施提升改造工程（安防）　中国联合工程有限公司

安徽皖东南保税物流中心（B型）　中国联合工程有限公司

四十六、浙江省勘察设计行业优秀BIM专项

三等奖

临淄生活垃圾焚烧发电项目BIM应用　中国联合工程有限公司

四十七、第六次陕西省绿色建筑产业科技创新成果

一等奖

室内智能移动测绘机器人　机械工业勘察设计研究院有限公司

二等奖

机勘"测斜精灵"智能测斜仪及应用软件　机械工业勘察设计研究院有限公司

三等奖

陕西省斗门水库试验段安全监测系统工程项目　机械工业勘察设计研究院有限公司

四十八、轨道交通工程建设安全质量管理先进单位

北京地铁8号线三期及南延机电设备安装工程　中国电力工程有限公司所属北京兴电国际工程管理有限公司

四十九、2019年深圳市优质工程金牛奖

深圳中设大厦项目　中国电力工程有限公司所属北京兴电国际工程管理有限公司

五十、2018年天津市建设工程"海河杯"

华锐全日冷链运营中心　中国电力工程有限

公司所属北京兴电国际工程管理有限公司

五十一、2019年重庆市优秀城乡规划设计三等奖

昌都市芒康古盐田景区旅游规划项目　中国联合工程有限公司（中机中联工程有限公司）

成贵高铁宜宾东站站前综合体项目概念方案　中国联合工程有限公司（中机中联工程有限公司）

江津区旧城棚户区更新改造研究（长风厂片区等棚户区项目策划规划项目）　中国联合工程有限公司（中机中联工程有限公司）

川藏铁路山南火车站站城协同一体化规划设计　中国联合工程有限公司（中机中联工程有限公司）

重庆渝北区两路老城片区"城市双修"规划设计　中国联合工程有限公司（中机中联工程有限公司）

五十二、2018年度江苏省优质工程奖扬子杯

连云港东港污水处理厂项目一期工程　中国机械工业建设集团有限公司

五十三、2018年度四川省优秀安装质量奖蜀安杯

南充联成化学工业有限公司PA装置及储罐安装工程　中国机械工业第一建设有限公司

第六篇

重大经营项目汇编

2020 中国机械工业集团有限公司年鉴

CHINA NATIONAL MACHINERY INDUSTRY CORPORATION LTD. YEARBOOK

工程承包

(2019年完工,合同金额5 000万美元以上)

一、加拿大菲利普学生公寓项目一期

承建单位:中国机械设备工程股份有限公司。

签约时间:2013年1月22日。

项目概况:该项目于2014年1月30日开工,2014年12月底主体结构封顶,2015年11月全部完工并验收竣工。项目在执行过程中无任何质量和安全事故,提前完工。项目是CMEC以卖贷方式在加拿大地区承接的房屋建筑类项目,同时也是CMEC第一个在加拿大以EPC方式承接的项目。

经济或社会效益:该项目的顺利实施有助于改善滑铁卢地区的学生住宿条件,缓解公寓供不应求的现状,也将对CMEC开拓加拿大市场具有重要意义,对推动中加经贸往来起到积极的作用。

二、斯里兰卡延河农业灌溉项目

承建单位:中工国际工程股份有限公司。

签约时间:2011年11月3日。

项目概述:延河农业灌溉项目于2013年8月16日签署补充协议,转为现汇项目,合同金额为1.5亿美元,为项目生效奠定了基础。2013年10月22日,收到业主预付款,项目生效。2015年2月1日,收到项目开工令,项目正式开工。主要施工内容为新建5座总长为5.9km的均质土坝、溢洪道、输水系统及道路等辅助设施。2018年12月21日,项目提前半年竣工。2019年1月17日,收到项目完工证书。主要特点:①新市场、新环境对项目执行团队是很大的考验和挑战;②工期紧。该地区每年有接近一半的时间为雨季,无法施工,对项目设备、人员、施工组织等组织调配提出了较高的要求;③政府审批程序繁冗复杂。本项目涉及许可多,许可审批部门多,耗费时日,影响工作效率。

经济或社会效益:该项目主要作用是为当地调节雨季洪水,并为项目所在地区5 700hm²的土地提供灌溉用水,使当地农户实现增产增收。项目还通过增加水资源管理和利用,修复现有灌溉系统,减少自然灾害对当地人民生产生活的影响。同时,项目也为其他粮食作物及渔业的发展打下了基础,对当地增加就业机会、提高农民收入起到促进作用,对斯里兰卡国家经济建设产生积极影响。2019年,该项目被中国对外承包工程商会评为"2019境外可持续基础设施项目"。

三、安哥拉库茵巴项目

承建单位:中工国际工程股份有限公司。

签约时间:2011年4月18日。

项目概述:2014年5月,李克强总理访问安哥拉期间签署项目融资协议,并于同月收到项目预付款,项目正式生效。2014年7月22日,项目正式启动,同期开展项目的勘测、设计、物资采购、土地开垦等工作。2014年10月,开始第一批农机设备出运。2014年12月,完成土地勘测工作,第一批160hm²土地开垦完成。2015年3月,完成初步设计工作。2015年5月,完成第一季大豆和玉米种植试验工作。2015年6月,现场土建开工。2015年11月,主要设备出口工作完成。2015年12月,完成全部施工图设计,第二批1 600hm²土地开垦完成。2016年1月,与业主就实施附录达成一致并签署。2016年3月,完成筒仓基础施工工作。2016年5月,完成第一季200hm²玉米收割工作、第二季玉米和大豆种植试验工作。2016年6月,完成项目土地开垦工作。2017年3月,完成烘干仓储设备安装调试。2017年5月，完成第二季玉米收割工作、第三季玉米和大豆种植试验工作。2017年7月，完成土地、农机设备、烘干仓储设施等移交工作。2018年1月，完成主场部的建设工作。2018年5月，完成喷灌区的建设工作。2018年7月，完成养鸡场的建设工作。2018年12月，完成项目整体验收并获得业主颁发的项目临时验收证书，项目进入质保期。2019年3月，完成项目验收整改和移交工作。2019年12月，获得业主颁发的项目最终验收证书。

经济或社会效益：

（1）保障安哥拉的粮食安全，减少粮食进口。目前，安哥拉每年的粮食缺口在150万t以上。通过该项目的实施，每年将向市场供应8 000t玉米和1 000t大豆，将有助于减少安哥拉的粮食进口，起到部分进口替代作用。

（2）改善安哥拉人民的饮食结构。目前，安哥拉人民主要的食物为玉米和木薯，蔬菜、肉类很少。通过该项目的实施，每年将向安哥拉市场供应15万只肉鸡、1 250万枚鸡蛋，有助于改善安哥拉人民的饮食结构。

（3）提高安哥拉的农业技术水平。项目通过大规模的农机设备推广，提高了安哥拉的农业种植效率；通过对优良品种的选育和推广，提高了安哥拉每公顷粮食的产量；通过对项目周边农民的培训，使周边居民掌握了现代化的农业种植技术。

（4）促进安哥拉当地经济发展。项目所在地安哥拉扎伊尔省库茵巴市，地处安哥拉与刚果金中部边境，经济非常落后。该公司在库茵巴市执行项目，一方面，解决了当地就业问题。预计项目建成后将有200人在农场中就业。另一方面，改变了当地人的观念。通过项目的示范作用，当地人接触并融入现代化的社会中，并且项目的产值将占库茵巴市产值的一半以上，对当地经济起到重要的推动作用。

四、厄瓜多尔政府金融管理平台建设项目

承建单位：中工国际工程股份有限公司。

签约时间：2015年9月10日。

项目概述：该项目是中工国际工程股份有限公司（简称中工国际）在厄瓜多尔承建的最大的政府项目，预付款收到日期为2015年10月13日，但合同中规定为签署即生效，中工国际前期进行垫资施工。2016年4月5日，完成了地下三层的结构施工。2016年8月14日，项目主体钢结构安装完毕。2016年9月25日，项目各层混凝土楼板浇筑完成。2017年5月3日，项目完成了全部内外装修及设备安装调试工作。2017年9月20日，项目完成验收工作，收到业主签署的项目临时验收证书。2019年4月8日，项目完成最终验收，收到业主签署的项目最终验收证书。

经济或社会效益：该项目建成后，厄瓜多尔经济政策协调部、财政部、国家税务局、保险储蓄公司、厄瓜多尔中央银行、国家银行、厄瓜多尔社保银行、公共金融公司等金融相关部门将入驻联合办公，实现信息互联互通，极大地提高了决策和办公效率。

五、厄瓜多尔波多维耶霍医院项目

承建单位：中工国际工程股份有限公司。

签约时间：2013年2月28日。

项目概述：该项目签约即生效，于合同签署日正式开工。2014年2月21日，项目完成基础施工。2014年6月14日，收到波多维耶霍医院项目50%的预付款。2015年8月30日，完成了项目主体钢结构的安装施工。2016年4月15日，完成了项目主体结构施工和部分装饰装修工作。2018年5月2日，项目的门诊区对外开业；2018年8月22日，完成项目临时验收，收到业主签署的临时验收函。2019年4月11日，完成项目最终验收工作，收到业主签署的最终验收函。

该项目合同为单价合同，项目工期控制难度大，业主变更较多，对进度管理提出较高要求。项目抗震标准较高，对施工技术提出较高要求。

经济或社会效益：项目的设计遵循实用性、先进性、医疗功能齐全等原则，是具有独立运行体系的综合医院。医院投入使用后，将大大提升当地的医疗水平，极大地改善了当地民众的生活质量，促进项目所在地区及厄瓜多尔全国医疗卫生事业的发展。

六、委内瑞拉农副产品加工设备制造厂工业园项目

承建单位：中工国际工程股份有限公司。

签约时间：2010年12月3日。

项目概述：该项目于2010年12月3日签署商务合同，2011年7月25日启动执行，2011年9月收到预付款并生效。合同内容由设备供货、土建施工、技术转让和培训三部分组成，总金额32.27亿元。项目于2015年年底完成实体建设，之后用两年的时间对全场设备进行了调试。2018年，业主对全厂土建和设备进行了验收，并组织了小型钢板仓及喷灌机的试生产工作。业主于2018年6月18日签署了土建最终接收函，2018年8月31日签署了培训完成函，2018年10月16日签署了设备最终接收函，标志着整个项目获得业主的最终验收。至此，项目商务合同项下保函全部撤销，商务合同执行完毕。

主要特点：该项目所在地政治局势不稳定，经济条件变化较大，汇率变动幅度大，原材料供应不足，对项目影响较大。项目的产品跨界大，专业性强，对项目设计要求较高；项目生产线的功能小而全，需要整合现有技术，难度较大。

经济或社会效益：该项目建成后，不仅将为当地创造大量就业岗位，而且将彻底改变当地农副产品加工设备完全依赖进口的局面，为当地农业发展、保证粮食安全及农副产品加工提供了工业基础。

七、委内瑞拉奥里诺科三角洲农业综合发展项目

承建单位：中工国际工程股份有限公司。

签约时间：2011年5月1日。

项目概述：该项目的合同于2011年5月1日签署。项目位于奥里诺科州三角洲，项目内容涉及灌渠新建和修复、排水渠清淤、桥梁建设、农用路及住房建设、喷滴灌、粮食加工、养殖防疫等工程。项目原始工期从2011年5月到2013年5月，分别于2014年、2015年、2016年、2017年进行过延期。2011年12月15日，完成勘测设计。2014年7月15日，粮仓预处理桩基础完工。2015年11月30日，自备电站土建完工。2017年3月31日，自备电站安装调试完毕。2017年8月10日，新大米加工厂土建完工。2017年11月20日，粮仓试运行。2018年11月，实现了项目整体移交。2019年1月22日，收到了业主委内瑞拉农村发展署（INDER）主席签发的最终接收函，标志着项目全面收官。

主要特点：该项目内容涉及面广，所处位置比较偏远，交通条件不方便，所在国家经济条件不稳定，汇率变化幅度较大，原材料供应不足，项目建设期较长。而且项目占地面积大，增加了管理难度。

经济或社会效益：该项目通过对当地灌溉系统设施、粮食加工厂等的一系列改造及扩建，升级了当地的农业灌溉设施和粮食加工设备，提高了农业生产效率，增加了农作物产量。

八、孟加拉国帕德玛45万t水厂项目

承建单位：中国机械工业建设集团有限公司。

签约时间：2015年1月。

项目概况：该项目位于孟加拉共和国首都达卡市西南约50km的马瓦村，内容为建设一座日处理能力为45万t的自来水厂，以满足达卡市市民日益增加的用水需求。项目合同内具体工作内容包括净水厂、取水口以及加压泵房全部主体土建工程和水厂配套土建工程的采购、施工，配合净水厂联合调试，以及缺陷责任期服务等。工程规模：项目设计能力为日处理原水45万t，合同金额为43 433.29万元。

经济或社会效益：项目利润为2 804.01万元。

九、重庆长安汽车产品结构调整项目涂装生产线主线项目

承建单位：中国汽车工业工程有限公司。

签约时间：2016年4月。

项目概述：重庆长安汽车产品结构调整项目位于重庆市江北区鱼嘴镇，是涂装生产主线工艺设备的EPC总承包交钥匙工程。项目于2017年

10月15日进场安装，2018年5月15日首车下线，2018年7月5日开始试生产，2019年6月竣工验收。项目采用大量国内先进的新技术：前处理电泳采用自主研发的油水分离系统，输送摆杆系统采用双驱动，中面涂采用空调循环风系、漆渣干燥处理系统，烘房采用TNV废气回收利用系统等。项目自动化程度高，采用中面涂机器人、底涂机器人、裙边胶机器人。前处理电泳设备于2017年10月15日进场施工，于2018年7月5日完成SOP。项目投产后，使长安欧尚品牌的产能得到迅速提升。

经济或社会效益：该涂装车间于2019年11月实现双班生产，实现单月产销15 000台，为长安汽车创造了丰厚利润。

十、上海汽车集团股份有限公司宁德乘用车基地一期土建公用EPC项目

承建单位：中国汽车工业工程有限公司。

签约时间：2018年4月。

项目概况：该项目位于福建省宁德市七都镇三屿工业园区，是整厂土建公用的EPC总承包交钥匙工程。2018年4月28日，项目启动。2019年6月28日，基地首台通线车下线。2019年9月28日，基地竣工投产。2019年6月，项目竣工验收。项目建设完成后，可年产乘用车24万辆。该项目建设内容包括冲焊联合厂房、涂装联合厂房、总装联合厂、中央食堂、能源中心、污水处理站、110kV降压站及危废站等34个单位工程及厂区配套工程，是该公司近些年承建的规模大、涉及专业全、技术含量高的综合EPC项目，其软基处理、建安工程等均由该公司提供规划、设计和建设。

经济或社会效益：在上汽集团"智能网联化、电动化、共享化、国际化"战略的指引下，仅用了17个月的时间，该基地就在一片滩涂上拔地而起，正式竣工投产。这是上汽集团与中汽工程一次跨越时代的协作。该基地已经成为上汽集团新能源全球化战略的重要支点，也是中汽工程发展史上的重要里程碑。

十一、哥伦比亚G3.2燃煤电站工程承包

承建单位：中国联合工程有限公司。

签约时间：2013年6月。

项目概况：该项目是中国联合工程有限公司在南美及海外地区承建的最大EPC项目，也是哥伦比亚国内最大的300MW等级CFB锅炉高参数火力发电厂。三大主机均属于我国的首台（套）机组，已一次性通过了业主的72h性能考核试验，在设计中采用了大量的新技术、新理念、新手段，综合技术水平达到国际先进水平。该项目设计以哥伦比亚规范为主、美标为辅，同时需满足我国国标要求，涉及三个规范体系，且业主委托BVTC对工程设计、采购、施工及安装全过程进行监理，因为工作方式、设计理念以及规范体系的差异，设计过程中遇到未曾预期的困难。审图过程中，针对桩基设计、设备基础动力计算、强度弱梁验算等问题，与业主、监理公司进行了长达一年多的探讨，对三个规范体系反复研究，最终达成统一。

4.经济或社会效益：在工程设计中，结合施工机械、土建材料的特点，进行本地化设计，达到安全、经济、适用的目的，为项目节省了大量费用。

十二、建德市寿昌镇小城镇环境综合整治工程承包

承建单位：中国联合工程有限公司。

签约时间：2017年4月。

项目概况：该项目主要内容包括道路周边立面改造、店招店牌整治、景观提升、亮灯工程、道路整治提升、新建道路等，包括南门外广场建设工程，西湖广场及周边改造工程，溪边道路及立面改造工程，中山路、东昌路和西昌路的道路改造及两侧建筑立面改造工程，背街小巷改造工程，以及航空小镇横钢社区改造工程等19个工程项目。

经济或社会效益：该项目各子项全部质量合格，施工过程"零"事故，并成为浙江省第一个以免考核形式通过浙江省小镇改造验收考核

的项目。

十三、丽水经济开发区江南路中学及秀山路小学项目EPC工程总承包

承建单位：中国联合工程有限公司。

签约时间：2014年4月。

项目概况：学校为新建九年一贯制学校，开设小学36个班、初中24个班，共60个班级。总建筑面积62 007.81 m^2。该工程地上1～6层，最大建筑高度22.1m，整个学校共11栋楼，采用围合庭院的方式布置，各功能分区入口分别设置，避免相互交叉干扰，主要教学区通过环形公共连廊连接，建筑主体为框架结构。地下车库设置在风雨操场地下，共1层，层高4.80m，地下室建筑面积3 517.32 m^2，其中包含1 344.22 m^2人防，人防设计为核六级。

十四、西安创业咖啡街区拓展建设EPC项目

承建单位：中国浦发机械工业股份有限公司所属中机联合投资发展有限公司。

签约时间：2018年7月。

项目概况：该项目总投资3.8亿元。项目包括西安高新区核心区近2.0 km^2区域内部分建筑的立面改造和亮化工程、部分室内空间改造、道路景观提升、城市小品及标识引导系统建设等。

经济或社会效益：更新改造后的西安创业咖啡街区重新焕发街区魅力，成为投资创业、人文休闲的好去处。项目荣获第十四届"中照照明奖工程设计奖一等奖（室外、街区）"，该奖项是中国照明行业的最高奖项。

十五、娄底市文化中心、娄底宾馆

承建单位：中国机械设备工程股份有限公司（中机国际工程设计研究院有限责任公司）。

签约时间：2012年9月7日。

项目概况：娄底市文化中心包括美术馆、博物馆、图书馆、文化馆和群众文化中心，总建筑面积约为5万 m^2。项目于2012年中标，先后经过了方案修改和优化、景观设计、初步设计、施工图设计、装修设计等。目前，该项目已经竣工，通过了各项验收并向市民开放。娄底市文化中心位于娄底市西南部，在市体育中心的北侧，毗邻涟水河，距火车站仅3km，交通便捷，区位优势明显。

经济或社会效益：娄底市文化中心设计理念独特，"还地于民"的理念在建筑设计中得到很好的诠释。建筑不再是硬生生插在地里的混凝土方盒子，而是从地里有机生长出来的，使环境成为主体，建筑隐藏于环境之中，从而使建筑地景化。目前，该设计获得了湖南省2015年度优秀工程设计一等奖，能够产生很好的经济和社会效益。

十六、中钢集团邢台机械轧辊有限公司搬迁改造产业升级项目

承建单位：机械工业第六设计研究院有限公司。

签约时间：2019年12月13日。

项目概况：该项目位于邢台市经济开发区，占地面积1 505亩（1亩=666.7 m^2），新建建筑面积约36万 m^2，计划总投资约43亿元，可实现年产16.7万t轧辊、2万t冶金设备的生产能力。该公司中标的项目建筑面积约22万 m^2，规划年产能12.2万t铸铁和铸钢轧辊。

经济或社会效益：该项目通过引进全过程自动化、数字化装备，应用绿色工艺和装备技术手段，为中钢邢机建成一座智能化、绿色化的现代化工厂提供了强有力的技术支撑和服务。

十七、援加蓬农业技术推广基地项目

承建单位：机械工业第六设计研究院有限公司。

签约时间：2019年12月30日。

项目概况：该项目位于加蓬共和国康果市，项目占地面积18.4 hm^2，建筑物占地面积约20 000 m^2。项目主要包括土建工程、田间工程、设备仪器购置、配套设施等。

经济或社会效益：该项目遵循种养结合、资源循环的理念，着力打造生态循环型的农业技术示范基地。建成后将年产水稻、玉米、芭蕉、木薯、蔬菜等共计300t；年出栏肉鸡30 000只，年出栏猪2 000头。

十八、援西非国家经济共同体总部办公楼项目

承建单位：机械工业第六设计研究院有限公司。

签约时间：2019年1月23日。

项目概况：该项目位于尼日利亚首都阿布贾，建设内容包括圆形会议厅、办公主楼及综合楼等附属建筑，总建筑面积约35 000 m²，用地面积7万m²。

经济或社会效益：该项目是我国对西非国家经济共同体援助的首例工程，也是继非盟中心之后我国在非洲援建的第二个国际组织办公设施，建成后将成为尼日利亚乃至西非地区的标志性建筑。

十九、中联重科印度工业园建设项目

承建单位：机械工业第六设计研究院有限公司。

签约时间：2019年9月28日。

项目概况：该项目位于马哈拉思特拉邦浦那市德城工业园，占地面积约230亩。园区总建筑面积约5.5万m²，其中一期建筑面积约2.1万m²。主要产品为塔式起重机、汽车起重机、混凝土泵车、拖泵、挖掘机、旋挖钻机等工程机械。

经济或社会效益：该项目是中联重科股份有限公司在东南亚地区第一个海外自建项目，也是该公司助力国家"一带一路"倡议走深走实的重要一步。

二十、援斐济苏瓦多功能体育馆维修项目

承建单位：机械工业第六设计研究院有限公司。

签约时间：2019年9月19日。

项目概况：该项目位于斐济首都苏瓦市，项目包括450人座室外游泳池及500人座曲棍球场，现为斐济国家体育场的一部分。经过十多年的使用，原体育馆部分设施老化，设备无法正常运行。此次维修设计以原设计内容、使用功能布局为基础，完善和提升使用舒适度，恢复其全部使用功能，并适当进行升级及周边美化。

经济或社会效益：该项目建成后，不仅可以满足专业运动员训练和比赛的需求，亦可满足斐方举办地区性国际赛事的需求。

二十一、援纳米比亚4所学校

承建单位：机械工业第六设计研究院有限公司。

签约时间：2019年5月28日。

项目概况：该项目包括位于纳米比亚赞比西省和西卡万戈省的共4所中小学。建筑方案采用"标准模块"的空间设计策略，便于4所学校结合自身功能需求进行灵活的拼接组合，在保证建筑空间的功能适用性的同时，保证工程的易操作性。建筑造型在延续既有建筑基本风格的基础上，适当予以创新、优化，并对既有建筑进行统一的粉刷翻新，使新旧建筑整齐划一，体现出中国援建项目的良好形象。

经济或社会效益：该项目可以解决当地大量适龄儿童的上学问题，是中国援助纳米比亚的重要民生工程。

二十二、河南省直青年人才公寓文华苑项目

承建单位：机械工业第六设计研究院有限公司。

签约时间：2019年9月2日。

项目概况：该项目总建筑面积约51万m²，总投资约19亿元，位于郑州市郑东新区白沙象湖片区，采用装配整体式剪力墙结构体系。

经济或社会效益：该项目作为河南省投资最大的重点民生工程之一，是河南省重点推进的首批装配式住宅项目，对全省装配式建筑发展具有极强的示范意义和引领作用。

二十三、安阳市文体中心建设工程

承建单位：机械工业第六设计研究院有限公司。

签约时间：2019年6月11日。

项目概况：该项目总投资33.9亿元，建筑面积22万m²，由文化中心与体育中心两大部分组成，文化中心包括大剧院、音乐厅、科技馆、文化馆等，体育中心包括体育场、体育馆、游泳馆等。

经济或社会效益：该项目是安阳市文化旅游产业重点项目，建成后将成为安阳市文体活动场地和标志性景观建筑，可承办地区性、综合性比赛及全国单项比赛。

二十四、卢氏县中医院、县二院合并搬迁项目

承建单位：机械工业第六设计研究院有限公司。

签约时间：2019年5月27日。

项目概况：该项目属于中央扶贫项目，总投资约7.18亿元，设置床位750张（拟建设床位1 000张以上），占地面积8.16万 m^2，建筑物8栋，总建筑面积132 231.65万 m^2。项目建设内容主要有门诊医技综合楼、病房综合楼、传染病专科病区、精神病专科病区等。

经济或社会效益：该项目是卢氏县的重点民生工程，突出了中医特色、专科专病特色和中医药健康养老特色。项目投入使用后，将充分发挥中医药优势，开发利用卢氏县丰富的中药材资源，建立县级区域医疗中心，推动卢氏县中医事业和新型养老模式的发展；将彻底改变卢氏县卫生、计生事业整体发展滞后的局面，有效遏制"因病致贫""因病返贫"问题，保障卢氏县脱贫攻坚目标如期实现。

二十五、巩义市人民医院东院区二期

承建单位：机械工业第六设计研究院有限公司。

签约时间：2019年5月1日。

项目概况：该项目总用地面积76 997.25 m^2，其中建设用地面积72 717.25 m^2。

经济或社会效益：该项目的目标是把巩义市人民医院东院区建设成为规划一流、环境一流、功能一流、技术一流、品牌一流的现代亿的医疗中心、花园式的山地医院、环保节能的绿色智慧化医院。

二十六、阜阳卷烟厂易地技改项目

承建单位：机械工业第六设计研究院有限公司。

签约时间：2019年1月10日。

项目概况：该项目占地面积约399.52亩，含联合工房、综合库、动力中心、生产管理用房及后勤服务设施等，总建筑面积约10.2万 m^2，投资规模约8.5亿元。

经济或社会效益：该项目将使阜阳卷烟厂在满足柔性化生产需求的基础上，着力提升成本优势和技术先进性，着力打造阜烟特色制造品牌。

设计、咨询、勘察项目

（2019年完成，合同金额500万元以上）

一、北京大兴国际机场设计、审图等系列项目

设计咨询、监理、审图单位：中国中元国际工程有限公司。

签约时间：2014—2018年。

项目概况：北京大兴国际机场于2019年9月正式通航。中国中元国际工程有限公司（简称中国中元）陆续承担了大兴国际机场30余项工程设计、监理、审图任务，是承担工程设计工作涉及面最广、工程门类最繁杂、工程项目数量最多的设计单位。自2014年以来，中国中元陆续投入400余名设计人员，结合机场建设指挥部及各航空公司使用需求，针对航站区及配套区20余项工程的前期规划设计、中期施工建设、后期验收及运营保障，开展技术研发、优化设计、建设管理及技术服务，充分发挥中国中元的技术特长和专业优势，经过4年多的设计及施工配合工作，圆满完成任务，得到了新机场建设指挥部、南方航空公司、东方航空公司等使用单位的高度认可。自大兴国际机场建设启动，中国中元陆续承接了公务机楼、航站楼行李系统工程、机场能源工程、航空食品设施、货运仓库工程、机场跑道融雪专项工程等的规划、设计、专项研究、施工图审查、建设监理任务，项目涵盖飞行区、航站区、配套区，涉及6个大类，包括30余项工程服务任务。

经济或社会效益：北京大兴国际机场被英国《卫报》评选为"新世界七大奇迹"之首，是新中国成立70周年的献礼工程。中国中元在大兴国际机场建设过程中，克服种种艰难险阻，运用科学管理理念，精心设计、创优工程、诚信服务，为北京大兴国际机场正式通航注入了中元力量。

二、湖南常德中车新能源汽车扩能项目

设计单位：中国汽车工业工程有限公司。

签约时间：2018年9月。

项目概述：常德中车新能源汽车扩能项目工程占地面积937亩，总建筑面积34.05万m^2，总投资30.58亿元，年生产新能源大中型客车单班10 000辆，动力源有纯电动和氢燃料电池两种。厂区包括型材车间、板材车间、大片车间、车身车间、涂装（含车身电泳）车间、总装车间、检测调试、修整等生产车间，以及试车跑道等。另外，厂区还有综合站房、污水处理站、危固站、加氢站、集中供气站、集中供液站等公用站房，以及综合楼和员工宿舍等配套设施。中国汽车工业工程有限公司（简称中汽工程）承担该项目的工程设计工作。该项目于2018年12月开工，生产车间基础于2019年12月完工。整体项目于2020年10月30日投入试运行。

经济或社会效益：该项目为中国中车集团的重点项目，也是湖南省重点项目。配有智能立体库3座、自动化输送系统16套、AGV 45台、工业机器人68台、数控加工设备106台（套），以及激光切割、高速锯床、数控弯管机、数控折弯机、智能拧紧机等设备2 000多台（套）。整座工厂将建成基于5G技术的工业互联网，全部生产过程由云控中心智能控制。其中，车身5大片空中输送系统是全球首创，整个过程可实现无人化操作，所有物料可点对点精准送至合装胎上，在自动定位后完成车身六面体的合装。

三、上汽大众汽车有限公司MEB工厂厂房及辅助设施配套项目

设计单位：中国汽车工业工程有限公司。

签约时间：2018年4月。

项目概述：上汽大众MEB项目位于上海市嘉定区安亭镇，是整厂工程设计项目。该项目于2018年4月14日启动，于2018年10月开工建设，于2020年10月建成投产。项目建设完成后，规划年产能30万辆。

该项目建设内容包括冲焊联合厂房、涂装车间、总装车间、电池装配车间、综合楼、停车楼、能源中心、污水处理站及试车跑道等37个单位工程及厂区配套工程。厂区用地面积为40.54万m^2，建筑面积为62万m^2，容积率高达1.52，远高于国家规定的交通运输设备制造业容积率须大于等于0.7的要求，为国内用地最集约的工厂。中汽工程承担该项目的工程设计工作。

经济或社会效益：该项目做到了工厂能源三级管理，工厂土建及工艺设备均具有相应的数字化模型，为后期运营管理及设备改造提供了便利，符合国家"智能制造2025"的要求，是全新的数字化信息工厂。另外，该项目涂装车间生产节拍为120JPH，采用水性色漆、双组分清漆的无中涂工艺。新建涂装车间为全球最大生产能力的涂装车间，为MEB工厂提供油漆车身，并兼顾原安亭三厂1#涂装车间、2#涂装车间油漆车身的生产任务。

四、西安国际医学中心项目

设计单位：中国汽车工业工程有限公司。

签约时间：2016年2月。

项目概述：该项目占地面积307亩，总建筑面积52.6万 m^2，总投资30.68亿元，设万级、千级、百级净化手术室60间，病房1 117间，床位5 037张，规划停车位5 332个。中汽工程承担该项目的建设工程监理和管理合同工作。该项目于2016年2月16日开始破土动工，地下室基础分部工程于2017年3月1日开始施工，主体分部工程于2018年5月18日封顶，于2019年9月投入使用。该项目是正在打造的"一带一路"国际医疗中心的核心项目之一，采用围合式建筑形态，包括地下3层、地上11层，主体为框剪结构。

经济或社会效益：该项目由国内外医疗建筑行业的顶尖设计机构设计，是集医疗、教学和科研为一体的符合国际JCI认证标准的国内最大的三甲标准单体医院。它符合未来多学科协作（MDT）诊疗模式，体现了以病人为中心的治疗理念。该项目获得"陕西省优质工程""陕西省文明工地""西安市优质工程"等多个奖项。

五、沈阳鼓风机集团股份有限公司 CAP1400 屏蔽电机主泵试验台项目设计

设计单位：中国联合工程有限公司。

签约时间：2014年6月。

项目概况：CAP1400屏蔽电机主泵试验台主要是对核电主泵样机及产品进行实际工况下的性能测定，包括流量、扬程、汽蚀余量、效率、功率、噪声、密封、温度等；实际工况下运转性能测定，包括起动特性、惯性流量、升降温速率等；按规定时间完成运转考核试验；各种事故状态下对机组的考核试验；泵的振动及噪声测试；机组配套系统的考核试验及用户要求的其他试验。

经济或社会效益：2016年10月19日，CAP1400屏蔽电机主泵试验台通过由中国机械工业联合会、国核工程公司、国家工业泵质量监督检验中心等专家的竣工评审。专家一致认为，该试验台满足CAP1400屏蔽电机主泵试验条件，可以进行样机及产品试验。2016年11月进行样机空负荷试验，2018年12月竣工验收。建成后的CAP1400屏蔽电机主泵试验台是高温高压全流量试验装置，能满足CAP1400核电主泵样机水力性能、工程运转特性、耐久特性等型式试验的测试要求，达到预期效果，填补国内空白，为CAP1400核电主泵的国产化制造提供了保障。

六、临淄生活垃圾焚烧发电项目设计

设计单位：中国联合工程有限公司。

签约时间：2016年6月。

项目概况：该项目采用先进的"生物干化+机械预分选燃料生产线+1 000t/d处理能力的大容量高温高压循环流化床垃圾焚烧炉（纯烧SRF）"一体化处理技术，各项工艺技术和运行参数先进，处于国际领先水平。

经济或社会效益：该项目为全球规模最大的MBT生产工艺线，是全球首座MBT生产工艺线和焚烧发电一体化处理项目，首次采用SRF垂直提升方案，是国内首台（套）采用纯烧SRF燃料的大容量高参数循环流化床焚烧炉，首次实现了MBT生产工艺线40%以上的国产化设计以及全球首次同步设置二噁英在线监测等。

七、杭政储出〔2011〕39号地块（钱塘ONE）项目

设计单位：中国联合工程有限公司。

签约时间：2016年6月。

项目概况：杭政储出〔2011〕39号地块（钱塘ONE）项目位于杭州之江旅游度假区核心区域，整个地块呈不规则三角形。西至枫桦东路，南至梧桐路，东临城市绿化带及规划河涌，东眺钱塘江，北靠西湖风景区，坐拥极佳的自然景观优势。该项目用地面积97 045m^2，地上计容总建筑面积不大于155 272 m^2，地下建筑面积77 296.18m^2。

经济或社会效益：建筑呈围合组团布置，外紧内松，形成大尺度景观空间，空间和环境相互因借，形成非常丰富的内部空间及景观区域，并最大限度地利用了江景资源，强调高档居住品质。加上具有对称仪式感的入口布局，营造出了丰富而又典雅的建筑空间。

八、德清智创科技城项目设计

设计单位：中国联合工程有限公司。

签约时间：2012年8月。

项目概况：德清智创科技城项目位于浙江省地理信息产业园区主要轴线上，不仅地标作用明显，且承载着整个地理信息产业园的消费配套服务功能。该项目包括两幢百米板式高层主楼及三层裙房，其中一幢主楼为雷迪森维嘉酒店，另一幢主楼为酒店式公寓。裙房为综合商业娱乐配套，包含地信展览、时尚百货、海洋城娱乐城、亲子教育、高端餐饮集群等。该项目西临城市主干道云岫南路，南北两侧分别与E1和B1地块隔着园区内部道路相邻。东侧与园区的核心景观区C2地块相邻，还可向东遥看塔山，景观资源优势明显。地块限高80m，总用地面积为15 812.05m^2，总建筑面积为90 139.2m^2，其中地上建筑面积为65 221.2m^2，地下建筑面积为24 918.0m^2。

经济或社会效益：该项目建成后得到了业内及社会各界的一致赞誉。现雷迪森酒店已顺利入驻开业且经营成绩不俗，酒店式公寓项目已全部售罄。地信展览、海洋娱乐城及百货餐饮商业集群开业伊始便吸引了大规模客流。为联合国地理信息大会的顺利召开保驾护航，在商业运转及服务配套方面，为地理信息产业园成为联合国地理信息大会的永久会址交出了令各方都极为满意的答卷。

九、阿里巴巴杭州软件生产基地二期增资扩建项目工程监理

设计单位：中国联合工程有限公司。

签约时间：2012年8月。

项目概况：该项目主体建筑包含5栋方形组合楼。5栋楼相互成一定角度扭转，形成拱卫中央空间并面向东南角打开之势。中央共享景观兼顾绿化、休闲、交流等多重功能，折线形的连廊将5栋楼联系在一起，极好地满足了业主要求最大的连通性和平面灵活性的功能要求，同时也形象地实现了设计概念中希望反映的企业文化和产业特征。

十、二滩水电站励磁系统设备改造项目

设计单位：中国电器科学研究院股份有限公司。

签约时间：2018年7月31日。

项目概况：二滩水电站总装机量3 300MW，单机550MW。该电站6台机组已全部采用擎天实业提供的励磁装备，部分设备已安全稳定地使用了10年以上，电子元器件逐渐老化，设备更新换代势在必行。中国电器科学研究院股份有限公司（简称中国电器院）采用自主研发的EXC9200励磁系统产品，对机组进行改造升级。当前，二滩水电站已改造投运了4台机组的励磁系统，现场运行情况良好。

经济或社会效益：该项目提供的技术方案采用的是中国电器院自主研发的EXC9200励磁系统产品及励磁综合信息管理系统。该产品多次获得省、市相关奖项，为二滩水电站的智能化电厂建设添砖加瓦。

十一、博格思众汽车空调综合性能实验室

设计单位：中国电器科学研究院股份有限公司。

签约时间：2019年1月28日。

项目概况：博格思众汽车空调综合性能实验室采用模块设计，通过组合不同的模块，可以满足汽车空调系统试验、蒸发器总成试验、压缩机性能测试、蒸发器芯体试验、冷凝器试验、驻车空调系统试验、暖风机试验、风冷压缩冷凝机组试验、热泵热水器试验及风机试验等多种不同的电动空调系统和汽车空调系统的性能测试与功能测试。实验室采用全自动智能控制系统，计算机自动设定试验条件，监控整个试验过程，输出完整的试验数据和试验报告，还可方便地输出每个参数的整个试验过程的变化曲线。此外，实验室还采取了节能措施，做相同工况的试验比常规实验室节能约15%～40%。

经济或社会效益：博格思众空调系统有限公司是美国老牌的汽车空调生产商，其驻车空调产

品在北美、欧洲市场保有量列第一位。与博格思众的首次合作中，中国电器院凭借过硬的技术实力、高质量的服务水平获得了博格思众的赞赏与肯定。至此，中国电器院所属的成套试验装备公司在汽车空调试验装备领域又迈出新的一步。

十二、郑州市骨科医院东院区综合病房楼设计项目

设计单位：机械工业第六设计研究院有限公司。

签约时间：2019年3月15日。

项目概况：该项目总投资3.5亿元，设计床位750张，建筑面积6.2万 m^2。

经济或社会效益：该项目是郑州市卫生系统医疗投资形式改革后推出的第三个项目，建成后将为郑州市骨科医院成为"中原第一、中部领先、全国一流"的区域性骨专科诊疗中心提供更有力的硬件支撑。

十三、商丘市中医院整体搬迁扩建项目

设计单位：机械工业第六设计研究院有限公司。

签约时间：2019年6月28日。

项目概况：该项目位于商丘市城乡一体化示范区，项目建设用地约129亩，设计床位1 000张床位，建筑面积约17.5万 m^2。

经济或社会效益：该项目的建设对于商丘及豫鲁苏皖四省交界区域的医疗、教学、科研、康复及保健等具有重要意义。

十四、中国中铁智能化高端装备产业园

设计单位：机械工业第六设计研究院有限公司。

签约时间：2019年7月20日。

项目概况：该项目占地面积606亩，新建建筑面积38万 m^2，总投资7.5亿元。智能化生产制造厂房高度为35m，长度为324m；起重机吨位500t。

经济或社会效益：该项目建成后，将打造真正意义上的全球掘进机产业平台，逐步实现全球掘进机产业中心从西方转移至我国，郑州也将成为实际意义上的"盾构之城"。

十五、国机精工（伊川）新材料有限公司中高档研磨材料基地建设项目（一期）

设计单位：机械工业第六设计研究院有限公司。

签约时间：2019年11月29日。

项目概况：该项目位于洛阳市伊川县产业集聚区，总用地面积282.73亩，规划建筑面积约12.6万 m^2，建设投资约5亿元。项目建成后可年产中高档研磨材料20万t。

经济或社会效益：该项目按照绿色、数字化、智慧化工厂的全新理念进行规划设计，采用国内一流的智能化工艺装备及生产线，配套数字化的生产管理系统及完善的节能环保设施。项目建设完成后将成为国内产业规模最大、生产技术及装备水平一流、产业链完善、产品质量领先并具有国际影响力的绿色、智能化高档研磨材料生产基地之一。

十六、二重装备飞轮储能装置智能工厂建设项目

设计单位：机械工业第六设计研究院有限公司。

签约时间：2019年11月28日。

项目概况：该项目的投资为8 500万元，建筑面积为1.5万 m^2，目标是建设一流的飞轮储能装置智能工厂。项目内容包括智能产线、智能仓储物流、敏捷安灯系统、精益看板系统、工艺物流仿真、PLM系统、MES系统及ERP系统等。

经济或社会效益：该项目是国内智能制造示范项目，也是国内一流的飞轮储能装置智能工厂。项目建成后将逐步发展成为我国品质卓越、智能化水平高、极具竞争力的飞轮储能装置生产基地。

十七、黄鹤楼香精香料产业园

设计单位：机械工业第六设计研究院有限公司。

签约时间：2019年12月1日。

项目概况：该项目位于湖北省武汉市东西湖区工业一路以西、通源北路以北、东流港以南，用地面积135亩，总投资额2.43亿元。

经济或社会效益：该项目是全国烟用香精香料（化工）行业首个公开招标的EPC总承包项目，也是迄今为止烟草行业最大的香精香料生产配送中心，将为整个湖北卷烟行业生产配送香精香料，具有相当重要的战略地位。

十八、隆昌市人民医院内科综合楼建设项目

设计单位：机械工业第六设计研究院有限公司。

签约时间：2019年12月4日。

项目概况：该项目计划总投资约9.5亿元，总建筑面积约19万 m^2，总体规划床位为1 499张，其中编制床位999张、康养床位500张。

经济或社会效益：该项目是隆昌市市委、市政府的重大民生工程，是省级重点项目，建成后将把隆昌市人民医院打造成有特色、有品位，经得起历史检验的精品工程，对缓解当地的医疗压力有重要意义。

十九、滑县第三污水处理厂新建项目

设计单位：机械工业第六设计研究院有限公司。

签约时间：2019年12月4日。

项目概况：该项目设计规模为10万t/d，总投资约3.4亿元。项目采用先进的工艺技术，选用高效节能设备，打造绿色污水处理厂。

经济或社会效益：项目建成后将提高区域水体质量，改善当地人居环境，具有很好的社会效益、环境效益和经济效益。

二十、埃及3088EMC试验室项目

设计单位：中国电器科学研究院股份有限公司。

签约时间：2017年7月1日。

项目概况：埃及3088公司企业规模大、综合实力强，和当地政府合作密切。2017年年底，该公司启动实验室大楼EMC实验室项目。中国电器院以客户测试认证需求为契机，积极邀请客户高层来访我国，参观中国电器院旗下CVC威凯国家检测认证中心，让客户了解中国电器院的实验室制造能力和检测认证能力，促进了该项目的成功合作。

经济或社会效益：该项目是埃及多年来第一家EMC实验室，意味着埃及第一次具备了全面的测试能力，对提高埃及整个家电行业的检测能力有着重要作用。以此项目为契机，中国电器院抢占了埃及EMC市场先机。

二十一、印度HAVELLS公司空调智能工厂项目

设计单位：中国电器科学研究院股份有限公司。

签约时间：2018年4月27日。

项目概况：中国电器院根据印度HAVELLS公司需要对工厂进行整体规划、设计制造，在一片荒地上建起世界一流的智能化空调制造厂。该空调工厂于2019年3月正式投入使用。该空调工厂运用智能化信息管理系统，记录和追踪产品的质量和生产大数据，指导生产管理者做出判断和决策，是目前印度智能化水平最高的家电工厂之一。

经济或社会效益：该项目是中国电器院响应"一带一路"倡议，在"一带一路"上打造的样板工程，辐射影响了整个南亚市场。此项目是中国电器院近年来在南亚区域承接的规模最大、自动化水平最高的家电工厂项目，对引领南亚市场家电产品质量提升具有重大意义。

贸易项目

（2019年完成，合同金额5 000万元以上）

一、乌克兰粮食贸易项目

实施单位：中国成套工程有限公司。

签约时间：2012年10月24日。

项目概况：2012年10月24日，中国成套工程有限公司与乌克兰粮食集团签署中乌农业合作领域通用合同，合同总金额242.00亿～280.50亿美元。2016年，该公司与乌克兰粮食集团共签署9批次谷物贸易合同，粮食贸易数量为47万t，合同金额约8 184万美元，主要涉及玉米、小麦的进口与转口业务。

经济或社会效益：进口乌克兰非转基因谷物，不仅有助于我国食品安全，而且增加了当地农民的粮食销售渠道和农民收入，为两国经贸合作做出贡献。中国成套工程有限公司以项目为依托，深度开发乌克兰市场，在当地肩负起社会责任，积极参加乌克兰当地的各种义卖和捐赠活动，并承办中乌两国文化交流的大型活动，为两国文化交流做出贡献。

二、山东沂蒙抽水蓄能电站发电机断路器、换相隔离开关及电制动开关等设备供货

实施单位：中设工程机械进出口有限责任公司。

签约时间：2019年年初。

项目概况：该项目的货物买方为国家电网山东沂蒙抽水蓄能有限公司，合同金额约为5 436万元。所供货物为日本进口产品，制造商为株式会社日立制作所。根据合同约定，该公司供货产品分两批交货，交货期分别为2020年4月和2020年8月。2020年4月底，该公司已完成了第一批次的交货。因业主方原因，第二批次的交货延迟至2020年年底完成，该公司已通知日本工厂按期备货。

经济或社会效益：该项目工程总装机容量为1 200MW（4×300MW机组）。电站建成以后，主要为鲁南地区供电，承担山东电网调峰、填谷、调频、调相、负荷备用、事故备用等任务。整个电站计划于2021年全部竣工投产，电站建成后年发电量达20.08亿kW·h，年抽水电量26.77亿kW·h，综合效率为75%。该电站将与已建的泰安抽水蓄能电站和待建的文登抽水蓄能电站一起，在山东电网中形成鲁中、鲁南、鲁东三足鼎立的态势，共同保障山东电网安全稳定运行。

三、凌云公司汽车钢板供货项目

实施单位：中经东源进出口有限责任公司。

签约时间：2019年1月。

项目概况：该项目的货物买方为凌云工业股份有限公司（简称凌云公司）各子（分）公司，隶属于中国兵器工业集团，是国企上市公司。该公司是大众、福特、通用、长安、北汽、上汽等汽车主机厂的一级零部件生产配套企业，主要生产汽车的防撞梁、保险杠、门槛等部件。中经东源进出口有限责任公司（简称东源公司）自2013年起成为凌云公司合格供应商，与凌云公司各子（分）公司签订供货合同，在风险管控方面，对凌云各子（分）公司投保中信保贸易险。东源公司采购的货物的供应商是世界著名钢铁企业ArcelorMittal，SSAB及新日铁等制造商，它们也是汽车主机厂认可的材料制造商，其产品质量、信誉均有保障。

经济或社会效益：该贸易业务已执行7年，2019年销售汽车钢板1万t，销售金额为1.3亿元，资金毛利率为7%。目前，该项目进展顺利，已成为东源公司长期稳定的业务。

四、中国平煤神马集团开封东大化工有限公司整体搬迁项目

实施单位：中国机械设备工程（河南）有限公司。

签约时间：2018年12月24日。

项目概况：该项目是中国平煤神马集团开封东大化工有限公司（简称东大化工）整体搬迁项目，位于河南省开封市精细化工产业集聚区内，由东大化工投资建设，一期占地面积600亩，总合同额10.8亿元，是开封市重点工程建设项目。经过多年的安评、环评、专家论证和项目的各项审查，2018年，项目一期进入土建施工阶段，计划于2020年投产试运行。项目内容主要包括东大化工15万t/a离子膜烧碱装置，10万t/a氯乙酸装置，3万t/a氯化亚砜装置，以及公用系统及配套设施装置的设备采购、全专业工程实施及技术服务。

经济或社会效益：在该项目中，中国机械设备工程（河南）有限公司共创造产值1.81亿元，其中设备采购创造产值为1.47亿元，主材产值为3 395万元。

五、进口福特整车批售项目

实施单位：中进汽贸（天津）进口汽车贸易有限公司（简称中进进口）。

签约时间：2019年1月1日。

项目概述：中进进口完成与福特中国公司的福特进口整车分销合同签订，作为福特全系进口车型国内唯一分销商，从事福特进口车分销工作。合同有效期至2020年12月31日。

经济和社会效益：2019年采购福特进口汽车6 335台，完成批售9 771台，实现销售收入33.2亿元。

六、港口服务项目

实施单位：中进汽贸（天津）进口汽车贸易有限公司。

签约时间：2019年1月1日。

项目概述：中进进口完成与福特中国公司进口汽车的港口服务合同续签，为福特中国公司提供报关报检、仓储、整备、维修、物流等服务。中进进口不断完善设施建设和港口布局，打造适合整车流通的国内外全方位服务与能力体系，具备年操作6万台汽车的港口服务与维修能力。

经济或社会效益：2019年到港汽车19 011台，完成整备17 228台次，维修9 983台，发运19 242台，保养33 127台。

七、出口古巴芸豆项目

实施单位：中国汽车工业进出口有限公司简称（中汽进出口）。

签约时间：2019年1月。

项目概述：2018年12月，古巴进口商向中汽进出口发出芸豆采购询价，经过多轮谈判，最终签订出口合同。在产品生产加工过程中，中汽进出口派人全程监控生产过程，每日定时抽样进行化验；产品集港及装船过程中，派专人赴港口监督，确保产品品质，包装质量和装船达到要求。

经济或社会效益：单笔订单金额为1 679万美元，营业收入为1.1亿元。芸豆是古巴关系国计民生的重要粮食产品，古方对产品质量和交货及时给予很高评价，进一步巩固了与中汽进出口友好合作的基础。

八、和谐汽车项目

实施单位：汇益融资租赁（天津）有限公司（简称汇益租赁）。

签约时间：2019年5月。

项目概述：云南物流产业集团和谐汽车服务有限公司（简称和谐汽车）作为云南省属龙头企业昆明钢铁控股有限公司的托管企业，是汇益租赁2019年拓展的优质客户。该项目以和谐汽车自有车辆为租赁物开展售后回租业务，昆明钢铁控股有限公司提供无限连带担保，是汇益租赁围绕汽车主业、聚焦产业链上下游的有益探索，为双方后续开展采购车辆等协同业务奠定了基础。

经济或社会效益：目前，该项目已累计投放资金5 000万元，按照4.75%资金成本计算，为汇益租赁创造利润约283.1万元。

九、东大化工项目

实施单位：汇益融资租赁（天津）有限公司。

签约时间：2019年6月。

项目概述：中国平煤神马集团开封东大化工有限公司（简称东大化工）作为河南省第二大国企中国平煤神马能源化工集团有限责任公司（简称平煤神马集团）的下属子公司，经营状况稳健，发展势头良好，是汇益租赁的优质存量客户。该项目能有效地协同兄弟单位开展工程项目，拓展创新"EPC+F"的新型业务模式。同时，平煤神马集团作为保证人，对该项目进行连带责任担保，在保证汇益租赁经济效益的前提下，进一步规避了项目风险。

经济或社会效益：该项目投放资金0.5亿元，期限为6个月，按照4.75%资金成本计算，将为汇益租赁创造利润约40万元。

十、洛波集团项目

实施单位：汇益融资租赁（天津）有限公司。

签约时间：2019年6月。

项目概述：中国洛阳浮法玻璃集团有限责任公司（简称洛波集团）是汇益租赁的优质存量客户。针对洛波集团的资金需求，汇益租赁采用联合承租售后回租模式为其提供较为灵活的融资服务。同时，凯盛科技集团有限公司作为保证人，对该项目进行连带责任担保，在保证汇益租赁经济效益的前提下，进一步规避了项目风险。

经济或社会效益：该项目于2019年投放资金1亿元，按照4.75%资金成本计算，将为汇益租赁创造利润约549万元。

十一、大唐电信项目

实施单位：汇益融资租赁（天津）有限公司。

签约时间：2019年8月。

项目概述：大唐电信科技股份有限公司（简称大唐电信）是国务院国资委管理的大型高科技中央企业中国信息通信科技集团有限公司的控股子公司，于1998年在上交所上市（股票代码为600198）。大唐电信是汇益租赁于2019年拓展的优质增量客户。针对大唐电信的资金需求和计划安排，汇益租赁采用联合承租、售后回租模式，为其提供较为灵活的融资服务。该项目以无形资产（专利权）作为抵押物，具有一定的创新性。

经济或社会效益：该项目于2019年投放资金3亿元，按照4.75%资金成本计算，将为汇益租赁创造利润约1308万元。

十二、内江玻璃项目

实施单位：汇益融资租赁（天津）有限公司。

签约时间：2019年6月。

项目概述：中建材（内江）玻璃高新技术有限公司（简称内江玻璃）是由中国建材集团有限公司所属凯盛科技集团有限公司、中国建筑材料科学研究总院与内江市国资委所属内江投资控股集团有限公司共同投资设立的国家级高新技术企业，也是中国建材在西南地区确立的新型节能建材产业基地。该公司经营状况稳健，发展势头良好，是汇益租赁的优质存量客户。同时，凯盛科技集团有限公司作为保证人，对该项目进行连带责任担保，在保证汇益租赁经济效益的前提下，进一步规避了项目风险。

经济或社会效益：目前，该项目投放资金6000万元，按照4.75%资金成本计算，将为汇益租赁创造利润约368万元。

十三、大唐移动项目

实施单位：汇益融资租赁（天津）有限公司。

签约时间：2019年4月。

项目概述：作为移动通信领域的核心企业和国家队，大唐移动通信设备有限公司（简称大唐移动）承载着制定国家5G通信标准、推动5G行业发展的使命，预期将得到国家政策、行业标准、资金等多方面的支持，行业趋势利好、现金流稳定。这次售后回租项目采用联合承租模式，承租人分别为大唐移动及其全资子公司上海原动力通信科技有限公司，同时，以其研发所用的核心设备为租赁标的物，并在人行中登网登记，合理规避项目风险。

经济或社会效益：目前，该项目已投放资金5000万元，按照4.75%资金成本计算，将为汇益租赁创造利润约 268 万元。

十四、中国林产品项目

实施单位：汇益融资租赁（天津）有限公司。

签约时间：2019 年 5 月、2019 年 12 月。

项目概述：融资人中国林产品有限公司于 1979 年 7 月根据国务院和国家农委的批示成立并开业，目前主营业务为木材贸易与煤炭贸易。融资人系中国林业集团核心子公司。项目担保人中国林业集团主要从事国内速生丰产林培育，森林资源的国际化经营与储备，木竹制品、林化产品和林木种苗的生产、加工及进出口，同时提供森林旅游服务，并为大型国有林区提供燃油和森林消防装备等配套服务。担保人中国林业集团的实际控制人为国务院国资委。

经济或社会效益：该项目于 2019 年分两期投放资金 3 亿元，按照 4.75% 资金成本计算，可为汇益租赁创造利润约 658 万元。

十五、中铁二十三局项目

实施单位：汇益融资租赁（天津）有限公司。

签约时间：2019 年 8 月。

项目概述：中铁建金融租赁有限公司（简称铁建金租）及中铁二十三局集团有限公司（简称二十三局）系中国铁建股份有限公司下属单位，为汇益租赁优质存量客户。针对二十三局的实际融资需求，汇益租赁与铁建金租通过搭建"租赁+保理"的创新模式，项目资金由铁建金租通过售后回租模式提供给汇益租赁，其后由汇益租赁代为向二十三局提供保理融资服务，实质为无自有资金投放、无风险业务。

经济或社会效益：该项目于 2019 年投放资金 5.94 亿元，为汇益租赁创造无风险利润约 396 万元。

十六、武汉地铁项目

实施单位：汇益融资租赁（天津）有限公司。

签约时间：2019 年 9 月。

项目概述：武汉地铁集团是由武汉市政府批准成立的国有企业，是武汉市城市轨道交通建设的主导企业，在轨道交通建设、营运及管理方面处于垄断地位，在城市基础设施建设及土地开发整理领域处于重要地位。该业务由中信银行武汉分行牵头发起，资金由中信银行通过无追索权保理业务模式提供，汇益租赁不承担未来武汉地铁集团还款风险。

经济或社会效益：该项目于 2019 年投放资金 5 亿元，为汇益租赁创造无风险利润约 110 万元。

十七、云南一乘项目

实施单位：汇益融资租赁（天津）有限公司。

签约时间：2019 年 5 月。

项目概述：承租人云南一乘驾驶培训股份有限公司为新三板上市公司（证券代码834592），系云南地区规模最大的驾驶培训机构，目前拥有培训基地及考场 62 个，主要位于昆明、曲靖、红河、楚雄等地区。其中，总投资约 9 亿元、兴建于昆明市晋宁区的云南泛亚国际驾驶员培训基地，占地面积 1 450 亩，系亚洲单体最大驾校培训基地。

担保人云南省城市建设投资集团有限公司是由云南省国资委监管的省属大型企业，拥有云南省唯一双 AAA 信用评级，取得了惠誉国际 BBB+ 评级。

经济或社会效益：该项目于 2019 年实现投放资金 5 000 万元，按照 4.75% 资金成本计算，可为汇益租赁创造利润约 276 万元。

2020 中国机械工业集团有限公司年鉴

CHINA NATIONAL MACHINERY INDUSTRY CORPORATION LTD. YEARBOOK

第七篇

大事记

2019年中国机械工业集团有限公司大事记

1月7日

国机集团总经理、党委副书记张晓仑在集团总部会见海南省国资委主任倪健一行,党委常委、副总经理丁宏祥出席会见。

1月8日

中共中央、国务院在北京隆重举行国家科学技术奖励大会。国机集团所属中国农业机械化科学研究院"羊肉梯次加工关键技术及产业化"喜获国家科技进步奖二等奖。

1月11日

由国机集团所属甘肃蓝科石化高新装备股份有限公司参与建设的我国首个百兆瓦级熔盐塔式光热电站在甘肃敦煌并网投运,这是我国首批光热发电示范电站之一,也是全球已建成的聚光规模最大、吸热塔最高、储热罐最大、可连续24小时发电的百兆瓦级熔盐塔式光热电站,标志着我国成为世界上少数几个掌握建造百兆瓦级光热电站技术的国家之一。

1月14日

白俄罗斯共和国经济部发布消息,根据2018年12月22日白俄罗斯共和国第490号"关于海关监管"总统令,中白工业园被批准为白俄罗斯境内首个区域经济特区。

1月15日

经国务院批准,中华人民共和国人力资源和社会保障部公布2018年享受国务院政府特殊津贴人员名单,国机集团所属重庆材料研究院有限公司王华教授、刘奇教授成功入选。

1月17日

全国第十四届高技能人才表彰大会在北京举行,来自54家中央企业的167名高技能人才受到表彰。国机集团所属中国国机重工集团有限公司的王拥军、国机重型装备集团股份有限公司的李翔、中国一拖集团有限公司的杨宏哲三名同志被授予"全国技术能手"荣誉称号。

1月18日

国机集团2019年工作会议在集团总部举行。

1月19日

国机集团召开2019年党建工作会暨所属企业党委书记党建述职评议会、2019年党风廉政建设和反腐败工作会议。

1月28日

国机集团召开中层以上管理人员大会。中共中央组织部有关负责同志宣布了中央关于中国机械工业集团有限公司董事长、党委书记调整的决定:张晓仑任中国机械工业集团有限公司董事长、党委书记,免去其中国机械工业集团有限公司总经理职务。

2月1日

国机集团所属中工国际工程股份有限公司承建的委内瑞拉奥里诺科三角洲农业综合发展项目大米加工园区举行开幕式,委内瑞拉农业部部长维尔梅·索特尔多、项目业主委内瑞拉农村发展署(INDER)主席奥斯瓦尔多·巴尔贝拉及阿马库罗州州长莉泽塔·埃尔南德斯等当地官员出席活动。

2月1日

国机集团所属中国机械设备工程股份有限公司向安哥拉捐赠"长城综合学校"仪式在安哥拉索约市举行。

2月25日

国机集团党委书记、董事长张晓仑在集团总部会见来访的白俄罗斯共和国驻华大使鲁德一行。

2月26日

白俄罗斯共和国驻华特命全权大使鲁德·基里尔·瓦连金诺维奇访问国机集团所属中国农业机械化科学研究院。

2月27日

中白工业园年度高层协调会在深圳举行。国机集团党委书记、董事长张晓仑与招商局集团党委书记、董事长李建红就中白工业园建设进行了深入沟通。

3月7日

国机集团所属中国机械设备工程股份有限公司首次出口安哥拉的磁控式电抗器正式带电运行。

3月12日

乌兹别克斯坦总统米尔济约耶夫视察国机集团所属中国机械工业建设集团有限公司乌兹别克斯坦PVC、烧碱、甲醇生产综合体建设项目现场。

3月13日

国机集团所属苏美达股份有限公司的苏美达成套设备工程有限公司在越南岘港与越南中部电力CPC公司签订金兰64MWp光伏电站EPC工程合同。

3月20日

国机集团火炬园项目签约落户被誉为丝绸之路经济带上明珠项目的中白工业园。

3月25日

国家主席习近平在巴黎和法国总统马克龙一同接见了中法企业家委员会企业家代表。国机集团党委书记、董事长张晓仑应邀参加活动。

4月1日

在白鹤滩水电站大坝工地现场,由国机集团生产制造的GQ-60型工程钻机,成功完成两根坝体混凝土长芯钻取并刷新世界纪录。

4月12日

中国-中东欧国家领导人峰会在克罗地亚杜布罗夫尼克召开。峰会期间,在中国和中东欧国家领导人的见证下,国机集团所属中国机械设备工程股份有限公司签署了保加利亚港口建设项目商务合同。

4月28日

吉尔吉斯斯坦总统索隆拜·热恩别科夫一行访问国机集团。国机集团党委书记、董事长张晓仑与其进行了会谈。

5月20日

加纳驻华大使爱德华·博阿滕等一行6人访问国机集团所属中国农业机械化科学研究院,就推动中国-加纳农业合作进行会谈与交流。

5月28日

喀麦隆国民议会副议长塔图奥·迪奥多尔率喀方代表团一行与国机集团在集团总部签署援喀麦隆国民议会大楼项目深化设计外审会谈纪要。

5月30日

第十届国际基础设施投资与建设高峰论坛招待晚宴暨颁奖典礼在澳门举行。国机集团荣获"国际基础设施投资与建设高峰论坛十周年突出贡献单位"奖项。

5月31日

由国机集团下属企业中国机械设备工程股份有限公司作为领导方与中国机械设备香港有限公司、中机国际工程设计研究院有限责任公司和马来西亚迈腾工程有限公司组成的联合体在吉隆坡成功签约马来西亚吉打州45MW光伏电站EPC和O&M合同。

6月4日

国机集团党委召开"不忘初心、牢记使命"主题教育动员部署会,认真学习贯彻习近平总书记在"不忘初心、牢记使命"主题教育工作会议的重要讲话精神,动员部署主题教育工作。

6月6—8日

第二十三届圣彼得堡国际经济论坛在俄罗斯圣彼得堡举行。国机集团党委书记、董事长张晓仑作为中国企业家代表出席了论坛开幕式及其他活动。

6月15日

CCTV-7农业节目频道播出大型扶贫公益电视节目《手挽手——精准扶贫央企在行动》，在第一期节目中，国机集团向全国观众展示对口帮扶四川省广元市朝天区的世界非物质文化遗产—麻柳刺绣。

6月19日

国机集团党委举行"不忘初心、牢记使命，以党的政治建设为统领，坚决破除形式主义、官僚主义"专题报告会。

6月26日

国机集团正式发布《中国机械工业集团有限公司2018年社会责任报告》。

6月27日

国机集团下属中工国际与非洲基础设施投资公司签署科特迪瓦阿比让国际车站项目商务合同。

6月27日

第一届中国—非洲经贸博览会在湖南省长沙市隆重开幕。当日，国务院副总理胡春华来到国机集团展位，驻足在"东方红拖拉机墙"前，听取了国机集团在非洲农业领域进行合作的情况介绍。

6月28日

由中国机械工业联合会、国机集团共同承办的"重大技术装备研发创新与首台套示范应用联盟"成立大会在国机集团总部召开。

6月28日

国机集团在北京举行"实施品牌一体化战略"启动会和授旗仪式。

6月28日

国机集团举行庆祝建党98周年暨"不忘初心 牢记使命"主题教育宣传交流活动。

6月30日—7月3日

国机集团党委书记、董事长张晓仑赴白俄罗斯参加"一带一路"区域合作发展论坛系列活动。

7月9日

国机集团召开"不忘初心、牢记使命"主题教育党课报告会，国机集团党委书记、董事长张晓仑作专题党课报告。

7月30日

由国机集团下属中国恒天集团有限公司旗下郑州纺机工程技术有限公司自主研制的W1576型宽幅高速水刺机顺利通过机械鉴定。

7月31日

国机集团与江苏省政府在南京签订战略合作协议。

7月31日

在哥伦比亚总统伊万·杜克对中国进行国事访问期间，国机集团党委书记、董事长张晓仑与伊万·杜克总统进行了会谈。

8月6日

国机集团下属企业中国一拖集团有限公司与华为技术有限公司签署全面合作框架协议。

8月12日

中国第二重型机械集团有限公司所属中国机械对外经济技术合作有限公司（CMIC）与柬埔寨SNTP公司在北京举行柬埔寨西港输变电EPC项目合同签字仪式。

9月10日

国机集团召开"不忘初心、牢记使命"主题教育第一批总结暨第二批部署会议。

9月11日

国机集团与中国兵器装备集团有限公司在兵器装备集团总部签署战略合作协议。

9月16日

国机集团召开巡视整改推进会,深入学习习近平总书记关于十九届中央第三轮巡视整改的重要讲话和指示批示精神,传达和贯彻国务院国资委中管企业巡视整改推进会要求,压实集团巡视整改责任,督促集团总部各部门、各级企业上下联动,进一步做好巡视整改工作。

9月24日

国机集团在京举办"壮丽70年 奋斗新时代——国机集团庆祝新中国成立70周年主题展览"和"传承与创新——把我国制造业和实体经济搞上去"主题座谈会。

9月30日,国机集团在总部隆重举行升国旗仪式,庆祝中华人民共和国成立70周年。

10月10日

国机集团下属企业中国联合工程有限公司BIM团队荣获"科创杯"全国BIM大赛专项组一等奖第一名的佳绩。

10月10日

国务院国资委党委书记、主任郝鹏到国机集团下属企业中国一拖集团有限公司调研考察。郝鹏要求国机集团以习近平新时代中国特色社会主义思想为指引,强化自主创新,持续提升发展质量,为国家重大技术装备发展贡献力量。

10月15日

国机集团下属中工国际工程股份有限公司与乌干达输电公司签署乌干达工业园及自贸区电气化项目。

10月15日

由中国商务部主办,商务部外贸发展事务局和国机集团下属中国机械国际合作股份有限公司联合承办的2019中国汽车工业(法国)品牌展览会在法国巴黎凡尔赛门展览中心正式开幕。

10月17日

由中国国际贸易促进委员会、中国国际商会、美中贸易全国委员会共同组织的2019年中美工商领导人对话会在京举办。国机集团党委书记、董事长张晓仑应邀出席了对话会并发言。

10月21日

国机集团下属国机重型装备集团股份有限公司所属中国重型机械有限公司与汉江水利水电(集团)有限公司签订了《柬埔寨达岱水电站委托运行维护管理合同》。

10月28日

国机集团下属国机重型装备集团股份有限公司二重装备第一只站用储氢罐用钢锭成功制造。

11月5日

国机集团党委书记、董事长、中乌双边企业家理事会中方主席张晓仑在上海会见了理事会乌方执行主席利特温、乌克兰驻上海总领事罗鹏一行。双方就企业层面进一步加强中乌双边经贸合作、女性企业家及青年企业家交流、推动地方专业代表团互访等话题进行了深入沟通交流。

11月8日

中国机械工业集团有限公司召开党委常委会议,落实国务院国资委党委传达学习党的十九届四中全会精神会议要求,专题研究部署集团各级企业深入学习贯彻党的十九届四中全会精神会议有关事项。

11月15—16日

国机集团党委书记、董事长张晓仑赴哥伦比亚调研国机集团拉美地区业务情况,以及海外党建工作情况。

11月16日

国机集团召开学习贯彻党的十九届四中全会精神辅导报告会,深入学习贯彻《中共中央关于坚持和完善中国特色社会主义制度、推进国家治理体系和治理能力现代化若干重大问题的决定》和习近平总书记在全会上的重要讲话精神。

11月22日

"智享生活·国机人开国机车"——国机智骏首台车交车仪式在国机集团总部成功举办。

11月22日

中国工程院官方网站公布了2019年新增选院士名单。国机集团原总经理徐建当选中国工程院院士。

11月23日

2019年度国机集团重大科技专项和"中国机械工业集团科学技术奖"评审会在集团总部召开。

11月27日—29日，国机集团党委常委、副总经理高建设率队参加集团建设的科特迪瓦电网发展和改造项目送电仪式，科特迪瓦共和国总统阿拉萨内·瓦塔拉出席仪式并亲手合闸送电。

11月29日

800MN模锻压力机两个科技重大专项课题——《800MN大型模锻压机设计制造及应用关键技术研究与开发》和《大飞机关键构件成型共性技术研究》通过最终验收，标志着800MN模锻压力机科技重大专项圆满完成国家课题全部研究任务。

12月2日，国机集团所属企业中国机械设备工程股份有限公司在塞尔维亚举行科斯托拉茨电站项目二期工程煤矿扩容部分第二包皮带输送系统、第三包排土机和第四包输变电系统临时接收证书（TOC）签字仪式。

12月3日，全国人大常委会副委员长、中华全国总工会主席王东明到国机集团下属企业中工国际工程股份有限公司中国中元调研考察。

12月6日，"领导干部上讲台"国企公开课武汉理工大学专场报告会在武汉理工大学举行。国机集团党委书记、董事长张晓仑做了题为《踏浪而歌，做新时代"弄潮儿"》的专题报告。

12月9日

国机集团工会第四次会员代表大会在京开幕。

12月10日

国机集团4个项目获得"中国建设工程鲁班奖"。

12月17日

国机集团召开党委常委会议，认真传达学习2019年中央经济工作会议精神，研究贯彻落实措施。

12月30日，国机集团2020年工作会在京召开。会议以习近平新时代中国特色社会主义思想为指导，认真学习贯彻党的十九大和十九届二中、三中、四中全会以及中央经济工作会议、中央企业负责人会议精神，回顾总结2019年工作，分析研判形势，研究部署2020年工作，动员广大干部职工把握新形势新任务新要求，坚持稳中求进、奋发有为，高质量推进集团改革发展迈上新台阶。

第八篇

附录

2020
中国机械工业集团有限公司年鉴
CHINA NATIONAL MACHINERY INDUSTRY
CORPORATION LTD. YEARBOOK

中国共产党国有企业基层组织工作条例（试行）

（2019年11月29日中共中央政治局会议审议批准
2019年12月30日中共中央发布）

第一章 总 则

第一条 为了深入贯彻习近平新时代中国特色社会主义思想，贯彻落实新时代党的建设总要求和新时代党的组织路线，坚持和加强党对国有企业的全面领导，提高国有企业党的建设质量，推动国有企业高质量发展，根据《中国共产党章程》和有关法律，制定本条例。

第二条 国有企业党组织必须高举中国特色社会主义伟大旗帜，以马克思列宁主义、毛泽东思想、邓小平理论、"三个代表"重要思想、科学发展观、习近平新时代中国特色社会主义思想为指导，坚持党的基本理论、基本路线、基本方略，增强"四个意识"、坚定"四个自信"、做到"两个维护"，坚持和加强党的全面领导，坚持党要管党、全面从严治党，突出政治功能，提升组织力，强化使命意识和责任担当，推动国有企业深化改革，完善中国特色现代企业制度，增强国有经济竞争力、创新力、控制力、影响力、抗风险能力，为做强做优做大国有资本提供坚强政治和组织保证。

第三条 国有企业党组织工作应当遵循以下原则：

（一）坚持加强党的领导和完善公司治理相统一，把党的领导融入公司治理各环节；

（二）坚持党建工作与生产经营深度融合，以企业改革发展成果检验党组织工作成效；

（三）坚持党管干部、党管人才，培养高素质专业化企业领导人员队伍和人才队伍；

（四）坚持抓基层打基础，突出党支部建设，增强基层党组织生机活力；

（五）坚持全心全意依靠工人阶级，体现企业职工群众主人翁地位，巩固党执政的阶级基础。

第二章 组织设置

第四条 国有企业党员人数100人以上的，设立党的基层委员会（以下简称党委）。党员人数不足100人、确因工作需要的，经上级党组织批准，也可以设立党委。

党员人数50人以上、100人以下的，设立党的总支部委员会（以下简称党总支）。党员人数不足50人、确因工作需要的，经上级党组织批准，也可以设立党总支。

正式党员3人以上的，成立党支部。正式党员7人以上的党支部，设立支部委员会。

经党中央批准，中管企业一般设立党组，中管金融企业设立党组性质党委。

第五条 国有企业党委由党员大会或者党员代表大会选举产生，每届任期一般为5年。党总支和支部委员会由党员大会选举产生，每届任期一般为3年。任期届满应当按期进行换届选举。根据党组织隶属关系和干部管理权限，上级党组织一般应当提前6个月提醒做好换届准备工作。

中央企业直属企业（单位）党组织换届选举工作，以中央企业党委（党组）为主指导，审批程序按照党内有关规定办理。中央企业及其直属企业（单位）召开党员代表大会，可以为党组织隶属地方党组织的下一级企业（单位）

分配代表名额。

第六条 国有企业党委一般由5至9人组成，最多不超过11人，其中书记1人、副书记1至2人。设立常务委员会的，党委常务委员会委员一般5至7人、最多不超过9人，党委委员一般15至21人。党委委员一般应当有3年以上党龄，其中中央企业及其直属企业（单位）、省属国有企业的党委委员应当有5年以上党龄。

国有企业党总支一般由5至7人组成，最多不超过9人；支部委员会由3至5人组成，一般不超过7人。正式党员不足7人的党支部，设1名书记，必要时可以设1名副书记。党支部（党总支）书记一般应当有1年以上党龄。

第七条 国有企业党组织书记、副书记以及设立常务委员会的党委常务委员会委员，一般由本级委员会全体会议选举产生。选举结果报上级党组织批准。

中央企业党委（党组）认为有必要时，可以调动或者指派直属企业（单位）党组织负责人。

第八条 国有企业党委设立纪律检查委员会或者纪律检查委员，党总支和支部委员会设立纪律检查委员。

第九条 国有企业在推进混合所有制改革过程中，应当同步设置或者调整党的组织，理顺组织隶属关系，同步选配好党组织负责人和党务工作人员，有效开展党的工作。

第十条 为执行某项任务临时组建的工程项目、研发团队等机构，党员组织关系不转接的，经上级党组织批准，可以成立临时党组织。临时党组织领导班子成员由批准其成立的党组织指定。

第三章 主 要 职 责

第十一条 国有企业党委（党组）发挥领导作用，把方向、管大局、保落实，依照规定讨论和决定企业重大事项。主要职责是：

（一）加强企业党的政治建设，坚持和落实中国特色社会主义根本制度、基本制度、重要制度，教育引导全体党员始终在政治立场、政治方向、政治原则、政治道路上同以习近平同志为核心的党中央保持高度一致；

（二）深入学习和贯彻习近平新时代中国特色社会主义思想，学习宣传党的理论，贯彻执行党的路线方针政策，监督、保证党中央重大决策部署和上级党组织决议在本企业贯彻落实；

（三）研究讨论企业重大经营管理事项，支持股东（大）会、董事会、监事会和经理层依法行使职权；

（四）加强对企业选人用人的领导和把关，抓好企业领导班子建设和干部队伍、人才队伍建设；

（五）履行企业党风廉政建设主体责任，领导、支持内设纪检组织履行监督执纪问责职责，严明政治纪律和政治规矩，推动全面从严治党向基层延伸；

（六）加强基层党组织建设和党员队伍建设，团结带领职工群众积极投身企业改革发展；

（七）领导企业思想政治工作、精神文明建设、统一战线工作，领导企业工会、共青团、妇女组织等群团组织。

第十二条 国有企业党支部（党总支）以及内设机构中设立的党委围绕生产经营开展工作，发挥战斗堡垒作用。主要职责是：

（一）学习宣传和贯彻落实党的理论和路线方针政策，宣传和执行党中央、上级党组织和本组织的决议，团结带领职工群众完成本单位各项任务。

（二）按照规定参与本单位重大问题的决策，支持本单位负责人开展工作。

（三）做好党员教育、管理、监督、服务和发展党员工作，严格党的组织生活，组织党员创先争优，充分发挥党员先锋模范作用。

（四）密切联系职工群众，推动解决职工群众合理诉求，认真做好思想政治工作。领导本单位工会、共青团、妇女组织等群团组织，支持它们依照各自章程独立负责地开展工作。

（五）监督党员、干部和企业其他工作人员严格遵守国家法律法规、企业财经人事制度，维护国家、集体和群众的利益。

（六）实事求是对党的建设、党的工作提出意见建议，及时向上级党组织报告重要情况。按照规定向党员、群众通报党的工作情况。

第四章　党的领导和公司治理

第十三条　国有企业应当将党建工作要求写入公司章程，写明党组织的职责权限、机构设置、运行机制、基础保障等重要事项，明确党组织研究讨论是董事会、经理层决策重大问题的前置程序，落实党组织在公司治理结构中的法定地位。

第十四条　坚持和完善"双向进入、交叉任职"领导体制，符合条件的党委（党组）班子成员可以通过法定程序进入董事会、监事会、经理层，董事会、监事会、经理层成员中符合条件的党员可以依照有关规定和程序进入党委（党组）。

党委（党组）书记、董事长一般由一人担任，党员总经理担任副书记。确因工作需要由上级企业领导人员兼任董事长的，根据企业实际，党委书记可以由党员总经理担任，也可以单独配备。

不设董事会只设执行董事的独立法人企业，党委书记和执行董事一般由一人担任。总经理单设且是党员的，一般应当担任党委副书记。

分公司等非独立法人企业，党委书记和总经理是否分设，结合实际确定。分设的一般由党委书记担任副总经理、党员总经理担任党委副书记。

中央企业党委（党组）配备专职副书记，专职副书记一般进入董事会且不在经理层任职，专责抓好党建工作。规模较大、职工和党员人数较多的中央企业所属企业（单位）和地方国有企业党委，可以配备专职副书记。国有企业党委（党组）班子中的内设纪检组织负责人，一般不兼任其他职务，确需兼任的，报上级党组织批准。

国有企业党组织实行集体领导和个人分工负责相结合的制度，进入董事会、监事会、经理层的党组织领导班子成员必须落实党组织决定。

第十五条　国有企业重大经营管理事项必须经党委（党组）研究讨论后，再由董事会或者经理层作出决定。研究讨论的事项主要包括：

（一）贯彻党中央决策部署和落实国家发展战略的重大举措；

（二）企业发展战略、中长期发展规划，重要改革方案；

（三）企业资产重组、产权转让、资本运作和大额投资中的原则性方向性问题；

（四）企业组织架构设置和调整，重要规章制度的制定和修改；

（五）涉及企业安全生产、维护稳定、职工权益、社会责任等方面的重大事项；

（六）其他应当由党委（党组）研究讨论的重要事项。

国有企业党委（党组）应当结合企业实际制定研究讨论的事项清单，厘清党委（党组）和董事会、监事会、经理层等其他治理主体的权责。

具有人财物重大事项决策权且不设党委的独立法人企业的党支部（党总支），一般由党员负责人担任书记和委员，由党支部（党总支）对企业重大事项进行集体研究把关。

第十六条　国有企业党组织应当按照干部管理权限，规范动议提名、组织考察、讨论决定等程序，落实对党忠诚、勇于创新、治企有方、兴企有为、清正廉洁的要求，做好选配企业领导人员工作，加大优秀年轻领导人员培养选拔力度，加强企业领导人员管理监督，保证党对干部人事工作的领导权和对重要干部的管理权。

实施人才强企战略，健全人才培养、引进、使用机制，重点做好企业经营管理人才、专业技术人才、高技能人才以及特殊领域紧缺人才工作，激发和保护企业家精神，营造鼓励创新创业的良好环境。

第十七条　健全以职工代表大会为基本形式的民主管理制度，探索职工参与管理的有效方式，推进厂务公开、业务公开，保障职工知情权、参与权、表达权、监督权，维护职工合法权益。重大决策应当听取职工意见，涉及职工切身利益的重大问题必须经过职工代表大会或者职工大会审议。坚持和完善职工董事制度、职工监事制度，保证职工代表有序参与公司治理。

第五章　党员队伍建设

第十八条　国有企业党组织应当坚持集中教育和经常性教育相结合，采取集中轮训、党委（党组）理论学习中心组学习、理论宣讲、在线学习培训等方式，强化政治理论教育、党的宗旨教育、党章党规党纪教育和革命传统教育，组织引导党员认真学习党史、新中国史、改革开放史，推进"两学一做"学习教育常态化制度化，把不忘初心、牢记使命作为加强党的建设的永恒课题和全体党员、干部的终身课题，形成长效机制。

第十九条　严肃党的组织生活，认真召开民主生活会和组织生活会，提高"三会一课"质量，落实谈心谈话、民主评议党员和主题党日等制度，增强党内政治生活的政治性、时代性、原则性、战斗性。坚持重温入党誓词、重温入党志愿书等有效做法，落实党员领导干部讲党课制度。

第二十条　强化党员日常管理，及时转接党员组织关系，督促党员按期足额交纳党费，增强党员意识。加强和改进青年党员、农民工党员、出国（境）党员、流动党员、劳务派遣制员工党员的管理服务。有针对性做好离退休职工党员、兼并重组和破产企业职工党员管理服务工作。

从政治、思想、工作、生活上关心关爱党员，建立健全党内关怀帮扶机制，在重要节日、纪念日等走访慰问功勋荣誉表彰奖励获得者，经常联系关心因公伤残党员、老党员、生活困难党员和因公殉职、牺牲党员的家庭，帮助解决实际问题。

严格执行党的纪律，对违犯党的纪律的党员，按照党内有关规定及时进行教育或者处理。

第二十一条　按照控制总量、优化结构、提高质量、发挥作用的总要求和有关规定发展党员。坚持把政治标准放在首位，重视在生产经营一线、青年职工和高知识群体中发展党员，力争每个班组都有党员。注重把生产经营骨干培养成党员，把党员培养成生产经营骨干。对技术能手、青年专家等优秀人才，党组织应当加强联系、重点培养。

第二十二条　紧密结合企业生产经营开展党组织活动，通过设立党员责任区、党员示范岗、党员突击队、党员服务队等形式，引导党员创先争优、攻坚克难，争当生产经营的能手、创新创业的模范、提高效益的标兵、服务群众的先锋。引导党员积极参与志愿服务，注重发挥党员在区域化党建和基层治理中的重要作用。

第六章　党的政治建设

第二十三条　国有企业党组织必须把党的政治建设摆在首位，担负起党的政治建设责任，提高政治站位，强化政治引领，增强政治能力，涵养政治生态，防范政治风险，坚决落实党中央决策部署，推动企业聚焦主责主业，服务国家发展战略，全面履行经济责任、政治责任、社会责任。

第二十四条　坚持用党的创新理论武装党员干部职工，突出政治教育和政治训练，推动习近平新时代中国特色社会主义思想进企业、进车间、进班组、进头脑，引领职工群众听党话、跟党走。开展中国特色社会主义和实现中华民族伟大复兴中国梦宣传教育，加强爱国主义、集体主义、社会主义教育，抓好形势政策教育。

第二十五条　坚持以社会主义核心价值观引领企业文化建设，传承弘扬国有企业优良传统和作风，培育家国情怀，增强应对挑战的斗志，提升产业兴国、实业报国的精气神。深化文明单位创建，组织开展岗位技能竞赛，开展群众性文化体育活动，弘扬劳模精神、工匠精神，大力宣传、表彰先进典型，发挥示范引领作用，造就有理想守信念、懂技术会创新、敢担当讲奉献的新时代国有企业职工队伍。

第二十六条　把思想政治工作作为经常性、基础性工作，把解决思想问题同解决实际问题结合起来，多做得人心、暖人心、稳人心的工作，积极构建和谐劳动关系，努力将矛盾化解在基层。健全落实企业领导人员基层联系点、党员与职工结对帮带等制度，定期开展职工思想动态分析，有针对性做好人文关怀和心理疏导。注意在企业改革重组、化解过剩产能、处置"僵尸企业"和企业破产等过程中，深入细致做好思想工作，解决职工群众困难，引导职工群众拥护支持改革，积极参与改革。

第二十七条　坚持党建带群建，充分发挥群团组织桥梁纽带作用，推动群团组织团结动员职工群众围绕企业改革发展和生产经营建功立业，多为职工群众办好事、解难事，维护和发展职工群众利益。

第七章 党内民主和监督

第二十八条 国有企业党组织应当落实党员的知情权、参与权、选举权、监督权，畅通党员参与党内事务的途径，推进党务公开，建立健全党员定期评议党组织领导班子等制度。落实党员代表大会代表任期制，健全代表联系党员群众等制度，积极反映基层党组织和党员意见建议。

第二十九条 落实全面从严治党责任，强化政治监督，加强对党的理论和路线方针政策以及重大决策部署贯彻落实的监督检查。严格落实中央八项规定及其实施细则精神，坚决反对形式主义、官僚主义、享乐主义和奢靡之风。加强对制度执行的监督，加强对企业关键岗位、重要人员特别是主要负责人的监督，强化对权力集中、资金密集、资源富集、资产聚集的重点部门和单位的监督，突出"三重一大"决策、工程招投标、改制重组、产权变更和交易等重点环节的监督，严肃查处侵吞挥霍国有资产、利益输送等违规违纪问题。问题严重的，应当及时向上级党组织报告。

第三十条 落实党内监督责任，建立健全党内监督制度机制，强化日常管理和监督，充分发挥内设纪检组织、党委工作机构、基层党组织和党员的监督作用。加强对企业领导人员的党性教育、宗旨教育、警示教育，落实谈心谈话制度，加大提醒、函询、诫勉等力度，通过巡视巡察、考察考核、调研督导、处理信访举报、抽查核实个人有关事项报告等方式，督促企业领导人员依规依法用权、廉洁履职。

善用企业监事会、审计、法律、财务等监督力量，发挥职工群众监督、社会监督和舆论监督作用，推动各类监督有机贯通、相互协调，形成监督合力，提高监督效能。

第三十一条 国有企业内设纪检组织履行监督执纪问责职责，协助党委推进全面从严治党、加强党风建设和组织协调反腐败工作，精准运用监督执纪"四种形态"，坚决惩治和预防腐败。

各级纪委监委派驻企业的纪检监察机构根据授权履行纪检、监察职责，代表上级纪委监委对企业党委（党组）实行监督，督促推动国有企业党委（党组）落实全面从严治党主体责任。

第八章 领导和保障

第三十二条 各级党委应当把国有企业党的建设纳入整体工作部署和党的建设总体规划，按照管人管党建相统一的原则，健全上下贯通、执行有力的严密体系，形成党委统一领导、党委组织部门牵头抓总、国有资产监管部门党组（党委）具体指导和日常管理、有关部门密切配合、企业党组织履职尽责的工作格局。中央组织部负责全国国有企业党的建设工作的宏观指导。

中央企业直属企业（单位）党建工作，以中央企业党委（党组）领导、指导为主，企业所在地的市地以上党委协助。

中管金融企业党委垂直领导本系统的党组织，负责抓好本系统党建工作。

第三十三条 国有企业党组织履行党的建设主体责任，书记履行第一责任人职责，专职副书记履行直接责任，内设纪检组织负责人履行监督责任，党组织领导班子其他成员履行"一岗双责"，董事会、监事会和经理层党员成员应当积极支持、主动参与企业党建工作。

各级党组织应当强化党建工作责任制落实情况的督促检查，层层传导压力，推动工作落实。

第三十四条 全面推行党组织书记抓基层党建述职评议考核。强化考核结果运用，考核结果在一定范围内通报，并作为企业领导人员政治素质考察和综合考核评价的重要依据。

企业党组织每年年初向上级党组织全面报告上年度党建工作情况，党组织领导班子成员定期向本企业党组织报告抓党建工作情况。

第三十五条 国有企业党委按照有利于加强党的工作和精干高效协调原则，根据实际需要设立办公室、组织部、宣传部等工作机构，有关机构可以与企业职能相近的管理部门合署办公。领导人员管理和基层党组织建设一般由一个部门统一负责，分属两个部门的应当由同一个领导班子成员分管。

第三十六条 根据企业职工人数和实际需要，配备一定比例专兼职党务工作人员。选优配强党组织书记，把党支部书记岗位作为培养选拔企业领导人员的重要台阶。注重选拔政治素质好、熟悉经营管理、作风正派、在职工群众中有威信的党员骨干做企业党建工作，把党务工作岗位作为培养企业复合型人才的重要平台。严格落实同职级、同待遇政策，推动党务工作人员与其他经营管理人员双向交流。

加强对党支部书记和党务工作人员的培训，确保党支部书记和党务工作人员每年至少参加1次集中培训。新任党支部书记一般应当在半年内完成任职培训。

第三十七条 通过纳入管理费用、党费留存等渠道，保障企业党组织工作经费，并向生产经营一线倾斜。纳入管理费用的部分，一般按照企业上年度职工工资总额1%的比例安排，由企业纳入年度预算。整合利用各类资源，建好用好党组织活动阵地。

建立党支部工作经常性督查指导机制，推进党支部标准化、规范化建设，抓好软弱涣散基层党组织整顿提升。注重运用网络信息化手段和新媒体平台，增强党组织活动和党员教育管理工作的吸引力、实效性。

第三十八条 坚持有责必问、失责必究。对国有企业党的建设思想不重视、工作不得力的，应当及时提醒、约谈或者通报批评，限期整改。对违反本条例规定的，按照有关规定追究责任。

第九章 附 则

第三十九条 本条例适用于国有独资、全资企业和国有资本绝对控股企业。国有资本相对控股并具有实际控制力的企业，结合实际参照本条例执行。

第四十条 本条例由中央组织部负责解释。

第四十一条 本条例自2019年12月30日起施行。其他有关国有企业党组织工作的规定，凡与本条例不一致的，按照本条例执行。

〔来源：新华社〕

国务院关于促进国家高新技术产业开发区高质量发展的若干意见

国发〔2020〕7号

国家高新技术产业开发区（以下简称国家高新区）经过30多年发展，已经成为我国实施创新驱动发展战略的重要载体，在转变发展方式、优化产业结构、增强国际竞争力等方面发挥了重要作用，走出了一条具有中国特色的高新技术产业化道路。为进一步促进国家高新区高质量发展，发挥好示范引领和辐射带动作用，现提出以下意见。

一、总体要求

（一）指导思想

以习近平新时代中国特色社会主义思想为指导，贯彻落实党的十九大和十九届二中、三中、四中全会精神，牢固树立新发展理念，继续坚持"发展高科技、实现产业化"方向，以深化体制机制改革和营造良好创新创业生态为抓手，以培育发展具有国际竞争力的企业和产业为重点，以科技创新为核心着力提升自主创新能力，围绕产业链部署创新链，围绕创新链布局产业链，培育发展新动能，提升产业发展现代化水平，将国家高新区建设成为创新驱动发展示范区和高质量发展先行区。

（二）基本原则

坚持创新驱动，引领发展。以创新驱动发展为根本路径，优化创新生态，集聚创新资源，提升自主创新能力，引领高质量发展。

坚持高新定位，打造高地。牢牢把握"高"和"新"发展定位，抢占未来科技和产业发展制高点，构建开放创新、高端产业集聚、宜创宜业宜居的增长极。

坚持深化改革，激发活力。以转型升级为目标，完善竞争机制，加强制度创新，营造公开、公正、透明和有利于促进优胜劣汰的发展环境，充分释放各类创新主体活力。

坚持合理布局，示范带动。加强顶层设计，优化整体布局，强化示范带动作用，推动区域协调可持续发展。

坚持突出特色，分类指导。根据地区资源禀赋与发展水平，探索各具特色的高质量发展模式，建立分类评价机制，实行动态管理。

（三）发展目标

到 2025 年，国家高新区布局更加优化，自主创新能力明显增强，体制机制持续创新，创新创业环境明显改善，高新技术产业体系基本形成，建立高新技术成果产出、转化和产业化机制，攻克一批支撑产业和区域发展的关键核心技术，形成一批自主可控、国际领先的产品，涌现一批具有国际竞争力的创新型企业和产业集群，建成若干具有世界影响力的高科技园区和一批创新型特色园区。到 2035 年，建成一大批具有全球影响力的高科技园区，主要产业进入全球价值链中高端，实现园区治理体系和治理能力现代化。

二、着力提升自主创新能力

（四）大力集聚高端创新资源

国家高新区要面向国家战略和产业发展需求，通过支持设立分支机构、联合共建等方式，积极引入境内外高等学校、科研院所等创新资源。支持国家高新区以骨干企业为主体，联合高等学校、科研院所建设市场化运行的高水平实验设施、创新基地。积极培育新型研发机构等产业技术创新组织。对符合条件纳入国家重点实验室、国家技术创新中心的，给予优先支持。

（五）吸引培育一流创新人才

支持国家高新区面向全球招才引智。支持园区内骨干企业等与高等学校共建共管现代产业学院，培养高端人才。在国家高新区内企业工作的境外高端人才，经市级以上人民政府科技行政部门（外国人来华工作管理部门）批准，申请工作许可的年龄可放宽至 65 岁。国家高新区内企业邀请的外籍高层次管理和专业技术人才，可按规定申办多年多次的相应签证；在园区内企业工作的外国人才，可按规定申办 5 年以内的居留许可。对在国内重点高等学校获得本科以上学历的优秀留学生以及国际知名高校毕业的外国学子，在国家高新区从事创新创业活动的，提供办理居留许可便利。

（六）加强关键核心技术创新和成果转移转化

国家高新区要加大基础和应用研究投入，加强关键共性技术、前沿引领技术、现代工程技术、颠覆性技术联合攻关和产业化应用，推动技术创新、标准化、知识产权和产业化深度融合。支持国家高新区内相关单位承担国家和地方科技计划项目，支持重大创新成果在园区落地转化并实现产品化、产业化。支持在国家高新区内建设科技成果中试工程化服务平台，并探索风险分担机制。探索职务科技成果所有权改革。加强专业化技术转移机构和技术成果交易平台建设，培育科技咨询师、技术经纪人等专业人才。

三、进一步激发企业创新发展活力

（七）支持高新技术企业发展壮大

引导国家高新区内企业进一步加大研发投入，建立健全研发和知识产权管理体系，加强商标品牌建设，提升创新能力。建立健全政策协调联动机制，落实好研发费用加计扣除、高新技术企业所得税减免、小微企业普惠性税收减免等政策。持续扩大高新技术企业数量，培育一批具有国际竞争力的创新型企业。进一步发挥高新区的发展潜力，培育一批独角兽企业。

（八）积极培育科技型中小企业

支持科技人员携带科技成果在国家高新区内创新创业，通过众创、众包、众扶、众筹等途径，孵化和培育科技型创业团队和初创企业。扩大首购、订购等非招标方式的应用，加大对科技型中小企业重大创新技术、产品和服务采购力度。将科技型中小企业培育孵化情况列入国家高新区高质量发展评价指标体系。

（九）加强对科技创新创业的服务支持

强化科技资源开放和共享，鼓励园区内各类主体加强开放式创新，围绕优势专业领域建设专业化众创空间和科技企业孵化器。发展研究开发、技术转移、检验检测认证、创业孵化、知识产权、科技咨询等科技服务机构，提升专业化服务能力。继续支持国家高新区打造科技资源支撑型、高端人才引领型等创新创业特色载体，完善园区创新创业基础设施。

四、推进产业迈向中高端

（十）大力培育发展新兴产业

加强战略前沿领域部署，实施一批引领型重大项目和新技术应用示范工程，构建多元化应用场景，发展新技术、新产品、新业态、新模式。推动数字经济、平台经济、智能经济和分享经济持续壮大发展，引领新旧动能转换。引导企业广泛应用新技术、新工艺、新材料、新设备，推进互联网、大数据、人工智能同实体经济深度融合，促进产业向智能化、高端化、绿色化发展。探索实行包容审慎的新兴产业市场准入和行业监管模式。

（十一）做大做强特色主导产业

国家高新区要立足区域资源禀赋和本地基础条件，发挥比较优势，因地制宜、因园施策，聚焦特色主导产业，加强区域内创新资源配置和产业发展统筹，优先布局相关重大产业项目，推动形成集聚效应和品牌优势，做大做强特色主导产业，避免趋同化。发挥主导产业战略引领作用，带动关联产业协同发展，形成各具特色的产业生态。支持以领军企业为龙头，以产业链关键产品、创新链关键技术为核心，推动建立专利导航产业发展工作机制，集成大中小企业、研发和服务机构等，加强资源高效配置，培育若干世界级创新型产业集群。

五、加大开放创新力度

（十二）推动区域协同发展

支持国家高新区发挥区域创新的重要节点作用，更好服务于京津冀协同发展、长江经济带发展、粤港澳大湾区建设、长三角一体化发展、黄河流域生态保护和高质量发展等国家重大区域发展战略实施。鼓励东部国家高新区按照市场导向原则，加强与中西部国家高新区对口合作和交流。探索异地孵化、飞地经济、伙伴园区等多种合作机制。

（十三）打造区域创新增长极

鼓励以国家高新区为主体整合或托管区位相邻、产业互补的省级高新区或各类工业园区等，打造更多集中连片、协同互补、联合发展的创新共同体。支持符合条件的地区依托国家高新区按相关规定程序申请设立综合保税区。支持国家高新区跨区域配置创新要素，提升周边区域市场主体活力，深化区域经济和科技一体化发展。鼓励有条件的地方整合国家高新区资源，打造国家自主创新示范区，在更高层次探索创新驱动发展新路径。

（十四）融入全球创新体系

面向未来发展和国际市场竞争，在符合国际规则和通行惯例的前提下，支持国家高新区通过共建海外创新中心、海外创业基地和国际合作园区等方式，加强与国际创新产业高地联动发展，加快引进集聚国际高端创新资源，深度融合国际产业链、供应链、价值链。服务园区内企业"走出去"，参与国际标准和规则制定，拓展新兴市场。鼓励国家高新区开展多种形式的国际园区合作，支持国家高新区与"一带一路"沿线国家开展人才交流、技术交流和跨境协作。

六、营造高质量发展环境

（十五）深化管理体制机制改革

建立授权事项清单制度，赋予国家高新区相应的科技创新、产业促进、人才引进、市场准入、项目审批、财政金融等省级和市级经济管理权限。建立国家高新区与省级有关部门直通车制度。优化内部管理架构，实行扁平化管理，整合归并内设机构，实行大部门制，合理配置内设机构职能。鼓励有条件的国家高新区探索岗位管理制度，实行聘用制，并建立完善符合实际的分配激励和考核机制。支持国家高新区探索新型治理模式。

（十六）优化营商环境

进一步深化"放管服"改革，加快国家高新区投资项目审批改革，实行企业投资项目承诺制、容缺受理制，减少不必要的行政干预和审批备案事项。进一步深化商事制度改革，放宽市场准入，简化审批程序，加快推进企业简易注销登记改革。在国家高新区复制推广自由贸易试验区、国家自主创新示范区等相关改革试点政策，加强创新政策先行先试。

（十七）加强金融服务

鼓励商业银行在国家高新区设立科技支行。支持金融机构在国家高新区开展知识产权投融资服务，支持开展知识产权质押融资，开发完善知识产权保险，落实首台（套）重大技术装备保险等相关政策。大力发展市场化股权投资基金。引导创业投资、私募股权、并购基金等社会资本支持高成长企业发展。鼓励金融机构创新投贷联动模式，积极探索开展多样化的科技金融服务。创新国有资本创投管理机制，允许园区内符合条件的国有创投企业建立跟投机制。支持国家高新区内高成长企业利用科创板等多层次资本市场挂牌上市。支持符合条件的国家高新区开发建设主体上市融资。

（十八）优化土地资源配置

强化国家高新区建设用地开发利用强度、投资强度、人均用地指标整体控制，提高平均容积率，促进园区紧凑发展。符合条件的国家高新区可以申请扩大区域范围和面积。省级人民政府在安排土地利用年度计划时，应统筹考虑国家高新区用地需求，优先安排创新创业平台建设用地。鼓励支持国家高新区加快消化批而未供土地，处置闲置土地。鼓励地方人民政府在国家高新区推行支持新产业、新业态发展用地政策，依法依规利用集体经营性建设用地，建设创新创业等产业载体。

（十九）建设绿色生态园区

支持国家高新区创建国家生态工业示范园区，严格控制高污染、高耗能、高排放企业入驻。加大国家高新区绿色发展的指标权重。加快产城融合发展，鼓励各类社会主体在国家高新区投资建设信息化等基础设施，加强与市政建设接轨，完善科研、教育、医疗、文化等公共服务设施，推进安全、绿色、智慧科技园区建设。

七、加强分类指导和组织管理

（二十）加强组织领导

坚持党对国家高新区工作的统一领导。国务院科技行政部门要会同有关部门，做好国家高新区规划引导、布局优化和政策支持等相关工作。省级人民政府要将国家高新区作为实施创新驱动发展战略的重要载体，加强对省内国家高新区规划建设、产业发展和创新资源配置的统筹。所在地市级人民政府要切实承担国家高新区建设的主体责任，加强国家高新区领导班子配备和干部队伍建设，并给予国家高新区充分的财政、土地等政策保障。加强分类指导，坚持高质量发展标准，根据不同地区、不同阶段、不同发展基础和创新资源等情况，对符合条件、有优势、有特色的省级高新区加快"以升促建"。

（二十一）强化动态管理

制定国家高新区高质量发展评价指标体系，突出研发经费投入、成果转移转化、创新创业质量、科技型企业培育发展、经济运行效率、产业竞争能力、单位产出能耗等内容。加强国家高新区数据统计、运行监测和绩效评价。建立国家高新区动态管理机制，对评价考核结果好的国家高新区予以通报表扬，统筹各类资金、政策等加大支持力度；对评价考核结果较差的通过约谈、通报等方式予以警告；对整改不力的予以撤销，退出国家高新区序列。

国务院

2020 年 7 月 13 日

（此件公开发布）

（本文略有改动）

〔来源：中国政府网〕

关于强化知识产权保护的意见

加强知识产权保护，是完善产权保护制度最重要的内容，也是提高我国经济竞争力的最大激励。为贯彻落实党中央、国务院关于强化知识产权保护的决策部署，进一步完善制度、优化机制，现提出如下意见。

一、总体要求

以习近平新时代中国特色社会主义思想为指导，全面贯彻党的十九大和十九届二中、三中、四中全会精神，紧紧围绕统筹推进"五位一体"总体布局和协调推进"四个全面"战略布局，牢固树立保护知识产权就是保护创新的理念，坚持严格保护、统筹协调、重点突破、同等保护，不断改革完善知识产权保护体系，综合运用法律、行政、经济、技术、社会治理手段强化保护，促进保护能力和水平整体提升。力争到2022年，侵权易发多发现象得到有效遏制，权利人维权"举证难、周期长、成本高、赔偿低"的局面明显改观。到2025年，知识产权保护社会满意度达到并保持较高水平，保护能力有效提升，保护体系更加完善，尊重知识价值的营商环境更加优化，知识产权制度激励创新的基本保障作用得到更加有效发挥。

二、强化制度约束，确立知识产权严保护政策导向

（一）加大侵权假冒行为惩戒力度。研究制定知识产权基础性法律的必要性和可行性，加快专利法、商标法、著作权法等修改完善。完善地理标志保护相关立法。加快在专利、著作权等领域引入侵权惩罚性赔偿制度。大幅提高侵权法定赔偿额上限，加大损害赔偿力度。强化民事司法保护，有效执行惩罚性赔偿制度。研究采取没收违法所得、销毁侵权假冒商品等措施，加大行政处罚力度，开展关键领域、重点环节、重点群体行政执法专项行动。规制商标恶意注册、非正常专利申请以及恶意诉讼等行为。探索加强对商业秘密、保密商务信息及其源代码等的有效保护。加强刑事司法保护，推进刑事法律和司法解释的修订完善。加大刑事打击力度，研究降低侵犯知识产权犯罪入罪标准，提高量刑处罚力度，修改罪状表述，推动解决涉案侵权物品处置等问题。强化打击侵权假冒犯罪制度建设，探索完善数据化打假情报导侦工作机制，开展常态化专项打击行动，持续保持高压严打态势。

（二）严格规范证据标准。深入推进知识产权民事、刑事、行政案件"三合一"审判机制改革，完善知识产权案件上诉机制，统一审判标准。制定完善行政执法过程中的商标、专利侵权判断标准。规范司法、行政执法、仲裁、调解等不同渠道的证据标准。推进行政执法和刑事司法立案标准协调衔接，完善案件移送要求和证据标准，制定证据指引，顺畅行政执法和刑事司法衔接。制定知识产权民事诉讼证据规则司法解释，着力解决权利人举证难问题。探索建立侵权行为公证悬赏取证制度，减轻权利人举证责任负担。

（三）强化案件执行措施。建立健全知识产权纠纷调解协议司法确认机制。建立完善市场主体诚信档案"黑名单"制度，实施市场主体信用分类监管，建立重复侵权、故意侵权企业名录社会公布制度，健全失信联合惩戒机制。逐步建立全领域知识产权保护案例指导机制和重大案件公开审理机制。加强对案件异地执行的督促检查，推动形成统一公平的法治环境。

（四）完善新业态新领域保护制度。针对新业态新领域发展现状，研究加强专利、商标、著作权、植物新品种和集成电路布图设计等的保护。探索建立药品专利链接制度、药品专利期限补偿制度。研究加强体育赛事转播知识产权保护。加强公证电子存证技术推广应用。研究建立跨境电商知识产权保护规则，制定电商平台保护管理标准。编制发布企业知识产权保护指南，制定合同范本、维权流程等操作指引，鼓励企业加强风险防范机制建设，持续优化大众创业万众创新保护环境。研究制定传统文化、传统知识等领域保护办法，加强中医药知识产权保护。

三、加强社会监督共治，构建知识产权大保护工作格局

（五）加大执法监督力度。加强人大监督，开展知识产权执法检查。发挥政协民主监督作用，定期开展知识产权保护工作调研。建立健全奖优惩劣制度，提高执法监管效能。加强监督问责，推动落实行政执法信息公开相关规定，更大范围更大力度公开执法办案信息，接受社会和舆论监督。

（六）建立健全社会共治模式。完善知识产权仲裁、调解、公证工作机制，培育和发展仲裁机构、调解组织和公证机构。鼓励行业协会、商会建立知识产权保护自律和信息沟通机制。引导代理行业加强自律自治，全面提升代理机构监管水平。加强诚信体系建设，将知识产权出质登记、行政处罚、抽查检查结果等涉企信息，通过国家企业信用信息公示系统统一归集并依法公示。建立健全志愿者制度，调动社会力量积极参与知识产权保护治理。

（七）加强专业技术支撑。加强科技研发，通过源头追溯、实时监测、在线识别等技术手段强化知识产权保护。建设侵权假冒线索智能检测系统，提升打击侵权假冒行为效率及精准度。在知识产权行政执法案件处理和司法活动中引入技术调查官制度，协助行政执法部门、司法部门准确高效认定技术事实。探索加强知识产权侵权鉴定能力建设，研究建立侵权损害评估制度，进一步加强司法鉴定机构专业化、程序规范化建设。

四、优化协作衔接机制，突破知识产权快保护关键环节

（八）优化授权确权维权衔接程序。加强专利、商标、植物新品种等审查能力建设，进一步压缩审查周期。重点提高实用新型和外观设计专利审查质量，强化源头保护。进一步发挥专利商标行政确权远程审理、异地审理制度在重大侵权行政执法案件处理中的作用。健全行政确权、公证存证、仲裁、调解、行政执法、司法保护之间的衔接机制，加强信息沟通和共享，形成各渠道有机衔接、优势互补的运行机制，切实提高维权效率。

（九）加强跨部门跨区域办案协作。制定跨部门案件处理规程，健全部门间重大案件联合查办和移交机制。健全行政执法部门与公安部门对涉嫌犯罪的知识产权案件查办工作衔接机制。在案件多发地区探索建立仲裁、调解优先推荐机制。建立健全知识产权案件分流制度，推进案件繁简分流机制改革。推动建立省级行政区内知识产权案件跨区域审理机制，充分发挥法院案件指定管辖机制作用，有效打破地方保护。

（十）推动简易案件和纠纷快速处理。建立重点关注市场名录，针对电商平台、展会、专业市场、进出口等关键领域和环节构建行政执法、仲裁、调解等快速处理渠道。推动电商平台建立有效运用专利权评价报告快速处置实用新型和外观设计专利侵权投诉制度。指导各类网站规范管理，删除侵权内容，屏蔽或断开盗版网站链接，停止侵权信息传播，打击利用版权诉讼进行投机性牟利等行为。

（十一）加强知识产权快保护机构建设。在优势产业集聚区布局建设一批知识产权保护中心，建立案件快速受理和科学分流机制，提供快速审查、快速确权、快速维权"一站式"纠纷解决方案。加快重点技术领域专利、商标、植物新品种审查授权、确权和维权程序。推广利用调解方式快速解决纠纷，高效对接行政执法、司法保护、仲裁等保护渠道和环节。

五、健全涉外沟通机制，塑造知识产权同保护优越环境

（十二）更大力度加强国际合作。积极开展海外巡讲活动，举办圆桌会，与相关国家和组织加强知识产权保护合作交流。探索在重要国际展会设立专题展区，开展中国知识产权保护成就海外巡展。充分发挥知识产权制度对促进共建"一带一路"的重要作用，支持共建国家加强能力建设，推动其共享专利、植物新品种审查结果。充分利用各类多双边对话合作机制，加强知识产权保护交流合作与磋商谈判。综合利用各类国际交流合作平台，积极宣传我国知识产权保护发展成就。

（十三）健全与国内外权利人沟通渠道。通过召开驻华使领馆信息沟通会、企业座谈会等方式，加强与国内外行业协会、商会、社会团体等信息交流。组织召开知识产权保护要情通报会，及时向新闻媒体和社会公众通报重大事项和进展，增信释疑，积极回应国内外权利人关切。

（十四）加强海外维权援助服务。完善海外知识产权纠纷预警防范机制，加强重大案件跟踪研究，建立国外知识产权法律修改变化动态跟踪机制，及时发布风险预警报告。加强海外信息服务平台建设，开展海外知识产权纠纷应对指导，构建海外纠纷协调解决机制。支持各类社会组织开展知识产权涉外风险防控体系建设。鼓励保险机构开展知识产权海外侵权责任险、专利执行险、专利被侵权损失险等保险业务。建立海外维权专家顾问机制，有效推动我国权利人合法权益在海外依法得到同等保护。

（十五）健全协调和信息获取机制。完善涉外执法协作机制，加大工作协调力度，进一步加强我国驻外使领馆知识产权对外工作。选设海外知识产权观察企业和社会组织，建立信息沟通机制。健全重大涉外知识产权纠纷信息通报和应急机制。组织开展我国企业海外知识产权保护状况调查，研究建立国别保护状况评估机制，推动改善我国企业海外知识产权保护环境。

六、加强基础条件建设，有力支撑知识产权保护工作

（十六）加强基础平台建设。建立健全全国知识产权大数据中心和保护监测信息网络，加强对注册登记、审批公告、纠纷处理、大案要案等信息的统计监测。建立知识产权执法信息报送统筹协调和信息共享机制，加大信息集成力度，提高综合研判和宏观决策水平。强化维权援助、举报投诉等公共服务平台软硬件建设，丰富平台功能，提升便民利民服务水平。

（十七）加强专业人才队伍建设。鼓励引导地方、部门、教育机构、行业协会、学会加大对知识产权保护专业人才培训力度。加强知识产权行政执法和司法队伍人员配备和职业化专业化建设，建立有效激励行政执法和司法人员积极性的机制，确保队伍稳定和有序交流。推动知识产权刑事案件办理专业化建设，提高侦查、审查逮捕、审查起诉、审判工作效率和办案质量。在有关管理部门和企事业单位，全面推行公职律师、公司律师、法律顾问制度，促进知识产权管理和保护工作法治化。充分发挥律师等法律服务队伍作用，做好知识产权纠纷调解、案件代理、普法宣传等工作。建立健全知识产权仲裁、调解、公证、社会监督等人才的选聘、管理、激励制度。加强知识产权保护专业人才岗位锻炼，充分发挥各类人才在维权实践中的作用。

（十八）加大资源投入和支持力度。各地区各部门要加大对知识产权保护资金投入力度。鼓励条件成熟的地区先行先试，率先建设知识产权保护试点示范区，形成若干保护高地。推动知识产权行政执法和司法装备现代化、智能化建设。鼓励企业加大资金投入，并通过市场化方式设立知识产权保护维权互助基金，提升自我维权能力和水平。

七、加大组织实施力度，确保工作任务落实

（十九）加强组织领导。全面加强党对知识产权保护工作的领导。各有关方面要按照职能分工，研究具体政策措施，协同推动知识产权保护体系建设。国家知识产权局要会同有关部门不断完善工作机制，加强协调指导和督促检查，确保各项工作要求有效落实，重大问题要及时按程序向党中央、国务院请示报告。

（二十）狠抓贯彻落实。地方各级党委和政府要全面贯彻党中央、国务院决策部署，落实知识产权保护属地责任，定期召开党委或政府专题会议，研究知识产权保护工作，加强体制机制建设，制定配套措施，落实人员经费。要将知识产权保护工作纳入地方党委和政府重要议事日程，定期开展评估，确保各项措施落实到位。

（二十一）强化考核评价。建立健全考核评价制度，将知识产权保护绩效纳入地方党委和政府绩效考核和营商环境评价体系。建立年度知识产权保护社会满意度调查制度和保护水平评估制度。完善通报约谈机制，督促各级党委和政府加大知识产权保护工作力度。

（二十二）加强奖励激励。按照国家有关规定，对在知识产权保护工作中作出突出贡献的集体和个人给予表彰。鼓励各级政府充分利用现有奖励制度，对知识产权保护先进工作者和优秀社会参与者加强表彰。完善侵权假冒举报奖励机制，加大对举报人员奖励力度，激发社会公众参与知识产权保护工作的积极性和主动性。

（二十三）加强宣传引导。各地区各部门要加强舆论引导，定期公开发布有社会影响力的典型案件，让强化知识产权保护的观念深入人心。加强公益宣传，开展知识产权保护进企业、进单位、进社区、进学校、进网络等活动，不断提高全社会特别是创新创业主体知识产权保护意识，推动形成新时代知识产权保护工作新局面。

中共中央办公厅
国务院办公厅
2019年11月24日

〔来源：中国政府网〕

工业和信息化部办公厅关于推动工业互联网加快发展的通知

工信厅信管〔2020〕8号

为深入贯彻习近平总书记在统筹推进新冠肺炎疫情防控和经济社会发展工作部署会议上的重要讲话精神，落实中央关于推动工业互联网加快发展的决策部署，统筹发展与安全，推动工业互联网在更广范围、更深程度、更高水平上融合创新，培植壮大经济发展新动能，支撑实现高质量发展，现就有关事项通知如下：

一、加快新型基础设施建设

（一）改造升级工业互联网内外网络

推动基础电信企业建设覆盖全国所有地市的高质量外网，打造20个企业工业互联网外网优秀服务案例。鼓励工业企业升级改造工业互联网内网，打造10个标杆网络，推动100个重点行业龙头企业、1 000个地方骨干企业开展工业互联网内网改造升级。鼓励各地组织1-3家工业企业与基础电信企业深度对接合作，利用5G改造工业互联网内网。打造高质量园区网络，引领5G技术在垂直行业的融合创新。

（二）增强完善工业互联网标识体系

出台工业互联网标识解析管理办法。增强5大顶级节点功能，启动南京、贵阳两大灾备节点工程建设。面向垂直行业新建20个以上标识解析二级节点，新增标识注册量20亿，拓展网络化标识覆盖范围，进一步增强网络基础资源支撑能力。

（三）提升工业互联网平台核心能力

引导平台增强5G、人工智能、区块链、增强现实/虚拟现实等新技术支撑能力，强化设计、生产、运维、管理等全流程数字化功能集成。遴选10个跨行业跨领域平台，发展50家重点行业/区域平台。推动重点平台平均支持工业协议数量200个、工业设备连接数80万台、工业APP数量达到2 500个。

（四）建设工业互联网大数据中心

加快国家工业互联网大数据中心建设，鼓励各地建设工业互联网大数据分中心。建立工业互联网数据资源合作共享机制，初步实现对重点区域、重点行业的数据采集、汇聚和应用，提升工业互联网基础设施和数据资源管理能力。

二、加快拓展融合创新应用

（五）积极利用工业互联网促进复工复产

充分发挥工业互联网全要素、全产业链、全

价值链的连接优势，鼓励各地工业和信息化主管部门、各企业利用工业互联网实现信息、技术、产能、订单共享，实现跨地域、跨行业资源的精准配置与高效对接。鼓励大型企业、大型平台、解决方案提供商为中小企业免费提供工业APP服务。

（六）深化工业互联网行业应用

鼓励各地结合优势产业，加强工业互联网在装备、机械、汽车、能源、电子、冶金、石化、矿业等国民经济重点行业的融合创新，突出差异化发展，形成各有侧重、各具特色的发展模式。引导各地总结实践经验，制定垂直细分领域的行业应用指南。

（七）促进企业上云上平台

推动企业加快工业设备联网上云、业务系统云化迁移。加快各类场景云化软件的开发和应用，加大中小企业数字化工具普及力度，降低企业数字化门槛，加快数字化转型进程。

（八）加快工业互联网试点示范推广普及

遴选100个左右工业互联网试点示范项目。鼓励每个示范项目向2个以上相关企业复制，形成多点辐射、放大倍增的带动效应。建设一批工业互联网体验和推广中心。评估试点示范成效，编制优秀试点示范推广案例集。

三、加快健全安全保障体系

（九）建立企业分级安全管理制度

出台工业互联网企业网络安全分类分级指南，制定安全防护制度标准，开展工业互联网企业分类分级试点，形成重点企业清单，实施差异化管理。

（十）完善安全技术监测体系

扩大国家平台监测范围，继续建设完善省级安全平台，升级基础电信企业监测系统，汇聚重点平台、重点企业数据，覆盖150个重点平台、10万家以上工业互联网企业，强化综合分析，提高支撑政府决策、保障企业安全的能力。

（十一）健全安全工作机制

完善企业安全信息通报处置和检查检测机制，对20家以上典型平台、工业企业开展现场检查和远程检测，督促指导企业提升安全水平，对100个以上工业APP开展检测分析，增强APP安全性。

（十二）加强安全技术产品创新

鼓励企业创新安全产品和方案设计，遴选10个以上典型产品或最佳实践。加大网络安全产品研发和技术攻关支持力度，加强产业协同创新。指导网络安全公共服务平台为中小企业提供优质高效的安全服务。

四、加快壮大创新发展动能

（十三）加快工业互联网创新发展工程建设

加快在建项目建设进度，加大新建项目开工力度。推动具备条件的项目提前验收，并在后续试点示范项目遴选中优先考虑。储备一批投资规模大、带动能力强的重点项目。各地工业和信息化主管部门要会同通信管理局加强监督管理，压实承担单位主体责任，确保工程建设高质量完成。

（十四）深入实施"5G+工业互联网"512工程

引导各类主体建设5个公共服务平台，构建创新载体，为企业提供工业互联网内网改造设计、咨询、检测、验证等服务。遴选5个融合发展重点行业，挖掘10个典型应用场景，总结形成可持续、可复制、可推广的创新模式和发展路径。

（十五）增强关键技术产品供给能力

鼓励相关单位在时间敏感网络、边缘计算、工业智能等领域加快技术攻关，打造智能传感、智能网关、协议转换、工业机理模型库、工业软件等关键软硬件产品，加快部署应用。打造一批工业互联网技术公共服务平台，加强关键技术产品孵化和产业化支撑。

五、加快完善产业生态布局

（十六）促进工业互联网区域协同发展

鼓励各地结合区域特色和产业优势，打造一批产业优势互补、协同效应显著、辐射带动能力强劲的示范区。持续推进长三角工业互联网一体化发展示范区建设。

（十七）增强工业互联网产业集群能力

引导工业互联网产业示范基地进一步聚焦主业，培育引进工业互联网龙头企业，加快提升新型基础设施支撑能力和融合创新引领能力，做大做强主导产业链，完善配套支撑产业链，壮大产业供给能力。鼓励各地整合优势资源，集聚创新要素，培育具有区域优势的工业互联网产业集群。

（十八）高水平组织产业活动

统筹协调各地差异化开展工业互联网相关活动。壮大工业互联网产业联盟，举办产业峰会，发布工业互联网产业经济发展报告。高质量开展工业互联网大数据、工业APP、解决方案、安全等相关赛事活动，组织全国工业互联网线上精品课程培训。

六、加大政策支持力度

（十九）提升要素保障水平

鼓励各地将工业互联网企业纳入本地出台的战疫情、支持复工复产的政策支持范围，将基于5G、标识解析等新技术的应用纳入企业上云政策支持范围，将5G电价优惠政策拓展至"5G+工业互联网"领域。鼓励各地引导社会资本设立工业互联网产业基金。打造工业互联网人才实训基地。

（二十）开展产业监测评估

建设工业互联网运行监测平台，构建运行监测体系。建立工业互联网评估体系，定期评估发展成效，发布工业互联网发展指数。工业互联网创新发展工程项目承担单位、试点示范项目单位以及工业互联网产业示范基地等要积极参与监测体系、评估体系建设。

工业和信息化部办公厅
2020年3月5日

〔来源：工业和信息化部官网〕

工业和信息化部关于工业大数据发展的指导意见

工信部信发〔2020〕67号

工业大数据是工业领域产品和服务全生命周期数据的总称，包括工业企业在研发设计、生产制造、经营管理、运维服务等环节中生成和使用的数据，以及工业互联网平台中的数据等。为贯彻落实国家大数据发展战略，促进工业数字化转型，激发工业数据资源要素潜力，加快工业大数据产业发展，现提出如下意见。

一、总体要求

坚持以习近平新时代中国特色社会主义思想为指导，深入贯彻党的十九大和十九届二中、三中、四中全会精神，牢固树立新发展理念，按照高质量发展要求，促进工业数据汇聚共享、深化数据融合创新、提升数据治理能力、加强数据安全管理，着力打造资源富集、应用繁荣、产业进步、治理有序的工业大数据生态体系。

二、加快数据汇聚

（一）推动工业数据全面采集

支持工业企业实施设备数字化改造，升级各类信息系统，推动研发、生产、经营、运维等全流程的数据采集。支持重点企业研制工业数控系统，引导工业设备企业开放数据接口，实现数据全面采集。

（二）加快工业设备互联互通

持续推进工业互联网建设，实现工业设备的全连接。加快推动工业通信协议兼容统一，打破技术壁垒，形成完整贯通的数据链。

（三）推动工业数据高质量汇聚

组织开展工业数据资源调查，引导企业加强数据资源管理，实现数据的可视、可管、可用、可信。整合重点领域统计数据和监测数据。在原材料、装备、消费品、电子信息等行业建设国家级数据库。支持企业建设数据汇聚平台，实现多源异构数据的融合和汇聚。

（四）统筹建设国家工业大数据平台

建设国家工业互联网大数据中心，汇聚工业数据，支撑产业监测分析，赋能企业创新发展，提升行业安全运行水平。建立多级联动的国家工业基础大数据库,研制产业链图谱和供应链地图,服务制造业高质量发展。

三、推动数据共享

（五）推动工业数据开放共享

支持优势产业上下游企业开放数据,加强合作,共建安全可信的工业数据空间,建立互利共赢的共享机制。引导和规范公共数据资源开放流动,鼓励相关单位通过共享、交换、交易等方式,提高数据资源价值创造的水平。

（六）激发工业数据市场活力

支持开展数据流动关键技术攻关,建设可信的工业数据流通环境。构建工业大数据资产价值评估体系,研究制定公平、开放、透明的数据交易规则,加强市场监管和行业自律,开展数据资产交易试点,培育工业数据市场。

四、深化数据应用

（七）推动工业数据深度应用

加快数据全过程应用,发展数据驱动的制造新模式新业态,引导企业用好各业务环节的数据。

（八）开展工业数据应用示范

组织开展工业大数据应用试点示范,总结推广工业大数据应用方法,制定工业大数据应用水平评估标准,加强对地方和企业应用现状的评估。

（九）提升数据平台支撑作用

发挥工业互联网平台优势,提升平台的数据处理能力。面向中小企业开放数据服务资源,提升企业数据应用能力。加快推动工业知识、技术、经验的软件化,培育发展一批面向不同场景的工业APP。

（十）打造工业数据应用生态

面向重点行业培育一批工业大数据解决方案供应商。鼓励通过开展工业大数据竞赛,助力行业创新应用。加大宣传推广力度,开展线上线下数据应用培训活动。

五、完善数据治理

（十一）开展数据管理能力评估贯标

推广国家标准GB/T 36073—2018《数据管理能力成熟度评估模型》（简称DCMM）,构建工业大数据管理能力评估体系,引导企业提升数据管理能力。鼓励各级政府在实施贯标、人员培训、效果评估等方面加强政策引导和资金支持。

（十二）推动标准研制和应用

加强工业大数据标准体系建设,加快数据质量、数据治理和数据安全等关键标准研制,选择条件成熟的行业和地区开展试验验证和试点推广。

（十三）加强工业数据分类分级管理

落实《工业数据分类分级指南（试行）》,实现数据科学管理,推动构建以企业为主体的工业数据分类分级管理体系。

六、强化数据安全

（十四）构建工业数据安全管理体系

明确企业安全主体责任和各级政府监督管理责任,构建工业数据安全责任体系。加强态势感知、测试评估、预警处置等工业大数据安全能力建设,实现闭环管理,全面保障数据安全。

（十五）加强工业数据安全产品研发

开展加密传输、访问控制、数据脱敏等安全技术攻关,提升防篡改、防窃取、防泄漏能力。加快培育安全骨干企业,增强数据安全服务,培育良好安全产业生态。

七、促进产业发展

（十六）突破工业数据关键共性技术

加快数据汇聚、建模分析、应用开发、资源调度和监测管理等共性技术的研发和应用,推动人工智能、区块链和边缘计算等前沿技术的部署和融合。

（十七）打造工业数据产品和服务体系

推动工业大数据采集、存储、加工、分析和服务等环节相关产品开发,构建大数据基础性、通用性产品体系。培育一批数据资源服务提供商和数据服务龙头企业,发展一批聚焦数据标准制定、测试评估、研究咨询等领域的第三方服务机构。

（十八）着力构建工业数据创新生态

支持产学研合作建设工业大数据创新平台,围绕重大共性需求和行业痛点开展协同创新,加快技术成果转化,推动产业基础高级化和产业链现代化。

八、加强组织保障

（十九）健全工作推进机制

省级工业和信息化主管部门（大数据产业主

管部门）要建立工业大数据推进工作机制，统筹推进地方工业大数据发展。鼓励各地因地制宜加强政策创新，开展重大问题研究，实施政策评估咨询，助力工业大数据创新应用。

（二十）强化资金人才支持

发挥财政资金的引导作用，推动政策性银行加大精准信贷扶持力度。鼓励金融机构创新产品和服务，扶持工业大数据创新创业。完善人才培养体系，培育既具备大数据技术能力又熟悉行业需求的复合型人才。

（二十一）促进国际交流合作

围绕政策、技术、标准、人才、企业等方面，推进工业大数据在更大范围、更宽领域、更深层次开展合作交流，不断提升国际化发展水平。

工业和信息化部

2020年4月28日

〔来源：工业和信息化部官网〕

工业和信息化部关于加快培育共享制造新模式新业态 促进制造业高质量发展的指导意见

工信部产业〔2019〕226号

共享制造是共享经济在生产制造领域的应用创新，是围绕生产制造各环节，运用共享理念将分散、闲置的生产资源集聚起来，弹性匹配、动态共享给需求方的新模式新业态。发展共享制造，是顺应新一代信息技术与制造业融合发展趋势、培育壮大新动能的必然要求，是优化资源配置、提升产出效率、促进制造业高质量发展的重要举措。近年来，我国共享制造发展迅速，应用领域不断拓展，产能对接、协同生产、共享工厂等新模式新业态竞相涌现，但总体仍处于起步阶段，面临共享意愿不足、发展生态不完善、数字化基础较薄弱等问题。为贯彻落实党中央、国务院关于在共享经济领域培育新增长点、形成新动能的决策部署，进一步推动共享经济在生产制造领域的创新应用，加快培育共享制造新模式新业态，促进制造业高质量发展，现提出以下意见。

一、总体要求

（一）指导思想

以习近平新时代中国特色社会主义思想为指导，全面贯彻党的十九大和十九届二中、三中全会精神，坚持新发展理念，坚持推进高质量发展，坚持以供给侧结构性改革为主线，积极培育发展共享制造平台，深化创新应用，推进制造、创新、服务等资源共享，加强示范引领和政策支持，完善共享制造发展环境，发展共享制造新模式新业态，充分激发创新活力、挖掘发展潜力、释放转型动力，推动制造业高质量发展。

（二）基本原则

市场主导、政府引导。坚持以市场为导向，充分发挥企业主体作用，强化产业链上下游协作，丰富平台应用。政府重在加强宣传推广，推动完善信用标准体系，优化服务，积极营造良好环境，支持引导共享制造创新发展。

创新驱动、示范引领。通过模式创新、技术创新、服务创新和管理创新，发挥新一代信息技术的支撑作用，加快培育共享制造新模式新业态，推动产业组织创新，提升全要素生产率。组织实施共享制造示范活动，鼓励优秀企业先行先试，以点带面，总结形成可复制、可推广的典型经验。

平台牵引、集群带动。充分发挥共享制造平台的牵引作用，创新资源配置方式，提高供给质量，缩短生产周期，赋能中小企业创新发展。依托产业集群的空间集聚优势和产业生态优势，加快共享制造落地和规模化发展，带动产业集群转型升级。

因业施策、分步实施。深刻把握共享制造在不同行业领域的应用特点，坚持问题导向，加强引导，精准施策，分阶段、分步骤推动共享制造在各区域、各行业、各环节的深化应用，促进共享制造全面发展。

（三）发展方向

加快形成以制造能力共享为重点，以创新能力、服务能力共享为支撑的协同发展格局。

制造能力共享。聚焦加工制造能力的共享创新，重点发展汇聚生产设备、专用工具、生产线等制造资源的共享平台，发展多工厂协同的共享制造服务，发展集聚中小企业共性制造需求的共享工厂，发展以租代售、按需使用的设备共享服务。

创新能力共享。围绕中小企业、创业企业灵活多样且低成本的创新需求，发展汇聚社会多元化智力资源的产品设计与开发能力共享，扩展科研仪器设备与实验能力共享。

服务能力共享。围绕物流仓储、产品检测、设备维护、验货验厂、供应链管理、数据存储与分析等企业普遍存在的共性服务需求，整合海量社会服务资源，探索发展集约化、智能化、个性化的服务能力共享。

（四）主要目标

到2022年，形成20家创新能力强、行业影响大的共享制造示范平台，资源集约化水平进一步提升，制造资源配置不断优化，共享制造模式认可度得到显著提高。推动支持50项发展前景好、带动作用强的共享制造示范项目，共享制造在产业集群的应用进一步深化，集群内生产组织效率明显提高。支撑共享制造发展的信用、标准等配套体系逐步健全，共性技术研发取得一定突破，数字化发展基础不断夯实，共享制造协同发展生态初步形成。

到2025年，共享制造发展迈上新台阶，示范引领作用全面显现，共享制造模式广泛应用，生态体系趋于完善，资源数字化水平显著提升，成为制造业高质量发展的重要驱动力量。

二、主要任务

（一）培育发展共享制造平台

积极推进平台建设。在产业基础条件好、共享制造起步早的地区和行业，加快形成一批专业化共享制造平台，推动重点区域、重点行业分散制造资源的有效汇聚与广泛共享。鼓励有条件的企业探索建设跨区域、综合性共享制造平台。引导企业通过联合建设、战略投资等方式推动平台整合，提升制造资源的集聚水平。

鼓励平台创新应用。支持平台企业围绕制造资源的在线发布、订单匹配、生产管理、支付保障、信用评价等，探索融合行业特点的创新服务。推动平台企业深度整合多样化制造资源，发展"平台接单、按工序分解、多工厂协同"的共享制造模式。

推动平台演进升级。支持平台企业积极应用云计算、大数据、物联网、人工智能等技术，发展智能报价、智能匹配、智能排产、智能监测等功能，不断提升共享制造全流程的智能化水平。引导平台企业与技术提供商合作，强化平台开发与应用能力。鼓励工业互联网平台面向特定行业、特定区域整合开放各类资源，发展共享制造服务。

（二）依托产业集群发展共享制造

探索建设共享工厂。鼓励各类企业围绕产业集群的共性制造环节，建设共享工厂，集中配置通用性强、购置成本高的生产设备，依托线上平台打造分时、计件、按价值计价等灵活服务模式，满足产业集群的共性制造需求。

支持发展公共技术中心。围绕产业集群急需的共性技术研发、产品质量检测等服务，支持建设一批公共技术服务平台，强化产学研合作，为集群内企业提供便捷、低价、高效、多元的技术研发、成果转化、质量管理、创业孵化等公共服务。

积极推动服务能力共享。引导产业集群内企业通过共享物流、仓储、采销、人力等方式，聚焦核心能力建设，提升企业竞争力。鼓励信息通信企业深入产业集群，结合行业特点，发展数据储存、分析、监测等共性服务，积极推动工业大数据创新应用。

（三）完善共享制造发展生态

创新资源共享机制。鼓励大型企业创新机制，释放闲置资源，推动研发设计、制造能力、物流仓储、专业人才等重点领域开放共享，增加有效供给。推动高等院校、科研院所构建科学有效的利益分配机制与资源调配机制，推动科研仪器设备与实验能力开放共享。创新激励机制，引导利益相关方积极开放生产设备的数据接口，推进数据共享。完善资源共享过程中的知识产权保护机制。

推动信用体系建设。鼓励平台企业针对共享制造应用场景和模式特点，综合利用大数据监测、用户双向评价、第三方认证等手段，构建平台供需双方分级分类信用评价体系，提供企业征信查询、企业质量保证能力认证、企业履约能力评价等服务。

优化完善标准体系。聚焦非标产品标准化、生产流程标准化等领域，鼓励平台企业优化产品标准体系，明确产品属性和生产工艺要求。加快制定共享制造团体标准，推动制造资源的可度量、可交易、可评估。针对共享制造多主体协作、虚拟化制造等运作特点，创新质量管理认证体系。

（四）夯实共享制造发展的数字化基础

提升企业数字化水平。培育发展一批数字化解决方案提供商，结合行业特点和发展阶段，鼓励开发和推广成本低、周期短、适用面广的数字化解决方案。加快推进中小企业上云，推动计算机辅助设计、制造执行系统、产品全生命周期管理等工业软件普及应用，引导广大中小企业加快实现生产过程的数字化。

推动新型基础设施建设。加强5G、人工智能、工业互联网、物联网等新型基础设施建设，扩大高速率、大容量、低延时网络覆盖范围，鼓励制造企业通过内网改造升级实现人、机、物互联，为共享制造提供信息网络支撑。

强化安全保障体系。围绕应用程序、平台、数据、网络、控制和设备安全，统筹推进安全技术研发和手段建设，建立健全数据分级分类保护制度，强化共享制造企业的公共网络安全意识，打造共享制造安全保障体系。

三、保障措施

（一）加强组织推进

指导成立共享制造产业联盟，聚集生产制造和互联网领域的骨干企业及相关研究机构，搭建合作与促进平台，建立平台企业资源库；推动平台企业等积极开展国际合作，更深更广融入全球供给体系；加强对共享制造平台运行的监测；充分发挥联盟、行业协会等各方的作用，组织开展标准研制、应用推广、信用评价、认证评估及重大问题研究，通过发布报告、行业交流、召开共享制造发展大会和推进会等方式，加强宣传引导和支撑保障，助力共享制造创新发展。

（二）推动示范引领

在服务型制造示范遴选活动中，面向基础条件好和需求迫切的地区、行业，遴选一批示范带动作用强、可复制可推广的共享制造示范平台和项目，及时跟踪、总结、评估示范过程中的新情况、新问题和新经验，加强典型经验交流和推广，进一步推动共享制造在不同行业的深度应用和创新发展。支持共享制造企业积极申报全国企业管理现代化创新成果。鼓励有条件的地方先行先试，开展共享制造试点，及时跟踪、总结经验，培育共享制造优秀供应商，形成共享制造产业生态供给资源池。

（三）强化政策支持

支持和引导各类市场主体积极探索共享制造新模式新业态。积极利用现有资金渠道，支持共性技术研究与开发，开展共享制造平台建设与升级、技术应用创新、制造资源采集系统开发、共享工厂建设等。深化产融合作，引导和推动金融机构为共享制造技术、业务和应用创新提供金融服务。鼓励有条件的地方制定出台支持共享制造创新发展的政策措施。

（四）加强人才培养

支持大学、科研机构、高职院校等加强互联网领域与制造业领域的复合型人才队伍培养。鼓励企业积极与高校创新合作模式，共建实训基地，积极开展互动式人才培养。依托重点企业、行业协会、产业联盟开展共享制造领域急需紧缺人才培养培训，鼓励社会培训机构加强面向重点行业关键岗位专业人才培训。

工业和信息化部
2019年10月22日

〔来源：工业和信息化部官网〕

关于进一步促进服务型制造发展的指导意见

工信部联政法〔2020〕101号

服务型制造是制造与服务融合发展的新型制造模式和产业形态，是先进制造业和现代服务业深度融合的重要方向。《发展服务型制造专项行动指南》（工信部联产业〔2016〕231号）印发以来，服务型制造快速发展，新模式新业态不断涌现，有效推动了制造业转型升级。为贯彻党中央、国务院关于推动先进制造业和现代服务业深度融合，发展服务型制造的决策部署，推动制造业高质量发展，现提出以下意见。

一、总体要求

以习近平新时代中国特色社会主义思想为指导，全面贯彻党的十九大和十九届二中、三中、四中全会精神，深入贯彻新发展理念，以供给侧结构性改革为主线，充分发挥市场在资源配置中的决定性作用，更好发挥政府作用，强化制造业企业主体地位，完善政策和营商环境，加强示范引领，健全服务型制造发展生态，积极利用工业互联网等新一代信息技术赋能新制造、催生新服务，加快培育发展服务型制造新业态新模式，促进制造业提质增效和转型升级，为制造强国建设提供有力支撑。

到2022年，新遴选培育200家服务型制造示范企业、100家示范平台（包括应用服务提供商）、100个示范项目、20个示范城市，服务型制造理念得到普遍认可，服务型制造主要模式深入发展，制造业企业服务投入和服务产出显著提升，示范企业服务收入占营业收入的比重达到30%以上。支撑服务型制造发展的标准体系、人才队伍、公共服务体系逐步健全，制造与服务全方位、宽领域、深层次融合发展格局基本形成，对制造业高质量发展的带动作用更加明显。

到2025年，继续遴选培育一批服务型制造示范企业、平台、项目和城市，示范引领作用全面显现，服务型制造模式深入应用。培育一批掌握核心技术的应用服务提供商，服务型制造发展生态体系趋于完善，服务提升制造业创新能力和国际竞争力的作用显著增强，形成一批服务型制造跨国领先企业和产业集群，制造业在全球产业分工和价值链中的地位明显提升，服务型制造成为制造强国建设的有力支撑。

二、推动服务型制造创新发展

（一）工业设计服务

实施制造业设计能力提升专项行动，加强工业设计基础研究和关键共性技术研发，建立开放共享的数据资源库，夯实工业设计发展基础。创新设计理念，加强新技术、新工艺、新材料应用，支持面向制造业设计需求，搭建网络化的设计协同平台，开展众创、众包、众设等模式的应用推广，提升工业设计服务水平。推进设计成果转化应用，加大知识产权保护力度，完善工业设计人才职业发展通道，构建设计发展良好生态。

（二）定制化服务

综合利用5G、物联网、大数据、云计算、人工智能、虚拟现实、工业互联网等新一代信息技术，建立数字化设计与虚拟仿真系统，发展个性化设计、用户参与设计、交互设计，推动零件标准化、配件精细化、部件模块化和产品个性化重组，推进生产制造系统的智能化、柔性化改造，增强定制设计和柔性制造能力，发展大批量个性化定制服务。

（三）供应链管理

支持制造业企业合理安排工厂布局，优化生产管理流程，建设智能化物流装备和仓储设施，促进供应链各环节数据和资源共享。支持有条件的制造业企业面向行业上下游开展集中采购、供应商管理库存（VMI）、精益供应链等模式和服务，建设供应链协同平台，推动供应链标准化、智能化、协同化、绿色化发展。鼓励发展供应链服务企业，提供专业化、一体化生产性服务，形成高效协同、弹性安全、绿色可持续的智慧供应链网络。

（四）共享制造

积极推进共享制造平台建设，把生产制造各环节各领域分散闲置的资源集聚起来，弹性匹配、动态共享给需求方。鼓励企业围绕产业集群的共性制造需求，集中配置通用性强、购置成本高的生产设备，建设提供分时、计件、按价值计价等灵活服务的共享制造工厂，实现资源高效利用和价值共享。创新资源共享机制，鼓励制造业企业开放专业人才、仓储物流、数据分析等服务能力，完善共享制造发展生态。

（五）检验检测认证服务

鼓励发展面向制造业全过程的专业化检验检测认证服务提供商，加强检验检测认证服务机构的资质管理和能力建设，提升检验检测认证服务能力。鼓励有条件的制造业企业开放检验检测资源，参与检验检测公共服务平台建设。鼓励有条件的认证机构创新认证服务模式，为制造企业提供全过程的质量提升服务。推进检验检测认证服务标准体系建设，加强相关仪器设备和共性技术研发，发展工业相机、激光、大数据等新检测模式，提高检验检测认证服务水平。

（六）全生命周期管理

鼓励制造业企业以客户为中心，完善专业化服务体系，开展从研发设计、生产制造、安装调试、交付使用到状态预警、故障诊断、维护检修、回收利用等全链条服务。围绕提升研发设计、生产制造、维护检修水平，拓展售后支持、在线监测、数据融合分析处理和产品升级服务。建设贯穿产品全生命周期的数字化平台、产品数字孪生体等，提高产品生产数据分析能力，提升全生命周期服务水平。

（七）总集成总承包

鼓励制造业企业提高资源整合能力，提供一体化的系统解决方案，开展总集成总承包服务。支持制造业企业依托核心装备、整合优质产业资源，建设"硬件+软件+平台+服务"的集成系统，为客户提供端到端的系统集成服务。支持有条件的制造业企业发展建设－移交（BT）、建设－运营－移交（BOT）、建设－拥有－运营（BOO）、交钥匙工程（EPC）等多种形式的工程总承包服务，探索开展战略和管理咨询服务。

（八）节能环保服务

鼓励制造业企业加大节能环保技术和产品研发力度，逐步开展产品回收及再制造、再利用服务，节约资源、减少污染，实现可持续发展。推行合同能源管理，发展节能诊断、方案设计、节能系统建设运行等服务。继续发展专业化节能服务公司，鼓励有条件的制造业企业提供节能环保服务。引导制造业企业与专业环保治理公司合作，开展污染防治第三方治理、合同水资源管理等新型环保服务。

（九）生产性金融服务

鼓励融资租赁公司、金融机构在依法合规、风险可控的前提下，为生产制造提供融资租赁、卖（买）方信贷、保险保障等配套金融服务。支持领军企业整合产业链与信息链，发挥业务合作对风险防控的积极作用，配合金融机构开展供应链金融业务，提高上下游中小企业融资能力。支持有条件的制造业企业利用债券融资、股权融资、项目融资等多种形式，强化并购重组等资本运营，推动企业转型升级。支持开展基于新一代信息技术的金融服务新模式。

（十）其他创新模式

鼓励和支持制造业企业加强关键核心技术研发，深化新一代信息技术应用，构建开放式创新平台，发展信息增值服务，探索和实践智能服务新模式，大力发展制造业服务外包，持续推动服务型制造创新发展，促进制造业与服务业融合。

三、夯实筑牢发展基础

（十一）提升信息技术应用能力

引导制造业企业稳步提升数字化、网络化技术水平，加强新一代信息技术应用，面向企业低时延、高可靠、广覆盖的网络需求，加快利用5G等新型网络技术开展工业互联网内网改造，推动5G在智能服务等方面的应用。利用好工业互联网标识解析体系，加快标识集成创新应用。持续推进网络安全建设，强化工业互联网设备、控制、网络、平台、数据安全防护，制定数据保护的相关举措，提升从业人员安全意识，充分利用工业互联网安全监测与态势感知平台，提升工业互联网安全监测预警能力。

（十二）完善服务规范标准

引导制造业各领域各行业分类制定服务型制造评价体系。推动面向应用的产品、服务标准制订，聚焦数据集成、互联共享等问题，加快制订关键技术标准和细分行业应用标准，探索开展应用标准的试验验证。加强基于质量的工业服务标准化管理，加强标准运用，完善相关标准认证认可体系。开展相关领域服务型制造标准和关键共性技术联合攻关，支持设计等服务创新成果申请专利，加大知识产权保护力度。研究制定相关仪器设备修理、更换、退货责任规定，探索开展检验检测领域服务质量监测工作。

（十三）提升人才素质能力

强化创新型、应用型、复合型人才培养，构建服务型制造人才体系。整合大专院校及相关培训机构，面向需求和应用开发服务型制造课程体系。支持重点企业以项目为依托，组织开展技术攻关和服务创新，提升人才的专业能力与经验水平。完善相关专业技术人员职业资格和人才评价制度。支持发展职业教育，建设掌握相关技术技能的高素质工人队伍。鼓励专业服务机构创新人才培育模式，培养高端复合型人才。

（十四）健全公共服务体系

聚焦制造业与服务业深度融合、协同发展，整合研发设计、系统集成、检测认证、专业外包、市场开拓等服务资源，健全服务型制造公共服务体系。培育发展一批服务型制造解决方案供应商和咨询服务机构，推动建设面向服务型制造的专业服务平台、综合服务平台和共性技术平台。研究完善服务型制造统计体系，分模式制定评价指标。发挥中小企业公共服务平台网络作用，强化服务支撑。

四、营造良好发展环境

（十五）加强组织领导

在国家制造强国建设领导小组的统一领导下，各地各部门密切配合，建立健全横向协同、上下联动的工作体系。各地工业和信息化主管部门要会同同级相关部门完善推进机制，制定本地区工作方案，推动工作落实。充分发挥服务型制造联盟、行业协会等行业组织的作用，加强标准研制、应用推广等公共服务，通过举办服务型制造大会、发布白皮书、模式征集活动等方式，搭建交流推广平台，加强服务型制造创新应用宣贯推广，合力推进服务型制造发展。

（十六）开展示范推广

持续开展服务型制造示范遴选活动，培育和发现一批示范带动作用强、可复制可推广的典型经验，及时跟踪、总结、评估示范过程中的新情况、新问题和新经验，发挥先进典型引领带动作用。统筹行业协会、研究机构、产业联盟和制造业企业等多方资源，开展"服务型制造万里行"主题系列活动，促进模式创新和应用推广。支持各地结合发展实际开展示范遴选工作，建设服务型制造产业集聚区，鼓励有条件的地方先行先试，培育探索新业态、新模式、新经验。指导专业机构编制发布服务型制造发展指数，编写出版服务型制造发展报告，加强典型经验和模式总结、推广与应用。

（十七）强化政策引导

支持服务型制造产业生态、标准体系、公共服务平台、共性技术平台及重大创新应用项目等薄弱环节建设，完善政府采购政策，鼓励在采购文件中提出针对产品的升级改造、回收利用等服务要求，更多地采购个性化定制产品、一体化解决方案和租赁服务等。加大资本市场对服务型制造企业的支持力度，引导金融机构创新支持服务型制造发展的金融产品，持续推动企业在手订单的质押、担保，不断推进知识产权等无形资产及应收账款、仓单等动产质押贷款业务发展。鼓励有条件的地区结合实际，加大政策支持力度。

（十八）深化改革创新

进一步破除制造业企业进入服务业领域的隐性壁垒，持续放宽市场准入，支持装备企业取得工程和设备总承包资质，支持汽车企业开展车载信息服务。鼓励制造业企业在符合国土空间规划的前提下利用自有工业用地发展生产性服务业，土地用途和权利类型可暂不变更。消除制造业与服务业在适用优惠政策和能源资源使用上的差别化待遇，制造业企业的服务业务用电、用水、用气等采取与一般工业同价的政策，鼓励符合条件的服务型制造企业按照规定申请认定高新技术企业。

（十九）推进国际合作

积极拓展与"一带一路"沿线国家的合作，深度融入全球产业链分工体系，推动产业合作由加工制造环节向研发、设计、服务等环节延伸。鼓励有实力的国外企业、设计机构等在国内投资，发展服务型制造。积极参与服务型制造国际标准体系和服务贸易规则制定，推动产品和服务标准、认证等双多边国际互认，引导制造业企业取得国际认可的服务资质，积极承揽国际项目，带动中国装备、技术、标准、认证和服务"走出去"。鼓励地方、园区、企业、行业组织、研究机构创新合作方式，举办服务型制造国际交流活动，搭建多层次国际交流合作平台。

工业和信息化部　国家发展和改革委员会
教育部　科学技术部　财政部
人力资源和社会保障部　自然资源部
生态环境部　商务部　中国人民银行
国家市场监督管理总局　国家统计局
中国银行保险监督管理委员会
中国证券监督管理委员会　国家知识产权局
2020年6月30日

〔来源：工业和信息化部官网〕

关于推动先进制造业和现代服务业深度融合发展的实施意见

发改产业〔2019〕1762号

先进制造业和现代服务业融合是顺应新一轮科技革命和产业变革，增强制造业核心竞争力、培育现代产业体系、实现高质量发展的重要途径。近年来，我国两业融合步伐不断加快，但也面临发展不平衡、协同性不强、深度不够和政策环境、体制机制存在制约等问题。为推动先进制造业和现代服务业深度融合发展，经中央全面深化改革委员会第十次会议审议同意，现提出以下意见。

一、总体思路和目标

以习近平新时代中国特色社会主义思想为指导，坚持以供给侧结构性改革为主线，充分发挥市场配置资源的决定性作用，更好发挥政府作用，顺应科技革命、产业变革、消费升级趋势，通过鼓励创新、加强合作、以点带面，深化业务关联、链条延伸、技术渗透，探索新业态、新模式、新路径，推动先进制造业和现代服务业相融相长、耦合共生。

到2025年，形成一批创新活跃、效益显著、质量卓越、带动效应突出的深度融合发展企业、平台和示范区，企业生产性服务投入逐步提高，产业生态不断完善，两业融合成为推动制造业高质量发展的重要支撑。

二、培育融合发展新业态新模式

（一）推进建设智能工厂

大力发展智能化解决方案服务，深化新一代信息技术、人工智能等应用，实现数据跨系统采集、传输、分析、应用，优化生产流程，提高效率和质量。

（二）加快工业互联网创新应用

以建设网络基础设施、发展应用平台体系、

提升安全保障能力为支撑，推动制造业全要素、全产业链连接，完善协同应用生态，建设数字化、网络化、智能化制造和服务体系。

（三）推广柔性化定制

通过体验互动、在线设计等方式，增强定制设计能力，加强零件标准化、配件精细化、部件模块化管理，实现以用户为中心的定制和按需灵活生产。

（四）发展共享生产平台

鼓励资源富集企业面向社会开放产品开发、制造、物流配送等资源，提供研发设计、优化控制、设备管理、质量监控等服务，实现资源高效利用和价值共享。

（五）提升总集成总承包水平

支持设计、制造、施工等领域骨干企业整合资源、延伸链条，发展咨询设计、制造采购、施工安装、系统集成、运维管理等一揽子服务，提供整体解决方案。

（六）加强全生命周期管理

引导企业通过建立监测系统、应答中心、追溯体系等方式，提供远程运维、状态预警、故障诊断等在线服务，发展产品再制造、再利用，实现经济、社会生态价值最大化。

（七）优化供应链管理

提升信息、物料、资金、产品等配置流通效率，推动设计、采购、制造、销售、消费信息交互和流程再造，形成高效协同、弹性安全、绿色可持续的智慧供应链网络。

（八）发展服务衍生制造

鼓励电商、研发设计、文化旅游等服务企业，发挥大数据、技术、渠道、创意等要素优势，通过委托制造、品牌授权等方式向制造环节拓展。

（九）发展工业文化旅游

支持有条件的工业遗产和企业、园区、基地等，挖掘历史文化底蕴，开发集生产展示、观光体验、教育科普等于一体的旅游产品，厚植工业文化，弘扬工匠精神。

（十）培育其他新业态新模式

深化研发、生产、流通、消费等环节关联，加快业态模式创新升级，有效防范数据安全、道德风险，实现制造先进精准、服务丰富优质、流程灵活高效、模式互惠多元，提升全产业链价值。

三、探索重点行业重点领域融合发展新路径

（一）加快原材料工业和服务业融合步伐

加快原材料企业向产品和专业服务解决方案提供商转型。加强早期研发介入合作，提供定向开发服务，缩短产品研发周期。鼓励有条件的企业提供社会化能源管理、安全环保、信息化等服务。推动具备区位、技术等优势的钢铁、水泥等企业发展废弃物协同处置、资源循环利用、污水处理、热力供应等服务。

（二）推动消费品工业和服务业深度融合

注重差异化、品质化、绿色化消费需求，推动消费品工业服务化升级。以服装、家居等为重点，发展规模化、个性化定制。以智能手机、家电、新型终端等为重点，发展"产品＋内容＋生态"全链式智能生态服务。以家电、消费电子等为重点，落实生产者责任延伸制度，健全废旧产品回收拆解体系，促进更新消费。

（三）提升装备制造业和服务业融合水平

推动装备制造企业向系统集成和整体解决方案提供商转型。支持市场化兼并重组，培育具有总承包能力的大型综合性装备企业。发展辅助设计、系统仿真、智能控制等高端工业软件，建设铸造、锻造、表面处理、热处理等基础工艺中心。用好强大国内市场资源，加快重大技术装备创新，突破关键核心技术，带动配套、专业服务等产业协同发展。

（四）完善汽车制造和服务全链条体系

加快汽车由传统出行工具向智能移动空间升级。推动汽车智能化发展，加快构建产业生态体系。加强车况、出行、充放电等数据挖掘应用，为汽车制造、城市建设、电网改造等提供支撑。加快充电设施建设布局，鼓励有条件的地方和领域探索发展换电和电池租赁服务，建立动力电池回收利用管理体系。规范发展汽车租赁、改装、二手车交易、维修保养等后市场。

（五）深化制造业服务业和互联网融合发展

大力发展"互联网＋"，激发发展活力和潜力，营造融合发展新生态。突破工业机理建模、数字孪生、信息物理系统等关键技术。深入实施工业互联网创新发展战略，加快构建标识解析、安全保障体系，发展面向重点行业和区域的工业互联网平台。推动重点行业数字化转型，推广一批行业系统解决方案，推动企业内外网升级改造。加快人工智能、5G等新一代信息技术在制造、服务企业的创新应用，逐步实现深度优化和智能决策。

（六）促进现代物流和制造业高效融合

鼓励物流、快递企业融入制造业采购、生产、仓储、分销、配送等环节，持续推进降本增效。优化节点布局，完善配套设施，加强物流资源配置共享。鼓励物流外包，发展零库存管理、生产线边物流等新型业务。推进智能化改造和上下游标准衔接，推广标准化装载单元，发展单元化物流。鼓励物流企业和制造企业协同"走出去"，提供安全可靠服务。

（七）强化研发设计服务和制造业有机融合

瞄准转型升级关键环节和突出短板，推动研发设计服务与制造业融合发展、互促共进。引导研发设计企业与制造企业嵌入式合作，提供需求分析、创新试验、原型开发等服务。开展制造业设计能力提升专项行动，促进工业设计向高端综合设计服务转型。完善知识产权交易和中介服务体系，推进创新成果转移转化。

（八）加强新能源生产使用和制造业绿色融合

顺应分布式、智能化发展趋势，推进新能源生产服务与设备制造协同发展。推广智能发电、智慧用能设备系统，推动能源高效管理和交易。发展分布式储能服务，实现储能设施混合配置、高效管理、友好并网。加强工业设备、智能家电等用电大数据分析，优化设计，降低能耗。推动氢能产业创新、集聚发展，完善氢能制备、储运、加注等设施和服务。

（九）推进消费服务重点领域和制造业创新融合

满足重点领域消费升级需求，推动智能设备产业创新发展。重点发展手术机器人、医学影像、远程诊疗等高端医疗设备，可穿戴监测、运动、婴幼儿监护、适老化健康养老等智能设备，开展健康管理、运动向导、精准照护等增值服务，逐步实现设备智能化、生活智慧化。鼓励增强/虚拟现实等技术在购物、广电等场景中的应用。

（十）提高金融服务制造业转型升级质效

坚持金融服务实体经济，创新产品和服务，有效防范风险，规范产融结合。依托产业链龙头企业资金、客户、数据、信用等优势，发展基于真实交易背景的票据、应收账款、存货、预付款项融资等供应链金融服务。鼓励发展装备融资租赁业务。

四、发挥多元化融合发展主体作用

（一）强化产业链龙头企业引领作用

在产品集成度、生产协作度较高的领域，培育一批处于价值链顶部、具有全产业链号召力和国际影响力的龙头企业。发挥其产业链挂动者作用，在技术、产品、服务等领域持续创新突破，深化与配套服务企业协同，引领产业链深度融合和高端跃升。

（二）发挥行业骨干企业示范效应

在技术相对成熟、市场竞争充分的领域，培育一批创新能力和品牌影响力突出的行业领军企业。鼓励其先行探索，发展专业化服务，提供行业系统解决方案。引导业内企业积极借鉴、优化创新，形成差异化的融合发展模式路径。

（三）激发专精特新中小微企业融合发展活力

发挥中小微企业贴近市场、机制灵活等优势，引导其加快业态模式创新，在细分领域培育一批专精特新"小巨人"和"单项冠军"企业。以国家级新区、产业园区等为重点，完善服务体系，提升服务效能，推动产业集群融合发展。

（四）提升平台型企业和机构综合服务效能

坚持包容审慎和规范监管，构建若干以平台型企业为主导的产业生态圈，发挥其整合资源、集聚企业的优势，促进产销精准连接、高效畅通。鼓励建立新型研发机构，适应技术攻关、成果转化等需求。加快培育高水平质量技术服务企业和机构，提供优质计量、标准、检验检测、认证认可等服务。

（五）释放其他各类主体融合发展潜力

引导高等院校、职业学校以及科研、咨询、金融、投资、知识产权等机构，发挥人才、资本、技术、数据等优势，积极创业创新，发展新产业新业态。发挥行业协会在协调服务等方面的重要作用，鼓励建立跨区域、跨行业、跨领域的新型产业联盟。

五、保障措施

（一）优化发展环境

清理制约两业融合发展的规章、规范性文件和其他政策措施。放宽市场准入，深化资质、认证认可管理体制改革。改革完善招投标制度。推动政府数据开放共享，发挥社会数据资源价值，推进数据资源整合和安全保护。建立消费网络平台产品质量管控机制。加快建立推广适应工业互联网和智能应用场景需求的设备、产品统一标识标准体系。研究支持制造领域服务出口政策。完善政府采购相关政策。支持有条件的地方开展融合发展统计监测和评价体系研究。依法规范加强反垄断和反不正当竞争执法。建立创新高效协同的两业融合工作推进机制。

（二）强化用地保障

鼓励地方创新用地供给，盘活闲置土地和城镇低效用地，实行长期租赁、先租后让、租让结合等供应方式，保障两业融合发展用地需求。鼓励地方探索功能适度混合的产业用地模式，同一宗土地上兼容两种以上用途的，依据主用途确定供应方式，主用途可以依据建筑面积占比或功能重要性确定。符合产业和用地政策，具备独立分宗条件的宗地可以合并、分割。对企业利用原有土地建设物流基础设施，在容积率调整、规划许可等方面给予支持。

（三）加大金融支持

鼓励金融机构结合职能定位，按照商业化原则，向两业融合发展企业和项目提供适应其生产和建设周期特点的中长期融资，稳妥开展并购贷款业务，积极支持开展供应链金融服务。支持符合条件的企业上市融资和发行企业债券、公司债券、非金融企业债务融资工具。建立知识产权质押信息平台，扩大知识产权质押融资规模。

（四）加强人力资源保障

改革完善人才管理评价制度，探索建立复合型人才评价和职业发展通道体系。完善学科专业体系，深化职业教育改革，深入推进产教融合，提升校企合作水平，建设一批产教融合型企业和实训基地，推行现代学徒制和企业新型学徒制，加快创新型、技能型人才培养。发挥领军人物重要作用，加快培养引进中高级经营管理、技术技能人才。

（五）开展两业融合试点

支持有条件的城市、产业园区，开展区域融合发展试点，在创新管理方式、完善工作机制和创新用地、统计、市场监管等方面先行先试。鼓励重点行业和领域代表性企业开展行业、企业融合试点，探索可行模式路径，加快行业转型升级，建设世界一流企业。

推动先进制造业和现代服务业深度融合发展，要加强组织领导，强化主体责任。各部门要加快出台配套政策和细则，加强业务指导；各地方要认真落实本意见要求，推动开展试点，及时研究解决实施过程中遇到的重大问题，适时总结好的经验和做法，按程序报告。

国家发展改革委　工业和信息化部
中央网信办　教育部　财政部
人力资源社会保障部　自然资源部
商务部　人民银行　市场监管总局
统计局　版权局　保监会　证监会
知识产权局
2019年11月10日

〔来源：工业和信息化部官网〕

京津冀及周边地区工业资源综合利用产业协同转型提升计划（2020—2022年）

工信部节〔2020〕105号

京津冀及周边地区重化工业集聚，固废产生强度高，综合利用潜力大，产业互补性强。从战略全局的高度推动京津冀及周边地区工业资源综合利用产业协同转型升级，是落实京津冀协同发展战略的重要内容，是推动区域高质量发展、培育绿色新动能的重要抓手，对于解决城乡建设砂石料短缺重大民生问题、改善区域生态环境质量具有重要现实意义。当前，京津冀及周边地区正处于绿色发展攻坚阶段，产业发展不平衡，区域协同不充分，产业集中度还有待进一步提高。为进一步提升区域资源利用效率，推动京津冀及周边地区工业资源综合利用产业协同转型升级，制定本计划。

一、总体要求

（一）总体思路

以习近平新时代中国特色社会主义思想为指导，全面贯彻党的十九大和十九届二中、三中、四中全会精神，牢固树立新发展理念，发挥市场主体作用，坚持创新引领、突出重点、协同融合，聚焦典型固废，以技术支撑、模式创新、基地建设和龙头企业培育为抓手，推动区域工业资源综合利用产业高质量发展，把京津冀及周边地区打造成工业资源综合利用产业集聚发展示范区、区域协同发展实验区、产城融合发展典范区。

（二）发展目标

到2022年，区域年综合利用工业固废量8亿吨，主要再生资源回收利用量达到1.5亿吨，产业总产值突破9 000亿元，形成30个特色鲜明的产业集聚区，建设50个产业创新中心，培育100家创新型骨干企业。区域协同机制较为完善，基本形成大宗集聚、绿色高值、协同高效的资源循环利用产业发展新格局。

二、重点任务

（三）协同利用工业固废制备砂石骨料

京津冀核心区是全国建设强度最高的区域之一，常规砂石骨料短缺已成为制约区域基础设施建设的突出瓶颈。充分利用京津冀及周边地区尾矿、废石等存量工业固废资源，以张家口、承德、唐山等地为重点，建设一批利用尾矿、废石等固废制备砂石骨料、干混砂浆等绿色砂石骨料基地，利用"公转铁"专列、新能源汽车运输等条件，保障京津重大工程建设的砂石骨料供应和质量，到2022年，具备年替代1亿吨天然砂石资源的生产能力。

（四）推进大宗冶金与煤电固废协同利用

京津冀及周边地区是我国冶金和煤电产业最主要的集聚区，工业固废的产生与堆存已成为制约区域经济社会可持续发展的难题。在河北、山西、内蒙古、山东、河南等地的冶金和煤电产业集中区，建设10个以上协同利用冶金和煤电固废制备全固废胶凝材料、混凝土、路基材料等的生产基地，推动钢铁、煤电、建材、化工等产业耦合共生，实现年消纳工业固废3亿吨。

（五）壮大工业固废高值化利用产业规模

以河北、山东为重点，开展冶金固废多元素回收整体利用，提高铜、铅、锌、金等有价组分回收效率。以山西、内蒙古、河北等地为重点，开展工业副产石膏、粉煤灰、煤矸石、尾矿、热熔渣制备新型建材等高值化产品推广应用，新增工业固废高值化利用能力1 000万吨/年。以山东淄博、河南焦作、山西吕梁等地为重点，开展赤泥提取有价元素、低成本制备生态水泥等应用，有效解决赤泥利用难题。

（六）提高废旧金属利用水平

统筹区域内资源配置，发挥现有产能优势，引导废旧金属资源向优势企业集聚。推进钢铁企业短流程炼钢技术应用，支持一批钢铁生产企业与废钢回收加工企业合作，建设一体化大型废钢铁加工配送中心。以精细拆解、清洁提取、高效富集为导向，以智能化和数字化管理为手段，在区域内培育一批再生铜、再生铝高值化利用标杆企业。

（七）推动废旧高分子材料高效利用

落实废旧轮胎、废塑料行业规范条件，建设一批旧轮胎翻新、精细胶粉制备、再生塑料造粒等项目，在河北定州、山东济南、河南焦作、山西平遥等地培育一批加工利用龙头企业。加强废纸及纸基快递包装物回收利用，以天津、北京、河北、山东等地为重点，建设3～5个大型区域废纸分拣加工中心和废纸仓储物流交易中心，打造区域废纸回收利用产业集群。

（八）加快退役动力电池回收利用

京津冀及周边地区是我国新能源汽车推广应用规模最大的区域，充分发挥骨干企业、科研机构、行业平台及第三方机构等方面优势，加强区域互补，统筹推进区域回收利用体系建设。推动山西、山东、河北、河南、内蒙古在储能、通信基站备电等领域建设梯次利用典型示范项目。支持动力电池资源化利用项目建设，全面提升区域退役动力电池回收处理能力。

（九）推进资源综合利用产业集聚发展

以集聚化、产业化、市场化、生态化为导向，加快建设山西朔州等25个工业固废综合利用基地，促进优势资源要素集聚。以现有产业园区和骨干企业为基础，在天津子牙、河北定州、山东临沂、河南许昌、内蒙古包头等地建设15个再生资源产业园区，通过技术改造、产品升级、管理优化等方式打造绿色园区，推动技术、标准、政策、机制协同创新。遴选发布一批工业资源综合利用协同提升重点项目，培育一批工业资源综合利用领跑者企业，促进资源综合利用产业跨区域协同发展和有序转移。

（十）推动生产系统协同处理城市废弃物

推动先进制造业与现代服务业有机结合，支持冶金、建材等工业窑炉协同处置固体废物，探索产城融合发展新路径。因地制宜推进水泥窑协同处理生活垃圾、市政污泥、危险废物等项目建设，提高固废对工业生产原（燃）料的补充和替代作用。支持一批建材企业在河北、山东等省布局水泥窑协同处置生活垃圾项目。

（十一）建设绿色雄安

充分发挥唐山地区尾矿、废石资源丰富优势，建设固废机制砂石骨料、预制混凝土结构件、全固废胶凝材料等建筑供应基地，为雄安新区基础设施建设提供高品质建筑材料。以"无废城市"建设试点为契机，力争建筑垃圾就地消纳，有序推进雄安新区周边地区存量工业固废综合利用和再生资源回收利用，建设互联网+再生资源回收利用体系，建立雄安新区与周边城市的固体废物资源化协同处理长效机制。

（十二）创新引领协同发展

支持骨干企业与科研院所、高等院校组建产学研技术创新联盟、创新中心等区域创新平台，加快固体废物共性关键技术开发及产业化应用，以科技创新支撑产业升级。积极培育资源综合利用服务商，建立互联网+资源综合利用增值服务机制，形成易推广、可复制的新型商业模式，以模式创新引领产业升级。深化工业固体废物资源综合利用评价制度，积极培育第三方机构，切实推进评价结果在落实财税优惠政策时的采信，探索建立税收减免互认、设施共享、政策体系协同，以机制创新推动产业升级。

三、保障措施

（十三）加强组织实施

各地工业和信息化主管部门要加强组织领导，完善配套政策，加强区域联动，建立并利用好后评价机制，及时动态调整各项政策措施，逐步形成优势互补、互利共赢的协同发展机制。充分发挥行业协会、产业联盟等在技术推广、项目对接、标准制定、政策咨询等方面的重要支撑作用。

（十四）强化政策支持

积极开展资源综合利用立法研究，鼓励出台地方性法规，落实资源综合利用增值税、所得税、环境保护税等优惠政策，推动综合利用产品纳入政府绿色采购目录。

充分利用绿色制造系统解决方案供应商等政策，支持符合条件的重点项目建设。加大地方财政支持力度，将区域综合利用纳入重点支持范围。

（十五）优化市场环境

建立健全资源综合利用标准体系，创新制定一批产品、技术、工艺、评价、管理标准，规范市场发展。创新融资方式，充分发挥各类金融机构在产业基金、银行信贷、债券、融资租赁、知识产权质押贷款等方面的作用，解决企业融资难、融资贵问题。

（十六）引导社会参与

加强舆论引导，发挥各类媒体、公益组织的积极作用，营造促进工业综合利用的舆论氛围。开展国际交流与合作，加快工业资源综合利用先进技术装备的引进、吸收和再创新，支持相关地方和行业组织开展高水平、多层次的国际交流活动。

工业和信息化部
2020 年 7 月 3 日

〔来源：工业和信息化部官网〕

重大技术装备进口税收政策管理办法实施细则

工信部联财〔2020〕118 号

第一章　总　则

第一条　为落实重大技术装备进口税收政策，根据《财政部　工业和信息化部　海关总署　税务总局　能源局关于印发〈重大技术装备进口税收政策管理办法〉的通知》（财关税〔2020〕2 号）制定本细则。

第二条　工业和信息化部会同财政部、海关总署、税务总局、能源局制定和修改本细则，省级工业和信息化主管部门（含计划单列市，下同）会同同级财政厅（局）、各直属海关、省级税务机关按照本细则做好相关工作。

第三条　申请享受重大技术装备进口税收政策的企业一般应为生产国家支持发展的重大技术装备或产品的企业，承诺具备较强的设计研发和生产制造能力以及专业比较齐全的技术人员队伍，并应当同时满足以下条件：

（一）独立法人资格；

（二）不存在违法和严重失信行为；

（三）具有核心技术和知识产权；

（四）申请享受政策的重大技术装备和产品应符合《国家支持发展的重大技术装备和产品目录》有关要求。

申请享受重大技术装备进口税收政策的核电项目业主应为核电领域承担重大技术装备依托项目的业主。

第二章　免税资格申请程序

第四条　新申请享受政策的企业和核电项目业主免税资格的认定工作每年组织 1 次。

第五条　新申请享受政策的企业和核电项目业主，应按照下年 1 月 1 日执行有效的重大技术装备进口税收政策有关目录，于当年 8 月 1 日至 8 月 31 日提交《享受重大技术装备进口税收政策申请报告》（见附件1）。其中，地方企业通过企业所在地省级工业和信息化主管部门向工业和信息化部报送申请报告；中央企业集团下属企业、核电项目业主通过中央企业集团向工业和信息化部报送申请报告。

第六条 省级工业和信息化主管部门、中央企业集团收到申请报告后，应对照附件1有关要求，审核申请报告是否规范、完整，材料是否有效。其中，省级工业和信息化主管部门应会同企业所在地直属海关、省级财政厅（局）、省级税务机关对申请报告进行审核。申请报告不符合规定的，省级工业和信息化主管部门、中央企业集团应当一次性告知企业和核电项目业主需要补正的材料，企业和核电项目业主应在5个工作日内提交补正材料。企业和核电项目业主未按照规定报送申请报告或补正材料的，省级工业和信息化主管部门和中央企业集团不予受理。

第七条 省级工业和信息化主管部门、中央企业集团应于每年9月30日前，将审核后的申请报告报送工业和信息化部。

第八条 工业和信息化部收到申请报告后，应会同财政部、海关总署、税务总局、能源局组织相关行业专家，对照本细则第三条的规定，通过书面审核和答辩等形式，对企业和核电项目业主的免税资格进行认定，形成专家评审意见。

第九条 工业和信息化部会同财政部、海关总署、税务总局、能源局根据专家评审意见，共同研究确定下年度新享受政策的企业和核电项目业主名单及其享受政策时间、免税资格复核时间，由工业和信息化部于每年11月30日前函告海关总署，抄送税务总局、能源局、省级工业和信息化主管部门、中央企业集团。名单中的企业和核电项目业主自下年度1月1日起享受政策。

第十条 省级工业和信息化主管部门、中央企业集团应将新享受政策的企业和核电项目业主名单等信息分别告知相关企业和核电项目业主。

第十一条 特殊情况下，新享受政策的企业和核电项目业主名单未能在下年度1月1日前印发，新申请享受政策的企业和核电项目业主可凭工业和信息化部开具的《申请享受重大技术装备进口税收政策受理通知书》（见附件2），向主管海关申请办理有关零部件及原材料凭税款担保先予放行手续。

第三章　免税资格复核程序

第十二条 对已享受政策的企业和核电项目业主的免税资格每三年集中进行一次复核。

第十三条 企业和核电项目业主应按照下年1月1日执行有效的重大技术装备进口税收政策有关目录，于其免税资格复核当年的8月1日至8月31日提交《享受重大技术装备进口税收政策复核报告》（见附件3）。其中，地方企业通过企业所在地省级工业和信息化主管部门向工业和信息化部报送复核报告；中央企业集团下属企业、核电项目业主通过中央企业集团向工业和信息化部报送复核报告。

第十四条 省级工业和信息化主管部门、中央企业集团收到复核报告后，应对照附件3有关要求，审核复核报告是否规范、完整，材料是否有效。其中，省级工业和信息化主管部门应会同企业所在地直属海关、省级财政厅（局）、省级税务机关对复核报告进行审核。复核报告不符合规定的，省级工业和信息化主管部门、中央企业集团应当一次性告知企业和核电项目业主需要补正的材料，企业和核电项目业主应在5个工作日内提交补正材料。企业和核电项目业主未按照规定提交复核报告或补正材料的，视同放弃免税资格，自下年度1月1日起停止享受政策。

第十五条 省级工业和信息化主管部门、中央企业集团应于当年9月30日前，将审核后的复核报告报送工业和信息化部。

第十六条 工业和信息化部收到复核报告后，应会同财政部、海关总署、税务总局、能源局组织相关行业专家，对照本细则第三条的规定，通过书面评审和答辩等形式，对已享受政策的企业和核电项目业主的免税资格进行复核，形成专家评审意见。

第十七条 工业和信息化部会同财政部、海关总署、税务总局、能源局根据专家评审意见，共同研究确定继续享受政策的企业和核电项目业主名单及其继续享受政策时间、下一次免税资格复核时间，以及停止享受政策的企业和核电项目业主名单，由工业和信息化部于当年 11 月 30 日前函告海关总署，并抄送税务总局、能源局、省级工业和信息化主管部门、中央企业集团。继续享受政策名单中的企业和核电项目业主自下年度 1 月 1 日起享受政策。

第十八条 省级工业和信息化主管部门、中央企业集团应将继续享受政策、停止享受政策的企业和核电项目业主名单等信息分别告知相关企业和核电项目业主。

第十九条 已享受政策企业和核电项目业主于每年 3 月 1 日前将《享受重大技术装备进口税收政策年度执行情况表》（见附件 4）报送省级工业和信息化主管部门或中央企业集团。省级工业和信息化主管部门或中央企业集团汇总后，于每年 3 月 31 日前报送工业和信息化部。

第二十条 已享受政策的企业和核电项目业主发生名称、公司类型、经营范围等信息变更，应在完成变更登记之日起一个月内，将有关变更情况说明通过省级工业和信息化部门或中央企业集团报送工业和信息化部。工业和信息化部应会同财政部、海关总署、税务总局、能源局确定变更后的企业和核电项目业主是否继续享受政策；不符合条件的，自变更登记之日起不再享受政策。工业和信息化部将确认结果（对停止享受政策的，应注明停止享受政策时间）函告海关总署，并抄送税务总局。

第四章 目录制修订事项

第二十一条 《国家支持发展的重大技术装备和产品目录》《重大技术装备和产品进口关键零部件、原材料商品目录》和《进口不予免税的重大技术装备和产品目录》应适时调整。调整内容包括：增加或删除国家支持发展的重大技术装备和产品，增加或删除重大技术装备和产品进口关键零部件、原材料，增加或调整进口不予免税的重大技术装备和产品，调整国家支持发展的重大技术装备和产品的技术规格、销售业绩、执行年限等，调整重大技术装备和产品进口关键零部件、原材料的单机用量、执行年限等。

第二十二条 《国家支持发展的重大技术装备和产品目录》增加及保留的重大技术装备和产品，应符合产业发展方向和目录规定的领域。《重大技术装备和产品进口关键零部件、原材料商品目录》增加及保留的关键零部件、原材料，应为生产国家支持发展的重大技术装备和产品而确有必要进口的关键零部件、原材料。《进口不予免税的重大技术装备和产品目录》增加的重大技术装备和产品，应为国内已能生产的重大技术装备和产品。

第二十三条 企业和核电项目业主如对相关目录提出修订建议，可向省级工业和信息化主管部门、有关行业协会或中央企业集团报送《重大技术装备进口税收政策有关目录修订建议报告》（见附件 5）。

第二十四条 省级工业和信息化主管部门、有关行业协会、中央企业集团应对企业和核电项目业主提交的目录修订建议进行筛选和汇总，于当年 3 月 31 日前将目录修订建议汇总表和修订建议报告报送工业和信息化部。

第二十五条 财政部、海关总署、税务总局、能源局可按职责分工对目录提出修订建议，于当年 3 月 31 日前将修订建议函告工业和信息化部。

第二十六条 工业和信息化部会同财政部、海关总署、税务总局、能源局组织相关行业专家，开展目录修订评审，由工业和信息化部网上公示后（公示时间一般不少于 10 个工作日），按程序发布新修订的目录。

第五章 其他事项

第二十七条 2020 年已享受政策的企业和核电项目业主（不含 2020 年新享受政策企业和核电项目业主）应于 2020 年 8 月 31 日前按规定提交免税资格复核报告。以后的免税资格复核工作每 3 年开展 1 次，即 2022 年对 2020 年至 2022 年享受政策企业和核电项目业主的免税资格进行复核，2025 年对 2023 年至 2025 年享受政策企业和核电项目业主的免税资格进行复核，以此类推。

第二十八条 工业和信息化部会同有关部门适时对企业和核电项目业主执行政策情况进行监督检查和评估。享受政策的企业和核电项目业主如违反规定，将免税进口的零部件、原材料擅自转让、移作他用或者进行其他处置，被依法追究刑事责任的，从违法行为发现之日起停止享受政策。

第二十九条 享受政策的企业和核电项目业主如存在被列入失信联合惩戒名单等失信情况，由工业和信息化部会同相关部门研究企业是否能继续享受免税政策。不能继续享受免税政策的，由工业和信息化部将企业名单及停止享受政策时间等信息函告海关总署，并抄送税务总局、能源局、省级工业和信息化主管部门、中央企业集团。

第三十条 对于企业和核电项目业主存在以虚报情况获得免税资格的，取消免税资格并按有关法律法规和规定处理。

第三十一条 省级工业和信息化主管部门、中央企业集团应做好政策解读和业务辅导；对于政策实施过程中存在的问题，可及时向工业和信息化部、海关总署等相关部门反映。

第三十二条 本细则由工业和信息化部会同财政部、海关总署、税务总局、能源局负责解释。

第三十三条 本细则自 2020 年 8 月 1 日起实施。

附件：

1. 享受重大技术装备进口税收政策申请报告
2. 申请享受重大技术装备进口税收政策受理通知书
3. 享受重大技术装备进口税收政策复核报告
4. 享受重大技术装备进口税收政策年度执行情况表
5. 重大技术装备进口税收政策有关目录修订建议报告

《关于调整重大技术装备进口税收政策受理程序等事项的通知》（工信厅联财〔2016〕40号）同时废止。

工业和信息化部

财政部

海关总署

税务总局

能源局

2020 年 7 月 24 日

〔来源：工业和信息化部官网〕

工业和信息化部办公厅关于深入推进移动物联网全面发展的通知

工信厅通信〔2020〕25 号

移动物联网（基于蜂窝移动通信网络的物联网技术和应用）是新型基础设施的重要组成部分。为贯彻落实党中央、国务院关于加快 5G、物联网等新型基础设施建设和应用的决策部署，加速传统产业数字化转型，有力支撑制造强国和网络强国建设，现就推进移动物联网全面发展有关事项通知如下：

一、主要目标

准确把握全球移动物联网技术标准和产业格局的演进趋势，推动 2G/3G 物联网业务迁移转网，建立 NB-IoT（窄带物联网）、4G（含 LTE-Cat1，即速率类别 1 的 4G 网络）和 5G 协同发展的移动物联网综合生态体系，在深化 4G 网络覆盖、加快 5G 网络建设的基础上，以 NB-IoT

满足大部分低速率场景需求，以 LTE-Cat1（以下简称 Cat1）满足中等速率物联需求和话音需求，以 5G 技术满足更高速率、低时延联网需求。

到 2020 年底，NB-IoT 网络实现县级以上城市主城区普遍覆盖，重点区域深度覆盖；移动物联网连接数达到 12 亿；推动 NB-IoT 模组价格与 2G 模组趋同，引导新增物联网终端向 NB-IoT 和 Cat1 迁移；打造一批 NB-IoT 应用标杆工程和 NB-IoT 百万级连接规模应用场景。

二、重点任务

（一）加快移动物联网网络建设

加快推进 5G 网络建设，继续深化 4G 网络覆盖，支持 Cat1 发展；进一步加大 NB-IoT 网络部署力度，按需新增建设 NB-IoT 基站，县级及以上城区实现普遍覆盖，面向室内、交通路网、地下管网、现代农业示范区等应用场景实现深度覆盖；着力做好网络运维、监测和优化等工作，提升网络服务水平。

（二）加强移动物联网标准和技术研究

1. 制定移动物联网与垂直行业融合标准

推动 NB-IoT 标准纳入 ITU IMT-2020 5G 标准；面向智能家居、智慧农业、工业制造、能源表计、消防烟感、物流跟踪、金融支付等重点领域，推进移动物联网终端、平台等技术标准及互联互通标准的制定与实施，提升行业应用标准化水平。

2. 开展移动物联网关键技术研究

面向不同垂直行业应用环境和业务需求，重点加强网络切片、边缘计算、高精度定位、智能传感、安全芯片、小型化低功耗智能仪表、跨域协同等新兴关键技术研究，并开展相关试验。

（三）提升移动物联网应用广度和深度

1. 推进移动物联网应用发展

围绕产业数字化、治理智能化、生活智慧化三大方向推动移动物联网创新发展。产业数字化方面，深化移动物联网在工业制造、仓储物流、智慧农业、智慧医疗等领域应用，推动设备联网数据采集，提升生产效率。治理智能化方面，以能源表计、消防烟感、公共设施管理、环保监测等领域为切入点，助力公共服务能力不断提升，增强城市韧性及应对突发事件能力。生活智慧化方面，推广移动物联网技术在智能家居、可穿戴设备、儿童及老人照看、宠物追踪等产品中的应用。

2. 打造移动物联网标杆工程

建设移动物联网资源库，开展创新与应用实践案例征集入库工作，提供交流推广、投融资需求对接等服务；从资源库中遴选一批最佳案例打造移动物联网标杆工程，通过标杆工程带动百万级连接应用场景创新发展；进一步扩展移动物联网技术的适用场景，拓展基于移动物联网技术的新产品、新业态和新模式。

（四）构建高质量产业发展体系

1. 健全移动物联网产业链

鼓励各地设立专项扶持和创新资金，支持 NB-IoT 和 Cat1 专用芯片、模组、设备等产品研发工作，提高芯片研发和生产制造能力，满足规模出货需求；打造 NB-IoT 完整产业链，提供满足市场需求的多样化产品和应用系统；进一步降低 NB-IoT 模组成本，2020 年降至与 2G 模组同等水平；加大 Cat1 芯片和模组研发工作，推动模组成本降低，促进规模应用。

2. 加快云管边端协同的服务平台建设

支持基础电信企业建设移动物联网连接管理平台，加强网络能力开放，支持物联感知设备快速接入，支撑海量并发应用场景；引导行业应用企业搭建设备整合智能化、设备及数据管理智能化、系统运维智能化的垂直行业应用平台，逐步形成移动物联网平台体系，进一步降低移动物联网设备的开发成本和连接复杂度，满足复杂场景应用需求。鼓励有能力的企业建设开放实验室，为中小企业提供测试、验证及开发支持等服务。

3. 规范移动物联网行业发展秩序

支持开展移动物联网网络质量评估测试，推进网络服务质量契合用户需求，促进移动物联网网络服务提质增效。充分发挥社会服务监督作用，及时妥善处理用户反映的服务问题，激励企业不断提升服务质量。鼓励企业制定长期发展目标，强化业务创新和差异化发展，规范市场行为，形成良好的竞争发展氛围。

4.支持移动通信转售企业开展移动物联网业务

充分发挥移动通信转售企业快速、灵活的响应机制和跨行业优势资源能力,在工业互联网、车联网等垂直行业应用领域开展移动物联网业务创新,促进与实体经济融合发展。

（五）建立健全移动物联网安全保障体系

1.加强移动物联网安全防护和数据保护

建立移动物联网网络安全管理机制,明确运营企业、产品和服务提供商等不同主体的安全责任和义务。加强移动物联网网络设施安全检测,强化对网络安全漏洞收集、报告和修复的指导规范。依托试点示范、工业互联网创新发展工程等,支持网络安全核心技术攻关。开展移动物联网重点产品安全评测,加速形成匹配移动物联网场景特征和安全需求的产品、服务和解决方案。加强移动物联网用户信息、个人隐私和重要数据保护。

2.夯实移动物联网基础安全

建立移动物联网安全标准框架,制定物联网卡、终端、网关等重点环节的分级分类安全管理系列标准。鼓励企业、研究机构加大对移动物联网终端可信认证技术、区块链溯源等安全技术手段的研究应用。加快建设移动物联网安全监管技术手段,提升安全态势感知、卡端管理、风险预警等实时监测能力。

三、保障措施

（一）制定发展路线图

顺应移动通信技术更迭规律、产业发展趋势及资源高效利用要求,以NB-IoT与Cat1协同承接2G/3G物联连接,提升频谱利用效率。在保障存量物联网终端网络服务水平的同时,引导新增物联网终端不再使用2G/3G网络,推动存量2G/3G物联网业务向NB-IoT/4G（Cat1）/5G网络迁移。

（二）开展发展水平评估

建立移动物联网发展指数模型（附件）,完善数据统计和信息采集机制,统一数据统计口径,跟踪监测移动物联网产业发展基本情况,编制移动物联网发展报告。客观衡量和评价移动物联网产业发展水平,充分激发各方发展移动物联网的动力。

（三）加强基础设施规划

鼓励各地在工业（产业）园区、智慧城市、美丽乡村以及城市道路桥梁、市政管网、综合管廊、交通物流、绿地景观等基础设施建设中统筹考虑智慧应用需求,提前做好移动物联网相关设施建设或预留空间。

（四）营造有序市场环境

移动物联网企业应将物联网业务纳入骚扰电话和垃圾短信管控体系,健全物联网骚扰电话和垃圾短信的监测、发现和处置机制,依据物联网卡功能限制要求,严格规范短信、语音等功能使用,按照"最小必要"原则为用户开通物联网功能;强化移动物联网产品进网监管,引导企业依法依规推出各类移动物联网终端产品;加强事中事后监管,对各类违法违规行为加强惩治,打造公平良好市场环境。

（五）加大宣传推广力度

充分发挥国家物联网产业示范基地、移动物联网产业联盟的示范引导和资源聚集作用,加强移动物联网优秀案例和标杆工程的宣传推广,鼓励各地结合智慧城市、"互联网+"和"双创"推进工作,加强信息通信行业与垂直行业融合创新,营造良好政策环境。

附件：移动物联网发展指数模型

附件：

移动物联网发展指数模型

序号	指标维度	二级指标项	定义
1	政策支持	移动物联网产业发展战略、规划、政策数量	省级政府部门出台的关于移动物联网产业发展战略、发展规划和发展政策
2		政府对移动物联网产业投入资金数量	政府对移动物联网的直接扶持资金（含减税等）与各省GDP的比值
3		移动物联网应用示范工程数量	通过省级以上政府认定的示范工程数量
4	网络和应用	移动物联网基站覆盖率	NB-IoT基站数量/4G基站数量
5		NB-IoT/4G/5G物联连接数占物联网总连接数比例	NB-IoT/4G/5G物联网连接数之和，与2G/3G/4G/5G/NB全部物联网连接数之和的比例
6		TOP行业移动物联应用规模部署状况	超过100万级市场规模数的应用个数
8	产业生态	移动物联网相关企业数量	提供移动物联网解决方案的企业、移动物联网产业链上下游的企业以及提供移动物联网应用服务的企业数量总和
9		移动物联网产业产值占比	移动物联网解决方案企业的产值（产业销售收入）占GDP比例
10		公共服务平台数量	提供物联网相关标准提供认证与服务的平台企业机构的数量，含省级创新中心、开放实验室、联盟、协会等
11	创新和人才	相关专利申请及授权数量	通过我国专利局申请的移动物联网专利数量和授权数量（当前以申请专利数为主，后续以授权专利数为主）
12		行业应用标准制定数量	具体指面向垂直行业应用的行标、团标及地方标准，用于衡量移动物联网垂直行业成熟度。（根据负责单位的归属地计算）
13		移动物联网专业的高校数量	开设物联网相关专业的高校数量，仅包含通过教育部门可查询的普通高校，包含中央部门办、本科院校和高职（专科）院校

工业和信息化部办公厅
2020年4月30日

〔来源：工业和信息化部官网〕

关于进一步做好中央企业控股上市公司股权激励工作有关事项的通知

国资发考分规〔2019〕102号

为深入贯彻习近平新时代中国特色社会主义思想和党的十九大精神，认真落实党中央、国务院决策部署，积极支持中央企业控股上市公司建立健全长效激励约束机制，充分调动核心骨干人才的积极性，推动中央企业实现高质量发展，根据有关法律法规规定，现就进一步做好中央企业控股上市公司（以下简称上市公司）股权激励工作的有关事项通知如下：

一、科学制定股权激励计划

（一）中央企业应当结合本集团产业发展规划，积极推动所控股上市公司建立规范、有效、科学的股权激励机制，综合运用多种激励工具，系统构建企业核心骨干人才激励体系。股权激励对象应当聚焦核心骨干人才队伍，应当结合企业高质量发展需要、行业竞争特点、关键岗位职责、绩效考核评价等因素综合确定。中央和国资委管理的中央企业负责人不纳入股权激励对象范围。

（二）股权激励方式应当按照股票上市交易地监管规定，根据所在行业经营规律、企业改革发展实际等因素科学确定，一般为股票期权、股票增值权、限制性股票等方式，也可以结合股票交易市场其他公司实施股权激励的进展情况，探索试行法律、行政法规允许的其他激励方式。

（三）鼓励上市公司根据企业发展规划，采取分期授予方式实施股权激励，充分体现激励的长期效应。每期授予权益数量应当与公司股本规模、激励对象人数，以及权益授予价值等因素相匹配。中小市值上市公司及科技创新型上市公司，首次实施股权激励计划授予的权益数量占公司股本总额的比重，最高可以由1%上浮至3%。上市公司两个完整年度内累计授予的权益数量一般在公司总股本的3%以内，公司重大战略转型等特殊需要的可以适当放宽至总股本的5%以内。

（四）上市公司应当按照股票上市交易地监管规定和上市规则，确定权益授予的公平市场价格。股票期权、股票增值权的行权价格按照公平市场价格确定，限制性股票的授予价格按照不低于公平市场价格的50%确定。股票公平市场价格低于每股净资产的，限制性股票授予价格原则上按照不低于公平市场价格的60%确定。

（五）上市公司应当依据本公司业绩考核与薪酬管理办法，结合公司经营效益情况，并参考市场同类人员薪酬水平、本公司岗位薪酬体系等因素，科学设置激励对象薪酬结构，合理确定激励对象薪酬水平、权益授予价值与授予数量。董事、高级管理人员的权益授予价值，境内外上市公司统一按照不高于授予时薪酬总水平（含权益授予价值）的40%确定，管理、技术和业务骨干等其他激励对象的权益授予价值，由上市公司董事会合理确定。股权激励对象实际获得的收益，属于投资性收益，不再设置调控上限。

二、完善股权激励业绩考核

（六）上市公司应当建立健全股权激励业绩考核及激励对象绩效考核评价体系。股权激励的业绩考核，应当体现股东对公司经营发展的业绩要求和考核导向。在权益授予环节，业绩考核目标应当根据公司发展战略规划合理设置，股权激励计划无分次实施安排的，可以不设置业绩考核条件。在权益生效（解锁）环节，业绩考核目标应当结合公司经营趋势、所处行业发展周期科学设置，体现前瞻性、挑战性，可以通过与境内外同行业优秀企业业绩水平横向对标的方式确定。上市公司在公告股权激励计划草案时，应当披露所设定业绩考核指标与目标水平的科学性和合理性。

（七）上市公司应当制定规范的股权激励管理办法，以业绩考核指标完成情况为基础对股权激励计划实施动态管理。上市公司按照股权激励管理办法和业绩考核评价办法，以业绩考核完成情况决定对激励对象全体和个人权益的授予和生效（解锁）。

三、支持科创板上市公司实施股权激励

（八）中央企业控股科创板上市公司实施股权激励，原则上按照科创板有关上市规则制定股权激励计划。

（九）科创板上市公司以限制性股票方式实施股权激励的，若授予价格低于公平市场价格的50%，上市公司应当适当延长限制性股票的禁售期及解锁期，并设置不低于公司近三年平均业绩水平或同行业75分位值水平的解锁业绩目标条件。

（十）尚未盈利的科创板上市公司实施股权激励的，限制性股票授予价格按照不低于公平市场价格的60%确定。在上市公司实现盈利前，可生效的权益比例原则上不超过授予额度的40%，对于属于国家重点战略行业、且因行业特性需要较长时间才可实现盈利的，应当在股权激励计划中明确提出调整权益生效安排的申请。

四、健全股权激励管理体制

（十一）中央企业集团公司应当切实履行出资人职责，根据国有控股上市公司实施股权激励的有关政策规定，通过规范的公司治理程序，认真指导所属各级控股上市公司规范实施股权激励，充分调动核心骨干人才创新创业的积极性，共享企业改革发展成果。

（十二）中央企业控股上市公司根据有关政策规定，制定股权激励计划，在股东大会审议之前，国有控股股东按照公司治理和股权关系，经中央企业集团公司审核同意，并报国资委批准。

（十三）国资委不再审核股权激励分期实施方案（不含主营业务整体上市公司），上市公司依据股权激励计划制定的分期实施方案，国有控股股东应当在董事会审议决定前，报中央企业集团公司审核同意。

（十四）国资委依法依规对中央企业控股上市公司股权激励实施情况进行监督管理。未按照法律、行政法规及相关规定实施股权激励计划的，中央企业应当督促上市公司立即进行整改，并对公司及相关责任人依法依规追究责任。在整改期间，中央企业集团公司应当停止受理该公司实施股权激励的申请。

（十五）国有控股股东应当要求和督促上市公司真实、准确、完整、及时地公开披露股权激励实施情况，不得有虚假记载、误导性陈述或者重大遗漏。上市公司应当在年度报告中披露报告期内股权激励的实施情况和业绩考核情况。中央企业应当于上市公司年度报告披露后，将本企业所控股上市公司股权激励实施情况报告国资委。

（十六）本通知适用于国资委履行出资人职责的中央企业，与本通知不一致的，按照本通知执行。

国务院国有资产监督管理委员会
2019 年 10 月 24 日

〔来源：国务院国有资产监督管理委员会官网〕

关于加强中央企业内部控制体系建设与监督工作的实施意见

国资发监督规〔2019〕101 号

为深入贯彻习近平新时代中国特色社会主义思想和党的十九大精神，认真落实党中央、国务院关于防范化解重大风险和推动高质量发展的决策部署，充分发挥内部控制（以下简称内控）体系对中央企业强基固本作用，进一步提升中央企业防范化解重大风险能力，加快培育具有全球竞争力的世界一流企业，根据《中共中央 国务院关于深化国有企业改革的指导意见》《国务院关于印发改革国有资本授权经营体制方案的通知》、《国务院办公厅关于加强和改进企业国有资产监督防止国有资产流失的意见》，制定本实施意见。

一、建立健全内控体系，进一步提升管控效能

（一）优化内控体系

建立健全以风险管理为导向、合规管理监督为重点，严格、规范、全面、有效的内控体系。进一步树立和强化管理制度化、制度流程化、流程信息化的内控理念，通过"强监管、严问责"和加强信息化管理，严格落实各项规章制度，将风险管理和合规管理要求嵌入业务流程，促使企业依法合规开展各项经营活动，实现"强内控、防风险、促合规"的管控目标，形成全面、全员、全过程、全体系的风险防控机制，切实全面提升内控体系有效性，加快实现高质量发展。

（二）强化集团管控

进一步完善企业内部管控体制机制，中央企业主要领导人员是内控体系监管工作第一责任人，负责组织领导建立健全覆盖各业务领域、部门、岗位，涵盖各级子企业全面有效的内控体系。中央企业应明确专门职能部门或机构统筹内控体系工作职责；落实各业务部门内控体系有效运行责任；企业审计部门要加强内控体系监督检查工作，准确揭示风险隐患和内控缺陷，进一步发挥查错纠弊作用，促进企业不断优化内控体系。

（三）完善管理制度

全面梳理内控、风险和合规管理相关制度，及时将法律法规等外部监管要求转化为企业内部规章制度，持续完善企业内部管理制度体系。在具体业务制度的制定、审核和修订中嵌入统一的内控体系管控要求，明确重要业务领域和关键环节的控制要求和风险应对措施。将违规经营投资责任追究内容纳入企业内部管理制度中，强化制度执行刚性约束。

（四）健全监督评价体系

统筹推进内控、风险和合规管理的监督评价工作，将风险、合规管理制度建设及实施情况纳入内控体系监督评价范畴，制定定性与定量相结合的内控缺陷认定标准、风险评估标准和合规评价标准，不断规范监督评价工作程序、标准和方式方法。

二、强化内控体系执行，提高重大风险防控能力

（五）加强重点领域日常管控

聚焦关键业务、改革重点领域、国有资本运营重要环节以及境外国有资产监管，定期梳理分析相关内控体系执行情况，认真查找制度缺失或流程缺陷，及时研究制定改进措施，确保体系完整、全面控制、执行有效。要在投资并购、改革改制重组等重大经营事项决策前开展专项风险评估，并将风险评估报告（含风险应对措施和处置预案）作为重大经营事项决策的必备支撑材料，对超出企业风险承受能力或风险应对措施不到位的决策事项不得组织实施。

（六）加强重要岗位授权管理和权力制衡

不断深化内控体系管控与各项业务工作的有机结合，以保障各项经营业务规范有序开展。按照不相容职务分离控制、授权审批控制等内控体系管控要求，严格规范重要岗位和关键人员在授权、审批、执行、报告等方面的权责，实现可行性研究与决策审批、决策审批与执行、执行与监督检查等岗位职责的分离。不断优化完善管理要求，重点强化采购、销售、投资管理、资金管理和工程项目、产权（资产）交易流转等业务领域各岗位的职责权限和审批程序，形成相互衔接、相互制衡、相互监督的内控体系工作机制。

（七）健全重大风险防控机制

积极采取措施强化企业防范化解重大风险全过程管控，加强经济运行动态、大宗商品价格以及资本市场指标变化监测，提高对经营环境变化、发展趋势的预判能力，同时结合内控体系监督评价工作中发现的经营管理缺陷和问题，综合评估企业内外部风险水平，有针对性地制定风险应对方案，并根据原有风险的变化情况及应对方案的执行效果，有效做好企业间风险隔离，防止风险由"点"扩"面"，避免发生系统性、颠覆性重大经营风险。

三、加强信息化管控，强化内控体系刚性约束

（八）提升内控体系信息化水平

各中央企业要结合国资监管信息化建设要求，加强内控信息化建设力度，进一步提升集团管控能力。内控体系建设部门要与业务部门、审计部门、信息化建设部门协同配合，推动企业"三重一大"、投资和项目管理、财务和资产、物资采购、全面风险管理、人力资源等集团管控信息系统的集成应用，逐步实现内控体系与业务信息系统互联互通、有机融合。要进一步梳理和规范业务系统的审批流程及各层级管理人员权限设置，将内控体系管控措施嵌入各类业务信息系统，确保自动识别并终止超越权限、逾越程序和审核材料不健全等行为，促使各项经营管理决策和执行活动可控制、可追溯、可检查，有效减少人为违规操纵因素。集团管控能力和信息化基础较好的企业要逐步探索利用大数据、云计算、人工智能等技术，实现内控体系实时监测、自动预警、监督评价等在线监管功能，进一步提升信息化和智能化水平。

四、加大企业监督评价力度，促进内控体系持续优化

（九）全面实施企业自评

督促所属企业每年以规范流程、消除盲区、有效运行为重点，对内控体系的有效性进行全面自评，客观、真实、准确揭示经营管理中存在的内控缺陷、风险和合规问题，形成自评报告，并经董事会或类似决策机构批准后按规定报送上级单位。

（十）加强集团监督评价

要在子企业全面自评的基础上，制定年度监督评价方案，围绕重点业务、关键环节和重要岗位，组织对所属企业内控体系有效性进行监督评价，确保每3年覆盖全部子企业。要将海外资产纳入监督评价范围，重点对海外项目的重大决策、重大项目安排、大额资金运作以及境外子企业公司治理等进行监督评价。

（十一）强化外部审计监督

要根据监督评价工作结果，结合自身实际情况，充分发挥外部审计的专业性和独立性，委托外部审计机构对部分子企业内控体系有效性开展专项审计，并出具内控体系审计报告。内控体系监管不到位、风险事件和合规问题频发的中央企业，必须聘请具有相应资质的社会中介机构进行审计评价，切实提升内控体系管控水平。

（十二）充分运用监督评价结果

要加大督促整改工作力度，指导所属企业明确整改责任部门、责任人和完成时限，对整改效果进行检查评价，按照内控体系一体化工作要求编制内控体系年度工作报告并及时报国资委，同时抄送企业纪委（纪检监察组）、组织人事部门等。指导所属企业建立健全与内控体系监督评价结果挂钩的考核机制，对内控制度不健全、内控体系执行不力、瞒报漏报谎报自评结果、整改落实不到位的单位或个人，应给予考核扣分、薪酬扣减或岗位调整等处理。

五、加强出资人监督，全面提升内控体系有效性

（十三）建立出资人监督检查工作机制

加强对中央企业国有资产监管政策制度执行情况的综合检查工作，建立内控体系定期抽查评价工作制度，每年组织专门力量对中央企业经营管理重要领域和关键环节开展内控体系有效性抽查评价，发现和堵塞管理漏洞，完善相关政策制度，并加大监督检查工作结果在各项国有资产监管及干部管理工作中的运用力度。

（十四）充分发挥企业内部监督力量

通过完善公司治理，健全相关制度，整合企业内部监督力量，发挥企业董事会或委派董事决策、审核和监督职责，有效利用企业监事会、内部审计、企业内部巡视巡察等监督检查工作成果，以及出资人监管和外部审计、纪检监察、巡视反馈问题情况，不断完善企业内控体系建设。

（十五）强化整改落实工作

进一步强化对企业重大风险隐患和内控缺陷整改工作跟踪检查力度，将企业整改落实情况纳入每年内控体系抽查评价范围，完善对中央企业提示函和通报工作制度，对整改不力的印发提示函和通报，进一步落实整改责任，避免出现重复整改、形式整改等问题。

（十六）加大责任追究力度

严格按照《中央企业违规经营投资责任追究实施办法（试行）》（国资委令第37号）等有关规定，及时发现并移交违规违纪违法经营投资问题线索，强化监督警示震慑作用。对中央企业存在重大风险隐患、内控缺陷和合规管理等问题失察，或虽发现但没有及时报告、处理，造成重大资产损失或其他严重不良后果的，要严肃追究企业集团的管控责任；对各级子企业未按规定履行内控体系建设职责、未执行或执行不力，以及瞒报、漏报、谎报或迟报重大风险及内控缺陷事件的，坚决追责问责，层层落实内控体系监督责任，有效防止国有资产流失。

国资委

2019年10月19日

〔来源：国务院国有资产监督管理委员会官网〕

关于中央企业加强参股管理有关事项的通知

国资发改革规〔2019〕126号

近年来，中央企业以参股等多种方式与各类所有制企业合资合作，对提高国有资本运行和配置效率、发展混合所有制经济起到了重要促进作用。但实践中也存在部分企业参股投资决策不规范、国有股权管控不到位等问题，影响国有资本配置效率，造成国有资产流失。为深入贯彻习近平新时代中国特色社会主义思想，形成以管资本为主的国有资产监管体制，规范操作，强化监督，有效维护国有资产安全，现就中央企业加强参股管理有关事项通知如下：

一、规范参股投资

（一）严把主业投资方向

严格执行国有资产投资监督管理有关规定，坚持聚焦主业，严控非主业投资。不得为规避主业监管要求，通过参股等方式开展中央企业投资项目负面清单规定的商业性房地产等禁止类业务。

（二）严格甄选合作对象

应进行充分尽职调查，通过各类信用信息平台、第三方调查等方式审查合作方资格资质信誉，选择经营管理水平高、资质信誉好的合作方。对存在失信记录或行政处罚、刑事犯罪等违规违法记录的意向合作方，要视严重程度审慎或禁止合作。不得选择与参股投资主体及其各级控股股东领导人员存在特定关系（指配偶、子女及其配偶等亲属关系，以及共同利益关系等）的合作方。

（三）合理确定参股方式

结合企业经营发展需要，合理确定持股比例，以资本为纽带、以产权为基础，依法约定各方股东权益。不得以约定固定分红等"名为参股合作、实为借贷融资"的名股实债方式开展参股合作。

（四）完善审核决策机制

参股投资决策权向下授权应作为重大事项经党委（党组）研究讨论，由董事会或经理层决定，授权的管理层级原则上不超过两级。达到一定额度的参股投资，应纳入"三重一大"范围，由集团公司决策。

二、加强参股国有股权管理

（五）依法履行股东权责

按照公司法等法律法规规定，依据公司章程约定，向参股企业选派国有股东代表、董事监事或重要岗位人员，有效行使股东权利，避免"只投不管"。加强对选派人员的管理，进行定期轮换。在参股企业章程、议事规则等制度文件中，可结合实际明确对特定事项的否决权等条款，以维护国有股东权益。

（六）注重参股投资回报

定期对参股的国有权益进行清查，核实分析参股收益和增减变动等情况。合理运用增持、减持或退出等方式加强价值管理，不断提高国有资本配置效率。对满5年未分红、长期亏损或非持续经营的参股企业股权，要进行价值评估，属于低效无效的要尽快处置，属于战略性持有或者培育期的要强化跟踪管理。

（七）严格财务监管

加强运行监测，及时掌握参股企业财务数据和经营情况，发现异常要深入剖析原因，及时采取应对措施防范风险。加强财务决算审核，对于关联交易占比较高、应收账款金额大或账龄长的参股企业，要加强风险排查。对风险较大、经营情况难以掌握的股权投资，要及时退出。不得对参股企业其他股东出资提供垫资。严格控制对参股企业提供担保，确需提供的，应严格履行决策程序，且不得超股权比例提供担保。

（八）规范产权管理

严格按照国有产权管理有关规定，及时办理参股股权的产权占有、变动、注销等相关登记手续，按期进行数据核对，确保参股产权登记的及时性、准确性和完整性。参股股权取得、转让应严格执行国有资产评估、国有产权进场交易、上市公司国有股权管理等制度规定，确保国有权益得到充分保障。

（九）规范字号等无形资产使用

加强无形资产管理，严格规范无形资产使用，有效维护企业权益和品牌价值。不得将字号、经营资质和特许经营权等提供给参股企业使用。产品注册商标确需授权给参股企业使用的，应严格授权使用条件和决策审批程序，并采取市场公允价格。

（十）加强领导人员兼职管理

中央企业及各级子企业领导人员在参股企业兼职，应根据工作需要从严掌握，一般不越级兼职，不兼"挂名"职务。确需兼职的，按照管理权限审批，且不得在兼职企业领取工资、奖金、津贴等任何形式的报酬和获取其他额外利益；任期届满连任的，应重新报批。参股经营投资主体及其各级控股股东领导人员亲属在参股企业关键岗位任职，应参照企业领导人员任职回避有关规定执行。

（十一）加强党的建设

按照关于加强和改进非公有制企业党的建设工作有关规定，切实加强党的建设，开展参股企业党的工作，努力推进党的组织和工作覆盖，宣传贯彻党的路线方针政策，团结凝聚职工群众，促进企业健康发展。

三、强化监督问责

（十二）加强内部监督

应将参股经营作为内部管控的重要内容，建立健全以风险管理为导向、合规管理监督为重点的规范有效的内控体系。对各级企业负责人开展任期经济责任审计时，要将其任期内企业参股投资、与参股企业关联交易等有关事项列入重点审计内容。

（十三）严格责任追究

参股经营中造成国有资产流失或者其他严重不良后果的，要按照《中央企业违规经营投资责任追究实施办法（试行）》等有关规定，对相关责任人给予严肃处理，并实行终身追责；涉嫌违纪违法的，移送有关部门严肃查处。

各中央企业要高度重视混合所有制改革中的参股管理，加强组织领导，按照本通知要求，抓紧对参股经营投资进行全面梳理检查，认真查找在合作方选择、决策审批、财务管控、领导人员兼职以及与参股企业关联交易等方面存在的问题，及时整改。同时，坚持问题导向，举一反三，制定完善规章制度，细化管理措施，落实管理责任，切实维护国有资产权益，严防国有资产流失，促进混合所有制经济健康发展。

中央企业基金业务参股管理另行规定。

国资委

2019年12月12日

〔来源：国务院国有资产管理委员会官网〕

中央企业混合所有制改革操作指引

国资产权〔2019〕653号

为贯彻落实党中央、国务院关于积极发展混合所有制经济的决策部署，稳妥有序推进中央企业混合所有制改革，促进各种所有制资本取长补短、相互促进、共同发展，夯实社会主义基本经济制度的微观基础，按照《中共中央、国务院关于深化国有企业改革的指导意见》（中发〔2015〕22号）、《国务院关于国有企业发展混合所有制经济的意见》（国发〔2015〕54号）等文件精神和有关政策规定，结合中央企业混合所有制改革实践，制定本操作指引。中央企业所属各级子企业通过产权转让、增资扩股、首发上市（IPO）、上市公司资产重组等方式，引入非公有资本、集体资本实施混合所有制改革，相关工作参考本操作指引。

一、基本操作流程

中央企业所属各级子企业实施混合所有制改革，一般应履行以下基本操作流程：可行性研究、制定混合所有制改革方案、履行决策审批程序、开展审计评估、引进非公有资本投资者、推进企业运营机制改革。以新设企业、对外投资并购、投资入股等方式实施混合所有制改革的，履行中央企业投资管理有关程序。

（一）可行性研究

拟实施混合所有制改革的企业（以下简称拟混改企业）要按照"完善治理、强化激励、突出主业、提高效率"的总体要求，坚持"因地施策、因业施策、因企施策，宜独则独、宜控则控、宜参则参，不搞拉郎配，不搞全覆盖，不设时间表"的原则，依据相关政策规定对混合所有制改革的必要性和可行性进行充分研究，一企一策，成熟一个推进一个。

积极稳妥推进主业处于充分竞争行业和领域的商业类国有企业混合所有制改革，国有资本宜控则控、宜参则参；探索主业处于重要行业和关键领域的商业类国有企业混合所有制改革，保持国有资本控股地位，支持非公有资本参股；根据不同业务特点，有序推进具备条件的公益类国有企业混合所有制改革；充分发挥国有资本投资、运营公司市场化运作专业平台作用，积极推进所属企业混合所有制改革。

可行性研究阶段，企业应按照有关文件规定，对实施混合所有制改革的社会稳定风险作出评估。

（二）制定混合所有制改革方案

拟混改企业应制定混合所有制改革方案，方案一般包括以下内容：企业基本情况，混合所有制改革必要性和可行性分析，改革基本原则和思路，改革后企业股权结构设置，转变运营机制的主要举措，引进非公有资本的条件要求、方式、定价办法，员工激励计划，债权债务处置方案，职工安置方案，历史遗留问题解决方案，改革风险评估与防范措施，违反相关规定的追责措施，改革组织保障和进度安排等。

制定方案过程中，要科学设计混合所有制企业股权结构，充分向非公有资本释放股权，尽可能使非公有资本能够派出董事或监事；注重保障企业职工对混合所有制改革的知情权和参与权，涉及职工切身利益的要做好评估工作，职工安置方案应经职工大会或者职工代表大会审议通过；科学设计改革路径，用好用足国家相关税收优惠政策，降低改革成本。必要时可聘请外部专家、中介机构等参与。

（三）履行决策审批程序

混合所有制改革方案制定后，中央企业应按照"三重一大"决策机制，履行企业内部决策程序。拟混改企业属于主业处于关系国家安全、国民经济命脉的重要行业和关键领域、主要承担重大专项任务子企业的，其混合所有制改革方案由中央企业审核后报国资委批准，其中需报国务院批准的，由国资委按照有关法律、行政法规和国务院文件规定履行相应程序；拟混改企业属于其他功能定位子企业的，其混合所有制改革方案由中央企业批准。

（四）开展审计评估

企业实施混合所有制改革，应合理确定纳入改革的资产范围，需要对资产、业务进行调整的，可按照相关规定选择无偿划转、产权转让、产权置换等方式。企业混合所有制改革前如确有必要开展清产核资工作的，按照有关规定履行程序。

拟混改企业的资产范围确定后，由企业或产权持有单位选聘具备相应资质的中介机构开展财务审计、资产评估工作，履行资产评估项目备案程序，以经备案的资产评估结果作为资产交易定价的参考依据。

（五）引进非公有资本投资者

拟混改企业引进非公有资本投资者，主要通

过产权市场、股票市场等市场化平台，以公开、公平、公正的方式进行。通过产权市场引进非公有资本投资者，主要方式包括增资扩股和转让部分国有股权。通过股票市场引进非公有资本投资者，主要方式包括首发上市（IPO）和上市公司股份转让、发行证券、资产重组等。中央企业通过市场平台引进非公有资本投资者过程中，要注重保障各类社会资本平等参与权利，对拟参与方的条件要求不得有明确指向性或违反公平竞争原则的内容。

（六）推进运营机制改革

混合所有制企业要完善现代企业制度，健全法人治理结构，充分发挥公司章程在公司治理中的基础性作用，各方股东共同制定章程，规范企业股东（大）会、董事会、监事会、经理层和党组织的权责关系，落实董事会职权，深化三项制度改革；用足用好用活各种正向激励工具，构建多元化、系统化的激励约束体系，充分调动企业职工积极性。转变混合所有制企业管控模式，探索根据国有资本与非公有资本的不同比例结构协商确定具体管控方式，国有出资方强化以出资额和出资比例为限、以派出股权董事为依托的管控方式，明确监管边界，股东不干预企业日常经营。

二、"混资本"相关环节操作要点

（一）资产审计评估

1. 财务审计

实施混合所有制改革，应当按照《国务院办公厅转发国务院国有资产监督管理委员会关于规范国有企业改制工作意见的通知》（国办发〔2003〕96号）、《国务院办公厅转发国资委关于进一步规范国有企业改制工作实施意见的通知》（国办发〔2005〕60号）等规定，开展财务审计工作。

（1）关于选聘审计机构。选聘审计机构应采取差额竞争方式，综合考察和了解其资质、信誉及能力。选聘的审计机构近两年内在企业财务审计中没有违法、违规记录，未承担同一混合所有制改革项目的评估业务，与企业不存在经济利益关系。

（2）关于审计报告。审计报告应为无保留意见的标准审计报告。拟上市项目或上市公司的重大资产重组项目，评估基准日在6月30日（含）之前的，需出具最近三个完整会计年度和本年度截至评估基准日的审计报告；评估基准日在6月30日之后的，需出具最近两个完整会计年度和本年度截至评估基准日的审计报告。其他经济行为需出具最近一个完整会计年度和本年度截至评估基准日的审计报告。

2. 资产评估

实施混合所有制改革，应当按照《中华人民共和国资产评估法》《企业国有资产评估管理暂行办法》（国资委令第12号）等规定，开展资产评估工作。

（1）评估机构选聘及委托。中央企业应当采取差额竞争方式在本企业评估机构备选库内选聘评估机构。选聘的评估机构应具有与企业评估需求相适应的资质条件、专业人员和专业特长，近3年内没有违法、违规执业国有资产评估项目记录；掌握企业及所在行业相关的法律法规、政策、经济行为特点和相关市场信息；与混合所有制改革相关方无经济利益关系。评估对象为企业股权的资产评估项目，由产权持有单位委托，其中涉及增资扩股事项的，可由产权持有单位和增资企业共同委托。

（2）评估备案管理权限。经国资委批准的混合所有制改革涉及的资产评估项目，由国资委负责备案；经中央企业批准的混合所有制改革涉及的资产评估项目，由中央企业负责备案；被评估企业涉及多个国有股东的，经协商一致，可以由持股比例最大的国有股东办理备案手续。

（3）重点关注事项。一是评估基准日选取应尽量接近混合所有制改革的实施日期。如果期后发生对评估结果产生重大影响的事项，应调整评估基准日或评估结果。二是评估范围应与混合所有制改革方案、决策文件、评估业务委托约定书等确定的范围一致。三是纳入评估的房产、土地、矿产资源等资产应当权属明晰、证照齐全。符合划拨用地条件的国有划拨土地使用权，经所在地县级以上人民政府批准可继续以划拨方式使用。四是涉及企业价值的资产评估项目，原则上应当采用两种以上评估方法。五是资产评估项目备案前，应当按照资产评估项目公示制度履行公示程序。

（二）通过产权市场实施混合所有制改革

1. 产权交易机构选择

非上市企业通过产权转让、增资扩股方式实施混合所有制改革应按照《企业国有资产交易监督管理办法》（国资委 财政部令第32号）、《关于印发〈企业国有产权交易操作规则〉的通知》（国资发产权〔2009〕120号）等有关规定，在国资委确定的可以从事相关业务的产权交易机构中公开进行。从事中央企业产权转让业务的机构有北京产权交易所、天津产权交易中心、上海联合产权交易所和重庆联合产权交易所；从事中央企业增资扩股业务的机构有北京产权交易所和上海联合产权交易所。

2. 信息披露

进场交易项目要严格按照规定在产权交易机构进行信息披露。企业混合所有制改革方案确定后，可合理选择信息发布时机，及早披露相关信息。产权转让项目正式信息披露时间不少于20个工作日，涉及企业实际控制权转移的应进行信息预披露，时间不少于20个工作日。增资扩股项目信息披露时间不少于40个工作日。

3. 投资人遴选

拟混改企业要合理确定投资人的遴选方式。产权转让项目可采取拍卖、招投标、网络竞价等方式，增资扩股项目可采取竞价、竞争性谈判、综合评议等方式。投资人遴选过程中，对战略投资人主要关注与企业发展战略、经营目标、主营业务等方面的匹配和协同情况，对财务投资人主要关注资金实力和财务状况等。

4. 重点关注事项

（1）企业增资与产权转让同步进行。企业混合所有制改革后继续保持国有控股地位的，如增资过程中国有股东拟同步转让其所持有的少部分企业产权，统一按照增资流程操作，产权转让价格应与增资价格保持一致。

（2）商业秘密保护。在配合意向投资人尽职调查过程中，如涉及拟混改企业商业秘密，应按照《关于印发〈中央企业商业秘密保护暂行规定〉的通知》（国资发〔2010〕41号）要求，与相关方签订保密协议，保护自身权益。

（3）交易价格。产权转让项目首次正式挂牌底价不得低于经备案的评估结果，信息披露期满未征集到受让方拟降价的，新的挂牌底价低于评估结果90%时，应经混合所有制改革批准单位同意；交易价格确定后，交易双方不得以期间损益等理由对交易价格进行调整。增资扩股项目的交易价格以评估结果为基础，结合意向投资人的条件和报价等因素综合确定，并经企业董事会或股东会审议同意。

（三）通过股票市场实施混合所有制改革

通过股票市场发行证券、转让上市公司股份、国有股东与上市公司资产重组等方式实施混合所有制改革，应按照《上市公司国有股权监督管理办法》（国资委 财政部 证监会令第36号）及证券监管的有关规定履行程序。

1. 发行证券

通过发行证券形式实施混合所有制改革，可以采取首发上市（IPO）、国有股东以所持上市公司股票发行可交换公司债券、上市公司发行股份购买非国有股东所持股权、增发和发行可转换公司债券等方式。采取首发上市（IPO）方式的，应当按照要求履行国有股东标识管理程序。符合国家战略、拥有关键核心技术、科技创新能力突出、主要依靠核心技术开展生产经营、具有稳定商业模式、市场认可度高、社会形象良好、具有较强成长性的企业，可积极申请在科创板上市。

2. 上市公司股份转让

应坚持公开、公平、公正原则，一般采取公开征集方式进行。国有股东履行内部决策程序后，书面通知上市公司，由其依法披露、进行提示性公告。国有股东将转让方案、可行性研究报告、内部决策文件、拟发布的公开征集信息等内容通过国资委产权管理综合信息系统报国资委同意后，书面通知上市公司发布公开征集信息，内容主要包括拟转让股份权属情况和数量、受让方应当具备的资格条件、受让方的选择规则、公开征集期限等。公开征集信息中对受让方资格条件不得设定指向性或违反公平竞争要求的条款。收到拟受让方提交的受让申请和受让方案后，国有股东成立由内部职能部门及独立外部专家组成的工作小组，严格按照已公告的规则选择确定受让方。转让价格不低于上市公司提示性公告日前30个交易日的每日加权平均价格的算术平均值及最近一个会计年度经审计的每股净资产值中的较高者。

3. 国有股东与上市公司资产重组

国有股东应按照符合国有股东发展战略及有利于提高上市公司质量和核心竞争力等原则，在与上市公司充分协商基础上，科学策划重组方案，合理选择重组时机。国有股东履行内部决策程序后，书面通知上市公司，由其依法披露并申请停牌，并按照相关规定履行国资委预审核、上市公司董事会审议预案、对外披露预案、复牌、资产评估及备案、董事会审议草案、对外披露草案、集团公司或国资委审批重组方案、股东大会审议重组方案、报送证券监管机构审核等程序。资产重组发行股份价格在符合证券监管规则基础上，按照有利于维护包括国有股东在内的全体股东权益的原则确定。

通过股票市场实施混合所有制改革应做好信息披露工作，切实防控内幕交易，其中涉及的投资人遴选、商业秘密保护等事项按照"通过产权市场实施混合所有制改革"中明确的原则操作。

三、"改机制"相关环节操作要点

（一）关于混合所有制企业公司治理和管控方式

1. 混合所有制企业法人治理结构

混合所有制企业要建立健全现代企业制度，坚持以资本为纽带、以产权为基础完善治理结构，根据股权结构合理设置股东（大）会、董事会、监事会，规范股东会、董事会、监事会、经理层和党组织的权责关系，按章程行权、依规则运行，形成定位清晰、权责对等、运转协调、制衡有效的法人治理结构。充分发挥公司章程在公司治理中的基础性作用，国有股东根据法律法规和公司实际情况，与其他股东充分协商，合理制定章程条款，切实维护各方股东权利。充分发挥非公有资本股东的积极作用，依法确定非公有资本股东提名和委派董事、监事的规则，建立各方参与、有效制衡的董事会，促进非公有资本股东代表能够有效参与公司治理。

2. 混合所有制企业管控方式

中央企业要科学合理界定与混合所有制企业的权责边界，避免"行政化""机关化"管控，加快实现从"控制"到"配置"的转变。国有股东要在现代企业制度框架下按照市场化规则，以股东角色和身份参与企业决策和经营管理，不干预企业日常经营。通过股东（大）会表决、推荐董事和监事等方式行使股东权利，实施以股权关系为基础、以派出股权董事为依托的治理型管控，加强股权董事履职支撑服务和监督管理，确保国有股权董事行权履职体现出资人意志。依法保障混合所有制企业自主经营权，落实董事会对经理层成员选聘、业绩考核和薪酬管理等职权。对于国有参股的混合所有制企业，结合实际健全完善管理体制、落实董事会职责权限、加强经理层成员和国有股权董事监督管理，并在公司章程中予以明确。

3. 混合所有制企业党的建设

中央企业混合所有制改革要把建立党的组织、开展党的工作作为必要前提。根据不同类型混合所有制企业特点，明确党组织的设置方式、职责定位和管理模式。按照党章及党内法规制度要求，结合实际，推动混合所有制企业党组织和工作有效覆盖，设置党的工作机构，配齐配强专兼职党务工作人员，保证必需的党建工作经费，确保党的活动能够正常开展。

（二）关于三项制度改革

1. 建立市场化选人用人机制，实现管理人员能上能下

推动混合所有制企业在更大范围实行经理层成员任期制和契约化管理，具备条件的建立职业经理人制度，积极探索建立与市场接轨的经理层激励制度。树立正确的选人用人导向，建立健全内部管理人员考核评价机制，实现"能者上、庸者下、平者让"。完善职业发展通道，为内部管理人员搭建能上能下平台。

2. 健全市场化用工制度，实现员工能进能出。建立健全以合同管理为核心、以岗位管理为基础的市场化用工制度。拓宽人才引进渠道，严格招聘管理，严把人员入口，不断提升引进人员质量。合理确定用工总量，盘活用工存量，畅通进出渠

道，构建正常流动机制，不断提升用工效率和劳动生产率。

3. 建立市场化薪酬分配机制，实现收入能增能减。落实中央企业工资总额管理制度改革要求，建立健全与劳动力市场基本适应、与企业经济效益和劳动生产率挂钩的工资决定和正常增长机制。完善市场化薪酬分配制度，优化薪酬结构，坚持向关键岗位和核心骨干倾斜，坚持与绩效考核紧密挂钩，合理拉开收入分配差距，打破高水平"大锅饭"。统筹推进上市公司股权激励、科技型企业股权分红、员工持股等中长期激励措施，用好用足相关政策，不断增强关键核心人才的获得感、责任感、荣誉感。

（三）关于激励约束机制

鼓励混合所有制企业综合运用国有控股混合所有制企业员工持股、国有控股上市公司股权激励、国有科技型企业股权和分红激励等中长期激励政策，探索超额利润分享、项目跟投、虚拟股权等中长期激励方式，注重发挥好非物质激励的积极作用，系统提升正向激励的综合效果。

1. 混合所有制企业员工持股

员工持股应按照《关于印发＜关于国有控股混合所有制企业开展员工持股试点的意见＞的通知》（国资发改革〔2016〕133号）稳慎开展。坚持依法合规、公开透明，增量引入、利益绑定，以岗定股、动态调整，严控范围、强化监督等原则。优先支持人才资本和技术要素贡献占比较高的科技型企业开展员工持股。员工持股企业应当具备以下条件：主业处于充分竞争行业和领域的商业类企业；股权结构合理，非公有资本股东所持股份应达到一定比例，公司董事会中有非公有资本股东推荐的董事；公司治理结构健全，建立市场化的劳动人事分配制度和业绩考核评价体系，形成管理人员能上能下、员工能进能出、收入能增能减的市场化机制，营业收入和利润90%以上来源于所在企业集团外部市场。员工持股总量原则上不高于公司总股本的30%，单一员工持股比例原则上不高于公司总股本的1%。

2. 中央企业控股上市公司股权激励

中央企业控股上市公司应按照证监会和国资委有关规定规范实施股权激励，建立健全长效激励约束机制，充分调动核心骨干人才创新创业的积极性。股权激励对象要聚焦核心骨干人才队伍，结合企业高质量发展需要、行业竞争特点、关键岗位职责、绩效考核评价等因素综合确定。股权激励方式一般为股票期权、股票增值权、限制性股票等方式，也可以探索试行法律、行政法规允许的其他激励方式。中小市值上市公司及科技创新型上市公司，首次实施股权激励计划授予的权益数量占公司股本总额的比重，最高可以由1%上浮至3%。上市公司两个完整会计年度内累计授予的权益数量一般在公司总股本的3%以内，公司重大战略转型等特殊需要的可以适当放宽至总股本的5%以内。股权激励对象实际获得的收益不再设置调控上限。中央企业控股上市公司根据有关政策规定，制定股权激励计划，在股东大会审议之前，国有控股股东按照公司治理和股权关系，经中央企业审核同意，并报国资委批准。除主营业务整体上市公司外，国资委不再审核上市公司股权激励分期实施方案，上市公司依据股权激励计划制定的分期实施方案，国有控股股东应当在董事会审议决定前，报中央企业审核同意。

3. 国有科技型企业股权和分红激励

鼓励符合条件的国有科技型企业按照国家相关规定，实施股权和分红激励，充分调动科研骨干和关键人才的积极性和创造性。明确激励政策导向，以推动形成有利于自主创新和科技成果转化的激励机制为主要目标，根据科技人才资本和技术要素贡献占比及投入产出效率等情况，合理确定实施企业范围和激励对象，建立导向清晰、层次分明、重点突出的中长期激励体系。优先支持符合《"十三五"国家科技创新规划》战略布局和中央企业"十三五"科技创新重点研发方向，创新能力较强、成果技术水平较高、市场前景较好的企业或项目实施股权和分红激励。综合考虑职工岗位价值、实际贡献、承担风险和服务年限等因素，重点激励在自主创新和科技成果转化中发挥主要作用的关键核心技术、管理人员。科学选择激励方式，鼓励符合条件的企业优先开展岗位分红激励，科技成果转化和项目收支明确的企业可选择项目分红激励，在积累试点经验的基础上稳妥实施、逐步推进股权激励。合理确定总体激励水平，从经营发展战略以及自身经济效益状况出发，分类分步推进股权和分红激励工作，坚持效益导向和增量激励原则，根据企业人工成本承受能力和经营业绩状况，合理确定激励水平。规范制度执行，中央企业开展股权和分红激励要按照《关于印发〈国有科技型企业股权和分红激励暂行办法〉的通知》（财资〔2016〕4号）等有关规定，不得随意降低资格条件。

四、相关支持政策

（一）关于财税支持政策

发展改革委、国资委会同有关部门共同制定出台了《关于深化混合所有制改革试点若干政策的意见》（发改经体〔2017〕2057号）、《国家发展改革委办公厅关于印发〈国有企业混合所有制改革相关税收政策文件汇编〉的通知》（发改办经体〔2018〕947号），对混合所有制改革过程中符合税法规定条件的有关情形，可享受相应的财税政策支持，主要包括：股权（资产）收购、合并、分立、债务重组、债转股等，可享受企业所得税递延纳税优惠政策；涉及以非货币性资产对外投资确认的非货币性资产转让所得，可享受5年内分期缴纳企业所得税政策；符合税法规定条件的债权损失在计算企业所得税应纳税所得额时扣除；通过合并、分立、出售、置换等方式，将全部或者部分实物资产以及与其相关联的债权、负债和劳动力，一并转让给其他单位和个人，其中涉及的货物、不动产、土地使用权转让，不征收增值税、营业税；符合条件的股权收购、资产收购、按账面净值划转股权或资产等，可适用特殊性税务处理政策；混合所有制改革涉及的土地增值税、契税、印花税，可享受相关优惠政策。

（二）关于土地处置支持政策

企业推进混合所有制改革过程中涉及的土地处置事项，按照《国务院关于促进企业兼并重组的意见》（国发〔2010〕27号）、《国务院关于进一步优化企业兼并重组市场环境的意见》（国发〔2014〕14号）、《国务院关于全民所有自然资源资产有偿使用制度改革的指导意见》（国发〔2016〕82号）等相关规定办理，主管部门对拟混改企业提出的土地转让、改变用途等申请，将依法依规加快办理相关用地和规划手续。拟混改企业拥有国有划拨土地使用权的，经主管部门批准，可根据行业和改革需要，分别采取出让、租赁、国家作价出资（入股）、授权经营和保留规划用地等方式进行处置；重点产业调整和振兴规划确定的混合所有制改革事项涉及的国有划拨土地使用权，经省级以上主管部门批准，可以国家作价出资（入股）方式处置；涉及因实施城市规划需要搬迁的工业项目，经主管部门审核批准，可收回原国有土地使用权，并以协议出让或租赁方式为原土地使用权人重新安排工业用地；涉及事业单位等改制为企业的，允许实行国有企业改制土地资产处置政策。

混合所有制改革具有较强探索性和挑战性，涉及面广、政策性强、影响广泛、社会关注度高。中央企业要坚持解放思想、实事求是，积极稳妥统筹推进，鼓励探索、勇于实践，建立健全容错纠错机制，宽容在改革创新中的失误。要坚持依法合规操作，注重发挥内外部监督合力，做到规则公开、过程公开、结果公开，防止暗箱操作、低价贱卖、利益输送、化公为私、逃废债务，杜绝国有资产流失。要及时跟踪改革进展，评估改革成效，推广改革经验，加快形成可复制、可推广的模式和经验。

附件：混合所有制改革涉及的法律法规制度目录。

国资委

2019年10月31日

〔来源：国务院国有资产管理委员会官网〕

附件：

混合所有制改革涉及的法律法规制度目录

一、法律、法规
1. 中华人民共和国公司法
2. 中华人民共和国证券法
3. 中华人民共和国企业国有资产法
4. 中华人民共和国资产评估法
5. 国有资产评估管理办法（国务院令第91号）

二、国务院文件
6. 国务院关于促进企业兼并重组的意见（国发〔2010〕27号）
7. 国务院关于进一步优化企业兼并重组市场环境的意见（国发〔2014〕14号）
8. 国务院关于国有企业发展混合所有制经济的意见（国发〔2015〕54号）
9. 国务院关于全民所有自然资源资产有偿使用制度改革的指导意见（国发〔2016〕82号）
10. 国务院办公厅转发国务院国有资产监督管理委员会关于规范国有企业改制工作意见的通知（国办发〔2003〕96号）
11. 国务院办公厅转发国资委关于进一步规范国有企业改制工作实施意见的通知（国办发〔2005〕60号）
12. 国务院办公厅转发证监会等部门关于依法打击和防控资本市场内幕交易意见的通知（国办发〔2010〕55号）
13. 国务院办公厅关于加强和改进企业国有资产监督防止国有资产流失的意见（国办发〔2015〕79号）
14. 国务院办公厅关于印发中央企业公司制改制工作实施方案的通知（国办发〔2017〕69号）

三、部门规章、规范性文件
15. 国有企业清产核资办法（国资委令第1号）
16. 企业国有资产评估管理暂行办法（国资委令第12号）
17. 中央企业境外国有产权管理暂行办法（国资委令第27号）
18. 企业国有资产交易监督管理办法（国资委 财政部令第32号）
19. 中央企业投资监督管理办法（国资委令第34号）
20. 中央企业境外投资监督管理办法（国资委令第35号）
21. 上市公司国有股权监督管理办法（国资委 财政部 证监会令第36号）
22. 中央企业违规经营投资责任追究实施办法（试行）（国资委令第37号）
23. 关于印发《国土资源部关于加强土地资产管理促进国有企业改革和发展的若干意见》的通知（国土资发〔1999〕433号）
24. 关于印发《国有企业清产核资经济鉴证工作规则》的通知（国资评价〔2003〕78号）
25. 关于印发《国有控股上市公司（境外）实施股权激励试行办法》的通知（国资发分配〔2006〕8号）
26. 关于印发《国有控股上市公司（境内）实施股权激励试行办法》的通知（国资发分配〔2006〕175号）
27. 关于加强企业国有资产评估管理工作有关问题的通知（国资发产权〔2006〕274号）
28. 关于规范国有控股上市公司实施股权激励制度有关问题的通知（国资发分配〔2008〕171号）
29. 关于印发《企业国有产权交易操作规则》的通知（国资发产权〔2009〕120号）
30. 关于企业国有资产评估报告审核工作有关事项的通知（国资产权〔2009〕941号）
31. 关于印发《中央企业商业秘密保护暂行规定》的通知（国资发〔2010〕41号）

32. 关于印发《中央企业资产评估项目核准工作指引》的通知（国资发产权〔2010〕71号）

33. 关于建立国有企业改革重大事项社会稳定风险评估机制的指导意见（国资发〔2010〕157号）

34. 关于规范中央企业选聘评估机构工作的指导意见（国资发产权〔2011〕68号）

35. 关于中央企业国有产权置换有关事项的通知（国资发产权〔2011〕121号）

36. 关于加强上市公司国有股东内幕信息管理有关问题的通知（国资发产权〔2011〕158号）

37. 关于印发《企业国有资产评估项目备案工作指引》的通知（国资发产权〔2013〕64号）

38. 关于促进企业国有产权流转有关事项的通知（国资发产权〔2014〕95号）

39. 关于印发《国有科技型企业股权和分红激励暂行办法》的通知（财资〔2016〕4号）

40. 关于进一步深化中央企业劳动用工和收入分配制度改革的指导意见（国资发分配〔2016〕102号）

41. 关于印发《关于国有控股混合所有制企业开展员工持股试点的意见》的通知（国资发改革〔2016〕133号）

42. 关于做好中央科技型企业股权和分红激励工作的通知（国资发分配〔2016〕274号）

43. 关于印发《中央企业实施混合所有制改革有关事项的规定》的通知（国资发产权〔2016〕295号）

44. 关于印发《中央科技型企业实施分红激励工作指引》的通知（国资厅发考分〔2017〕47号）

45. 关于深化混合所有制改革试点若干政策的意见（发改经体〔2017〕2057号）

46. 关于扩大国有科技型企业股权和分红激励暂行办法实施范围等有关事项的通知（财资〔2018〕54号）

47. 国家发展改革委办公厅关于印发《国有企业混合所有制改革相关税收政策文件汇编》的通知（发改办经体〔2018〕947号）

48. 关于印发《关于深化中央企业国有资本投资公司改革试点工作意见》的通知（国资发资本〔2019〕28号）

49. 关于印发《关于深化中央企业国有资本运营公司改革试点工作意见》的通知（国资发资本〔2019〕45号）

2019年中国机械工业100强企业名单

序号	企业名称	省、自治区、直辖市	主要产品	营业收入（亿元）
1	中国机械工业集团有限公司	北京市	机械装备制造与研发，工程承包，国内外贸易	2979.07
2	潍柴控股集团有限公司	山东省	内燃机，内燃机配件，汽车及配件	2645.97
3	上海电气(集团)总公司	上海市	能源装备，工业装备，集成服务	1417.27
4	徐州工程机械集团有限公司	江苏省	起重机械，挖掘机械，桩工机械，铲运机械，路面机械，混凝土机械等	878.14
5	三一集团有限公司	湖南省	混凝土机械，挖掘机械，大吨位起重机械	875.76
6	新疆特变电工集团有限公司	新疆维吾尔自治区	变压器及电抗器、电线电缆，国际成套工程承包，太阳能硅片、光伏组件及太阳能系统工程等	521.15
7	广州智能装备产业集团有限公司	广东省	智能数字化电梯及配件，高低压输配电设备，中高速内燃机组	511.01

（续）

序号	企业名称	省、自治区、直辖市	主要产品	营业收入（亿元）
8	中联重科股份有限公司	湖南省	工程机械，农业机械	433.07
9	广西玉柴机器集团有限公司	广西壮族自治区	发动机，工程机械，润滑油	409.88
10	正泰集团股份有限公司	浙江省	高低压电器，输配电设备，光伏电池及组件系统	398.48
11	卧龙控股集团有限公司	浙江省	电机及控制系统，新能源	385.18
12	远东控股集团有限公司	江苏省	交联电缆，控制电缆，布电线	382.92
13	新疆金风科技股份有限公司	新疆维吾尔自治区	风力发电机组，风力发电机组零部件，节能环保产品	382.45
14	白云电气集团有限公司	广东省	高低压成套设备，电容器，套管	345.26
15	中国东方电气集团有限公司	四川省	发电设备	340.50
16	三花控股集团有限公司	浙江省	空调四通换向阀、截止阀、电磁阀等家用空调部件，微通道换热器等家用、商用制冷部件，电子膨胀阀、电池冷却器等汽车零部件	280.48
17	郑州煤矿机械集团股份有限公司	河南省	煤矿综采成套设备，汽车零部件	257.21
18	哈尔滨电气集团有限公司	黑龙江省	电机，锅炉，汽轮机，零部件及辅机，国内外电厂项目开发	256.35
19	临沂临工机械集团	山东省	装载机，挖掘机	255.54
20	江苏上上电缆集团有限公司	江苏省	电线电缆	225.65
21	广西柳工集团有限公司	广西壮族自治区	装载机，挖掘机，预应力锚具、缆索	225.33
22	中国西电集团有限公司	陕西省	变压器，全封闭组合电器，直流换流阀	185.17
23	人本集团有限公司	浙江省	轴承	182.86
24	大全集团有限公司	江苏省	高低压成套电器，智能元器件，封闭母线、低压母线，变压器，轨道交通设备，新能源	179.42
25	海天塑机集团有限公司	浙江省	注塑机，数控机床，电机	164.10
26	山东电工电气集团有限公司	山东省	铁塔，变压器，电线电缆	162.56
27	浙江省机电集团有限公司	浙江省	风力发电机组，液压油缸及其他装备	141.91
28	德力西集团有限公司	浙江省	工控和配电电器，仪器仪表，家居电气	138.86
29	卫华集团有限公司	河南省	起重机械，港口机械，矿用机械	137.41
30	山东时风(集团)有限责任公司	山东省	三轮汽车，拖拉机，轻型货车	128.56
31	太原重型机械集团有限公司	山西省	矿山设备，起重设备，轨道交通产品	125.54
32	许继集团有限公司	河南省	换流阀，变电站保护及综合自动化，电能表	117.10
33	大连冰山集团有限公司	辽宁省	工业制冷制热设备，商用冷冻冷藏设备，空调与环境设备	115.19

（续）

序号	企业名称	省、自治区、直辖市	主要产品	营业收入（亿元）
34	兰州兰石集团有限公司	甘肃省	石油钻井设备，煤化工压力容器，换热设备	110.04
35	福建龙净环保股份有限公司	福建省	除尘器，脱硫脱硝产品，电控装置，物料输送系统，工业废水、VOCS治理、土壤修复等	109.35
36	云南云内动力集团有限公司	云南省	柴油发动机，汽车及汽车零部件，机械设备	107.19
37	安徽天康(集团)股份有限公司	安徽省	仪器仪表（含电气制造），电线电缆	106.33
38	风帆有限责任公司	河北省	汽车用蓄电池，锂电池，工业储能电池	101.94
39	安徽叉车集团有限责任公司	安徽省	内燃叉车，电动叉车，集装箱空箱堆高机，集装箱正面吊运机，牵引车	100.36
40	南京高精传动设备制造集团有限公司	江苏省	风力发电齿轮箱，工业齿轮箱，轨道车辆齿轮箱	97.28
41	沈阳鼓风机集团股份有限公司	辽宁省	风机，泵，气体压缩机	94.04
42	中国四联仪器仪表集团有限公司	重庆市	工业自动化仪表及控制系统，电子器件，光电子器件	93.86
43	北京京城机电控股有限责任公司	北京市	数控机床，气体储运，环保产业，液压设备	91.94
44	杭叉集团股份有限公司	浙江省	叉车，仓储车，无人驾驶工业车辆（AGV）	88.54
45	陕西鼓风机(集团)有限公司	陕西省	压缩机，鼓风机，汽轮机，能量回收透平装置，工业仪表及控制系统，工业气体，分布式能源	87.43
46	平高集团有限公司	河南省	封闭式组合电器，断路器，高压隔离开关	86.41
47	青岛汉河集团股份有限公司	山东省	电力电缆，海底电缆，电缆附件	84.34
48	天津市金桥焊材集团股份有限公司	天津市	焊接材料	83.04
49	山东五征集团	山东省	三轮汽车，载货汽车，农业装备	82.48
50	杭州制氧机集团股份有限公司	浙江省	空分设备，石化装备，气体产品	81.87
51	杭州东华链条集团有限公司	浙江省	链传动产品，农业机械及配件，通讯贸易	74.61
52	山河智能装备股份有限公司	湖南省	旋挖钻机，挖掘机，桩机	74.27
53	中国铁建重工集团股份有限公司	湖南省	全断面隧道掘进机，隧道施工特种装备，轨道装备，混凝土机械	72.82
54	大连重工·起重集团有限公司	辽宁省	起重机，冶金专用设备	72.52
55	无锡华光环保能源集团股份有限公司	江苏省	电站装备及工程服务，市政环境工程与服务，地方能源供应	70.05
56	福建南平太阳电缆股份有限公司	福建省	电力电缆，电气装备用电线，钢芯铝绞线	69.75
57	山推工程机械股份有限公司	山东省	推土机，道路机械	64.03
58	江苏恒立液压股份有限公司	江苏省	液压件（高压油缸、液压泵、液压阀及液压马达）	54.14
59	泰豪科技股份有限公司	江西省	智能应急电源，通信指挥车，配电设备	53.04

（续）

序号	企业名称	省、自治区、直辖市	主要产品	营业收入（亿元）
60	烟台冰轮集团有限公司	山东省	螺杆制冷压缩机，中央空调，能源化工装备，精密铸件，环保制热	52.77
61	中信重工机械股份有限公司	河南省	矿山设备，建材水泥设备，机器人	52.40
62	秦川机床工具集团	陕西省	金属切削机床，金属切削工具，齿轮及齿轮减、变速箱	52.12
63	济南二机床集团有限公司	山东省	金属切削机床，金属成形机床，铸造机械	50.24
64	杭州电缆股份有限公司	浙江省	电力电缆，圆线同心绞架空导线，民用电线	49.09
65	杭州汽轮动力集团有限公司	浙江省	汽轮机，燃气轮机，压缩机，发电机，水轮机	47.57
66	人民电器集团有限公司	浙江省	高低压电器，开关柜，变压器	46.69
67	天津大桥焊材集团有限公司	天津市	电焊条，金属焊丝，药芯焊丝	44.17
68	江苏华朋集团有限公司	江苏省	油浸式变压器，干式变压器，组合式变压器	43.78
69	日立建机(中国)有限公司	安徽省	液压挖掘机	41.55
70	四川空分设备（集团）有限责任公司	四川省	空气分离及液化设备，天然气液化设备，低温液体贮运设备，工业气体	41.18
71	安徽全柴集团有限公司	安徽省	柴油发动机	40.46
72	开山控股集团股份有限公司	浙江省	压缩机械，螺杆膨胀发电站，钻凿设备	40.03
73	杭州锅炉集团股份有限公司	浙江省	余热锅炉，电站锅炉，垃圾焚烧锅炉等	39.27
74	南京汽轮电机（集团）有限责任公司	江苏省	燃气轮机，汽轮机，发电机	37.96
75	广东电缆厂有限公司	广东省	中压交联电力电缆，全塑电力电缆，布电线	36.92
76	四川宏华石油设备有限公司	四川省	钻井修井设备，固井压裂设备，石油钻探、开采专用设备零部件	36.82
77	上海凯泉泵业(集团)有限公司	上海市	水泵，给水设备，控制柜	35.76
78	瓦房店轴承集团有限责任公司	辽宁省	轴承，轨道交通轴承，汽车车辆轴承，风电新能源轴承，精密机床及精密滚珠丝杠，精密大型锻件及轴承零部件等	35.40
79	金马工业集团股份有限公司	山东省	汽车配件，型材	34.17
80	和利时科技集团有限公司	北京市	分散式控制系统，可编程逻辑控制器，数据采集系统，高性能高可靠嵌入式控制系统	34.10
81	江麓机电集团有限公司	湖南省	特种装备，工程机械（塔式起重机、施工升降机），传动机械	33.48
82	豫飞重工集团有限公司	河南省	特种起重机，水利起重机，港口起重机	32.09
83	洛阳LYC轴承有限公司	河南省	滚动轴承及零部件	30.69
84	重庆康明斯发动机有限公司	重庆市	各种系列发动机	28.65

(续)

序号	企业名称	省、自治区、直辖市	主要产品	营业收入（亿元）
85	沈阳新松机器人自动化股份有限公司	辽宁省	物流与仓储自动化成套装备，工业机器人，自动化装配与检测生产线及系统集成	27.45
86	浙江中控技术股份有限公司	浙江省	集散控制系统，安全仪表系统，先进控制与优化软件	25.37
87	华立科技股份有限公司	浙江省	电能表	22.76
88	扬力集团股份有限公司	江苏省	压力机，钣金机械，锻造，激光，智能化生产线	22.23
89	青岛捷能汽轮机集团股份有限公司	山东省	汽轮机及配套辅机	21.95
90	常熟开关制造有限公司（原常熟开关厂）	江苏省	塑料外壳式断路器，智能型万能式断路器，自动转换开关	21.87
91	北京电力设备总厂有限公司	北京市	干式空心电抗器，中速辊式磨煤机，工业汽轮机	21.63
92	东睦新材料集团股份有限公司	浙江省	粉末冶金制品，消费电子产品，软磁复合材料	21.62
93	北京精雕科技集团有限公司	北京市	精雕高速加工中心，精雕雕刻中心，精雕数控雕刻机	21.02
94	安徽应流机电股份有限公司	安徽省	通用设备，工程机械，交通运输设备零部件	20.69
95	南方泵业股份有限公司	浙江省	水泵，供水设备，海水淡化泵	19.06
96	常柴股份有限公司	江苏省	柴油发动机	18.86
97	浙江五洲新春集团股份有限公司	浙江省	轴承套圈，轴承成品，空调管路	18.18
98	浙江新柴股份有限公司	浙江省	内燃机，柴油机配件	17.65
99	江苏哈工智能机器人股份有限公司	上海市	高端智能装备制造，工业机器人本体，工业机器人一站式服务平台	17.37
100	杭州前进齿轮箱集团股份有限公司	浙江省	船用齿轮箱，工程机械变速箱，风电及工业传动产品	16.53

〔来源：机经网〕

2020 年中国 500 强前 100 强排行榜

2020 年中国 500 强上榜企业中上市公司总营业收入达到 50.5 万亿元，较 2019 年增长 11%；净利润达到 4.2 万亿元，较 2019 年增长超过 16%。2020 年上榜公司的年营业收入门槛接近 178 亿元，比 2019 年提高了近 10%。2019 年我国国内生产总值（GDP）突破 99 万亿元，这意味着上榜的 500 家企业的总营业收入继续超过了当年 GDP 的 1/2。

2020年榜单前3名的格局并未改变,依次是中国石油化工股份有限公司、中国石油天然气股份有限公司和中国建筑股份有限公司。中国平安保险(集团)股份有限公司列第4位,仍是非国有企业第1位。两家民营上市互联网服务与零售企业京东商城电子商务有限公司和阿里巴巴集团控股有限公司的排名均有提升,其中,京东商城电子商务有限公司排名升至第13位,阿里巴巴集团控股有限公司则名列第18位。

从行业看,随着部分排名前列企业的互联网服务公司的逐步盈利,榜单上该行业创造的净利润同比增长超过300%。2019年是"新基建"元年,但是,因其在固定资产投资中的绝对占比较低,"老基建"仍发挥着不可或缺的作用。2020年,中国500强榜单里与"老基建"相关的基建、建筑、电力、工程机械、港口和物流行业的收入总额达到8.6万亿元,较2019年的7.4万亿元增长17.7%,这些行业仍是经济稳定增长的重要支柱。

此外,在注册制和科创板等多重政策的助力下,越来越多的优质公司选择在境内资本市场上市。在2020年的上榜公司中,登录境内资本市场的公司数量达到366家,为历年来最高水平。

2020年共有39家新上榜和重新上榜公司,其中,拼多多首次上榜,并以301亿元的总收入排名第321位。互联网领域另一家值得一提的新上榜公司是欢聚集团,这家以游戏直播为主营业务的公司也是首次上榜,并以约256亿元的营业收入名列榜单第359位。此外,新晋上榜公司还包括从事地产投资和管理的大悦城控股集团,以及"非洲智能手机之王"深圳传音。

在盈利能力方面,与2019年情况相同,最赚钱的10家上市公司除了几大商业银行和保险公司之外,仍是阿里巴巴集团控股有限公司、中国移动有限公司和腾讯控股有限公司。这10家公司在2019年的总利润约为1.7万亿元,接近全部上榜公司利润总和的40%。

2019年,中国500强中有15家上市公司未能盈利,亏损总额约807亿元。居亏损榜首位的是青海盐湖工业股份有限公司,亏损额超过458亿元。位居第2位的爱奇艺亏损额达到103亿元。以商品低价争夺一、二线城市用户的拼多多2019年亏损额超过69亿元,位居亏损榜第3位。

在所有上市公司中,净资产收益率(ROE)最高的10家企业中房地产行业的占了4家,其中仁恒置地集团有限公司的ROE高达43.5%,位居ROE榜单第1;网易公司位居第2。与老百姓餐桌相关的农林牧渔和食品饮料行业在ROE榜单中占据3席,分别是佛山市海天调味食品股份有限公司、温氏食品集团股份有限公司和贵州茅台酒股份有限公司。2020年中国500强前100强排行榜见表1。

表1 2020年中国500强前100强排行榜

排名		公司名称	营业收入(亿元)	利润(亿元)
2020年	2019年			
1	1	中国石油化工股份有限公司	29 661.93	575.91
2	2	中国石油天然气股份有限公司	25 168.10	456.77
3	3	中国建筑股份有限公司	14 198.37	418.81
4	4	中国平安保险(集团)股份有限公司	11 688.67	1 494.07
5	6	中国工商银行股份有限公司	8 551.64	3 122.24
6	7	中国中铁股份有限公司	8 508.84	236.78
7	5	上海汽车集团股份有限公司	8 433.24	256.03
8	9	中国铁建股份有限公司	8 304.52	201.97
9	8	中国移动有限公司	7 459.17	1 066.41
10	11	中国人寿保险股份有限公司	7 451.65	582.87

(续)

排名		公司名称	营业收入 （亿元）	利润 （亿元）
2020年	2019年			
11	10	中国建设银行股份有限公司	7 056.29	2 667.33
12	12	中国农业银行股份有限公司	6 272.68	2 120.98
13	17	京东商城电子商务有限公司	5 768.88	121.84
14	14	中国人民保险集团股份有限公司	5 555.15	224.01
15	15	中国交通建设股份有限公司	5 547.92	201.08
16	13	中国银行股份有限公司	5 491.82	1 874.05
17	18	中国中信股份有限公司	4 988.01	474.62
18	24	阿里巴巴集团控股有限公司	4 888.95	1 721.26
19	19	碧桂园控股有限公司	4 859.08	395.50
20	16	中国恒大集团	4 775.61	172.80
21	23	绿地控股集团股份有限公司	4 280.83	147.43
22	25	国药控股股份有限公司	4 252.73	62.53
23	21	联想控股股份有限公司	3 892.18	36.07
24	22	中国太平洋保险（集团）股份有限公司	3 854.89	277.41
25	27	腾讯控股有限公司	3 772.89	933.10
26	20	中国电信股份有限公司	3 757.34	205.17
27	30	万科企业股份有限公司	3 678.94	388.72
28	29	物产中大集团股份有限公司	3 589.22	27.34
29	31	中国电力建设股份有限公司	3 484.78	72.39
30	33	中国冶金科工股份有限公司	3 386.38	66.00
31	34	厦门建发股份有限公司	3 372.39	46.76
32	26	海航科技股份有限公司	3 271.53	5.22
33	28	宝山钢铁股份有限公司	2 920.57	124.23
34	32	中国联合网络通信股份有限公司	2 905.15	49.82
35	36	美的集团股份有限公司	2 793.81	242.11
36	37	中国邮政储蓄银行股份有限公司	2 768.09	609.33
37	40	厦门象屿股份有限公司	2 724.12	11.06
38	38	招商银行股份有限公司	2 697.03	928.67
39	39	苏宁易购集团股份有限公司	2 692.29	98.43
40	44	中国建材股份有限公司	2 534.03	109.74
41	42	中国能源建设股份有限公司	2 472.91	50.79
42	35	中国神华能源股份有限公司	2 418.71	432.50
43	45	江西铜业股份有限公司	2 403.60	24.66
44	49	保利发展控股集团股份有限公司	2 359.81	279.59

(续)

排名		公司名称	营业收入（亿元）	利润（亿元）
2020年	2019年			
45	41	中国海洋石油有限公司	2 331.99	610.45
46	46	交通银行股份有限公司	2 324.72	772.81
47	43	中国中车股份有限公司	2 290.11	117.95
48	47	厦门国贸集团股份有限公司	2 180.47	23.09
49	51	中国太平保险控股有限公司	2 153.07	79.32
50	53	小米集团	2 058.39	100.44
51	55	上海建工集团股份有限公司	2 054.97	39.30
52	50	海尔智家股份有限公司	2 007.62	82.06
53	58	兖州煤业股份有限公司	2 006.47	86.68
54	48	珠海格力电器股份有限公司	2 005.08	246.97
55	54	上海浦东发展银行股份有限公司	1 906.88	589.11
56	52	中国铝业股份有限公司	1 900.74	8.51
57	61	上海医药集团股份有限公司	1 865.66	40.81
58	62	兴业银行股份有限公司	1 813.08	658.68
59	63	中国民生银行股份有限公司	1 804.41	538.19
60	59	华润医药集团有限公司	1 800.22	28.94
61	65	北京汽车股份有限公司	1 746.33	40.83
62	64	新华人寿保险股份有限公司	1 745.66	145.59
63	60	潍柴动力股份有限公司	1 743.61	91.05
64	56	华能国际电力股份有限公司	1 734.85	16.86
65	57	广汇汽车服务集团股份有限公司	1 704.56	26.01
66	72	融创中国控股有限公司	1 693.16	260.28
67	66	万洲国际有限公司	1 662.75	101.06
68	71	安徽海螺水泥股份有限公司	1 570.30	335.93
69	67	中国南方航空股份有限公司	1 543.22	26.51
70	75	中远海运控股股份有限公司	1 510.57	67.64
71	77	龙湖集团控股有限公司	1 510.26	183.37
72	73	华润置地有限公司	1 477.36	286.72
73	81	复星国际有限公司	1 429.82	148.01
74	76	中国再保险（集团）股份有限公司	1 426.34	60.49
75	69	中国航油（新加坡）股份有限公司	1 403.40	6.89
76	68	中国国际航空股份有限公司	1 361.81	64.09
77	87	紫金矿业集团股份有限公司	1 360.98	42.84
78	80	中国光大银行股份有限公司	1 328.12	373.54

(续)

排名		公司名称	营业收入（亿元）	利润（亿元）
2020 年	2019 年			
79	91	中国中煤能源股份有限公司	1 292.94	56.26
80	70	比亚迪股份有限公司	1 277.39	16.14
81	93	上海电气集团股份有限公司	1 275.09	35.01
82	82	中升集团控股有限公司	1 240.43	45.02
83	96	上海钢联电子商务股份有限公司	1 225.72	1.31
84	74	河钢股份有限公司	1 214.95	25.59
85	78	中国东方航空股份有限公司	1 208.60	31.95
86	86	中国通信服务股份有限公司	1 174.13	30.49
87	139	国电电力发展股份有限公司	1 165.99	18.39
88	95	京东方科技集团股份有限公司	1 160.60	19.19
89	88	昆仑能源有限公司	1 133.13	55.51
90	83	中国华融资产管理股份有限公司	1 126.57	14.24
91	102	顺丰控股股份有限公司	1 121.93	57.97
92	108	世茂房地产控股有限公司	1 115.17	108.98
93	92	百度股份有限公司	1 074.13	20.57
94	101	湖南华菱钢铁股份有限公司	1 073.22	43.91
95	89	鞍钢股份有限公司	1 055.87	17.37
96	112	华夏幸福基业股份有限公司	1 052.10	146.12
97	118	中国化学工程股份有限公司	1 041.29	30.31
98	90	东风汽车集团股份有限公司	1 010.87	128.58
99	150	恒力石化股份有限公司	1 007.82	100.25
100	106	九州通医药集团股份有限公司	994.97	17.27

注：1. 本榜单由中金公司财富管理部与《财富》（中文版）合作编制完成。
2. 本排行榜覆盖范围包括在中国境内外上市的所有中国公司，按 2019 年财务年度的营业收入对公司进行排名。
3. 本榜单所依数据为上市公司在各证券交易所正式披露的 2019 年年报。
4. 本榜单以人民币为统一计价标准；除另有注明外，营业收入与利润所涉及人民币汇率均按 2019 年平均汇率（中国人民银行公布的交易中间价）换算，其中：1 港币＝ 0.880 5 元人民币；1 美元＝ 6.898 5 元人民币；1 新加坡元＝ 5.059 6 元人民币；总资产与股东权益所涉及人民币汇率均按 2019 年最后一个交易日中国人民银行公布的交易中间价换算。
5. 本榜单所采用的财务数据，以该公司公布的中国国内会计准则核算数据为首选，以国际会计准则核算数据为候选。
6. 本榜单所采用的市值数据以该公司 2019 年最后一个交易日收盘价数据为准，对于多地上市公司，分别以不同地区上市的股份价格和股份数量计算市值，然后加总。2020 年新上市公司，采用上市首日收盘价计算市值。
7. 本榜单排名不构成对相关公司二级市场的任何操作建议。
8. 凡财务年度截至日非 12 月 31 日的公司，均按其季报及中报数据调整为自然年度对应数据，如阿里巴巴和玖龙纸业。
9. 本榜单统计截止日为 2020 年 5 月 15 日，部分 2019 年上榜公司，如中国燃气、北大资源和中国金属利用等因未发年报未纳入统计范围。
10. 上市公司市值仅供参考。

〔来源：财富中文网〕

2020年世界500强133家中国上榜企业名单

一、世界500强营业收入攀历史新高

2019年,世界500强企业的营业收入达到33.3万亿美元,创下历史新高。2008年发生国际金融危机后,世界500强企业的经营状况跌入低谷。2009年,世界500强企业的总销售收入为23万亿美元,利润只有9 604亿美元。此后,世界500强企业的经营状况逐渐恢复,2018年情况出现明显转变。2018年世界500强企业的销售收入达32.7万亿美元,同比增长8.9%;实现利润21 537亿美元,同比增长14.5%;销售收益率达到6.6%,净资产收益率达到12.1%。这些数据都大幅度超过2017年世界500强的数据。

在2018年世界500强经营业绩大幅提升的基础上,2019年世界500强的销售收入达到历史高峰,为33.3万亿美元,同比增长2%。2019年世界500强的利润达20 613亿美元,同比减少4.3%;销售收益率为6.2%,净资产收益率则达到11.3%,这两个指标略低于2018年的指标。

随着2019年全球企业销售收入的增加,进入世界500强排行榜的企业门槛(最低销售收入)也从2018年的248亿美元提高到254亿美元。

二、中国企业实现了历史性跨越

2020年中国大陆和中国香港共有124家企业共出现在世界500强排行榜上(加上台湾地区企业,中国上榜企业达到133家)。中国企业的数量第一次超过了美国的121家,实现了历史性的跨越。

世界500强排行榜上中国企业地位的提升,反映了改革开放以来,中国企业规模的不断壮大以及大企业数量的不断增加。企业发展壮大的结果是中国整体经济的规模不断发展壮大。

1995年,《财富》杂志第一次发布世界500强排行榜时,世界贸易组织刚刚建立,那时只有4家中国企业进入排行榜。

2001年,中国加入世界贸易组织,当年进入排行榜的中国企业为12家,以后逐年迅速增加。自2008年以来,中国企业在排行榜中数量快速增长,先是超过了德国、法国和英国,后来又超越了日本。在2020年的排行榜中,中国企业成为进入世界500强排行榜最多的企业群体。2001—2019年进入世界500强的中国大陆和中国香港企业数量如图1所示。

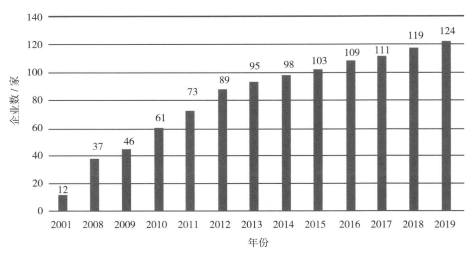

图1 2001—2019年进入世界500强的中国大陆和中国香港企业数量

资料来源:根据《财富》杂志历年数据整理。

值得注意的是，进入世界500强的中国企业不仅数量增加，而且企业规模也不断扩大，企业经营状况也不错，在世界500强中的地位不断攀升。

进入2020年排行榜的124家中国大陆和中国香港企业中，有8家是新进入排行榜，它们是：上海建工集团股份有限公司、深圳市投资控股有限公司、盛虹控股集团有限公司、山东钢铁集团有限公司、上海医药集团股份有限公司、广西投资集团有限公司、中国核工业集团有限公司和中国中煤能源集团有限公司。其他116家企业中有63家排位比2019年提升，有3家与2019年排位持平，50家企业排名有所下降。

与中国企业自己相比，2020年上榜企业平均销售收入达到669亿美元，比2019年的665亿美元有所提升；平均利润达到35.6亿美元，比2019年略有提升；销售收益率、净资产收益率分别5.3%、9.8%，与2019年持平。

与世界500强中国外企业横向比较，中国企业的经营状况达到了国外上榜企业的平均水平。2019年，国外上榜企业平均销售收入666亿美元，中国上榜企业平均销售收入669亿美元；国外上榜企业净资产平均为364亿美元，中国上榜企业净资产平均为364.4亿美元。这两项指标中国企业与国外上榜企业持平或略高。

中国企业在世界500强排行榜中的数量迅速增长和规模迅速扩大与中国40年来的改革开放进程密切相关。随着对外开放，引进外商投资，中国产生了第一批现代企业——外资企业，随后国营企业改组为国有企业，个体户成为民营企业。中国加入世贸组织以来的20年，中国现代企业从无到有，从小到大逐渐发展起来。

三、中国企业面临从"大"到"强大"的挑战

中国政府一直关注和推进企业的成长壮大，并在2017年提出要"培育具有全球竞争力的世界一流企业"。

根据对全球企业多年的调查和研究，世界一流企业并不仅仅是规模大，而且是竞争力强；不仅仅是技术和产品等企业硬实力强，而且管理和文化等企业软实力也强。企业规模大是企业竞争力强的一个因素，但是"庞大"不等于"强大"。许多企业并不大，往往并不为人所知，但确实是其所在业务领域里的翘楚，即所谓的"隐形冠军"。

《财富》杂志搜集了全球大企业的销售收入、利润、总资产、净资产以及雇员人数5项指标，并根据销售收入大小排列出前500家企业名单，从中可以看出，销售收入大确实是企业强的一个方面，但是不完全等于企业竞争力强。

中国企业在做大方面已经取得了令世人瞩目的成绩。但是，做大并不等同于做强，中国企业应该更加关注培育具有全球竞争力的世界一流企业。

四、从经营指标看，企业需要提升盈利能力

通过对中国上榜企业的数据进行分析，可以看到，中国企业盈利水平相对较低。世界500强的平均利润为41亿美元，而中国上榜企业的平均利润是35.6亿美元，盈利能力没有达到世界500强的平均水平。

与美国企业相比，中国企业存在的差距更加明显。多年来，在世界500强排行榜上的美国企业经营状况一直处于领先地位。一般来说，企业经营状况的优劣可以通过销售收益率和净资产收益率两个指标来体现。2019年，世界500强的销售收益率平均是6.2%，美国企业则是10.5%；世界500强的净资产收益率平均是11.3%，美国企业则是17%。由此可见，美国企业的经营状况明显好于全球平均水平。

2020年，上榜的中国大陆和中国香港企业平均销售收入669亿美元，平均净资产364亿美元，平均利润36亿美元。它们的平均利润约为美国企业的1/2。根据这3个数据计算，上榜中国大陆和中国香港企业的平均销售收益率为5.4%，平均净资产收益率是9.8%，均低于美国企业。

如果考虑到中国和美国上榜企业平均雇佣员工数量的差别，上述差距进一步扩大。2019年，美国上榜企业平均雇佣员工143 243人，中国上榜企业平均雇佣员工175 706人，中国企业员工人数是美国的1.23倍。美国企业人均销售收入57万美元，中国企业为38万美元；

美国企业人均利润4.9万美元，中国企业为2万美元。

比较中美两国上榜企业，2020年进入榜单的中国银行有10家，这10家银行的利润总额为1 941亿美元，占全部上榜中国企业利润总额的44%。长期以来，中国银行业利润奇高，上榜银行的利润占全部上榜企业利润50%以上。虽然2020年上榜银行利润占比已经明显下降，但比例还是过高。实际上，银行利润过高必然挤压非金融企业的利润。如果不计算银行所得利润，2019年中国上榜的114家非银行企业的平均利润只有近22亿美元。美国上榜8家银行，其利润总额是1 328亿美元，占全部上榜企业利润总额的15.7%。如果不计算银行的利润，其他113家美国企业的平均利润仍然达到63亿美元，是中国企业的近3倍。

因此，从企业盈利能力看，中国企业大而不强，与美国企业的差距还很大。中国企业需要扎扎实实强化企业管理，不断创新技术，改进产品质量，提高企业的盈利能力。

五、从国际化程度看，企业需要提升全球竞争力

1992年，经济全球化新阶段到来，各国企业纷纷推进全球化战略。传统跨国公司逐步转型为全球型公司。全球型公司吸纳全球各地最佳资源加以整合，把价值链延伸到全球，从而构建全球价值链。这是全球型公司形成超强的全球竞争力的真正秘诀。

世界一流企业往往都拥有或者主导一条全球价值链/产业链，而进入世界500强排行榜的中国企业，很少有企业能够构建、拥有和主导一条全球价值链。中国企业应该积极抓住全球产业链重构过程带来的挑战和机遇，融入全球产业链，在融入全球产业链的过程中提升全球竞争力。

六、从全球竞争规则看，企业需要增强合规竞争力

自中美贸易摩擦发生以来，特别是新冠肺炎疫情蔓延以来，中国企业面临的国际环境发生了巨大变化。全球产业链正在重构：一方面是产业链地理布局的重构，另一方面则是产业链竞争规则的重构。打造世界一流企业不仅要应对产业链地理布局的重构，而且还要增强企业合规竞争力以应对全球产业链竞争规则的重构。

强化合规管理、增强合规竞争力是近年来全球企业发展的新趋势。最近20年，国际组织和发达国家政府都加大了对企业合规的监管。全球企业纷纷建立合规管理体系以应对外部监管，同时重构企业合规文化提升合规竞争力。

合规风险是中国企业不熟悉但又十分严峻的风险。事实上，这是走向世界的中国企业面临的主要风险。有一些上榜中国企业也面临着合规挑战。进入世界500强排行榜的一些中国银行的海外机构因为反洗钱不力等原因而被国外监管机构查处，还有一些企业由于违规被列入世界银行的黑名单。目前，由于违反世界银行的规则而进入世界银行制裁名单的中国企业达到900余家（有的公司因为母公司被制裁导致下属子公司也被制裁）。由此可见，合规风险已经成为中国企业面临的核心风险。

当全球产业链重构，特别是全球竞争规则重构的时候，中国企业应该抓住这次机会，改变软实力落后的状态，加快合规管理体系建设，在参与全球产业链重构中提升中国企业的合规竞争力。

目前，强化合规经营已经引起中国政府的高度重视。国家多次倡导企业合规经营，明确要求企业"遵纪守法搞经营，在合法合规中提高企业竞争能力"。国务院有关部门出台了企业合规管理指引，推动企业合规体系建设。2020年新冠肺炎疫情蔓延以来，中国政府表示要加快国内制度规则与国际接轨、遵循市场原则和国际通行规则。

中国企业只有把握全球企业合规发展新趋势、加强企业合规体系建设和合规文化的培育、增强企业合规竞争力，才能成长为具有全球竞争力的企业，才能真正变得强大。

中国企业应该继续向世界500强里的全球型公司学习，与他们合作，同台竞争，从而发展为硬实力和软实力皆强大的世界一流企业。2020年世界500强中133家中国上榜公司名单见表1。

表1 2020年世界500强中133家中国上榜公司名单

排名 2020年	排名 2019年	公司名称（中英文）	总部所在城市	营业收入（亿美元）
2	2	中国石油化工集团公司（SINOPEC GROUP）	北京	4 070.09
3	5	国家电网公司（STATE GRID）	北京	3 839.06
4	4	中国石油天然气集团公司（CHINA NATIONAL PETROLEUM）	北京	3 791.30
18	21	中国建筑集团有限公司（CHINA STATE CONSTRUCTION ENGINEERING）	北京	2 058.39
21	29	中国平安保险（集团）股份有限公司（PING AN INSURANCE）	深圳	1 842.80
24	26	中国工商银行（INDUSTRIAL AND COMMERCIAL BANK OF CHINA）	北京	1 770.69
26	23	鸿海精密工业股份有限公司（HON HAI PRECISION INDUSTRY）	新北	1 728.69
30	31	中国建设银行（CHINA CONSTRUCTION BANK）	北京	1 588.84
35	36	中国农业银行（AGRICULTURAL BANK OF CHINA）	北京	1 473.13
43	44	中国银行（BANK OF CHINA）	北京	1 350.91
45	51	中国人寿保险（集团）公司〔CHINA LIFE INSURANCE（GROUP）COMPANY〕	北京	1 312.44
49	61	华为投资控股有限公司（HUAWEI INVESTMENT & HOLDING）	深圳	1 243.16
50	55	中国铁路工程集团有限公司（CHINA RAILWAY ENGINEERING GROUP）	北京	1 233.24
52	39	上海汽车集团股份有限公司（SAIC MOTOR）	上海	1 220.71
54	59	中国铁道建筑集团有限公司（CHINA RAILWAY CONSTRUCTION）	北京	1 203.02
64	63	中国海洋石油总公司（CHINA NATIONAL OFFSHORE OIL）	北京	1 086.87
65	56	中国移动通信集团公司（CHINA MOBILE COMMUNICATIONS）	北京	1 085.27
75	97	太平洋建设集团（PACIFIC CONSTRUCTION GROUP）	乌鲁木齐	975.36
78	93	中国交通建设集团有限公司（CHINA COMMUNICATIONS CONSTRUCTION）	北京	950.96
79	80	中国华润有限公司（CHINA RESOURCES）	香港	947.58
89	87	中国第一汽车集团有限公司（CHINA FAW GROUP CORPORATION）	长春	894.17
90	101	中国邮政集团公司（CHINA POST GROUP）	北京	893.47
91	119	正威国际集团（AMER INTERNATIONAL GROUP）	深圳	888.62
92	112	中国五矿集团有限公司（CHINA MINMETALS）	北京	883.57
100	82	东风汽车集团有限公司（DONGFENG MOTOR CORPORATION）	武汉	840.49
102	139	京东集团（JD.COM，INC.）	北京	835.05
105	111	中国南方电网有限责任公司（CHINA SOUTHERN POWER GRID）	广州	819.78
107	181	恒力集团（HENGLI GROUP）	苏州	805.88
108	107	国家能源投资集团（CHINA ENERGY INVESTMENT）	北京	804.98
109	88	中国中化集团公司（SINOCHEM GROUP）	北京	803.76
111	149	中国宝武钢铁集团（CHINA BAOWU STEEL GROUP）	上海	799.32
112	121	中国人民保险集团股份有限公司（PEOPLE'S INSURANCE CO. OF CHINA）	北京	797.88
126	137	中国中信集团有限公司（CITIC GROUP）	北京	751.15
132	182	阿里巴巴集团（ALIBABA GROUP HOLDING）	杭州	731.66
134	129	北京汽车集团（BEIJING AUTOMOTIVE GROUP）	北京	725.54
136	134	中粮集团有限公司（COFCO）	北京	721.49
145	169	中国医药集团（SINOPHARM）	北京	706.90

（续）

排名 2020年	排名 2019年	公司名称（中英文）	总部所在城市	营业收入（亿美元）
147	177	碧桂园控股有限公司（COUNTRY GARDEN HOLDINGS）	佛山	703.35
152	138	中国恒大集团（CHINA EVERGRANDE GROUP）	深圳	691.27
154	140	中国兵器工业集团公司（CHINA NORTH INDUSTRIES GROUP）	北京	687.14
157	161	中国电力建设集团有限公司（POWERCHINA）	北京	673.71
158	141	中国电信集团公司（CHINA TELECOMMUNICATIONS）	北京	673.65
162	150	交通银行（BANK OF COMMUNICATIONS）	上海	665.64
163	151	中国航空工业集团公司（AVIATION INDUSTRY CORP. OF CHINA）	北京	659.09
164	144	中国化工集团公司（CHEMCHINA）	北京	657.67
176	202	绿地控股集团有限公司（GREENLAND HOLDING GROUP）	上海	619.65
187	203	中国建材集团（CHINA NATIONAL BUILDING MATERIAL GROUP）	北京	576.26
189	188	招商银行（CHINA MERCHANTS BANK）	深圳	572.52
191	242	中国保利集团（CHINA POLY GROUP）	北京	571.47
193	199	中国太平洋保险（集团）公司（CHINA PACIFIC INSURANCE (GROUP)）	上海	558.00
197	237	腾讯控股有限公司（TENCENT HOLDINGS）	深圳	546.13
206	189	广州汽车工业集团（GUANGZHOU AUTOMOBILE INDUSTRY GROUP）	广州	536.62
208	254	万科企业股份有限公司（CHINA VANKE）	深圳	532.53
210	249	物产中大集团（WUCHAN ZHONGDA GROUP）	杭州	519.54
212	211	山东能源集团有限公司（SHANDONG ENERGY GROUP）	济南	518.93
217	251	中国铝业公司（ALUMINUM CORP. OF CHINA）	北京	516.49
218	214	河钢集团（HBIS GROUP）	石家庄	513.45
220	216	上海浦东发展银行（SHANGHAI PUDONG DEVELOPMENT BANK）	上海	513.13
222	213	兴业银行（INDUSTRIAL BANK）	福州	509.45
224	212	联想集团（LENOVO GROUP）	香港	507.16
234	277	厦门建发集团有限公司（XIAMEN C&D）	厦门	491.70
235	244	招商局集团（CHINA MERCHANTS GROUP）	香港	491.26
239	232	中国民生银行（CHINA MINSHENG BANKING）	北京	485.28
243	220	浙江吉利控股集团（ZHEJIANG GEELY HOLDING GROUP）	杭州	478.86
250	388	友邦保险集团（AIA GROUP）	香港	472.42
253	289	中国光大集团（CHINA EVERBRIGHT GROUP）	北京	469.57
264	279	中国远洋海运集团有限公司（CHINA COSCO SHIPPING）	上海	446.55
265	263	陕西延长石油（集团）公司（SHAANXI YANCHANG PETROLEUM (GROUP)）	西安	445.64
266	286	中国华能集团公司（CHINA HUANENG GROUP）	北京	445.02
269	259	和硕（PEGATRON）	台北	442.07
273	281	陕西煤业化工集团（SHAANXI COAL & CHEMICAL INDUSTRY）	西安	437.98
281	250	中国机械工业集团有限公司（SINOMACH）	北京	431.22
284	291	厦门国贸控股集团有限公司（XIAMEN ITG HOLDING GROUP）	厦门	427.90
290	262	中国联合网络通信股份有限公司（CHINA UNITED NETWORK COMMUNICATIONS）	北京	420.52

（续）

排名 2020年	排名 2019年	公司名称（中英文）	总部所在城市	营业收入（亿美元）
295	318	兖矿集团（YANKUANG GROUP）	邹城	413.23
296	301	雪松控股集团（CEDAR HOLDINGS GROUP）	广州	412.77
298	338	象屿集团（XMXYG）	厦门	411.35
301	280	怡和集团（JARDINE MATHESON）	香港	409.22
305	283	中国航空油料集团公司（CHINA NATIONAL AVIATION FUEL GROUP）	北京	404.87
307	312	美的集团股份有限公司（MIDEA GROUP）	佛山	404.40
308	273	山东魏桥创业集团（SHANDONG WEIQIAO PIONEERING GROUP）	滨州	404.26
316	362	国家电力投资集团公司（STATE POWER INVESTMENT）	北京	394.07
324	333	苏宁易购集团（SUNING.COM GROUP）	南京	389.71
328	352	长江和记实业有限公司（CK HUTCHISON HOLDINGS）	香港	381.66
329	361	青山控股集团（TSINGSHAN HOLDING GROUP）	温州	380.12
332	322	中国航天科工集团公司（CHINA AEROSPACE SCIENCE & INDUSTRY）	北京	376.04
343	358	江西铜业集团公司（JIANGXI COPPER）	贵溪	369.80
351	340	江苏沙钢集团（JIANGSU SHAGANG GROUP）	张家港	364.88
352	323	中国航天科技集团公司（CHINA AEROSPACE SCIENCE & TECHNOLOGY）	北京	362.09
353	364	中国能源建设集团（CHINA ENERGY ENGINEERING GROUP）	北京	361.11
354	368	阳光龙净集团有限公司（YANGO LONGKING GROUP）	福州	359.09
361	359	中国中车集团（CRRC GROUP）	北京	347.04
362	363	台积公司（TAIWAN SEMICONDUCTOR MANUFACTURING）	新竹	346.20
367	441	安徽海螺集团（ANHUI CONCH GROUP）	芜湖	339.16
369	369	金川集团（JINCHUAN GROUP）	金昌	338.24
370	386	中国华电集团公司（CHINA HUADIAN）	北京	338.08
374	455	国泰金融控股股份有限公司（CATHAY FINANCIAL HOLDING）	台北	335.11
377	365	广达电脑公司（QUANTA COMPUTER）	桃园	333.13
381	370	中国电子科技集团公司（CHINA ELECTRONICS TECHNOLOGY GROUP）	北京	329.48
386	375	中国电子信息产业集团有限公司（CHINA ELECTRONICS）	北京	324.47
392	451	中国太平保险集团有限责任公司（CHINA TAIPING INSURANCE GROUP）	香港	319.12
396	390	仁宝电脑（COMPAL ELECTRONICS）	台北	317.23
401	385	鞍钢集团公司（ANSTEEL GROUP）	鞍山	314.69
403	471	富邦金融控股股份有限公司（FUBON FINANCIAL HOLDING）	台北	310.13
406	347	冀中能源集团（JIZHONG ENERGY GROUP）	邢台	306.66
409	394	台湾中油股份有限公司（CPC）	高雄	305.46
422	468	小米集团（XIAOMI）	北京	297.95
423	—	上海建工集团股份有限公司（SHANGHAI CONSTRUCTION GROUP）	上海	297.46
424	498	泰康保险集团（TAIKANG INSURANCE GROUP）	北京	295.02
429	402	首钢集团（SHOUGANG GROUP）	北京	292.74
434	367	中国兵器装备集团公司（CHINA SOUTH INDUSTRIES GROUP）	北京	290.63

（续）

排名 2020年	排名 2019年	公司名称（中英文）	总部所在城市	营业收入（亿美元）
435	448	海尔智家股份有限公司（HAIER SMART HOME）	青岛	290.60
436	414	珠海格力电器股份有限公司（GREE ELECTRIC APPLIANCES）	珠海	290.24
442	—	深圳市投资控股有限公司（SHENZHEN INVESTMENT HOLDINGS）	深圳	288.55
443	439	新疆广汇实业投资（集团）有限责任公司（XINJIANG GUANGHUI INDUSTRY INVESTMENT）	乌鲁木齐	287.11
449	442	华夏保险公司（HUAXIA LIFE INSURANCE）	北京	284.94
452	424	纬创集团（WISTRON）	台北	284.16
455	—	盛虹控股集团有限公司（SHENGHONG HOLDING GROUP）	苏州市	278.70
456	461	铜陵有色金属集团（TONGLING NONFERROUS METALS GROUP）	铜陵	278.19
459	—	山东钢铁集团有限公司（SHANDONG IRON & STEEL GROUP）	济南	277.55
463	464	大同煤矿集团有限责任公司（DATONG COAL MINE GROUP）	大同	275.57
465	438	中国大唐集团公司（CHINA DATANG）	北京	274.64
468	473	海亮集团有限公司（HAILIANG GROUP）	杭州	272.09
473	—	上海医药集团股份有限公司（SHANGHAI PHARMACEUTICALS HOLDING）	上海	270.05
477	485	中国通用技术(集团)控股有限责任公司（CHINA GENERAL TECHNOLOGY）	北京	265.59
485	465	山西焦煤集团有限责任公司（SHANXI COKING COAL GROUP）	太原	261.79
486	484	河南能源化工集团（HENAN ENERGY & CHEMICAL）	郑州	261.63
489	462	潞安集团（SHANXI LUAN MINING GROUP）	长治	260.78
490	—	广西投资集团有限公司（GUANGXI INVESTMENT GROUP）	南宁	260.60
493	—	中国核工业集团有限公司（CHINA NATIONAL NUCLEAR）	北京	259.75
496	—	中国中煤能源集团有限公司（CHINA NATIONAL COAL GROUP）	北京	258.46
499	469	山西阳泉煤业(集团)有限责任公司（YANGQUAN COAL INDUSTRY GROUP）	阳泉	254.91
500	482	山西晋城无烟煤矿业集团（SHANXI JINCHENG ANTHRACITE COAL MINING GROUP）	晋城	253.86

〔来源：财富中文网〕

2020年度ENR全球最大250家国际承包商中国企业上榜名单

2020年度美国《工程新闻纪录（ENR）》"全球最大250家国际承包商"榜单发布。2019年250家上榜企业的国际新签合同总额为6258亿美元，较2018年上升3.4%；国际营业总额为4730.7亿美元，较2018年下降2.9%。其中，50.6%的上榜企业国际营业额有所提升，49.4%

的企业业绩出现下滑。

中国内地企业（以下简称中国企业）共有74家企业入围，数量较2019年减少1家，减少的主要原因是企业实施了合并重组，由母公司统一参评。中国上榜企业数量继续蝉联各国榜首，土耳其以44家上榜企业居第2位，美国位列第3位（35家），日本位列第4位（13家），韩国位列第5位（12家）。

从各国上榜企业的国际营业总额来看，2019年中国企业实现国际营业额1 200.05亿美元，同比增长0.9%，占250家上榜企业国际营业总额的25.4%，较2018年提升1个百分点。西班牙企业以706.75亿美元位居第2位，占比14.9%；法国企业以469.1亿美元列第3位，占比9.9%；美国企业以246.48亿美元排第4位，占比5.2%；韩国企业则以245.95亿美元列第5位，占比5.19%。

有3家中国企业进入榜单前10名，分别是中国交通建设集团有限公司（排名第4位，国际营业额233.04亿美元）、中国电力建设集团有限公司（排名第7位，国际营业额147.16亿美元）和中国建筑股份有限公司（排名第8位，国际营业额141.43亿美元）；有10家中国企业进入榜单前50名。西班牙企业ACS以389.5亿美元国际营业额排名榜首，德国企业霍克蒂芙（HOCHTIEF）以293.03亿美元的国际营业额排名第2位，法国企业万喜（VINCI）以244.99亿美元的国际营业额位居第3位。

2020年度74家上榜中国企业的平均国际营业额为16.22亿美元，平均国际业务占比（国际营业额/全球营业额）为11.9%。榜单前10位的中国企业平均国际营业额为87.23亿美元，平均国际业务占比为12.3%；榜单前10位的外国企业平均国际营业额为174.92亿美元，平均国际业务占比为67.8%。

在地区市场业务排名前10名的企业中，中国企业除未能进入欧洲、美国、加拿大市场的前10强外，在其他市场榜单中均占有席位。在非洲市场，中国企业依旧表现突出，中国交通建设集团有限公司、中国电力建设集团有限公司、中国中铁股份有限公司、中国铁建股份有限公司、中国建筑股份有限公司和机械工业集团有限公司6家企业入围前10强；在亚洲市场，中国交通建设集团有限公司、中国建筑股份有限公司、中国电力建设集团有限公司和中国中铁股份有限公司4家企业入围前10强；在中东市场，中国企业表现也可圈可点，中国电力建设集团有限公司、中国建筑股份有限公司和中国能源建设股份有限公司3家企业上榜；此外，在拉丁美洲和加勒比市场，中国交通建设集团有限公司、中国铁建股份有限公司和中国电力建设集团有限公司3家企业上榜。各国承包商在各区域市场各有所长，其中，中国企业在非洲与亚洲市场继续保持领先地位，市场份额分别达到61.9%与43.4%；在中东的市场份额为24.7%，在拉丁美洲和加勒比的市场份额为23.7%；美国企业业务主要集中在加拿大，市场份额为44.1%；欧洲企业业务在欧洲、美国与拉丁美洲和加勒比市场上的优势较为明显，市场份额分别达到79.8%、78.5%和60.3%，在加拿大、亚洲和中东市场的份额分别为42.3%、33.6%和28.5%。

专业业务领域方面，250家上榜企业在交通运输建设领域的营业额合计为1 465.82亿美元，占营业总额的31%；其次是房屋建筑、石油化工和电力工程领域，这4个领域营业额合计占比达82.4%。在2020年度各业务领域排名前10位的企业中，除通信工程领域外，均有中国企业上榜。其中，在交通运输建设领域、电力工程领域、工业建造领域和水利工程领域，中国企业均占据3个及以上席位。

与2019年相比，入围的74家中国企业中，有37家排名上升，其中上升幅度最大的为北京城建集团有限责任公司，排名从第154位上升至第105位，其次为安徽省外经建设（集团）有限公司，排名从第166位上升至第126位；有27家企业排名下降；2家与2019年度排名持平；新上榜企业8家。在新上榜企业中，山东高速集团有限公司与龙建路桥股份有限公司进入榜单前150强，分别排在第139位和第150位。

在ENR同期发布的"最大250家全球承包商"榜单中（以国内与国际营业额合计排序），共7家中国企业进入前10强，其中，中国建筑股份有限公司、中国中铁股份有限公司、中国铁建股份有限公司、中国交通建设集团有限公司和中国电力建设集团有限公司包揽前5名，中冶科工集团有限公司排名第8位，上海建工股份有限公司排名第9位，体现了中国企业在全球基建行业的领军地位。2020年度上榜的中国企业名单见表1。

表1　2020年度上榜的中国企业名单

名次	2020年	2019年	企业名称
1	4	3	中国交通建设集团有限公司
2	7	7	中国电力建设集团有限公司
3	8	9	中国建筑股份有限公司
4	12	14	中国铁建股份有限公司
5	13	18	中国中铁股份有限公司
6	15	23	中国能源建设股份有限公司
7	22	29	中国化学工程集团有限公司
8	25	19	中国机械工业集团有限公司
9	34	43	中国石油集团工程股份有限公司
10	41	44	中国冶金科工集团有限公司
11	54	51	中国中材国际工程股份有限公司
12	58	56	青建集团股份公司
13	62	54	中信建设有限责任公司
14	63	75	中国中原对外工程有限公司
15	70	65	中石化炼化工程(集团)股份有限公司
16	73	74	中国通用技术(集团)控股有限责任公司
17	81	93	中国江西国际经济技术合作有限公司
18	82	89	浙江省建设投资集团股份有限公司
19	85	99	江西中煤建设集团有限公司
20	90	97	北方国际合作股份有限公司
21	93	80	特变电工股份有限公司
22	95	81	哈尔滨电气国际工程有限责任公司
23	96	108	中国地质工程集团有限公司
24	97	78	中国水利电力对外有限公司
25	99	122	江苏省建筑工程集团有限公司
26	101	111	上海建工集团股份有限公司
27	105	154	北京城建集团有限责任公司
28	106	121	云南省建设投资控股集团有限公司
29	107	116	中国河南国际合作集团有限公司
30	110	117	中石化中原石油工程有限公司
31	111	101	中国电力技术装备有限公司
32	117	120	北京建工集团有限责任公司
33	120	130	中国江苏国际经济技术合作集团有限公司
34	122	133	江苏南通三建集团股份有限公司
35	123	83	中国东方电气集团有限公司
36	126	166	安徽省外经建设(集团)有限公司

(续)

名次	2020年	2019年	企业名称
37	127	100	中国航空技术国际工程有限公司
38	133	86	中国有色金属建设股份有限公司
39	136	115	中地海外集团有限公司
40	138	132	中国武夷实业股份有限公司
41	139	-	山东高速集团有限公司
42	140	143	中国建材国际工程集团有限公司
43	143	158	江西省水利水电建设有限公司
44	144	144	中鼎国际工程有限责任公司
45	145	107	中钢设备有限公司
46	146	138	烟建集团有限公司
47	148	145	中国成套设备进出口集团有限公司
48	150	-	龙建路桥股份有限公司
49	154	153	沈阳远大铝业工程有限公司
50	160	-	上海电气集团股份有限公司
51	167	-	天元建设集团有限公司
52	168	109	新疆生产建设兵团建设工程（集团）有限责任公司
53	177	198	江联重工集团股份有限公司
54	178	180	安徽建工集团股份有限公司
55	185	155	上海城建(集团)公司
56	186	214	山西建设投资集团有限公司
57	187	200	山东淄建集团有限公司
58	188	185	山东德建集团有限公司
59	191	-	湖南建工集团有限公司
60	194	202	龙信建设集团有限公司
61	198	194	浙江省东阳第三建筑工程有限公司
62	201	204	浙江交工集团股份有限公司
63	202	207	山东科瑞石油装备有限公司
64	204	213	中国甘肃国际经济技术合作总公司
65	205	199	南通建工集团股份有限公司
66	207	196	重庆对外建设(集团)有限公司
67	208	-	江西省建工集团有限责任公司
68	210	246	四川公路桥梁建设集团有限公司
69	215	226	中机国能电力工程有限公司
70	221	232	湖南路桥建设集团有限责任公司
71	232	-	南通四建集团有限公司
72	233	209	中铝国际工程股份有限公司
73	240	212	江苏中南建筑产业集团有限责任公司
74	241	-	河北建工集团有限责任公司

备注："-"表示该企业2019年度未入围榜单。

〔来源：中国对外承包工程商会官网〕

2019年度中国机械工业科学技术奖授奖项目目录

2019年度中国机械工业科学技术奖技术发明类特等奖（1项）

项目编号	项目名称	完成单位
1909102	芯片制造抛光装备与成套工艺	清华大学、天津华海清科机电科技有限公司、中芯国际集成电路制造（北京）有限公司、长江存储科技有限责任公司、上海集成电路研发中心有限公司、上海华力微电子有限公司、上海华力集成电路制造有限公司

2019年度中国机械工业科学技术奖技术发明类一等奖（8项）

项目编号	项目名称	完成单位
1902041	变压器油火灾凝胶乳化带电灭火技术及装备	国网湖南省电力有限公司、长沙理工大学
1902055	高压开关设备振动特性剖析及机械缺陷辨识关键技术研究与应用	北京航空航天大学、中国电力科学研究院有限公司、国网江苏省电力有限公司电力科学研究院、国网陕西省电力公司电力科学研究院、山东泰开高压开关有限公司
1904001	高压变频调速一体机研发及其在矿山装备上的应用	青岛中加特变频电机有限公司、天地科技股份有限公司、山东科技大学、兖矿集团有限公司、淄博矿业集团有限责任公司、烟台杰瑞石油装备技术有限公司、新能矿业有限公司
1907023	起重类工程机械级间双反馈/压力补偿液压阀的研制及产业化	浙江大学、中联重科股份有限公司
1908032	桩基础内力测试关键技术与应用	机械工业勘察设计研究院有限公司※
1909044	难加工合金构件波动式高质加工技术及装备	北京航空航天大学、山东华云机电科技有限公司、成都飞机工业（集团）有限责任公司
1909063	原位纳米增强增韧金属材料的理论及关键技术	北京科技大学、天津泵业机械集团有限公司、西王特钢有限公司、营口中车型钢新材料有限公司、大连裕工耐磨技术发展有限公司
1911013	内燃机涡轮复合增压技术及应用	清华大学、康跃科技股份有限公司、中国兵器工业集团动力研究院有限公司

2019 年度中国机械工业科学技术奖技术发明类二等奖（13 项）

项目编号	项目名称	完成单位
1901008	陶瓷刀具增韧补强设计理论与方法、制备关键技术及应用	山东大学
1902026	变压器铁心谐波磁通抑制技术与装备	湖南大学、湖南华大紫光科技股份有限公司、国网湖南省电力有限公司电力科学研究院、国网湖南省电力有限公司经济技术研究院、贵州武陵锰业有限公司、中国电建集团中南勘测设计研究院有限公司、国家电投五凌电力有限公司新能源分公司
1902080	高可靠大功率双馈风力发电机及励磁控制系统关键技术与应用	沈阳工业大学、浙江大学、中船重工电机科技股份有限公司、深圳市禾望电气股份有限公司、西安盾安电气有限公司
1902116	高性能磁悬浮飞轮传动技术	南京工程学院、北京石油化工学院、江苏大学、中国人民解放军战略支援部队航天工程大学
1904006	工业铝型材高性能低能耗有效摩擦挤压新工艺及其数控装备	中国重型机械研究院股份公司※、西南铝业（集团）有限责任公司
1904031	煤矿智能控制钻进技术及装备的研究	中煤科工集团重庆研究院有限公司
1905009	大蒜全程机械化生产技术与装备	山东省农业机械科学研究院、山东省玛丽亚农业机械有限公司
1906036	卫星推进剂在轨补加关键技术及装备	北京控制工程研究所、浙江大学
1909001	聚合物微流控芯片制造关键技术与装备	大连理工大学、博奥生物集团有限公司、广州万孚生物技术股份有限公司、大连医科大学附属第二医院
1909068	高效混合励磁发电系统机电能量转换技术及在移动机械上的应用	山东理工大学、山东唐骏欧铃汽车制造有限公司、北汽福田汽车股份有限公司诸城奥铃汽车厂、山东五征集团有限公司
1909074	星载大口径超高精度金属网天线技术及应用	西安空间无线电技术研究所、哈尔滨工业大学、西安电子科技大学、燕山大学、西安交通大学、天津大学
1909111	多种材料电弧熔丝增材制造技术及在热锻模制造/再制造中的应用	湖北三环锻造有限公司、华中科技大学、广东技术师范大学、武汉铁锚焊接材料股份有限公司、武汉惟景三维科技有限公司、江苏九钰机械有限公司、湖北文理学院
1911010	铝合金活塞重熔技术研究应用	滨州渤海活塞有限公司

2019 年度中国机械工业科学技术奖技术发明类三等奖（14 项）

项目编号	项目名称	完成单位
1901001	高档数控系统关键技术开发及应用	合肥工业大学、中工科安科技有限公司、安徽纳赫智能科技有限公司
1902010	高性能无轴承电机系统及其智能控制关键技术	江苏大学

(续)

项目编号	项目名称	完成单位
1902012	大容量空冷发电机热交换与热控制关键技术研究与应用	北京交通大学、哈尔滨电机厂有限责任公司、新疆金风科技股份有限公司、哈尔滨理工大学、北京北重汽轮电机有限责任公司
1902106	旋转型转子接地保护系统关键技术及应用	南京南瑞继保电气有限公司、南京南瑞继保工程技术有限公司
1902118	水下特种线缆及附件集成	中天科技海缆有限公司、中天海洋系统有限公司
1904037	起重机车轮复合制造新工艺装备	河南省矿山起重机有限公司
1907001	大型建筑金属结构关节轴承节点工作机理研究	福建龙溪轴承（集团）股份有限公司
1907030	高速精密轴承用微小圆柱滚子动平衡检测技术	河南科技大学
1907052	机械装备用高端金属陶瓷精密零部件材料的开发及应用	重庆文理学院、重庆飞龙粉末冶金有限公司、重庆强锐科技有限公司、成都传奇金属材料有限责任公司
1909038	轴环类零件轧制不均匀变形调控技术	宁波大学、宁波雄狮机械制造有限公司
1909097	复杂工况先进弧焊制造装备关键技术及其应用	华南理工大学、中广核研究院有限公司、深圳市佳士科技股份有限公司、深圳市瑞凌实业股份有限公司、广东省焊接技术研究所（广东省中乌研究院）
1909100	数据驱动的虚实式公共自行车交通系统物联控制关键技术研究及应用	浙江工业大学、杭州金通科技集团股份有限公司、浙江广播电视大学、浙江科技学院
1909109	水射流微细精密加工关键技术及其应用	宁波工程学院、嘉兴华岭机电设备有限公司、浙江大学、宁波宇力机械制造有限公司、合肥中南光电有限公司
1910026	面向主机性能的液力变矩器一体化正向设计平台及应用	山推工程机械股份有限公司、同济大学

2019年度中国机械工业科学技术奖
科技进步类特等奖（1项）

项目编号	项目名称	完成单位
1907012	面向智能设备的微型传动成套技术及产业化	深圳市兆威机电股份有限公司、北京工业大学、深圳市密姆科技有限公司

2019年度中国机械工业科学技术奖
科技进步类一等奖（29项）

项目编号	项目名称	完成单位
1901002	五轴联动加工精度"S"形试件技术与应用	成都飞机工业（集团）有限责任公司、南京航空航天大学、电子科技大学、西南交通大学

(续)

项目编号	项目名称	完成单位
1901003	高速干切滚齿关键技术、工艺装备及自动生产线	重庆大学、重庆机床（集团）有限责任公司、重庆交通大学、浙江双环传动机械股份有限公司、浙江万里扬股份有限公司、重庆蓝黛动力传动机械股份有限公司、重庆世玛德智能制造有限公司、重庆工具厂有限责任公司、重庆工商大学
1901004	半导体芯片高效精密划切超薄砂轮关键技术开发及应用	郑州磨料磨具磨削研究所有限公司※、北京中电科电子装备有限公司、河南联合精密材料股份有限公司
1902023	基于典型负载和工况匹配的电机系统节能技术与产品开发	上海电器科学研究所（集团）有限公司、上海电机系统节能工程技术研究中心有限公司、苏州通润驱动设备股份有限公司、日照东方电机有限公司、山东华力电机集团股份有限公司、江苏大中电机股份有限公司、卧龙电气驱动集团股份有限公司、山西电机制造有限公司、上海市能效中心、佳木斯电机股份有限公司
1902025	电动汽车智能协同充电关键技术及规模化应用	广东电网有限责任公司、北京交通大学、深圳市科陆电子科技股份有限公司、长园深瑞继保自动化有限公司、清华大学、北京群菱能源科技有限公司、许继电源有限公司、深圳市星龙科技股份有限公司、烟台海颐软件股份有限公司、欣旺达电动汽车电池有限公司
1902029	高压直流盘形悬式绝缘子金属腐蚀防护技术研究及应用	南方电网科学研究院有限责任公司、清华大学深圳研究生院、云南电网有限责任公司、中国南方电网有限责任公司、广州广华智电科技有限公司、大连电瓷集团股份有限公司、南京电气绝缘子有限公司、成都环球特种玻璃制造有限公司
1902035	620℃等级高效超超临界1 000 MW汽轮机组研制及应用	东方电气集团东方汽轮机有限公司、上海电气电站设备有限公司
1902119	特高压1 100kV油纸电容式套管关键设备研发及工程应用	特变电工沈阳变压器集团有限公司、沈阳工业大学、大连理工大学
1903002	核安全级数字化控制保护系统平台研制及产业化应用	北京广利核系统工程有限公司、中广核工程有限公司、阳江核电有限公司、清华大学、生态环境部核与辐射安全中心
1903011	基于大型压水堆的核级测温材料及应用技术研究	重庆材料研究院有限公司※、中广核工程有限公司
1904010	大跨度柔性吊装技术及应用	北京起重运输机械设计研究院有限公司※、武汉武船重型装备工程有限责任公司、中国科学院国家天文台
1904020	AP1000反应堆压力容器制造技术	中国第一重型机械集团大连加氢反应器制造有限公司
1904035	带钢退火关键工艺研究与产品质量综合控制技术及应用	燕山大学、山东科技大学、山东冠洲股份有限公司、江苏九天光电科技有限公司
1905015	基于北斗的农业机械导航及自动作业技术	华南农业大学、雷沃重工股份有限公司
1905019	高湿玉米低损高净籽粒直收关键技术与装备	吉林大学、山东巨明机械有限公司、河北中农博远农业装备有限公司、中国农业机械化科学研究院※、吉林省东风机械装备有限公司
1906033	油气管线四阀座固定球阀	成都成高阀门有限公司、中国石油天然气股份有限公司西部管道分公司
1906051	寒冷及严寒气候区空气源热泵关键技术开发与应用	合肥通用机械研究院有限公司※、浙江盾安人工环境股份有限公司、上海汉钟精机股份有限公司、清华大学、珠海格力电器股份有限公司、合肥通用环境控制技术有限责任公司※、艾默生环境优化技术（苏州）有限公司、同方人工环境有限公司、青岛海尔空调电子有限公司

(续)

项目编号	项目名称	完成单位
1906075	高端石化离心泵关键技术及产业化	浙江理工大学、嘉利特荏原泵业有限公司、利欧集团股份有限公司、浙江天德泵业有限公司、杭州大路实业有限公司、杭州新亚低温科技有限公司、昆明嘉和科技股份有限公司、烟台龙港泵业股份有限公司、大连罗兰泵业有限公司
1906095	特殊介质极端工况螺杆压缩机关键技术研发与应用	冰轮环境技术股份有限公司、西安交通大学
1906102	大型双支撑连续混炼挤压造粒机组	大连橡胶塑料机械有限公司、大连理工大学
1907004	高速精密数控机床轴承系列产品升级及产业化关键技术研发	洛阳轴承研究所有限公司※、河南科技大学、哈尔滨轴承制造有限公司、洛阳LYC轴承有限公司、清华大学
1907017	增材制造用金属粉末及其在工模具中的应用	北京机科国创轻量化科学研究院有限公司、河北敬业增材制造科技有限公司
1909053	海上8MW级大型风机高效高稳自航自升式安装平台与关键技术	南通中远船务工程有限公司、广东工业大学、中远船务（启东）海洋工程有限公司、南通润邦重机有限公司、江苏科技大学、南京工程学院、江苏大学、东南大学、江苏理工学院
1909073	激光焊及激光-电弧复合焊关键应用基础、工程技术与成套装备	哈尔滨焊接研究院有限公司、中车青岛四方机车车辆股份有限公司、徐州重型机械有限公司、山东大学
1910006	高端泵举型双轮铣槽机关键技术研究与产业化	江苏徐工工程机械研究院有限公司、徐州徐工基础工程机械有限公司
1910016	节能电动叉车设计制造关键技术研究及在冷链物流中的应用	浙江大学、杭叉集团股份有限公司
1911021	自主品牌大功率中速柴油机系列化设计开发技术	中国船舶重工集团公司第七一一研究所
1913024	大型游乐设施全寿命周期关键技术及标准体系	中国特种设备检测研究院、华中科技大学、中山市金马科技娱乐设备股份有限公司、华侨城集团有限公司
1913036	数控机床电气设备及系统安全国际标准（IEC TS 60204-34：2016）	国家机床质量监督检验中心、中国科学院沈阳计算技术研究所有限公司、山东大学、北京凯恩帝数控技术有限责任公司、沈阳高精数控智能技术股份有限公司、沈阳机床（集团）有限责任公司、北京北一机床股份有限公司、浙江大学、山东建筑大学、北京易能立方科技有限公司

2019年度中国机械工业科学技术奖
科技进步类二等奖（113项）

项目编号	项目名称	完成单位
1901007	新型高效、高速、高刚度、大功率电主轴及驱动装置	洛阳轴承研究所有限公司※、哈尔滨工业大学、深圳市汇川技术股份有限公司、东南大学、西安交通大学科技与教育发展研究院、合肥工业大学
1901018	PX500五轴联动叶片加工中心研制及应用	成都普瑞斯数控机床有限公司
1901028	高速大扭矩机械主轴式五轴联动龙门加工中心关键技术及装备	济南二机床集团有限公司

(续)

项目编号	项目名称	完成单位
1902003	AP1000 控制棒驱动机构研制	上海第一机床厂有限公司
1902005	基于动态载荷精确控制技术的轻量化大型风电机组开发及产业化	新疆金风科技股份有限公司、浙江运达风电股份有限公司、上海电气风电集团有限公司、中材科技风电叶片股份有限公司、沈阳工业大学
1902014	400MV·A/345kV 分段调相变压器关键技术研究	保定天威保变电气股份有限公司
1902018	绞合型碳纤维复合芯导线及其配套金具关键技术研发及产业化	南方电网科学研究院有限责任公司、广州鑫源恒业电力线路器材股份有限公司、佛冈鑫源恒业电缆科技有限公司
1902052	大型电力变压器现场高压试验与缺陷检测精确定位关键技术及应用	国网电力科学研究院武汉南瑞有限责任公司、清华大学、国网山西省电力公司电力科学研究院、江苏启源雷宇电气科技有限公司、新疆大学
1902056	世界首创 300Mvar 智能调相机岛开发与研制	上海电气电站设备有限公司上海发电机厂
1902057	1 200kV 特高压绝缘试验系统	苏州电器科学研究院股份有限公司
1902058	大容量反击式水轮发电机组设计制造关键技术	浙江大学、浙江金轮机电实业有限公司、杭州力源发电设备有限公司、杭州杭发发电设备有限公司
1902065	核电站辐照环境下智能装备与机器人关键技术研究及应用	中广核研究院有限公司、中广核检测技术有限公司、北京理工大学、北京航空航天大学、河北工业大学、中国第一重型机械集团大连加氢反应器制造有限公司
1902081	±1 100kV 特高压直流电压测量装置	西安高压电器研究院有限责任公司
1902082	大容量短路发电机并联技术研究及实施	西安高压电器研究院有限责任公司
1902099	小型断路器精益化自动生产装备研发及应用	浙江正泰电器股份有限公司
1902102	基于燃煤烟气多种污染物高效脱除的电站环保岛关键技术与成套装备	上海电力大学、上海电气电站环保工程有限公司、上海明华电力技术工程有限公司、上海电力股份有限公司
1902103	超长距离输变电用电源端 20kV 直升 800kV 以上发送端成套装备研发与工程应用示范	特变电工股份有限公司新疆变压器厂、新疆大学
1902113	电网全景监视及多级协同调控关键技术及工程应用	南京南瑞继保电气有限公司、南京南瑞继保工程技术有限公司
1902117	电动汽车充换电设施技术服务体系综合研究与应用	中国电器科学研究院有限公司[※]、珠海驿联新能源汽车有限公司、威凯检测技术有限公司[※]
1903003	磁性电子元器件参数宽频高精度智能测试关键技术及应用	常州大学、常州同惠电子股份有限公司
1903013	电机智能检测装备关键技术及应用	上海电机系统节能工程技术研究中心有限公司、上海电科电机科技有限公司
1903015	轴类产品自动检测关键技术及装备	浙江联宜电机有限公司
1903020	PS7000 系列过程分析系统	重庆川仪分析仪器有限公司、重庆大学、重庆川仪自动化股份有限公司
1903024	光纤光缆测试技术研究及装备国产化研制	上海电缆研究所有限公司、上海赛克力光电缆有限责任公司、上海国缆检测中心有限公司、上海理工大学

(续)

项目编号	项目名称	完成单位
1904005	核及航空用高端硬铝合金薄壁管材精密矫整理论研究与关键技术装备应用	中国重型机械研究院股份公司※、核兴航材（天津）科技有限公司
1904014	大型水电站新型桥式起重机研制	太原重工股份有限公司
1904016	30t 轴重重载辗钢车轮产品开发及应用	太原重工轨道交通设备有限公司、山西太钢不锈钢股份有限公司、中车青岛四方车辆研究所有限公司、中国铁道科学研究院集团有限公司金属及化学研究所
1904022	大型高效旋回破碎机关键技术研发与应用	中信重工机械股份有限公司、洛阳矿山机械工程设计研究院有限责任公司、矿山重型装备国家重点实验室
1904023	起重运输与工程机械远程智能维护技术研究与应用	同济大学、上海地铁盾构设备工程有限公司、华电重工股份有限公司上海分公司
1904038	建筑垃圾智能剪压破碎机的研究开发	洛阳理工学院、洛阳大华重工科技股份有限公司
1904040	12 700t/h 矿石装船机	大连华锐重工集团股份有限公司
1904041	AP1000 核电站环行起重机	大连华锐重工集团股份有限公司
1904043	硬岩掘进关键技术及装备研发	山西天地煤机装备有限公司、中国煤炭科工集团太原研究院有限公司
1905003	拖拉机双离合动力换挡与自动驾驶关键技术研究及其在大型智能拖拉机上的应用	山东时风（集团）有限责任公司、聊城大学、山东省计算中心（国家超级计算济南中心）、北京博创联动科技有限公司
1905013	收获机械生产制造与田间作业智能测控技术装备及运维平台	中国农业机械化科学研究院※、中联重机股份有限公司、河南科技大学、中国农业大学、上海华测导航技术股份有限公司
1905022	大功率智能环保农用柴油机关键技术开发及产业化	潍柴动力股份有限公司、山东大学、山东五征集团有限公司
1906001	宽环温高效节能空气源热泵技术及产业化	广东美的暖通设备有限公司、上海交通大学
1906004	大口径高超声速风洞高压进气调压系统阀门组	中国航天空气动力技术研究院、中核苏阀科技实业股份有限公司
1906009	城市地下管网大型复杂塑料零部件成型工艺及装备	泰瑞机器股份有限公司、北京化工大学
1906016	机器人高精密减速器关键技术研究及应用	浙江双环传动机械股份有限公司、北京工业大学、浙江大学、浙江工业大学
1906017	生活垃圾精分选关键技术与成套装备及应用	天津百利阳光环保设备有限公司、天津职业技术师范大学、中国人民解放军陆军军事交通学院
1906018	大型先进压水堆核电机组"华龙一号"核安全二级中压安注泵	上海凯泉泵业（集团）有限公司、中广核工程有限公司
1906030	高压大口径轴流式止回阀研制及工程应用	自贡新地佩尔阀门有限公司、中国石油天然气股份有限公司西部管道分公司
1906035	特大型高炉鼓风机关键工艺及装备的研发与应用	西安陕鼓动力股份有限公司、宝钢湛江钢铁有限公司炼铁厂、中冶赛迪工程技术股份有限公司
1906047	卫星能源 45 万 t/a 丙烷脱氢制丙烯冷箱系统	杭州杭氧股份有限公司、浙江卫星石化股份有限公司、浙江卫星能源有限公司
1906052	低温阀门工况模拟技术与装备的开发及应用	合肥通用机械研究院有限公司※、安徽万瑞冷电科技有限公司、成都成高阀门有限公司、合肥通用环境控制技术有限责任公司※、中国石化管道储运有限公司

(续)

项目编号	项目名称	完成单位
1906057	高温石化装备的强度设计关键技术及应用	华东理工大学、合肥通用机械研究院有限公司※、一重集团大连工程技术有限公司、武汉工程大学、上海市特种设备监督检验技术研究院、中石化洛阳工程有限公司
1906069	大型空分配套用高压立式多级低温离心泵	杭州杭氧工装泵阀有限公司
1906071	多列高压往复压缩机及其管系统关键技术研究与应用	西安交通大学、宝鸡博磊化工机械有限公司、中国石油大学（华东）、中国人民解放军第四八一二工厂、西安佰能达动力科技有限公司
1906076	高效潜水推流搅拌装置关键技术与应用	南通大学、江苏大学、上海凯泉泵业（集团）有限公司、亚太泵阀有限公司、尚宝罗江苏节能科技股份有限公司
1906083	餐厨垃圾资源化处理技术及智能化处理设备	长沙中联重科环境产业有限公司
1906087	大型输水工程用高参数空气阀试验技术及产品应用	博纳斯威阀门股份有限公司、合肥通用环境控制技术有限责任公司※、长沙理工大学、合肥通用机械研究院有限公司※
1906090	300MW 压水堆核电站主蒸汽隔离阀研制	大连大高阀门股份有限公司
1906100	大型离心压缩机干气密封关键技术开发及应用	四川日机密封股份有限公司、沈阳鼓风机集团股份有限公司、中国石化上海石油化工股份有限公司、国家能源宁夏煤业集团有限责任公司烯烃二分公司、神华包头煤化工有限责任公司
1906101	卧式对置平衡式 BOG 压缩机机组国产化研制	浙江强盛压缩机制造有限公司、西安交通大学、中石化洛阳工程有限公司、中国石油化工股份有限公司天然气分公司
1907011	大功率雷达机械密封系统关键技术及应用	中国电子科技集团公司第十四研究所、清华大学、宁波伏尔肯陶瓷科技有限公司、合肥通用机械研究院有限公司※、浙江工业大学
1907014	地铁齿轮传动系统关键技术及工程应用	郑州机械研究所有限公司、郑州中机轨道交通装备科技有限公司
1907020	铁路轴承套圈锻造自动水冷细化机	哈尔滨轴承集团公司、佳木斯大学、黑龙江省大洲电气自动化科技有限公司
1907038	汽车轻量化大型零部件微孔发泡注塑成型及模具产业化	宁海县第一注塑模具有限公司、郑州大学
1907041	高性能转移膜自润滑系列关节轴承研发与产业化	山东腾工轴承有限公司、河南科技大学
1907046	工程机械液力变矩器绿色节能设计与制造关键技术及产业化应用	吉林大学、广西柳工机械股份有限公司
1907048	重大装备传动系统无键联接关键技术研发与应用	太原科技大学、太原重工股份有限公司、山西大新传动技术有限公司
1907060	滚动轴承性能试验机关键技术及工程应用	杭州轴承试验研究中心有限公司
1908004	低能耗尿素热解的高效 SCR 脱硝技术开发及工程应用	东方电气集团东方锅炉股份有限公司
1908009	宝鸡吉利汽车有限公司涂装厂生产设备总承包项目	中国汽车工业工程有限公司※、机械工业第四设计研究院有限公司※
1908016	船舶运移及环段对接系统研制	中船第九设计研究院工程有限公司
1908036	东方电气集团东方汽轮机有限公司 F 级 50MW 燃机整机试验系统	中国联合工程有限公司※、东方电气集团东方汽轮机有限公司

(续)

项目编号	项目名称	完成单位
1908037	沈鼓集团营口透平装备有限公司建设项目一期工程	中国联合工程有限公司※
1908040	杭州萧山区4 000t/d污泥处理工程项目	中国联合工程有限公司※、杭州萧山环境投资发展有限公司
1908044	柔性化多品种纯电动汽车总装数字化车间建设项目	东风设计研究院有限公司、杭州长江汽车有限公司
1908046	神农大剧院工程设计	中国中元国际工程有限公司※
1909007	新型石墨烯复合材料制备方法及应用	江苏理工学院
1909015	高纯热镀锌合金绿色高效制备和应用关键技术	常州大学、株洲冶炼集团股份有限公司、中国科学院过程工程研究所
1909016	面向复杂精密部件的检测装配技术及成套装备	机科发展科技股份有限公司、加西贝拉压缩机有限公司、中国第一汽车股份有限公司无锡油泵油嘴研究所、武汉元丰汽车电控系统有限公司
1909021	大型复杂高性能铸造钛合金精密成形技术	沈阳铸造研究所有限公司
1909025	超/高硬脆材料精密多线切片装备研发及产业化应用	南京工程学院、无锡上机数控股份有限公司、盐城工学院
1909034	三代核电焊接材料国产化研发及应用	上海核工程研究设计院有限公司、四川大西洋焊接材料股份有限公司、哈尔滨焊接研究院有限公司
1909042	强干扰环境下机械系统非平稳声源辨识技术及应用	上海交通大学、上汽通用五菱汽车股份有限公司、上海海立电器有限公司、上海申通地铁集团有限公司
1909043	高档数控机床结合面特性测试、分析关键技术及应用	清华大学、北京工业大学、南京理工大学、浙江大学
1909062	大跨径高山深谷钢桥焊接制造关键技术及其应用	中铁山桥集团有限公司、天津大学、唐山开元机器人系统有限公司
1909077	高端装备典型零件滚磨光整加工成套技术及系统集成	太原理工大学、廊坊市北方天宇机电技术有限公司、中国航发沈阳黎明航空发动机有限责任公司
1909093	高强钢/超高强钢复杂薄壁构件冲压成形成性技术与装备	武汉理工大学、东风（武汉）实业有限公司、湖北省齐星汽车车身股份有限公司
1909095	时速350km中国标准动车组轮轴关键制造技术	太原重工轨道交通设备有限公司、中国铁道科学研究院金属及化学研究所、山西太钢不锈钢股份有限公司
1909106	海上风电叶片绿色制造关键技术创新及大规模工程应用	连云港中复连众复合材料集团有限公司、山东理工大学
1909108	面向轻量化结构的钎焊接头优化及工程应用	郑州机械研究所有限公司、哈尔滨工业大学、北京工业大学
1909114	陶瓷卫浴行业机器人柔性高效生产关键技术与应用	江苏汇博机器人技术股份有限公司、浙江工业大学、佛山市新鹏机器人技术有限公司、苏州大学、佛山东鹏洁具股份有限公司、广东技术师范大学、埃夫特智能装备股份有限公司
1910002	非公路自卸车关键技术研究及在大型露天矿的应用	陕西同力重工股份有限公司
1910009	大载荷高机动越野底盘技术研究及工程应用	徐州重型机械有限公司
1910012	智能型凿岩台车关键技术研究及应用	中国铁建重工集团股份有限公司、中南大学
1910022	高精高效56m混凝土泵车	中联重科股份有限公司

（续）

项目编号	项目名称	完成单位
1910024	非道路移动工程机械低排放研究及推广应用	中国工程机械工业协会
1910042	大跨度金属屋面生产与施工装备关键技术及应用	森特士兴集团股份有限公司、北京航空航天大学、浙江亿日气动科技有限公司、百灵气动科技有限公司
1911004	柴油车用SCR系统关键技术及应用	中国汽车技术研究中心有限公司、潍柴动力股份有限公司、中自环保科技股份有限公司、山东大学
1911005	基于串联式两级增压技术的高压共轨柴油机开发及产品化	长城汽车股份有限公司
1911011	内燃机等机械装备再制造高效绿色关键技术研究与应用	山东大学、潍柴动力（潍坊）再制造有限公司、中国重汽集团济南复强动力有限公司、山东能源重型装备制造集团有限责任公司、泰安市产品质量监督检验所（国家再制造机械产品质量监督检验中心）
1911029	非道路天然气发动机关键技术及产业化	潍柴动力股份有限公司、潍柴西港新能源动力有限公司、山东大学、北京交通大学
1912009	小型转子耐蚀层成型制造关键技术及应用	东方电气集团东方汽轮机有限公司
1912017	加氢过渡段自由锻造近净成型技术产业化研究	中国一重集团有限公司
1912023	ECU数据切换台架数据项目	广西玉柴机器股份有限公司
1912026	中高端加工中心核心部件修复技术开发及应用	潍柴动力（潍坊）装备技术服务有限公司
1913010	高原复杂环境电气外绝缘设计方法	重庆大学、昆明电器科学研究所、中国电力科学研究院有限公司武汉分院、中国电力工程顾问集团西南电力设计院有限公司、国网四川省电力公司电力科学研究院、怀化恒光电力勘测设计有限公司
1913012	复杂地下管网检测关键技术及其应用	北京航空航天大学、北京零偏科技有限责任公司、中冶建筑研究总院有限公司、沈阳龙昌管道检测中心
1913018	保护和控制设备试验方法系列标准	许昌开普检测研究院股份有限公司、许昌开普电气研究院有限公司、长园深瑞继保自动化有限公司、北京紫光测控有限公司、上海华建电力设备股份有限公司、积成电子股份有限公司、东方电子股份有限公司
1913019	《机械安全 风险评估 实施指南和方法举例》（标准号GB/T 16856—2015）	福建省闽旋科技股份有限公司、立宏安全设备工程（上海）有限公司、国家机床质量监督检验中心、机械科学研究总院、国家工程机械质量监督检验中心
1913039	IEC 60700-2、IEC 61975、IEC 60919-3三项国际标准	西安西电电力系统有限公司、机械工业北京电工技术经济研究所
1913047	工业链条锅炉改室燃测试与安全技术研究	中国特种设备检测研究院、机械工业节能与资源利用中心（机械工业技术发展基金会）
1913056	外抽式真空包装机标准（JB/T 12548—2015）	合肥通用机械研究院有限公司※、杭州永创智能设备股份有限公司、江苏腾通包装机械有限公司、浙江佑天元包装机械制造有限公司、华联机械集团有限公司、山东小康机械有限公司
1913057	海上风电电器设备腐蚀防护技术研究及应用	中国电器科学研究院有限公司※、中国质量认证中心、上海电气风电集团有限公司、海南电网有限责任公司

(续)

项目编号	项目名称	完成单位
1913059	科技成果信息资源平台服务体系研究与应用	机械工业信息研究院
1914012	《直弧形板坯连铸设备》（上、下册）	中国重型机械研究院股份公司[※]、湖南中科电气股份有限公司、冶金工业出版社
1914014	《液压与气压传动》（第5版）	南京工程学院、机械工业出版社
1914024	《汽车为什么会跑：图解汽车构造与原理》	汽车知识杂志社、机械工业出版社
1914025	《误差理论与数据处理》（第7版）	合肥工业大学、机械工业出版社

2019年度中国机械工业科学技术奖科技进步类三等奖（186项）

项目编号	项目名称	完成单位
1901011	TL4S-2500-MB型数控多工位自动冲压生产线	齐齐哈尔二机床（集团）有限责任公司
1901012	高性能精密切割用亚100μm级金刚石线的研发及产业化	南京三超新材料股份有限公司、江苏三超金刚石工具有限公司
1901020	新型高效异形槽钢成型关键技术与成套装备研发	浙江理工大学、浙江伟联科技股份有限公司
1901021	高速落料压力机振动抑制技术及产业化	济南二机床集团有限公司
1901026	航空发动机机匣加工国产化成套刀具产品开发及应用	贵州西南工具（集团）有限公司、北京航空航天大学、厦门金鹭特种合金有限公司、贵州黎阳航空动力有限公司
1902001	核岛主设备关键部件异种金属焊接技术开发及应用	上海电气核电设备有限公司
1902007	智能化柔性直流换流阀冷却系统关键技术攻关及应用	常州博瑞电力自动化设备有限公司、南京南瑞继保电气有限公司
1902009	AT200J电气设备检修防误隔离管控系统	长园共创电力安全技术股份有限公司
1902011	环境友好型中压金属封闭开关设备研制及工程应用	平高集团有限公司、上海平高天灵开关有限公司
1902017	新型550kV单断口断路器及小型化GIS应用	西安西电开关电气有限公司
1902022	重型盾构隧道掘进机专用预装式变电站	顺特电气设备有限公司
1902024	新一代多功能110kV移动变电站关键技术及其应用	国网电力科学研究院武汉南瑞有限责任公司、上海置信电气股份有限公司、国网湖北省电力有限公司、国网浙江省电力有限公司湖州供电公司、国网山西省电力公司运城供电公司
1902027	电力熔断器用精密高导熔体材料开发及应用	郑州机械研究所有限公司、昆明贵金属研究所、西安中熔电气股份有限公司、南京航空航天大学、国网河南省电力公司电力科学研究院
1902032	600MW级混流水轮发电机组关键技术研究及工程应用	东方电气集团东方电机有限公司

(续)

项目编号	项目名称	完成单位
1902043	大规模可再生能源接入配电网关键技术及规模化应用	许继集团有限公司、国网河南省电力公司
1902044	智能变电站新型预制舱式组合设备研制与应用	许继集团有限公司、国网辽宁省电力有限公司
1902046	MISELA系列大容量气体绝缘开关设备	许继集团有限公司、许昌许继德理施尔电气有限公司
1902067	全烧新疆高碱煤的660MW超临界塔式锅炉	上海锅炉厂有限公司
1902069	特高压直流输电系统用直流旁路开关系列产品的研制与应用	西安西电高压开关有限责任公司
1902079	微观结构化环保高性能银基电接触功能复合材料关键技术研发及产业化	温州宏丰电工合金股份有限公司
1902083	交联电缆绝缘性能检测与产品质量分级评价技术及应用	上海电缆研究所有限公司、国网天津市电力公司电力科学研究院、上海国缆检测中心有限公司
1902088	大型风电/核电电机用高性能纳米复合绝缘材料研发及产业化	苏州太湖电工新材料股份有限公司、机械工业北京电工技术经济研究所
1902090	特高压输电工程用碳纤维复合芯节能系列导线研发与应用研究	远东复合技术有限公司
1902097	LW56-800（W.G）/Y5000-63型罐式六氟化硫断路器	新东北电气集团高压开关有限公司
1902101	YSX8014-E3型及其他超高效不锈钢系列电机的研制	上海电机学院、上海金陵电机股份有限公司
1902105	变电站全过程数字化成套技术开发及应用	国网经济技术研究院有限公司、国网重庆市电力公司电力科学研究院、北京世维通光智能科技有限公司、南京五采智电力科技有限公司、上海思方电气技术有限公司
1902108	交直流电子式互感器运行环境下性能评估及提升关键技术与应用	国网江苏省电力有限公司电力科学研究院、中国电力科学研究院有限公司、许继集团有限公司、国网江苏省电力有限公司检修分公司
1902109	变电站GIS设备运检关键技术	国网江苏省电力有限公司检修分公司、机械工业北京电工技术经济研究所、云南电网有限责任公司
1902111	MgB_2高温超导线材与超导电缆制造关键技术与应用	宝胜科技创新股份有限公司
1902112	光伏电站百毫秒级快速调频调压控制系统关键技术与应用	南京南瑞继保电气有限公司、南京南瑞继保工程技术有限公司、国网山东省电力公司、西藏运高新能源股份有限公司
1902114	大容量高比能锂离子电池动力电源系统关键技术研究与工程应用	江苏大学、江苏春兰清洁能源研究院有限公司、天津理工大学、江苏智航新能源有限公司
1903001	16通道术中神经电生理监测仪	上海电机学院、上海诺诚电气股份有限公司
1903018	油气管道关键设备国产化——电动执行机构	重庆川仪自动化股份有限公司、中石油管道有限责任公司西气东输分公司
1903021	膜式水冷壁排焊智能焊缝跟踪装置研制及应用	上海工业自动化仪表研究院有限公司
1903023	重点用户电能质量在线监测系统	浙江正泰仪器仪表有限责任公司
1903028	PDS智能变送器	重庆四联测控技术有限公司

(续)

项目编号	项目名称	完成单位
1903030	功能安全型安全继电器和安全控制模块产品与应用技术研发	上海辰竹仪表有限公司、上海辰竹安全科技有限公司
1903032	南方山地城市道路半导体照明技术研究及产业化	重庆四联光电科技有限公司
1903035	中运量公交一体化智控系统关键技术及应用	上海电科智能系统股份有限公司
1903036	基于大数据的智能交通信息云服务关键技术与应用研究	哈尔滨学院、中国移动通信集团黑龙江有限公司、哈尔滨市公安交通管理局、黑龙江鸿程电子信息有限公司
1903037	半导体裸芯粒检测分选设备	秦皇岛视听机械研究所有限公司
1904004	大弯曲度圆钢高性能精密矫直工艺装备及其产业化	中国重型机械研究院股份公司※、马鞍山钢铁股份有限公司、重庆大学、重庆理工大学
1904011	高速大运量脱挂式客运索道规模制造关键技术研究	北京起重运输机械设计研究院有限公司※、河北工业大学
1904013	基于板型反馈的智能化中厚板辊式冷矫直机研制	太原重工股份有限公司、北京冶自欧博科技发展有限公司
1904015	新型PCX型垂直循环类机械类停车设备	山东九路泊车设备股份有限公司
1904017	系列过轨起重机及其关键技术研发	河南卫华机械工程研究院有限公司、卫华建工集团有限公司、纽科伦起重机有限公司
1904018	基于多组同步抓取智能控制技术的轧辊换辊起重机	河南卫华重型机械股份有限公司
1904024	新一代四卷筒抓斗卸船机研发及应用	华电重工股份有限公司
1904039	自动化高可靠性顺槽带式输送机	中煤科工集团上海有限公司
1904044	WC12E防爆柴油机无轨胶轮车	山西天地煤机装备有限公司
1904053	升降横移智能停车设备关键技术的研发及产业化	南京工程学院、江苏润邦智能车库股份有限公司
1904058	CC400单缸液压圆锥破碎机	南昌矿山机械有限公司
1904059	高精度、智能化、大型数控卷板成套装备的研发及产业化	泰安华鲁锻压机床有限公司、南京理工大学、太原科技大学、山东农业大学
1905001	高效自动化紫菜加工关键技术及装备	连云港富安紫菜机械有限公司、淮海工学院
1905007	CWFJ系列机械超微粉碎生产线	山东省农业机械科学研究院、山东双佳农牧机械科技有限公司
1905008	玉米收获机械关键技术研发与产业化	山东省农业机械科学研究院、山东理工大学、山东国丰机械有限公司、山东五征集团有限公司
1905016	联合收获打捆复式作业机及自走式秸秆捡拾打捆机	南通棉花机械有限公司、江苏大学
1905017	5ZYB-16A型玉米剥皮机研制	酒泉奥凯种子机械股份有限公司、国家种子加工装备工程技术研究中心、农业部种子加工技术装备重点实验室
1906008	造纸废渣再生PE建筑模板关键技术及其成套生产装备	江苏贝尔机械有限公司、张家港江苏科技大学产业技术研究院
1906011	高端数控注塑机的控制、驱动等关键技术研究	震雄机械（深圳）有限公司

(续)

项目编号	项目名称	完成单位
1906012	华龙一号百万千瓦核电机组堆腔注水冷却泵	沈阳鼓风机集团股份有限公司、沈阳鼓风机集团核电泵业有限公司
1906014	百万吨级LNG工厂国产化示范工程阶式液化流程制冷多机组研制	沈阳透平机械股份有限公司、沈阳鼓风机集团股份有限公司
1906015	180万t/a甲醇合成气离心压缩机组研制	沈阳透平机械股份有限公司、沈阳鼓风机集团股份有限公司
1906020	搪玻璃轴流式搅拌反应器	常州大学、苏州市协力化工设备有限公司
1906028	太阳能驱动高性能喷射——压缩空调装置关键技术及应用	中原工学院
1906039	PCB数字化高速工业喷印机的研制及应用	江苏汉印机电科技股份有限公司、盐城工学院
1906040	重介质混凝污水深度处理耦合工艺智能成套设备	太平洋水处理工程有限公司、华北电力大学、中国科学院生态环境研究中心
1906046	816大型苯乙烯尾气压缩机的研制	上海大隆机器厂有限公司
1906049	基于CAN+通信的多联机系统技术及产业化	珠海格力电器股份有限公司
1906054	船舶低速大功率柴油机选择性催化还原排放处理技术	中国船舶重工集团公司第七一一研究所
1906055	干式高效变螺距螺杆真空泵的关键技术研发及产业化	台州职业技术学院、浙江理工大学、马德宝真空设备集团有限公司
1906061	大型工业汽轮机润滑系统离心油泵关键技术研究及应用	台州学院、浙江水泵总厂有限公司、浙江大学、杭州汽轮辅机有限公司
1906063	系列化新型减速机及其检测技术开发	杭州嘉诚机械有限公司、中国计量大学
1906065	风电、航空专用宽幅多层膜吹塑成套装备研发及产业化	广东金明精机股份有限公司、深圳智慧金明科技有限公司
1906080	用于系统流程的高性能高可靠性自动控制阀门	超达阀门集团股份有限公司、浙江省泵阀产品质量检验中心
1906082	高性能深海石油钻井平台井口智能成套装备	南通大学、江苏如通石油机械股份有限公司、江苏大学、江苏韩通船舶重工有限公司、南通理工学院
1906086	低温余热有机朗肯循环发电关键技术研究及工程示范	中国船舶重工集团公司第七一一研究所
1906089	新型大口径绝缘接头	西安泵阀总厂有限公司
1906091	铝合金速钻桥塞的研制与应用	大庆油田有限责任公司采油工程研究院
1906096	低温采暖用喷气增焓转子式压缩机	上海海立电器有限公司
1906099	轴伸贯流泵装置高效与稳定关键技术创新与工程应用	扬州大学、无锡利欧锡泵制造有限公司、扬州市勘测设计研究院有限公司、江苏省太湖水利规划设计研究院有限公司
1907010	二级涡轮增压器E-booster高精密压铸模具关键技术研发及其产业化应用	浙江华朔科技股份有限公司
1907013	高可靠性微型双列角接触球轴承研制	上海天安轴承有限公司
1907022	大型矿山提升设备齿轮传动装置轻量化及降噪技术研究	中信重工机械股份有限公司、洛阳矿山机械工程设计研究院有限责任公司、重庆大学、洛阳理工学院

(续)

项目编号	项目名称	完成单位
1907024	高性能螺杆压缩机系列轴承关键制造技术及其应用	浙江环宇轴承有限公司、北京机科国创轻量化科学研究院有限公司、衢州学院、河南科技大学
1907026	数控加工中心丝杠支撑轴承组合设计与制造技术研究	中山市盈科轴承制造有限公司、河南科技大学
1907029	高速高刚性数控加工中心用机械主轴	常熟长城轴承有限公司
1907036	轻窄系列圆锥轴承套圈精密成形制造技术及应用	河北鑫泰轴承锻造有限公司
1907039	B/C级汽车车身冲压工艺装备关键技术研究及产业化应用	四川成飞集成科技股份有限公司、西南交通大学
1907042	高效智能快消品包装模具的研发和应用	宜宾市普什模具有限公司
1907044	重型智能集成式电液控制机构	沈阳东北电力调节技术有限公司
1907056	耐磨损超高速精密圆柱滚子轴承研制	河北省轴产业技术研究院
1907059	节能高效装载机成套液压元件研发及产业化	圣邦集团有限公司、徐工集团工程机械股份有限公司科技分公司
1908005	超大型无轴摩天轮建造与监测关键技术研究及工程示范	中国特种设备检测研究院、浙江巨马游艺机有限公司、中国建筑科学研究院、中建六局土木工程有限公司、中国建筑第六工程局有限公司
1908007	油气瓦斯铁路隧道关键施工技术研究	西南石油大学、中铁五局集团有限公司、中节能建设工程设计院有限公司、成都苏杜地质工程咨询有限公司、四川省煤田地质局141队
1908008	特种质量特性测量技术及其在航天型号工程中的应用研究	郑州机械研究所有限公司、首都航天机械有限公司、天津航天长征火箭制造有限公司、北京航天发射技术研究所
1908013	特变电工衡阳变压器有限公司±1 100kV特高压交直流输变电装备研发制造中心	中国启源工程设计研究院有限公司
1908019	放射性废气处理系统活性炭滞留工艺关键技术研发	中广核工程有限公司、中国辐射防护研究院
1908021	核电厂核级管道支吊架标准化及国产化研究与应用	中广核工程有限公司、四川汇通能源装备制造股份有限公司
1908027	VOC智能监测与控制技术及应用	机械工业第九设计研究院有限公司
1908028	绿色建筑及智能制造技术在汽车工厂领域的研究与应用	机械工业第九设计研究院有限公司
1908030	重庆市赛特刚玉有限公司数字化工厂装备	机械工业第六设计研究院有限公司※、重庆市赛特刚玉有限公司
1908031	工艺物流仿真技术的理论研究与规模化应用	中机中联工程有限公司※
1908035	双向螺旋挤土灌注桩在湿陷性黄土兼地震区及复杂地基中应用试验研究	兰州有色冶金设计研究院有限公司
1908038	协鑫光伏科技有限公司年产3.2亿片太阳能多晶硅片项目	中国联合工程有限公司※、苏州协鑫光伏科技有限公司
1908045	华晨宝马汽车有限公司发动机工厂建设项目	东风设计研究院有限公司、华晨宝马汽车有限公司
1909002	新能源商用车高性能制动系统	瑞立集团瑞安汽车零部件有限公司、北京航空航天大学

(续)

项目编号	项目名称	完成单位
1909010	动车组齿轮箱用铝合金材料与成型技术研究	中车戚墅堰机车车辆工艺研究所有限公司
1909018	极端气候条件下民用飞机舒适性设计体系及应用	中国商用飞机有限责任公司上海飞机设计研究院
1909019	聚光太阳能关键件真空绿色镀膜装备研发及产业化	兰州大成科技股份有限公司、兰州交通大学
1909020	高效内燃机气缸套低摩擦关键技术研发及应用	中原内配集团股份有限公司、河南科技大学、三明学院、上海交通大学
1909022	电渣熔铸超超临界高压阀体	沈阳铸造研究所有限公司、营口埃斯威特阀门有限公司
1909024	复杂立体结构件数字化车间大型焊接成套装备研发及产业化	中船重工鹏力（南京）智能装备系统有限公司、中国船舶重工集团公司第七二四研究所、山西平阳重工机械有限责任公司
1909026	海上风机复合筒型基础与一步式安装技术	江苏道达海上风电工程科技有限公司
1909046	EA系列发动机混流装配线开发与应用	东风专用设备科技有限公司、湖北汽车工业学院、重庆长安汽车股份有限公司
1909048	乘用车碰撞安全优化设计成套关键技术及其应用	广州汽车集团股份有限公司
1909056	高端装备与大规模集成电路用关键铜基材料加工技术开发与应用	河南科技大学
1909058	冶金矿山用复合耐磨件关键技术及应用	河南科技大学、洛阳洛北重工机械有限公司
1909061	城市轨道交通基础零部件耐久性工艺、材料研究及工程应用	武汉材料保护研究所有限公司、特种表面保护材料及应用技术国家重点实验室
1909066	CAP1400核岛主设备锻件制造技术与应用	中国第一重型机械股份有限公司
1909070	大厚壁高刚度焊接结构焊缝金属外电场电化学控氧增韧技术及应用	南京工程学院、南京德邦金属装备工程股份有限公司、江苏海恒建材机械有限公司
1909071	风电机组变桨轴承配套高端锻件的关键技术研发及产业化	南京工程学院、张家港海锅新能源装备股份有限公司、江苏永钢集团有限公司
1909075	车辆缓速制动装置高效节能、抑制衰退、精确控制关键技术应用	山东交通学院、江苏大学、山东理工大学、烟台舒驰客车有限责任公司、山东建筑大学
1909081	球墨铸铁用球化线/孕育线及智能喂线装备研发	禹州市恒利来合金有限责任公司、郑州大学、西安理工大学、天润曲轴股份有限公司
1909085	多工序近净锻造成形工艺与模具设计软件的开发与应用	上海电机学院、苏州汉金模具技术有限公司、江苏飞船股份有限公司
1909091	汽车电动化底盘集成与节能关键技术研究与应用	江苏理工学院
1909094	汽车涂装线核心设备的柔性智能环保关键技术研发及产业化	盐城工学院、江苏长虹智能装备股份有限公司
1909096	大型矿山破碎/研磨设备关键零部件研制及产业化	共享装备股份有限公司、共享铸钢有限公司
1909117	集装箱大梁智能焊接关键技术及成套装备的工程应用	湘潭大学、广东新会中集特种运输设备有限公司、湖南艾克机器人有限公司

(续)

项目编号	项目名称	完成单位
1909119	大型原油储运设备在线综合检测技术研究	中石化长输油气管道检测有限公司、浙江大学、合肥通用机械研究院特种设备检验站有限公司※
1909122	高灵敏度激光声磁钢材料无损检测系统	山东省科学院激光研究所、济南蓝动激光技术有限公司
1910003	复杂地层桩基础施工关键装备研发与产业化	北京建筑机械化研究院有限公司、上海振中机械制造有限公司、同济大学、东北石油大学
1910005	工程车辆稳定性关键技术研究及应用	江苏徐工工程机械研究院有限公司、徐州徐工随车起重机有限公司、徐工机械建设机械分公司
1910007	新一代E系列水平定向钻机关键技术研究与产业化	徐州徐工基础工程机械有限公司
1910011	大直径泥水平衡掘进装备关键技术及应用	中国铁建重工集团股份有限公司、中南大学、湘潭大学、中铁十六局集团北京轨道交通工程建设有限公司
1910013	VSI6X立轴冲击式破碎机	河南黎明重工科技股份有限公司、郑州机械研究所有限公司、哈尔滨工业大学、安徽工业大学
1910018	小直径双模双护盾盾构机	辽宁三三工业有限公司
1910019	高磨蚀性地层盾构TBM刀具磨损预测关键技术及应用	中铁隧道局集团有限公司、盾构及掘进技术国家重点实验室
1910025	DH24C全液压推土机	山推工程机械股份有限公司
1910028	绿色智能沥青混合料拌合设备成套技术研究与应用	中交西安筑路机械有限公司、长安大学
1910039	无反射板激光自主导航叉车式智能搬运机器人（AGV）	苏州艾吉威机器人有限公司
1911001	自主品牌高速大功率柴油机自主研制	河南柴油机重工有限责任公司、中国船舶重工集团公司第七一一研究所
1911003	高效多元燃料内燃发电机组及大功率移动电源系统研发	中船动力有限公司、江苏大学、哈尔滨工程大学
1911006	YNF40节能环保型国五柴油机研发及应用	昆明云内动力股份有限公司
1911007	5 500kW级双机并车推进公务船动力系统集成研制	中国船舶重工集团公司第七一一研究所
1911008	船舶柴电混合动力系统关键技术	中国船舶重工集团公司第七一一研究所、上海齐耀科技集团有限公司、武昌船舶重工集团有限公司、山西汾西重工有限责任公司
1911022	800～1 500kW船电发动机用大流量、高效涡轮增压器	大同北方天力增压技术有限公司
1911028	宽体自卸车专用动力可靠性技术开发与应用	潍柴动力股份有限公司
1911032	工程机械动力系统性能提升技术及应用	潍柴动力股份有限公司、山东临工工程机械有限公司
1911035	反置式紧耦合催化转化器歧管总成研制	西峡县内燃机进排气管有限责任公司、海马汽车有限公司
1912004	巨型混流式水轮发电机组导水机构精密制造技术及应用	哈尔滨电机厂有限责任公司
1912005	一种可用于清除伺服电动机编码器数据的电路盒	北京现代汽车有限公司
1912008	华龙一号机组核电凝汽器焊接制造技术	东方电气集团东方汽轮机有限公司

(续)

项目编号	项目名称	完成单位
1912010	CAP1400控制棒驱动机构驱动杆制造技术攻关	东方电气集团东方汽轮机有限公司
1912014	冷金属过渡焊接技术应用于白车身门盖解决微量变形问题	一汽-大众汽车有限公司成都分公司
1912018	大型深孔钻机床加工水轮机主轴内孔优质高效加工技术研究及应用	中国一重集团有限公司
1912021	自动螺钉弹垫套装机的研发与应用	一拖洛阳柴油机有限公司
1912024	焊装一科C1线点焊—MIG—T型钉自动化项目（又名焊装一科C1线自动化改造项目）	广汽本田汽车有限公司
1912025	一种高电压大容量连纠连线圈绕制方法的研究及应用	山东电工电气集团有限公司、山东电力设备有限公司
1912029	球面磨削磨床砂轮修整装置	一汽解放汽车有限公司车桥分公司
1913001	HG/T 4953~4956—2016《轮胎用射频识别（RFID）电子标签及其植入方法、性能试验方法和编码》	软控股份有限公司
1913004	GB/T 32076《预载荷高强度栓接结构连接副》系列标准	中机生产力促进中心、北京金风科创风电设备有限公司、上海申光高强度螺栓有限公司、上海金马高强紧固件有限公司、山东高强紧固件有限公司
1913005	NB/T 20344—2015《核电厂安全级电子设备鉴定规程》	北京广利核系统工程有限公司、中广核研究院有限公司北京分公司（原中科华核电技术研究院有限公司北京分公司）、中国核电工程有限公司
1913006	工程机械类首台套设备风险研究	中国工程机械工业协会
1913013	工程机械司机被动安全保护结构检测系统	天津工程机械研究院有限公司※、天津鼎成高新技术产业有限公司※
1913015	土方机械再制造系列标准（GB/T 32801—2016~GB/T 32806—2016）	天津工程机械研究院有限公司※（原天津工程机械研究院）、杭州宗兴齿轮有限公司、山东临工工程机械有限公司、宏源精工车轮股份有限公司（原河南宏源车轮股份有限公司）、徐工集团工程机械股份有限公司
1913016	《晶体硅太阳电池组件用绝缘背板》（GB/T 31034—2014）	桂林电器科学研究院有限公司※、苏州赛伍应用技术股份有限公司、苏州中来光伏新材股份有限公司、乐凯胶片股份有限公司、常熟市冠日新材料有限公司
1913020	摩托车及轻便摩托车国四排放标准	天津摩托车技术中心、中国环境科学研究院、国家摩托车质量监督检验中心
1913025	《机械安全 安全标准的起草与表述规则》（GB/T 16755—2015）	如皋市包装食品机械有限公司、金陵科技学院、国家机床质量监督检验中心、南京林业大学光机电仪工程研究所、机械科学研究总院
1913027	《风力发电机组 变桨距系统》（GB/T 32077—2015）	沈阳工业大学、许继集团有限公司、上海电气风电集团有限公司、北京科诺伟业科技股份有限公司、沈阳华人风电科技有限公司
1913028	《精密冲裁件 通用技术条件》（GB/T 30573—2014）	北京机电研究所有限公司

（续）

项目编号	项目名称	完成单位
1913029	特高压直流套管关键试验技术研究	西安高压电器研究院有限责任公司
1913035	《电能质量监测设备通用要求》（标准号GB/T 19862—2016）	西安博宇电气有限公司、国网山西省电力公司电力科学研究院、中机生产力促进中心、国网上海市电力公司电力科学研究院、国网河南省电力公司电力科学研究院
1913038	《锆及锆合金锻件》（GB/T 30568—2014）	北京机电研究所有限公司、贵州安大航空锻造有限责任公司
1913040	JB/T 12324—2015《集装箱用制冷机组》标准的研究及制定	珠海格力电器股份有限公司、合肥通用机械研究院有限公司※、英格索兰（中国）投资有限公司、大金制冷（苏州）有限公司、合肥通用机电产品检测院有限公司※
1913043	《内燃机 胀断连杆 技术条件》（JB/T 11795—2014）	云南西仪工业股份有限公司、天润曲轴股份有限公司、承德苏垦银河连杆有限公司、上海内燃机研究所、潍柴动力股份有限公司
1913045	Y、YX系列和YKK、YXKK系列6kV、10kV高压三相异步电动机技术条件	上海电机系统节能工程技术研究中心有限公司、国家中小型电机及系统工程技术研究中心、上海电器科学研究院、佳木斯电机股份有限公司
1913052	检验检测实验室设计与建设关键技术标准研制与应用	机械工业仪器仪表综合技术经济研究所、广东产品质量监督检验研究院、河北出入境检验检疫局检验检疫技术中心、中国计量大学、中国合格评定国家认可中心
1914001	《机械制图》及《机械制图习题集》（第1版）	南京工业大学、化学工业出版社有限公司
1914007	特种环境固体润滑涂层技术	南京理工大学、国防工业出版社
1914008	《太阳能光伏并网发电及其逆变控制》（第2版）	合肥工业大学、阳光电源股份有限公司、机械工业出版社
1914010	《工业产品服务价值创造》（第一版）	上海交通大学、机械工业出版社
1914011	《机构运动微分几何学分析与综合》	大连理工大学、景德镇陶瓷大学、机械工业出版社
1914016	《汽车系统动力学》（第2版）	上海交通大学、机械工业出版社
1914017	《自动化制造系统》（第四版）	重庆文理学院、清华大学、重庆大学、机械工业出版社
1914020	《金工实习》	淮阴工学院

注：标※单位为国机集团子公司。

2020
中国机械工业集团有限公司年鉴
CHINA NATIONAL MACHINERY INDUSTRY CORPORATION LTD.YEARBOOK

第九篇

企业风采

树立国机之品牌 展示企业之风采

中国机械设备工程股份有限公司
China Machinery Engineering Corporation

中国机械设备工程股份有限公司（CMEC）是世界500强企业——国机集团的核心子公司，2012年在香港联交所主板上市。

CMEC成立于1978年，40多年来，CMEC发展成为以国际工程承包业务为核心，融合贸易、设计、勘察、物流、研发全产业链的大型国际化综合性企业集团，能够提供项目前期规划、设计、投资、融资、建设、运营以及维护等"一站式"定制化解决方案，是国际知名的国际工程承包综合服务商。

CMEC的工程建设和贸易服务遍布150多个国家和地区，在包括中国在内的近60个国家和地区的能源、水务、环保、基建、交通设施、工业工程、邮电通讯等领域打造了一大批精品工程。

2014年以来，国家领导人多次见证CMEC境外项目签约或者开工建设，包括马尔代夫住房、斯里兰卡普特拉姆燃煤电站、塞尔维亚垃圾发电以及污水处理、阿根廷贝尔格拉诺铁路改造、塔吉克斯坦铝厂改造等项目。

中工国际工程股份有限公司
CHINA CAMC ENGINEERING CO., LTD.

广告

企业风采

中工国际工程股份有限公司（以下简称中工国际）于2001年5月22日正式挂牌成立，于2006年6月19日在深圳证券交易所成功上市。

伴随着经济全球化的步伐和我国改革开放进程，中工国际不断发展壮大。中工国际聚焦工程承包、设计咨询、高端装备研发与制造、投资运营、贸易物流五大业务板块，为客户提供勘察设计、规划咨询、融资投资、设备供应或采购、施工、运营维护等综合服务。不仅具有大型复杂工程项目的总包能力，同时还拥有代表中国医疗建筑最高水平的设计及工程公司，及我国起重运输机械行业综合技术实力领先的高科技型企业。

20年来，中工国际积极践行"走出去"战略和"一带一路"倡议，努力服务京津冀协同发展、粤港澳大湾区建设、海南自贸区建设等国家区域战略。秉承"以客户需求为核心、以价值创造者为本"的经营理念，努力成为技工贸一体化、投建营全价值链发展的国际化工程服务商。

玻利维亚乌尤尼35t/a年钾盐制造厂项目

横琴口岸及综合交通枢纽开发工程项目

斯里兰卡延河农业灌溉项目

可可托海滑雪场脱挂索道项目

孟加拉帕德玛水厂项目

中白工业园北京大街标志性建筑——园区合资公司办公楼和A区标准厂房

广告

中国恒天集团有限公司（简称恒天集团）于1998年9月由原国家纺织工业部门所属中国纺织机械（集团）有限公司等6家企业合并重组而成，是国内以纺织装备为核心主业的中央企业。2017年6月，恒天集团整体并入中国机械工业集团有限公司，成为其全资子企业。恒天集团现有二级企业21家，拥有境内外上市公司3家，员工3.5万余人，总资产近1000亿元，年营业规模约450亿元、利润总额约25亿元。

恒天集团自组建以来，通过股权划转、并购重组、战略合作等多种方式，规模实力迅速增强，业务范围不断拓展，现已形成纺织机械、商用汽车、新型纤维材料和医用防护材料、现代纺织贸易、产融投资、资产管理六大业务单元。其中，纺机业务在国内综合实力名列前茅，业务规模和成套能力位居全球前列，具有较强的行业影响力和话语权；商用汽车中的新能源汽车业务实现了快速发展，成为国内产品种类、资质齐全的新能源汽车企业集团；现代纺织贸易业务具备了细分行业领域内较强的市场地位和影响力，从纺织原料、服装到农产品、化工产品，贸易产业链不断延伸；新型纤维材料业务完成了莱赛尔、聚乳酸、差别化再生纤维素纤维等新型纤维产品的规划布局和技术储备，形成了生产装备、技术研发和工程设计优势；医用防护材料业务持续做精做强打造高端产品链，在2020年成功完成了国机集团下达的防疫物资攻关保供任务；产融投资业务已逐渐发展成为涵盖信托、证券投资、融资租赁、私募股权基金的综合金融业务板块，积极探索实业+金融的发展模式；资产管理业务承接恒天集团剥离的"两非"企业，统一归口管理和清退，坚持市场化、企业化运作原则，有效促进资产流转和资本流动。

恒天集团正以"协同、创新、卓越"的企业精神和"聚焦主业、战略转型、价值创造"的工作方针，全面加强党的建设，扎实推进改革发展，不断向具有全球竞争力的世界一流企业迈进。

地址：北京市朝阳区建国路99号中服大厦　邮编：100020
电话：010-65838033　　传真：010-65813211
http://www.chtgc.com
E-mail：hengtian@chtgc.com

热磨机　连续压机

插秧机

砂锯线

中国福马机械集团有限公司（简称中国福马）是中国专用设备研发、制造和销售的大型企业，是中国林业机械协会的会长单位。中国福马以"动力装备、林业装备、工程与贸易"为三大主业，形成了汽油机及配套机械、柴油机及配套机械、新能源动力及配套机械、人造板机械、造纸机械、森林种植采伐机械、机电产品贸易与工程总承包七大业务板块。中国福马积累了小动力机械、摩托车制造及人造板机械制造几十年的生产经营经验，是全国大型的摩托车发动机定点生产企业和摩托车上目录企业。公司产品处于国内领先水平，多次被中国质量协会用户委员会认定为"全国用户满意产品"。产品出口到美国、加拿大、日本、德国以及东南亚等130多个国家和地区，享有较高市场声誉。

全地形车

电站

中国福马机械集团有限公司
CHINA FOMA (GROUP) CO., LTD.

地址：北京市朝阳区安苑路20号世纪兴源大厦　　邮政编码：100029
电话：010-84898622　84898187　　传真：010-84898421　　http://www.chinafoma.com

广告

中国海洋航空集团有限公司
China Ocean Aviation Group Limited

≫ 工程承包　　≫ 大健康
≫ 文化旅游　　≫ 贸易服务

地址：北京市丰台区南四环西路128号诺德中心2号楼10层
邮编：100070
电话：010-83921899
传真：010-83921898
网址：www.coagi.com.cn

中国地质装备集团有限公司
China Geological Equipment Group Co., Ltd.

企业风采

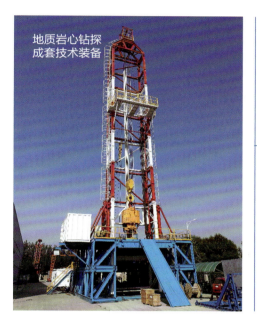
地质岩心钻探成套技术装备

原子吸收分光光度计

珠峰型重力仪

中国地质装备集团有限公司（简称中地装集团），成立于1987年，前身是原地质矿产部门中国地质机械仪器工业公司，1999年并入中国机械工业集团有限公司，成为其全资子公司。中地装集团的产品涵盖了地质勘探从地面地球物理勘探，到地质钻探、取岩心，再到井中探测，以至于矿产化学分析的主要流程。拥有地质装备行业"国家认定企业技术中心"，建有我国具有国际先进水平的超低磁实验室和电子测试实验室，担负关键技术装备的研究、开发和试验工作。中地装集团是由国家二十三个部委联合认定的国家工程实践教育中心，是"中国矿业联合会地质与矿山装备分会"的理事长单位。

1. 电传动钻井平台
2. 海底地震仪
3. 移动式污水处理车
4. 微型履带多功能钻机
5. 绳索取心钻具及配件
6. 海洋功能钻机

地址：北京市朝阳区酒仙桥东路1号1幢2层102号　邮编：100016
电话：010-64789939　传真：010-64789866　网址：http://www.cgeg.com.cn

中国机械工业建设集团有限公司
China Machinery Industry Construction Group Inc.

中国机械工业建设集团有限公司（中国建设，SINOCONST）是我国早期成立的大型国有施工企业之一，是国家有关部门批准的工程施工总承包特级企业。拥有建筑工程施工总承包特级资质、建筑行业设计甲级资质、冶金工程施工总承包一级资质、机电工程施工总承包一级资质、AAA级资信等级和商务部门批准的对外经营权。公司倡导以高素质的队伍提供高效率的服务，以高效率的服务建设高品质的工程，以高品质的工程发展高效益的企业。始终与各界朋友合力同行，创新共赢。

机电工程

能源电力工程

矿产冶炼工程

化工石油工程

市政基础设施工程

公共与民用建筑工程

地址 Add：中国 北京 西城区三里河路南5巷5号
邮编 PostCode：100045
电话 Tel：0086-01-86474600
传真 Fax：0086-01-68524881
网址 Web site：http://www.sinoconst.com.cn

中国自控系统工程有限公司
China CACS Engineering Corporation

中国自控系统工程有限公司（以下简称中国自控）前身是成立于1980年的原国家机械工业部门直属的中国自动化控制系统总公司，现隶属于中国机械工业集团有限公司，是以工程承包为核心业务，集贸易、研发以及技术服务为一体的国有独资公司。

中国自控自成立以来，完成工程承包、设备成套、进出口贸易、软件开发、技术服务等国内外项目数千余项，市场遍及亚洲、非洲、美洲等100多个国家和地区，业务范围涵盖输变电工程、新能源与环境工程、自动化工程、智能建筑工程、安防工程及信息系统集成等，业务领域涉及交通、石化、建材、电力、市政、信息处理与应用、智能制造和智慧行业。其工程项目曾多次荣获国家及省市级各类奖项。

兰州二中雁滩分校智能化工程

兰州皇冠假日酒店安防系统

马拉维Salima 75MW光伏电站

山东港口青岛港生产执行控制系统

舞阳钢铁空气压缩系统节能改造项目

淄博市中心医院西院区安防系统

地址：北京市朝阳区团结湖北路2号
电话：010-65823388
邮编：100026
传真：010-65821616

广告

国机财务有限责任公司
SINOMACH FINANCE CO., LTD.

国机财务有限责任公司（简称国机财务）是于2003年7月经银行业监管部门批准成立的非银行金融机构。公司股东为中国机械工业集团有限公司（以下简称集团）及25家集团成员单位，注册资本15亿元。

国机财务为集团提供"资金归集、资金结算、资金监控、金融服务"四个功能平台，坚持"依托集团资源，服务集团发展"的宗旨，坚持"以客户为中心，以服务创造价值"和"精细化、专业化、市场化、团队化"的基本理念，全面贯彻落实集团战略部署，不断深化产融结合，努力为集团成员企业提供个性化专业金融服务，推动集团实现高质量发展。

2019年3月，国机财务有限责任公司支持成员企业年产10万吨变压器油装置1.4亿元融资租赁项目现场

2019年10月15日，国机财务有限责任公司党委组织参观展览——北京展览馆

2019年11月5日，国机财务有限责任公司党委组织参观双清别墅，开展"不忘初心"主题活动

2019年7月，国机财务有限责任公司团支部荣获"中央企业五四红旗团支部"称号

国机汽车股份有限公司
SINOMACH AUTOMOBILE CO., LTD.

广告

企业风采

业务范围

汽车批售服务业务

汽车工程及装备制造业务

汽车零售服务业务

汽车租赁和其他汽车后市场服务业务

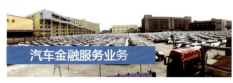
汽车金融服务业务

整车、零部件及机电产品出口业务

www.sinomach-auto.com

国机汽车股份有限公司（简称国机汽车）是世界500强企业中国机械工业集团有限公司（简称国机集团）旗下一家大型汽车贸易服务与汽车工程企业。

2019年，国机汽车在中国汽车流通协会发布的"中国汽车经销商集团百强排行榜"中位列第七；在财富中文网发布的中国上市公司500强排名中，居第201位。

2011年10月，根据发展战略，国机集团通过资产置换方式，将其所属中国进口汽车贸易有限公司（简称中进汽贸）资产，整体注入上市公司，并成立国机汽车（股票代码：600335）。国机汽车股本总数14.57亿股，注册资本14.57亿元。

目前国机汽车的汽车贸易服务业务涵盖多品牌汽车进口贸易服务、汽车平行进口、汽车零售、整车及零部件出口、汽车租赁和二手车、汽车金融服务、新能源汽车制造和车联网等领域。汽车工程业务涵盖"技术+服务"的工程设计、装备及系统供货和EPC工程总承包业务，拥有国家颁发的工程设计综合甲级，及咨询、勘察、监理、施工总承包、规划、工程造价、特种设备等涵盖建设工程全领域的甲级资质证书。

2019年，国机汽车实现销售收入521.62亿元；利润总额7.02亿元，其中归属于上市公司股东的净利润5.38亿元，每股收益0.37元。国机汽车以完善的治理结构、高质量的信息披露、良好的投资者关系管理体系、高效的资本运作能力赢得了监管机构及资本市场的广泛认可，树立了合规、透明、高效的"标杆公司"的良好形象以及在行业和资本市场的地位与影响力。

2019年，国机汽车继续入选上海证券交易所上证380指数股、上证公司治理指数样本股、上证社会责任指数样本股，以及融资券和沪港通标的股；此外公司还荣获中国上市公司诚信企业百佳奖、投资者关系管理奖、2019中国汽车流通行业知名品牌、2019年度社会责任具有影响力品牌等奖项。

未来，国机汽车将继续秉承"为造车人服务，为卖车人服务，为用车人服务"的理念，以"让汽车生活更美好"为企业使命，致力于打造行业领先、业务链条完备、具有核心能力和行业综合优势的汽车贸易服务和制造服务领先企业。

责任　创新　协同　共享

中国机械国际合作股份有限公司（中机国际）隶属于中国机械工业集团有限公司。公司以"展览+"为特色，近年来连续获得"中国会展业十大影响力会展公司""中国十佳品牌展览工程企业"等殊荣。已经发展成为中国会展界举办大规模展览的中央企业。

商业会展是中机国际的核心主业。公司拥有超过60年办展经验和专业化团队，已形成境内外自主办展、代理出国展览、展览工程服务等完整的展览业务体系。每年举办80多场高质量展会，总规模超过350万m²。同时，中机国际是中国大型的海外组展机构，每年在境外100多个国家和地区，组织180多场自办展和代理展。每年组织专业买家50万人次，拥有广泛的优质客户资源。

中国机械国际合作股份有限公司
CHINA NATIONAL MACHINERY INDUSTRY INTERNATIONAL CO., LTD.

引领中国会展业发展
助力中国制造业进步
推动中国装备企业全球化进程

3个全球领先展
30多个行业领域
60多年会展历史
350万m² 展览面积

国机资产管理有限公司
SINOMACH CAPITAL MANAGEMENT CORPORATION

广告

地址：北京市朝阳区朝外大街19号华普国际大厦11层
邮编：100020
电话：010-65802288 传真：010-65302010
http://www.sino-capital.com.cn

企业风采

　　国机资产管理有限公司（简称国机资产）成立于2011年1月26日，是中国机械工业集团有限公司（简称国机集团）的全资子公司、国机集团的资产管理战略平台，是一家以资产处置、资产运营、资产投资为核心业务的专业化综合性资产管理公司。

　　国机资产根据国有经济结构布局战略性调整要求，围绕国企改革重组总体部署，坚持市场化、企业化运作原则，积极服务国机集团内部改革发展，主动寻求外部市场机会，有效促进资产流转和资本流动，参与新兴产业孵化培育，广泛开展专业化的资产管理与运营。

　　秉承"开拓、创新、责任、共赢"的核心价值观，坚持创新发展、协调发展、绿色发展、开放发展和共享发展理念，积极探索资产管理新方法、新模式，致力于资产价值的提升和创造，力争行业一流经营业绩，努力实现包容性增长。

2019年1月21日，国机集团党委常委、副总经理、总会计师邬小蕙看望慰问国机资产退休党员。

2019年4月26日，国机集团党委常委、副总经理高建设一行到国机西南大厦调研。

2019年7月16日，国机集团党委委员、副总经理白绍桐到国机资产开展"不忘初心、牢记使命"主题教育调研。

2019年4月4日，国机资产获得国机集团所属企业国有产权交易经纪业务统一代理权。

2019年8月6日，国机资产与银川市产城资本投资控股有限公司合作框架签约仪式在银川举行。

2019年12月24日，国机资产正式入驻阿里资产拍卖平台。

2019年6月19日，国机西南大厦获评成都市专业特色楼宇。

2019年10月25日，国机资产党委和龙潭总部新城党工委联建的国机西南大厦党建工作中心隆重揭幕。

2019年10月1日，国机资产五位离休人员获"庆祝中华人民共和国成立70周年"纪念章（齐长庚，王立滨，童家勋，李澣，杨淑敏）。

2019年9月9日，国机资产代表队颜子又在第五届"和谐国机杯"乒羽赛卫蝉联羽毛球男子单打冠军。

推动中国农业机械技术进步与产业升级

· 高端装备 · 农业工程 · 信息技术与服务 ·

作为中国现代农业机械化事业的开创者,中国农机院成立60余年来,始终坚持以"推动中国农业机械技术进步与产业升级"为使命,以自主创新为引领,深耕农牧业装备、军工与特种装备、汽车配套,农产品与食品工程、环境工程、勘察设计与施工,信息技术与精准农业、标准与检测、出版传媒九大领域,形成"高端装备、农业工程、信息技术与服务"三大主业协同发展的产业格局,成为中国农机行业技术研发中心、产品辐射中心、战略策源中心和国际交流中心。

新时期,中国农机院贯彻落实习近平新时代中国特色社会主义思想,把握乡村振兴战略契机,统筹研发、制造、咨询、勘察、设计、施工、总承包的综合业务,提供以信息化引领的现代农业智能生产全程解决方案,提供农村一二三产业融合、三园三区、田园综合体等规划建设服务,谱写新时代农业农村现代化发展新篇章,打造集高新技术研发、高端装备制造、工程项目承包为一体,具有一定国际竞争力的综合性科技型企业。

欢迎关注中国农机院

采棉机

精量播种机

马铃薯联合收获机

自走式饲料收获机

方草捆捡拾压捆机

国机集团科学技术研究院有限公司
SINOMACH Academy of Science and Technology Co.,Ltd.

国机集团科学技术研究院有限公司（简称国机研究院）成立于2010年，是国机集团向"创新型国机"迈进的战略部署，是国机集团重要的科技子集团，是增强集团整体技术创新能力的重要创新主体。

国机研究院围绕"做实"和"做宏观"两个方向，聚焦关键材料、重要元器件、高端装备、智能制造、科技服务五大主营业务，加强关键核心技术攻关，解决国家"卡脖子"和"短板"问题。以筹建国家重大技术装备创新研究院为契机，加强科技资源整合与协同创新，发挥"国家需求对接、科技资源整合、核心技术研发、高端人才聚集、科技改革试验、科技服务/咨询"六大平台功能，实现"八大"突破，对标国内外知名研发机构，打造国机集团前沿/共性技术研发平台，把国机研究院建设成为国内一流、国际知名的央企中央研究院，为国机集团高质量发展提供重要支撑。

国机研究院拥有原机械工业部门所属的6家国家一类研究院所，拥有国家工程（技术）中心2家、国家企业技术中心1家、国家工程实验室1家、省部级工程（技术）研究中心8家、博士后工作站2家、国家生产力促进中心2家、质检中心8家（其中国家质检中心5家）、国际标准化委员会1家、全国标准化委员会5家。

近4年承担国家和地方政府科技项目125项，主持和参与制修订国家和行业标准106项。2016——2019年，共获得省部级以上成果32项；获授权发明专利135项，2019年科技投入达1.41亿元。

截至2019年年底，国机研究院资产总额为25.63亿元，实现主营业务收入13.48亿元。员工总数1249人，其中，中国科学院院士1人，中国工程院院士2人，享受政府特殊津贴专家53人，正高级职称147人，副高级职称333人。

地址：北京市海淀区丹棱街3号　　邮编：100080
电话：010-82606735
传真：010-82606733
http：//www.sinomast.com.cn
E-Mail：yangfangfei@sinomach.com.cn

广告

国机资本控股有限公司
Sinomach Capital Holdings Co., Ltd.

  国机资本控股有限公司成立于2015年8月，是由国机集团联合部分所属企业及建信（北京）投资基金管理有限责任公司等19家股东单位共同发起设立，注册资本23.7亿元。

  国机资本是在全球经济深度调整、科技与产业急速变革的大背景下，根据国家产业转型升级的改革思路和国机集团整体发展的战略需要，为完善产业布局、优化配置资源而成立的专业化资本运作平台和金融服务平台。国机资本将依托国机集团丰富的产业资源和雄厚的科研实力，秉承市场化的商业原则，以提高投资收益与效率为要务，广泛开展专业化的资本运作。坚持"以退为进，进退并重"的投资理念，努力成为发现和创造价值、实现效益增长的行业领军企业。

http://www.sinomach-capital.com

国机重型装备集团股份有限公司
SINOMACH HEAVY EQUIPMENT GROUP CO., LTD.

国机重型装备集团股份有限公司（简称国机重装）是世界500强企业——中国机械工业集团有限公司（简称国机集团）的控股子公司，是以中国第二重型机械集团有限公司核心制造主业为平台，整合中国重型机械有限公司、中国重型机械研究院股份公司等国机集团重型装备板块优质资源，组建的集科工贸于一体的国家高端重型装备旗舰企业。

60多年来，国机重装研制了诸多新中国填补空白产品，解决了一系列国家"有与没有""受制于人"的难题，被党和国家领导人誉为"国宝"。

国机重装拥有17个国家、行业、省级研发创新与产业化平台，汇聚了以中国工程院院士、行业领军人物为代表的一大批优秀人才，获得了包括国家科技进步奖一等奖在内的400余项科研成果，创造了近300项新产品，获授权专利2000余件。

国机重装是国家重大技术装备制造基地，是世界重大技术装备领域少数具备极限制造能力的企业，覆盖全产业链，柔性制造优势突出，可为航空航天、能源、冶金、矿山、交通、汽车、石油化工等重要行业和国防军工提供系统的制造与服务，在国民经济和国防建设中发挥着战略性、基础性的重要作用。国机重装先后承担了以上海宝钢工程为代表的数百项国家重大工程，累计提供了近300万t的重大技术装备，研制的2300多台（套）国产化重型成套装备应用在全国各地。

国机重装坚持"走出去"战略，积极投身"一带一路"建设，在全球40多个国家（地区）的基础设施建设中，以EPC模式承建了百余项海外重点工程，并以BOT模式进行海外投资。

新时代、新使命、新担当，国机重装将倾力建设世界一流高端重型装备综合服务商，为推进我国从制造大国迈向制造强国贡献力量。

苏美达股份有限公司
SUMEC CORPRATION LIMITED

- 世界500强核心成员
- 国资央企
- 上市公司

苏美达股份有限公司是国机集团的重要成员企业，作为以供应链集成服务为主体、以先进制造和工程承包为两翼的国际化企业集团，目前已拥有11家二级子公司，共设立45家海外分支机构、40家全资实业工厂及众多控股工厂，市场覆盖全球150个国家和地区，2019年实现营业收入近844亿元，进出口总额74.86亿美元，位列2019中国500强企业第115位，进出口总额连续多年名列江苏省属重点联系企业前茅。苏美达股份长期秉持高质量发展理念，创新超越，行稳致远，致力于成为全球产业链的组织者与整合者，打造备受投资者尊敬的上市公司。

No.115	No.56	十佳	十大
《财富》中国500强企业	中国进口规模百强企业	十佳钢铁贸易企业	全国招标代理机构十大品牌

- 第五届全国文明单位
- 2016-2017年度全国企业文化优秀成果奖
- 国家工业设计中心
- 国家地方联合工程研究中心
- 国家博士后科研工作站
- 中央企业先进集体
- 全国供应链创新与应用试点企业之一
- 第十一届中国上市公司投资者关系天马奖
- 第十五届中国上市公司董事会金圆桌奖
- 2019年国家知识产权优势企业

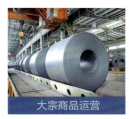大宗商品运营
机电设备引进
发电设备
动力工具

时尚服装
床上用品
伊顿纪德校服
环境工程

船舶建造与航运
能源工程
医疗设备进口
汽车轮毂

地址：江苏省南京市玄武区长江路198号苏美达大厦
邮编：210018　电话：025 84511888　传真：025 84411772
网址：www.sumec.com　E-Mail：contact@sumec.com.cn

广告

中国浦发机械工业股份有限公司
China Perfect Machinery Industry Corp., Ltd.

中国浦发机械工业股份有限公司（简称中国浦发）成立于1992年10月。1997年中央部委体制改革以后，隶属于国机集团。2019年，在国机集团领导和组织下，中国浦发与甘肃蓝科石化高新装备股份有限公司（股票代码：601798）实施重组。

中国浦发拥有多个领域甲级设计资质和工程总承包能力，在电力、炼化、节能环保、基础设施建设、装备制造、贸易与金融服务等核心领域整合资源、搭建平台、管控风险，打造"中国浦发系"产业集群，努力建设国内一流的综合服务企业集团。

工程承包服务

电力、环保、空分、低温、化工、房建工程

装备制造服务

石油钻采机械、炼油化工设备、海洋与沙漠石油装备、大型天然气设备制造、检验检测、氢能源、铝精深加工

做优做强国有企业
为同行者创造价值

投资运营服务

投资电站、电网、危废处理、天然气分布式能源、污水处理、特色小镇

贸易和金融服务

自营和代理各类商品和技术的进出口、提供外贸综合服务

地址：上海市普陀区中山北路1759号d座24楼
邮编：200061
电话：021-61397700
传真：021-61390988
网站：www.chinaperfect.com.cn

中国联合工程有限公司
China United Engineering Corporation Limited

广告

企业风采

中国联合工程有限公司（以下简称中国联合）是以原机械工业第二设计研究院为核心组建的大型科技型工程公司，隶属于中央大型企业集团、世界500强企业——中国机械工业集团有限公司，总部设在杭州。

中国联合现有员工6000多人，专业技术人员占95%以上，其中，中国工程院、中国科学院院士7位，全国勘察设计大师8位，"新世纪百千万人才工程"国家人选1位，享受中国政府特殊津贴的专家104位。公司现有高级技术职称专家1635人（含正高级工程师170人），各类国家一级注册工程技术人员1900人次，美国项目管理专业协会（PMI）认证的项目管理专业人士（PMP）80人。

公司设有工业工程、民用工程（一、二）、能源工程、工程建设、装备、全过程咨询、国际工程等业务板块。作为国内早期组建的国家大型综合性设计单位之一，中国联合设计了以上海电气、东方电气和哈尔滨电气三大动力基地为代表的一大批国家装备制造业骨干企业，设计和建设了500多座电厂、数以千计的标志性民用建筑。经过68年的纵横驰骋和市场竞争的风雨磨砺，中国联合的服务领域已扩展到二十多个行业，成为国内率先获得工程设计综合甲级资质的企业。中国联合服务方式也从工程设计向前后延伸到工程建设全过程，是全国全过程工程咨询试点单位之一。在继续做精做强设计咨询业务的同时，中国联合积极开拓工程总承包和项目管理业务，大力提升EPC能力，积极参与国际竞争。

多年来，中国联合始终遵循"与顾客共同创造价值"的经营理念，完成了20000多项大中型工程；主编、参编国家、地方和行业标准、规范100余项；获得国家科技进步奖28项（其中一等奖2项）、国家各类工程技术奖100多项、各类省部级奖1000多项。

在建设部对全国10000多家勘察设计单位"综合实力和营业收入排名"中，中国联合连年进入百强榜，最高排名在第11位。在美国《工程新闻记录》ENR对"中国工程设计企业60强"的排名中，中国联合连年榜上有名，排名在10名左右。公司连年被授予"重合同守信用"企业称号，获得AAA企业信用评定等级。

超重力离心模拟与实验装置国家重大科技基础设施全过程咨询项目

哥伦比亚G3、G3.2电站总承包项目

杭州地铁机场快线设计项目

杭州临江环境能源工程设计项目

湖南华菱涟钢热处理生产线及配套设备EP项目

衢州文化艺术中心和便民服务中心EPC总承包项目

台州心海未来社区全过程工程咨询项目

浙商数字产业园——年组装2万套数字设备工程EPC总承包项目

广告

机械工业第六设计研究院有限公司
SIPPR ENGINEERING GROUP CO., LTD.

二重装备飞轮储能装置智能工厂EPC项目

国机精工（伊川）新材料有限公司中高档研磨材料基地建设项目

黄鹤楼香精香料产业园EPC总承包工程

太原重型机械集团有限公司智能高端装备产业园区

开封恒大童世界

中国中铁智能化高端装备产业园

中联重科印度产业园

安阳文体中心

西南医科大学附属医院康健中心院区

驻马店农产品展示交易中心

焦作市白马门河景观设计

滑县第三污水处理厂

　　机械工业第六设计研究院有限公司（以下简称中机六院）创建于1951年，是拥有工程设计综合甲级资质的国家大型综合设计研究院，隶属中央直管国有重要骨干企业、世界500强企业集团——中国机械工业集团有限公司。主要从事工程咨询、工程设计、工程监理、项目管理、工程总承包等业务，致力于打造"国内一流的绿色与智能工程服务商"。

　　中机六院现有27个二级部门，包括8个职能管理部门、11个生产部门、7个子公司、1个直属分公司。截至目前，中机六院拥有员工2000余人，其中，中国工程院院士1人、中国工程设计大师1人、享受政府特殊津贴专家23人、河南省勘察设计大师2人、研究员级高级工程师77人、高级工程师636人、各类国家注册工程师1200余人次。

　　中机六院拥有全国工程设计综合甲级资质、工程监理综合资质、建筑工程施工总承包一级资质和建筑智能化设计甲级资质、工程造价咨询甲级等专业资质；具有国家商务部门援外设计、援外监理等资格。业务涵盖工业、民用与市政工程等领域，项目遍布全国各地和世界60多个国家与地区。

　　中机六院已完成大中型工程项目20000余项，主编、参编国家和行业标准、规范36项；荣获中国土木工程创新最高奖詹天佑奖、鲁班奖、国家科技发明奖、国家科技进步奖、优秀工程设计金、银、铜奖等各类国家奖项和各类省部级奖项700余项；获得软件著作权登记193项；获得国家授权专利203项，其中，发明专利17项。

　　中机六院是我国机床工具与无机非金属行业专业设计院，是国内烟草、铸造、煤矿机械、石化机械、风电机械、重矿机械、工程机械、轨道交通装备、农业机械等行业的设计强院，在绿色建筑、智能工厂、智慧园区、现代物流和大型公共建筑等方面技术竞争优势突出。

　　中机六院建有绿色建筑信息模型化国家地方联合工程实验室、博士后科研工作站、河南省绿色与智能工程技术诊断院士工作站、河南省智能工厂系统集成创新中心、河南省工厂数字化建造工程技术研究中心等科研平台，在工业与信息化深度融合、绿色与数字化技术应用方面走在同行前列。

地址：河南省郑州市中原西路126号　邮编：450007　电话：0371-67606888/67606087/67606088　网址：www.sippr.cn

合肥通用机械研究院有限公司
Hefei General Machinery Research Institute Co., Ltd.

合肥通用机械研究院有限公司（简称合肥通用院）1956年成立于北京，1969年搬迁至合肥，是原机械部门直属的国家一类科研院所，1999年转制为科技型企业，同年加入国机集团。2018年1月，合肥通用院改制为国机集团独资的有限责任公司。

合肥通用院主要从事石化、能源、冶金、燃气、环保、国防军工等行业通用机械及化工设备的设计开发、产品研制、检验检测、设备监理、工程承包、设备成套和职业教育等，工程技术研发涵盖压力容器与管道、流体机械、包装食品机械及石油装备等领域20多个专业。拥有上市公司"国机通用"（股票代码：600444)和17家全资及控股子公司。全院在职职工1537人，研发人员占80%以上，其中高级职称300余人，博士生50余人，硕士生近300人。

工程承包和设备成套

合肥通用院是国家创新型企业、国家高新技术企业、国家技术创新示范企业、国家火炬计划重点高新技术企业，是国家压力容器与管道安全工程技术研究中心、压缩机技术国家重点实验室、国家国际科技合作基地（国际联合研究中心）、国家中小企业公共服务示范平台、科技服务业行业试点、通用机械产业技术基础公共服务平台、国家创新人才培养示范基地、工业大数据应用技术国家工程实验室和国家企业技术中心等国家科技创新和技术服务平台的依托单位，是国家"极端环境重大承压设备设计制造与维护技术创新战略联盟"的理事长单位。设有压缩机制冷设备、泵阀和密封件产品等3个国家质量监督检验中心，可独立招生的博士后科研工作站、企业院士工作站。建有压力容器与管道安全安徽省技术创新中心、压缩机技术安徽省实验室等20余个省部级科研平台，挂靠有1个国际标准化技术委员会（ISOTC86/SC4）、10个全国标委会和4个全国标委会分会以及中国机械工程学会压力容器分会、流体工程分会等10余个行业学会、协会的秘书处。

技术服务

建院60多年来，合肥通用院共取得各类科研成果3000余项，其中获国家科技奖励47项、省部级科技进步奖487项，项目成果均在石化、能源、冶金、燃气、环保、国防军工等领域得到广泛应用。

2019年，合肥通用院全体干部职工深入学习贯彻习近平新时代中国特色社会主义思想和党的十九大及十九届二中、三中、四中全会精神，增强"四个意识"、坚定"四个自信"、坚决做到"两个维护"，持续加强党的建设，不断完善现代企业制度，以党建促进技术创新，以党建、技术创新促进质量提升，以技术创新、质量提升巩固支撑党建工作，推动全院党建、技术创新和质量提升的有机融合，促进了全院的发展，实现了稳健增长。全年实现利润2.87亿元，较好地完成了国机集团下达的考核指标，再次被评为国机集团先进单位（自2009年以来连续第11年获此殊荣）。

装备研发与制造

职业教育

地址：安徽省合肥市长江西路888号　　　　ADD:888 West Changjiang Road Hefei,Anhui,China
http://www.hgmri.com　　　　邮编：230031　　　　联系电话：0551-63555681

广告

洛阳轴研科技股份有限公司
Luoyang Bearing Science & Technology Co., Ltd.

股票代码：轴研科技002046

主营业务领域
- 轴承
- 磨料磨具
- 精密刀具
- 贸易与服务

愿景

世界一流的精密制造服务商

洛阳轴研科技股份有限公司（简称轴研科技）成立于1958年，2017年与国机精工有限公司成功实现重大资产重组，是涵盖轴承、磨料磨具、精密刀具、贸易与服务等领域的多元化、国际化的科技型、创新型企业。

主要应用范围

航空航天、汽车与轨道交通、能源环保、船舶兵器、机床工具、石油化工、电子、冶金、建筑等国民经济重要产业。

主要成员企业

洛阳轴承研究所有限公司　　　　白鸽磨料磨具有限公司
中国机械工业国际合作有限公司　成都工具研究所有限公司
郑州磨料磨具磨削研究所有限公司　国机精工（伊川）新材料有限公司
　　　　　　　　　　　　　　　　河南爱锐网络科技有限公司

地址：河南省郑州市新材料产业园区科学大道121号　　　　**服务热线**：0371-67619231

中国电器科学研究院股份有限公司
China National Electric Apparatus Research Institute Co., Ltd.

广告

企业风采

中国电器科学研究院股份有限公司（股票简称及代码：中国电研　688128）是国家率先转制科研院所，始建于1958年，隶属于中央直管国有重要骨干企业——中国机械工业集团有限公司。经过半个多世纪发展，通过体制、机制、科技和管理创新，中国电研实现了由从科研院所向科技创新型企业的蜕变。

在环境适应性研究的基础上，公司围绕电器行业的标准规范、检测技术、系统集成技术、电能转换技术、先进控制技术、材料技术等质量提升共性技术研发，取得了一系列科技创新及核心技术成果，通过技术成果转化，为电器产品质量提升提供系统解决方案，具体包括质量技术服务、智能装备、环保涂料及树脂等三大业务领域。

质量技术服务

业务范围涉及： 家电、电子、轻工、汽车、五金、钢铁、石化、材料、电力九大国民经济发展领域，是国际CB实验室，中国超大的电子电器认证检测中心之一

一站式质量技术服务模式： 为电器及其相关应用领域提供检测、认证以及相关延伸服务（含标准服务、计量校准、检验、能力验证、实验室技术服务、培训等）

智能装备

家电智能工厂解决方案： 智能制造与试验装备、定制化零部件、家电智能装配生产线、智能涂装线、智能专机设备、家电智能检测系统、环境试验设备和试验室

励磁装备与新能源电池自动检测系统： 电站电网设备、大功率电源设备新能源设备

公司入选工信部门推荐的"第一批智能制造系统解决方案供应商推荐目录"

环保涂料及树脂

材料领域： 粉末涂料、聚酯树脂、水性涂料，聚酯树脂产品源于国家"863计划"科研成果。

通过科技成果转化，为电器及相关产品提供耐久性保障，多次荣获省市科技进步奖

地址：广东省广州市海珠区新港西路204号　电话：020-89050853　邮编：510300　网址：www.cei1958.com

广告

密封 润滑 密封胶
液压 光机电一体化

机器人及关键零部件
智能装备 智能工厂

机器人检测
汽车零部件检测
油液与设备状态检测

基业延绵60年

国机智能科技有限公司,以创建于1959年的广州机械科学研究院为主体,由中国机械工业集团有限公司与当地政府共同投资组建,于2015年12月25日揭牌成立,公司致力于研究和发展机器人及关键零部件、智能装备、智能制造技术和产品,为工业客户提供系统解决方案。

隆重举行新中国成立70周年暨科研报国60周年庆祝活动

"高端装备大型橡塑密封设计制造关键技术及工业应用"项目荣膺广东省科技进步奖一等奖

优化结构,聚焦产业,开拓发展新格局——"广州国机密封科技有限公司"揭牌成立

"大型风电场运行维护关键技术及应用"项目总体技术达到国际先进水平,获得2019年度国机集团科学技术奖二等奖

"基于工业互联网的重大装备润滑安全远程监控与智能运维云平台"项目荣获"中国工业互联网大赛"二等奖

主办2000多人参会的"第十四届全国摩擦学大会暨2019年全国青年摩擦学学术会议"

   电话:020-32388303　网址:www.sinomach-it.com
地址:广东省广州市黄埔区科学城新瑞路2号(510535)

桂林电器科学研究院有限公司
Guilin Electrical Equipment Scientific Research Institute Co.,Ltd.

桂林电器科学研究院有限公司（简称桂林电科院）前身是1954年成立的"第一机械工业部电器科学研究院"，1970年根据"关于在京大专院校和科研设计单位战略搬迁"的指示迁至桂林，开启了建设桂林电科所二次创业的奋斗历程。长期以来一直承担着国家、部、委下达的科研任务，共取得900多项科技成果。获国家、省、部级科技进步奖140余项，其中，国家奖励10项，省部级科技进步奖一等奖6项、二等奖47项、三等奖70余项，诞生了很多国内领先的科研成果，如仪表用磁钢、铜铬触头、F、H级绝缘材料、电子束焊接机、聚丙烯拉膜机组等，在我国电工行业的技术进步中发挥了主导作用。

1999年7月，桂林电科所转制为科技型企业，进入中国机械工业集团有限公司，2013年改制为桂林电器科学研究院有限公司。经过65年的专业与产业重组，桂林电科院现已发展成为以电工电子材料（全电压等级系列电触头材料、特种塑料）及元器件、薄膜生产成套装备、聚酰亚胺薄膜、特种电机为主导产品的高科技型企业；是我国电工合金、绝缘材料、模具行业的技术归口单位，担负着全国相关行业发展规划、情报信息、产品标准、产品质量监督检测及组织行业进行科技攻关等行业工作，在国内外同行业中享有较高的知名度和行业地位；主导产品的中高端用户市场占有率在行业中名列前茅，是用户替代进口的优选供应商。

"同唱国歌"升旗仪式暨员工广播体操比赛

桂林电科院"不忘初心、牢记使命"主题教育被评为优秀

党政干部廉政教育活动

广西科技部门领导指导工作

庆祝中华人民共和国成立70周年录制《我和我的祖国》MV

桂林格莱斯科技有限公司成立